外国文学学术史研究

主编
陈众议

贝娄学术史研究

A Study of the History of Saul Bellow Studies

乔国强 著

译林出版社

图书在版编目(CIP)数据

贝娄学术史研究 /乔国强著. —南京：译林出版社，2014.9

(外国文学学术史研究 /陈众议主编)

ISBN 978-7-5447-4282-5

Ⅰ. ①贝… Ⅱ. ①乔… Ⅲ. ①贝娄，S. (1915～2005)—人物研究 ②贝娄，S. (1915～2005)—小说研究 Ⅳ. ①K837.125.6 ②I712.074

中国版本图书馆 CIP 数据核字（2014）第 218090 号

书　　名 贝娄学术史研究
作　　者 乔国强
责任编辑 袁　楠
出版发行 凤凰出版传媒股份有限公司
译林出版社
出版社地址 南京市湖南路 1 号 A 楼，邮编：210009
电子邮箱 yilin@ yilin. com
出版社网址 http://www. yilin. com
经　　销 凤凰出版传媒股份有限公司
印　　刷 江苏凤凰扬州鑫华印刷有限公司
开　　本 718 × 1000 毫米 1/16
印　　张 30. 5
插　　页 4
字　　数 418 千
版　　次 2014 年 9 月第 1 版 2014 年 9 月第 1 次印刷
书　　号 ISBN 978-7-5447-4282-5
定　　价 58. 00 元

译林版图书若有印装错误可向出版社调换
(电话：025-83658316)

总序

在众多现代学科中,有一门过程学。在各种过程研究中,有一种新兴技术叫生物过程技术,它的任务是用自然科学的最新成就,对生物有机体进行不同层次的定向研究,以求人工控制和操作生命过程,兼而塑造新的物种、新的生命。文学研究很大程度上也是一种过程研究,从作家的创作过程到读者的接受过程,而作品则是其最为重要的介质或对象。问题是,生物有机体虽活犹死,盖因细胞的每一次裂变即意味着一次死亡;而文学作品却往往虽死犹活,因为莎士比亚是"说不尽"的,"一百个读者就有一百个哈姆雷特"。

换言之,文学经典的产生往往建立在对以往经典的传承、翻新乃至反动(或几者兼有之)的基础之上。传承和翻新不必说,即使反动,也每每无损以往作品的生命力,反而能使它们获得某种新生。这就使得文学不仅迥异于科学,而且迥异于它的近亲——历史。套用阿瑞提的话说,如果没有哥伦布,迟早会有人发现美洲;如果伽利略没有发现太阳黑子,也总会有人发现。同样,历史可以重写,也不断地在重写,用克罗齐的话说,"一切历史都是当代史"。但是,如果没有莎士比亚,又会有谁来创作《哈姆雷特》呢?有了《哈姆雷特》,又会有谁来重写它呢?即使有人重写,他们缘何不仅无损于莎士比亚的光辉,反而能使他获得新生,甚至更加辉煌灿烂呢?

这自然是由文学的特殊性所决定的,盖因文学是加法,是并存,是无数"这一个"之和。鲁迅谓文学最不势利,马克思关于古希腊神话的"童年说"和"武库说"更是众所周知。同时,文学是各民族的认知、价值、情感、审美和语言等诸多因素的综合体现。因此,文学既是民族文化及民族向心力、认同感的重要基础,也是使之立于世界之林而不轻易被同化的鲜活基因。也就是说,大到世界观,小到生活习俗,文学在各民族文化中起到了染色体的功用。独特的染色体保证了各民族在共通或相似的物质文明进程中保持着不断变化却又不可淹没的个性。惟其如此,世界文学和文化生态才丰富多彩,也才需要东西南北的相互交流和借鉴。同时,古今中外,文学终究是一时一地世道人心的艺术呈现,建立在无数个人基础之上,并潜移默化、润物无声地表达与传递、塑造与擢升着各民族活的灵魂。这正是文学不可或缺、无可取代的永久价值与恒久魅力之所在。

于是,文学犹如生活本身,是一篇亘古而来、今犹未竟的大文章。

此外,较之于创作,文学研究则更具有意识形态和上层建筑属性,因而更取决于生产力和社会形态、社会发展水平。这也是马克思主义的基本观点之一。如是,我国现代意义上的文学研究起步较晚,外国文学研究更是如此。虽然以鲁迅为旗手的新文学运动十分重视外国文学,但从实际成果看,1949 年前的外国文学研究却基本上属于旁批眉注、前言后记式的简单介绍,既不系统,也不深入。因此,我国的外国文学研究几乎可以说是在新中国成立以后全面展开的,而系统的外国文学学术史研究,这还是第一次。

二

学术史研究也是一种过程学,而且是一种相对纯粹的过程学。不具备一定的学术史视野,哪怕是潜在的学术史视野,任何经典作家作品研究几乎都是不能想象的。

然而,后现代主义解构的结果是绝对的相对性取代了相对的绝对性。于是,许多人不屑于相对客观的学术史研究而热衷于空洞的理论了。在一些人眼里,甚至连相对客观的真理观也消释殆尽了。于是,过去的“一里不同俗，十里言语殊”，成了如今的言人人殊。于是，众声喧哗，且言必称狂欢，言必称多元，言必称虚拟和不确定。这对谁最有利呢？也许是跨国资本吧。无论解构主义者初衷如何，解构风潮的实际效果是：不仅相当程度上消解了真善美与假恶丑的界限，甚至对国家意识形态，至少是某些国家的意识形态和民族凝聚力都构成了威胁。然而，所谓的“文明冲突”归根结底是利益冲突，而“人权高于主权”这样的时鲜谬论也只有在跨国公司时代才可能产生。

且说经典在后现代语境中首当其冲，成为解构对象，它们不是被迫“淡出”，便是横遭肢解。所谓的文学终结论也正是在这样的背景下提出来的。它与其说指向创作实际，毋宁说是指向传统认知、价值和审美取向的全方位的颠覆。因此，经典的重构多少具有拨乱反正的意义。

正是基于上述原由，中国社会科学院外国文学研究所于2004年着手设计“外国文学学术史研究工程”计划，并于翌年将该计划列入中国社会科学院“十一五规划”。这是一项向着重构的整合工程，它的应运而生，标志着外文所在原有的“三套丛书”（即20世纪60至90年代——“文革”时期中断——的“外国文学名著丛书”、“外国古典文艺理论丛书”和“马克思主义文艺理论丛书”）等工作的基础上又迈出了新的一步，也意味着我国的外国文学研究已开始对解构风潮之后的学术相对化、碎片化和虚无化进行较为系统的清算。

于是，关乎经典的一系列问题将在这一系统工程中被重新提出。比如，何为经典？经典是必然的还是偶然的？经典重在表现人类的永恒矛盾（用钱锺书的话说是“两足动物的基本根性”）呢，还是主要指向时代社会的现实矛盾？它们在认知方式、价值判断、审美取向方面有何特征？经典及经典批评与时代社会的生产力和生产关系、经济基础和上层建筑等关系何如？批评及批评家的作用（包括其立场、观点、方法及其与时代社会的一般和特殊关系）又如何？此外，经典作家的遭际与性情、阅历与禀赋，经典的内容与形式、继承与创新，以及文学的一般规律和文学经典的特殊性等诸如此类的问题，都将是本工程需要展示并探讨的。

且说世界文学一路走来,其规律并非羚羊挂角,无迹可寻。童年的神话、少年的史诗、青年的戏剧、中年的小说、老年的传记是一种概括。由高向低、由外而内、由强至弱、由大到小等等,也不失为一种轨辙。如是,文学从摹仿到独白、从反映到窥隐、从典型到畸形、从审美到审丑、从载道到自慰、从崇高到渺小、从庄严到调笑……终于一头扎进了个人主义和主观主义的死胡同。小我取代了大我,观念取代了情节;"阿基琉斯的愤怒"变成了麦田里的脏话;"路漫漫其修远兮,吾将上下而求索"变成了"我做的馅饼是世界上最好吃的";诸如此类,不一而足。是谓下现实主义。当然,这不能涵盖文学的复杂性和丰富性。事实上,认知与价值、审美与方法等等的背反或迎合、持守或规避所在皆是。况且,无论"六经注我"还是"我注六经",经典是说不尽的,这也是由时代社会及经典本身的复杂性和丰富性所生发的。

二

众所周知,文学是人类文明的重要组成部分。马克思主义的经典作家向来重视文学,尤其是经典作家在反映和揭示社会本质方面的作用。马克思在分析英国社会时就曾指出,英国现实主义作家"向世界揭示的政治和社会真理,比一切职业政客和道德家加在一起所揭示的还要多"。恩格斯也说,他从巴尔扎克那里学到的东西,要比从"当时所有职业的历史学家、经济学家和统计学家那里学到的全部东西还要多"。列宁则干脆地称托尔斯泰是俄国革命的一面镜子。这并不是说只有文学才能揭示真理,而是说伟大作家所描绘的生活、所表现的情感、所刻画的人物往往不同于一般抽象的概括、数据的统计。文学更加具体、更加逼真,因而也更加感人、更加传神。其潜移默化、润物无声的载道与传道功能更不待言。站在世纪的高度和民族立场上重新审视外国文学,梳理其经典,展开研究之研究,将不仅有助于我们把握世界文明的律动和了解不同民族的个性,而且有利于深化中外文化交流,从而为我们借鉴和吸收优秀文明成果、为中国文学及文化的发展提供有益的“他山之石”。胡锦涛前不久说过，“我们必须准确把握当代世界和中国发展变化的大势，坚持立足国情，同时又吸收世界文化的优秀成果；坚持立足当代，同时又大力弘扬中华民族优秀文化传统”。这和“洋为中用”、“古为今用”思想一脉相承。

“观乎天文以察时变，观乎人文以化成天下”；文学作为人文精神的重要基础和介质，既是人类文明的重要见证，同时也是一时一地人心、民心的最深刻、最具体的体现，而外国文学则是建立在外国各民族无数作家基础上的不同时代、不同民族的认识观、价值观和审美观的形象反映。研究人心自然不能停留在简单抽象的理念上，因此，走进经典永远是了解此时此地、彼时彼地人心、民心的最佳途径。换言之，文学创作及其研究指向各民族变化着的活的灵魂，而其中的经典(包括其经典化或非经典化过程)恰恰是这些变化着的活的灵魂的集中体现。

如是，“外国文学学术史研究”立足国情，立足当代，从我出发，以我为主，瞄准外国文学经典作家作品和思潮流派，进行历时和共时的梳理。其中第一、第二系列由十六部学术史研究专著、十六部配套译著组成：第一系列涉及塞万提斯、歌德、雨果、左拉、庞德、高尔基、肖洛霍夫和海明威；第二系列包括普希金、茨维塔耶娃、康拉德、狄更斯、哈代、菲茨杰拉德、索尔·贝娄和芥川龙之介。

三

格物致知，信而有证；厘清源流，以裨甄别。“外国文学学术史研究”中的经典作家作品学术史研究系列，顾名思义都是学术史研究(或谓研究之研究)。学术史研究既是对一般博士论文的基本要求，也是一种行之有效的文学研究方法，更是一种切实可行的文化积累工程，同时还可以杜绝有关领域的低水平重复。每一部学术史研究著作通过尽可能抽丝剥茧式的梳理，即使不能见人所未见、言人所未言，至少也能老老实实地将有关作家作品的研究成果(包括有关研究家的立场、观点和方法)公之于众,以裨来者考。如能温故知新,有所创建,则读者幸甚,学界幸甚。相配套的经典论文翻译,则遴选有关作家作品研究的阶段性和标志性成果,其形式类似于外文所先前出版的"外国文学研究资料丛书"。

此次面世的"外国文学学术史研究"中的每一部学术史研究著作将由三部分组成。第一部分为经典作家(作品)的学术史梳理。这是相对客观的,但其中的艰难也不可小觑。首先,学术史梳理既不像平素泛舟书海,拾贝书海,尽意兴而为之的俯拾由己和随心所欲;其次,牵涉语种繁多,而且经过20世纪的形形色色的方法论和批评思潮的浸染,用汗牛充栋来形容经典作家作品研究成果已不为过。因此,要在浩如烟海的研究史料中攫取最有代表性的观点和方法,实在是件考验耐心和毅力的事情。战战兢兢,生怕挂一漏万,自不待言,且挂一漏万在所难免。因此,我们只能择要概述,甚至把侧重点放在经典作家的代表作上。不然纵使篇幅再大,也难以涵括浩瀚的文献资料。换言之,去芜杂的枝蔓和重复的敷衍,留精粹要义和真知灼见是必然的,但也是不容易做到的。它考验我们涉猎的深度和广度,而且也是检验我们学术水准和价值判断的重要环节。

第二部分研究之研究何啻是一大考验。都说20世纪是批评的世纪,在经历了现代主义的标新立异和后现代主义的解构风潮之后,在各种思潮、各种方法杂然纷呈的情况下,如何言之有物、言之成理、不炒冷饭,殊是不易;如何在前人的基础上有所发现、有所前进,就更是难上加难。反过来看,正因为文化相对主义的盛行和批评的多元,也才有了我们展示立场、发表见解的特殊理由和广阔余地。举个简单的例子,解构主义针对二元论的颠覆虽然是形而上学的,却不可谓不彻底。其结果是相当一部分学者怀疑甚至放弃了二元思维,但事实上,二元思维不仅难以消解,而且在可以想见的未来仍将是人类思维的主要方法。真假、善恶、美丑、你我、男女、东方和西方等等实际存在,并将继续存在。与此同时,作为中国学者,面对西方话语,我们并非无话可说。总之,从文学出发，关心小我与大我、外力与内因、形式与内容、反映与想象、情节与观念，以至于物质与精神、肉体与灵魂、西方与东方等诸如此类的二元问题，以及经典在民族和人类文明进程中的地位和作用，依然可以是我们的着力点。当然，二元论决不是排中律，而是在辩证法的基础上融会二元关系及二元之间所蕴藏的丰富内涵和无限可能性。毋庸讳言，改革开放以来，学术界解放思想，广开言路，但日新月异中不乏矫枉过正、时髦是趋。比如大到存在与意识、物质与精神的辩证关系，小到客观与主观、客体与主体等等，都大有乾坤倒转、黑洞化吸之势。至于意识形态“淡化”之后，跨国资本主义的一元化意识形态更是有增无已；真假不辨、善恶不论、美丑混淆的现象所在皆是；个人主义大行其道，从而使抽象的人性淹没了社会性；普世主义势不可挡，以致文化相对主义甚嚣尘上。文学从大我到小我，从外向到内倾，从摹仿到虚拟，从代言到众声喧哗；真实给虚幻让步，艺术向资本低头；对妖魔鬼怪和封建迷信津津乐道，任帝王将相和无厘头充斥视阈，能不发人深省？然而，经典作家是说不尽的，以上的任何一位作家都是无法穷尽的。用巴尔加斯·略萨的话说，伟大的经典具有“自我翻新”的本领。至于何为经典，虽然也是个说不尽的话题，但用简单的方式综观前人的观点，也许可以用两句话来概括：一是它们必须体现时代社会（及民族）的最高认知和一般价值（包括人类永恒的主题、永恒的矛盾）；二是其方法的魅力及审美的高度不会随着岁月的更迭而褪色或销蚀。当然这是将复杂问题简单化的一种说法。而本课题便是关乎经典其所以成为经典的一种较为复杂的论证方式。需要说明的是，经典不等于市场。用桑塔亚那的话说，经典不在于一时一地喜欢者的多寡，而在于喜欢者的喜欢程度。如果在此基础上再加上一个历史的维度，那么这话也就更加全面了。

学术史研究的最后部分为文献目录。它在尽可能详尽的基础上，还要有所选择。不然，展示一个经典作家的学术史，光文献目录就可以编辑厚厚的几大本。因此，去粗存精，是为重要或主要文献目录。

最后需要说明的是，“外国文学学术史研究”的中长期目标是在作家作品和流派思潮研究的同时，进行更具问题意识的学术史乃至学科史研究，以期点面结合，庶乎“既见树木，又见森林”；若能密切联系实际，促进中华学术的繁荣、发展和创新，则读者幸甚，我等幸甚。无疑，此工程面向全国高校及科研机构，希望有志于外国文学学术史研究的同仁踊跃加盟、不吝赐教。

陈众议

2010 年 1 月

目录

绪言

这部根据中国社会科学院“欧美经典作家学术史研究”项目要求撰写的《贝娄学术史研究》，较为详尽地梳理了英美等国关于贝娄的研究文献，并从贝娄的创作思想、贝娄的犹太性、贝娄小说中的现代性，以及贝娄笔下的城市四个方面，对贝娄的创作情况进行了较为全面的讨论。

第二次世界大战后，美国涌现出了一大批优秀的犹太小说家。他们的崛起，几近形成了有其深刻文化背景的文学运动。索尔·贝娄无疑是这场“运动”中的中坚人物。长期生活在美国的贝娄，并不是地道的美国人。他的父母原是俄国犹太人，1913年，为了摆脱俄国政府对犹太人的迫害，从俄国圣彼得堡移居到了加拿大的蒙特利尔。贝娄就是在父母到达加拿大两年后的夏天出生的。九岁那年，他和家人又跟随胸怀大志然而屡屡受挫的父亲迁移到了美国的芝加哥。芝加哥繁华熙攘，但父亲的“美国梦”还是很快就破灭了。由于美国的经济尚未完全从第一次世界大战中复苏，加之社会上仍然对犹太移民存有偏见、歧视，贝娄一家人虽辛勤劳作，也只能在贫民区找到栖息之地，还不时地要靠亲朋好友的接济才能勉强度日。这位在贫民区长大的移民的孩子，从童年时代起便对犹太人，特别是犹太移民所遭遇的种种苦难和偏见有着深刻的体验。所以，贝娄在艰难中顽强地读完中学、大学，并最终成为一名作家后，面对游离于美国主流社会之外的犹太移民的生存境遇，总是有话要说。

贝娄的创作始于1936年。这一年，他在美国左翼刊物《灯塔》上发表了第一部短篇小说《那真不行》。2000年，他出版了最后一部长篇小说《拉维尔斯坦》。他是一位勤奋多产的作家，一生共创作了19部作品，其中13部为长篇小说。长篇小说《赫佐格》为他争得了不少荣誉,不仅在1964年获得美国全国图书奖,而且还在翌年荣获了国际文学奖(Prix International de Littérature),成为赢得此殊荣的第一位美国作家。1976年,贝娄迎来了他的幸运之年——获得诺贝尔文学奖。瑞典学院在颁奖词中对他的创作予以充分肯定,认为随着他的第一部长篇小说《晃来晃去的人》的问世,美国的叙事艺术开始摆脱僵硬、雄浑的气息,预示着某种与众不同的创作风格的到来。不过,耐人寻味的是,贝娄在答谢演说中对自己的创作风格几乎未置一词,相反对当下的社会、文学以及作家面对诸如此类问题所遭遇的尴尬等话题发表了大量的看法。

从贝娄顾左右而言他的答辞中不难看出,他其实一直遭受着民族身份的困扰。贝娄从四岁开始,便在家庭的影响下学习希伯来语和犹太经典,对自己民族传统有着深刻的认同感。但是犹太移民如果想在美国社会生存下去,就必须奉行与本民族传统相悖的所谓"美国生活方式"。正如他在《晃来晃去的人》一书中所表达的主题:犹太人既不愿放弃自己的传统宗教,又无法抵御"美国生活方式"的诱惑。在两者间"晃来晃去"的结果,最终使自己变成一个惶惶不可终日的丧失"身份"的人。这一矛盾即便在贝娄的生活和工作中也能凸显出来。他曾公开声明不愿意被称为美国犹太作家或犹太裔美国作家,也就是说贝娄反感在作家称呼中加上"犹太"这一限定词。有的批评家认为,包括贝娄在内的许多美国犹太作家都不喜欢这个称谓,其原因是这一称谓本身"含有一种贫穷、无知和地方主义等意思"。贝娄不愿被称为美国犹太作家的真实原因已无法猜测了,但从中我们不难体会到,犹太作家会比美国本土作家承受更多来自于社会、心理方面的压力,或者更确切地说,犹太人的整部历史让他学会了如何避免麻烦,躲避灾难。

当然,贝娄不愿被人称为美国犹太作家并不意味着他在有意识地回避其犹太性,相反,在作品中,他总是念念不忘表现自己的犹太性。在贝娄所创作的13部长篇小说中,除了《雨王汉德森》外,其余12部长篇小说都直接或间接地描写了美国犹太人,特别是犹太知识分子的生存状况和精神危机。从他的第一部小说《晃来晃去的人》到绝笔之作《拉维尔斯坦》,无论是在人物描写,还是在场景设置、语言运用上无不流露出深厚的犹太文化底蕴。美国著名的犹太作家菲利普·罗斯在贝娄去世的前一天这样评价贝娄:"20世纪的美国文学是由两位小说家支撑的——威廉·福克纳和索尔·贝娄。"美国有线新闻网也为此发了专稿,称贝娄"主宰了战后20世纪美国文学"。

面对这样一位文学巨匠长达半个多世纪的创作和关于他众多的研究文献,我们所能做的就是尽可能多地介绍国外具有代表性的研究成果,并就自己所能理解的贝娄阐述自己的观点。需要借此说明的是,解放军外国语学院何建军等几位教授学者和苏州科技学院的祝平教授参加了学术史的部分撰写工作。具体撰写情况为:第七章"贝娄研究在俄罗斯"由王宗琥撰写;第八章"贝娄研究在西班牙和西班牙语非洲"由卢云撰写;第九章"贝娄研究在法国"由高振明撰写;第十章"贝娄研究在日本"由何建军撰写;第十一章"贝娄研究在中国"由祝平撰写。另外,在写作过程中,还得到四川大学程锡麟教授、陕西师范大学吴晶博士以及浙江工商大学薛春霞博士的帮助。他们为我复印了多本有价值的著作和文献。对上述各位教授学者,在此一并表示真挚的感谢。

乔国强

第一编

贝娄学术史

贝娄的创作时间绵延了半个多世纪。对贝娄进行研究的时间似乎更长。根据格洛里亚·L. 克罗宁（Cronin, Gloria L.）和布莱恩·H. 霍尔（Hall, Blaine H.）重编的《索尔·贝娄：文献书目提要，第二版》（*Saul Bellow: An Annotated Bibliography,* Second Edition, 1987）所提供的书目，到 1987 年该书出版为止，研究贝娄的英文著作和英文文章已多达 1232 篇。其中，文献类文章有 9 篇，专著有 36 部，专刊类文章有 12 篇，回忆类文章有 35 篇，总体论述类文章（或书中属于总体论述类的章节）有 308 篇，论述作品的文章有 741 篇，博士论文 91 篇，虽算不上"汗牛充栋"，但也可以说是相当可观。

1987 年之后，贝娄研究又进入了一个新的阶段。据不完全统计，这一时期有关贝娄创作的论著多达 40 余部，其中有研究性专著，但更多的是以论文集形式出现的。另有报刊文章 200 余篇。这些文章著述多集中在讨论贝娄的中后期创作方面。本编共分十个章节，拟按年代和国家分别梳理相关论著和文章，并扼要或部分地介绍贝娄在中国、法国、俄国以及日本等的接受情况。

本编按照"欧美经典作家学术史研究"项目的统一要求进行梳理，即从客观的角度，归纳总结相关文章和著作里主要观点、论证方法，对所梳理的内容并不予以评论。坦率地说，虽说是"客观"，但落实到文字上的归纳总结，无论如何也无法避免梳理者的痕迹。归纳总结得是否到位是一个原因；梳理者以"浓缩"的方式用自己的语言来"转述"则是另外一个原因。因为任何形式的"转述"都程度不同地带有一定的主观性甚或虚构性。不过，尽管如此，坚持用"客观"的态度和叙述语言来梳理是本编坚定不移的追求目标。

第一章 20世纪40—50年代

1941年，索尔·贝娄（Bellow, Saul）分别在《灯塔》（*The Beacon*）和《党派评论》（*Partisan Review*, 5—6月卷）上发表短篇小说《那真不行》（"The Hell It can't", 1936）、《两个早晨的独白》（"Two Morning Monologues", 1941）时，没有引起美国文学评论界的注意。1944年，他的第一部长篇小说《晃来晃去的人》（*Dangling Man*）出版后，得到部分评论家的好评。如《党派评论》和《肯庸评论》（*Kenyon Review*）的批评圈子说，该部小说在揭示现代人的不确定性方面做出了"无懈可击的道德追求"。[①] 另外，还有几篇零星的书评文章，如格兰威尔·希克斯（Hicks, Granville）的《战争爆发以来的美国小说》（*American Fiction since the War*, 1948）[②] 一文，在宏观上考察第二次世界大战以来美国小说的同时，也兼论了贝娄的创作；菲利普·拉夫（Rahv, Philip）、詹姆士·格罗斯曼（Grossman, James）、马丁·格林伯格（Greenberg, Martin）、哈利·莱文（Levin, Harry）等编辑与作家参加的由《批评》（*Critique*）杂志主持的有关犹太作家和英语文学传统的论坛，在论及《犹太作家和英语文学传统》（"The Jewish Writer and the English Literary Tradition: A Symposium, Part II."）[③] 的同时，也提到贝娄的创作。从寥若晨星的批评来看，多数批

① 转引自 Maxwell Geismar: "Saul Bellow: Novelist of the Intellectuals", in Maxwell Geismar, *American Moderns: From Rebellion to Conformity*, New York: 1958, p. 210。除特别注明外，本书所有引文均为本书作者的译文。

② Cf. Granville Hicks: "American Fiction since the War", *The English Journal*, Vol. 37, No. 6, June, 1948, pp. 271-277.

③ Cf. Philip Rahv, James Grossman, Martin Greenberg and Harry Levin: "The Jewish Writer

评家还没有意识到这位有着远大前程的年轻作家的潜力和他出现的意义。对贝娄而言，20 世纪 40 年代并不是一个幸运的年代。

20 世纪 50 年代虽然也没有出现论述贝娄创作的学术专著，但却有几篇重要的文章问世。[①] 这些文章有罗伯特·潘·沃伦（Warren, Robert Penn）的《不承担任何义务的人》（"Man with No Commitments", 1953）、莱斯利·菲德勒（Fiedler, Leslie）的《索尔·贝娄》（"Saul Bellow", 1957）、马克斯韦尔·盖斯玛（Geismar, Maxwell）的《索尔·贝娄：知识分子小说家》（"Saul Bellow: Novelist of the Intellectual", 1958）、理查德·蔡斯（Chase, Richard）的《索尔·贝娄的历险》（"The Adventures of Saul Bellow", 1959）等。[②]

莱斯利·菲德勒在《索尔·贝娄》[③] 一文中，从宏观的角度高度评价了贝娄的早期创作。他说："随着贝娄的小说《抓住时日》（*Seize the Day*）的出版，贝娄不仅已经成为一位可能与之妥协的作家，而且已经成为一位**有必要**与之妥协的作家——如果我们要理解当下的小说都写了些什么，贝娄可能是所有小说家中我们最需要理解的一位作家。"[④] 他还回忆说，贝娄的创作已经走过了一个艰难的起步阶段，第一部小说出版时受到有点过度的赞赏，但随后就很少有人再看了；第二部小说出版时也曾受到批评界的欢迎，但不久多数读者就不再提及它了；第三部小说写得很厚，也很通俗，还出版了平装本，但却惹恼了最早发现贝娄的那些人。他们不高兴看到完全是由自己发现的作家现在进入了公众领域；第四部小说又出版了，猛然间，人们不再称他为年轻作家。人们意识到，他还会写下去，但他不是一个只写一两本小说的作者，而是一个要写很多部小说的小说家——这在近期的美国文坛上是不多见的。

菲德勒在文中将贝娄与当时其他几位著名的美国犹太小说家进行了比较。他说，在出身和追求方面跟贝娄相类似的许多美国犹太作家，

---

and the English Literary Tradition: A Symposium, Part II", *Commentary*, Oct., 1949, pp. 336-337.

① 在格洛里亚·L. 克罗宁和布莱恩·H. 霍尔重编的《索尔·贝娄：文献书目提要，第二版》中，没有辑入 20 世纪 50 年代有关贝娄创作的评介或批评文章。

② 此处文章和其他未提及的文章具体出处详见第三编。

③ 以下介绍的观点均出自 Leslie Fiedler: "Saul Bellow", *Prairie Schooner*, Summer, 1957, pp. 103-110。除必要外，不再注明所引观点的具体页码。

④ Leslie Fiedler: "Saul Bellow", *Prairie Schooner*, Summer, 1957, p. 103.

如丹尼尔·富克斯[①]、亨利·罗思[②]、纳撒尼尔·韦斯特[③]等，都曾编年史般地刻画过20世纪20和30年代的美国社会。但是，他们或早早辍笔[④]，或英年早逝[⑤]，或改写赚钱的电影剧本去了。还有当年那些集聚在《党派评论》周围的颇有才华的作家，如艾萨克·罗森菲尔德[⑥]、戴尔默尔·施瓦兹[⑦]、莱昂内尔·特里林[⑧]等，他们也都取得了一定的成绩，但这些作家在主题和母题的表达上，却无法与贝娄相媲美。

鉴于此种情况，菲德勒提出，贝娄应被视为某种久远历史传统的继

① 丹尼尔·富克斯（Daniel Fuchs, 1909—1993），美国犹太电影剧本作家、小说家和散文家。他早期创作了三部小说《威廉堡之夏》（*Summer in Williamsburg*, 1934）、《向布伦霍特致敬》（*Homage to Blenholt*, 1936）、《低俗的一群人》（*Low Company*, 1937）；主要电影剧本有《艰难路程》（*The Hard Way*, 1943）、《街头恐慌》（*Panic in the Streets*, 1950）等。

② 亨利·罗思（Henry Roth, 1906—1995），美国犹太小说家。其主要作品有《就说是睡着了》（*Call It Sleep*, 1934）和四卷本《天然溪流的恩赐》（*Mercy of a Rude Stream*）：第一卷《闪耀在莫里斯·帕克山上的星辰》（*A Star Shines Over Mt. Morris Park*, 1994）、第二卷《哈德逊河上的潜水石》（*A Diving Rock on the Hudson*, 1995）、第三卷《来自奴役》（*From Bondage*, 1996）以及第四卷《为哈莱姆而作的安魂曲》（*Requiem for Harlem*, 1998）。

③ 纳撒尼尔·韦斯特（Nathanael West, 1903—1940），美国犹太小说家和剧作家。其主要作品有《巴尔索·斯奈尔的梦幻生活》（*The Dream Life of Balso Snell*, 1931）、《孤心小姐》（*Miss Lonelyhearts*, 1933）、《整整一百万》［*A Cool Million*, 1934；原名《美国，美国》（*America, America*），1934］等。

④ 此处主要是指亨利·罗思。罗思于1934年出版《就说是睡着了》之后，辍笔60年，1994年再次出版四卷本小说《天然溪流的恩赐》。

⑤ 此处主要是指纳撒尼尔·韦斯特。他于1940年去世，享年37岁。

⑥ 艾萨克·罗森菲尔德（Isaac Rosenfeld, 1918—1956），美国犹太作家。著有长篇小说《离家》（*Passage from Home*, 1946）、文学评论集《深邃的年代》（*An Age of Enormity*, 1962）和一部短篇小说集《始与终》（*Alpha and Omega*, 1966）.

⑦ 戴尔默尔·施瓦兹（Delmore Schwartz, 1913—1966），美国犹太诗人、小说家和批评家。主要作品有《责任从梦中开始》（*In Dreams Begin Responsibilities*, 1938）、《论文选》（*Selected Essays*, 1970）等。

⑧ 莱昂内尔·特里林（Lionel Trilling, 1905—1975），美国著名文学批评家、作家，西方马克思主义信奉者。他生前发表的唯一一部小说是《旅途中》（*The Middle of the Journey*, 1947），主要批评著作有《马修·阿诺德》（*Matthew Arnold*, 1939）、《E. M. 福斯特》（*E. M. Forster*, 1943）、《对立的自我》（*The Opposing Self*, 1955）、《弗洛伊德与我们文化的危机》（*Freud and the Crisis of Our Culture*, 1955）等。

承人。这种传统起步错误,怯懦退却,前途灰暗。美国曾有许多犹太小说家试图拥有美国式的想象并借此进入美国文学场景,但无一幸免地都遭到了挫败。在贝娄的身后,有成百上千位由于出版过一本书而获得短暂的成功,此后又陷入困惑的小说家。这些小说家共同明确表明了这样一种关切:就归属或抗议的问题而言,美国犹太人需要弄清楚自己与这个国家之间的关系;犹太人的语言是一种方言丰富、快乐且知性的语言。在此种意义上说,贝娄的成功不只是他个人努力的结果,而含有许多犹太人的艰辛努力,包括失败和困惑。此外,贝娄的成功也有历史机遇的原因,那正是美国犹太人第一次步入美国文化中心的特定时刻。

菲德勒认为,自从第二次世界大战爆发以来,美国犹太作家感受到来自社会各个方面的压力。在这些压力下,他们不得不把个人经历当作一种爱国的或美国的经历来描述。他们在生活和作品中展示出的被排除在外的感觉、熟识的孤独感以及以往逃亡的经历,让其显得颇有些与众不同。也正是由于这种与众不同,使他们成为一种"公众形象"。换句话说,在美国公众的眼里,他们与美国南方人、密西西比州瘴气弥漫中走出的同性恋者以及芝加哥和纽约铁幕后走出的前激进分子一道,都是美国20世纪中期的另类。

贝娄在小说中成功地将这一压力和由此而产生的困扰等转换成了某种"神话"。不过,菲德勒同时又指出,还不能把贝娄仅仅放在这样一个语境里进行考察。作为首屈一指的美国犹太小说家,贝娄的左右还有一大帮其他文化和亚文化的成功者。如果说贝娄代表高雅文化,那么塞林格(J. D. Salinger, 1919—2010)则象征中上阶层的文化,欧文·肖(Shaw, Irwin, 1913—1984)象征中产阶层文化,而赫曼·伍克(Wouk, Herman, 1915—)[①]象征中下阶层文化。显而易见,这是一个群体的成功。

① 其实J. D. 塞林格、欧文·肖以及赫曼·伍克三位都是美国犹太作家。菲德勒从文化阶层的方面来区分似意义不大。本书将在第二编中予以讨论。塞林格的主要作品有《麦田里的守望者》(*The Catcher in the Rye*, 1951);欧文·肖的主要作品有《露西·克朗》(*Lucy Crown*, 1956)、《富人、穷人》(*Rich Man, Poor Man*, 1970)、《拜占庭之夜》(*Evening in Byzantium*, 1973)、《乞丐、窃贼》(*Beggar, Thief*, 1977)以及《水上面包》(*Bread Upon the Waters*,1981)等;赫曼·伍克的主要作品有《凯恩叛变》(*Caine Mutiny*, 1951)、《战争风云》(*The Winds of War*, 1971)、《战争与回忆》(*War and Remembrance*, 1978)、《希望》(*The Hope*, 1993)等。

在菲德勒看来，使贝娄成为他那一代最为优秀作家的原因，是他在各个层面将神秘化的犹太人变成了富有代表性的美国人。

菲德勒认为，美国社会里有一种诱惑，它会诱使人同化到资产阶级极为庸俗的价值观里。但是作为作家的贝娄，毫不妥协地抵制了这种诱惑。例如，在贝娄最为重要的小说《奥吉·玛琪历险记》（*The Adventures of Augie March*）中，贝娄冒着让他的主人公玛琪最终成为荒诞人物的风险，塑造了一个受城里恶棍欺负却自由自在、活泼开朗的犹太青年的形象。在菲德勒看来，玛琪就是马克·吐温笔下的哈克贝利·芬恩，或者说，芬恩被转换成了自由自在、活泼开朗的犹太青年。不过，菲德勒似乎也不清楚到底是芬恩变成了玛琪，还是玛琪变成了芬恩，或者说哪一种变化更能说明这一人物的荒诞性和转换的重要性。但是，他要强调的一点是清楚的，即二者的密切关系，这一点有助于避免二者在情感上的虚假。

菲德勒在分别点评贝娄四部小说的基础上，又进一步指出，贝娄的成功不只是创作风格上的成功，更是因为他拥有否定的能力，即本质上不能将他的人物终结为他们所代表的那些类型，也不能让他们的个性为此而妥协。他的主人公不仅拒绝混同为一般意义上的"小人物"，或那种多愁善感的自由主义者笔下的"受害者"，而且还被塑造成有意识地抵制自己成为这类人的人物。这种抵制行为的本身实际上就是这些主人公自我意识和自我界定的结果。他们本人，甚或我们读者也能感觉到的孤独，不仅具有表现城市生活和文化分化的功能，而且还成为某种**意志**东西（即他们寻求知道自己身份）存在的条件和结果。当时有一种广被人们所接受的观点，即人是社会的产物。人如果感到特别孤独，不仅是因为他感到与他人沟通困难，而且还因为他失去了与包罗万象的所有对自身界定的联系。贝娄意识到，正是在这种孤独中，人类懂得了不是去忍受而是去**成为**这种孤独，并且从这种孤独中重新发现自己的身份和自己与他人间的关系。

菲德勒指出，我们之所以接受贝娄的人物，是因为他们公开了我们欲隐藏起来的东西；他们就是我们，却没有我们所惯有的那种防守戒备。这样的人物只能生活在城市里，寄居在小旅馆里，独自坐在下等饭馆的角落里；这种人物的妻子回家省亲，留下他一人独守空房，即便回到家里,见到的也是凌乱不堪的房间;这种人会跟随与己毫不相干的送葬队伍,也不知去向哪里;这种人没有成功之举,甚至没有个人的物品;他遭到父亲的抛弃,也得不到儿子的承认;他身边没有女人,只是面对着他自己……其实,这种人不是别人,就是曾经遭到流放的犹太人。菲德勒在贝娄的作品里,不仅看到了自己同胞的身影,还看到了犹太民族两千多年来的苦难。

在菲德勒发表《索尔·贝娄》的第二年,马克斯韦尔·盖斯玛发表了《索尔·贝娄:知识分子小说家》[①]一文。他在文中指出,如果说塞林格是20世纪50年代大学生的文学发言人,那么贝娄则是美国知识分子最喜欢的小说家。这主要是因为贝娄小说的艺术品位已经达到了这种高度,更重要的是他还打破或超过了当时的社会主流价值观。

盖斯玛的这一论断主要是依据贝娄小说中主人公的生活际遇、精神品质以及知性思考而得出的。例如,贝娄在第一部长篇小说《晃来晃去的人》中刻画了一个坚持原则却无所适从的主人公约瑟夫。第二次世界大战爆发后,他支持美国参战,辞职在家等待征召入伍。他依靠妻子挣钱养活自己,反对那些发战争财的人。他将自己关在屋子里,享受着辞职后等待征召的那份自由。但不久他就厌烦了这种颇有些折磨人的等待,变得对朋友、家人冷漠,还时不时地对那些不理解自己所坚持的原则的人表示出极大愤怒。他越来越感到自己已经是战争的道德受害者了。他发现城市生活,尤其是他经常光顾的社会中下层生活索然无味,也极其丑陋。不过尽管如此,他仍然继续寻找那些中下层人共同人性的清晰标记。他以为,在事物与人和行为与人之间必须有所区别;不然的话,生活或死于这个丑陋的现代美国城市里的人们,就会受制于他们的生活环境,并成为这一环境的牺牲品。他还认为,在这个遭诅咒的时代里,身处激烈的政治纷争漩涡中,人和人之间甚至都不可能进行最简单的沟通。在他出席的一次由中产阶级知识分子和放荡不羁的文化人参加的聚会上,他所看到的只是对依洛西

① 以下介绍的观点均出自 Maxwell Geismar: "Saul Bellow: Novelist of the Intellectuals", in Maxwell Geismar, *American Moderns: From Rebellion to Conformity*, New York: 1958, pp. 210-224。除必要外,不再注明所引观点的具体页码。

斯[1]精神的一种现代戏仿,无聊的戏仿。他突然意识到,人们举办这类聚会的目的无非就是释放被抑制的情感,把内心抑制住的蔑视、仇恨、欲望等暂时性地表露、发泄出来。简言之,盖斯玛认为,《晃来晃去的人》之所以能引起知识分子和一些自由主义派别杂志的注意,主要是因为它准确且流畅地再现了这些知识分子的内心世界,成为 20 世纪 40 年代和 50 年代美国知识分子精英的代言人。

1947 年贝娄出版了长篇小说《受害者》(*The Victim*)。盖斯玛认为,小说中的基督教徒阿尔比显然是个"迫害者"。他因犹太人利文萨尔的震怒而失去了工作。为了报复,阿尔比趁利文萨尔的妻子回娘家之际,搬进利文萨尔的家里居住。他不仅吃住在利文萨尔的家里,还把妓女带去。阿尔比还以窥探利文萨尔作为犹太人的一些个人隐私为嗜好,这给后者造成了很大的压力和痛苦。奇怪的是,利文萨尔自以为阿尔比对自己的指责有道理,而且应该对他的失业负责。同时,他对自己侄子的死深感内疚,并觉得自己应对被哥哥抛弃的嫂子负有责任。唯一能使他感到自豪的是,他的工作做得很出色;唯一能使他获得安慰的是,他爱恋着离家的妻子。对精神失常的母亲和知识分子父亲的怀念也常常萦绕着他。

盖斯玛认为,利文萨尔的个人际遇、精神状态等所有的这一切,都给读者造成了一种精神苦痛的印象,而且让读者觉得他的苦痛有道理。这是因为利文萨尔自始至终都是一个犹太人,他愿意为这个并非由他创造的世界承担责任。这个人物疾病缠身、遭人背叛,还不时地受到社会和周边人员的敌视,但他不怨天尤人,只是不停地挣扎,不为出人头地而只是为活着而活着,是贝娄笔下一个典型的现代城市生活的产品。或者说,利文萨尔的生活遭遇不是偶然的,它是一则有关受迫害的犹太人拥抱并激活迫害者的寓言。

在肯定利文萨尔这个人物的同时,盖斯玛同时也指出,如同《晃来晃去的人》中的主人公约瑟夫那样,《受害者》中的主人公利文萨尔基本上也是同一群"被同化"了的犹太人打交道。这些犹太人失去了自

① 依洛西斯(Eleusis),又译厄琉西斯,希腊神话中的人物,依洛西斯城的国王;有神话说,他是特里普托勒莫斯的父亲。见 M.H. 鲍特文尼克等编著:《神话辞典》,黄鸿森、温乃铮译,北京:商务印书馆,1985 年版,第 105 页。

己的文化，脱离了自己的传统。他们处于社会的中下层，生活在狭窄悲戚的环境中。他们对自己文化传统的唯一继承就是家庭里那种令人窒息的虔敬生活。

不过，贝娄似乎要对自己描写的这类狭窄悲戚的环境做个补偿。他在随后的《奥吉·玛琪历险记》中，刻画了一位无产阶级式的主人公玛琪。在盖斯玛看来，贝娄运用了德莱塞（Dreiser, 1871—1945）、托马斯·C. 伍尔夫（Wolfe, Thomas Clayton, 1900—1938）、詹姆士·T. 法莱尔（Farrell, James Thomas, 1904—1979）等人采用的社会现实主义手法，再现了主人公玛琪的生活环境，并让读者感到小说中的人物是受环境和意志制约的。但是，如果仅仅是描写大萧条期间芝加哥贫民区的贫穷生活，并以此来引起读者同情的话，这部小说就不会真正具有研究的价值了。该小说从外部来描写贫民区生活，作者仿佛就住在这贫民区的附近，但又绝没有在贫民区里居住过，所以作者了解贫民区的所有特点，但又仅仅止于了解。这是一种文学的概述或人类学研究，写人状物确切，信息量大，除了真实外，一切都写到了。盖斯玛认为，小说从芝加哥贫民区开始写起，结尾处却落脚在墨西哥和欧洲，这种写法喻指了20世纪下半叶美国现实主义文学的发展路程。小说的可取之处是后半部描写的那只名叫卡利古拉的懦弱的“鹰”。它没有让自己扮演达尔文或海明威式的英雄人物角色。

总体说来，盖斯玛认为，贝娄的《奥吉·玛琪历险记》不是一部成功的小说，尽管有些成功的细节。直到1956年贝娄出版《抓住时日》这部小说，才重新回到了真正属于他的创作领地。

在盖斯玛看来，《抓住时日》的开篇写得极为精彩，作者详细描写了纽约上西部中产社会的角力场。这里有高大阴郁的旅馆、理发店、商人们光顾的蒸汽浴室以及作为城市神经中枢的股票市场；这里是无用的人、受纵容的人、空虚的人以及老年人的地狱。这种描写是对整个美国社会的讽刺性戏仿。贝娄在此的描写笔法颇有司各特·菲茨杰拉德（Fitzgerald, Scott, 1896—1940）、约翰·欧哈拉（O’Hara, John, 1905—1970）等现实主义作家的神韵。

贝娄在小说中成功地描写了两个颇具代表性的人物，即唐金和威廉。唐金是一个社会发言人性质的人物，一个心理学家、诗人、哲学家以及"科学的观察者"。他冷静理智地探讨了美国社会的拜金主义,分析了在猪油赌博后面的犯罪圈子,并且总结了美国社会的信条。他说:"过去对我们已无用途,而未来则充满焦虑。只有现在是真实的——此时此地。抓住时日。"[①] 威廉命运多舛,是一个天生的倒霉蛋或社会场景里一个"可有可无的东西"。他先是失业,后又遭到妻子的遗弃,即便跟自己的孩子也形同陌路。他上过大学,但从未毕业;他曾梦想做个好莱坞的明星,到头来却丢掉了自己推销员的工作。他在小说中出现时,无论是在经济上,还是在精神上,都十分依赖,却又厌恶并逃避他的老父亲。贝娄通过对这个人物的描写,揭示了以纽约上西部为代表的美国社会阴森恐怖的一面。

盖斯玛在肯定这篇小说的同时,也提出了自己的疑问:即从根本上说,这部小说处理的是一个社会学问题(即移民大众文化如何在冷酷、艰难、抽象的美国社会中取得成功的问题),还是一个具有精神生理本质的深层次问题(即存在于贝娄小说中的俄狄浦斯情结)? 盖斯玛对此的回答是,从《抓住时日》这部小说来看,贝娄巧妙地处理了失意落魄的主人公威廉寻求父爱这一主题。贝娄在其他小说中所塑造的人物也都是些失意落魄类的,他们精神孤独、得不到爱、喜欢沉思且自以为是,但同时又都焦虑地渴望得到他人的爱,表现了相同的心理所投射的两个方面。即便是在《奥吉·玛琪历险记》这部写"超人"的小说中,寻求父爱的主题也再次出现。奥吉总以为自己是个孤儿,心里总幻想着有一对出身高贵的父母亲来收养他。因此,他先后让艾因霍恩和伦琳来庇护自己。但是,在贝娄的这种父(母)子关系中却没有那些与俄狄浦斯情结相关的仇恨、嫉妒、愤怒、欲望、不道德等因素。换句话说,贝娄小说中吸引我们的那些品质是与忍受痛苦、屈辱、善良以及真实且具有讽刺意味相关的人类弱点。总之,在贝娄的小说中,主人公的中心意象不是那个反叛的儿子,而是那个痛苦、受煎熬但却顺从的儿子。基于上述分析,盖斯玛总结说,贝娄真诚地关注甚至受制于他所承继的道德价值观,而其他一些犹太作家,如赫曼·伍克则靠此赚钱。

① Saul Bellow: *Seize the Day*, New York: Viking Press, 1956, p. 66; also in Maxwell Geismar, "*Saul Bellow: Novelist of the Intellectuals*", in Maxwell Geismar, *American Moderns: From Rebellion to Conformity*, New York: 1958, p. 219.

这一时期有关对贝娄作品的批评,还出现在一些书评和综合报道类的文章里,如斯坦利·E. 海曼(Hyman, Stanley E.)的《小说中的某些趋向》("Some Trends in the Novel", 1958)、伊哈布·H. 哈桑(Hassan, Ihab H.)的《受害者:近期美国小说中的邪恶意象》("The Victim: Images of Evil in Recent American Fiction", 1959)以及埃里克·卡勒(Kahler, Erich)的《现代小说的转变》("The Transformation of Modern Fiction", 1955)[①]、威德谟·金斯利(Kingsley, Widmer)的《当代小说中的诗性自然主义》("Poetic Naturalism in the Contemporary Novel", 1959)[②]以及发表在《大学英语》(*College English*)杂志上的《有关文学的报告与总结》[③],等等。

斯坦利·E. 海曼在其《小说中的某些趋向》[④]一文中,谈及文学创作中的几种趋向时也提到贝娄的创作。海曼将20世纪50年代前及其间出现的有希望的文学趋向分为三种。其中一种,也就是他说的最后一种,是值得鼓励的一种趋向。从形式上看,这种趋向有别于"伪小说",是一种包罗万象的"真实小说"体。这种"真实小说"的核心是行动和道德的想象。海曼认为,贝娄的《奥吉·玛琪历险记》在处理罪恶和人类心灵最阴暗部分时,毫无疑问就属于这种"真实小说"。具体说,《奥吉·玛琪历险记》是一种写贫民窟的自然主义小说。只不过与一般意义上的自然主义小说比较起来,贝娄的小说更诗意盎然,象征丰富。遗憾的是,海曼没有进一步展开来论述贝娄的小说何以如此。总的说来,20世纪50年代的评介大都如此简短。或许这既与贝娄初涉文坛、作品不多有关,也因批评者在时间上尚未与贝娄的作品拉开距离所致。

---

① Cf. Erich Kahler: "The Transformation of Modern Fiction", *Comparative Literature*, Changing Perspective in Modern Literature: A Symposium, Vol. 7, No. 2, Spring, 1955, pp. 121-128.

② Cf. Widmer, Kingsley: "Poetic Naturalism in the Contemporary Novel", *Partisan Review* 26 (1959), pp. 467-472.

③ "Report and Summary about Literature", *College English*, Vol. 15, No. 17 (Apr., 1954), pp. 419-424.

④ 以下介绍的观点均出自 Stanley Edgar Hyman: "Some Trends in the Novel", *College English*, Vol. 20, No. 1 (Oct., 1958), pp. 1-9。不再注明所引观点的具体页码。

伊哈布·H. 哈桑在《受害者:近期美国小说中的邪恶意象》[1]一文中纵论文学中邪恶意象问题时,将邪恶与受害者相提并论。他认为,在当代人对邪恶的认识中伴有一种荒诞和恐怖的成分,只是因为这种对邪恶的认识说到底是一种带有宗教意味的认识,其中心人物是受害者。他援引塞弗(Sypher)在《喜剧》("Comedy")一文中的话说,"作为一个好人的基督肯定是英雄—受害者的原型。他遭到嘲笑、辱骂,并被戴上荆冠——一个替罪羊之王。"[2]这种英雄—受害者和替罪羊之王为了让其子民得到解脱,承担了他们的所有罪孽,遭受了各种各样的惩罚。他们质疑其子民的行为,扮演反对者、反驳者和说"不"的角色,都是为了有利于其子民;他们是些**敢于看的人**和**被扇耳光的人**;他们是受苦受难者,但却有贬低那些**发迹者**的特权,而且还能毫无顾虑地挖苦那些**高贵者**。在哈桑看来,美国作家清楚地知道在传统价值表述和直接经验之间总会有一种存在的沟壑。他们注意到人类在宇宙中的物质和精神地位正在发生巨大的变化,并且意识到个人的经验会因此而处于不断的变动中。当代作家了解个人梦境的凶险,也清楚大家都渴望过一种有秩序的生活。他们想象邪恶和为受害者刻画肖像,其目的只不过是想在无需诉求任何教条或思想体系的情况下,采用各种各样的方法来调和梦和秩序。这种调和从来都不能轻易得手,因为在神秘的经验逻辑中,因果关系很少能联系起来。作为美国最重要的作家之一,贝娄在《受害者》这部小说中用阿拉伯寓言《一千零一夜》中商人吃枣和丢弃枣核,结果遭到杀身之祸的故事作为该书的题记,就说明他对上面所说的情况是深为了解的。哈桑认为,贝娄如同其他美国当代作家一样,承担起人类非理性生存的责任,并通过赋予其形式的方式来拯救人类的生存。

此外,在上文提到的发表在《大学英语》杂志上的书评或报道中,有关贝娄创作或作品的评介虽仅仅是些片言只语,但也程度不同地阐

① 以下介绍的观点均出自 Ihab H. Hassan: "The Victim: Images of Evil in Recent American Fiction", *College English*, Vol. 23, No. 3, Dec., 1959, pp. 140-146。除必要外,不再注明所引观点的具体页码。

② 转引自 Ihab H. Hassan: "The Victim: Images of Evil in Recent American Fiction", *College English*, Vol. 23, No. 3, Dec., 1959, p. 146。

释了贝娄创作的特点、倾向以及存在的问题。例如,《有关文学的报告与总结》[①] 一文指出,贝娄的《奥吉·玛琪历险记》是一部关于大萧条前的芝加哥的故事,但是故事的大部分场景是在欧洲的某些地方,剩下的场景则是在美国的其他地方,芝加哥本身并没有出现。该文还指出,贝娄本人也说过,他喜欢写发生在国外的故事,因为用罗伯特·潘·沃伦的话说,你如果在一个非母语的国度里写作,就会被迫以某种特殊的方式回归自己。该文引用萨默塞特·毛姆(Maugham, Somerset)的话说,事实的真相是,作家能贡献出的就是他自己。尽管贝娄自己没有这么说,他广泛的社会阅历很有可能为《奥吉·玛琪历险记》这部具有流浪汉特征的小说提供了创作的素材。

① 以下介绍的观点均出自 "Report and Summary about Literature", *College English*, Vol. 15, No. 17 (Apr., 1954), pp. 419-424。此文无作者署名。不再注明所引观点的具体页码。

第二章 20世纪60年代

随着贝娄作品的不断问世，对其评论短浅的情况在20世纪60年代中后期发生了较大的转变。在这一时期里，除了出现一定数量的评论文章之外，还有多部论述贝娄创作的重要学术专著的出版，如约翰·雅各布·克莱顿（Clayton, John Jacob）的《索尔·贝娄：捍卫人类》（*Saul Bellow: in Defense of Man*, 1968）和欧文·马林（Malin, Irving）的《索尔·贝娄的小说》（*Saul Bellow's Fiction*, 1969）。总的说来，20世纪60年代，美国文学批评界对索尔·贝娄早期创作的评价颇高，许多批评开始关注蕴含在贝娄作品中超族裔的道德底蕴、独特的创作风格以及娴熟的写作技巧。

1960年似乎是贝娄真正引起美国文学批评界重视的一年。在这一年的夏季期刊里，美国著名文学批评杂志《批评》出版索尔·贝娄和威廉·斯蒂伦（Styron, William）的批评专刊，其中有著名美国批评家伊哈布·H. 哈桑的一篇文章，题目是《索尔·贝娄：一个英雄的五种面孔》（"Saul Bellow: Five Faces of a Hero", 1960）。哈桑在这篇文章中从总体上评介了贝娄的五部小说：《晃来晃去的人》、《受害者》、《抓住时日》、《奥吉·玛琪历险记》以及《雨王汉德森》（*Henderson the Rainking*）。所谓"一个英雄的五种面孔"即是指贝娄五部小说中的五位主人公的命运际遇、性格特征及其所蕴含的意蕴。

哈桑认为[①]，人类历史上曾有那么一段英雄辈出的时间，历史记载了他们的辉煌业绩。但是，现在我们被告知，英雄已经从地球上消失了，

① 以下介绍的观点均出自 Ihab H. Hassan, "Saul Bellow: Five Faces of a Hero", *Critique*, 3:3 (1960: Summer), pp. 28-36。不再注明所观点的具体页码。

比渡渡鸟和半人半马的怪物还要罕见。不过，文学向来是拒绝接受现实的，因此也拒绝接受这种英雄消失的观点。当代小说设法肯定人类生活，于是乎就致力于塑造英雄。我们也在承认这类英雄所扮演的角色，把他们视作演员和受难者，反叛者和受害者，无赖和圣者。我们是通过玻璃般迷蒙不清的小说看到他们的，既典型又不同凡响，像是走在大街上的局外人。这些人物形象也就是我们在贝娄小说中所见到的英雄人物形象。

在哈桑看来，贝娄作品中的英雄人物在不断变换脸庞。他们永远都肩负着沉重的包袱。贝娄第一部小说《晃来晃去的人》中的英雄人物约瑟夫，看上去与他第五部小说《雨王汉德森》中的英雄人物汉德森相去甚远，但是这种距离是一种有弹性的距离，即他们是在迫害和反抗两极之间伸张，又在当下英雄主义相遇的两极之间收缩。贝娄小说中英雄人物的主要行动，就是在这样两对极点间伸张收缩。换句话说，他笔下的英雄人物永远都是在"是"与"不是"的张力间行动，以使行为的方式具有功能意义，将自由的生存变为获取知识的途径，将自知衍化为对他人的爱。其目的无非是想说服读者相信，人类在现实中的一切经历或生活，不管如何去称谓它们，都是值得的。人类可以在这些经历或生活中体悟个中的苦痛及其意义。贝娄笔下的英雄人物尽管千差万别，但他们的主要功能都是一致的，即都被用来艺术地确认上述问题。即便是具有否定意蕴的人物约瑟夫也一样，他也会像奥吉一样对生活有信心，坚信人类还没有走到历史的尽头。

哈桑在文中所描绘的贝娄五部小说中的五种英雄人物面孔，分别为《晃来晃去的人》(1944)中的主人公约瑟夫、《受害者》(1947)中的主人公阿萨 · 利文萨尔、《抓住时日》(1956)中的主人公汤米 · 威廉、《奥吉 · 玛琪历险记》(1953)中的主人公奥吉 · 玛琪以及《雨王汉德森》(1958)中的主人公汉德森。

哈桑在文中对这"五种英雄人物面孔"也进行了分析。他指出，《晃来晃去的人》中的约瑟夫生活在一个人们追求自由，但最终又不得不放弃自由的世界里。他自认为是战争的道德受害者，摆脱了家庭责任，但结果却加重了他的内疚、焦虑、怀疑以及孤独，而最终不得不逃离自己所刻意追求的自由，加入到象征毫无自由的军队的行列里。约瑟夫的弱点其实也是生活在这个荒诞的世界里人类所共有的弱点，他最终对自己弱点的认识是颇有讽刺性的。《受害者》中的阿萨·利文萨尔生活在战后，对周边的人有一种颇具讽刺意味的负罪感。一方面，他莫名其妙地营造了一种让自己成为受害者的氛围，然后因自己营造出这种氛围而感到负罪；另一方面，这种负罪感没有让他消沉、怀疑或孤独，反而让他萌生出爱意，促使他维护迫害他的阿尔比。《抓住时日》中的汤米·威廉与约瑟夫和利文萨尔也有所不同。他将对自己失败的认识转换为比爱还要宽泛的一种接受。已届中年且又在生意上失败的威廉，在沮丧中屈辱地跪求在生活的脚下。具有讽刺意味的是，他认识的一个名叫唐金的庸医和骗子跟他讲了一句至理名言：在当下的时刻里才能发现真实的世界——要抓住时日。威廉在极为绝望之际，想起了这句话。他无意中来到了一家殡仪馆，看到死者的尸体后竟忍不住失声痛哭起来。痛哭让他不但忘却了失败，还超越了对爱与死的关注。他终于明白自己内心真正渴求的东西。

哈桑认为，如果说约瑟夫和利文萨尔是受人冷嘲的对象，那么威廉则是一尊真正悲剧性的雕像。但是，他们都还属于“受害者—英雄”这样的人物模式。《奥吉·玛琪历险记》中的主人公奥吉·玛琪才是贝娄小说中具有喜剧性、无赖品性和反叛精神的英雄。不过，在哈桑看来，威廉和奥吉也有一些可比较之处。相同之处在于，他们都是命运的孩子。只是前者受到错误和厄运的控制，而后者则受到幸运和恩赐的宠幸；他们不同之处则是，前者过着一种封闭的生活，限定自己的处境；后者则生活在开敞的天地里，增加自己的机会。

奥吉的命运也是由他的性格决定的，正如赫拉克利特所说，性格决定命运。他的性格中充满矛盾。一方面，他的注意力很容易被分散，女人迷人的目光就能让他神魂颠倒。用他弟弟西门的话说，他“有点傻气”，另一方面，他内心有“一种对立相反的东西”。他自己也承认内心有一种对立的东西，很想抵抗些什么，想说“不”。哈桑认为，《奥吉·玛琪历险记》既不是有关知识的，也不是有关爱的小说，而是有关笑的小说。所谓的笑，即不朽的希望之谜，而希望又是指现实之神秘向他的自我展示。不过说到底，奥吉还是无法融入社会，无法与任何人亲近或结盟。他笑的力量与否定的力量仍然处于一种微妙的平衡状态。他自封为"爱的奴仆",其实不过是环境的产物,只能说明遗传与环境之间的荒诞游戏或机遇与人类目的之间更为微妙的戏耍。

在《雨王汉德森》这部小说里,机遇显然是由目的控制的。换句话说,汉德森与奥吉不同,奥吉的生活尽管是受生存这一轴线的指导,更多的还是仰仗命运的恩宠,而汉德森则是一个响应着内心"我要,我要"的呼唤,有激情、有紧迫感的追求者。另外,贝娄在这部小说里没有将英雄人物汉德森的追求局限于美国的现实社会,而是将其放置在非洲这片土地上任其驰骋。尽管如此,汉德森所求索的依然是现实社会。用哈桑的话说,汉德森逐渐意识到仅对生活充满热情是不够的,人类不要再"成为"什么,而是要进入"存在"的王国。为达到此目的,人类要把自己变成野兽,与野兽为伍。人类的生活必须与万物的生存同步,而不能与之相悖。在明白了这些道理之后,汉德森又回到了家乡,跟妻子团聚了。这位昔日惯于说大话、意气用事,物质富有但精神贫乏的家伙成了美国英雄。他终于醒悟到,只有在堂吉诃德式的痛苦施舍中才能重新获得纯真。

总之,在哈桑看来,从约瑟夫到汉德森五位英雄人物所遇到的问题各不相同,但他们的精神境界却在不断的变化和提升中。贝娄就像是行进中的朝圣者,他的艺术成就是通过他所刻画的每个阶段的英雄人物形象展示出来的。

发表在同期《批评》的另一篇重要的评价贝娄的文章是 J. C. 利文森的《贝娄的晃来晃去的人》("Bellow's Dangling Man")[①]。这是一篇颇有深度的评价贝娄早期创作的文章。作者利文森在文中指出,美国文学传统上不乏"晃来晃去"式的人物,如纳蒂 · 班布、海斯特 · 白兰、阿哈勃、戴茜 · 密勒、哈克贝利 · 芬恩等。他们都是自由的精灵,都被引向同一条敞开的道路上。美国经典的个人主义,在文学中的表达和现实中的表达同样清晰可辨。作家如何写出与此前不同类型的自由或不同类型的"晃来晃去",是个比较重要的问题。贝娄作品中经久不变的人物形象就是晃来晃去的人,但是,美国的经典英雄人物形象在贝娄营造的新环境中得到了重生,即他笔下那些"晃来晃去"的人物,与其

① 以下介绍的观点均出自 J. C. Levenson: "Bellow's Dangling Man", *Critique*, 3:3 (1960: Summer), pp. 3-14。除必要外,不再注明所引观点的具体页码。

前辈所塑造的有所不同。

不同之一,贝娄笔下的美国已经加入到了世界的大家庭里,可他笔下的人物却还在犹豫不决,不知道自己是否应该加入到美国。利文森援引理查德·蔡斯的话说,瓦尔特·惠特曼(Whitman, Walt)和马克·吐温(Twain, Mark)宽厚慈祥地站在贝娄的肩上看着他写作,他们的活力、勃勃生机以及奇才都在贝娄的身上延续着。与此同时,尼采(Nietzsche)和陀思妥耶夫斯基(Dostoyevsky)在贝娄想象的世界里也同样不陌生。贝娄的这些艺术才华在他的第一部长篇小说《晃来晃去的人》中就得以集中体现。例如,在小说主人公约瑟夫的身上有着惠特曼式的从容,然而,当战争和国家机器在他前进的道路上设置障碍时,他便踌躇不前了——原本乐观的超脱变成了孤独,与他人甚至与自我疏离。他有一大堆的想法来铸就自己的生活,然而在希望破灭之后,他就断绝一切亲情,自废实现目的的能力。

不同之二,贝娄笔下的约瑟夫也不是陀思妥耶夫斯基式的人物。约瑟夫的"晃来晃去"是在思想的火山口里晃来晃去,最终并没有沉沦下去。他在厌烦这个世界和自己时,就变成一个厌倦平庸生活、寻找危险且好斗的人。患病的灵魂在世界各处都是一样的,但不一样的是,贝娄的主人公设法康复而不是再生。例如,约瑟夫的朋友能用像猫一样的眼睛注视着黑暗,他关注更多的是外在的而不是内在的黑暗,结果他幸存了下来。贝娄不是不强调这一点,而是想让他的人物自己去了解这一点。

利文森指出,贝娄的第一部小说通过人物形象预示了他后面几部小说的主题。不过,这并不是说随后小说中的主人公都不得不通过跟美国军队签合同的方式投身到世界中来,而是说这些像约瑟夫一样内向且自我凝视的主人公,必须懂得如惠特曼所说的教训,即痛苦是我们更换的服装之一,即便是最不内向的人物奥吉·玛琪也是如此。《奥吉·玛琪历险记》中的人物类型似乎有些转向,奥吉探寻的是外部世界,而且他的主要历险是寻找伟大的东西,但是,他内心的尺度仍然是其最终能够保存自我的方法。

不同之三,贝娄在小说中并非只处理"幸存者"这样的主题。在《奥吉·玛琪历险记》之后,贝娄从塑造寻找式人物转向刻画失败型人物。

他在《抓住时日》中就描绘了一个彻底失败的家伙。这部小说中的主人公汤米·威廉完全是现代城市系统中的一个分子。他曾做过电影演员、商人、房屋中介人等,但无一成功。他过着一种远离父亲、妻子和孩子,无牵无挂的孤独生活。他在现代城市生活中晃来晃去并且最终倒下了,其悲怆经历成为小说中城市生活的一个重要方面。不过,这部小说给人印象最为深刻的是另外一个人物,即一个名叫唐金的超级恶棍、魔鬼式的家伙。他是一个庸医,同时还是心理学家、商人、诗人。他骗走了威廉最后的700美元,然后编造借口说自己的妻子自杀溺水身亡,以此来哄骗威廉。身无分文的威廉无意中走进一家殡仪馆,沉浸在哀乐声中。这是小说中唯一严肃的时刻,给整部小说以道德的分量。然而,当他在殡仪馆餐厅里的关键场景里说出:“可怖!可怖!”时,却消解了这一场景的严肃性。因为实际上,威廉只是觉得自己荒唐可笑,而不是什么死亡的可怖。他在这时候自问“我在这儿干什么?”似乎有些滑稽,但决不是什么笑话。

利文森之所以这样认为,是因为贝娄在随后的一篇名为《小说作家的分心》(“Distractions of a Fiction Writer”)的文章中再次提出了类似的问题。利文森在文中转引贝娄的话说,假如小说家迟疑片刻,孤寂地面对着空白的墙壁,他会自问道:

> “整个世界是在运动之中,众目昭彰。你在做什么?你没有在做任何相称的事。只是孤独地坐在这儿,奇怪地忠实于在孩童时代学到的那点东西。他们在学校里教你帕尔默的方法,于是乎你就在这里用单词布满纸张。你继续写男人与女人,家庭与婚姻、离婚,犯罪与逃亡,谋杀,婚礼,战争,上升与下降,简单与复杂,受宠与痛苦,大都是想象出来的。谁让你写这类事情的?你究竟在这儿干什么?写这些死去的和不存在的人——普里埃姆和赫库巴斯——干什么呢?谁是这个叫赫库巴斯的人,你跟她有什么关系?”①

---

① Saul Bellow: “Distractions of a Fiction Writer”, 转引自 J. C. Levenson: “Bellow's Dangling Man”, *Critique*, 3:3 (1960: Summer), p. 10。

贝娄提出的这些想象中的问题足以把作家的喜剧面罩揭下来："我们为何出生？我们在这儿干什么？我们要去哪儿？在永存的天真中，想象力将不断回到这类问题上来。"

利文森引用贝娄自己的话无非是想说明，贝娄在关键时刻让小说中的人物来一个喜剧性转折，意在暗示生活的荒诞性。利文森认为，贝娄能够幽默地表现陀思妥耶夫斯基的空白的墙，部分是因为美国传统为贝娄使用幽默提供了方便。毕竟，那种墙的刻画在赫曼·麦尔维尔（Melville, Herman）作品中也能够见到；那种被异化了的晃来晃去的人在亨利·亚当斯（Adams, Henry）的作品中也有其身影。不过，如果仅到这里，贝娄也就没有太多的独特性了。然而，他是有独特性的。他的独特之处就在于他将以马克·吐温为代表的美国幽默和以陀思妥耶夫斯基为代表的俄罗斯幽默结合了起来。抑或说，贝娄的幽默还受益于马克·吐温和马克·吐温喜欢的意第绪语作家。这种影响主要体现在他笔下人物的手势、语言以及观念之中。在贝娄随后的几部作品，如《雨王汉德森》中也体现了他一贯的幽默感。例如，汉德森在总结自己的经历时说："我以自己的方式努力地工作着。极度的苦难就是工作，而且我常常在午饭前喝醉酒。"

就贝娄作品中所洋溢出来的人道主义精神而言，利文森认为，贝娄与美国和欧洲作家有着深刻的渊源关系。犹太式幽默即荒诞，是其人道主义特殊构造中的基本因子。最能体现出他这一创作特质的是贝娄的第二部小说《受害者》。发生在这部小说中一连串的迫害事件让人感到荒诞。"受害者"阿尔比认为，他之所以从正常的生活水平面上跌落下来，主要是因为他的一句反犹太人的话激起了犹太主人公的报复，即利文萨尔故意与阿尔比的老板大吵大闹，其目的就是想激怒阿尔比的老板，并因此而让老板解雇阿尔比。痛苦是有传染力的，也就是说，在阿尔比失业这一事件中感到痛苦的不只是阿尔比，利文萨尔也颇为难过。他认为，如果有人受到伤害，那么就会另有其人为此而内疚。他就为阿尔比的失业内疚。利文森由此得出结论，即认为贝娄似乎在告诫我们，不要试图去改变生活，而是要投入到生活的过程中去——贝娄把爱默生（Emerson）和惠特曼的精神整合到一起了。贝娄像他的前辈那样，不希望让人们生活得自私卑鄙。

就在这一年撰文评价索尔·贝娄创作的还有美国犹太文学批评家拉尔夫·弗莱德曼(Freedman, Ralph)。他在《威斯康星当代文学研究》的冬季号上发表了题为《索尔·贝娄:对环境的错觉》[①]一文。文中从环境,即从政治与社会现实的角度,探讨贝娄的早期小说创作,涉及到的小说有《晃来晃去的人》、《受害者》、《奥吉·玛琪历险记》、《雨王汉德森》等。

弗莱德曼在文中首先提出,20世纪30年代的"社会小说"(social novel)重新出现在20世纪50年代的美国文坛。不过,他在这里没有沿用过去的称谓,而是改称为"环境小说"(milieu fiction),以此来区别于30年代那些写政治主题的"社会小说"。"环境小说"的关注点主要是城市、少数族裔、萧条以及战争,如拉尔夫·艾里森(Ellison, Ralph)的《看不见的人》(*Invisible Man*)、索尔·贝娄的《奥吉·玛琪历险记》、伯纳德·马拉默德(Malamud, Bernard)的《店员》(*The Assistant*)。这些小说共同表达了从20世纪30年代成长起来的那一代人的生活状况和精神状况。它们虽承袭了20世纪30年代"社会小说"的传统,但却又不同程度地对这一传统进行了改造和拓展。

弗莱德曼认为,20世纪30年代的"社会小说"源自自然主义小说的传统。自然主义小说总是暗示人类的中心问题是其政治和社会环境的错位,而且还很难得以匡正。政治和社会现实是一种看不见的抽象力量,那些被孤立的和受迫害的主人公却通常会被这种力量所击倒、击败。表现政治和社会问题的还有象征主义的小说。这类小说通常暗示的是,"现实"绝对无法用人类的实在环境和状况来解释。说到底,环境总是象征性的。左拉等为代表的自然主义小说家,对事实进行象征意义的解释,并借此激起人类同自己的生存环境的斗争。与此不同,象征主义小说干脆就把象征本身作为一种目的,譬如弗吉尼亚·伍尔夫(Woolf, Virginia)的《到灯塔去》(*To the Lighthouse*)中的主人公,就把世界折射为一种富有象征意义的意象。如果说,自然主义者主张写被无法控制的环境左右而失去自由的人物,那么,象征主义者则主张在小

① 以下介绍的观点均出自 Ralph Freedman: "Saul Bellow: The Illusion of Environment", *Wisconsin Studies in Contemporary Literature*, Vol. 1, No. 1 (winter, 1960), pp. 50-65。除必要外,不再注明所引观点的具体页码。

说中把人物作为一种假面具，以此反映他自己的生存状况。这两种创作主张看似南辕北辙，但也有相同之处，即都同样表达出了一种具有压迫感的忧虑。只是忧虑的内涵和缘由有所不同。自然主义小说中的忧虑，是因对人类自身解体的恐惧而产生的。我们之所以同情小说中的主人公，更多的是因其遭到瓦解消失而怜悯，而不是因其同命运作斗争所采取的方式。在这类小说中，人类是可以被解释的。小说作者能够预见，并且通过预见而预先注定。但是在象征主义的小说里，自然主义表达的那种"忧虑"得到了某种程度上的解除。因为小说中的主人公本人就是"观者"，是浪漫的空想家。其象征的知识是唯一的现实。在空想中变形的环境成为其更真实的世界，即精神的象征。不过话又说回来，象征主义创作虽然解除了因维护自我而产生的忧虑，却又创造出了一种新的忧虑，即如果说主人公的世界是一种艺术地再现个人经历的意象，那么其生活中独立、可感的经历便消失了，世界变成了内在幻象的一种托词或一种在不能依靠的世界里行为的面具。

据弗莱德曼观察，贝娄的早期小说创作就是在吸取和整合上面所提到的自然主义小说和象征主义小说精髓的基础上进行的。抑或说，贝娄早期创作的主要成就之一，就是成功地运用、嘲讽和解剖了上面提到的那两种忧虑。例如，在贝娄的早期小说《晃来晃去的人》和《受害者》中，主人公既是观念意识的中心，又是无情环境的受害者。1949 年，贝娄发表了《奥吉・玛琪历险记》的部分章节，读者在这些章节里所看到的仍然是那些关于城市中产阶级和贫民生活的主题，但是，这些生活却被安置在陌生的语境和结构中了。"社会小说"的内容和形态结构在贝娄的这些章节里发生了变化：社会不再与主人公作对，相反，却颇有讽刺意味地反映了主人公的观念意识。同时，小说也保留了与时代相称的地点，作为主人公活动的场所和其意识观念的肇始地。其结果是，主人公与外部世界相互关联，处于一种崭新的且颇为轻松的辩证关系中——主人公与外部世界形成一种既短暂又稳定，各自都想改变自己主动或被动状态的格局。

弗莱德曼还提出，贝娄发表在 20 世纪 50 年代后期的小说再现了社会小说中那些经久不衰的受迫害者形象。具体地说，读者之所以同情贝娄《抓住时日》中的人物汤米・威廉，主要是因为他被人愚弄，而不是因为受到不可抗拒的环境压迫。在《雨王汉德森》中,环境是为迎合英雄人物的行为而随意地造出来的。在贝娄那里,现实获得了新的阐释空间,即贝娄不再把注意力放在外部世界背景里的观念意识上,而是集中来考察假造环境里的人类伪装。例如,贝娄在《受害者》中这样描写主人公所处的环境:"天空中仍然有一抹红晕,就像是面包师巨大炉膛后面的火焰。日光滞留,暴躁地凝视着黑色的新泽西河岸。"这种明暗对照的环境描绘暗示了城市的险恶。贝娄接下来描写活动于其间的人物,并通过人物的遐想使前面的环境描写有了更深一层的意蕴:"利文萨尔想,哈德逊河光泽暗淡,寒冷中的海或许不比他脚下炙热的地下铁道更加麻木。""麻木"一词将上下两个世界勾连起来,暗示了在这样一个空间里,利文萨尔在寻找自己出路过程中所充满的矛盾冲动。在这一段的结尾处,贝娄通过对场景的刻画,进一步揭示了利文萨尔的内心情感:"火车在格子板下呼啸而过,在那一溜棕色的岩石斜墙上似乎嵌入了满满的金属灰尘。"① 这个意象是一种结合了确切的、被记忆的和具体化的经历,它限定并操控了主人公利文萨尔。利文萨尔在对自己所处的环境有了如此的认识之后,他的思维也就被编入了自己的心理话语中。

在贝娄的《受害者》中,现实既演化成自然主义类社会小说中的传统人物,也变成一种内在的意象,即意识的内容。这种内在的意象限定了主人公的思维方式及其生存困境。换句话说,是一种因果关系与自我界定的相匹配。"环境"变成探寻人物对自己和外部世界态度以及对外部世界生活界定的一个索引。例如,郁闷的利文萨尔生活的那个城市被夏日热浪包裹着,时而还下着热带地区的阵雨。他的奇异生活就是从接到嫂子的电话开始的,他被告知侄子生病了,要他立即赶过去帮忙照看;他匆忙地离开了工作岗位,从而打乱了公司的日常工作,并招致老板的怨言。贝娄在小说中甚至还让公寓、餐馆、办公室、公园等成为影响人物行为和思维方式的因素。在他看来,社会既是一种外部的"事实",又是一种内在的意识。也就是说,贝娄将外在于利文萨尔的环

① Saul Bellow: *The Victim*, New York: Compass Books, 1956, p. 22; also in Ralph Freedman: "Saul Bellow: The Illusion of Environment", *Wisconsin Studies in Contemporary Literature*, Vol. 1, No. 1 (winter, 1960), p. 52.

境予以变化，让外部世界服务于人物的精神状态，外部世界在这种变化中变得虚幻或不真实了。

贝娄《受害者》中的另外一个重要主题是反犹主义。贝娄在处理这一主题时，也十分注重安排人物与环境之间的关系。例如，在“环境”中，主人公利文萨尔处处都遭遇到反犹主义言行的侵犯：他娶了一位意大利妻子但却遭到岳母的非难；他的同事也经常发表一些反犹主义的言论……那个纠缠犹太人利文萨尔的阿尔比不但反犹，还指责利文萨尔迫害了他。贝娄在此设置了一种迫害者与受害者互为“环境”与“意识中心”的双重关系。这种双重关系的矛盾与调和，构成了这部小说的重要主题之一。

弗莱德曼在评价贝娄的另外一部小说《抓住时日》时指出，这部小说无论在主题的表达上，还是在场景的构建上，都与《受害者》有很多相似之处。所不同的是，那个犹太人利文萨尔在这里变成了汤米·威廉；犹太人问题退出了中心，而变成了探寻成熟、懂事、逃亡和挫伤等这一类主题的背景。场景由东部无电梯的公寓变为西部旅馆公寓；由与嬉戏的孩子们来往，转为与那些风烛残年的老年人打交道。不过，两部小说的最大区别却在于主人公与外部世界对话方面。在《抓住时日》中，这个方面被处理得更为哀婉动人。小说中，自我与场景彼此遭遇，但均归于失败。如果说，威廉是其所处环境的一种夸张的表达（主要表现在他的自怜、失败以及自我献祭方面），那么，由威廉想象出来的环境也同样有局限和反常。在小说的结尾，威廉误入殡仪馆后潸然泪下。他有所醒悟，但这种醒悟并不是因为被那个无所不在的社会力量所击败，而是因为他意识到属于自己的那个世界已经死亡。

另外，弗莱德曼还指出，《奥吉·玛琪历险记》更富有创造性地体现了贝娄对社会和环境功能的理解。在这部小说里，贝娄更为具体、独特地描写了人物与环境之间的关系。那些更为概括和象征的东西变成了他观念中的现实和世界。与此前出版的《受害者》相同的是，这部小说的主要背景仍然是城市，活动于其间的人物也仍然特立独行、脱离社会。所不同的是，小说对进入20世纪中期的美国城市未采取以前那种批判的态度，而是以惠特曼式的赞许来介绍美国城市，如在小说的开篇，主人公奥吉自豪地自我介绍说：“我是美国人，出生于芝加哥。”不过，值得注意的是,这部小说中的主人公奥吉和环境之间的关系被描写得很有些“形影相随”:奥吉在不同的成长阶段处于不同的社会环境之中。

贝娄为小说所选择的叙事形式也有助于表达人物与环境之间的关系,抑或说有助于形成主客观之间的对话。主人公奥吉徜徉于时间和空间中,吸取外部世界的东西;同时,那个造就了奥吉的外部世界也反作用于他。在这样一种“形影相随”、相互影响关系的描述中,主人公的生活和外部世界的状况都得到了反映。弗莱德曼认为,这种写法体现了社会小说的一些基本理念。

小说主人公奥吉与女人的关系,突出地折射出了他与环境之间的关系。相对于奥吉而言,小说中的女性人物是作为背景处理的。奥吉本性上不允许自己被爱,而喜欢追求一种理想的爱的意象。或者说,他愿意将爱与一种意象相联系。然而,那些在他生活中起着重要作用的女人,都无一例外地试图把他变为她们自己的爱的意象。结果,每当他发现这种情况时,就会逃之夭夭。针对这种情况,弗莱德曼特别指出,其实通过对奥吉·玛琪经历的描写,贝娄想表达的不过是自我与外部世界之间的对话及其二者之间的互动关系,尤其强调了外部世界对人类意识的影响。弗莱德曼认为,稍显复杂一点的是贝娄笔下的这个外部世界对奥吉产生影响。不过话又说回来,这个外部世界恰恰又是奥吉观念中的外部世界。这是理解贝娄这部小说和随后出版的《雨王汉德森》中环境的一个十分值得注意的问题。

在《雨王汉德森》中,当代美国这个“真实”的世界与非洲“象征”的世界相并列,共同组成了主人公汉德森的活动场所。只是贝娄笔下的主人公与“真实”世界的关系被勾勒得太宽泛,而显得并不那么协调;而“象征”世界的关系也因缺少根基而显得有些荒诞。与贝娄前几部小说,特别是与《奥吉·玛琪历险记》相雷同的是,在这部小说的“象征”世界里,无论主人公汉德森如何去努力,其命运似乎都已经是注定的了,都是被一种由他自己所创造出来的象征世界里的神秘力量所主宰。他在非洲世界里的每一次历险都相对应地表现了他在每一个阶段的追求和精神状况。抑或说,尽管所处的环境不同,但是这部小说中的主人公与其他小说中的主人公一样,所要处理的都是自我与他者或环境的关系。在这里,环境既是作为一种内在的,也是作为一种外在的力量而出现的。环境所具有的这种双重性，对同样具有双重性的人物施加影响，让其既是活动于其间的人物，又是作品意识的聚焦点。

弗莱德曼强调说，贝娄的这部小说还应该算是社会小说。它处理的还是社会小说常见的主题，即自我与外部世界的关系。然而，从他尝试把具体的自然化为一种意象来看，贝娄又曲解了传统上所理解的社会小说，即小说的背景一定要植根于一个具体的社会场景中。与此同时，贝娄通过刻画自然相反的一面来曲解象征主义对自然的运用。在文学象征主义达到高潮，同时又走向衰落之际，贝娄通过颇具讽刺意味的自我与世界的对话，勇敢地面对自我与世界的双重瓦解。

1966 年，阿尔文·格林伯格以《衰变的小说：当代小说中悖谬的不可能性》[①] 为题，用热学理论阐释当代小说中的悖谬的不可能性。这篇文章涉猎到的作家、作品比较多，贝娄只是其中的一个。为了说明格林伯格在这篇文章中所秉持的批评思想，有必要总结一下他的批评理念和对贝娄小说的一些具体观点。

格林伯格指出，在这个具有破坏性因素的经验世界中，现代小说中天真的主人公的发展和衰退其实是一回事。他以路易-费迪南·塞利纳（Céline, Louis-Ferdinand）的《长夜行》（*Voyage au bout de la nuit*）为例介绍说，在这部小说中，主要人物费迪南·巴尔达米来到这个世界只是想看看这个世界是什么样子。在小说中，他的确看到了某种形式的进步，然而他在看到貌似“进步”的同时也进入到了“缓慢暗杀命运”这样一个时间程序中——因衰败而死亡。衰败，也可称之为衰退或退化，这个理念植根于当代，特别是人类对时间的认识。这也有些类似于科学对时间进展的阐述。现代小说引入这个理念是一个重要的进步。格林伯格称含有这一理念的小说为“衰变的小说”（novel of disintegration）。

格林伯格援引汉斯·麦克耶尔霍夫（Mcyerhoff, Hans）的观点说明热、时间、方向等之间的关系。麦克耶尔霍夫认为，衰变的理念可以被视为现代特定的时间现象，因为从经典的力学角度来看，时间是没有方

① 以下介绍的观点均出自 Alvin Greenberg: “The Novel of Disintegration: Paradoxical Impossibility in Contemporary Fiction”, in *Wisconsin Studies in Contemporary Literature*, Vol. 7, No. 1 (Winter-Spring, 1966), pp. 103-124。除必要外，不再注明所引观点的具体页码。

向的。不过，随着对热的研究，人们改变了这种认识。与机械的进展不同，在一定系统里，由于热能不可避免的损失，热的进展有一种不可逆转的方向；但就世界作为一个整体而言，热能也会相应地增长。自然界这种热的进展的现象被用到热动力学的第二定律中，即被称之为熵中的增长。如果这一定律成立，就能为让时间方向意义具有某种目的性（自然界里的物理进展）提供机会。这样就可以说，时间是朝着熵中的增长方向移动的。如果在宇宙……达到一种完美平衡状态而且整个系统的任何地方未出现能的状态改变时，时间将会是静止的，将不会再有方向，或者不会再有任何其他地质学的性质。[①]

根据麦克耶尔霍夫的观点，格林伯格将与"衰变的小说"相关的熵概念界定为"有秩序的宇宙走向混乱状态的趋势。这是事物的进展趋于逐渐变得随意的另外一种说法。在任何系统中，趋向随意就会失去方向……宇宙是井井有条的；但是，熵是流向作为整体的非结构平衡状态的。熵的意思是……随着时间的流逝，自然会从系统化逐渐过渡到随意，因为宇宙能量会逐渐平息直到所有的差异都被抹去"。[②]

结合贝娄的小说《受害者》，格林伯格指出，与熵进展强加于喜剧性小说相关的主要特性是方向性力量——向惯性、均匀性、死亡方向的运动。以此类推，任何喜剧新生的可能性就被排除了。在贝娄的《受害者》这类"衰变的小说"中，最后的希望多是暧昧微弱的，且很有些讽刺的意味。例如，在小说的结尾，尽管阿萨·利文萨尔似乎从破坏性的经历中恢复了过来，却显得十分萎靡不振。他存在的基本热能被消耗掉了。这时，利文萨尔的对手阿尔比似乎赢得了利文萨尔失去的那部分重要能量，但经观察会发现，他看上去也毫无生气，在精神上也垮掉了。小说中这种没有一个人物是赢家的结尾，就暗示了整个体系总体上濒临

① 以上介绍的麦克耶尔霍夫的观点转引自 Alvin Greenberg: "The Novel of Disintegration: Paradoxical Impossibility in Contemporary Fiction", in *Wisconsin Studies in Contemporary Literature*, Vol. 7, No. 1 (Winter-Spring, 1966), pp. 103-104; 也可参见 Hans Mcyerhoff: *Time in Literature* (Berkeley, 1955), pp. 64-65。

② Alvin Greenberg: "The Novel of Disintegration: Paradoxical Impossibility in Contemporary Fiction", in *Wisconsin Studies in Contemporary Literature*, Vol. 7, No. 1 (Winter-Spring, 1966), p. 104.

死亡的趋向。

格林伯格在承认整个宇宙都是由熵的走向所主宰的同时，又援引诺伯特·韦纳（Weiner, Norbet）关于"稳定与熵"之间关系的观点[①]，指出在稳定与熵之间的矛盾冲突中，结局都是预先决定的。然而，尽管有这种灰暗的预测，创作"衰变"类小说的作家在接受熵变的同时，也会努力找到某种东西来与之相对抗。换句话说，在这类"衰变小说"中，主人公会不断地与注定走向衰败的环境作斗争，以来维持早已命运注定的自我的存在。这类主人公通常都是孩子般的英雄人物（children hero）。例如，在贝娄的《雨王汉德森》中，主人公汉德森想实现那个未知的自我渴求。他离开了成人般成熟的美国——这片遭诅咒的土地，循着他内心"我要，我要"的声音来到非洲，以期恢复或重建自己早已支离破碎的生活。他在非洲历经挫折和磨难，最终还是战胜了这个衰变的世界，并取得了内心的稳定。在格林伯格看来，这个取得内心稳定的过程，概括说来就是从认识到这个世界的衰变并像孩子般地放弃开始，到与新的环境斗争并最终成功地重建自我和回到文明社会中来的过程。

格林伯格在文中列举了不少其他作家的作品，阐述如何运用熵变概念来分析"衰变的小说"。不过，他在文中也承认，这种用热力学"熵"的概念来分析文学作品的方法，充其量是一种批评式的描述方法，而非一般意义上的长篇小说批评方法。

1968年，罗伯特·舒尔曼发表了《贝娄的喜剧风格》[②]一文。舒尔曼对贝娄的创作评价非常高。他认为，就探索的范围和力度而言，贝娄不仅可以与他的美国前辈马克·吐温、惠特曼以及芝加哥的那些自然主义小说家相媲美，而且还可以与以写幽默见长的意第绪语作家、写流浪汉题材的小说家菲尔丁（Fielding）、史沫莱特（Smollett）以及存在主

① Alvin Greenberg: "The Novel of Disintegration: Paradoxical Impossibility in Contemporary Fiction", in *Wisconsin Studies in Contemporary Literature*, Vol. 7, No. 1 (Winter-Spring, 1966), p. 104; also see Norbert Weiner: *The Human Use of Human Beings: Cybernetics and Society* (New York, 1954), p. 95.

② 以下介绍的观点均出自 Robert Shulman: "The Style of Bellow's Comedy", in *PMLA*, Vol. 83, No. 1, (Mar., 1968), pp. 109-117。不再注明所引观点的具体页码。

义小说家陀思妥耶夫斯基、尼采、萨特(Sartre)、加缪(Camus)等相媲美。不仅如此,贝娄也可以被列入拉伯雷(Rabelais)、伯顿(Burton)、斯特恩(Sterne)、乔伊斯(Joyce)等作家的行列。与他们一样,贝娄也能写出富有知性的喜剧作品和范围广阔、优美的散文体小说,而且还能创造出独特的写作风格,尤其是在他的三部敞开式结构的小说(《奥吉·玛琪历险记》、《雨王汉德森》以及《赫佐格》)中,这种"知性"和"广阔性"都得到了充分的展现。贝娄的创作成就还体现在,他深刻地认识到并能像他的前辈作家那样去讴歌当下社会所敌视的人的个性、自发性、生机勃勃以及价值观念。

舒尔曼在文中还将贝娄与英国作家斯特恩、美国作家麦尔维尔等作了比较。他认为,这些作家的写作风格和采用叙事形式均具有重要的含义。在这个常常是令人困惑且不友好的世界里,为作品找到一种固定的结局恐怕是很难的。在这种意义上说,过程比结局更重要。这些作家在叙事中采用开放性结构,就是尽量把修辞和学识赋予作品中那个富有个性、自由、探索精神且睿智的"我"。具体地说,从《晃来晃去的人》到《受害者》的创作情况来看,贝娄受到麦尔维尔一些创作风格的影响,如个人的话语和适合独立地表达开放、欢乐以及揭露当代社会黑暗面的韵律。麦尔维尔运用这些创作风格提升了他笔下的卑鄙水手和背叛者。贝娄也在展示想象力和表达人道主义精神的过程中,赋予他笔下的芝加哥犹太移民以史实般的尊严和帝王般的重要。

舒尔曼在肯定了贝娄等人把笔墨投向普通人的同时,也指出了其中的问题。他说,美国作家在作品中不可避免地要写普通人或有天赋的普通人,如麦尔维尔笔下的伊斯梅尔和贝娄笔下的奥吉·玛琪。问题是,在肯定这些普通人的价值的同时,再去写那些非同凡响的人物就有些困难了。贝娄等作家解决这一困难的方法,就是采用扩张性的暗喻和容易引起共鸣的典故。他让传说中的或历史中的许多人物同时出现在作品中,如《圣经·旧约》中的人物、古希腊时期的英雄人物、波斯将军、文艺复兴时期的王子、古典神话及法国历史中的角色等。这些人物之间可能没有什么关联,但是他们的共同出现却起到了一种延续历史、肯定当今的效果。贝娄让他笔下的人物如奥吉、艾因霍恩或乔·戈尔曼等按照旧时的方式来行动,以此来重新审视历史和古老的神话传说，并对抗社会上的反智力主义和世俗阶层的沾沾自喜。

舒尔曼认为，贝娄在测试和肯定他的主人公奥吉的过程中，既灵活地为自己的作品设置了一个框架，又不失时机地讨论了个人和社会的问题。这样一来，奥吉就在各阶段的经历中被赋予了多种角色，既起到了阐释问题、批判美国社会各阶层等作用，又在此过程中认识了自己并为此认识付出代价。贝娄笔下的奥吉是一个负责任且最终赢得独立的年轻人。为此，贝娄让他生活在一个想象中富裕、开放、充满竞争和思想混乱的社会中，并为他设置了许多困难和可能性，以使他能在这样的语境中完善自己。贝娄的高明之处在于通过这样一种设置，反观了美国社会对个人成长的作用。不过，具有讽刺意味的是，在小说的结尾，奥吉没能最终确认自己的国民身份，而只是确认了个人身份。

舒尔曼把贝娄小说的另一大特点总结为对具体的真实和象征的抽象感兴趣。他认为这也是贝娄受其前辈（如麦尔维尔）的影响而形成的。具体说，在奥吉到墨西哥之前，《奥吉·玛琪历险记》这部小说实际上是一部自然主义和象征主义的作品，而小说此后的其他部分则是象征主义和自然主义的。为完成此种转变，贝娄刻画了一个原始的、充满仪式的世界。尽管人们通常认为，小说中有关墨西哥的片断写得不够成功，但写这个片段还是很有必要和有价值。比如说，在这个片段中，奥吉有关爱情的言论与西亚（Thea）的关系就更能令人信服。

在舒尔曼看来，贝娄的第三个特点是效法前辈，巧妙地运用讽刺手法，言情状物、针砭众生。他在《赫佐格》这部小说里塑造了像瓦伦丁、玛德琳、夏皮罗等形式化了的讽喻群像，通过这些人物，暴露出美国现代知识分子虚伪、迂腐和伪装的特性。像德莱登（Dryden）、蒲柏（Pope）等前辈作家一样，贝娄也是通过调控故事的节奏和进展、道德的标准和理性的不相称、个人举止和身体特点等，将个人的憎恶转换成一种讽刺的艺术。舒尔曼将贝娄之所以能做到这一点的原因，归结为他采用了一种开放的风格。舒尔曼在此的解释是，贝娄采用开放的风格，有助于他吸纳或整合各种文类中的有利因素。具体说，贝娄在小说中通过重新激活18世纪书信体小说的传统和17—18世纪讽刺诗文的写作策略，集中表达了他对启蒙运动和现代自由、民主、科学思想的青睐，以及对反对这些现代文明思想的敌视等。

舒尔曼认为,在《赫佐格》中,通过习语的使用、信件和知识的巧妙安排以及对自我和理性的确认,特别是在主人公自我暴露和自我欺骗的时刻,进一步体现了贝娄作品中的喜剧因素。总之,在舒尔曼看来,贝娄在自己的创作中回应了秉持开放风格的前辈作家如拉伯雷、麦尔维尔、乔伊斯等,并成功地表达了他对现代人存在的那种错综复杂关系的感知。特别是在《赫佐格》里,喜剧的因素、痛苦的表达、百科全书式的思考,对个人命运、社会问题、宇宙问题等的关怀,以及对观察到的真实性和抽象意象的兴趣,对严酷和受决定论影响的社会现实之间的张力,追求创作自由和欢乐的冲动,对暗喻般探索和开放形式的依赖,等等,一一都出现在这部小说中。也就是说,贝娄在此成功地重新激活了富有知性的喜剧风格。

需要指出的是,发表于20世纪60年代的文章并非都是赞美贝娄创作的,也有几篇兼论索尔·贝娄小说创作的文章,如罗伯特·E. 库恩(Kuehn, Robert E.)的《小说记事》("Fiction Chronicle", 1965)、詹姆斯·金玎(Gindin, James)的《寓言开始分化》("The Fable Begins to Break Down", 1967)等,在肯定了贝娄创作成就的同时,提出了一些不同的看法。

库恩在《小说记事》[①]中主要讨论了贝娄的长篇小说《赫佐格》。他认为,贝娄在小说中创造了一个厚实且坚不可摧的世界,并赋予书中男女人物以现实社会所能赋予的丰富而短暂的生活。阅读贝娄的《赫佐格》不可能不想到这类小说的伟大传统,即可回溯到乔伊斯、狄更斯(Dickens),甚至塞万提斯(Cervantes)。小说主要讲述的是主人公赫佐格的个人情感经历。赫佐格是一位已步入中年的大学历史教授。他曾结婚两次,但都以失败而告终。他遭到妻子和朋友们的双重背叛。作为犹太人,他热爱家庭,视家庭、孩子为神圣的事业,却因两次离婚而被剥夺了看护孩子的权利。贝娄利用写信的方式,让赫佐格"自我疗伤",并最终走出了婚姻失败的阴影。

库恩认为,贝娄让主人公赫佐格通过书信的方式来表达自己对现

① 以下介绍的观点均出自 Robert E. Kuehn: "Fiction Chronicle", in *Wisconsin Studies in Contemporary Literature*, Vol. 6, No. 1 (Winter-Spring, 1965), pp. 132-134。不再注明所引观点的具体页码。

实生活和现代思想的看法,既有新意又取得了成功。在肯定这部小说长处的同时,库恩也尖锐地指出了其不足,即除了散在于小说中的一些哲理、讽刺和对傻瓜式爱情的成功描写,这部小说远没有像预期那样鞭辟入里地对现代生活展开评判。贝娄试图从哲学的高度来讨论个人的和历史的问题,但是这一讨论没有融入到单一的戏剧事件中,也未能上升到所谓的哲学高度。譬如说,在小说的叙述过程中,赫佐格的信件逐渐流为一种偷偷表达和填塞思想的手段,但是作为赫佐格的评论存在的信件和存在本身似乎并不吻合。读完这部小说后,读者记得的只有某些信件的内容和个别场景,对赫佐格本人的遭遇却模糊不清。库恩认为,造成这种情况的主要原因是,小说缺乏一种明确的构思、协调一致和意味深长的故事。贝娄选择的主题是重大的,但在处理这一主题时却表现得犹豫不决和软弱无力。他在这部小说和此前出版的《雨王汉德森》中一而再、再而三地偏离了主题。长篇小说在表现主题思想方面可以有所偏离,但是如果用一些编造出来的粗俗故事来糊弄读者就让人无法接受了。

詹姆斯·金玎的《寓言开始分化》[①] 一文主要论述的是英国小说中的寓言与现实主义问题。金玎在文中指出,有不少批评家已经认识到,在 20 世纪中期的英国小说创作中,写实让位于神话,寓言的发展则是一种进步或改善,给小说创作注入了更为丰富、多样和全面的因素。不过他认为,写实小说中的这种神话或寓言成分尽管重要,但并不能说明由此而改进了写实作品。因为在他看来,将小说分为寓言的和写实的是没有道理的。抑或说,小说并不可以二分为寓言和写实。所有的小说都是有关经验的,都是由作者筛选和构建出来的。因此,严格说来,没有任何一种小说是纯写实的,小说中的现实与虚幻之间没有清晰的界限。

具体到索尔·贝娄的作品,詹姆斯·金玎认为,贝娄在其他小说中偶尔成功地使用过寓言手法,使小说的结构更趋于完美。例如,贝娄在长篇小说《赫佐格》中把非现实的书信当作神话来运用,对人物性格的

---

① 以下介绍的观点均出自 James Gindin: “The Fable Begins to Break Down”, in *Wisconsin Studies in Contemporary Literature*, Vol. 8, No. 1 (Winter, 1967), pp. 1-18。不再注明所引观点的具体页码。文中涉及到索尔·贝娄的论述虽只有一个段落,但因其观点颇具代表性或能让我们看到贝娄创作问题的另一面,故在这里作一梳理、介绍。

发展起到了很好的作用。就像神话一样,小说中的信件是源自于人物自身精神的一种方式,较之用单纯的对话或传统的叙事方式,用这种方式来探寻人类反应和对抗的复杂性具有更大的有效性。然而,这种方式如果用得过头,也会适得其反,就像贝娄在小说《雨王汉德森》中,因过于注重寓言所蕴含的意蕴和过度使用喜剧性的方式来捻合小说形式所具有的意义,结果不但使小说丧失了对当代人进行更全面深刻观察的能力,还令其鲜活的生命窒息于形式之中。

据格洛里亚 · L. 克罗宁和布莱恩 · H. 霍尔重编的《索尔 · 贝娄:文献书目提要,第二版》统计, 20 世纪 60 年代共出版了九部论述索尔 · 贝娄创作的专著。[①] 但是如果把霍华德 · M. 哈珀(Harper, Howard M. Jr.)的《绝望的信仰:贝娄、塞林格、梅勒、鲍德温以及厄普代克研究》(*Desperate Faith—A Study of Bellow, Salinger, Mailer, Baldwin and Updike*, 1967)一书算在内,[②] 实际上 20 世纪 60 年代共出版了 10 部论述贝娄创作的学术著作。

1965 年应该是贝娄研究正式走上学术轨道的一年。其标志是,这一年,由托尼 · 坦纳(Tanner, Tonny)撰写的论述贝娄创作的第一部学术著作《索尔 · 贝娄》(*Saul Bellow*, 1965)问世了。该书的编辑在"前言"里介绍说,托尼 · 坦纳的这本书"对[贝娄]每一部小说进行了批判性的阅读,同时还引用了许多贝娄不易得到的重要文章和故事。这些资料对我们研究贝娄的创作是很有帮助的。另外,该书还将贝娄与相关的文学传统——犹太的、俄国的以及美国的文学传统——联系起来"。[③]

在这部专著中,坦纳从总体上评价了贝娄的创作,并具体讨论了贝

① Cf. Gloria L. Cronin and Blaine H. Hall: *Saul Bellow: An Annotated Bibliography*, Second Edition, New York and London: Garland Publishing INC, 1987, pp. 35-38. 具体书目详见第三编。

② 被格洛里亚 · L. 克罗宁和布莱恩 · H. 霍尔统计在内的也有一本兼论贝娄的学术著作,即 David D. Galloway: *The Absurd Hero in American Fiction: Updike, Styron, Bellow, Salinger*, Austin and London: University of Texas Press, 1966。

③ A. Norman Jeffares, David Daiches and C. P. Snow: "Writers and Critics", in Tonny Tanner, *Saul Bellow*, Edingburgh and London: Oliver and Boyd, 1965, pp. B-A.

娄已发表的六部长篇小说[①]。在序言里，坦纳首先探讨了一些其他评论文章所未涉及到的问题，并且提出了自己的重要见解，如贝娄的生活与创作，贝娄对物质文明与精神文明之间关系和当代美国社会的认识，对俄国文学、犹太文学以及美国文学优秀传统的继承和发扬等。

在坦纳[②]看来，一方面，贝娄的个人生活在很大程度上代表了美国人的生活。就是说，贝娄来自一个犹太移民家庭，他熟知美国移民的生活，对美国现代社区生活的复杂环境甚为了解。如同其他移民一样，贝娄的早年生活并不稳定，其地位和身份尚在发现和确认中。他的父亲虽为商人，但由于种种原因，并没有给子女留下什么财产。就此而言，贝娄从未通过继承得到过什么，也不会假装自己继承了什么。这些生活经历对贝娄选择创作主题和素材都产生过重要的影响。

另一方面，尽管贝娄对美国极其灵活开放的生活并不排斥，但是他对这个社会与生俱来的弊病持批判的态度。坦纳在书中还援引了贝娄自己的话来加以说明。贝娄曾说："我们美国人紧紧抓住无穷无尽的欲望……我们的欲望无穷无尽并不是指我们的精神欲望；而只是指我们并不知道满足是怎么回事。"[③]贝娄还对物质丰富但思想贫乏的美国社会和美国民众提出了批评。他说："爱、义务、原则、思想、意义，一切都被吸进一个肥硕的身体里和'富裕'的国度里。我母亲曾用意第绪的比喻来说那些幸运的家伙，'他们掉进脂肪坑里啦。'这个坑现在扩大为沼泽地了，那些幸运的家伙或许还没有尝到繁荣的果实。"[④]坦纳指出，贝娄认为美国社会逐渐占主导地位的物质主义威胁并窒息了人们的心灵，但他坚信人类的精神不死。社会可能会因错误的进步和繁荣的观念而走向死亡，但是人类的精神将会与之划清界限，并进而起

① 即《晃来晃去的人》、《受害者》、《奥吉·玛琪历险记》、《抓住时日》、《雨王汉德森》以及《赫佐格》。

② 以下介绍的观点均出自 Tonny Tanner: *Saul Bellow*, Edingburgh and London: Oliver and Boyd, 1965。除必要外，不再注明所引观点的具体页码。

③ Saul Bellow: "Forward to *Winter Notes on Summer Impressions*", 1955; also in Tonny Tanner: *Saul Bellow*, Edingburgh and London: Oliver and Boyd, 1965, pp. 2-3.

④ Saul Bellow: "The Swamp of Prosperity", 1959; also in Tonny Tanner: *Saul Bellow*, Edingburgh and London: Oliver and Boyd, 1965, p. 3.

来反抗这样的社会，维护人类追求真实价值、真正自由以及真诚社会的权利。

坦纳认为，贝娄这种对人类精神抱有巨大希望并希冀以此来对抗整个社会的思想，主要是受到俄国文学的影响。欧洲其他国家的文学很少有直接与社会对抗的作品。在这类作品中，社会常常被描绘成一个无情的场所，人们的生活只是限定于已建立的社会福利和复杂的社区生活。而在伟大的俄国小说中，即便社会被描写得辉煌壮丽，也很少让活动于其间的人物感到它就是人类生存的最终状态和人类的容器。因此，在这类小说中，作者往往通过描写极端的人类需要、冲动以及力量来表达溶解、消除和超脱社会生活限制的思想。贝娄经常在自己的文中提到一些俄国作家，由此也不难看出他的追求或思想倾向。贝娄曾说："陀思妥耶夫斯基说，不管你喜欢与否，正是因了我们要自由的本性和在痛苦的激励下，我们在善良与邪恶之间做出抉择。托尔斯泰（Talstoy）说人类本性中有追求真理的要求，这一本性永远不会让追求真理的要求，在虚假和不现实中永久地休息。"[①] 简言之，坦纳认为，陀思妥耶夫斯基、托尔斯泰等俄国作家对19世纪欧洲的物质享乐主义和人类进步标准的质疑和反对，对贝娄产生了巨大的影响，甚或可以说，这是贝娄创作思想和批判力量的源泉之一。

不过，坦纳又注意到，从人物塑造和修辞、叙事策略的使用来看，贝娄显然有别于他的俄国前辈。贝娄笔下的人物不似陀思妥耶夫斯基笔下的人物那样过着地下生活；贝娄作品的基调是愉快和肯定的，这也与陀思妥耶夫斯基作品中那种撕心裂肺般的深刻讥刺有所不同。这说明了贝娄不光受到俄国作家，还受到其他方面的影响。坦纳从贝娄评价肖洛姆·阿雷彻姆（Aleichem, Sholom）[②] 的《领诵人的儿子莫特尔的历险记》（*The Adventures of Motel the Cantor's Son*, 1953）文章中看出，贝娄其实受到了意第绪语作家的影响。在这篇文章中，贝娄亦庄亦谐地谈论犹太人在历史上所遭遇的尴尬——上帝定其为"选民"，但在现实生

① Saul Bellow: "The Sealed Treasure", 1960; also in Tonny Tanner: *Saul Bellow*, Edingburgh and London: Oliver and Boyd, 1965, pp. 5-6.

② 肖洛姆·阿雷彻姆为肖洛姆·拉比诺维奇（Sholom Rabinovitch, 1859— 1916）的笔名。

活里却不得不像耗子一般凄惨。这种颇具讽刺意味的生存境地,也体现在犹太民众的日常谈话中。犹太人可以在大谈特谈上帝、弥赛亚、伟大的历史时刻、圣殿倒塌、大洪水、出埃及、犹太法典等的同时,讨论日常生活里的琐事,如鸡蛋、晾衣绳、裤子等。犹太人的这种"哲学+裤子"的独特谈话方式,极大地丰富了贝娄的创作风格,促使他形成了独特的"卸包袱"式幽默。

从贝娄所塑造的人物形象中也可以见到犹太文学的传统。他在评价阿雷彻姆的小说时,十分赞许其中一个具有"无限适应力"的小男孩形象:"他几乎把所有的机会都变成幸福的时刻……所有的地方对他来说都一样。他不接受世界强加给他的痛苦。"[①] 另外,他在 20 世纪 50 年代初应邀翻译美国犹太意第绪语作家艾萨克·巴舍维斯·辛格(Singer, Isaal Bashevis)的短篇小说《傻瓜吉姆佩尔》("Gimpel, the Fool"),这对他自己作品的人物塑造也产生了一定的影响。吉姆佩尔是一个温顺、轻信的傻瓜。他对外界强加于他的各种欺骗、摆布都轻信或逆来顺受地一一忍让了。贝娄在自己的作品中,也塑造了不少这样具有"无限适应力"的傻瓜吉姆佩尔式的人物形象。

美国犹太文学批评家莱斯利·菲德勒曾指出,战后有一种被连根拔起和"普遍疏离"的感觉,"犹太人的形象逐渐成为所有人的形象"。[②] 从 20 世纪美国文学的整体发展,特别是战后的美国文学来看,重要的作品都是由美国犹太作家创作的。从 20 世纪初亚伯拉罕·卡恩(Cahan, Abraham, 1860—1951)出版《戴维·莱温斯基的发迹史》(*The Rise of David Levinsky*, 1917)起,就开始大量涌现以犹太人生活为素材的作品,如鲁德威格·卢因森(Lewisohn, Ludwig, 1882—1955)、瓦尔多·弗兰克(Frank, Waldo, 1889—1967)、克利福德·奥德茨(Odets, Clifford, 1906—1963)、丹尼尔·富克斯、亨利·罗思、纳撒尼尔·韦斯特等。坦纳在总结贝娄创作的基础上认同菲德勒的观点,认为贝娄是美国犹太

① 转引自 Tonny Tanner: *Saul Bellow*, Edingburgh and London: Oliver and Boyd, 1965, p. 8。

② Leslie Fiedler: "What can We Do about Fagin?" in *Commentary*, May 1949; also in Saul Bellow: "The Jewish Writer and the English Literary Tradition", *Commentary*, Oct., 1949; and in Tonny Tanner: *Saul Bellow*, Edingburgh and London: Oliver and Boyd, 1965, p. 9.

文学繁荣中的一位杰出代表。

坦纳认为,贝娄创作受到的第三种影响是19世纪美国文学的传统,特别是从惠特曼和德莱塞那里吸取了很多有益的东西。坦纳以惠特曼为例说,惠特曼在《民主远景》(*Democratic Vistas*, 1892)一文中,提出了一个至关重要的悖论:一方面他热情地讴歌美国将成为一个基于爱与平等的没有官衔、等级或特权的和谐社会,一个全新"整体";另一方面,他又赞美一种更为重要的原则,即无拘无束的自我。惠特曼最终关注的是个人和自我,而不是社会。这种批判社会,张扬个人自我思想在美国文学中屡见不鲜:马克·吐温笔下的哈克贝利·芬恩随意而为、拒绝所谓的社会文明;麦尔维尔笔下的巴托比(Bartleby)"我宁可不"的呼喊曾响彻美国文学;亨利·詹姆士的人物"看上去跟谁都没有什么关系",如是等等。这种张扬自我、批判社会的精神也常常出现在贝娄的作品中,如其笔下的奥吉·玛琪。

直接影响贝娄城市小说创作的是德莱塞的作品。贝娄曾指出,美国城市生活变得非常丑陋,已经无法找到提升它们的余地。为了有所补偿,只好集中精力发展特殊的艺术语言。但是,德莱塞不需要使用这类语言,他自有更为强大的提升力量。坦纳认为,只消读一读有关嘉莉妹妹初到芝加哥的文字,就明白了贝娄所说的德莱塞的提升力量为何物。坦纳将此总结为德莱塞对芝加哥城的全面把握和他不受所谓美学的非议、道德的谴责等影响,进行畅快淋漓的客观描述。贝娄同样也要面对个人意愿和复杂的城市生活问题。如果说贝娄接受了惠特曼的乐观精神,他同样也吸取了德莱塞诚实且具有深远意义的城市决定论。换句话说,贝娄笔下的奥吉·玛琪一方面类似于惠特曼笔下的诗中人,另一方面却又挣扎在嘉莉妹妹的世界中。他既不向现实社会投降,也不放弃现实生活。所有的历险都是在这种极其艰苦、极端对抗中完成的。坦纳认为,贝娄通过奥吉·玛琪这一人物形象,表达了对社会腐败和破坏性的认识,以及拒绝向悲观主义低头的决心。即是说,贝娄的这种乐观不是盲目愚蠢的乐观,而是对死亡的顽强反抗和对实现"预言前景"的热切期待。

坦纳将自己总结的贝娄创作所受到的三个方面的影响,贯彻到了他对贝娄具体作品的分析中。他在接下来的几个章节中,从讨论贝娄的第一部短篇小说《两个早晨的独白》切入，先后讨论了贝娄早期创作的其他一些短篇小说和六部长篇小说。他注意到，贝娄在《两个早晨的独白》中设置的独白模式、两种人物类型以及所探讨的问题和表达的主题，为贝娄的全部创作基础。它们在其随后的作品中或得到深化，或以不同的方式再次出现。我们对贝娄全部创作的研究似乎应该从这里开始。

1966年，戴维·D. 盖洛韦出版了《美国小说中的荒诞英雄人物》[①]一书。盖洛韦在书中用一个章节的篇幅，论述了贝娄小说中的荒诞英雄人物形象，即作为流浪汉式的荒诞人物形象。为了说明问题，盖洛韦首先在第一版序言中对何为"荒诞文学"做出解释。

盖洛韦指出，在这里所讨论的荒诞文学与荒诞戏剧，与尤奈斯库（Ionesco）和贝克特的荒诞戏剧不同。在盖洛韦看来，二者最显著的不同之处在于写作风格：与任何先锋派戏剧相比，约翰·厄普代克（Updike, John, 1932—2009）、威廉·斯蒂伦、索尔·贝娄等的作品至少在表面上要传统和现实得多。风格既为作者表达自己观点的一种方法，就会在态度上有一些基本的不同。盖洛韦提出，荒诞文学最初的假设是能和睦相处。即是说，相信人类经验是碎片式的、令人恼怒的和明显不可救药的。荒诞的普遍存在，源自艺术家对否定生命经验最终结局的幻觉。阿尔伯特·加缪曾不断地暗示，尽管有荒诞环境的敌视，但是人类能够为英雄主义，进而为人类尊严建立起一种全新可行的准则。当代戏剧和小说所大量刻画的非英雄，并非是唯一的或这类场景里必不可少的产品。简言之，盖洛韦认为，荒诞文学既是乐观的，也是悲观的；其基本的和决定性的问题有三点：其一，看它是否写人类与其荒诞环境之间的矛盾，在这矛盾斗争中，人类或环境最终有一方取得胜利；其二，就个人而言，看是否是由人道主义的或虚无主义的冲动来主宰一切；其三，在否定传统的、社会的和宗教慰藉之后，人类是否能创造出适当抵御绝望的精神抗体。因此，我们在处理荒诞文学时，就会遇到各种各样的风格类型（但主要是自然主义），不只是作家所呈现的直接的生

① 以下介绍的观点均出自 David D. Galloway: *The Absurd Hero in American Fiction* (revised edition), Austin and London: University of Texas Press, 1970, vii-xi。不再注明所引观点的具体页码。

活意象,还有作家安排的能引导读者的最终结局:即要看我们的出生和不可避免的死亡是否荒诞,或者说,是否是人类仅为上升到一个全新的人类意识高度和全新的责任标准而必须经历的孤独生活?这是衰老还是青春发育?

盖洛韦认为,像加缪一样,贝娄等荒诞文学作家也相信人类不仅能够在后失乐园时代,而且还能够在后弗洛伊德和集体主义者的世界里,创建出一种全新的世俗人道主义。他还提出了判断一部作品中的人物是否是荒诞英雄人物的标准,即主要是看他能否超脱荒诞或是否能直接掌控荒诞的环境。换句话说,与传统的英雄冲突与胜利的理念相比较,这类英雄人物取得的胜利看上去可能是荒诞的,却能给人们带来一种可信的允诺。

具体到索尔·贝娄的创作[①],盖洛韦把贝娄笔下的人物视为流浪汉式荒诞人物。他没有直接界定这种人物的内涵,却在分析中刻画了这类人物的基本特征。他指出,贝娄在《晃来晃去的人》和《受害者》中关注的是人物的荒诞经历,而非荒诞的空谈。两部小说刻画的主人公充当了表达非常敏感的中心意识的角色,反映了都市生活的混乱。同时,这些形象的塑造还折射出当代扭曲的价值观和受环境迫害的人生际遇。例如,《晃来晃去的人》中的约瑟夫因荒诞的环境而最终达到了一种荒诞的境界。

约瑟夫的人生际遇似乎不符合任何的逻辑模式。他是一个小职员,忽然间发现自己莫名其妙地成了一个局外人,在现有的责任与价值体系之间晃来晃去。他感到自己陷入到例行公事般的日常生活中,无奈中只好以写日记的方式来宣泄愤懑并提出自己的价值观念。他极易受到外界的影响,一个征兵的通知就打乱了他的日常生活。他又开始在日常工作与等候征召之间晃来晃去,惶惶不可终日。他这种暂时的混乱,似乎在暗示充满敌意的环境剥夺了人们所有重要的内心生活。在小说的开篇,约瑟夫开始写日记之前,向窗外望去,扫视着由颓败的建筑、肮脏的仓库以及浓烟滚滚的烟囱所构成的城市景象,这一景象

① 以下介绍的观点均出自 David D. Galloway: *The Absurd Hero in American Fiction* (revised edition), Austin and London: University of Texas Press, 1970, pp. 82-139。除必要外,不再注明所引观点的具体页码。

其实也是精神境界的一种折射。他的荒诞性就体现在,他试图在这样一个充斥着酒馆、电影、攻击、离婚、谋杀等的社会现实里,感悟人类基本的人道精神或在理想与现实之间找到契合处。简言之,在盖洛韦看来,贝娄作品的核心观点是,人类问题关键在于社会生活和政治环境的混乱,而正是这种混乱的社会生活和政治环境导致了荒诞人物的出现。

约瑟夫这一流浪汉式的荒诞人物形象,为贝娄塑造其他作品中流浪汉式的荒诞人物形象奠定了基础。他那种荒诞性在《受害者》中的利文萨尔、《奥吉·玛琪历险记》中的玛琪、《抓住时日》中的汤米·威廉、《雨王汉德森》中的汉德森以及《赫佐格》中的摩西·赫佐格身上都有不同程度的体现。不过,盖洛韦认为,在后四部小说中,与荒诞环境相冲突的主人公更凸显了"流浪汉"的特征。

玛琪早年受其性格偏执的祖母的控制,学会了撒谎;待稍长大些后,他又游历四方,尝试了欺骗、恋爱、偷窃等行为。在他的游历中,几乎每一个跟他打过交道的人都想收养他或为他的人生做出计划。但是,由于他有很强的独立性,敢于对所有的人说"不",哪怕是他爱上的女人敢于"收养"他,他也会跟她们分道扬镳——玛琪实际上变成一种"不承担任何义务的人",① 所有这一切都凸显了他的流浪汉的特征。

在《抓住时日》中,贝娄呈现了一幕老人统治的可怖场景,以此批判了他作品中经常出现的压迫和非人道的环境。主人公汤米·威廉是一个失败者,在社会强加给他的各种霉运之间徘徊。他跟约瑟夫一样,也是一个晃来晃去的人,饱受着不如意的工作、爱情以及亲情的折磨;他也跟利文萨尔一样,既是一个受害者,同时也跟所有的人过不去,最后流离失所,无所依赖。他唯一存有的是骗子唐金送给他的,"过去对我们已无用途,而未来则充满焦虑。只有现在是真实的——此时

① Robert Penn Warren: "Man with no Commitments", *New Republic*, 129 (November 2, 1953), pp. 22-23; also in David D. Galloway: *The Absurd Hero in American Fiction* (revised edition), Austin and London: University of Texas Press, 1970, p. 102.

此地。抓住时日。”[①] 的说教。

跟穷困潦倒的汤米·威廉不同,汉德森是一个拥有税后三百万家产的富翁。贝娄在小说的开篇,介绍汉德森失败的个人生活——他靠养猪、干违法的事、拉小提琴等来打发无聊的时光——他也是一个典型的流浪汉式的人物。在盖洛韦看来,贝娄写汉德森逃离了腐败的美国社会,游历到非洲,不仅保有了流浪汉小说的全部因素,而且还进入到一种被称之为寻找圣杯的传统。例如,汉德森给干涸的土地带来雨水,解除了渔王的诅咒;他清理荒原的故事,也会让读者想起《圣经》里,或莎士比亚(Shakespeare)戏剧里,以及 T. S. 艾略特(Eliot, T. S.)诗歌里的故事等。总之,这部小说中充满关于精神贫瘠和孤独的神话传说,汉德森宛如一位行进中的朝圣者。不过,盖洛韦同时又指出,汉德森也是一个将严肃事情荒诞化的人物。例如,作为一个“Sungo”,他穿着一条皮球似的巨大绿色丝裤在非洲村庄里飞奔,往充满感恩的当地人身上洒水,将一件严肃且很有些神圣的事情荒诞化。盖洛韦认为,贝娄通过将圣杯的传说与汉德森流浪汉式的游历混合在一起的方法,暗示了汉德森的游历不过是圣杯传说的喜剧翻版。这里强调的不仅是严肃中的荒诞性,而且是荒诞中的严肃性。

贝娄的《赫佐格》部分地沿用了他早期“受害者文学”(victim literature)[②] 中的一些因素和创作手法,如日记、独白、自责、流浪汉小说结构、乐观向上的结局等。盖洛韦认为,赫佐格既是受害者和迫害者,同时也是一个喜剧式的英雄人物。他最大的敌人是自恋、受虐和搞无政府主义,但他又常常自相矛盾,偶尔还有些要无赖。与玛琪和汉德森游走天下不同的是,赫佐格虽也游历过欧洲,去过芝加哥等地,但更多的是在自己的内心和灵魂里流浪。因此,可以说在赫佐格身上体现了贝娄早期作品中的两个传统因素,即将其早期作品中人物爱思考推理、

① Saul Bellow: *Seize the Day*, New York: Viking Press, 1956, p. 66; also in David D. Galloway: *The Absurd Hero in American Fiction* (revised edition), Austin and London: University of Texas Press, 1970, p. 105.

② 盖洛韦说“受害者文学”这一名称是贝娄对自己早期小说的称谓。Cf. David D. Galloway: *The Absurd Hero in American Fiction* (revised edition), Austin and London: University of Texas Press, 1970, p. 123.

骨子里却虚弱无能的因素，与喜剧的和本能反叛的因素结合了起来。从情节发展的过程来看，这部小说先是写主人公赫佐格如何受害、孤僻、变得几乎有些妄想狂，在自怨自艾中踯躅于虚无和异化的边缘；继而写世事的乖舛，命运的不公，但赫佐格仍然对人类的命运抱有一种超然的态度；最后又写赫佐格鼓足勇气，面对随之而来的挑战和可能出现的结果。赫佐格是贝娄刻画的别具一格又最为丰富的人物形象，以他为代表的探寻型人物徒劳地耗掉了自己的时间和精力，在喜剧性的自我救赎中，学会了与现实相平衡。盖洛韦认为，就创作主题和技巧而言，《赫佐格》这部小说可谓是贝娄早期创作的集大成者。

1967年，霍华德·M. 哈珀在《绝望的信仰：贝娄、塞林格、梅勒、鲍德温以及厄普代克研究》[①]一书中，专辟一章，以“索尔·贝娄——心灵的终极需求”为题，讨论了贝娄的创作。他在该书的“前言”中指出，一部作品之所以能够成为经典，就在于它是否是用一种独特且有趣的方式，处理了那些带有普遍性的问题。在此基础上，他又借用保罗·蒂利希（Tillich, Paul）的话来进一步指出，经典作品就是那些表达对人类的终极关怀（ultimate concern）的作品。在他看来，1937年[②]投身于文学创作的贝娄尽管其作品不多，但因其作品富有戏剧性和思想性，且表达了所谓的终极关怀，从而成为经典作品。

与在上文中所介绍的托尼·坦纳的研究方法和观点趋同，哈珀也是从梳理贝娄发表的第一部短篇小说做起的，并认为贝娄的短篇小说《两个早晨的独白》为贝娄全部创作的基础。不过他们两人的关注点却有所不同：坦纳看重的是小说中设置的独白模式、两种人物类型以及所探讨的问题和表达的主题；哈珀则侧重小说中设置的两个重要主题，即随波逐流地生活和渴望具有超然的能力。他解释说，这两个创作主题是依据小说中的两种人物类型——漫无目标、随波逐流式的人物和试图将世界控制在自己手里且不由自主、无缘无故采取行动式的人

① 以下介绍的观点均出自 Howard M. Harper, Jr.: *Desparate Faith—A Study of Bellow, Salinger, Mailer, Baldwin and Updike*, Chapel Hill: The University of North Carolina Press, 1967, pp. 3-64。除必要外，不再注明所引观点的具体页码。

② 贝娄发表第一部作品《那真不行》的时间实为1936年，下文提到的《两个早晨的独白》是贝娄的第二部短篇小说。

物——总结出来的。坦纳也提出了两种人物类型的问题，强调贝娄受到19世纪美国文学传统，特别是惠特曼和德莱塞的影响；而哈珀则指出这两种人物类型的原创性，因为1941年贝娄写这部小说时，存在主义在法国还没有形成一种运动；在美国尚无人知晓加缪，更没有人将存在主义理论付诸社会实践或采取什么政治行动。贝娄笔下这两种原创的颇具存在主义特质的人物类型，实际上代表了人类存在悖论的两个端点，更具前瞻性和普遍意义。据此，哈珀分析了贝娄的长篇小说创作。

哈珀认为，贝娄在第一部长篇小说《晃来晃去的人》中就探索了短篇小说《两个早晨的独白》中提出的生存悖论问题。在这里，贝娄强调了主人公身份的缺失。主人公知道自己的名字叫约瑟夫，却从不知道自己姓什么。小说以日记的形式记叙了主人公约瑟夫从1942年12月15日，到应征入伍前的1943年4月9日期间的所思所为。第一篇日记讲述了他七个月来过着一种等候征召，在平民与士兵之间"晃来晃去"的日子。他因为是加拿大人，需要接受调查才能应征入伍。但是，他以为自己很快就会去当兵了，所以就辞去了工作，靠做图书管理员工作的妻子伊娃赚钱养活。他眼见身边的朋友一个接一个地直接或间接地卷入到战争中去，如死于战争中的杰弗逊·弗曼、成为宣传鼓动家的莫里斯·阿博特和靠战争发财的哥哥阿莫斯等。这时，约瑟夫又面临一个新的问题，即在这个战争主宰国民生活的世界里，个人是否可能拥有不同的身份？他询问"选择之神"，但"选择之神"反问他是否有不同的归宿？他无法回答。于是，他转而热衷于启蒙主义运动。这一运动主张人类自己决定自己的命运，而不是上帝。人类被赋予了责任，他又被这一责任吓坏了。为摆脱这一责任，他最终选择了可以舒服地不承担责任的方式来解决自己的困局——应征入伍。在小说的最后一篇日记里，约瑟夫总结说，最高级的理想构建是打开羁绊自我的枷锁。他意识到自己无力拯救外面的混乱，只能调整自己的目标和价值观，并将其限定在实用的范围内。或者换个角度看，他实际上将自己悬置在不敢接受的不确定和不敢相信的确定之间。

不过，哈珀同时也意识到，虽说约瑟夫这一人物形象是贝娄其他作品中人物的原型，由约瑟夫表现出来的"对接受"的要求，在其他的作品中可能变得更为强烈些，但是在贝娄的其他小说中，这一人物原型却发生了一些变化。例如，在他的第二部小说《受害者》中，主人公阿萨·利文萨尔与《晃来晃去的人》中的主人公约瑟夫至少有一处是不同的，即约瑟夫被哲学层面上的需求所困扰，他发现自己的个人经历乱七八糟；而阿萨·利文萨尔的精神完整如一，却受到个人生活的撕扯，即科比·阿尔比的迫害。哈珀援引乔纳森·鲍姆巴赫（Baumbach, Jonathon）的话说，利文萨尔这个既是真实又是想象中的受害者，因以为自己的痛苦如同其他人的痛苦一样是咎由自取的，所以有着沉重的负罪感。但是，他又意识不到自己不可饶恕的"大罪"是什么。[①] 利文萨尔正是因为有要找出这个"大罪"的心理需求，才迫使自己去听阿尔比那些没完没了的指责；同时，也正是因为他有要抵偿自己罪愆的要求，才会为阿尔比提供住所和帮助他恢复正常的生活。利文萨尔与约瑟夫之间的这种不同，直接导致了整个故事发展的走向。抑或说，这种不同让贝娄在这部小说中，最终没能解决他在《晃来晃去的人》中提出的命运与责任这些相互关联的问题。不过，从另一个侧面来看，贝娄实际上恰好又提出了另外的一个问题，即这些问题是不能解决的，其原因是人类的知识和智力有限，无法处理这类复杂的问题；再说这些问题本身也是多维的，人类的理性无法达到所有的这些维度。诚如贝娄在《赫佐格》中所说的那样，人类灵魂寄寓于比我们知道的还要多的元素中。贝娄就是让自己笔下的人物去了解这些元素，了解这些内涵更为广泛且超然[②] 的人道主义理念。

贝娄的《奥吉·玛琪历险记》也是如此。这部小说的开篇看上去似乎与《晃来晃去的人》、《受害者》一样，向读者展示了一个阴郁可怖的世界：例如，小说中的主人公玛琪住在一个贫穷寒酸的街区里；他是

① Cf. Jonathon Baumbach: *The Language of Nightmare: Studies in the Contemporary American Novel*, New York: New York University Press, 1965, p. 51; also in Howard M. Harper, Jr.: *Desparate Faith—A Study of Bellow, Salinger, Mailer, Baldwin and Updike*, Chapel Hill: The University of North Carolina Press, 1967, pp. 17-18.

② 哈珀将"超然"解释为超出受限（the limited）和限制（limiting），即"纯理性"（"pure reason"）的维度。见 Howard M. Harper, Jr.: *Desparate Faith—A Study of Bellow, Salinger, Mailer, Baldwin and Updike*, Chapel Hill: The University of North Carolina Press, 1967, p. 20。

一个犹太人，不过，这并非因为他相信自己是犹太人，而是因为他被认为和被当作犹太人那样遭到迫害；他很快就明白这个世界不能容忍不同，对弱者和背运者毫无怜悯之心。但是，小说主人公的性格特征和命运际遇却与前两部小说有很大区别：玛琪虽然也有些聪颖善感，但他不是利文萨尔那个类型的受害者，他没有不能释怀的负罪感，或遭到反犹主义者没完没了的伤害；即便是有些怀疑的理由，他也不会轻易地对其他人疑神疑鬼。玛琪身上有一种约瑟夫和利文萨尔身上所没有的开放性。不过，尽管有此不同，玛琪孜孜以求的还是一种对他来说有价值的生活，或者如哈珀的副标题所示的那样，玛琪追求“心灵的终极需求”。就此而言，玛琪又与其前和其后的人物一样，本质上仍然没有大的改变。

1968 年，约翰·雅各布·克莱顿出版《索尔·贝娄：捍卫人类》[①] 一书，全面考察和评价了贝娄早期创作的六部小说。全书分为四个部分，即绪论、贝娄小说的心理模式、个别小说研究以及作为小说家的贝娄。

在绪论这一部分中，克莱顿评价贝娄说，他是美国在世的小说家中最为重要的一位。他认为，贝娄的每一部小说都折射出了人性的慈悲与怜悯。贝娄在其小说中关注的也正是美国文化所关注的：“他非常明白我们的处境；他出色的写作技巧令人惊叹，尤其是他能用人类的语言将人类经历的质地明晰地表达出来；他能够表达出人生哲理和道德的复杂性，而又未在表达中脱离生活本身。如果说索尔·贝娄没有炮制约翰·霍克斯（Hawkes, John）梦魇般的世界，也没有尝试先锋派的革新，那是因为他是当代文化的代言人，是西方文化传统的辩护者。他能够清楚界定世界的黑暗，却从不会陷入到这种黑暗中；他能够审视文化虚无主义，但绝不会认同这种虚无主义。”[②] 换句话说，在克莱顿看来，贝娄通过他的小说道出了美国文化中的不确定性、复杂性以及悖论性。

克莱顿还对这种悖论性作了分析。他认为，索尔·贝娄的小说中

① 以下介绍的观点均出自 John Jacob Clayton: *Saul Bellow: In Defense of Man*, Bloomington and London: Indiana University Press, 1968。除必要外，不再注明所引观点的具体页码。

② John Jacob Clayton: *Saul Bellow: In Defense of Man*, Bloomington and London: Indiana University Press, 1968, p. 3.

包含了三个相互关联的矛盾体。其一,贝娄虽反对20世纪的西方文化虚无主义,如达达主义、精神荒原以及对现代人类生活的诋毁,然而在本质上却又是一个精神压抑者。与尤奈斯库一样,他也为现代生活的空虚而感到震惊。其二,贝娄虽摒弃西方现代文学中的异化传统,其小说虽也强调手足情谊和社团价值,然而,他作品中的人物几乎清一色地都是受虐狂和被异化者。其三,贝娄虽极其痛恨西方现代文学中对"生命个体"的贬损,或者说他对个性的重视不亚于爱默生,然而在已出版的几部小说中,他又被迫放弃了个性。在他看来,其原因不仅是因为个性在可怖的力量面前显得微不足道,而且还因为个性令人不快,是一种能让人与之相隔阂的力量。他的主人公追求的优雅风度毫无特色,完全不同于贝娄所热爱和所维护的那种个性。但是,也正是这种优雅的风度,使贝娄能够对人类和人与人之间的和谐相处抱有信心。

为了能更好地理解贝娄小说中这三个相互关联的矛盾体及其根源,克莱顿认为关键在于认识贝娄笔下的人物。他笔下的人物有一种负罪感,觉得活得毫无价值。他们捍卫人类的目的是为了捍卫自己。小说中描写的黑暗和为摆脱黑暗而进行的斗争,与其说描写的是人类的生存境况,不如说描写的是贝娄人物的心理境况。就此意义上来说,贝娄首先是一位心理小说家,其次才是一位社会小说家或道德代言人。因此,解决个性的悖论也应首先解决心理上的问题,其次才是智力上的问题。贝娄笔下的主人公发现,只有摆脱了负罪感并投身于人类共同的处境中,人才能生活得有价值。

克莱顿认为,贝娄所有小说的核心内容都表达了对人类的关怀。这种关怀在主人公的成长转化中体现得尤为明显。例如,在《晃来晃去的人》中,约瑟夫唯一感到真实的重要时刻是对妻子的温情;《受害者》也可以说是一部讲述了主人公阿萨学会关心他人的小说;《奥吉·玛琪历险记》中的主人公奥吉自始至终都在歌唱着爱之歌;《赫佐格》中的主人公赫佐格认识到他人的真实存在,认识到了对自己女儿的爱。他克服障碍,超越自我,学会关怀他人,构成了贝娄这部小说的主要精髓。简言之,在克莱顿看来,贝娄对人类的肯定,首先体现在他对爱的精神和爱的行为的肯定。

对人类关怀的基本问题是人类的生存问题。贝娄对人类生存问题的看法，主要体现在他对现代文学潮流的看法中，即贝娄在作品中所抗争的与其说是现代生活的洪流，倒不如说是现代文学的潮流。克莱顿援引莱昂内尔·特里林的观点作进一步说明。他称贝娄是反抗特里林在《两种环境》("The Two Environments")① 一文中探讨的"第二环境"(the "second environment")文化的代言人。克莱顿在文中并没有明确说明何谓特里林探讨的"第二环境"文化，但我们可以从克莱顿所举的例子中有一个大致的了解。

在特里林看来，贝娄反抗的"第二环境"的文化，是指作为低俗社会的对立面而创造出来的艺术和自由的环境，其道德规范以时尚为基础，但同时也流于琐碎化。特里林认为，贝娄绝对不是平庸之辈，他也反对琐碎化。任何作家，如果相信现代社会残酷可怕，抹杀了人性中任何纯洁的东西，并且相信现代社会是一片荒原，是一个噩梦，贝娄就会"敬而远之"。② 即是说，贝娄反对这种代表琐碎化的"第二环境"文化，琐碎化在本质上是一种文学态度。

不过，克莱顿同时还认为，贝娄也并非是特里林讨论的所谓"第一环境"(低俗环境)的主要代言者。贝娄对表达文化荒芜论、文化衰亡论的绝望情绪或持此种观点的艺术作品猛烈地攻击，既反映出了他对我们文化的绝望，也反映出了他对我们文化进行修补的渴望。这种渴望主要体现在贝娄对那些在作品中表现出"绝望的力量"、"遁世"、忽视个体或过于关注自我等等消极思想的抨击上。贝娄反对把日常生活视为琐碎、平庸、机械或缺乏灵性和真挚情感的"二手"生活。他在多数小说中都是从正面表达了对人类生活的捍卫和对伟大人类的信仰。《奥吉·玛琪历险记》就是其中一例。贝娄在小说中描述了玛琪充满快乐与各种可能、不受世俗观念限制的开放的生活风格。这种描述就是对人类和人类生活的一种极大肯定。小说中还有许多直接或间接对过去与现在进行比较的细节。在克莱顿看来，这种比较本身，就是在赋予现代人类个体以尊严，颂扬作为个体的人类。

---

① Cf. Lionel Trilling: "The Two Environments", *Encounter*, XXV, July, 1965, p. 11; also in John Jacob Clayton, *Saul Bellow: In Defense of Man*, Bloomington and London: Indiana University Press, 1968, pp. 9-10.

② Ibid., p.10.

在谈及贝娄作品中文化语境的问题时，克莱顿认为，贝娄是在汇合犹太经验和美国经验两大文化潮流中捍卫人类的。首先，就犹太经验而言，贝娄出身于加拿大蒙特利尔贫民区里一个宗教氛围十分浓郁的犹太家庭。他的母亲似乎还一直生活在19世纪，对儿子的唯一希望就是让他成为一个《塔木德》(*Talmud*)学者。① 贝娄早年曾在犹太学校里就读，系统地学过希伯来文和意第绪语。有证据表明，贝娄的小说中有明显的犹太背景。例如，《受害者》在很大程度上就在处理犹太人观念中的迫害和犹太人对兄弟情谊的渴望；《奥吉・玛琪历险记》里刻画的是城市犹太贫民区的生活；《抓住时日》里写的是纽约犹太人的生活；《赫佐格》里有描绘犹太儿童生活的场面和对犹太家庭亲情的强调。

贝娄饱受犹太文化的浸润，在对人类和生活的认识方面与犹太传统保持着高度一致。换句话说，贝娄在小说中表达出来的对人类和生活所抱有的坚定信念并非他的独创，而是见诸整个犹太文学的历史，是犹太文化中最为基本的内容。这种信念曾帮助犹太人顽强抵御了因苦难而产生的绝望。贝娄意识到，理想的世界其实就存在于每天的日常生活当中。抑或说，贝娄的理想世界并非是天堂里的耶路撒冷，而是回归大地的耶路撒冷。回归的犹太人不是作为脱离现实的游魂，而是作为活生生的人而存在的。在现实世界与理想世界之间存在着巨大的张力，而引起张力的两极直接地呈现在了人们的面前。正如现代意第绪语文学之父门德尔・莫切尔・塞弗里姆② 所说的那样："犹太人是各个非犹太民族的第欧根尼，③ 他高昂着头，深思着上帝及其所创造的奇迹，而他自己却住在一个木桶里。"④ 这种二元性解释了为什么在犹太小说

① Cf. Saul Bellow: "Interview with Nina A. Steers, 'Successor to Faulkner?'", show, IV, Sept. 1964, p.38; also in John Jacob Clayton, *Saul Bellow*: *In Defense of Man*, Bloomington and London: Indiana University Press, 1968, p.30.

② 门德尔・莫切尔・塞弗里姆(Mendele Mocher Seforim, 1836—1917)，俄国裔犹太作家，被称为"意第绪语文学之祖"。其最负盛名的作品是《本杰明三世游记》。

③ 第欧根尼(Diogones, 412B.C.?—323B.C.?)，希腊哲学家，犬儒学派最著名、最富传奇色彩的一位，也是斯多葛学派的先驱。

④ 转引自 Irving Howe: "Introduction", A Treasure of Yiddish Stories, New York, 1954, p. 51; also in John Jacob Clayton: *Saul Bellow: In Defense of Man*, Bloomington and London: Indiana University Press, 1968, p. 31。

中,既有对日常生活的现实主义描绘,又有狂热的理想主义色彩。犹太文化从本质上说就是乐观向上的,它饱含了希望与期待。贝娄自己曾经说过,正是他体内的"犹太情感"帮助他抵制了20世纪世界末日说的影响。

在克莱顿看来,贝娄小说所关注的核心问题也是犹太文化的核心问题,即道德问题。这种对道德问题的公开探讨在贝娄的作品里随处可见。《晃来晃去的人》中的主人公约瑟夫认为他唯一的才能就是德行;《受害者》中的主人公阿萨认识到了美德的意义;《抓住时日》中的主人公汤米渴望成为一个有德之人,如是等等。不过,在很大程度上说,贝娄小说里所涉及的道德问题不是指具体的行动,而是指一颗有德之心和对他人的真诚坦率。换句话说,贝娄小说的特点是关注形而上的道德问题,如关于责任的区分(《受害者》)、个人与权力世界的关系(《赫佐格》)以及一个富有同情心的人的成功与失败。贝娄相信人类,相信在普通的生活中一样潜伏着神圣的欢乐,一样存在着一种有意义的生存方式。从这一层面上来说,贝娄小说的特点也是犹太小说所共有的特点。

不过,克莱顿同时认为,贝娄的小说中也包含有美国经验。克莱顿介绍说,贝娄九岁时来到芝加哥,他的时间大都花在了芝加哥的图书馆里。他曾说自己想要成为芝加哥唯一的犹太印第安人[①]。他先后就读于芝加哥大学和西北大学,获人类学和社会学学士学位,曾参与联邦作家计划(Federal Writers Project),为美国作家撰写篇幅较短的传记。他在芝加哥的一个师范学院任教四年后转向了小说创作,成为一名特殊的美国人——一个具有人道主义精神的世界主义学者。贝娄受到的美国文化影响,主要是来自于18世纪人文主义思潮和19世纪浪漫主义思潮的美国传统文化,而以这两种思潮为主要内容的美国文化在许多方面又与犹太文化相类似,所以有时很难对两种文化做出区分。当然,这不意味着贝娄的小说中就没有美国精神。据克莱顿的观察,贝娄的美国精神主要体现在对个人精神或人类尊严的捍卫方面,即强调个体的重要与自由的精神。

① Cf. Anon: "Saul Bellow", Current Bibliography, XXVI, Feb. 1965, p. 3; also in John Jacob Clayton: *Saul Bellow: In Defense of Man*, Bloomington and London: Indiana University Press, 1968, p. 38.

美国文学批评家莱斯利·菲德勒在《美国小说中的生与死》中探讨了美国小说中神秘的恐怖、孤寂的情感以及潜藏在儿童读物中的惊悚和死亡等问题[①]。他在另一部著作《等待结局:从海明威到鲍德温的美国文学场景》中也指出:“是那种把流放当作自由的想法成就了美国;但是同时又是这种把流放当作噩梦的经验铸就了美国人的自我意识。”[②] 在“希望之乡”梦想的背后是直面死亡的噩梦、荒谬的现实和灵魂深处的潜伏力量。但是,美国文学传统中还有其另一个方面,即也有对人生、社会等说“不”的形象,如《红字》(*The Scarlet letter*)中的海斯特·白兰、《莫比·迪克》(*Moby Dick*)中的船长阿哈勃。这种说“不”形象的存在,说明了从欧文、库柏到现在,融入美国文学传统中的不仅有“恐怖”与“异化”这样的因子,而且还有看重个体、回归社会、相信人类充满可能性等诸多因子。贝娄的创作就明显地带有这些因子,特别是那些源自超验世界的富有个人主义精神的人物形象,如奥吉·玛琪和汉德森等更能体现出这一特色。

可以这样说,在《奥吉·玛琪历险记》及之后的作品中,贝娄一直都在试图捕捉自爱默生以来的美国精神。在他的作品中可以见到“地方色彩”作家的影子,像惠特曼对美国认同的思想以及其他美国文学传统的创作思想及方法等。具体说,贝娄继承了德莱塞和美国自然主义的创作传统,并且在超越这一传统的基础上转向了豪放的风格和形而上的思考。[③] 在克莱顿看来,这些特点既表现出了贝娄的犹太性,也表现出了他的美国性。贝娄的犹太经验和美国经验的融合,最终形成了他独特的创作思想。这种创作思想归结到一点,就是他捍卫人类的尊严,并对人类的未来充满着希望。

① Leslie Fiedler: *Love and Death in the American Novel*, New York: Dell Pub, 1960; also in John Jacob Clayton: *Saul Bellow: In Defense of Man*, Bloomington and London: Indiana University Press, 1968, p. 39.

② Leslie Fiedler: *Waiting for the End: The American Literary Scene from Hemingway to Baldwin*, New York: Penguin, 1964, p. 84; also in John Jacob Clayton: *Saul Bellow: In Defense of Man*, Bloomington and London: Indiana University Press, 1968, p. 39.

③ Cf. Malcolm Bradbury: “Saul Bellow’s The Victim”, in *Critical Quarterly*, V. Summer, 1963, pp. 127-128; also in John Jacob Clayton: *Saul Bellow: In Defense of Man*, Bloomington and London: Indiana University Press, 1968, p. 42.

克莱顿将贝娄小说中表现出来的精神类型分为异化与受虐狂、建构自我与世界、黑暗以及变形四类。克莱顿认为,在贝娄的内心里有一种他本人所批判的那种绝望。这种绝望部分源自受挫的理想主义。他就像自己所批判的那个用18世纪人道主义和19世纪浪漫主义的标准来观察社会现实的人道主义者一样,信仰高尚,但观察四周和自己的内心,却恐惧地发现高尚原来并不在那里。不过,克莱顿更相信这种绝望是犹太人所独有的。犹太人希望能在日常生活中有个性、有信仰地生活,但这希望的另一面就是绝望、自恨、负罪感以及受虐狂。犹太人的这种两面性,尤其是绝望、自恨、负罪感以及受虐狂的这一面在贝娄的小说中随处可见。一般说来,作家在肯定生活、捍卫个体时会赋予人物以力量、优雅或高尚,但反观贝娄笔下的人物,大都孤独、绝望。他们不仅与社会断绝来往,而且也与朋友和妻子失去联系。更有甚者,他们都是一些病态的社会受虐狂,心中充满负罪感和自恨,仿佛需要用痛苦和失败来慰藉自己。《奥吉·玛琪历险记》虽然不是一部关于社会或道德受虐狂的小说,但是小说中仍然有压抑和自虐的特点。换句话说,尽管小说的主人公奥吉·玛琪肯定生活、坚信爱情、颂扬个人,但是在肯定、坚信和颂扬的背后却掩藏了异化、自恨以及自虐的情绪。

贝娄笔下的人物不仅被异化,而且还自我异化。他们因内心里充满负罪感而厌恶自己,并自寻苦恼与难堪。约瑟夫、阿萨、汤米、汉德森以及赫佐格都是一些用道德来折磨自己的人物。他们的这种自我折磨有两个效果,一是自我排解内心的负罪感;二是由此取得一定的道德优势。以约瑟夫为例:约瑟夫写日记本身就是一种自我伤害,与此同时他又可以通过查看自己写的日记来赞叹自己造成的“创伤”。他自来到这个世界后就没有成功的欲望:他到一家旅行社做一个小职员,而不愿意跟他的哥哥干,以获取更好的职位;他甘守清贫,宁可在战场战死,也不像他哥哥那样大发战争财。总之,他宁愿做“一个受害者,而不愿做一个受益者”,[①] 并由此悄悄赢得了一种道德上的优越感。

在《抓住时日》这部小说中,道德受虐的倾向更为明显。主要人物

① Saul Bellow: *Dangling Man*, New York: Meridian, 1960, p. 84; also in John Jacob Clayton: *Saul Bellow: In Defense of Man*, Bloomington and London: Indiana University Press, 1968, p. 64.

汤米·威廉就是自己的最大障碍或最凶恶的敌人。他自己遇到的那些麻烦其实并非真正的麻烦,而是他自找的麻烦。他自愿跟冷酷、爱挑剔的父亲住在退休老人住的旅馆里;他为了自尊而辞去了工作,并且不再重新找工作。不仅如此,他的一生其实一直都在做一些错误的决定,明明事先知道不妥,却要硬着头皮往前闯。例如,"他肯定去好莱坞将是一个错误,但随后他就去了"[①];他把自己最后的700美元送给唐金也并非偶然,而是在给出之前就已"嗅到了这钱到了唐金手里的独特气味",[②]即明明知道这钱给了他不会有好下场的,但还是克制不住自己;他不断地刺激自己的父亲,以便更好地让父亲来惩罚他,如是等等。一种自虐的情结始终缠绕着他。

一般说来,《奥吉·玛琪历险记》不是一部关于社会或道德自虐的小说。贝娄在这部小说中似乎有意识地与自己苦涩的天性作对,没有刻画约瑟夫或汤米之类的自虐人物。不过,克莱顿借用罗伯特·奥尔特(Alter, Robert)的观点指出,从作为流浪汉小说的《奥吉·玛琪历险记》和作为成长小说的《奥吉·玛琪历险记》之间的差异中,仍然可以看出在这部小说中的人物身上存有压抑和自虐的特点。[③]奥吉在小说的大部分中一直都持有一种"云雀"般自由、昂扬的姿态,但是自从在墨西哥与西亚(Thea)邂逅,他就变得对自己越来越挑剔,越来越沉闷,那种欢快自负的劲头逐渐消失了。克莱顿认为,这一安排其实是贝娄本人精神状态的一种真实写照。像他自己所创造的人物奥吉一样,贝娄也肯定生活,肯定爱情,肯定个人,但是,在这一连串"肯定"背后却是一种深深的和富有说服力的"否定",即看似对个人和社区生活持肯定的态度,其深处却是异化、自虐、绝望等情绪的悲叹。

贝娄笔下人物在表达自我异化时所采用的重要方式之一,就是试

① Saul Bellow: *Seize the Day*, New York: Compass, 1965, p. 23; also in John Jacob Clayton: *Saul Bellow: In Defense of Man*, Bloomington and London: Indiana University Press, 1968, p. 69.

② Ibid., p. 69.

③ Robert Alter: "The Stature of Saul Bellow", *Midstream*, X (Dec. 1964), p. 8; also in John Jacob Clayton: *Saul Bellow: In Defense of Man*, Bloomington and London: Indiana University Press, 1968, p. 74.

图超脱人类生活，即远离人类，远离弱点。在贝娄所有的小说里，做人是件非常可怕的事。因此，为了保护自己，他笔下的人物都将自己变成一些理想的意象。同时，在构建这种自我的同时，这些人物又将世界变成一个能让他们安稳生存的地方。克莱顿因此总结说，这种对自我和世界的双重构建，也是贝娄小说中一个常有的主题。分析贝娄小说中对自我和世界双重构建这一主题，应该从贝娄的第一部小说《晃来晃去的人》着手。

《晃来晃去的人》与萨特的《恶心》（*Nausea*, 1938）很有些接近。贝娄和萨特都认为，人们如果没有一致和统一的自我，就会局促不安，并会因此而制定出来一些规矩法则，创造出各种各样受限的现实环境，以便能让自己安全地生活在混乱的现实中并敢于面对死亡。萨特相信，蛰居在自我之下的是虚无。或换句话说，人是完全自由的。害怕这种自由的人会给自己制造出各种各样的版本，或让别人给自己制造出各种各样的版本。贝娄理想的构建理念接近于萨特的这种模式。即是说对贝娄而言，理想的构建模式是一个创造出来的自我和一个创造出来的社会现实。萨特在小说《恶心》中说："解释的和理性的世界不是存在的世界。"[①] 贝娄也借小说人物约瑟夫之口反问道："在理想的建构与真实世界之间的区别是什么，是真理吗？"[②] 换句话说，在贝娄和萨特笔下的人物看来，人只有在牺牲现实的情况下，才能靠某种理想建构活着。

不过，克莱顿还认为，贝娄也意识到这种理想建构的弊端。他指出，这种理想建构不只是牺牲了可见的现实，而且还牺牲了实践了的经验，即它排斥所有外在的东西，包括规则、理想、公式等。也就是说，贝娄在小说中安排这种理想建构的同时，又反省这种建构的合理性。例如，在《晃来晃去的人》中，约瑟夫在社区里经常看到一个手提装满基督教科幻文学作品的购物袋的女科学家。作为一位信仰基督教的科学

① Jean-Paul Satre: *Nausea*, p. 174; also in John Jacob Clayton: *Saul Bellow: In Defense of Man*, Bloomington and London: Indiana University Press, 1968, p. 78.

② Saul Bellow: *Dangling Man*, New York: Meridian, 1960, p. 141; also in John Jacob Clayton: *Saul Bellow: In Defense of Man*, Bloomington and London: Indiana University Press, 1968, p. 78.

家，她的确很棒；但具有讽刺意味的是，她的身体却很糟糕。被约瑟夫说成是一具"僵尸"的这位女科学家，不仅病得很厉害，而且也活得死气沉沉。换句话说，她用教条替代鲜活的生活，将自己围困在思想的大墙之内。

在自我建构方面，如果说贝娄与萨特有何区别的话，那就是贝娄的自我批判较萨特更为激烈。他一方面通过约瑟夫、汉德森之类人物来捍卫个人主义；另一方面又通过他们将个人主义——夸大的个人主义——视为一种错误。在贝娄看来，人追求伟大和"个人命运"，还包括汉德森内心所发出的"我要，我要"的呼喊声等，都犯了同样的浪漫主义错误。这种浪漫主义错误就在于误以为自己大于普通的人，而实际上却并非如此。贝娄让《晃来晃去的人》中的约瑟夫批判这种"追求伟大"的情结。他固然是从一个失败者的角度进行的，但其批判却不是那种因吃不到葡萄而说葡萄酸的类型。小说中的另外一个人物莫里斯·阿博特有一种强烈的"个人命运感"。他在大学期间就忙着想成为列宁、莫扎特或洛克式的人物。当他意识到自己不可能同时成为这三个人时，就将自己的目标定为洛克。尽管他从未承认自己要做另外一个洛克，却不遗余力地仿效洛克，到头来被这种努力搞得身心疲惫。他以政治学家的身份辗转到华盛顿谋求"发展"，并在随后写给约瑟夫的信中，侃侃谈及华盛顿市里有关北非、西班牙、戴高乐等政治话题的街谈巷议。对此，约瑟夫嘲讽道："他用暗示自己熟悉一些大人物的方式来支撑那点微妙的自尊，这真让我见笑。"[①] 也就是说，在贝娄或在约瑟夫看来，这种通过追求伟大表现出来的自救方式既具有破坏性，也具有异化的作用。

贝娄在《奥吉·玛琪历险记》这部小说中也讨论了理想的构建和自我，只是与《晃来晃去的人》中的讨论相比，其背景更为广阔，色彩更为浓重，笔触更为粗放了。在这部作品里，生活变成了历史和传说，个人变成了国王，人人都想放大自己。但是，在历经"冒险"之后，奥吉袒露了自己的真实想法："说实话，我很厌倦所有那些伟大的个性、命运模

① Saul Bellow: *Dangling Man*, New York: Meridian, 1960, p. 151; also in John Jacob Clayton: *Saul Bellow: In Defense of Man*, Bloomington and London: Indiana University Press, 1968, p. 82.

式、重水脑袋、马基雅维里……"[①] 贝娄通过奥吉的坦言，回应了他在《晃来晃去的人》中对自我的批判，即如约瑟夫所说，他厌恶了那些"伟大的心灵、伟大的美好、伟大的爱人和罪犯"[②] 之类的说辞。贝娄在随后的小说《抓住时日》里又再次讨论了这个问题，他给出的解决方案是"抓住时日"，即抓住此时此地，因为所有有关过去、现在、未来的东西其实都是自己想象出来的，没有必要成为他人理想中的人物或意象。

贝娄笔下那些构建自我的人物因无法在构建的世界里生存，而变得更加憎恨自己。不过，在克莱顿看来，与构建理想的自我和世界相比，更为重要的是，贝娄笔下的人物**需要**这种构建。贝娄对人物的分析与萨特和海德格尔（Heidegger）的分析很接近。例如，萨特笔下人物的逃离既与人类的构建无关，又与恐怖的纯粹经验世界无关；他的人物躲进安全的自我，然后按照自己的意愿重新塑造世界。贝娄笔下的人物也在做着同样的事情。他们无法面对纯粹现实的恐怖，也无法面对他们自己的存在和终归要死去的事实，他们需要做的就是躲进自我里。

《晃来晃去的人》中的约瑟夫就是这样的一个人物。约瑟夫在孩童时代就相信在他欢快的外表下，隐藏了某种腐朽的东西。一件偶发的事情加强了他的这种感觉。一次，约瑟夫拜访威尔·哈拉斯查。威尔的母亲把约瑟夫介绍给自己的丈夫。她的丈夫说："他很英俊。"（Er ist schön.）威尔的母亲回答道："靡菲斯特[③] 以前也很英俊。"（Mephisto war auch schön.）约瑟夫从这一对话中感到威尔的母亲看透了自己，看出了存在于自己身上的邪恶的东西。于是他就故意躲避威尔及其家人。[④] 克

① Saul Bellow: *The Adventures of Augie March*, New York, Compass, 1960, p. 524; also in John Jacob Clayton: *Saul Bellow: In Defense of Man*, Bloomington and London: Indiana University Press, 1968, p. 87.

② Saul Bellow: *Dangling Man*, New York: Meridian, 1960, p. 89; also in John Jacob Clayton: *Saul Bellow: In Defense of Man*, Bloomington and London: Indiana University Press, 1968, p. 87.

③ 靡菲斯特：欧洲中世纪关于浮士德（Faust）传说中的主要恶魔；歌德的《浮士德》中的恶魔。

④ Cf. Saul Bellow: *Dangling Man*, New York: Meridian, 1960, p. 77; also in John Jacob Clayton: *Saul Bellow: In Defense of Man*, Bloomington and London: Indiana University Press, 1968, p. 98.

莱顿认为，这个情节与约瑟夫心灵中某种更为深刻和重要的东西相联系。4岁时，他的姨妈带他去理发，他妈妈为儿子剪掉的鬈发流泪；14岁时，他发现了一个信封，里面装着他儿时的鬈发和已去世的祖父的照片。鬈发与照片暗示了美丽与死亡，即美丽的背后是死亡。这对意象之间的关系，就等同于善与恶之间的关系。约瑟夫似乎在隐藏某种他不愿暴露出来的东西——死亡与邪恶。或更为确切地说，他是邪恶的，因而将要死去。为了不被他人发现，他得要把自己包裹起来，躲开那些能发现这一秘密的人。贝娄在其他作品中也表现了类似惧怕死亡的情节，如《抓住时日》中的汤米为躲避死亡，也将自己藏匿到自虐的建构中。

不过，贝娄的人物面对死亡的态度也是不一样的。《奥吉·玛琪历险记》中的奥吉认为死亡消除了个人之间差异，如果一个人活得跟其他人没有什么区别，除了反抗，捍卫最终可能无法捍卫的自我之外，还能怎样呢？[①] 他认为，要用反抗来消除死亡对人类个性差异的否定。据此，克莱顿认为，所谓对人类的捍卫是与这种对死亡这类“黑暗”的恐惧相关的。个人的堕落等同于人类的堕落。要捍卫自己，就必须得捍卫人类。需要指出的是，贝娄所使用的“黑暗”（darkness）这一术语不仅仅是指死亡，而且还指所有那些超出人类能力并侵害人类的力量。与跟人类作对的环境相比，它来得更为强大。它就是《莫比·迪克》中船长阿哈勃在骨子里所感到的生命背后的根本恐惧；也是《圣经》中约伯在旋风中的呐喊；是乔纳森·爱德华布道词中的上帝。或许更糟糕的是，它就是冷漠无爱的上帝本人。换句话说，它就是放大的可怖父亲的影像：约瑟夫的父亲、阿萨的父亲、汤米的父亲、汉德森的父亲、赫佐格的父亲。这并不是说贝娄的现实观是被幻觉扭曲了的，而是说，如果现实最终是美好的，那么它也是可怖的。美好与黑暗相关联。[②]

就人物精神类型中的变形问题，克莱顿认为，贝娄笔下的人物还没有完全“变形”。总的说来，他们还有自我拯救的能力。他们接触真理，

① Cf. Saul Bellow: *The Adventures of Augie March*, New York, Compass, 1960, p. 519; also in John Jacob Clayton: *Saul Bellow: In Defense of Man*, Bloomington and London: Indiana University Press, 1968, p. 107.

② Cf. John Jacob Clayton: *Saul Bellow: In Defense of Man*, Bloomington and London: Indiana University Press, 1968, p. 112.

学会了面对“黑暗”,不再或至少暂时不再为安全而构建世界和自我。但是具体地看,他们毕竟还是有所“变形”。他们被用来反抗“黑暗”、罪恶以及死亡威胁的自卫方式所伤害;他们没有能力再爱,与他人的关系也很虚假、残缺;他们像是一群需要得到不受伤害保证的孩子。不过,他们内心里也无法忍受这种样子。因此,也可以说,他们只过着生活的一半,即他们虽然心里清楚生活应该是怎样的,但却无法按照自己的理解去过。正如《受害者》中的阿尔比所说的那样:

> “忏悔!这就是施洗者约翰如何走出沙漠的。改变自己,变成另外一个人,他就是这么说的……在‘忏悔’的背后还有另外一种东西;那就是我们知道要忏悔什么。怎么样?”他那张不笑的脸迫使利文萨尔看着他。“我知道。大家都知道。但是你得用另一个更大的恐惧来摆脱因承认而造成的恐惧。我知道医生开始给病人实施电击疗法。他们会把病人折磨得死去活来,这样病人就不会啰嗦了。你知道,你得改变自己,这样你才不会还是老样子。你达到那个境界——”他攥了一下手腕,又接着说,“到你准备好了不再躲避之前,还有很长一段时间。不过,疼得厉害。”①

虽有程度的不同,贝娄笔下的人物在发生“变形”之初,其痛苦大都会像阿尔比一样异常剧烈。抑或形象地说,电击疗法般的新环境不会允许他们用旧的方式来捍卫自己。这些伤残的人物无法再用拐杖来支撑自己了。

在分析中,克莱顿对贝娄关于个人与个性之间关系的认识也感到有些奇怪。捍卫个人的贝娄认为,只有放弃个性,不再追求,全神贯注于现实而非强加于现实的“自我”,人类才有可能获得救赎。贝娄还提出在消除“自我”中,消除“自我”的负重。他的这一思想更多地体现了东方的禅宗思想,而非犹太的传统思想。具体说,尽管贝娄的主人公在暂时放弃追求,放弃“自我”并获得了某种体面时,看似有点像犹太传

① Saul Bellow: *The Victim*, New York: Compass, 1956, p. 227; also in John Jacob Clayton: *Saul Bellow: In Defense of Man*, Bloomington and London: Indiana University Press, 1968, p. 113.

说或文学传统中神圣的傻子或圣贤，但这两者还不是一回事，犹太人之所以为犹太人是因为他生活在犹太人之中——贝娄的人物并未生活在犹太人中，而且犹太教中"自我"是不在场的，即并不强调个人救赎和过圣人生活，所以说他的思想更多地是与东方的禅宗思想相吻合。

综上所述，克莱顿做出了六点总结，这几点之间也互有联系：(1)贝娄断言，在现代文明中，个人有可能过上一种有意义的生活；因此，(2)他批判绝望、异化以及否定"自我"的文学传统。但是，(3)他自己就因在文化中所见和自己的性情而绝望；(4)贝娄笔下的人物被内疚、自虐、将"自我"强加于现实之上等原因所压垮。他们害怕"黑暗"，构建一个自己可以寄居的世界，用"自我"来维系自己的生存。然而，这一策略却不奏效，相反，却变成一种可怕的负担。因此，(5)贝娄把消除"自我"作为个人救赎的途径，即消除自己与他人疏离的感觉；(6)贝娄把体面的状态作为他解决问题的一个方案。这其实是一种对抗他所喜爱和所乐于捍卫的个性的无名状态；不过，它却是一种能让贝娄相信人类的价值和将他与他人相联系的状态。另外，克莱顿又补充道，贝娄从未完全按照这一"韵律"来写作，因为他太富有个性了，以至于无法相信或让他的读者相信，可能出现的新生活中会没有"自我"的存在。相反，他笔下人物的转变只是部分的转变，或他自以为是完全的转变。虽然他在《最后的分析》(*The Last Analysis*)一剧中借剧中人物布明奇的口说："我已获得重生，准备好到达极点。"然而，贝娄身上的犹太性和美国性太强烈了，他身上有太多西方人的特点，因而无法停留在所谓的"极点"。对他而言，那个极点只是变化世界中的一个静止点而已。[①]

克莱顿在该书的最后一部分讨论了贝娄小说的整体布局和发展状况。他认为，贝娄小说的整体布局和发展折射出了贝娄的心理活动，是了解和把握贝娄的创作趋向与价值取向的极好途径。

根据克莱顿的观察，贝娄的小说中有一种十分一致的整体布局，每一部小说都出于同样的需要，而且都刻画了相似的主人公。这些主人公都有类似的困难要克服，也都经历了同样的变故，最终又都得到了救赎。具体地说，贝娄小说的整体布局大致如下：小说常常被安排在一个类似

① Cf. John Jacob Clayton: *Saul Bellow: In Defense of Man*, Bloomington and London: Indiana University Press, 1968, p. 136.

于"隔都—伊甸园"的背景里。小说中是否出现一个具体的犹太人物虽然重要,但却不是最根本的。最根本的是弥漫于小说中的痛苦与家人之爱、严峻的外部世界与紧密的家庭世界相结合的那种爱与恨、仇与亲的文化氛围。家中的男孩子往往既崇拜又害怕那个既爱他又惩罚他的父亲;他会依赖给自己安慰与庇护的母亲;在这个家庭背景中,除了兄弟姊妹外,还有姑妈、姨妈或祖母扮演"现实老师"的角色,她们会给家庭带来不安定的因素,甚至导致家庭冲突和破裂。男孩子往往是高兴看到家庭这个伊甸园的分裂或坍塌,即便这种分裂与坍塌会给他带来苦难和内疚。小说中,家庭的分裂或坍塌常常以搬出犹太社区、家庭中有人死亡或离家出走等为征象。部分小说中的趋向是主人公回归到"伊甸园",也就是富有爱意的家庭或某个群体。不过,主人公在回归或发生变化之前,心存恐惧地朝着既定的厄运方向发展。为避免这一既定厄运,主人公通常采取三种方式:(1)扮演受苦受难的傻瓜;(2)给自己树立一种重要感或特殊使命感,并远离他人以避免他人的谴责,也不跟将死之人打交道;(3)将现实变成某种观念以便寄居其中,即将鲜活的现实变成哲学问题以便能用语言来掌控。例如,将"我值得吗?"变成"人类值得吗?"。[①] 这些方法有时也不奏效。主人公身边又会出现各种各样"老师"的角色——主要有两种,即"现实老师"和"拯救者"——来"教导"或"拯救"他。

当然,说贝娄小说具有十分一致的小说布局,并非是说贝娄的小说创作风格一成不变。克莱顿认为,贝娄的小说创作风格在发表《奥吉·玛琪历险记》之前就发生了变化,体现在《奥吉·玛琪历险记》出版之前写的《佩普博士的布道词》("A Sermon by Doctor Pep", 1949)和《顾雷·迈克道尔给芝加哥过时人物俱乐部的演讲》("Address by Gooley MacDowell to the Hasbeens Club of Chicago", 1951)两部短篇小说中。在这两部小说中,贝娄运用了大量暗喻。欧文·豪(Howe, Irving, 1920—1993)称之为"新巴罗克"风格[②],即将宏大的哲学思想与俚语、

① Cf. John Jacob Clayton: *Saul Bellow: In Defense of Man*, Bloomington and London: Indiana University Press, 1968, pp. 234-235.

② Irving Howe: "Odysseus, Flat on his Back", *The New Republic*, Sept. 19, 1964, p. 23; also in John Jacob Clayton: *Saul Bellow: In Defense of Man*, Bloomington and London: Indiana University Press, 1968, p. 238.

古怪的事实以及极端的理论相混淆。这一风格在《奥吉·玛琪历险记》中得到了充分的展示。因篇幅所限,具体事例不再一一介绍。

1969 年,欧文·马林(Malin, Irving)撰写的《索尔·贝娄的小说》一书出版。这部专著也全面考察了贝娄早期创作的六部小说。哈利·T. 穆尔(Moore, Harry T.)在为该书所作的《序》中指出,"1944 年出版的《晃来晃去的人》标志着一位新的重要小说家的出现。正如欧文·马林在本书中所说,《晃来晃去的人》回应了陀思妥耶夫斯基和卡夫卡。不过,在索尔·贝娄的异化观中有某种高度新颖的东西。这种观点在其随后的五部小说中得到展示",贝娄笔下的人物都是些"高度个性化和鲜活的"人物,"他把握了一种适度冷峻、富有知性以及始终灵活的文体风格。除此之外,贝娄还有与海明威迥然不同的一个方面,即一种能激发人兴趣的时代基调感。如果说他的作品个性独特,那么它也是这种独特的代表。"[①] 穆尔的基本观点多与马林的观点相契合,但也有相异之处。例如,他们对贝娄的两部"史诗"性的小说《奥吉·玛琪历险记》和《雨王汉德森》就有不同的看法。穆尔认为这两部小说不似《受害者》和《抓住时日》两部小说那样集中紧凑。[②]

欧文·马林在《索尔·贝娄的小说》第一部[③] 这部专著中,用六个章节分别讨论了贝娄的短篇小说《两个早晨的独白》、长篇小说中的创作主题、人物、意象、风格以及贝娄的新作《赫佐格》。马林在讨论《两个早晨的独白》时指出,认识贝娄的世界,即其作品中的主题、人物和意象,最好的切入点就是他的这部短篇小说。在这部短篇小说中,两个人物生活在两个完全不同的世界里:一个人物名叫曼德尔鲍姆,他不愿接受父母为他做出的自私且带有强迫性的安排,不想只是为赚钱和讨好别人而工作;另一个人物是个赌徒,他虽然顺应潮流,但也认为日常的工作不能满足灵魂的需要,因而毫无意义。他们两人都反对那个本质

① Terry H. Morre: "Preface" in Irving Malin, *Saul Bellow's Fiction*, Carbondale and Edwardsville: Southern Illinois University Press, 1969, v.

② Ibid.

③ 以下介绍的观点均出自 Irving Malin, *Saul Bellow's Fiction*, Carbondale and Edwardsville: Southern Illinois University Press, 1969。除必要外,不再注明所引观点的具体页码。

上颇具危害的体系，但又都没有自己的价值观，并因此而感到内疚与压抑。从表面上来看，这部小说似乎是在着力地描写社会现实，其实更多谈的是“形而上”的问题，即强调在反抗与遵从、孤芳自赏与融洽关系，以及恐惧与勇敢之间所表现出来的那种令人痛苦的优柔寡断。小说中的两个人物被这种双重的价值观撕扯着，最后只能生活在“生存的边缘”。

在马林看来，贝娄是在暗示“时间是至关重要的”。日子不得不过，不得不去理解，也不得不去把握。小说中的两个独白者不得不领悟这一点，要知道日子承载了过去与未来的重担。不过，这里还有自相矛盾之处，即眼下的这一天虽与另外一天相类似，但这一天却是独特的。他们怎么能够生活在时间这个系统里？他们怎么能够生存于历史之内和历史之外呢？在马林看来，这两个问题是贝娄小说中两个独白所蕴含的关键问题。

另外，马林还认为，贝娄的《两个早晨的独白》为其随后的创作定下了基调，其重要性主要体现在以下四个方面。（一）小说中描写的家庭成员之间的紧张关系：曼德尔鲍姆的父亲虽不是个怪僻之人，但却很有些自恋。当他说自己的儿子是个好孩子时，实际上是在显示自己的骄傲，同时也是在跟儿子竞争。曼德尔鲍姆的母亲虽然较其父亲温柔一些，却很有些木讷。相比而言，母亲这种木讷要比父亲的自恋还要危险。曼德尔鲍姆从小就学会了在父母两人之间“晃来晃去”。（二）小说中的两个人物都对外界充满不信任甚或敌意。曼德尔鲍姆总是受到那些有钱、有野心之人的指使；赌徒把外界也看成是传统的严父。（三）贝娄在小说中用行动对付限制。不过，这种行动却是不确定的、猛烈的或无目的的。曼德尔鲍姆被父亲“赶出”家门，乘车外出找工作，但一无所获；赌徒的想法更为猛烈，他想让飞机闯进世界所有的家庭，让高楼大厦倒塌……（四）小说中以相反相成的方式，即用顺从的曼德尔鲍姆和愤怒的赌徒这样一对性格及身份等方面迥异的人物来表达一种含混的生活模式。这一对人物预设了贝娄所有小说中的人物模式。

在关于贝娄创作主题的这一章里，马林分别讨论了贝娄作品中物质（*moha*）、精神失常、时间、伪装以及犹太性五个主题。

物质这一主题贯穿于贝娄早期的六部小说中。例如，在《晃来晃去的人》中，一天，主人公约瑟夫坐下来看报。他从头到尾地把报纸浏览一遍，看到的尽是一些有关"物质"的报道。他环顾房间那些孤零零的物品，不知不觉中也把自己作为一件物品来研究。马林认为，贝娄把当代社会视为一种威胁，物质充斥着社会的每个角落，分散我们的注意力。"它破坏和消费着一切；它用死气沉沉的薄膜掩盖人类的形象；它用其神秘的怒火暗中破坏了一切品质；它颠覆了一切美好的事物但吹捧谎言；然而在其腐朽的额头上却戴了一顶正常的皇冠。"[①] 贝娄把当代社会称之为"猪的天堂"，[②] 这种天堂污染了人类的尊严，人类不再有一种独特的感觉，而成为另外一种"商品"，不仅失去了反抗社会的能力，也失去了认知社会的能力。人类错误地描绘了自己：人类如果接受那套价值体系并获得成功，实际上就摆出一种"虚假的伟大"；人类如果不接受那套价值体系并遭到失败，实际上就装出一种"虚假的渺小"。不管是哪种情况，人类都会陷入非黑即白的偏执中。[③] 人类其实没有自由选择，只能被动地受社会的驱动。

贝娄作品中的第二个主题是精神失常。马林认为，这个主题的主要因素是自恋、抽象物品以及强迫，其起因则是美国这个社会"没做多少事情来帮助美国成熟"，它"没能提供有效的形式"。[④] 自恋源自于无能。软弱的自恋者总是把他人视为抽象物品，不愿把他人看得跟自己同样重要，唯恐会因此而破坏自己的形象。或者说，软弱的自恋者喜欢

① Saul Bellow: "On Isaac Rosenfeld", *Partisan Review,* 23 Fall, 1956, p. 567; also in Irving Malin: *Saul Bellow's Fiction*, Carbondale and Edwardsville: Southern Illinois University Press, 1969, p. 9.

② "猪的天堂"是贝娄在《未知的宝藏》一文中使用的词语。见 Saul Bellow: "The Sealed Treasure", in *The Writer's Dilemma*, London: Oxford University Press, 1961, p. 60; also in Irving Malin: *Saul Bellow's Fiction*, Carbondale and Edwardsville: Southern Illinois University Press, 1969, p. 9。

③ Cf. Saul Bellow: "The Sealed Treasure", in *The Writer's Dilemma*, London: Oxford University Press, 1961, p. 67; also in Irving Malin: *Saul Bellow's Fiction*, Carbondale and Edwardsville: Southern Illinois University Press, 1969, pp. 9-10.

④ Saul Bellow: "Hemingway and The Image of Man", *Partisan Review*, 20 (May-June, 1953), p. 342; also in Irving Malin: *Saul Bellow's Fiction*, Carbondale and Edwardsville: Southern Illinois University Press, 1969, p. 15.

把他人视为物品或受人操控的陈规老套，想以此来获取自己所缺乏的力量。这些自恋者无法自由地选择。如果他们做出什么选择，那也很可能是些荒诞、浮夸或充满孩子气的。

马林援引贝娄的观点，即“作者与力量没有联系，因此他一直都在思考它”，[①] 以说明贝娄充分意识到自恋、抽象物品以及强迫这三种精神失常的存在。贝娄还进一步论述说，在《莫比·迪克》、《丛林中的野兽》（“The Beast in the Junqle”）、《奥勃洛摩夫》以及《尤利西斯》[②] 中，都有精神失常的具体表现。这些作品中的主要人物，阿哈勃、约翰·玛彻、奥勃洛摩夫、利奥波德·布卢姆等，显然都“精神失常”了。例如，在《丛林中的野兽》中，玛彻一直都在等待丛林中的那头野兽扑向他，这种等待变成了一种强迫。他在这种强迫中无法用行动去爱玛丽·芭特拉姆。在贝娄自己的作品中，也有类似的关系结构。例如，在《晃来晃去的人》中，约瑟夫不想屈服于精神失常，但他写日记这一行为本身就说明他与其他人一样，也患上了强迫症。此外，贝娄在这部小说里还拓展了精神失常的内涵。例如在小说中，军队只是把约瑟夫视为一件抽象物品——3A 或 1A，而不是把他看成有血有肉的一个人。为约瑟夫家里打扫卫生的女佣，只是把他看作房间里的一件物品，因此敢边吸着烟边打扫房间。

贝娄作品中的第三个主题是时间。马林认为，有可能从时间的角度来讨论物质与精神失常这两个主题。他指出，为能高尚或恰当地活着，我们非但不能被过去或未来所限制，而且还要同前辈们的构想和乌托邦幻想作斗争，只争朝夕且“永恒地”活着。不过，即便是这种理想的构建也应该具有灵活性，活在今日意味着对时间之轮的尊重。马林在书中详细分析了时间在贝娄小说中的表现及其意蕴。以《晃来晃去的人》为例。马林认为，时间是这部小说的主要主题和意象。约瑟夫提到“从前”人们写日记，记录他们自己的情感而不感到难为情。但是，“现

① Saul Bellow: “Distractions of a Fiction Writer”, *The Living Novel*, ed. Granville Hicks, New York: Macmillan, 1957, p. 13; also in Irving Malin: *Saul Bellow's Fiction*, Carbondale and Edwardsville: Southern Illinois University Press, 1969, p. 16.

② 以上四部作品的作者分别为美国作家赫曼·麦尔维尔、亨利·詹姆士，俄国作家冈察洛夫以及爱尔兰作家詹姆斯·乔伊斯。

在”,人们却不同了。他发现了当今世界与历史之间的裂缝。要填补这个裂缝,他唯一能做的就是拥抱“永久的回归”和时时刻刻意识到神话的存在。神话、仪式以及永久,所有这一切,都是对时间的一种限定性的和不健康的认识。约瑟夫因想要永久地活着而写日记。他在日记里经常提到神话里的人物和故事,并将自己比作湿婆[①],希望自己像这位长有许多只手的主神一样长有许多张嘴,以此来诉说困惑。他虽然并未把自己看作《圣经》里的那个约瑟夫,但就他生活在自己的小窝和远离自己的同胞这一点来说,却很有些类似他古老的兄弟。他在和妻子伊娃参加一个聚会时对古今之间关系的所思所想,帮助他确定了某些深刻的理解。他发现“崇高的节日”这类高尚神秘的东西消失了,也无法坚持自己有关“永久”的观点。他的哥哥阿莫斯只关注未来的成功,并且相信人人都应该像他那样来关注未来。在这里,未来变成了时间。约瑟夫不能接受这种把未来视为生活的唯一意义的观点。他坚持认为不会再有个人的未来。战争、物质以及精神失常,所有的这一切都将摧毁时间的循环。

贝娄作品中的第四个主题是伪装。马林认为,如果说贝娄时常意识到生存的二重性——物质与精神、精神失常与神志正常、时间与永恒——他还常常对人和事物的外观着迷。他曾指出追求真理是一件困难的和总要去做的事情,而且必须把各种各样的欺骗考虑在内。物质不只是与精神相冲突,还隐藏着精神;精神失常伪装为神志正常。贝娄在小说中经常描写有追求的主人公遭遇诡计、装腔作势以及骗局。主人公要想让自己的追求获得成功,就只有参与到所谓“严肃的游戏”之中去。也就是说,贝娄其实是想通过描写这种有追求的主人公的遭遇来暗示,我们可以通过识别伪装者,抑或说,做一个伪装者,来认识事实的真相。

《晃来晃去的人》中就有许多伪装的细节。约瑟夫告诉我们,人们现在隐藏起自己的真实感情,当代社会只接受某种“有限的热情,某种嘴巴紧闭的直爽”。他自己的婚姻也是这种状况。他坦承自己有许多事情不能跟妻子讲,夫妻之间不再相互吐露心事。人们的对话只能更加令人困惑,人们装着说一件事,心里想的却是另外一件事,而且说的

① 湿婆(Siva),印度教主神之一,为毁灭之神。

时候语言还很含混或不怀好意。约瑟夫问他的岳父如何还能跟一个悍妇生活？岳父明白约瑟夫问话里的深刻含义，却没有直接回答约瑟夫的问题，而是反问约瑟夫的问话是何意思？用问题来回答问题。岳父与女婿都在演戏。在马林看来，贝娄所有的作品中，都有这种“假面舞会”在上演。他们的表现形式或为谎言、欺骗，或为装腔作势、虚假掩饰。

贝娄作品中的第五个主题是犹太性。马林注意到有许多批评者评价贝娄作品中的犹太性，例如，莱斯利 · 菲德勒曾指出应在一个更为广阔的语境下看待贝娄的犹太性：“犹太人第一次进入美国文学的中心。”[①] 贝娄曾在评介肖洛姆 · 阿雷彻姆的《领诵人的儿子莫特尔的历险记》（*The Adventures of Mottel the Cantor's Son*）一书时谈论过犹太人的问题。他指出：“隔都里的犹太人发现自己卷入一个巨大的玩笑之中。他们被上天称作伟大，但他们却活得像群老鼠。历史是某种碰巧发生在他们身上的事情；他们自己并没有创造历史……犹太人承受着世界强加给[他们]的惩罚。”[②] 在马林看来，贝娄与其说是对犹太宗教，不如说是对所看到的事物更感兴趣。对他而言，看到的事物是颇具讽刺意味的。住在隔都里的犹太人意识到自己的双重面孔：他们被上帝所选，但被社会所弃。也就是说，马林认为，我们在这里面对的是一种双重的反讽，即贝娄在主张传统时，他对传统的认识也有一种矛盾的心理。他在小说中可能使用了犹太人的看法或反讽，但他从不直接地谈论犹太人这个话题，而是常常用将其伪装成另外某种东西的方法来回避。

仍然以《晃来晃去的人》为例。马林认为，约瑟夫的困境是被当作个人问题来处理的，而从未正面提及他的犹太身份或向读者评介他的犹太传统观点。约瑟夫本人认为美国社会冷酷无情，这个社会摒弃他，因为他是“另类”的。写日记成了他唯一的工作，日记也就变成了他的

① Leslie Fiedler: “Saul Bellow”, *Prairie Schooner*, Summer, 1957, p. 104; also in Irving Malin: *Saul Bellow's Fiction*, Carbondale and Edwardsville: Southern Illinois University Press, 1969, p. 44.

② Saul Bellow: “Laughter in the Ghetto”, *Saturday Review*, 36, May 30, 1959, p. 15; also in Irving Malin: *Saul Bellow's Fiction*, Carbondale and Edwardsville: Southern Illinois University Press, 1969, p. 45.

《塔木德》。他在研究自己而不是神圣的法典。他很少提及自己的长相,但其所作所为时时处处都表明他是一个犹太人。他在思考有关生存的问题时,更是一个典型的犹太人。他想让弥赛亚以"精神殖民"的身份降临——这种殖民将订立"契约",禁止"恶意伤害、流血和残暴"。由此殖民而成的国度将是受到恩典的国度。

不过,马林认为,最能集中表现出贝娄小说中犹太性的,还是小说中所透出的那种犹太式幽默——悲哀和困苦。例如,约瑟夫端详他祖父的照片。照片里的祖父是一位有信念的老人,他目光凝聚,穿的衣服像是寿衣。约瑟夫记得在 14 岁时忽然觉得自己将会长得像祖父。他既渴望能像先人那样拥有那些古老的信仰,同时又害怕他们。他长大后遇见"外人"时,"外人"端详他,细数他和祖父长得多么像。这样一来,祖父的头就"悬挂"在约瑟夫的身上,仿佛要吞噬掉他一样。这个细节既涉及到犹太的主题,又透露出贝娄对传统的矛盾心理。

马林认为,贝娄在《抓住时日》中表现犹太主题的细节更多一些。甚或可以夸张地说,在这部小说中,贝娄终于摘下了一直佩戴着的玫瑰色眼镜,认真细看犹太人的紧张生活了。他使用的方法还是同样的,却能部分地直接关注美国犹太人的身份问题,提出了"犹太人是怎样的一种人?为何某人会成为犹太人?"等诸如此类的问题。不过,即便是在这部较为集中表现犹太主题的小说中,贝娄仍然没能前后一致地表达自己的犹太性。小说中透露出的信息似乎更像是在逃避,而不是面对。不过,马林同时又指出,贝娄创作主题的分类其实并非那么迥然有别。上面提到的那些主题,彼此之间也是相互关联或互动的,如"伪装"也是"犹太性"中的一个部分。这些都是需要注意的。

马林在对贝娄作品中的人物分析时指出,很明显,贝娄写来写去总是离不开"晃来晃去的人"、赌徒以及家长这组早期作品中的人物形象。家庭是贝娄小说中的叙事核心和价值观的集中表现场所。由家庭所表现出的紧密关系从来都是犹太文学所关注的焦点。《圣经》中就有表现父与子紧密关系的人物类型。在这组关系结构中,子从父愿是按照犹太人顺从他们的天父这一模式发展而来的。抑或说,对犹太人而言,家庭结构体现了宇宙的结构,即便出现儿子反抗父亲,主张自己的权利这样的事情,也还是不能改变父与子之间的亲情关系。在犹太家庭中,妇女的地位通常是低下的,像是男人的影子。她们照料家庭,但不参与到父与子之间的争斗。只是到了近一两百年间,犹太妇女的地位才在文学中发生了一些转变。妇女开始成为家庭里的主心骨,有时候甚至还很有些专横霸道和爱管闲事。马林认为,贝娄小说中的人物塑造主要就是围绕着家庭人物展开的,主要人物多为父亲、儿子和缺席的妇女,而且这些人物的塑造是与其主题思想的表现紧密联系在一起。

马林注意到,马克斯韦尔·盖斯玛和莱斯利·菲德勒也谈到贝娄作品中兄弟与兄弟、父与子,或恨父亲的儿子与富有野心的父亲之间的关系。[①] 不过,马林认为,盖斯玛和菲德勒只是提到这些人物及其关系而已,没有分析与此相关的原因、结果以及这些人物之间的相似之处。在马林看来,要正确地认识贝娄的人物,还需要对深藏在这些人物背后的一些社会、心理、文化等因素做出分析和判断。

在贝娄的《晃来晃去的人》中,约瑟夫没有真正的家庭概念。在多数时间里,他生活得像一个单身汉。他去拜访亲戚,但觉得无法与他们沟通。约瑟夫渴望有个父亲来引导他,但让他失望的是,他发现岳父的见识还不如自己。他转而把哥哥等其他年长的亲戚也都视为父辈,但同时又对他们那种世俗精神和表现出来的强势愤愤不平。许多人都愿意"收养"他,觉得他还不成熟,需要有人照料。

马林从社会的角度来分析这种父与子之间的关系。他认为,战争形势把一些违反常情的角色强加给人们。约瑟夫愿意做儿子是因为有些深层次的矛盾他从未能解决。一方面,他父亲更喜欢有商业精神的哥哥,不谙世故的约瑟夫不属于这个家庭。他曾抱怨说,父母都是些伪装者,他"亲生"父亲到某个什么地方去了,可能会在某个时间来认领他。另一方面,他因缺乏权威,所以尽做一些"孩子气"的事,如看喜剧小品、不能按自己的心意做事就大发脾气、喜欢自言自语,等等。在反抗与屈从和成人与孩子之间的挣扎中,约瑟夫终于决定投身到军队中去,接受军队这位严父的训导。马林在通过分析贝娄的《受害者》等其他小说后总结说,贝娄作品中父子关系的基本类型是有一位暴君式的

① Cf. Leslie Fiedler: "Saul Bellow", *Prairie Schooner*, Summer, 1957, pp. 103-110; Maxwell Geismar: "Saul Bellow: Novelist of the Intellectuals", in Maxwell Geismar, *American Moderns: From Rebellion to Conformity*, New York: 1958, pp. 210-224.

父亲、一位理想中的父亲以及一个自相矛盾的儿子。

不过，马林认为，贝娄在小说中所塑造的女性形象，远不如他所塑造的男性形象那样成功。在贝娄的小说中，这些女性形象除非在追求或确认自己的权利时真实地存在，否则基本上是只闻其声，不见其人。小说《晃来晃去的人》中的女性形象成为贝娄随后所有的小说中女性形象的原型。小说中的伊娃尽管与主人公约瑟夫结了婚，却很少露面。她辛辛苦苦地工作，以此养活约瑟夫，但约瑟夫害怕她有什么力量或个性，甚至都很少想到她。她只有在极少的场合里才会偶尔表现一下自己的思想。有一次，她跟丈夫约瑟夫一起参加一个聚会，约瑟夫不能向周围的男人提出什么要求，只好要求她不要再喝酒。这一次，她没有听从他，反而喝得酩酊大醉。在小说里处于被动的她，其实对约瑟夫这种显示权威的做法不感兴趣。她有自己的生活，感兴趣的是衣服、容貌、家具、轻松的聚会、神秘的故事、时尚杂志、广播以及惬意的夜晚。小说中的其他女性人物也大抵如此，贝娄对她们也着墨不多。然而，她们却是焦虑的根源：她们越活跃，就越危险。例如，伊娃的母亲阿尔姆斯泰德夫人就是一位非同寻常的女人，她对待生病的丈夫和有些傻气的女婿颐指气使。约瑟夫憎恨她，称她为虚荣、愚蠢和傲慢的女人，并挑拨岳父跟她干架，让他夺回家庭控制权。

约瑟夫与女人之间的关系可谓含混、紧张和矛盾。换句话说，他既怕又恨女人。马林对此的解释是，小说中约瑟夫只有两次想到自己的母亲。她是一位善良温顺的女性，约瑟夫精神慰藉的源泉。母亲的去世对他来说是致命的打击。他想在现实生活中找到一个像他母亲那样善解人意的女性，却失败了。他遇见的女性大都是些粗俗且喜欢抓权的女人。

简言之，在马林看来，尽管贝娄笔下的人物存在这样或那样的缺陷，贝娄也没有向读者透露出足够的信息，以便让读者能更好地了解他人物的心理机制，但是，贝娄塑造的人物还是富有生气的，因为这些人物至少意识到了他人的存在，并敢于接触陌生人。特别是在《抓住时日》这部小说里，贝娄塑造的人物还有些伟大，其伟大之处就在于他们是一些“真实的人”。这些人物的刻画进一步肯定了一个信念，即人类可以自由地选择善与恶。

在讨论意象的这一章节里，马林认为，较之单纯的写作技巧而言，贝娄对“形而上”的问题更为感兴趣，并意识到通过意象的构建更能表达他对这些问题的关注。但是，贝娄作品中的意象并非是奇异古怪或生造出来，而是“天然而成”的。这些意象为人物提供了活动的“场景”，让读者体悟了生存的痛苦。不过，他并非在操控这些意象，而是像感觉他的人物一样，感觉着意象的存在。具体说来，贝娄常用的意象有七种，分别是重量、畸形或疾病、野蛮、坟墓与监狱、野兽、行动以及幻觉。他用重量来表达烦扰主人公的生存压力；用畸形或疾病表达人类负载其肉体的痛苦；用野蛮来象征人类病态的生存状况，就像虫子吞噬机体一样，人们在相互消费着；用坟墓与监狱来表达人类生存的危险、丑恶和沉重，就像关进监狱、埋葬于坟墓一样；用野兽来表达人类不仅受到压迫、落入陷阱、被吞噬或变畸形，而且还变成了古怪且令人厌恶的野兽；用行动来表达人类在面对压迫、落入陷阱等种种困境时，想寻找解决这些困境的答案；最后，他用幻觉来表达人类对存在的一种间接或偏颇的认识方式。这七种意象是相互关联，互为补充，甚或合生在一起的。

在讨论风格的这一章节里，马林为贝娄的早期创作总结了三种基本风格，即现实主义风格、荒诞风格以及喜剧风格。不过，贝娄的现实主义不同于一般意义上僵化的现实主义，而是一种带有主观色彩、价值倾向，且使用富有象征和联想意义的词汇表达的现实主义。他的荒诞风格则主要体现在与现实场景描写相对应的精神刻画方面，如梦境、精神失常等。换句话说，贝娄用他的现实主义手法处理有关物质的问题，而用荒诞的手法处理精神失常方面的问题。而他的喜剧风格则是由多种形式构成的，其中包括戏仿、闹剧、反讽以及“病态的”幽默。贝娄不断变换或穿插使用各种风格，恰好说明他自觉地回应了多姿多彩的生活本身。同时，贝娄的风格也体现了他对生活的理解，生动表达了生存的“痛苦”以及与之的搏斗，而且还深刻地揭示了，小说家有能力处理自己的问题和内心争斗。贝娄在构建和使用这些风格的过程中，也蕴含了他的明智、自由、力量以及胜利等诸种因素。

马林对贝娄小说《赫佐格》的讨论基本围绕着这部小说中的主题、人物、意象、风格等几个方面展开。不过，这些讨论不是逐一进行的，而是穿插交替的，如在讨论主题时会兼论人物，讨论意象时也会涉及风格。他对《赫佐格》中人物的论述，依然沿袭了对前几部小说中人物的论述思路，依然从精神失常、时间、离群索居、孩子气、与女人的关系等方面展开论述。不过，他同时也指出，贝娄并非是简单地“重复”这些主题或这类人物，而是在原有的基础上有所拓展和深化。简言之，马林认为，贝娄在《赫佐格》这部小说里运用了富有特色的风格、意象以及主题，描写了从精神失常到田园情调，从幽闭抑郁到剧烈行动，从物质到家庭感情，丰富地表达了既为个人又为普世的情怀。

马林在结语部分指出了贝娄创作中所存在的问题。例如，在《晃来晃去的人》中有太多卡夫卡和陀思妥耶夫斯基的影子。这部小说的形式也并不成功。尽管是以记日记的方式来记录主人公约瑟夫的内心苦闷，但它毕竟还只是日记，给人以片断的破碎感。小说中说教意味浓郁，而缺乏人物之间的互动。再例如，在《奥吉·玛琪历险记》中有一种强迫，具体表现在奥吉喜欢强迫自己说话，而他说的话又像是布道。他表现出来的被动性很窘迫，行动也没有得到很好的解释。奥吉很像是惠特曼诗歌中的人物形象，一个化了装的舞者。他充其量是一个人物，而不是一个活生生的人。马林因此称其为一部“高尚的失败”小说。

第三章 20世纪70年代

进入20世纪70年代，特别是1976年贝娄获得诺贝尔文学奖之后，美国文学批评界开足马力，许多有分量的评价文章、著作如期而至，评介贝娄的学术专刊《索尔·贝娄研究》(*Saul Bellow Studies*)也于此后问世，贝娄批评呈现出一派繁荣的景象。

这一时期对贝娄作品研究的论文，主体上仍然是对贝娄单篇小说和主题思想的研究，如尤瑟比奥·L.罗德里格斯(Rodrigues, Eusebio L.)的《贝娄的非洲》("Bellow's Africa", 1971)、詹姆士·尼尔·哈里斯(Harris, James Neil)的《〈赛姆勒先生的行星〉的一种批评方法》("One Critical Approach to *Mr. Sammler's Planet*", 1972)、李·J.里奇蒙(Richmond, Lee J.)的《蠢人、医生以及魔术师：索尔·贝娄的〈抓住时日〉》("The Maladroit, the Medico, and the Magician: Saul Bellow's *Seize the Day*", 1973)、丹尼尔·富克斯的《索尔·贝娄与现代传统》("Saul Bellow and the Modern Tradition", 1974)、史蒂文·古尔德·阿克塞尔罗德(Axelrod, Steven Gould)的《贝娄笔下的汉德森的犹太性》("The Jewishness of Bellow's Henderson", 1975)、本·西格尔(Siegel, Ben)的《索尔·贝娄〈洪堡的礼物〉中的艺术家与机会主义者》("Artists and Opportunists in Saul Bellow's *Humboldt's Gift*", 1978)、鲁思·罗森堡(Rosenburg, Ruth)的《〈洪堡的礼物〉中的三种犹太叙事策略》("Three Jewish Narrative Strategies in *Humbult's Gift*", 1979)等。

这一时期的主要论著也主要是集中在对贝娄的创作主题和具体作品的研究上，如布利吉特·什奇尔-什纳兹勒(Scheer-Schäzler,

Brigitte）的《索尔·贝娄》（*Saul Bellow*, 1972）、M. 吉尔伯特·波特（Porter, M. Gilbert）的《力量从何而来？索尔·贝娄的艺术才能与人道精神》（*Whence the Power? The Artistry and Humanity of Saul Bellow*, 1974）、厄尔·罗维特主编的《索尔·贝娄，一部批评文选》（*Saul Bellow, A Collection of Critical Essays*, 1975）等。此外，还有几部将贝娄与其他作家进行比较研究的著作，如小内森·A. 司各特（Scott, Nathan A. Jr.）的《三位美国道德家：梅勒、贝娄、特里林》（*Three American Moralists: Mailer, Bellow, Trilling*, 1973）、弗兰克·D. 麦克康奈尔（McConnell, Frank D.）的《四位战后美国小说家：贝娄、梅勒、巴思、品钦》（*Four Postwar American Novelists: Bellow, Mailer, Barth and Pynchon*, 1977）等。

尤瑟比奥·L. 罗德里格斯在《贝娄的非洲》[①]一文中，主要讨论了贝娄的长篇小说《雨王汉德森》。罗德里格斯对这部小说评价颇高，认为是贝娄最为出色的一部作品，并认为其展示了贝娄的创作能力与其想象的融合。贝娄笔下的非洲不是地理概念上的大陆，而是他想象中的一块奇怪的陆地，一个形而上的非洲。小说中的两个地点和相对应的阿纳维、瓦利利两个部落，颇似《受害者》中阿萨·利文萨尔所处的两个世界：阿纳维类似于利文萨尔所处的那个幸运和无忧无虑的世界，后来阿尔比的出现迫使他进入野蛮的现实世界，即《雨王汉德森》中的瓦利利。瓦利利也是霍布斯[②]笔下的世界，在那里，存在是卑鄙龌龊、野蛮短命的，是《晃来晃去的人》中约瑟夫所尽力避免且不知如何解释的世界；也是奥吉·玛琪所意识到但不愿屈服的肮脏世界；更是《抓住时日》中那个残酷而充满背叛和侵略的世界。也就是说，在罗德里格斯看来，贝娄笔下的非洲是透过扭曲和奇异古怪的棱镜折射出的一个现代世界的

① 以下介绍的观点均出自 Eusebio J. Rodrigues: "Bellow's Africa", *American Literature*, Vol. 45,No. 2 (May, 1971), pp. 242-256。除必要外，不再注明所引观点的具体页码。

② 此处指英国哲学家托马斯·霍布斯（Thomas Hobbes, 1588—1679），其主要著作有《利维坦》、《论物体》等。

范例。

罗德里格斯在文中重点考察了贝娄笔下的非洲之来源。他认为，虽说贝娄笔下的非洲是想象中的非洲，但也并非完全是“空穴来风”。经多方面的考据，他认为小说中的非洲实际上是集贝娄看过的游记文献和有关非洲人类学的材料而成的。罗德里格斯援引贝娄在接受访谈时的话来证实自己的观点。贝娄说：“数年前，我曾与已故的赫斯科威特教授一起研究过非洲人种史。后来他责备我写了《雨王汉德森》。他说，对这类傻事来说，这个题材太严肃了。我以为自己的傻气是很严肃的。”[①]1937年毕业于人类学和社会学专业的贝娄自然是严肃的。罗德里格斯进一步援引贝娄的话来解释他为何对人类学感兴趣：

> 在20世纪30年代，人类学学生非常边缘化。他们似乎在准备从根本上批判社会。学习人类学暗示激进主义，特别是性激进主义——研究未开化人的性生活是在满足激进需求。它暗示人类生活远比当下的生活宽广得多。在当时的周边环境里，这给年轻的犹太人以极大的自由。[②]

贝娄笔下的阿纳维人热爱牛的故事，像是他从以前老师赫斯科威特教授的《东非的牛情结》（*The Cattle Complex in East Africa*, 1926）一书中取材的。贝娄截取赫斯科威特教授在书中描写的居住在东非的部落人极不情愿杀死牛充当食物这一细节，用到自己的小说中。如赫斯科威特教授在书中写道：“牛无论在何处饲养，当地人的习惯是从不杀它们。只有那些自然死亡的牛才被食用，给出的理由是石鲁克人视自

① Stanley J. Kunitz: *Twentieth Century Authors,* First Supplement, New York: Hw Wilson Co, 1955, p. 72; also in Eusebio J. Rodrigues: “Bellow’s Africa”, *American Literature*, Vol. 45, No. 2 (May, 1971), p. 243.

② Nina A. Steers: “‘Successor’ to Faulkner?”, Show, IV (Winter, 1966), p. 189; also in Eusebio J. Rodrigues: “Bellow’s Africa”, *American Literature*, Vol. 45, No. 2 (May, 1971), p. 243.

己拥有牛为自己生存的主要目的。”[①] 贝娄将此段文字用到自己的小说中。他在小说中写道：

> 你可知道，阿纳维人专门靠牛奶为生，母牛是他们唯一的生计。他们从不吃牛肉，除非母牛自然死亡，他们才礼仪性地吃一点。即使在这种情况下，他们也认为这是同类残食，边吃边掉眼泪。[②]

此外，罗德里格斯认为贝娄还运用了其他书籍和旅非札记中的资料，如约翰·罗斯科（Reverend John Roscoe, 1861—1932）牧师写的一些书籍或文章，如《班扬克尔》（*The Banyankole*,1923）、《中非的灵魂》（*The Soul of Central Africa*, 1922）、《巴西马：安克尔的牛部落》（“The Bahima: A Cow-Tribe of Enkole”）等。例如罗斯科写道：

> 没有一个牛人会依据拥有土地的数量来衡量自己有多么伟大或富有。不过，他们总是依据拥有牛的数量来衡量自己。土地只是因其为牛、羊提供了青草而具有价值。而对牛人来说，有一种爱超越了一切，那就是他们对牛的爱。如果他们心爱的牛生病了，他们会日夜地照料它。如果牛死了，他们会极度地悲伤，有时会比妻子或孩子离世还要难过。[③]

贝娄则在这段人类学事实的基础上进行了生动的描绘：

> 走到牛栏边时，我看见一个人拿着一把大而粗制的木梳，站在母牛的身旁……那人满面忧伤地抚摸着母牛的神情，是我从未见

① Melville J. Herskovits: *The Cattle Complex in East Africa*, Menasha, Wis., 1926, p. 27; also in Eusebio J. Rodrigues: “Bellow’s Africa”, *American Literature*, Vol. 45, No. 2 (May, 1971), p. 243.

② Saul Bellow: *Henderson the Rain King*, New York: 1959, p. 6; also in Eusebio J. Rodrigues: “Bellow’s Africa”, *American Literature*, Vol. 45, No. 2 (May, 1971), p. 243.

③ John Roscoe: *The Soul of Central Africa*, New York, 1922, p. 60; also in Eusebio J. Rodrigues: “Bellow’s Africa”, *American Literature*, Vol. 45, No. 2 (May, 1971), p. 244.

过的。他拿着那柄木梳，正在梳理母牛头角边茂密的额毛。母牛病了，他轻轻地拍她，亲偎着她；我是在乡间长大的，但你不需要在乡间长大也会一眼看出来，这牲口出了毛病。母牛的头甚至没朝他动一下，通常她受人抚爱的时候，总要连连翘首的。那人沮丧地梳理着牛的额毛，完全陷入了悲哀。[①]

总之，罗德里格斯还列举了许多其他事例来说明贝娄笔下的非洲是一场汇集各种史料和素材的创作盛宴。他认为，小说中的非洲完整奇特却真实可信，是贝娄将自己的人类学知识完美融合进去的例证，展示了贝娄作为小说家高超的想象力和创造力。

1972年，詹姆士·尼尔·哈里斯发表了《〈赛姆勒先生的行星〉的一种批评方法》[②]一文。哈里斯在文中详尽地讨论了贝娄的小说《赛姆勒先生的行星》，并回忆道，贝娄的《赛姆勒先生的行星》这部小说出版后，批评界褒贬不一：或认为这部小说的出版对美国而言，向前迈了一小步；或认为对贝娄而言，向后倒退了一大步。每位评论者对何为贝娄先生—赛姆勒先生心中的行星都有自己的答案——有论者认为是月亮，还有论者认为是地球；更有论者调和二者，假设二者皆有可能；或毫不含糊地说他们根本不在乎什么行星不行星的。然而，哈里斯认为，英文"planet"（行星）一词十分重要，应予以重视。这个词源自希腊文，意指"漫游者"、"流浪汉"、"彷徨者"或"迷路的动物"。因为在哈里斯看来，从总体上来说，《赛姆勒先生的行星》是一部深刻描述获得宗教信仰过程的小说。或用赛姆勒的话说，这部小说试图捕捉对上帝的坚定信仰，"携带着宝贵的信仰，让无限转动起来，到头来所需要的只有有限和通常"。[③]在小说的结尾，赛

① Saul Bellow: *Henderson the Rain King*, New York: 1959, p. 56; also in Eusebio J. Rodrigues: "Bellow's Africa", *American Literature*, Vol. 45, No. 2 (May, 1971), p. 244.

② 以下介绍的观点均出自 James Neil Harris: "One Critical Approach to *Mr. Sammler's Planet*", *Twentieth Century Literature*, Vol. 18, No. 4 (Oct. 1972), pp. 235-250。除必要外，不再注明所引观点的具体页码。

③ Saul Bellow: *Mr. Sammler's Planet*, New York: Fawcett Crest Publications, 1969, p. 60; also in James Neil Harris, "One Critical Approach to *Mr. Sammler's Planet*", *Twentieth Century Literature*, Vol. 18, No. 4 (Oct. 1972), p. 236.

姆勒先生猛然醒悟，反映了作为艺术家的贝娄的内心斗争。这一斗争似乎是反讽的使用最终毁掉了反讽，而且通过小说主题思想的悖论来调和宗教信仰的悖论本质。

作为反讽小说中的人物，赛姆勒先生这种在非永恒中对永恒运动——“不是死亡，也不是那种未来，而是另外一种未来，即在此种未来中全部身心都集中在永恒的存在”[①]——的自觉探索，标志着在关键问题上《赛姆勒先生的行星》与《赫佐格》之间的显著不同。即是说，在小说的结尾，赫佐格获得了一种显然是道德方面的信仰。因为他意识到自己的问题与追求永恒无关，而与把握道德的暂存性相关。由此而言，赫佐格的彷徨最终使他与普世的道德法则相妥协。这丝毫不意味着将上帝的重要性或永恒性排除在外。然而，赛姆勒则不同。他表达了一种“末世的观点”，并追求突破这座“时空监狱”的方式和被“对神圣的渴望所吞噬”[②]的情绪。

另外，《赛姆勒先生的行星》与《赫佐格》在表达道德信仰方面，也有明显的不同。在《赫佐格》的开篇，赫佐格感到自己有一种无论对什么事情都想做出解释的冲动。于是，他没完没了地写信，以释放内心的冲动。然而，到了小说的结尾，赫佐格的冲动最终又归于平静，他已经没有什么要解释的了。因此可以说，《赫佐格》是一种有关对失控予以解释的讽刺性叙事。这种叙事的目的是最终让主要人物宣泄掉其自虐的冲动。而在《赛姆勒先生的行星》中，解释是一种障碍，而不再是目的。在小说中，赛姆勒一再自忖道：“人们应该学会区别……要紧的是区别而不是解释。”[③]也就是说，这部小说应该被视为一种主要关注区别而非解释的小说。或者如果说赛姆勒把区别这一行为作为一种获得宗教信仰的方式，那么赫佐格则把解释作为确定道德事实的一种工具。

哈里斯在广泛阅读了贝娄的全部经典小说后，认为《赛姆勒先生的行星》才是贝娄第一部重要的作品。在这部小说中，贝娄自始至终都

① Saul Bellow: *Mr. Sammler's Planet*, New York: Fawcett Crest Publications, 1969, p.84; also in James Neil Harris: "One Critical Approach to *Mr. Sammler's Planet*", *Twentieth Century Literature*, Vol. 18, No. 4 (Oct. 1972), p. 236.

② Ibid., p. 237.

③ Ibid., p. 238.

有目的地把讥讽作为主要的主题技巧来使用。在他看来,这并不是说在写《赛姆勒先生的行星》之前,贝娄没有使用过讥讽,而是说在《赛姆勒先生的行星》这部小说中,贝娄使用讥讽技巧的程度要比以往高出许多,而且许多讥讽都针对贝娄以往作品中的人物来进行。另外,在小说的结尾,赛姆勒似乎变成了他的创作者贝娄本人,如在小说第六部分赛姆勒被人掏包时所发出的感慨:"精神贫乏。"[①] 这时的赛姆勒就发生了转化,成为了作者贝娄的一个影子,或者说具有了贝娄的人格面貌。需要指出的是,在此之前,至少在理论上说,赛姆勒还只不过是一个反讽的概念而已。因此,如果将《赛姆勒先生的行星》说成是本质上维护传统,反对现代主义的一部小说[②],那么就完全误解了这部小说的真实要旨,即通过阐述对逻格斯的新看法来揭示上帝。

不过,李·J. 里奇蒙与哈里斯的观点有所不同。他在《蠢人、医生以及魔术师:索尔·贝娄的〈抓住时日〉》[③] 一文中认为,贝娄的《抓住时日》是他到出版这部小说为止,故事情节最为紧凑的一部。他在小说中对变化中的自我,以及对在日益混乱的技术专家治国的世界里挣扎的人所作的研究,很能激发起读者的阅读兴趣。蠢人汤米·威廉是小说中的主人公。他继承了战后美国梦幻灭的小说中人物的特点:人到中年,一事无成;追求爱情,痛苦不堪,令人哀婉。里奇蒙认为,鉴于此,完全可以把这部小说作为独立的作品来研究,而不是像先前已发表的评论文章那样,总是结合着贝娄其他作品来做比较研究。

在谈到这部小说的结构特点时,里奇蒙说,尽管小说中的主要人物汤米自始至终都出现在《抓住时日》里,但小说还是可以分为两部分,并分别为另外两个人物所主控。具体说,前一部分为汤米的父亲艾德

① Saul Bellow: *Mr. Sammler's Planet*, New York: Fawcett Crest Publications, 1969, p.264; also in James Neil Harris: "One Critical Approach to *Mr. Sammler's Planet*", *Twentieth Century Literature*, Vol. 18, No. 4 (Oct. 1972), p. 248.

② Northrop Frye: *Anatomy of Criticism: Four Essays*, Princeton: Princeton University Press, 1957, p. 223; also in James Neil Harris: "One Critical Approach to *Mr. Sammler's Planet*", *Twentieth Century Literature*, Vol. 18, No. 4 (Oct. 1972), p. 248.

③ 以下介绍的观点均出自 Lee J. Richmond: "The Maladroit, the Medico, and the Magician: Saul Bellow's *Seize the Day*", *Twentieth Century Literature*, Vol. 19, No. 1 (Jan., 1973), pp. 15-26。除必要外,不再注明所引观点的具体页码。

勒医生，后一部分为唐金医生。另外，里奇蒙还指出，贝娄在刻画艾德勒医生时十分注意细节描写，如他的服装、步态、思想以及说话的口吻，既体现了亨利·詹姆士（James, Henry）所提倡的个性化描写的主张，又避免了人物描写落入窠臼。他以小说中两处描写为例证实自己的观点：

> 这位老医生的面颊有一种健康的红晕，那是一种几乎半透明的颜色，像是一颗成熟了的杏子。耳畔有深深的皱纹，因为他的皮肤紧贴到骨头上了……他穿了一件白色浅方格背心。他的助听器小装饰物放在口袋里。一件别致的红黑色条相间的衬衣遮住了他的胸部。他在挺远一所大学商店里买下了自己的衣服。威廉想他没必要把自己打扮成一个骑师，这不尊重自己的职业。

另一个例子是：

> "威基，"老人说，"你去洗澡了吗？"
>
> "没呢，爸爸，还没去洗。"
>
> "嗯，你知道格罗尼纳那里有一个纽约最好的浴池。有80英尺，蓝色瓷砖砌的。很漂亮。"
>
> ……
>
> "你应该去见识一下俄罗斯和土耳其浴室，以及里面的太阳灯和按摩。我受不了太阳灯照射，但那按摩可太棒了。另外，你进去后就会享受到好得不能再好的水疗。那水就有镇静的效果，比起在水里吃烧烤和喝烈酒要好得多了。"[①]

从上面的两例描写中可以看出，艾德勒医生看重外貌和健康，并以经济地位取人。他作为外科医生的角色也颇具讽刺性：他可以治疗身体，但却不能治愈受伤的心灵。他给儿子汤米的忠告，无非是要他保住

① 以上两处引文见 Saul Bellow: *Seize the Day*, New York: Viking Press, 1956, pp. 38, 43-44; also in Lee J. Richmond: "The Maladroit, the Medico, and the Magician: Saul Bellow's *Seize the Day*", *Twentieth Century Literature*, Vol. 19, No. 1 (Jan., 1973), pp. 16-17.

在公司的职位，修复与俗气霸道的妻子的关系，以及跟商人打交道要更多地面带笑容等方面。

对唐金医生的刻画则与《抓住时日》这部小说的主题有密切关系。尽管他在小说的前半部分还没有作为一个人物出现，但还是多次被汤米和艾德勒医生提及。贝娄将他喻为魔术师，说他“眼中有一种催眠的功力”；他“讲出了某些真话，对某些人有好处”；他“是一个非同寻常的人”；他的眼睛“有魅力”；他似乎过着一种“优裕的生活”；他有“一种特别睿智的笑容”，① 等等。

里奇蒙引用小说中的片断说明唐金医生的这些“魅力”或“魔力”，在小说的下半部分中，它们得到了更为详尽的展现。他举例说，小说中汤米看到唐金医生在市场上见到熟人聊天的场面时思忖道：

> 他认识许多人，一直都在跟人聊天。他是在给人提出忠告，收集信息，还是给别人什么信息，或只是闲聊——他在从事什么样的神秘职业？催眠业？或许他能一边把人催眠，一边跟他聊天。他说出很多重要的事情，很少有人能做到这一点：让你吃惊、兴奋、感动……②

显然，贝娄是把唐金医生作为一个萨满教僧侣原型创作出来的，是一个颇懂人们心理的原始庸医、骗子之类的人物。他通达人情世故，谙熟交际生意。对汤米而言，他是很好的反面教材，他教给汤米的不是商业上的成功经营之道，而是人世之鄙俗、世情之险恶。总之，里奇蒙这篇文章通过大量引用作品中的细节描写，详尽地分析了作品中三个主要人物的特点和贝娄是如何表现出这些特点的。

① 以上引文见 Saul Bellow: *Seize the Day*, New York: Viking Press, 1956, pp. 62, 63, 66, 69, 73, 76; also in Lee J. Richmond: “The Maladroit, the Medico, and the Magician: Saul Bellow’s *Seize the Day*”, *Twentieth Century Literature*, Vol. 19, No. 1 (Jan., 1973), pp. 16-17。

② Saul Bellow: *Seize the Day*, New York: Viking Press, 1956, p. 82; also in Lee J. Richmond: “The Maladroit, the Medico, and the Magician: Saul Bellow’s *Seize the Day*”, *Twentieth Century Literature*, Vol. 19, No. 1 (Jan., 1973), p. 20.

丹尼尔·富克斯的《索尔·贝娄与现代传统》[①] 是一篇将贝娄的创作置于西方文学传统中进行宏观考察和论述的文章。他认为,小说家常常是最好的批评家;最好的批评不在他处,就在小说中。艺术因其对自身的批评而成为对生活的最好批评。自战后以来,尚没有一位作家能像贝娄那样冷静、鲜活、真切地为我们描绘当代的生活;也没有哪位作家能像他那样清晰、深刻地刻画我们现在的生活方式与"我"现在的阅读之间、人物与思想之间以及个性与作品之间的关系。贝娄笔下的主人公具有真实可感的文化底蕴,并蕴含了十分浓郁的情感因素。生存既依靠如何感觉,又仰仗如何思考,二者密不可分。在美国文学中,肢体行动(如海明威、福克纳的作品)雄辩有力,而思辨意识却常常缄默柔弱。贝娄是一位知性小说家,却不是一位知识分子小说家。他不愿去写主题小说,即为某种观念而写作。他的人物是具有个人现实的人物,有自我,或更确切地说,是有灵魂的人物。人物的思想活动不可避免地与人物的情感活动同时发生——灵与肉的斗争。也就是说,在富克斯看来,贝娄是在用俄国作家(如托尔斯泰或陀思妥耶夫斯基)的方式,而非法国作家(如纪德、萨特或加缪)的方式写作。贝娄始终如一且成功地抵制了在当时还为美国文学主流或正宗的现代主义创作原则。就此来说,贝娄是一位典型的后现代主义作家。他的灵感常常来自于对现代主义美学主张的抵制,其笔力趋向于宏大和冷峻。

富克斯认为,要描述贝娄的创作主张最好是从源头上做起。19 世纪下半叶,法国文学开始走向繁荣。福楼拜(Flaubert)的现实主义美学和马拉美(Mallarmé)的象征主义美学,最好用"彻底的主观性"这个词语来界定。福楼拜曾说:"我对故事和情节不感兴趣。我写小说时,目标是再现某种颜色,某个阴影……在《包法利夫人》(*Madame Borary*)中,我想做的一切就是想再现某种灰色,潮虫生活的那种发霉的颜色。"[②]

① 以下介绍的观点均出自 Daniel Fuchs: "Saul Bellow and the Modern Tradition", *Contemporary Literature*, Vol. 15, No. 1 (Winter, 1974), pp. 67-89。除必要外,不再注明所引观点的具体页码。

② Gustave Flaubert: "Style as Absolute", in Richard Ellmann and Charles Feidelson (eds.), *The Modern Tradition*, New York: Oxford Press, 1965, p. 126; also in Daniel Fuchs: "Saul Bellow and the Modern Tradition", *Contemporary Literature*, Vol. 15, No. 1 (Winter, 1974), p. 68.

正如贝娄所说，菲德拉体现了拉辛（Racine）的情感，新美学贵族用鉴赏的方式表现了自己的情感。《包法利夫人》这部小说之所以伟大，部分是因为福楼拜对爱玛态度中的慈善因素。乔伊斯以《都柏林人》（*Dubliners*, 1914）成为福楼拜的信徒，将殉道转化为宗教——艺术的宗教。在《都柏林人》中，乔伊斯以“一丝不苟的平庸风格”算是向他的师傅表示了敬意，仿佛成为福楼拜主题的一个变种：《阿拉比》（“Araby”）中幻觉的死亡；《神的恩典》（“Grace”）中的反讽；讲述另外一个未生活过的人的故事——《往生者》（“The Dead”）中的美学鉴赏。《青年艺术家的画像》（*The Portrait of the Artist as a Young Man*, 1916）可被视作福楼拜问题的一个解决范例。在现代条件下，主观上维护任何形式的真正自由一定是非凡的。爱玛的悲剧就是因她不是非凡的。在《青年艺术家的画像》中，英雄品质既存在于人物身上，也存在于艺术作品中。在极致中，这种英雄品质还会发展为一种自我神化。某种程度上，作者将文体变成作品的主题，让个性服从于形式，鲜活的人物服从于人工制品，事件服从于反讽，行动服从于词语，经历成为某些高级法则的反映；历史被降格，仅为某种永远无法知晓的完美反映；事实被贬损，思想被拔高：《尤利西斯》结尾中“父”与“子”的存在，只是一种好看的修辞模式，而非真实的经历；《芬尼根守灵夜》（*Finnegans Wake*, 1939）中，讲述的不是每个人生活中的一天，而是所有人生活中所有的日子——乔伊斯为表达所有的历史而变得非历史，在注定的命运氛围中，神话模糊了个性。

富克斯还援引劳伦斯（Lawrence）的观点评价福楼拜和托马斯·曼（Mann, Thomas），如“福楼拜就像躲避麻风病人一样躲避生活。像福楼拜一样，托马斯·曼模糊地感觉到自己身上有某种比现实生活所能揭示的更精妙的东西”。[①] 此外，富克斯还对加缪、纪德等作家的创作做了回顾和点评，并在此“传统”中审视了贝娄的创作。他认为，贝娄小说的主要倾向是否定虚无主义、非道德主义以及所谓的美学观点。贝娄希望让艺术尽可能地接近生活，其作品中的主人公渴望社区生活。在贝娄的小说中，现代主义“不许接触的警告”让位于“我要，我要”；

① D. H. Lawrence: “German Books: Thomas Mann”, *Phoenix*, London: Heinemann, 1961, p. 312; also in Daniel Fuchs: “Saul Bellow and the Modern Tradition”, *Contemporary Literature*, Vol. 15, No. 1 (Winter, 1974), p. 71.

现代主义艺术的冷峻精美让位于超级新闻。这就是《奥吉·玛琪历险记》突破的形式上的意义。在这部小说里,停滞让位于速度;光辉让位于普通的日光;空间形式被时间形式所取代;叙事得以回归,形式含义折射道德含义。尽管在小说后来的叙述中受到一定程度上的干扰,但奥吉对"生活的轴线"的信仰却成为对日常潜在价值进行重新评价的典型事例。在贝娄的小说中见不到艺术家式的那种英雄人物,所能见到的是所谓公民式的英雄人物:晃来晃去的人和奥吉都曾想拥有一块殖民地和一所学校;赫佐格想要"亚里士多德(Aristotélés)意义上的政治";阿瑟·赛姆勒渴望获得一种国际奖学金。在这里,美学让位于道德,艺术家让位于思想家——甚至可以说,美好让位于善良。贝娄对神话不感兴趣,他带给读者的是进入到一种当下历史荒野中的感受,即一个自由的领域。他呈现给读者的不是集体无意识,而是富有历史意识的"熠熠闪耀的目光",因为他强调的不是艺术家而是事件,不是"神圣的冲动……表面光滑……算术定理"[①],而是问题、描述以及在看似平静中酝酿而成的情感。因此说,贝娄是最初现代主义和浪漫主义,而非现代主义鼎盛时期的继承人。像济慈(Keats)一样,贝娄除了确信"心灵情感的神圣"外,别无把握。他还没有对自我甚或心灵失去信心。在贝娄的小说中,我们虽然很难区别善与恶,却并非远离它们。现代主义的共同特点有异化,碎片,摆脱传统、孤独,放大主观、虚空的威胁,巨大数字和整体非个人制度的重负,以及对文明本身的憎恨——这些方面或多或少都有些真实。任何后现代主义的定义都接受这些特点,任何后现代作家也都予以认可。而贝娄所做的是拒绝完全吸收它们,排斥正宗现代主义者们由此特点而做的"试验"。简言之,贝娄试图将情感和意识戏剧化。他的作品反映出因他的拒绝而产生的特有张力,也表现了在确定与怀疑、躁狂与压抑、行动与妄想、常识与神秘情感、普通与深奥等之间所出现的平衡。从《奥吉·玛琪历险记》以后,贝娄的小说总有一种充满活力的气质和一种融合正反两方的声音,既没有暗示公众与私人分裂的反讽,也没有小圈子的吁请。对一位世俗并未遮蔽反

① Gustave Flaubert: "An Aesthetic Mysticism", in *The Modern Tradition*, New York: Oxford Press, 1965, p. 198; also in Daniel Fuchs: "Saul Bellow and the Modern Tradition", *Contemporary Literature*, Vol. 15, No. 1 (Winter, 1974), p. 68.

而加强其主观性的作家而言，在此意义上，贝娄超越了史蒂芬·斯彭德（Spender, Stephen）对现代主义的情感小说与反现代主义的社会小说和诗的小说、散文小说之间所作的区别[①]。富克斯在余下的文字里结合贝娄的小说，详尽分析了贝娄所做出的这种超越，并作结论说贝娄是美国最主要的小说家，在美国还没有哪一位作家像他那样有着触手可及的辉煌未来——这主要是因为他用一种赋予当下以生命的方式，否定刚刚逝去的过去。

关于贝娄的犹太身份和作品中的犹太性问题，批评家们各持己见，贝娄本人也不予以认可。史蒂文·古尔德·阿克塞尔罗德在《贝娄笔下的汉德森的犹太性》[②]一文中，从一个侧面讨论了贝娄在《雨王汉德森》中表现出来的犹太性。他认为，许多批评家在评述贝娄的《雨王汉德森》一书时都会指出，汉德森是贝娄作品中第一个明确无误不是犹太人的人物，他是一个享有特权的白人。[③]这种说法从表面上看来，确实准确无误。因为贝娄在小说中介绍说，在19世纪，汉德森家族是信仰基督教的显贵，家族中有人出任国务卿和英、法两国大使，还有人跟亨利·亚当斯[④]和威廉·詹姆士[⑤]交情甚笃。再往后追溯，汉德森的先人们曾参加过十字军东征。汉德森在非洲旅行、寻求自我教育和探求人生意义时，就摆出了一副出使或征战的姿态，似乎他就是亨利·亚当斯或威廉·詹姆士本人。显然，汉德森是被当作美国绅士的原型和数世纪以来基督教与新世界文化继承人的角色来塑造的。他同时还是另外

① Stephen Spender: *The Struggle of the Modern*, Berkeley: University of California Press, 1965, p. 121; also in Daniel Fuchs: "Saul Bellow and the Modern Tradition", *Contemporary Literature*, Vol. 15, No. 1 (Winter, 1974), p. 76.

② 以下介绍的观点均出自 Steven Gould Axelrod: "The Jewishness of Bellow's Henderson", *American Literature*, Vol. 47, No. 3 (Nov., 1975), pp. 439-443。除必要外，不再注明所引观点的具体页码。

③ Cf. Richard Lehan: *A Dangerous Crossing: French Literary Existentialism and the American Novels*, Carbondale and Edwardsvill, 1973, p. 121; also in Steven Gould Axelrod: "The Jewishness of Bellow's Henderson", *American Literature*, Vol. 47, No. 3 (Nov., 1975), p. 439.

④ 亨利·亚当斯（Henry Adams, 1838—1918）：美国历史学家和作家。

⑤ 威廉·詹姆士（William James, 1842—1910）：美国心理学家及哲学家；著名小说家亨利·詹姆士之兄。

一种美国形象的化身，即美国文学和神话里追求知识的那种最为普通的人物类型。[①] 因此说，贝娄在对汉德森，也就是美国传统继承者的精神死亡与复活的描写中，与自己通常所构建的那个小说世界相疏离了。

然而，阿克塞尔罗德认为，事情远比表面现象要复杂得多。虽说汉德森表面上是一个非犹太人，其内在却颇具有犹太人的秉性。首先，他在外貌上长得很像犹太人："头发像波斯羊身上的毛；一双多疑的眼睛"和"一个硕大鼻子"。其次，在小说的开篇，他似乎是把自己作为一个犹太人介绍出场的，自相矛盾地住进了一家有限制规定的游乐胜地的旅馆："这是一处很讲究的场所，他们不接纳犹太人，但他们却接受了我 E. H. 汉德森。"[②] 在这里，汉德森是在跟旅馆开玩笑，他们不接纳犹太人，却接纳了他，一个伪装了的犹太人，甚至比犹太人还要具有犹太性。进入旅馆后，汉德森像是一个不敬神的大卫，忙着用弹弓将波旁酒瓶一个一个地打碎。很快，其他孩子就不再跟他们的孩子一起玩耍了，那些太太也躲避汉德森的夫人莉莉。通过这一系列出格的行为，汉德森让自己和他的家人成为受人咒骂的对象，即穿着白人衣服的犹太人。再其次，汉德森在整部小说中，都在使用犹太词语来界定自己。他在二战期间认识了一个士兵并跟他学会了养猪。战后，他回到家里，在自己古老的宅院里养起了猪，结果到处都是猪的踪迹，他自己变成了一个"猪人"。犹太人饮食讲究洁净，他就尽量地让自己肮脏，并用犹太传统中的一些词语来描述自厌情绪和自杀倾向。

阿克塞尔罗德认为，汉德森的犹太性更多地表现在小说的结尾部分。此前，汉德森曾想象自己是犹太人最凶恶的敌人，即巴比伦国王尼布甲尼撒二世(Nebuchadnezzar II)[③]。这时他设想将自己变成从虎穴里

① Cf. Allen Guttman: "Bellow's Henderson", *Critique*, VII (Spring-Summer, 1965), pp. 33-42; also in Steven Gould Axelrod: "The Jewishness of Bellow's Henderson", *American Literature*, Vol. 47, No. 3 (Nov., 1975), p. 439.

② Saul Bellow: *Henderson the Rain King*, New York, 1959, pp. 4, 7; also in Steven Gould Axelrod: "The Jewishness of Bellow's Henderson", *American Literature*, Vol. 47, No. 3 (Nov., 1975), p. 440.

③ 尼布甲尼撒二世(630BC?—562BC)，公元前 586 年焚毁耶路撒冷，将大批犹太人掳到巴比伦。

逃生的但以理[①],甚或与那个创立和保护犹太一个支派并赋予其犹太教的犹大[②]扯上关系。这位流浪者又回到了部族当中。他写信给妻子,让她把猪卖掉,然后帮他在医学院注册。汉德森说:“我确实想帮助病人,我想医治他们。医治者是神圣的。”[③]在犹太人的价值世界观里,这种职业转换标志着从道德禁忌向服务于他人的道德图腾的转换。简言之,贝娄在塑造汉德森这个人物时,颠倒了多数犹太小说(包括他本人的小说)中富有象征意义的过程。他不是在犹太人身上寻找具有普世意义的东西,而是在美国每一个人身上发现犹太性。

其实,贝娄的犹太性还体现在其他许多方面,其中道德信仰和民族语言就是重要的两个方面。卡尔 · 夏皮罗在《美国—犹太—作家》[④]一文中,指出了贝娄在这两方面的犹太性。根据夏皮罗的回忆,贝娄有一次接受电视访谈,被问及如何看待自己被称为“美国犹太小说家的院长”时,他回答说,他年轻时经常到图书馆去,但带回家的不是《塔木德》,而是舍伍德 · 安德森(Anderson, Sherwood)和西奥多 · 德莱塞的作品。不过,夏皮罗认为,显然只有犹太人才能写出贝娄的作品,但是贝娄却不是一个犹太作家。有趣的是,贝娄同时还提到艾萨克 · 巴舍维斯 · 辛格不想让他翻译自己用意第绪文发表的作品,[⑤]因为辛格担心贝娄会压倒自己。贝娄堪称意第绪语的大师,熟稔意第绪习语,美国犹太人无论通晓意第绪语与否,都对意第绪习语有所了解。这也就是说,是意第绪习语而非宗教经历更能让犹太人接近历史。虽说意第绪习语是心理的表达,但贝娄因是一个过于喜欢原创的文体家,而不能成为一个好的翻译者。另外,夏皮罗还指出,贝娄的创作风格有些复古,

① 但以理(Daniel),《圣经 · 旧约》里的希伯来先知,由于笃信上帝,虽被扔入狮子坑,但仍不损伤。

② 犹大(Judah),《圣经》中故事人物,雅各的第四子。

③ Saul Bellow: *Henderson the Rain King*, New York, 1959, p. 285; also in Steven Gould Axelrod: “The Jewishness of Bellow’s Henderson”, *American Literature*, Vol. 47, No. 3 (Nov., 1975), p. 441.

④ 以下介绍的观点均出自 Karl Shapiro: “The American-Jewish-Writer”, *MELUS*, Vol. 3, No. 2 (Summer, 1976), pp. 6-9。不再注明所引观点的具体页码。

⑤ 在欧文 · 豪的要求下,贝娄翻译了辛格用意第绪文发表的短篇小说《傻瓜吉姆佩尔》。

或者说有些维多利亚时代的风格。一方面,他喜欢人物甚于或类似于喜欢潮流和思想。然而,他笔下多数最出色的人物都是思想偏执的疯子;另一方面,他又是一个很传统的道德家。毫无疑问,他信仰《摩西十诫》。如果说这种信仰能使其具有犹太性,那么他确实具有犹太性。

还有的批评家从现实主义创作的角度来评价贝娄的创作,如本·西格尔在《索尔·贝娄〈洪堡的礼物〉中的艺术家与机会主义者》[①] 一文中就综合评价了贝娄的现实主义创作问题。

西格尔盛赞贝娄是在捕捉当代生活的真实性和千奇百怪的世态方面最为成功的作家。他还援引谢伯德的话说,在20世纪60年代和70年代许多作家追求印象主义的新闻写作和创新的荒诞写作之际,贝娄仍然保留了陀思妥耶夫斯基的嗜好,追求一种有严肃思想的写作。[②] 在他看来,贝娄小说的主要内涵是经常纠缠在人物知觉和情感之中的思想。不过从根本上说,贝娄还是一个擅长讲故事的小说家。他不但对人物刻画细腻,而且对人物的行为与思想的描绘也很详尽,继承了清醒的现实主义传统。他还援引理查德·吉尔曼(Gilman, Richard)的话说,贝娄是从古代犹太传统走出来的,在作品中将告诫与责任结合在一起了。[③] 这一点可以从他在小说中表达的对社会的看法和阐释中凸显出来。他的小说之所以生动有力,就是因其抓住了小说中人物行为和情感的文化意蕴。小说中的中心人物是犹太人,一群形单影只、哀痛怨愤、敏感挑剔、过分张扬的城市居民;他们往往脱离家庭、远离朋友,同时又竭力维护个人的生活秩序和条理。这些困惑的探索者常常内外交困;多数人不只是因个人恐惧而备受折磨,而且还因社会的无情轻蔑而苦

① 以下介绍的观点均出自 Ben Siegel: "Artists and Opportunists in Saul Bellow's *Humboldt's Gift*", *Contemporary Literature*, Vol. 19, No. 2 (Spring, 1978), pp. 143-164。除必要外,不再注明所引观点的具体页码。

② R. Z. Sheppard: "Scribber on the Roof", *Time*, 25 Aug. 1975, p. 62; also in Ben Siegel: "Artists and Opportunists in Saul Bellow's Humboldt's Gift", *Contemporary Literature*, Vol. 19, No. 2 (Spring, 1978), p. 143.

③ Cf. Richard Gilman: "Saul Bellow's New Open, Spacious Novel About Art, Society and a Bizarre Poet", *New York Times Book Review*, 17 Aug. 1975, p. 1.

恼。结果,他们的生活常常变成一场场绝望的战斗。他们不仅要与自己变化无常的私欲作斗争,而且还要为家庭成员、朋友,甚或陌生人的需要和愿望去挣命。

不过,在西格尔看来,贝娄笔下的人物尽管有些乖张荒诞,但还是具有他所一贯坚持的人道主义精神。贝娄坚持让自己笔下所有的人物都坚守做人的本分,即便是最不明智的主人公,也能将美国社会的乱象转化为传统的对他人、道德以及命运的认识。有批评者认为贝娄的小说,特别是《赛姆勒先生的行星》,脱离了当下的社会意识,用怀疑或"冷酷"的眼光看待当下社会和道德的混乱。其实不然,贝娄笔下的人物,如阿瑟·赛姆勒和摩西·赫佐格,都无不与当下所发生的事件相牵连,《洪堡的礼物》(*Humbult's Gift*)尤其深刻地反映了当代人的生活。

《洪堡的礼物》中的叙述者查理·西特林为自己追逐个人名利而感到内疚和困扰。他闭目不见、悲悼,甚至"睡过"许多重大的历史事件。贝娄通过描写那些困扰他的沉思默想,直截了当地探寻了美国20世纪70年代道德与利害的关系。从此种意义上来看,贝娄并不是"实验派"小说家,而是不折不扣的现实主义小说家:他小说中的情节结构来自故事和人物;他笔下的人物生存在喧哗骚乱但清晰可辨的世界里。不过,贝娄决不是一个一成不变的思想者和作者。他不仅在每部小说中细致地记录了自己对背景与文化不断发展的认识,而且还持续地超越了自己以前的想象半径,不断地变化叙事风格和形式。他的现实主义风格常常衍化为浪漫主义、荒诞派、生活喜剧、黑色幽默、冒险小说、哲学讽喻小说等风格。这些变化和特点成就并丰富了贝娄的小说,如《雨王汉德森》、《赫佐格》、《赛姆勒先生的行星》以及《洪堡的礼物》等。在这些小说中,贝娄重申,喜剧的视角能最有效地把握交替出现的悲剧的,或荒诞的,或二者兼有的美国场景。

具体到贝娄《洪堡的礼物》这部小说中,西格尔认为,像在其他早期小说中一样,贝娄在这部小说中将历史性的思考、"形而上"的东西、哀婉动人的感伤和"精神闹剧"[①] 相结合,写出了在充溢噪音和人类欲望

① Malcolm Bradbury: "The It & We: Saul Bellow's New Novel", *Encounter*, 45, No. 5 (Nov. 1975), p. 62; also in Ben Siegel: "Artists and Opportunists in Saul Bellow's *Humboldt's Gift*", *Contemporary Literature*, Vol. 19, No. 2 (Spring, 1978), p. 145.

的混乱世界里的世态众生相。具体说，小说中出现的真人真事与虚构的人物与事件相结合，表达了两个相互交合的主题思想：其一是艺术家在美国获得成功后，因随之而来的金钱、声誉、性以及狂欢等而招致的危险。贝娄在小说中不断地强调横亘在美国公开表示的理想与练就的妥协、强烈愿望与绝少机会之间的鸿沟。在他看来，艺术家或作者所应该做的不只是揭露，而且是帮助弥补不同价值区域间的裂隙。在这部小说中，贝娄集中描写了发生在一位在世的作家和一位去世的诗人之间的故事，借此来界定艺术家在一个因受到巨大物质财富诱惑而放弃对精神和美的追求的社会中的作用。艺术家在这样碎片化非常严重的国度里，职业上往往不会获得成功，甚至会惨败。尽管有梦想或计划，艺术家通常也会让自己陷入典型的美国式妥协中。小说中西特林也谈到"自尊的欺诈性和荣誉的双重性"。贝娄其实在暗示，这种混乱的道德主要是因艺术家拒绝面对"主要的问题……死亡问题"[①] 而引起的。换句话说，艺术家像他的同胞们一样，常常不去考虑目的和行为方面的道德或伦理的问题，更少想到精神层面的问题。其二是老年贝娄的心境，即虚荣的知识分子在努力让自己的风格和尊严随着年龄而变成熟时，流露出来的一种喜剧般的感伤。贝娄在描写已故的亲人和朋友，尤其是在描写人类的焦虑和死亡的恐惧给人们带来的伤痛时，颇感失落。为此，贝娄不惜用长长的一大段文字来叙述五个月间发生在主人公身上的事情。其实，西特林是一个非常成功的美国知识分子，曾获得过普利策奖，顶尖杂志向他约稿，法国政府为他颁发法国骑士荣誉勋章，他却过得不快活。在这五个月的时间里，他想让自己生活得更有意义，想方设法去超越或击败死亡的恐惧，却陷入困顿之中。作为历史学家和文学家，他都获得了成功，但在日常生活中却落败了。西格尔总结说，这主要是主人公西特林容易上当受骗的性格使然。

西格尔在文中还评述了贝娄小说中的另一个重要人物洪堡。洪堡曾是一位颇有成就的诗人，后来因无法维持自己的创造力和诗与政治之间的张力，而变得庸俗不堪。他把精力都花费在夜宴取乐上，一步步

① Saul Bellow: *Humboldt's Gift,* New York: Viking Press, 1975, pp. 221,332; also in Ben Siegel: "Artists and Opportunists in Saul Bellow's *Humboldt's Gift*", *Contemporary Literature*, Vol. 19, No. 2 (Spring, 1978), p. 145.

走向堕落。他既羡慕又嫉妒西特林所取得的一切,甚至纠缠上西特林,向他索要钱物。最终,他在穷困潦倒中默默无闻地死在一家低级旅馆里。在西格尔看来,洪堡其实是一个惠特曼式的浪漫主义者。洪堡对美国艺术家对当下美国的集体失望不以为然,他认为美国曾经是属于他的,是一个充满希望、机会和欢乐的国度。对西特林或贝娄来说是陷阱、冷漠和忽视的,对洪堡来说则是机会。因此,一旦陷入失望,洪堡就不能自持,行为古怪荒诞。

洪堡这个人物的刻画和其命运的归宿给读者提出了一系列问题。例如,是什么力量将其毁灭?洪堡的命运是否象征了美国艺术家的归宿?西格尔没有在文中直接回答这些问题,在末尾,贝娄向读者提出了一些有关从生到死的颇为滑稽但却动人的问题,并以生动的描写做了回答。

欧文·豪曾在《美国犹太短篇小说》(*Jewish-American Stories*)序言中指出,有些犹太作家不愿意被划归某一流派或某一作家群体,但是他们的作品在题材、场景、语气等主要方面表现出与其他犹太作家作品的类似性和继承性,都说明他们就是犹太作家。[①] 欧文·豪说过之后,问题似乎解决了。但是,贝娄的《洪堡的礼物》出版后,其犹太性还是遭到部分批评者的质疑。例如,有论者认为,"这个犹太作家的全部生意完全是一种发明创造——即由媒体、批评者以及学者发明创造出来的"[②]。批评者之所以这样说,主要原因之一是贝娄本人并不愿意被贴上美国犹太作家的标签。鲁思·罗森堡在《〈洪堡的礼物〉中的三种犹太叙事策略》[③] 一文中,从叙事的角度,回应了质疑者的责难。

罗森堡认为,贝娄的犹太性不只是体现在题材上,而且还体现在作品的深层结构中。这个深层结构是贝娄从意第绪叙事传统那里继承下

① Cf. Irving Howe: "Introduction to *Jewish-American Stories*", New York: New American Library, 1977, p. 2.

② Sanford Pinsker: "Saul Bellow in the Classroom", *College English*, 34, 7 (April, 1973), p. 982.

③ 以下介绍的观点均出自 Ruth Rosenberg: "Three Jewish Narrative Strategies in *Humboldt's Gift*", *MELUS*, Vol. 6, No. 4 (Winter, 1979), pp. 59-66。除必要外,不再注明所引观点的具体页码。

来的，它包括三个方面：独特叙事视角、独特的事件安排秩序以及独特的结尾安排模式。换句话说，贝娄在小说创作中常常采用犹太视角、犹太故事情节以及犹太式的故事结尾。这个深层结构在《洪堡的礼物》中尤其得到了具体的体现。

在罗森堡看来，贝娄正是因为关注犹太人，才能在小说《洪堡的礼物》中根据美国犹太作家戴尔默尔·施瓦兹的原型并对其进行"微缩"后，塑造了主要人物洪堡这一形象。在小说中，贝娄十分准确地描摹了施瓦兹的音容笑貌和举止言谈，不过，他有意识地对其犹太情结做了低调处理，并省略了有关施瓦兹的一些重要事件。[①] 比较一下施瓦兹的传记[②] 就能看出，贝娄并没有把他的人物洪堡作为一个犹太作家来描写。然而事与愿违的是，尽管贝娄在小说中颠覆了施瓦兹的犹太性，这部小说还是具有很浓郁的犹太意味。罗森堡认为，这种现象的出现并非因为小说中的多数人物是犹太人，而是因为小说的叙事结构表明小说作者受到了意第绪文学的滋养。罗森堡在文中总结出贝娄在小说中所运用的深层结构，这种结构主要表现在以下三个方面。

首先，关于犹太视角。罗森堡援引托尼·坦纳的评论说，贝娄所有小说运用的都是一种独白的形式："从他早期的小说到最近发表的小说来看，他呈现给我们的是一系列的独白者，他们的多数关键对话都是跟自己说的。"或者说，贝娄小说的视角采用的都是独白的形式，其情节趋于"静止和停留在感觉上，而不是能动的和发展的"。[③] 故事内叙述者更多地是在反省而不是行动。叙述者多处于被动地位，或耽于回想，或静止不动，或处于过分延长的暂停中。叙述者扮演了剧场里观剧者的角

① 根据罗森堡的考察，以小说人物出现的洪堡比较真实生活中的施瓦兹有三大不同，即，贝娄在小说中对有关施瓦兹生平的描写有三大重要忽略：(1)小说中没有提及施瓦兹的第一位犹太妻子，而只提到他的第二位非犹太妻子；(2)施瓦兹一生发表了大量作品，其中包括诗歌、小说等，而小说中只提到他的一部诗集；(3)施瓦兹对自己犹太身份格外强调和捍卫，小说中没有提及。

② Cf. James Atlas: *Delmore Schwartz*, New York: Farrar, Strauss, Giroux, 1977.

③ Tony Tanner: "The Flight from Monologue", in Irving Howe (ed.), *Herzog, Text and Criticism*, New York: Viking Press, 1976, pp. 445-446, 461; also in Ruth Rosenberg: "Three Jewish Narrative Strategies in *Humboldt's Gift*", *MELUS*, Vol. 6, No. 4 (Winter, 1979), pp. 61, 62.

色,是事件的观察者,其立场完全是施瓦兹的,关注着自己的过去,追问着意义。

其次,关于犹太故事结尾。罗森堡继续引用坦纳的观点。坦纳认为:

> 考虑到小说的结尾。一个人在向一大群人投降;另一个人在葬礼大厅里哭泣。奥吉站在寒冷的法国乡间;汉德森在等候转乘飞机间,来回奔跑于北极的荒地上;赫佐格我们把他放在凌乱不堪的乡舍里的睡椅上。所有这些人物都有任务,其旅途都未结束,问题都未解决,决定都还未做出。这些结尾构成了一幅幅动人的画面——表示希望、准备就绪以及和谐的短暂姿态……然而,从另外一个角度看,这些被称作"结局"的结尾什么也没有结束。①

同样没有完结的故事结尾,也出现在意第绪语作家肖洛姆·阿雷彻姆创作的民间故事中。意第绪语的故事倾向于没有结局,常常在一系列问题上做"淡出"处理,留下悬念,给读者以停下了但没有结束的神秘感觉。

最后,关于犹太故事情节。意第绪小说中的故事情节有两大特点:第一是常常与西方小说中那些因果关系明确的故事情节大相径庭。意第绪小说中的人物隐忍痛苦,而不去行动。也就是说,思想是他们的特色而非行为;解读他们要看他们的思想、意向而非行动。贝娄笔下的人物也都是如此,他们都是在做解释或辩解,借此来表达自己的所思所想。第二是在意第绪小说中,主人公须要经历一系列的损失。他们得到的唯一的奖赏是生存下来,能够忍受痛苦是主人公的标志。像《圣经》里的约伯一样,他在被剥夺了世间所有的财富、健康以及家庭后,才得到了救赎。贝娄笔下的人物,如《洪堡的礼物》中的西特林,也是如此。他先后失去了卢茨、冯格尔,然后又失去了洪堡和莉纳塔;他的资金也损失了不少,几乎把写书赚的钱都"损失"掉了。罗森堡将此种犹太情节称之为"消耗的情节"(plot of attrition)。不过,像意第绪经典作品中

---

① Tony Tanner: "The Flight from Monologue", in Irving Howe (ed.), *Herzog, Text and Criticism*, New York: Viking Press, 1976, p. 461; also in Ruth Rosenberg: "Three Jewish Narrative Strategies in *Humboldt's Gift*", *MELUS*, Vol. 6, No. 4 (Winter, 1979), p. 62.

的人物一样，西特林最终还是忍受住了这些苦难，活了下来。

另一位批评家爱德华·亚历山大在《尘土之回应：大屠杀文学与犹太人的命运》一书中用一个章节的篇幅（《索尔·贝娄：对启蒙主义的一种犹太式告别》）[①] 讨论了贝娄对启蒙主义的认识。亚历山大认为，贝娄从开始创作起，就强烈地认识到用启蒙主义的原则和范畴来阐释现代生活，特别是大屠杀事件颇为不妥。他的第一部小说《晃来晃去的人》的背景是 1942 至 1943 年的美国。主人公是一位正在等候美国军队征召的年轻人约瑟夫。在小说的开篇，他已经开始写关于启蒙主义哲学家的几篇传记性文章，其中关于狄德罗（Diderot）的文章正写至过半。然而，一纸征兵通知让他开始"晃来晃去"。他开始对启蒙主义的天赋人权说将信将疑。他对启蒙主义的研究并没能让他对欧洲大陆上发生的大屠杀有所准备。他对此抱怨说，大屠杀的发生说明人类的想象力是不健全的。

《赛姆勒先生的行星》中的主人公赛姆勒了解得则比约瑟夫多。他认为大屠杀永久地摧毁了启蒙主义关于人性本善，人能用理性控制大脑和身体，且能运用这种理性的控制在地球上建造一个天堂般的城市等观念。赛姆勒也曾是启蒙主义的信徒，曾研究过启蒙主义的原则，对 H.G. 威尔士（Wells, Herbert George）的作品极为熟悉。大屠杀发生前，他把威尔士作为自己终生的研究对象。威尔士曾根据科学原理用自己的乌托邦思想来构建一个全新的世界，但他本人也没考虑到现代欧洲冒出来的那些隐蔽的力量。赛姆勒总结说威尔士对第二次世界大战极度沮丧。为此，亚历山大认为，除非认为在贝娄的心目中，大屠杀在理论上起到否定启蒙主义主张的作用，否则就无法把握《赛姆勒先生的行星》的中心主题。

另外，亚历山大还指出，在《赛姆勒先生的行星》的开篇，贝娄讨论了两个犯罪事件，一个是德国纳粹分子阿道夫·艾希曼将犹太人送进毒气室；另一个是赛姆勒在曼哈顿遭到黑人小偷的袭击和羞辱。这两个看似毫不相干的事件在小说中被反复提及，凸显了迫害这一主题。

① 以下介绍的观点均出自 Edward Alexander: *The Resonance of Dust: Essays on Holocaust Literature and Jewish Fate*, Culumbus: Ohio State University Press, 1979, pp. 171-193。除必要外，不再注明所引观点的具体页码。

而大屠杀主题则是通过小说主人公对汉娜·阿伦特的论文[①]进行严厉批判这一方式直接介入的。阿伦特认为,艾希曼是一个极为普通的人,一个长着胳膊、腿和嘴的司空见惯的家伙。那些在死亡集中营里犯下滔天罪行的纳粹分子,一般说来也不是什么了不得的罪犯,而只是一些现代社会里四处可见的由劳动分配原则制造出来的小官僚。贝娄写至此处时,赛姆勒先生身在波兰,已年逾七十。1940年,他失去了妻子和自己的一只眼睛;他的女儿舒拉被关在战俘营里,后来被侄女玛格丽特救出并送到美国。正是玛格丽特向赛姆勒提及阿伦特有关"罪行的平庸"的论调。赛姆勒听说后即激动地驳斥说,阿伦特被欺骗了,她在那些谋杀犯和他们凶残暴行中发现的平庸,只不过是一种幌子。他说,"除了说普通、厌烦或陈腐外,还能有什么更好的办法让那些谋杀犯免遭诅咒?……这是一种非常古老的尝试。那些美好善良的人从初始就明白,生命是神圣的。公然反对这一古老的常识并不是什么平庸,而是密谋反对神圣的生命。"除非相信人的生命不值钱,否则泯灭良知并不是一件小事或平庸的事。"汉娜·阿伦特利用历史的悲剧来推销魏玛知识分子的愚蠢思想是该遭到谴责的。"[②]

亚历山大进一步分析后指出,赛姆勒反对把风格、艺术以及意义与犯罪相关联,因为这容易使人们觉得它们与犯罪的关系是与生俱来的。像那些自由主义知识分子一样,现代艺术家在某种意义上与犯罪有些关联,但是,赛姆勒怀疑,是否还有某种犯罪与那些所谓高尚的动机毫无关联呢?再者,启蒙主义者非常关注监狱的"意义",然而,恰恰在许诺了最多自由的地方,拥有最大和最糟糕的监狱。在亚历山大看来,贝娄在小说中自始至终都在讽刺自由主义的愚昧无知。亚历山大在文章

---

① 此处是指阿伦特的《艾希曼在耶路撒冷》(Hannah Arendt: *Eichmann in Jerusalem*, New York: Viking Press, 1963)。

② 不过,亚历山大论到此处时,又用注释方式指出赛姆勒对阿伦特的误解。他写道,阿伦特在《艾希曼在耶路撒冷》一书中不是说纳粹系统让艾希曼这类人对自己的所作所为毫不知晓,而是说纳粹系统不让他们把自己的所作所为等同于古老的和"正常的"常识所说的屠杀。换句话说,这是赛姆勒因激愤而引起的误解。见 Edward Alexander: *The Resonance of Dust: Essays on Holocaust Literature and Jewish Fate*, Culumbus: Ohio State University Press, 1979, Note 3, p. 192。

的结尾指出，在小说的末尾，贝娄揭露了启蒙主义哲学命题的虚假、站不住脚和所带来的危害性。犹太人在欧洲惨遭的大屠杀尤其能说明这一问题。曾经许诺犹太人做人的一切权利，到头来却剥夺了犹太人的生命甚至他们的出生权。亚历山大在文中质疑说，不知道人们为何一直都忽略了这个问题。

1976年，贝娄出版了《往返耶路撒冷：私人札记》（*To Jerusalem and Back: A Personal Account*, 1976）后，没有引起批评界多大的关注。1979年，克里斯廷·M. 伯德发表的《〈往返耶路撒冷〉中的往返旅途》[①]一文，算是在20世纪70年代的贝娄批评中，将这部称之为“私人札记”的著作包括了进来。

伯德认为，在通常情况下，对写游记的作家来说，写往返旅程是件令人烦恼的事。然而，贝娄的这部旅游札记却明确表示其记叙的是往返于耶路撒冷和美国之间的旅程。显然，贝娄将自己置身于回程问题上，所有的探究都要在回来后才能最终得到解决。或者说，他在以色列待上三个月就想了解以色列，显然是不行的。他须要回来，回到芝加哥、加利福尼亚、华盛顿，才能以一个美国人的身份真正了解以色列。贝娄在这部札记中用前48章节的篇幅，写他作为一个美国人在以色列的旅行，用后14章节写他作为犹太人在美国的旅行。但是，他在书中自始至终都是以美国犹太人的角色出现，如果说有所区别的话，则是在开始时强调他是美国人，而在结束时则强调他是犹太人。比如说，他在以色列时，“美国”或“美国人”这样的词语几乎出现在前48章的每一页上，而他回到美国后，“以色列”或“以色列人”则不断地出现在札记的后14章中。

贝娄的旅程开始于1975年秋。他在给《纽约客》（*The New Yorker*）第一封札记中写道，他被一些比自己还有犹太性的犹太人包围了。他面对的是大约两百左右去以色列参加割礼的哈西德教徒。飞机上邻座的一位犹太哈西德教徒，惊恐地发现他在吃不洁的食物，被吓坏了。他让贝娄立誓戒掉那些垃圾食品，改吃洁净的食物，为此他愿意每周付给

① 以下介绍的观点均出自 Christine M. Bird: “The Return Journey in *To Jerusalem and Back*”, *MELUS*, Vol. 6, No. 4 (Winter, 1979), pp. 51-57。除必要外，不再注明所引观点的具体页码。

贝娄15美元。贝娄因是与非犹太人结婚，拒绝了那位犹太哈西德教徒的请求。不过随后，他意识到这些哈西德犹太教徒对待犹太饮食的态度非常严肃，也就照着邻座所说的那样去做了。伯德认为，贝娄写这次飞机上与犹太哈西德教徒的邂逅片段，与他三月旅行回来后的感受形成了对照。尽管与伦敦的湿润柔和、郁郁葱葱相比，天气灼热的以色列一片白茫茫，宛如沙漠，但是，那里的人民生活得十分严谨。贝娄意识到自己不像生活在以色列的同胞那样严肃认真、紧张忧虑。在以色列时，他跟当地人相比，自己非常美国化；然而，回到西方国家后，他却又意识到自己很具有犹太性。他甚至在回到芝加哥大学给学生上希腊文学课时，也在一心一意地想着以色列，而无法分心去想荷马(Homer)。他深信，以色列象征着西方历史中的某种东西。

就作为美国人和作为以色列人之间的区别问题，伯德认为，对贝娄而言，作为美国人最主要的是有一种伟大的期待感。贝娄在书中写道：

> 我们欧洲的堂兄们知道逮捕、流放、屠杀以及战争，很高兴过普普通通的生活。奇怪的是，比起美国的亲戚们，他们心里更安静；他们虽不及我们有安全感，但却不像我们那样暴躁。看到他们那样的脾气和做事方式，我对美国现实感中的无限度企盼产生了怀疑。①

贝娄对美国的情感引导他承认亨利·詹姆士所说的“美国与其说是一个国家，不如说是一个世界”这句话是正确的。贝娄在已出版的八部作品中充满激情地探索了美国这个世界，而现在他60岁的时候，则被以色列的窘境所感动。用伊迪丝·布里克希尔沃(Blicksilver, Edith)的话说，贝娄现在是“作为一个美国犹太人，而非一个碰巧是犹太人的美国人”。② 以往的美国犹太文学批评家对贝娄作品中

① Saul Bellow: *To Jerusalem and Back: A Personal Account*, New York: Viking Press, 1976, p. 129; also in Christine M. Bird: “The Return Journey in *To Jerusalem and Back*”, *MELUS*, Vol. 6, No. 4 (Winter, 1979), p. 53.

② Edith Blicksilver: “Bellow in Bible Land”, *The Atlanta Journal and the Atlanta Constitution*, December 19, 1976, pp. 20-C; also in Christine M. Bird: “The Return Journey in *To Jerusalem and Back*”, *MELUS*, Vol. 6, No. 4 (Winter, 1979), p. 54.

的犹太取向颇为不满，认为他总是绕着犹太性走而从未抓住它。伯德认为，贝娄在这部作品中倒是直截了当地讨论了自己的犹太性和美国性，对自己的犹太性最终有了一个了结。

伯德指出，贝娄在书中不断地探讨何为犹太性。他认为，在贝娄看来，做犹太人不是件美差，因为不能像其他民族那样享有同等的生存权。贝娄在书中写道：

> 你所知道的是，事实上犹太人的生活并未因犹太国的创建而有所改变：你无法把生存权视为理所当然的事；其他人可以，但你做不到。这不是说其他所有的人都生活得快乐，且在体面的统治下过得幸福。不是的，这只是说犹太人，因为他们是犹太人，从来没能把生存当成天赋的权利。①

对贝娄而言，做犹太人也是一件令人费解的事：他先是以为犹太人不知道自己的利益所在，提不出自己的问题；继而又谈及犹太人应该采取行动，从历史的睡梦中醒来；最后又自嘲说，真的要论及起来的话，犹太人这种现象并不好理解。总之，在伯德看来，贝娄在作品中对犹太问题一直纠缠不休，时而得出许多结论，时而又幽默一番。他倒是有一个前后一致的观点，即犹太人的问题是人类大问题的一个部分。而对人类问题的认识，他部分是作为美国人提出的，部分是作为犹太人提出的，还有一部分是作为作家提出的，观点含混而悲观。

到了20世纪70年代，研究贝娄创作的学术专著虽较60年代有所增加，但增加的数量却不多。多数著作的研究范围少有新的突破，还都是以贝娄作品为主要研究对象。不过，有几部与其他作家进行比较的专著有些新意，如弗兰克·D. 麦克康奈尔在其撰写的《四位战后美国小说家：贝娄、梅勒、巴思、品钦》中称，这四位作家的出现“昭示了某种

---

① Saul Bellow: *To Jerusalem and Back: A Personal Account*, New York: Viking Press, 1976, p. 26; also in Christine M. Bird: “The Return Journey in *To Jerusalem and Back*”, *MELUS*, Vol. 6, No. 4 (Winter, 1979), p. 54.

像是美国小说复兴的东西"[①]。在发掘贝娄创作的同时，该著还对其他同时期的作家进行了平行研究。

20世纪70年代较早出版的研究贝娄的专著，是布利吉特·什奇尔-什纳兹勒著的《索尔·贝娄》。[②]什奇尔-什纳兹勒在序言中首先总结了美、英、法三国批评家对贝娄文学成就的评价。他说，诺曼·梅勒认为贝娄是他那一代作家中具有"最温暖的想象力"的一位；[③]约翰·克莱顿表达了文学界的一致看法，即认为贝娄是美国当代最重要的小说家；[④]英国批评家托尼·坦纳也表达了类似的观点；[⑤]法国批评家亚历山德拉·莫洛考达陀在其所著《索尔·贝娄小说〈赫佐格〉中的四维度》[⑥]一书中，也对贝娄赞赏有加；还有学者认为贝娄是威廉·福克纳的继承人，率领美国小说创作达到可与20世纪30年代相媲美的高峰。[⑦]什奇尔-什纳兹勒援引小内森·司各特的观点，认为尽管贝娄创作中有强烈的现实主义因素和对日常生活的高度关注，甚至还包含有现代生活中野蛮、丑陋的现象，但也不应给贝娄的创作贴上"自然主义"的标签。贝娄作品与坚定的自然主义作家作品之间的分野，就在于贝娄的作品具

① Frank D. McConnell: *Four Postwar American Novelists: Bellow, Mailer, Barth and Pynchon*, 1977, xi.

② 以下介绍的观点均出自 Brigitte Scheer-Schäzler: *Saul Bellow*, New York: Frederick Ungar Publishing Co., 1972。除必要外，不再注明所引观点的具体页码。

③ Norman Mailer: "Some Children of Goddess", in *Cannibals and Christmas*, New York: 1966, p. 127; also in Brigitte Scheer-Schäzler: *Saul Bellow*, New York: Frederick Ungar Publishing Co., 1972, p. 2.

④ John Jacob Clayton: *Saul Bellow: In Defense of Man*, Bloomington and London: Indiana University Press, 1968, p. 3; also in Brigitte Scheer-Schäzler: *Saul Bellow*, New York: Frederick Ungar Publishing Co., 1972, p. 2.

⑤ Tony Tanner: *Saul Bellow*, Edinburgh and London, 1965, p. 111; also in Brigitte Scheer-Schäzler: *Saul Bellow*, New York: Frederick Ungar Publishing Co., 1972, p. 2.

⑥ Alexandre Maurocordato: *Les quatre dimensions du Herzog de Saul Bellow*, Paris, 1969; also in Brigitte Scheer-Schäzler: *Saul Bellow*, New York: Frederick Ungar Publishing Co., 1972, p. 2.

⑦ Jonathan Baumbach: "The Double Vision: *The Victim* by Saul Bellow", in Jonathan Baumbach, *The Landscape of Nightmare*, New York, 1965, pp. 35-54; also in Brigitte Scheer-Schäzler: *Saul Bellow*, New York: Frederick Ungar Publishing Co., 1972, p. 2.

有多维品质。现实主义作品总是娴熟地将寓言和幻想编织在一起,并对痛苦挣扎中的自我予以讽刺和嘲笑。什奇尔-什纳兹勒指出,文学批评家司各特也认为贝娄的现实主义创作与罗伯特·潘·沃伦、福克纳、马克·吐温、麦尔维尔、霍桑(Hawthorne)等是一脉相承的,甚至还与代表欧洲的现实主义创作传统的一些作家作品相关联,如陀思妥耶夫斯基、卡夫卡和萨特的创作。① 贝娄本人也承认自己受惠于美国和欧洲传统。他最感兴趣的作家有德莱塞、惠特曼、海明威、福克纳、菲茨杰拉德、乔伊斯、劳伦斯、叶芝(Yeats),以及19世纪的俄国作家。②

不过,贝娄抵制虚无主义、心理分析方法、消极浪漫主义,也不接受一些社会上风行的现象,如贬损或消除实践的自我、未经救赎的黑色幽默、否定和憎恨现世和西方文化等。与同代作家不同的是,贝娄为捍卫价值观而写作。他也像其作品中的主要人物一样,孜孜不倦地追求价值。他坚信,在当代美国,个人有可能生活得富有意义。当代美国提供了多姿多彩、拥挤热闹的城市背景和具有不同价值观的形形色色的人物。但更为重要的是,当代美国还提供了对自由的信仰。人们相信有改善生存景况的可能性,或至少能有自己的思想。贝娄为表达这种信念,让他每一个主人公都明白,每一个人都有别人替代不了的特殊任务。

贝娄是一位充满同情心的作家,深深地进入到自己所刻画的人物的生活中。对他而言,这种参与是一种优秀的标准,诚如尼娜·斯梯尔所说:"小说都是关于他人的。如果缺少这种对他人生活的执著同情,小说就一无所有。"③ 不过,从另一个方面看,这种写作态度或许也是他作为小说家的一个主要缺点。即,他让自己深陷于主人公的心理生活中,导致作品往往缺少令人信服的富有戏剧性、富有成效的连贯行动。

① Cf. Nathan A. Scott: "Sola Gratia: The Principle of Saul Bellow's Fiction", in Nathan A. Scott (ed.) *Adversity and Grace*, Chicago and London, 1968, p. 30; also in Brigitte Scheer-Schäzler: *Saul Bellow*, New York: Frederick Ungar Publishing Co., 1972, p. 2.

② Gordon L. Harper: "The Art of Fiction XXXVII: Saul Bellow", *Paris Review*, 9 (1966), pp. 48-73; also in Brigitte Scheer-Schäzler: *Saul Bellow*, New York: Frederick Ungar Publishing Co., 1972, p. 3.

③ Nina Steers: "Success to Faulkner?", *Show* 4, September, 1964, pp. 37-38.

他的人物也因此不得不努力保持内心与外界的和谐,还总是想着如何去超越这一切。然而,贝娄却从来没有展示这种长期追求的平衡是如何取得的。为弥补小说现实中的这一缺点,他让自己的人物拥有大量感知、认识和见解,并且运用密集、高度个人化和十分流畅的语言将这些思想娴熟地表达出来。因此,什奇尔-什纳兹勒认为,当代美国小说家中,没有一位小说家在精确、睿智以及优雅的文体方面能与贝娄相媲美。

什奇尔-什纳兹勒在这部专著的正文中首先论述了贝娄的第一部长篇小说《晃来晃去的人》。他认为,这部小说表达准确、形式紧凑、下笔谨慎。贝娄本人对此也颇为满意,称之为"写得不错"。① 不过,什奇尔-什纳兹勒同时又认为,这部作品没能让读者感到满意,其主要原因是,它具有很强的包容性。读者最终在小说的结尾参与到主人公的行列,结果是跟随着主人公一起晃来晃去。小说中被异化了的主人公约瑟夫,被迫在非渴望的抉择和渴望的抉择之间做出选择。读者在小说中呈现出来的大量证据面前,不得不依靠自己的判断决定是否赞同约瑟夫。小说中的这种写法预示了贝娄随后作品的走向。另外,什奇尔-什纳兹勒还认为,约瑟夫为"自由"付出了高昂的代价。他原本想构建一个"精神殖民地"或组织一个反对杀戮、血腥和残暴的团队,但是到头来却落得孤家寡人、郁郁寡欢。他对周围的一切都看不惯,以为周围所有的人都轻视他;他不愿跟任何人讲话,放弃撰写有关启蒙主义哲学家的传记,还常常莫名其妙地跟自己的岳母发脾气。在什奇尔-什纳兹勒看来,生活在一个个人越来越微不足道的时代里,约瑟夫的这些反应是有道理的。

什奇尔-什纳兹勒认为,贝娄对第二部小说中的矛盾处理与他对第一部小说中的矛盾处理有所区别。如果说贝娄在《晃来晃去的人》中采用自我封闭的"内在化"的方式,处理了"我"(约瑟夫)与他分裂的自我"你也有道理"(Tu As Raison Aussi)之间的矛盾冲突,那么贝娄在《受害者》中则用公开对立的"外在化"的方式,处理了阿萨·利文萨

① Gordon L. Harper: "The Art of Fiction XXXVII: Saul Bellow", *Paris Review*, 9 (1966), pp. 48-73; also in Brigitte Scheer-Schäzler: *Saul Bellow*, New York: Frederick Ungar Publishing Co., 1972, p. 8.

尔和科比·阿尔比之间的矛盾。[①] 在什奇尔–什纳兹勒看来，贝娄的《受害者》和《抓住时日》是贝娄所有小说中结构最为紧凑和最富有艺术性的两部小说。贝娄在接受戈登·哈珀（Harper, Gordon）的采访时说，他花了很大气力来写《受害者》这部小说，力图达到福楼拜所要求的字字完美的程度。就语言、结构以及激起独特艺术效果的浓郁氛围而言，贝娄的确是成功的。这部小说以调控和节制见长。小说中的每一个场景描写，都会对压迫所需要的张力效果起到作用。这部小说表达了丰富的思想并提出了许多问题，不过，贝娄不愿在小说中给出明确的答案或简单的解决方法，不愿让他笔下的主人公轻易地走出困境。

贝娄在小说的开篇有两段引语，前一段转述了阿拉伯民间故事《一千零一夜》中的故事，表达了小说的主题；后一段则引用了德·昆西（Quincey, De）的《一位英国鸦片吸食者的忏悔录》（*The Confession of an English Opium Eater*, 1822）中的一个段落，透出了小说的基调。像《一千零一夜》中随手扔掉枣核打死精灵伊弗里特儿子的那个不幸商人，利文萨尔和阿尔比不得不承认他们所做的一切事情，都事关重大，都与他们之间关系的疏离相关联。另外，贝娄为增加小说的寓意，没有把小说中的场景安排在《一千零一夜》中那样僻静的休息地，而是在有千百万张面孔晃动的城市里。场景安排的这一变换为小说定下了基调，利文萨尔生活所在的纽约这个都市，也有着《一位英国鸦片吸食者的忏悔录》中那种梦幻般的情境。

需要指出的是，贝娄的声誉主要是建立在《晃来晃去的人》和《受害者》这两部小说的基础上的。本来贝娄应对这两部小说"宠爱"有加，然而恰恰相反，贝娄不愿意提及它们，而且还称写这两部小说的作者是"懦夫"，"害怕让自己放松"。[②] 贝娄在接受戈登·哈珀为《巴黎评论》（*Paris Review*）所作的采访时说，他是用"借来的情感"写这两部

① Gordon L. Harper: "The Art of Fiction XXXVII: Saul Bellow", *Paris Review*, 9 (1966), p. 56; also in Brigitte Scheer-Schäzler: *Saul Bellow*, New York: Frederick Ungar Publishing Co., 1972, p. 17.

② Gordon L. Harper: "The Art of Fiction XXXVII: Saul Bellow", *Paris Review*, 9 (1966), p. 55; also in Brigitte Scheer-Schäzler: *Saul Bellow*, New York: Frederick Ungar ublishing Co., 1972, p. 28.

小说的。他提到福楼拜、詹姆斯、加缪,甚至还有萨特,并认为这些作家都是他借鉴的对象,而最为直接的借鉴则是德莱塞和陀思妥耶夫斯基。纽约城的品质无疑是从德莱塞那里借鉴过来的。其中热闹非凡的景象、大量聚集的财物和建筑物,以及无名无姓的芸芸众生,也在德莱塞的小说里出现过。在陀思妥耶夫斯基的短篇小说《永久的丈夫》(“The Eternal Husband”)中出现的事件、热度、窒息、肮脏以及主要人物,几乎被贝娄“全盘接受”过来。不过,贝娄却记不起是否看过陀思妥耶夫斯基的作品。他在小说中用“借来的情感”再创作了适合这种场景的人物。

在出版《晃来晃去的人》和《受害者》这两部小说之后,“自由”了的贝娄决定要“放松”了。在文体方面,最主要的变化发生在《受害者》出版之后和《奥吉 · 玛琪历险记》出版之前。贝娄对戈登 · 哈珀说:“我为什么要强迫自己像英国人或像《纽约客》投稿人那样写作?我很快就意识到我骨子里根本不是一个讲标准语的官员。”[①] 从那时起,特别是自《奥吉 · 玛琪历险记》和《赫佐格》出版后,贝娄在聆听那些“原始评论家”高谈阔论时,不再那么信口开河地“构建”自己的虚构大厦了。这是因为他觉得还不是自己说话的时候,他要在恰当的时候才能站出来说出想法。用贝娄的话说,因为他发现在以往的两部小说中准备一个合适的场合很困难,而且如果发现自己的准备有什么虚假,他就会停下来。不过,在奥吉的故事中,他并没有停下。贝娄说,是故事在自行写作。他本人只是一个耳朵敏锐的听众,任凭自己无拘无束的想象力驰骋。

横贯在《奥吉 · 玛琪历险记》这样一部充溢着想象力的小说中的主题,是追求一种“值得的命运”,即奥吉所说的“被选择的东西”。然而,对奥吉来说,让他感到苦涩的是自己无法界定何谓“被选择的东西”。也正是因为这种不确定性让小说有一种被批评家常常忽略的悲伤情调。用伊哈布·哈桑的话说,读者很容易被这部小说中丰富的故事、众多的人物以及文体的驳杂吸引。贝娄在写作中不服约束,用尽了一切办法来写这部传奇式流浪汉的故事。小说中讲述一个名叫奥吉的男人在孤独的追求中不能确定自己究竟为何而追求。奥吉所做的一切努力始终都是在

① Gordon L. Harper: “The Art of Fiction XXXVII: Saul Bellow”, *Paris Review*, 9 (1966), p. 56; also in Brigitte Scheer-Schäzler: *Saul Bellow*, New York: Frederick Ungar Publishing Co., 1972, p. 29.

拒绝：对他人提出的计划或计谋说不，对吸引或分神的事情说不。他的力量就在于拒绝——这种拒绝实际上是在拒绝过一种让人失望的生活。不过，尽管小说的结尾写到奥吉笑了，但是潜在而弥漫全书的寓意是，用奥吉的话说，了解了这些事情之后，再屈从于它们是没有道理的。[①]

奥吉·玛琪的故事是他本人通过回忆的方式讲述的。小说的表现力和故事的寓意或多或少会受到局限。贝娄认为，人类至少应该有足够的能力克服自己的无知并借此走完人生道路。人类的痛苦、软弱以及苦役是有意义的。作家应以表现这些东西来证明自己的能力，应该揭示人类的伟大。如果其他能力无法完成这项任务，应该用想象力来完成。[②] 什奇尔-什纳兹勒指出，贝娄就是不遗余力地运用自己的想象力来完成揭示人类的伟大这一任务。其方法之一就是不断变换叙述的视角。贝娄的早期作品多从第一人称的角度讲述，如《晃来晃去的人》、《奥吉·玛琪历险记》等。但也有几部小说从第三人称的角度讲述，如1965年出版的《抓住时日》。这一视角的转换，帮助他较好地解决了小说中参与者的人生观和作者试图实现的秩序之间的平衡关系。

1972年，贝娄在《小说作家的分心》一文中曾表达了自己对秩序与想象力之间关系的认识。他指出：

> 在一部艺术作品中，想象力是秩序的唯一源泉。有批评者以为你开始写作就有一个成形的秩序，并一直按照这个秩序写完。不是这样的。小说家开始写作时没有秩序，也不和谐。他凭借一种莫名的想象过程开始，逐渐写得有秩序了。不管怎么说，小说家获得的那个秩序不是思想原本有的秩序。[③]

---

① Cf. Saul Bellow: *The Adventures of Augie March*, New York: Viking Press, 1953, p. 444.

② Cf. Saul Bellow: "Distractions of a Fiction Writer", in G. Hicks (ed.), *The Living Novel*, New York, 1957, pp. 1-20; also in Brigitte Scheer-Schäzler: *Saul Bellow*, New York: Frederick Ungar Publishing Co., 1972, pp. 61-62.

③ Saul Bellow: "Distractions of a Fiction Writer", in G. Hicks (ed.), *The Living Novel*, New York, 1957, p.6; also in Brigitte Scheer-Schäzler: *Saul Bellow*, New York: Frederick Ungar Publishing Co., 1972, p. 61.

也就是说,较之思想而言,贝娄更看重想象的结构,即他所说的那个"莫名的想象过程"。这或许是因为贝娄相信,如果人类的神性和不幸之间能够达到某种妥协的话,那也是通过对人类生存状况的想象而得到的,即是由作家创作出来的。因有了这一信仰,他不断创新写作手法,以求充分揭示人类的伟大与不幸。贝娄在这方面做得最好的是那部让他获得殊荣的长篇小说《赫佐格》。

《赫佐格》集聚和容纳了贝娄的全部世界:人物、事件、思想、独特的文体风格、看似随意的形式、作者的在场、犹太性、幽默、城市背景,以及与前几部小说相关联的成分,它们共同折射出作者贝娄独创、博学、优雅以及永不安宁的灵魂。什奇尔-什纳兹勒援引贝娄自己的话说,贝娄写的这部小说完成了一种发展,达到了文学感觉力的终端。这种文学感觉力,指的是某种对待文明的态度——反常、疏离、局外人、人道主义精神的坍塌,[①] 也是对悲观地看待人类生存现状的一种挑战。人到中年的赫佐格教授是大城市里的犹太人。他由失常到恢复理性的精神历程代表了当代美国人甚或人类的精神状况。所有这一切,贝娄在1970年出版的《赛姆勒先生的行星》中进行了艺术再现。

1974年, M. 吉尔伯特·波特出版了《力量从何而来:索尔·贝娄的艺术才能和人道精神》[②] 一书。波特在这部著作中分别论述了贝娄前期创作的七部小说,即《晃来晃去的人》、《受害者》、《奥吉·玛琪历险记》、《抓住时日》、《雨王汉德森》、《赫佐格》以及《赛姆勒先生的行星》。

波特在《序言》中简短地回顾了美国"新批评"家在非议中对小说批评所做的贡献后,史无前例地明确宣称,自己在书中对贝娄作品所做的探讨就是承袭了"新批评"的传统,对贝娄的作品进行文本解读:

---

① Cf. David Boroof: "Saul Bellow", *Saturday Review of Literature* 47, 19 September 1964, pp. 38-39, 77; also in Brigitte Scheer-Schäzler: *Saul Bellow*, New York: Frederick Ungar Publishing Co., 1972, p. 92.

② 以下介绍的观点均出自 M. Gilbert Porter: *Whence the Power? The Artistry and Humanity of Saul Bellow*, Columbia: University of Missouri Press, 1974。除必要外,不再注明所引观点的具体页码。

这里所采取的批评立场是形式主义的(非激进的),批评的工具是细析内部相互关系、主题与形式的相互作用,或如兰色姆所称的结构与肌质;其[研究的]领域是贝娄长篇小说丰富的世界;其目的首先是解释其艺术才能,其次是衡量其人道精神——回答"哪来的力量"这一问题。①

也就是说,波特对贝娄七部小说所做的解读是在文本内进行的。他在随后各章的解读中,也是按照"新批评"的路数,先介绍作品内容,然后再针对作品中的人物、事件、作品结构及其寓意等分析评价。例如,他在介绍贝娄小说《晃来晃去的人》中的"日记"时说,主人公约瑟夫的日记主要记叙了1942年12月5日到1943年4月9日间所发生的事件,其中还包括一些对过去生活的回溯、对梦境的释义以及想象中跟分裂的自我的对话。这种形式为贝娄提供了最大限度的灵活性,让他能够从容地揭示小说主人公的性格和主人公与周边关系矛盾冲突的寓意,也能让他将这种叙述的姿态与叙述者个性完美地融合在一起。也就是说,尽管小说的主体似乎是由单纯解释性的抽象议论组成的,但这种议论在一个意识十分清醒且自我折磨的心灵里进行。套用"新批评"家兰色姆(Ransom)的话说,小说的这种结构恰当地体现在小说的"肌质"中。

波特以小说开篇时日记中披露约瑟夫在开始"晃来晃去"前后,"新"、"旧"两个约瑟夫的不同为例,进一步来说明贝娄如何利用日记这种形式来体现小说的"肌质"。波特认为,应征前的"旧约瑟夫"主要是一个"计划生物"。他把生活乐趣全都寄托在如何回答自己给自己提出的一个中心问题上,即"好人如何生活;他应该做什么?"显然,"旧约瑟夫"是把自己当作"好人"的。历史经验证明,人生而残暴,充满淫荡和血腥冲动,甚至会杀戮自己的父亲与兄弟。"旧约瑟夫"意识到这一点时感到很不舒服,不过,他又庆幸自己性情温和,没有这种本能。他因相信自己的品质好,就相信别人的品质也是好的,并追寻"精神殖民地"或信仰禁止敌视、杀戮、残暴宗教的群体。他有了这样的思想,便开始

① M. Gilbert Porter: *Whence the Power? The Artistry and Humanity of Saul Bellow*, Columbia: University of Missouri Press, 1974, p. 4.

躲避社会上只顾眼前利益的"芸芸众生"。

然而,随着战争的到来,"新约瑟夫"的自信心动摇了,价值观也被瓦解了。他开始在原来的计划与当下的不确定之间"晃来晃去"。"新约瑟夫"意识到"旧约瑟夫"建造的"精神殖民地"只不过是一些"精神火山口"。在日益恶化的时局下,"新约瑟夫"在自己和他人的身上,也看到了以前从未意识到的暴力倾向和欺骗能力。他开始对自己的未来焦虑不安,对周边复杂的关系不知所措。他跟妻子、亲戚关系紧张,跟朋友也话不投机。他改变了,成为"芸芸众生"中的一员。简言之,波特在讨论贝娄第一部小说《晃来晃去的人》的这一章里,根据小说前后日记中穿插记叙的事件和人物内心活动认为,贝娄在小说中呈现的"肌质",皆是通过用日记这种形式来实现的。

波特在分析贝娄的第二部小说《受害者》时,同样也采用了文本细读的方法。从小说中对人物形象的刻画,到人物之间关系和他们的命运发展轨迹,点点滴滴,悉数道来。他在分析中指出,小说主人公阿萨·利文萨尔体魄庞大且焦躁不安地站立在缓缓驶向断头台并最终消失不见的叙述之车上。在公众的眼里,身重210磅的利文萨尔粗壮结实但缺乏热情,为人也不灵活,是个还算成功的商人。而在私下里,他却拥有着丰富的情感,既会发脾气,甚至粗暴地殴打落魄的阿尔比,也能不嫌麻烦地带侄子到动物园、亲吻妻子寄来的信件等。他为取得一些小成就而高兴,十分害怕失败,表里不一,内心矛盾。正是这一性格特点使他面对阿尔比的迫害时,表现脆弱,易于受到伤害。

不过,波特又认为,利文萨尔的这种脆弱和不安全感有另外两个原因,一个是他早年的艰难生活经历;另一个是他的犹太性。利文萨尔童年生活坎坷,父亲专横跋扈、脾气暴躁;母亲在他八岁时因精神失常而病逝。他成年后找到的第一份工作是在拍卖行里做雇员。拍卖行倒闭后,他又先后到鞋店做零工,到皮革店做染革工,然后到一家旅馆做小职员,再后来,他在巴尔的摩的海关谋到一个职位。不过,时隔不久,他又在一家公司找到一份相对稳定的工作。按理说,逃离肮脏恶劣工作环境的他,可以气定神闲地过自己的日子了,但他却没有办法忘掉过去所遭受的艰难困苦,还时时担心会遇到何种不测,让他重新回到过去的生活。这些回忆和担心让他一直处于恐惧中。

利文萨尔的犹太身份加剧了他的这种恐惧。他感到周边充满反犹主义:阿尔比的老板卢迪格对他充满敌意;利文萨尔去帮助嫂子艾莉娜,他所在的公司怀疑他诈病;他甚至还担心信仰天主教的嫂子和她的母亲会利用他的犹太身份,为他侄儿的死来指责他;阿尔比面对利文萨尔时丝毫不掩饰自己的反犹情绪。利文萨尔厌恶反犹主义。这种厌恶感让他处于高度警觉状态,甚至也让他萌生一种迫害他人的冲动。

然而,事情的另一面是,阿尔比为何要迫害利文萨尔?波特援引基思·奥普代尔(Opdahl, Keith)的话对此做出了解释。奥普代尔说,反犹主义恐惧人类的状况。他们喜欢一个用好与坏原则来安排的世界,因此就将犹太人界定为邪恶,这样他们就可以看到自己有形的恐惧。[①]在现实这个层面上,阿尔比感到世界混乱,并因此而恐惧。他根据决定论即迫害的原则,将世界划分成善恶的两极,依此划分来减轻自己的恐惧。他把自己的对手看得异常强大,甚或看成是犹太人在世界范围内搞的一个大阴谋。

问题是,利文萨尔为何允许阿尔比进入到自己的生活,并让这样一个反犹主义者来操控自己呢?波特根据小说内容给出的解释是,阿尔比挡住利文萨尔的去路,只说了一句"我控诉",思想偏激的利文萨尔就立刻做出了过激反应。因为小说中写道:

> 通常,假如好事都落到一个人的头上,其他人则一无所有,任何人都能看出来这很不公平。不过,在人和人之间,该如何来处理这种情况呢?任何走了霉运的乞丐或游民会在路上截下你,然后对你说:"这世界不只是为你造的,也是为我造的,难道不是吗?"……你会觉得自己欠那个乞丐什么。不过,直接受到谴责则完全是另外一回事了。[②]

而且此时,利文萨尔的妻子回到她母亲家居住,他哥哥不在家,他要照顾嫂子和侄儿。精神的孤独和过多的责任让他有些失衡。面对落

---

① Cf. Keith Opdahl: *The Novels of Saul Bellow: An Introduction*, Pa.: Pennsylvania State University Press, p. 51.

② Saul Bellow: *The Victim*, New York: Weidenfeld & Nicolson, 1965. 77.

魄的阿尔比,利文萨尔想起了自己的过去,又在哀叹自己的过去中想象着落魄的阿尔比的艰难处境,并因此而开始同情阿尔比。小说由此展开了迫害与被迫害之间的较量。在波特看来,"受害"是生活中每人都不得不面对而且还要妥协的一个事实。贝娄的《受害者》就是一部研究"受害"的小说。

波特运用罗伯特·潘·沃伦在《纯诗与非纯诗》("Pure and Impure Poetry", 1941)一文中提出的"对立张力"观点,讨论贝娄的《奥吉·玛琪历险记》。沃伦认为,诗要纯粹,但具体的诗作却未必;至少多数具体的诗作不想过于纯粹。详细说来,一首具体的诗作中诸因素联合起来,交互作用,以达到纯粹之目的。然而,实际上诗作中的许多因素就其本身而言却与该目的相抵触,或为中性但偏向该目的。我们是否可以由此得出结论,即因诗作中(即便是在一些被称之为伟大的诗作中)出现中性或对抗性因素,这些因素就是人类脆弱的标志。一首诗要想被称之为好,需要自己去争取。这种争取是走向静止的一种运动。但是,如果这种运动不是遭遇抵抗的运动,它就不会有什么结果。[①] 波特认为尽管小说与诗是两种不同的文类,这种对抗性张力也存在于小说中,而且以同样的方式产生作用。

贝娄在《我们由此走向何处:小说的未来前景》一文中,也表达了类似的观点。他说:

> 如果允许与作家观点完全相反的观点全部存在,它[小说]就能成为一种艺术。如果没有这种相反观点的存在,一部充满思想的小说就只能是自我放纵,说教就变成一种自私的企图。对立的观点必须能自由地相互对立,必须充满激情地从正反两个方面表达。正因为此,我认为,作者个人的立场和观点无关紧要。他可以认同我们赞同的原则,但写出来的小说却会很糟糕。[②]

---

① Cf. Robert Penn Warren: "Pure and Impure Poetry", in Robert W. Stallman (ed.), *Critique and Essays in Criticism*, New York, 1949, pp. 86, 102.

② Cf. Saul Bellow: "Where Do We Go from Here: The Future of Ficition", Irving Malin (ed.), *Saul Bellow and the Critics*, New York, New York University Press, 1967, p. 120.

换句话说，在波特看来，说教式的小说因其过于想表达思想而不高明。这类小说因过于在意构建对立的张力，反倒失去了形式。有的小说即便能够巧妙地将思想体现在形式中，但因其提供的视域过于狭窄而失色。贝娄《奥吉·玛琪历险记》克服了这两种弊端，既有宽广的视域，也有饱含完美对立张力的叙述形式。具体地说，小说的主人公奥吉以一个成年人的身份，从自己在芝加哥的童年时代讲起，回溯了所经历的种种"历险"。他做过许多种工作，体验过许多种生活的形式。然而，虽说小说叙述的重点始终聚焦于人物的命运，即表达人道主义这一主题思想，但小说设立的对立张力因宽广的叙述视域而丰富了形式的内涵和寓意。

在论及贝娄《抓住时日》这部小说时，波特指出，批评界一致认为这是贝娄写得最好的一部小说，无论是人物、情节，还是基调、语言，都无不巧妙地交织在一起，共同制造出如亨利·詹姆斯所极力推崇的"地毯上的人物"。不过，波特认为，这部小说的成功更主要是因贝娄在小说中对"水"这一意象的巧妙使用。其实，在波特之前，已有批评家，如基思·奥普戴尔和克林顿·W. 特罗布里奇（Trowbidge, Clinton W.）讨论过《抓住时日》中水的意象。波特在自己的论述中也提到奥普戴尔和特罗布里奇的观点[①]。不过，波特认为，奥普戴尔似乎只是满足于大致地描绘出贝娄在作品中有关水的意象，而没有具体说明这些意象在该小说中的功能；特罗布里奇则只对该小说中用来描述水意象时所使用的语言和语调感兴趣。在波特看来，这种分析评判有失周全。他认为，对《抓住时日》里水意象的研究，应该聚焦在作者用水意象所表达的主题是如何具体地体现在个别场景中的。因为，个别场景显然在其中扮演了一种诗性意象的角色，给人一种总体一致的印象。

这一点，与抒情诗中那种整体印象所产生的效果非常相似。波特

① Cf. Keith Opdahl: *The Novel of Saul Bellow: An Introduction*, Pa.: Pennsylvania State University Press, 1967, pp. 96-97; Clinton W. Trowbidge, "Water Imagery in *Seize the Day*", *Critique*, 9 (Spring 1968), pp. 62-73.

援引 W. J. 汉迪(Handy, William J.)的观点来证明自己的判断,[①] 并认为《抓住时日》中近似于诗中意象的场景,将汤米·威廉的生活特征和经验结构公式化了。换句话说,在《抓住时日》的中心,有一个延伸的暗喻作为整合其叙述的原则,即用溺水的人这一意象来暗示人类的失败:小说中的主人公汤米·威廉把生活搞得一团糟,拼命地喘息且惊慌失措地抓住唐金这根救命稻草,但还是疲惫不堪地沉沦在他给自己施加的压力下。整个意象的主旨就是人类的失败。

波特举例说,小说中首先出现的是一个原型性的沉沦场景。威廉从他居住的第23层的旅馆房间下到旅馆大厅里时,水的意象也就随之出现。就像小说中所描写的那样,电梯下降至楼下,大厅里的地毯向他席卷而来;那些法国式帷帘像船帆一样遮蔽了太阳;外面像是一个巨大的锚链,维系着旅馆大厅下面的电影院;街对面名叫安索尼亚的旅馆像是一块大理石或一片海水,在雾中如石板般漆黑。威廉走向为第一个场景设置的布景——报摊,玻璃香烟柜台如水一般地反射出威廉的形象。在这一场景中,威廉有三次把自己视为水里粗俗难看的河马。[②] 在与报摊主人的聊天中,威廉想起了一系列与水有关的人物和意象,其中有他的父亲、骗子唐金、商人威尼斯、一个他所钟情的水妖般的妓女等。波特认为,这些水的意象象征了威廉在"水"中挣扎的命运和最终"被水淹死"的结局。

波特对贝娄另外一部小说《奥吉·玛琪历险记》的分析没有沿用他人的批评思路[如基思·奥普戴尔等人认为贝娄的这部小说部分是对海明威及其符号式主人公的善意讽刺;[③] 马尔库斯·克莱因将贝娄的

① 汉迪认为,小说中的场景可以被看成与诗中的意象相类似。从本体论的角度来看,场景和意象具有同样的基本特点:1. 二者均是陈述而非断言;2. 二者均由蕴含多层意义的构造组成;3. 二者均要将特征和经验的结构公式化;4. 二者均主要诉诸感官而非抽象推理;5. 二者均想让概念蕴含更多的意蕴,并通过概念的内在本质将其公式化。小说场景与诗歌场景一样,用艾略特的话说,再现文学艺术家将思想转化为感觉。见 William J. Handy: *Kant and the Southern New Critics*, Austin, Tex., 1963, pp. 83-84; also in M. Gilbert Porter, *Whence the Power? The Artistry and Humanity of Saul Bellow*, Columbia: University of Missouri Press, 1974, p. 104。

② Cf. Saul Bellow: *Seize the Day*, New York: Viking Press, 1956, pp. 3-6.

③ Cf. Keith Opdahl: *The Novel of Saul Bellow: An Introduction*, Pa.: Pennsylvania State University Press, 1967, pp. 124-126.

小说与尼采《查拉斯图特拉如是说》(*Thus Spoke Zarathustra*)比较;[①]罗伯特·戴特威勒等人探讨该小说的再生模式[②]等],而是另起炉灶,讨论了该小说的创作主题等。波特认为,苦难、探索、狂欢以及喜剧精神是该小说中最为重要的四种因素。它们的存在将小说中诸多互不相干的因素联结起来,共同表达了像美国超验主义者梭罗(Thoreau)一样的追求,即把握世界上真实而有意义的东西,以便在离开这个世界前,知道自己已经经历了世上所有的一切。小说叙述的线路也是按照这四种因素来的,分别叙述了主人公汉德森个人的精神危机、非洲探险以及蕴含其中的狂欢和喜剧因素。

贝娄在《赫佐格》这部小说中也写了类似的精神危机。不过,贝娄在对危机的处理中,虽不乏他前一部小说中的那些狂欢或喜剧因素,更多的却是在人生哲学的层面来展开故事情节。主人公赫佐格说:"这个国家需要的是五分钱的综合体。"[③]他为这个"综合体",即为综合自己乱七八糟的生活付出了巨大的努力。波特认为,该小说的基本内容就是描述主人公为此所做出的努力。

主人公赫佐格两次离婚、失去了跟自己子女和亲戚的联系,还失去了工作。他对自己持有的价值观和追求产生了怀疑,竭力想去解释,想理出个头绪,并为自己的行为做出辩解或补偿。赫佐格有能力完成这一切,他有博士头衔和教授经历,出版过颇有影响的学术专著《浪漫主义与基督教》,似乎都为解决这些难题提供了保障。但是,在现实生活中,他却走了背运。他的妻子和最要好的朋友欺骗了他,给他戴上了"绿帽子",让他感到自己迷失在虚无的荒原中。在波特看来,赫佐格之所以遭受此难主要是因为其双重性格,即其感性和理性之间出现了冲突。一方面,他的学术背景迫使他不得不承认得到论据支持的结论,另一方面,他生活中混乱的论据又无法支持他的观点。作为一个生活在感情中的人,一个存在主义世界里的浪漫主义者,他绝望地死死抓住来自内

① Cf. Marcus Klein: *After Alienation*, Cleveland: The World Publishing Co., 1962, pp. 67-69.

② Robert Detweiler: "Patterns of Rebirth in Henderson the Rain King", *Modern Fiction Studies*, 12 (Winter 1966-1967), pp. 405-414.

③ Saul Bellow: *Herzog*, New York: Viking, 1964, p. 270.

心或本能的感觉，并企图让自己摆脱新古典主义的重负。不过，虽然困难重重，需要面对种种挑战，他最后还是做到了，成功地从存在主义走向了超验主义，即抛弃了斯彭格勒（Spengler）、海德格尔、克尔恺郭尔（Kierkegaard）、尼采等人的否定哲学，而拥抱了爱默生、梭罗、惠特曼、卢梭等人积极用世的思想。他这一转变既非任性而为，也非矫揉造作，而是靠诚实的行为和遵从心灵的法则才得以完成。其间，他忍受了各种各样奇异怪诞的“现实指导者”，颇具男子汉气概地听从女性爱牧师的摆布，与此同时还勇敢地面对空虚，以不断给活着的和死去的人写信的方式来重构自我。

相比较《赫佐格》的平缓叙述而言，《赛姆勒先生的行星》却是一部令人不安的小说。后者对当下社会弊病透彻入骨的分析、对人类未来局促不安的表述、对最终事实的直接面对，以及对主题与形式在审美方面的不平衡关系的处理，都让读者有一种措手不及的感觉。波特援引欧文·豪的话揭示了小说的内涵：“贝娄像T. S. 艾略特一样，也为我们一群群城市里错乱的灵魂恐惧，贫穷的生活剥夺了我们的秩序和法度。”[①] 换句话说，在波特看来，贝娄虽没有直接提到艾略特，小说中也没有依赖艾略特作品之处，然而小说在主题、语调以及视角等方面却处处弥漫着艾略特的精神。例如，在描写浅薄和道德腐败时，小说《赛姆勒先生的行星》和长诗《荒原》（*The Waste Land*）都表达了类似令人不安的主题思想。不过，贝娄小说还暗示了一种对时间这种处于事物中心、可知但无法解释的力量的超越，与艾略特长诗《四个四重奏》（*Four Quartets*）中的主题思想形成了回应。《四个四重奏》的基点设立在“旋转世界的静止点上”，它用神灵的化身来象征永恒，并以此来构建贯通的时间。赛姆勒先生的叙述角度也非常特殊，即从死亡中回来“讲述一切”，也是用象征永恒的死亡和横切这一永恒的再生来喻指对时间的超越。再例如，像艾略特把自己对世界的认知融入到作品中一样，读者也很难将贝娄与他笔下的主人公区别开来。赛姆勒虽像普鲁弗洛克一样保持一种超然的姿态，但他却没有脱离读者，而是像《四个四重奏》中的诗中人一样向读者袒露了自己的心声。艾略特在政治上属于保皇派，

① Irving Howe: “Books: *Mr. Sammler's Planet*”, *Harper's Magazine*, 240, February 1970, p. 106.

文学上是古典主义者，宗教上信仰英国天主教；贝娄笔下的赛姆勒也采取了类似的姿态。他在政治上属于威尔斯式的自由派，文学上是古典主义者，宗教上是一个伪正宗的犹太教徒。简言之，弥漫在小说中的艾略特精神为赛姆勒的叙述增添了文学的丰富性和文化的真诚性。

波特认为，赛姆勒通过一只眼睛看世界并不代表其视域狭隘，而是一种表现"细看"的形式和展示视点二重性的方式。或者从美学的层面来说，这是一种叙述策略。赛姆勒既向外看，也向内看。他那只正常的右眼见证了周边的人物、行为以及事件；失明了的左眼对当下发生的事件反省和分析。小说中有这样的一段文字："那只被弄瞎了的左眼似乎从另外一方向内转，独立地思考着另外一件事情。"[①] 照此理解，小说从行为到反思、从过去到现在、从个人到公众、从生活到死亡，循环往复且相互补充地推动情节的发展。在此意义上说，小说主人公赛姆勒的思想就是小说的主题思想。具体地说，性混乱、犯罪、自我扭曲、在虚空和死亡世界里的先进技术，就是这部小说所讨论的主要问题。小说中的事件和人物，都是为反映这些问题而设计的。赛姆勒本人既是事件的参与者，又远离这些事件和人物。他对这些事件和人物分类、比较、判断，然后又评价自己的判断。从表面上看，他主要是以一个静观者的身份出现的，即扮演了那个支撑着来来去去的人物与事件旋转中静止基点的角色。但实际上，赛姆勒的静观并非是某种超脱，而是对愤怒的掩饰。

波特在《力量从何而来：索尔·贝娄的艺术才能和人道精神》这部著作的最后一章中，将贝娄界定为"新超验主义者"。他虽然没有明确说明为何要做出如此界定，但是从他随后对贝娄笔下人物的分析比较中，可以看出大致含义。他提出的理论假设是，可以从对艺术作品的形式研究中发现作品中的人道主义内涵。换句话说，波特在这最后一章中，以分析贝娄小说中人物塑造方式，来论证贝娄如何成为一位"新超验主义者"作家。

在波特看来，贝娄《晃来晃去的人》是他最不成功的一部小说。他

① Saul Bellow: *Mr. Sammler's Planet*, New York: The Viking Press, 1970, p. 31; also in M. Gilbert Porter: *Whence the Power? The Artistry and Humanity of Saul Bellow*, Columbia: University of Missouri Press, 1974, p. 162.

所塑造的约瑟夫,也是最不具吸引力的一位主人公形象。其主要原因是,对约瑟夫所遭受苦难的描述有些过于夸耀、主观和自我为中心了。小说所采用的日记体适合反映主人公的思想活动。不过,这种形式过于个人化,用来表达"可选择的精神"的手法也有些牵强。有些日记,如与"你也有道理"的对话,很有些论说文的意味,破坏了小说的整体韵味。在小说的结尾,主人公所采取的立场也成了问题。约瑟夫被隐喻意义上的墙所包围,无法理解维系世界与个人之间关系的原则。他因无法用自己"理想的建构"来协调现实社会,先是起而反抗,继之退缩不前,最后又投身于军队。这种转换有些突兀,不符合约瑟夫的性格发展逻辑。像约瑟夫这样的人物很希望能回答"好人如何生活?"这类问题。然而,就他的年轻时代和与世隔绝的现状而言,让他通过参军并以"暴力"和军队"一体化"的方式来接近他人,却似乎很有些反讽意味。

波特认为,《受害者》在总体布局和整体效果上仅次于《抓住时日》,也是贝娄最富有自然主义色彩的一部小说。小说的主人公阿萨·利文萨尔是最富有写实色彩的主人公。贝娄将这一人物形象塑造得很有艺术特色。他处处被动,平凡实际,还郁郁寡欢,既不像约瑟夫或赫佐格那样智力超群,也不像奥吉·玛琪那样自由自在、充满乐观精神。他有些类似于汉德森,也真诚地希望做善事,过一种有意义的生活,但他没有汉德森身上那种富有喜剧性的活力或冲劲。贝娄在刻画利文萨尔这个人物时,没有赋予其漫画的因素。在利文萨尔身上表现出来的,或通过他人的行为和变化莫测的社会制度在他身上折射出来的,是一个中产阶级分子所应有的追求和与此相对应的对失败的恐惧。他不属于那种能系统地思考问题,并用抽象的理论理解世界的人物。只要能找到一种大体上能保证自己平平稳稳生活的实际做法,他就心满意足了。在经历了一系列苦恼和磨难后,他与自己生活的那个外部世界达成了妥协:他知道了自己是谁,也知道了自己跟他人之间是什么关系,内心达到了一种平衡。只不过在小说中,利文萨尔的内心平衡并没有对他所生活的那个纷乱的外部世界产生什么影响。总的说来,《受害者》是通过揭示形势、统一隐喻以及合理探究心理动机的方法,巧妙地处理了人物性格、命运以及故事情节发展的。

波特认为,《抓住时日》是贝娄写得最好的一部小说。除了有机统一的结构和成功表达了有关失败、苦难、再生等主题之外,人物塑造也是一大亮点。贝娄在小说中成功地塑造了身上有着许多缺点的主人公汤米·威廉和他身边那些或抛弃或剥削过他的人物,如艾德勒、唐金、玛格丽特等。威廉与这些人物共同构成了那个时代的环境。贝娄通过威廉这一人物形象,既界定了人类所处的困境,又提出了人类未来的希望。威廉这一形象体现了贝娄对人性的理解和人生的智慧。

1975 年,由厄尔·罗维特编辑的《索尔·贝娄,一部批评文选》① 出版。时至此时,贝娄的一些重要作品,如《奥吉·玛琪历险记》、《抓住时日》、《雨王汉德森》等均已出版;有关对贝娄创作的批评也已形成了气候。然而,罗维特在文集序言中却以贝娄为例,把对当代文学的批评形容为"捉迷藏"游戏。他说,作家出版了一部小说,有了一点名气,批评家们就开始对该作家进行界定或归类。随着该作家出版更多的作品,批评家们就又忙着为自己早期的判断辩护。他们很乐意以为该作家的创作立场并没有发生真正的改变,而只是调整了一下姿态而已。假如该作家后来的作品与早期的作品迥然不同,批评家们会坚持认为作家创作中出现的变化是无法避免的;他们还会说这种变化,其实早已隐匿或显露在早期作品中了。于是乎,批评家们会把这种"捉迷藏"的游戏继续再玩下去。

罗维特这种带有调侃的观点,并没有影响他对贝娄的创作做出颇有见地的评价。他指出,根据贝娄的两部早期小说,即《晃来晃去的人》和《受害者》,贝娄完全可被视为富有学术性和具有《党派评论》倾向的"新批评"式犹太作家。但是,随着《奥吉·玛琪历险记》的出版,贝娄就又突破了这一界定。让批评界眼睛一亮的是,那种詹姆斯"苍白面颊"式的人物形象冲出了贝娄的书斋,一心要到世界上去闯一闯,要做一回"红皮肤"的游侠出现了。批评界开始以为贝娄的风格由此会变得更加开放。然而,《抓住时日》的出版又让批评家们失算了。这部小说人物的活动范围完全不似《奥吉·玛琪历险记》那种无拘无束的广阔天地,而是被限制在了幽闭内省的上百老汇的迷津里。等到《雨王汉德森》一

① 以下介绍的观点均出自 Earl Rovit: *Saul Bellow, A Collection of Critical Essays*, New Jersey: Prentice-Hall, Inc., 1974。除必要外,不再注明所引观点的具体页码。

书出版，批评界更加无法归类贝娄的创作。这部小说有几分玩笑、几分欺骗，还有几分幻想，但总体说来是以喜剧的方式来表达严肃思想的。《赫佐格》和《赛姆勒先生的行星》两部小说，再次将读者带回到城市幽闭的环境中。这两部小说中的人物又像贝娄早期的人物那样，受困于自己的思索和反省。

至此，批评家们估计贝娄不会再有什么新花样，他们尽管对贝娄小说的寓意有不同看法，但总算可以稳妥地界定贝娄的创作了。大致说来，贝娄小说的背景主要是放在城市里；其人物具有犹太中产阶级知识分子的特质；其基调是时而温和、时而凶猛的反讽。小说时间跨度较长，从第一次世界大战后不久犹太移民生活写起，到大萧条时代，再到第二次世界大战期间并直至现在。尽管贝娄在小说中并未常常提及纳粹大屠杀，但其阴影却始终笼罩着贝娄的小说。

贝娄小说的背景主要放在芝加哥和纽约这两大城市里，间或会放在乡村或让其人物到国外去走一走。不过相比之下，贝娄写城市里隆隆驶过的地铁和高耸于被污染空气中的高楼大厦这类场景最为得心应手。贝娄对城市的描写有一个明显的特征，即尽管街道上有高楼大厦和川流不息的人群，但贝娄在小说中所呈现的世界却是孤独的。他笔下的那些典型人物虽日复一日地照常生活、工作和娱乐，但都毫无例外地遭遇到了危机。他们或能遇见朋友或陌生人，这种见面却有些酸楚，不能给予任何的精神激励。贝娄笔下的世界具有爆炸的喜剧性，即是说，这个世界常常是荒诞不经的，有时令人痛苦，间或令人伤感或酸楚。在小说中，贝娄始终都在嘲笑那些在荒诞、低下的文化氛围里，苦苦追求有意义的生活的主人公和他们在这一追求中所持有的一些令人感伤的幻想以及自欺欺人的做法。同时，他也拒绝对无法恢复的往昔作无谓的感伤与怀恋。不过，虽如此说，他还是认为在追求中新的未必就是好的，而在怀念中过去也未必比现在会更好。他实际上采取了一种折中理性主义者的立场，这一立场很容易受到来自传统主义者的攻击和新派反传统批评家的责难。前者认为贝娄对历史及其变化做出了太多妥协。在他们看来，贝娄似乎很有些追求时髦般的玩世不恭、悲观，甚或不负责任。后者则认为贝娄过于天真、多愁善感，不坚持自己的理想，没有勇气超越理性。20 世纪 60 年代的美国文学批评界派别林立，莫衷一是。贝娄本人和他的作品难免不被误读。不过,罗维特坚持认为,贝娄是美国当代文学中最伟大的文学家之一。

罗维特在辑入文集中自己的一篇题为《索尔·贝娄与诺曼·梅勒:秘密的分担者》[①] 文章中指出,20 世纪 50 年代和 60 年代美国文学的主要代表是索尔·贝娄和诺曼·梅勒。这个时期,美国文学批评界和读者中出现了一种奇怪的现象:如果有人褒扬贝娄的作品,必然同时贬低梅勒的作品,反之亦然。批评界认为,贝娄和梅勒的作品分别运用了两种风格迥异的创作方法,表达了两种截然不同的创作思想。前者被认为是属于现代主义的,后者则被认为是属于后现代主义的。但是,在罗维特看来,除了一些明显的不一致,作为严肃的艺术家,他们二人其实一直都在同一基线上创作。因为说到底,艺术其实就是一个非常复杂的辩证问题:譬如说,那些寓于作家个性内部的无情斗争,在自己习惯的形式内形成独特的声音所要付出的艰辛努力,面对批评界尖锐批评所做出的争辩,以及要承担来自漠然的读者微妙却剧烈的压力等等。即使在他们的高峰阶段,这种作者与批评者之间你来我往的"交易"也从未停止过,总会有不同声音出现。

贝娄和梅勒在一些问题上存在明显的分歧,第二次世界大战后的美国文学史也因此而形成了不同的格局。不过,在罗维特看来,探讨他们二者之间的不同是重要的,但更重要的是指出其类似或相同。虽说双子星座的贝娄比水瓶星座的梅勒年长近八岁,但他们二人都属于第一代美国犹太移民,都具有城市中产阶级的家庭背景,都同情社会主义;他们受过同样的良好教育,都在创作早期就获得了殊荣。尽管所用的创作方法不同,所属类型也不尽相同,但他们都在批判地阐释美国文化,成为当之无愧的知识分子。具体地说,贝娄总是喜欢以传统的方式来谈论思想;梅勒也同样热衷于谈论思想、理论之类的话题,而且还不知疲倦地阐释并将它们整理归类。贝娄将自己的精力和智力用在关注当代社会生活的道德问题上。他曾声称,在当今宗教不能再担负起道德教化作用之际,文学就应该来承担这个责任,但不能用多愁善感和怀

① Cf. Earl Rovit: "Saul Bellow and Norman Mailer: The Secrete Sharers", in Earl Rovit, *Saul Bellow, A Collection of Critical Essays*, New Jersey: Prentice-Hall, Inc., 1974, pp. 161-170.

旧的方式来完成这项任务。梅勒则从心灵深处进行宗教的探索，追寻绝对的存在，探讨性与时间、上帝与魔鬼等问题，并毫不妥协地张扬正义的道德情操。

辑入《索尔·贝娄，一部批评文选》中的文章，既有论述贝娄具体作品的，也有综合论述贝娄创作思想的。在论述具体作品的文章中，M. 吉尔伯特·波特《作为意象的场景：读小说〈抓住时日〉》[①] 一文发人深省。在综合论述的文章中，鲁思·R. 威斯（Wisse, Ruth R.）的《作为开明的人道主义者的傻瓜》（"The Schlemiel as Liberal Humanist"）和维多利亚·苏利文（Sullivan, Victoria）的《贝娄三部小说中的性别之战》（"The Battle of the Sexes in Three Bellow Novels"）两篇文章的观点颇为新颖。下面将分而述之。

M. 吉尔伯特·波特认为，"新批评"提出的有关诗歌意象的分析方法，同样适用于小说的意象分析。美国形式主义批评家 W. J. 汉迪《现代小说：一种形式主义的方法》（*Modern Fiction: A Formalist Approach*, 1971）一书，为波特的观点提供了有力的佐证。[②] 汉迪的主要观点是，像诗歌一样，小说中也有一个表意单位，即小说中的场景和事件。批评者可以像在诗歌的意象中找到意义一样，在小说的场景和事件中也能找到意义。另外，波特还根据约瑟夫·弗兰克关于"小说形式空间化"[③] 的阐述，提出小说故事情节在场景里共时性运动，类似于埃兹

① Cf. M. Gilbert Porter: "The Scene as Image: A Reading of *Seize the Day*", in Earl Rovit, *Saul Bellow, A Collection of Critical Essays*, New Jersey: Prentice-Hall, Inc., 1974, pp. 52-71.

② 汉迪在书中说：小说中这些表意的单位［场景］可被视为类似于诗歌中的意象。也就是说，从本体论的角度来看……意象（诗中的基本表意单位）和场景与事件（故事中相应的表意单位）两者均具有同属性的特点：1. 在诗歌和小说中，意思是表达出来的和非随意的……2. 表意单位的两种形式（诗歌中的意象和故事中的场景与事件）构成了多层意义的单一布局……3. 两种形式（诗与小说）均想确切地表达那些特殊性，即经验的"肌理"……4. 两种形式均指向感性的认识，而非抽象的理性……5. 最后，两种表意的单位均超越含有更多意蕴的观念……参见 William J. Handy: *Modern Fiction: A Formalist Approach*, Carbondale and Edwandsville: Southern Illinois University Press, 1971, pp. 9-12.

③ Cf. Joseph Frank: "Spatial Form in Modern Literature", *Sewanee Review*, 53, 1945, pp. 230-232.

拉·庞德所说的瞬间时间里思想和情感的复合体。波特在文中运用上述观点,讨论了贝娄小说《抓住时日》中作为意象的场景。

小说中,汤米·威廉所有的活动都处于时间和空间这两个维度中。他从早饭前在旅馆门外出现,到下午参加一个陌生人的葬礼这一段时间里,分别处于八个不同的场景中。贝娄运用全知叙述的方法,让威廉在心里把现在和过去联结起来,从而避免了让威廉真实地把现在和过去重新经历一遍。这种用现在时间构成的叙述框架,容纳了威廉对过去的思考和这一思考对他当下处境所产生的影响。由于贝娄是让威廉的"心"作为将时间、地点以及行动联结在一起的媒介,故而威廉的情绪就成为构建每个场景和划定其区域界线的主要手段。贝娄在其设置的特定场景这一语境里,将过去与现在并置,并且描绘了主人公在这一语境里所受到的影响。他这一做法即便不能完全捕捉到时间,至少也将主人公威廉的活动速度放慢,并借此构建了小说的"空间形式",将叙述焦点聚集在构成场景各部分的内部关系(如语言、行动、人物、情绪等)上。

波特认为,批评家能很容易判断小说场景起止点的界限,但却很难说明如何和为何做出此种划分。其主要原因是小说场景具有兼收并蓄的特点,就像戏剧里的场景一样,小说场景中的行动也是在矛盾冲突的基础上发生的。由此,其他人物才有可能卷入到发生在某一时间和某一地点的冲突中。在戏剧中,人物的来去或时间与地点的变化都有可能由变换场景来完成。但是在小说中,这种场景转换却不一定是必须的。小说完全可以在一种几乎静止的状态中来表现人物的态度或情感,比如说通过描写梦境,或者说用全知的叙述、意识流等方式就能表现出人物的态度或情感。因此说,小说主人公的情绪或小说的主要精神,应该在决定场景边界中起到重要作用。如果某一情绪一直蔓延至数个场景或主宰数个人物,该场景的边界也应该相应地扩延下去。另外,场景变换的速率和叙述过渡(如总结或描述性段落)也应受到应有的重视。在批评实践中,需找出每个具体场景的内在机制和场景联结的规律。

以波特分析小说第二场景为例。这是一个简短的场景:威廉到旅馆的前台取信。他自己意识到,也从旅馆服务员那谴责的眼神里看出,信封里装的是催他付旅馆费的账单。一个多月以来,他手头非常拮据,一直都无力偿付旅馆费，所有700美元积蓄都交给唐金投资股票了。在这种情况下，威廉开始责备自私的父亲。父亲明知道儿子陷入困境，却袖手旁观，不予理睬。似乎为了证实自己的责备有理，威廉回想起了他父亲忘记母亲忌日的一个场景，父亲自私的形象也就借此构建了起来，与此同时威廉显得孤独可怜。不过，写到此处，贝娄的笔锋陡然一转，改变了叙述的焦点。即小说中全知的叙述者通过威廉父亲的眼睛，让人们看到威廉那肥胖、局促不安、哼哼唧唧的猥琐样子。这一聚焦的转换，让刚刚建立起来的威廉招人怜悯的形象顷刻间又遭到了破坏。小说中频繁使用的这种聚焦转换，为威廉的性格塑造增添了一种现实感，避免给人带来伤感情绪的泛滥。及至威廉的注意力重新回到手中的信函时，他才发现这封信原来是他妻子写来的。他妻子抱怨近来有许多账单未付，并且让他立即偿付儿子的教育保险。叙述的焦点又回到最主要的问题——钱——上来了。这个场景的设置至少说明了威廉所面临的两种窘境：一是威廉与父亲疏离的关系；二是妻子给他施加的压力。

波特在文章的最后总结说，《抓住时日》所取得的统一效果主要是贝娄运用娴熟的艺术手法，将小说的各种因素都紧密地融合到他所构建的场景单位中，其作用很像是诗歌中围绕着某个对照的隐喻所构建的意象。贝娄通过描述威廉生活中的一些失败场景，及其象征性的死亡与再生，让小说中每一个场景都得到延伸，并与小说的中心意象即威廉溺水相勾连，借此在场景内部和场景之间构建起该小说的广义"空间形式"。

鲁思·R. 威斯在《作为开明的人道主义者的傻瓜》[①]一文中提出，贝娄的小说（包括一些短篇）中有很多傻瓜式人物。可以说，贝娄在自己的整个创作生涯中，都在关注人类在现代社会的矮化情况。不过，在贝娄看来，人类自己并没有发生什么变化，还是像以往那样追求美好梦想，只是社会在变，变得比以往更强大了。换句话说，贝娄一直都在描述诚实的人物形象和他们在有限条件下所进行的卓有成效地反抗现代社会矮化人类的斗争。

① Cf. Ruth R. Wisse: "The Schlemiel as Liberal Humanist", in Earl Rovit, *Saul Bellow, A Collection of Critical Essays*, New Jersey: Prentice-Hall, Inc., 1974, pp. 90-100; also in Ruth R. Wisse: *The Schlemiel as Modern Hero*, Chicago: University of Chicago Press, 1971.

威斯认为，在贝娄所刻画的傻瓜形象中，最具典型意义和最富有娱乐性幽默的傻瓜式人物是《赫佐格》中的主人公摩西·E. 赫佐格。一般说来，描绘傻瓜式人物着重强调的是其经济和社会地位的不稳定性，不需要对人物的个人情况详尽介绍。但是，在《赫佐格》中，贝娄为了从心理层面探究傻瓜式人物赫佐格，对其孩童时代和职业生涯都进行了详细介绍，甚至还介绍了他的父母，以期进一步说明家庭对赫佐格心理形成的影响。

赫佐格的父亲命运乖舛，无论做什么都归于失败：做农民、开面包房、贩卖干货、做废品旧货商、婚姻中介等；即便是在战争期间少有人做生意失败，他开办的麻袋工厂也倒闭了。他的母亲过于溺爱孩子，一定要幼小的赫佐格长大后成为伟大的犹太拉比。赫佐格成了家中爱的聚焦点。然而，他父亲一而再，再而三的失败就像阴影一样笼罩着他，预示了他未来的生活道路并不平坦。赫佐格父亲的失败和赫佐格本人的失败，似与犹太教里所说的悖论相吻合。犹太教说犹太人是上帝的选民或上帝的希望之所在，但在现实生活里犹太人却是以受害者和令人厌恶的少数民族的身份活在这个世界上。赫佐格就在自己家中体验了这一悖论。他作为家中的宠儿，被父母挑选出来去实现他们自己不能实现的梦想。他受到的关爱让他备受鼓舞，头脑里也有了有关价值和意义的观念。然而，他父亲失败的经历又告诉他——他注定不会成功。赫佐格的家庭生活对构建他犹太式幽默的基本心理机制起到至关重要的作用，犹太母亲那种操控一切的母爱让长大后的赫佐格仍然是一个大男孩，无法真正独立。然而，贝娄却没有完全循着常规去写，而是利用赫佐格母亲对儿子的爱和希望，让赫佐格在无法真正长大的情况下，去傻瓜般固执且有些盲目地追求成功。这就形成了一种绝妙的反讽。

美国有些批评家对《赫佐格》的结局颇有微词，[①] 认为赫佐格其实没有做出什么特别的事情，小说也没有提出赫佐格问题的解决办法。不过，威斯却不这么看。他认为，从傻瓜文学的角度看，小说中的傻瓜是一个富有喜剧色彩的英雄人物，在小说的结尾应该让他有好的结局。这不一定是通常所说的大团圆式的结局，倒有可能是那种自我欣赏、自

① Cf. Harold Fisch: “The Hero as Jew: Reflection on Herzog”, *Judaism* 18, No. 1 (Winter 1968), p. 52.

我满足，甚或沾沾自喜，从而构成“失败者即成功者”这样的人物塑造模式。

维多利亚·苏利文在《贝娄三部小说中的性别之战》[1]一文中认为，贝娄不是一个性别主义者。在贝娄的小说中，女性人物和男性人物一样沮丧、疯狂、命运不济。大致说来，女性人物可以分为两类，一类是受害者，另一类是迫害者。贝娄常常把后者描写得更丰富多彩一些。如果小说中出现的女性人物不似男性人物那样饱满多维，或不如多丽丝·莱辛（Lessing, Dorris）笔下的女性人物那样感性，那主要是因为贝娄笔下的男性人物常常是中年犹太男子的缘故。贝娄这样写女性，才能符合充满性别偏见的中年犹太男子的伦理价值取向。在贝娄的小说中，女性对男性而言非常重要，但是男性常常认为女性古怪，没有逻辑，令人烦恼不安。女性给男性本已难堪重负的心理造成巨大的压力。小说中未婚的男性常常想爱却爱不起来；已婚的男性其婚姻名存实亡；即便做了父亲的也孱弱潦倒，不是个好父亲。男性跟女性总是处在一种紧张和痛苦的关系中。之所以会这样，其原因还是在作者身上，贝娄所运用的叙述策略像是一个过滤器，所有女性人物都要经过男性意识的过滤，她们的所有行为都不是独立的，相反，都是相对于男性而言的。不过，尽管如此，贝娄笔下的女性也不像亨利·米勒（Miller, Henry）或菲利普·罗斯笔下的女性那样有很大的局限性，这主要是因为贝娄笔下的男性在与女性的性别战争中至少没有低估女性，而且还能承认她们的复杂性。

在贝娄的小说中，痛苦是贝娄主人公的常态。像雨王汉德森这类喜剧性人物会起而反抗，其他一些人物如汤米·威廉则干脆放弃。但是，不管何种类型的男性主人公的身边都有一个女性自愿照料他们。男性主人公会有许多麻烦：失败，害怕变老，无法在充满敌意的环境里维持自己的尊严，甚至衣服不合身也需要女性人物来打理。但因为这些男性主人公铁定是异性恋者，所以他们又时常焦虑自己是否对女性有吸引力。更为糟糕的是，这些自愿照料男性主人公的女性人物常常是一

① Victoria Sullivan: “The Battle of the Sexes in Three Bellow Novels”, in Earl Rovit, *Saul Bellow, A Collection of Critical Essays*, New Jersey: Prentice-Hall, Inc., 1974, pp. 101-114.

些丧失女性特征的妻子,她们要么歇斯底里,要么冷若冰霜,有时候两者兼而有之。在很大程度上,男性主人公的人生旅途是由这些女性规定的。他们也想征服她们,却屡战屡败。据此,贝娄笔下的女性大致可以分为两类:一类是具有破坏力的女性,她们迫害男主人公;另一类是富有养育性的女性,她们常常是男性迫害的对象。但总体说来,贝娄笔下的女性不仅仅是性的对象,她们每个人都各有自己的特点,有自己的灵魂和自己的苦恼。她们在小说中的唯一功能就是在男性主人公生活里扮演一个角色,如女朋友、妻子或母亲,而没有其他角色,如朋友、同事、医生或律师。

贝娄小说中所进行的性别大战,参战的双方都互有得失。这种战争很少是真正摆开阵势的,更多的是一些小遭遇战。男性和女性人物身上都伤痕累累。贝娄的这类小说范式大致可分为三种:其一,男性主人公(如汉德森)冒险舍弃一切,其结局往往是美好幸福的;其二,男性主人公(如汤米·威廉这类男性人物)是个失败者,其结局是悲观的,几乎不存有什么希望;其三,男性主人公(如赫佐格这类男性人物)在遭受某一贪婪邪恶女人迫害的同时,却轻松地控制着另外几个女人。这种类型是贝娄小说中的标准类型。苏利文认为,如此看来,贝娄的小说显然是在告诫读者,爱情是一个布满地雷的战场,因此不要在其中追求幸福。

苏利文在文中分析了赫佐格等多位小说主人公与女性人物之间的战争。以苏利文讨论的赫佐格为例。赫佐格算得上是犹太人渴望痛苦的一个典型。他身心疲惫地四处旅游,每到一处,都有女人来照料他。在波兰,他结交了一个名叫旺达的丰满女人;在日本,他认识了性情快乐的艺伎,为他洗蒸汽热水澡和做按摩;回到美国曼哈顿则又邂逅了皮肤黝黑的性感女郎拉莫娜。所有这些女人都在用自己的独特方式关爱他,试图让他忘掉那个伤害他的女人,即前妻玛德琳。玛德琳漂亮、性感、聪明,为人却狡黠、冷漠,缺乏同情心。她跟赫佐格的好友通奸,却设计把所有的责任都推到赫佐格的身上,甚至还阻止赫佐格看望女儿。赫佐格新结交的女友拉莫娜对赫佐格关爱备至,但赫佐格并不领情。他对爱他的女人反应漠然,而对伤害他的女人耿耿于怀,不能释然。或者说,在赫佐格看来,他交往过的女人可分为两类:一类是受害者;另一类是迫害者。他不会跟第三类女人打交道,也不想弄清自己的问题,却只是一味地自怜自哀和抱怨女人:"永远弄不明白女人到底想要什么。她们想要什么?她们吃着绿色的色拉,却喝着人类的血液。"[①] 苏利文援引西尔维亚·普拉斯(Plath, Sylvia)的小说《钟形罩》(*The Bell Jar*)中埃斯特·格林伍德对男人的看法:男人在送上玫瑰和几个吻之后,就要占领女人;随着婚姻盛典的结束,男人又要让女人彻底臣服。[②] 苏利文认为,贝娄和普拉斯小说中的男人与女人其实都是一样的,他们都想让异性痛苦。他们在谈论异性时,也不乏幽默。但是,由于他们没有安全感,都以为自己才是唯一正确的,所以导致他们不能公正地评价他人。也可以说,这些男女其实也是相互迫害的参与者,共同策划了相互迫害的阴谋。

在20世纪70年代,有不少批评家把贝娄与诺曼·梅勒、莱昂内尔·特里林、约翰·巴思(Bath, John)、托马斯·品钦(Pynchon, Thomas Ruggles)放在一起讨论。例如,小内森·A. 司各特将梅勒、贝娄和特里林同列为美国道德小说家;弗兰克·D. 麦克康奈尔则将贝娄、梅勒、巴思、品钦视为美国文艺复兴的四位主要作家。

司各特分析了贝娄创作中的"视觉轴线"[③]。他不同意批评家马克斯韦尔·盖斯玛将其视为"社会现实主义"作家,并将贝娄的小说《受害者》当作处理纽约城里中下层犹太人生活的小说,而将《抓住时日》看成是写纽约上西部地区下层人民凄惨生活的小说。[④] 他认为,贝娄的小说并不是没有受到个人与社会之间辩证关系这类观点的影响,相

① Saul Bellow: *Herzog*, Greenwich Conn: Fawcett Publication, 1964, p. 56; also in Earl Rovit: *Saul Bellow, A Collection of Critical Essays*, New Jersey: Prentice-Hall, Inc., 1974, p. 105.

② Cf. Sylvia Plath: *The Bell Jar*, London: Faber & Faber, 1966.

③ 以下介绍的观点均出自 Nathan A. Scott, Jr.: *Three American Moralists: Mailer, Bellow, Trilling*, London: University of Notre Dame Press, 1973。除必要外,不再注明所引观点的具体页码。

④ Cf. Maxwell Geismar: "Saul Bellow: Novelist of the Intellectuals", in *American Moderns: From Rebellion to Contemporary*, New York: Hill and Wang, 1958, pp. 210-224; also in Nathan A. Scott, Jr.: *Three American Moralists: Mailer, Bellow, Trilling*, London: University of Notre Dame Press, 1973, p. 104.

反,它自始至终都坚持披露个人与社会环境之间的关系,这是其作品的一个显著特点。不过,也有例外。贝娄在《奥吉·玛琪历险记》、《雨王汉德森》和《赫佐格》这三部小说中,就没有写主人公如何受到社会环境的影响,或把主人公仅仅表现为社会进程中的附带现象。在这些小说里,个性并未被想象成完全浸没在社会的统一体中,也不是仅仅走向社会命运这一极。事实上,贝娄小说的最主要特点是,他笔下的人物总是作为一个社会存在者出现在小说中的。他们超越社会环境的压力,突破社会母体的限制,反省自己人性的本质。因此说,贝娄不属于相信社会环境要求牺牲个性的美国自然主义小说家那一行列,如约翰·奥哈拉(O'Hara, John, 1905—1970)、纳尔逊·艾尔戈林(Algren, Nelson, 1909—1981)、欧文·肖等人;而属于探究自我现象学的一派,如马克·吐温、赫尔曼·麦尔维尔、纳撒尼尔·霍桑、罗伯特·潘·沃伦、威廉·福克纳以及欧洲作家陀思妥耶夫斯基、卡夫卡、萨特等人。

不过,司各特强调指出,这里所说的现象学不是指语言层面,而是指哲学层面,或具体地说,是指贝娄从哲学层面上探究人性所做出的努力。这种对人性层面的探究,也体现在对人类生存意义的探究方面。在贝娄的笔下,小说主人公探究人类生存意义并不是在做些抽象辩证之类没用的事情,而是受具体的社会环境所迫,是在经历一次次失败、一次次品尝生活的苦涩后所做出的选择。欧文·豪曾指出,贝娄小说中有两种混合的叙述声音:一种是警句式的;另一种是冷嘲热讽的。在小说中,这种警句式的声音不但没有被削弱,反而因冷嘲热讽而被巧妙地加强。[①]然而,这种喜剧的烟幕从未遮蔽贝娄对人生所作的严重关切。小说中的说教而非人物和事件,成为小说的基本能量。贝娄在小说中对奥吉·玛琪、摩西·赫佐格、阿瑟·赛姆勒等主人公的沉思默想和深思熟虑都进行了十分出色的描绘,让读者立刻感觉到他们思想的"玫瑰芳香"。[②]

① Cf. Irving Howe: "Fiction: Bellow, O'Hara, Litwak", *Harper's Magazine*, 240, No. 1437 (Februrary 1970), p. 106.

② 此处为司各特借用 T. S. 艾略特在《抽象诗人》一文中的话,见 T. S. Eliot: "The Metaphysical Poets", in *Selected Essays: 1917—1932*, New York: Harcourt, Brace and Co., 1932, p. 247。

麦克康奈尔在题为《索尔·贝娄与我们合同中的条款》("Saul Bellow and Terms of Our Contract")[①]一文中认为,如果说战后美国小说真的以一个整体的形式而存在,且都有具体目标,面对共同问题但以不同的方式处理这些问题的话,那么贝娄无疑在这个整体中占有显著的地位。贝娄的小说有欧洲小说的某些特点,即有一种开放的扩张性,在广泛的范围里讨论哲学、历史、政治,而且能够在每部独立的小说中都进行这样的讨论。美国战后小说最伟大的成就之一就是这种扩张性。

麦克康奈尔提出至少可以用两种方法来看贝娄在美国小说中的地位。虽然这两种方法相互抵触,但它们有时都是对的。巴思、品钦以及后来的梅勒等作家有意炫耀般地打破自然主义创作传统,创新了一种给人以喧闹感的虚幻小说形式。贝娄在自己的小说中,要么因胆怯或自负,尽力避免此种小说形式;要么为总体需要而在小说中偶尔使用一下。总的来说,贝娄仍然是一位现实主义小说家。他笔下的人物都有自己的名字、家庭、工作,生活在某一具体的地方。我们可以从《洪堡的礼物》中了解芝加哥,从《赛姆勒先生的行星》里了解曼哈顿。不过与此同时,在这种环境里,他的人物过着一种紧张抑郁的精神生活,时时都有可能打破现有生活的平静,被一一放逐去幻想、流浪和犯罪。换句话说,贝娄不仅以运用现实主义创作手法表现主题思想而闻名,而且还因营造了一种传统的道德语境而显得与众不同。他所受到的人类学教育,让他能够理解文明社会出现的专制和不断受到的威胁。他在所有的小说中都坚信,尽管有专制和威胁的存在,但人类文明不会因此而泯灭,不会在非人性的剥削、政治与经济恐怖,以及想象中的诸种荒谬面前有所退却。

这就意味着我们要真正看懂贝娄的小说,就必须正确理解作为不同种类叙述的"现实主义"和"虚幻小说"之间的异同。作为一位优秀的小说家,贝娄不仅告诉我们生活的特征、界限,而且还教导我们如何去阅读小说。在他的小说中,虚幻和现实的方式是交织在一起的。换句话说,他没有停留在艾森豪威尔时代的创作基点上,而是做好了迎

① 以下介绍的观点均出自 Frank D. McConnell: *Four Postwar American Novelists: Bellow, Mailer, Barth and Pynchon*, Chicago and London: the University of Chicago Press, 1977。除必要外,不再注明所引观点的具体页码。

接20世纪60年代荒诞派小说到来的准备。如果从先锋派的角度来比较贝娄《受害者》、《抓住时日》与约翰·巴思《烟草代理商》(*The Sot-Weed Factor*, 1960)和托马斯·品钦《万有引力之虹》(*Gravity's Rainbow*, 1973),就可以看出,胆小谨慎的贝娄运用20世纪50年代的叙述策略来展示的"准确的目光"和"对生活的认识"只是他小说中的一部分。他小说中最好和最富有特色的那部分,是他运用虚幻的手法绝妙地虚构了战后的美国生活。这种融合现实主义和虚幻小说的创作手法,最早见于犹太故事中有关哈西德拉比的传说,以及肖洛姆·阿雷彻姆和艾萨克·巴舍维斯·辛格的作品中。在他们的小说中,对日常生活、隔都的艰难困苦和人类顺从上帝耶和华的魔幻般洞察及描述,构成了小说叙述的中心和艺术魅力之所在。贝娄所运用的现实主义和虚幻写作手法,无疑受到这类城市民间故事的影响。

但是,这并不是说贝娄与其他美国犹太作家雷同。贝娄笔下的犹太人是城市里的局外人,是城市这个大熔炉中的异己分子,很少受到人们的注意。不过,作为犹太人,他们同样也继承了犹太人的伦理道德观念,只不过犹太的原始文明抛弃了他们。因此说,贝娄笔下的犹太人与其说在乎自己的犹太性,不如说关注如何好好地生活在今生今世。贝娄小说中的犹太历史传统和伦理道德氛围只是构成其小说的一种条件,或用来测试在当代现实社会中它们是否能存活下来的一种模式或试验案例。

第四章 20世纪80年代

20世纪80年代贝娄研究延续了70年代的强劲势头，专题研究文章和论著大量涌现出来。这一时期，也还有不少对贝娄具体作品研究的文章和论著，其总的趋势是研究范围变宽、研究内涵深入。就数量的增幅而言，这一时期的论文增幅较论著小，说明贝娄研究已从单部作品或具体问题的研究，逐渐向全面梳理和总体论述的方向发展了。

这一时期有不少论题新颖、论述深刻的专题论文，如H. 波特·艾波特（Abbott, H. Porter）的《索尔·贝娄与"失去目标"的人物》（"Saul Bellow and the 'Lost Cause' of Character," 1980）、马克·戈德曼（Goldman, Mark）的《〈洪堡的礼物〉与精神分裂的主人公》（"*Humboldt's Gift* and the Case of Split Protagonist," 1981）、麦克·G. 耶特曼（Yetman, Michael G.）的《谁不会为洪堡而歌唱？》（"Who Would Not Sing for Humboldt?", 1981）、布鲁斯·米切尔森（Michelson, Bruce）的《汉德森的思想》（"The Idea of Henderson," 1981）、伊桑·费什曼（Fishman, Ethan）的《索尔·贝娄的"似真的故事"》（"Saul Bellow's 'Likely Stories'," 1983）、L. H. 戈德曼（Goldman, L. H.）的《索尔·贝娄小说中的大屠杀》（"The Holocaust in the Novel of Saul Bellow," 1986）等。

在这十年中，也有多部作家作品研究性质的专著或论文集出版，如戴维·盖洛韦的《美国小说中的荒诞英雄人物》、罗伯特·R. 达顿（Dutton, Robert R.）的《索尔·贝娄》（*Saul Bellow*, 1982）、马尔科姆·布雷德伯里（Bradbury, Malcolm）的《索尔·贝娄》（*Saul Bellow*, 1982）、切尔西出版社编辑出版且由耶鲁大学人文教授哈罗德·布卢姆（Bloom,

Harold)作序的《索尔·贝娄》论文集(*Saul Bellow*, 1986)、罗伯特·F. 科尔曼(Kiernan, Robert F.)的《索尔·贝娄》(*Saul Bellow*, 1989)、格洛里亚·L. 克罗宁和L. H. 戈德曼合编的《20世纪80年代的索尔·贝娄:一部批评文集》(*Saul Bellow in the 1980s: A Collection of Crtical Essays*, 1989)等。这些论著对贝娄的部分小说创作进行了文本分析。朱迪·纽曼(Newman, Judie)的《索尔·贝娄与历史》(*Saul Bellow and History*, 1984)、丹尼尔·富克斯的《索尔·贝娄:想象与修正》(*Saul Bellow: Vision and Revision*, 1984)、乔纳森·威尔逊(Wilson, Jonathan)的《论贝娄的行星:从阴暗面阅读》(*On Bellow's Planet: Reading from the Dark Side*, 1985)、陈同均(Chen Tung-jung)的博士论文《城里人:索尔·贝娄城市小说研究》(*Man in the City: A Study of Saul Bellow's Urban Novels*, 1987)等论著,从不同侧面深入探讨了贝娄的创作思想及其作品中的深刻意蕴。另外,还出版了贝娄研究的书目,如格洛里亚·L. 克罗宁和布莱恩·H. 霍尔合编的《索尔·贝娄:文献书目提要,第二版》。

总之,20世纪80年代贝娄的研究进入了成熟期。其主要标志不仅是有众多论文、论著出版,而且这些论文、论著不再像前几十年前那样由少数批评者撰写,也不再多集中于几部作品或几个问题,而是由众多批评者参与,对贝娄的创作进行了广泛而深入的论证。有些新的论题还是第一次被提出,如贝娄与历史、贝娄小说中的大屠杀、贝娄的城市小说等。

1980年春,H. 波特·艾波特发表了《索尔·贝娄与"失去目标"的人物》[①] 一文。这是一篇论述贝娄小说中的人物和贝娄对塑造小说人物看法的文章。为方便展开论述,艾波特在文章的开篇提出了一种假设,即小说人物身上那些颇为现代的东西,既不是其琐碎化,也不是对其作任何形式的贬低,而是对是否能称为讨论的话题感兴趣。艾波特把小说中已发生改变的人物设置为一个话题。艾波特解释说,之所以会提出这个话题,部分是因为在人物与人类生活本身之间,已经没有广为接受的同义性。人物的存在不再被视为理所当然的事情。艾波特在

① 以下介绍的观点均出自H. Porter Abbott: "Saul Bellow and the 'Lost Cause' of Character", in *Novel: A Forum on Fiction*, Vol. 13, No. 3 (Spring, 1980), pp. 264-283。除必要外,不再注明所引观点的具体页码。

此假设的基础上，讨论了贝娄小说中的人物，并由此推断出贝娄对小说人物的理解。

艾波特认为，如果说小说把自己的存在归功于人物，贝娄的第一部小说《晃来晃去的人》则有可能是他最后一部仰仗人物而存在的小说。小说主人公约瑟夫在日记中记述了自己在想象中，接受了一个名叫“你也有理由”的第二自我的采访。约瑟夫在采访中，断然否认说现在自己不可能成为一个“人”。他认为关于“人”这件事不像所说的那么糟糕，想放弃或谴责它太容易了；说“异化”不过是一种时髦，人们不应该去强化它，把它教条化。艾波特认为，约瑟夫的问题是否定有关“人”的评论，转而认可一些现行的说法，即认为自我不再能与智慧相一致。约瑟夫秉持对自我的一些传统看法，想要构建一种理想或高贵的人物类型。然而，他的谈话却暴露出其对构建理想自我的失望。人物成了信仰的产物，它之所以能存在下去，只是因为相信它是现实社会生活的一部分。人物的这种历史性衰落也就是理性的衰落。贝娄将自己小说中的主人公刻画成一个有思想的人和读者，想以此表明自己不同于美国主流文化的尚古思想。或换句话说，贝娄小说的部分创新点，就在于他回归了过去。《晃来晃去的人》是他最为现代的小说，尽管在各个方面这部小说都有明显的失误，但贝娄并未因此而成为“后现代”作家，并未以这些失败作为后来作品的基础。相反，约瑟夫没能在自己身上找到他所要的生活，他所向往的，反倒在后来的小说如《雨王汉德森》中的次要人物身上得到充分体现。《雨王汉德森》看起来像是一部成长小说，但是主人公汉德森并没有“成长”，故事开篇是怎样的，到故事的结局还是怎样，他的旅途并未带来什么深刻的变化。

艾波特认为，如果说贝娄的小说《晃来晃去的人》回归到人物，那主要是因为小说中有明显的试探性。这种试探性是指小说自始至终都有一种明显的智力抑制。《晃来晃去的人》似乎在结尾处有一种结局感，但实际上直到小说的最后一页，贝娄也未道出小说人物究竟是何种立场，即贝娄在小说中自始至终都在“抑制”。这也是他笔下人物的另一个特点。贝娄之所以这样写自己的人物，其实是对美国小说中反理性主义的一种反拨。他的具体做法是采用欧洲日记小说的形式，并以此让主人公约瑟夫探究自己所遇危机的深层意蕴。与此同时，他让主人公约瑟夫处于令人沮丧的内在混乱状态；约瑟夫所生活的城市像是一个无组织的地域；小说中的一大群次要人物内心绝望，自欺欺人。但是贝娄在小说的结尾，却使主人公一下子转向一种绝对的形式，即让主人公约瑟夫加入到军队里去。不过，从另一个角度看，小说的结尾又是开放性的，即约瑟夫在小说的最后时刻加入军队，并不是一个结局性的结尾。他之所以说不再写日记了，只是因为有几种想法而已，而并非真的有什么计划。诚如他自己所说，他参加军队只是在棋局中走了一步，但棋还在下。到此为止，他的一切探讨和议论都还远未结束。

贝娄小说中还有一种"喜剧性人物"。按照玛莉·麦卡锡（McCarthy, Mary）的界定，这是一种较英雄人物更复杂和更具有魅力的人物类型。他们的身上充满惊讶和突变，孕育着丰富的故事。[①] 有人认为玛莉·麦卡锡的界定跟亨利·柏格森（Bergon, Henri）的界定相矛盾。柏格森认为由喜剧人物引起的笑声是一种机械的笑声，不具有人类行为的品质。这样的笑声肯定会有蔑视的色彩。我们在笑声中与笑的对象相分离。其实，玛莉·麦卡锡和亨利·柏格森在说两种类型的"喜剧性人物"。柏格森在说一种将自己的断言强加给他人的魔鬼似的人物，不能因人发笑。贝娄在小说中尤其喜欢描述这一种，或者说贝娄在他的创作成熟期，尤其注意区别这两种不同类型的"喜剧人物"。艾波特在这里主要以贝娄的短篇小说为例，对其"喜剧性人物"进行了讨论。因篇幅原因，在此不一一梳理介绍。

1981 年，布鲁斯·米切尔森在《二十世纪文学》杂志冬季号上发表《〈雨王汉德森〉中的思想》[②] 一文。这篇文章距贝娄小说《雨王汉德森》出版已过了二十多年。米切尔森之所以再次提出讨论，主要是因为他认为，这些年来批评者们并没有参悟透作品的真正意蕴。在米切尔森看来，这部小说过去一直都被当作是对经典历险小说的改写，是一种用

① Cf. Mary McCarthy: *The Humansit in the Bathtub*, New York: New American Library, 1964, pp. 211-212; also in H. Porter Abbott: "Saul Bellow and the 'Lost Cause' of Character", in *Novel: A Forum on Fiction*, Vol. 13, No. 3 (Spring, 1980), p. 276.

② 以下介绍的观点均出自 Bruce Michelson: "The Idea of *Henderson*", in *Twentieth Century Literature*, Vol. 27, No. 4 (Winter, 1981), pp. 309-324。除必要外，不再注明所引观点的具体页码。

当代形式对美国英雄人物的重写。现在有批评者把它当作对历险和英雄人物的滑稽模仿,认为这部小说中的嘲讽思想,源自荣格(Jung)、尼采、威廉·詹姆士,或威廉·莱希(Wilhelm Reich)。也有批评者把这部小说视为是一部“元文本”小说,受到塞万提斯、麦尔维尔、马克·吐温、康拉德(Conrad)、海明威、梅勒,甚至凯鲁亚克(Kerouac)的影响。我们似乎可以从中得出结论,贝娄小说《雨王汉德森》是一个混合物,里面有众多和混杂的“前辈”。总之,二十余年来,对贝娄小说《雨王汉德森》的分析批评多数是在作如贝娄所批评的“深层阅读”,即机械、固定程式和推衍式的阅读。这样的批评在真正严肃和复杂的作品面前显得苍白无力,也只能导致混乱。

鉴于此种情况,米切尔森提出研究《雨王汉德森》这部小说不能采用贝娄所反对的推衍方式,而应该循着某种方法找出该小说中最为基本的悖论,并讨论其中神秘的内涵。

米切尔森认为,《雨王汉德森》这部小说至少有多个主题线路,有时它们同时存在。要既能说清楚这些主题线路,又避免将其扩大化以致误读,唯一的方法就是将这些不同的甚至自相矛盾的几个方面放到一起审视,找出它们共同关注的核心问题。在米切尔森看来,共存的主题线路大致有三种,一是认为小说暗示了美国的思想倾向,或更为确切地说,是美国对自己在世界上所扮演角色的认识和第二次世界大战后美国在海外的情况;二是认为小说具有自传性,即是关于贝娄本人的,关于贝娄精神对立面的——这也是贝娄精神的一个方面;三是认为小说进行了各种各样的形式转换,其中有自觉地制造神话,结构与解构以及以后现代方式玩味小说的思想与现实。不过,米切尔森认为,《雨王汉德森》主要是一部研究现代身份问题和各种思想、意识、世界观、各种“主义”等在构建身份时所扮演的奇特角色的小说。汉德森的命运一次一次地发生转化,而所有这些转化都汇聚到一个问题焦点上来,即在思想与小说、小说与思想和生活等之间有何令人信服的关联?米切尔森认为,要回答这一问题,不是仅阅读《雨王汉德森》一部小说就能回答的,需要我们阅读各种小说,乃至阅读现实生活才能做出满意的回答。

按照米切尔森的解读,贝娄在小说中批判了现代生活中各种各样的欺骗、转瞬即逝的“严肃”以及那些要求得到尊重,但却很快消失的新思想。贝娄的小说尤其蔑视所谓的“严肃”，即便是真的获得某种“严肃”也会受到鄙夷。阅读这部小说其实就是重新审视被大众视为理所当然的那些批判和理性的立场，其中包括小说主题。米切尔森注意到，小说中的故事和掌控这些故事的人物处于极度混乱中。不过，在米切尔森看来，这种混乱其实也是一种秩序，它让我们读者在厘清故事和人物的头绪的同时，不知不觉地经历了一遍故事并认识了其中的人物。读者从一种思想跳到另一种思想，试图做出什么结论，但所做的结论又都像汉德森做出的一样，总是尝试性的。汉德森必须了解的理性原则和幸存道德体现在小说的结构中，这一切在阅读过程中都可以不需要他人的经验而直接感受到。把握贝娄小说的形式有助于了解其中所状摹的邪恶世界，这一邪恶世界最终都会达到一种僵化和活动相混合的悖论中。或者说得再具体些，在贝娄的小说世界中，那些僵化与活动的危险混合物，主要出现在街道和报纸上、大学讲堂和婚姻家庭里，甚或出现在人物的内心。这些邪恶或恐怖具有双重性，既僵化固执又令人忍俊不禁。需要在阅读中不断咀嚼，才能得其意蕴。

在某种程度上，贝娄在小说中通过描述时兴的服饰、时髦的思想，以及一波又一波被冲淡被简化但却被接受的思潮来展示自己的小说世界。在这个小说世界中，除了持续不断的强迫症和自我中心，所有的历史感或所有持久之类的品德都被切断了。另因贝娄的小说既教条又变化多端，小说还给人以双重恐惧的感觉，即狭隘的心胸和每年那些固定的仪式，除非做出什么交易，否则不容讨论、不作妥协。在这个世界中，最安全的地方就是局外。贝娄笔下的人物常常出现在最安全的地方，即便是在行走于江湖时，周边也总会有一个安全地带环绕着他，使其不至于陷入危险境地。年轻的，如冒险者奥吉；年老的，如落魄者赛姆勒，他们都有自己的“护身法宝”：浓郁的族裔文化传统、刻骨铭心的个人经历、强烈的身份感以及宽广厚实的教育背景，但尽管有法宝，他们都远离街道和学术，当街道和学术的局外人。他们的这些特点帮助他们同周边疯狂的世界斗争。不过，事情也有例外。《抓住时日》中的主人公汤米就过于远离世界，并因此而失败；《雨王汉德森》中的汉德森又过于融入世界，也因此而失败。这就是说，贝娄在小说中没有构建一个一成不变的世界模式，而是在不同的创作时期为不同的人物构建出不同的世界。这一点在讨论中是需要做出具体分析的。

1981 年,有多篇关于贝娄小说《洪堡的礼物》的论文发表,其中马克 · 戈德曼的《〈洪堡的礼物〉与精神分裂的主人公》[①] 一文十分重要。戈德曼认为,贝娄《洪堡的礼物》中的主人公冯 · 洪堡 · 弗莱谢尔,显然是贝娄依据美国犹太诗人戴尔默尔 ·施瓦兹的原型塑造的。詹姆斯 ·阿特拉斯(Atlas, James)曾对贝娄笔下的主人公与施瓦兹和施瓦兹朋友心目中的施瓦兹进行过比较[②],而且还讨论了《洪堡的礼物》的传记背景。不过,戈德曼认为,从贝娄在小说中所使用的富有特色的主题和表达形式来看,他所创造出来的人物比施瓦兹本人更富有意蕴。

一般说来,无论是在用第一人称叙述的小说中(如《晃来晃去的人》、《雨王汉德森》、《奥吉 · 玛琪历险记》),还是在用更为传统一些的第三人称叙述的小说中(如《受害者》、《抓住时日》、《赫佐格》、《赛姆勒先生的行星》),贝娄都喜欢把注意力集中到某个具体的主人公身上。在《赫佐格》、《赛姆勒先生的行星》中,贝娄使用了一种更接近詹姆斯所说"反映者"或"折射意识"的第三人称叙述,即一种更为主观的第三人称叙述,意在保持自己的批评权威,不受这些小说人物思想的影响,从而能够从作者角度来揭示这些人物形象更为真实的一面。

《洪堡的礼物》虽也是第一人称叙述,却无法把它划归到上面提到的任何一类叙述中。其原因不在于它的形式,而在于叙述者或主人公以及贝娄观察和控制这个中心人物的方式。从书名上就可以看出,在《奥吉 · 玛琪历险记》、《雨王汉德森》、《赫佐格》、《赛姆勒先生的行星》这些小说中,是谁在掌控这些小说的叙述和意识。然而,《洪堡的礼物》却不是这样的。这部小说虽然有两个主要人物,但主要关注的是洪堡,而不是叙述者西特林。但是,由于西特林是最终活下来的叙述者,他最终控制了小说的叙述和意识,所以说他才是该小说的真正主人公。抑或说,《洪堡的礼物》中有弗莱谢尔和西特林这两个聚焦

① 以下介绍的观点均出自 Mark Goldman: "*Humboldt's Gift* and the Case of the Split Protagonist", in Modern Language Studies, Vol. 11, No. 2 (Spring, 1981), pp. 3-16。除必要外,不再注明所引观点的具体页码。

② Cf. James Atlas: *Delmore Schwartz: The Life of An American Poet*, New York: Farrar, Straus, Giroux, 1977.

点，贝娄的第二自我是西特林而非弗莱谢尔。弗莱谢尔在小说中像是一个镜中意象，体现了小说的道德指向，但是，贝娄却又没有给他以足够的空间和深度，让这位诗人充分表达自己。贝娄塑造这个人物，主要是想和另一个主要人物西特林一起，从某一特定角度来看既严肃又滑稽的人物弗莱谢尔。弗莱谢尔毕竟是根据戴尔默尔·施瓦兹的原型塑造的，如果让他任意发挥，其重要性和人物形象意蕴则有可能超过小说的叙述者西特林，并剥夺后者的权威。贝娄在处理像奥吉和汉德森这类控制场景，或者赫佐格和赛姆勒等以意识控制行动的单一的主人公时，好像很得心应手，而在应对弗莱谢尔和西特林这种双重主人公时，则有些不那么舒展。西特林不可能为讲述弗莱谢尔的故事而把自己埋没起来，他也要表现或表达自己。两个主人公并置，必有一个要退居次位。从小说布局来看，贝娄显然不愿让弗莱谢尔作小说的第一主人公，不愿让他打破小说中建立起来的过去与现在之间的微妙平衡，而是让西特林来担任第一主人公这一角色，让他通过回忆来叙述弗莱谢尔在格林威治村、新泽西农场以及普林斯顿的早期生活。换句话说，弗莱谢尔是一个被美国社会的冷漠和他自己对成功的躁狂毁掉的具有悲喜剧双重特点的艺术家。贝娄在小说中没有充分展示这一切，而是把他留在过去和死亡，让他以一个象征性人物出现在西特林的回忆中，在与西特林当下心境和所遇事件的冲突中被召唤出来。

不过，戈德曼认为，在小说中安排分裂的主人公不是贝娄的发明，而是延续了前辈作家已经成功使用过的范例。例如，约瑟夫·康拉德在《黑暗的心脏》(*The Heart of Darkness*)和《吉姆爷》(*Lord Jim*)两部小说中，将马娄作为第一叙述者或代理作者，讲述受谴责的殖民者库尔兹和有些浪漫的吉姆的故事。司各特·菲茨杰拉德深受康拉德的影响，在《了不起的盖茨比》(*The Great Gatsby*)中也采用了安排第一人称或代理作者的叙述方法。尼克·卡拉维既是小说中的附属性的人物，也是整部小说的最高意识，由他叙述主人公的命运变化。此类的例子还有许多，如罗伯特·潘·沃伦的《所有国王的臣仆》(*All the King's Men*, 1946)等。

麦克 · G. 耶特曼在《谁不会为洪堡而歌唱? 》[1] 一文中认为,当下对贝娄小说的批评仅限于分析贝娄一贯的自然主义式的人道主义。他这篇文章通过考察文学浪漫主义的贡献,将批评的焦点拓展到贝娄在《洪堡的礼物》中表现出来的另外两个问题,即(1)贝娄用小说中的一个人物来塑造另外一个人物;(2)贝娄对美国当代作家困境的批评。

耶特曼在谈及第一个问题时,也是从贝娄受康拉德的影响入手,即分析贝娄是如何安排西特林在叙述弗莱谢尔的故事中塑造弗莱谢尔这一人物形象的。小说中,西特林在 1938 年认识弗莱谢尔。其时,弗莱谢尔已经是一位卓有成就的诗人,在西特林的眼中简直就是一位"诗王"。1953 年时,弗莱谢尔的创作每况愈下,几近被社会忘记。与此同时,西特林根据弗莱谢尔生平写成的戏剧《冯 · 特伦克》却获得了巨大的成功。弗莱谢尔责骂西特林抄袭自己,忘恩负义,两人从此绝交,再也未有任何交往。不过,在西特林看来,他与弗莱谢尔的交往不仅仅是 1938 至 1953 年这 15 年间,而且还包括 1953 年他们断交后、弗莱谢尔逝世后,乃至整个小说故事结束时整整 40 年的交往。抑或说,西特林与弗莱谢尔的关系,既发生在弗莱谢尔生前,又发生在弗莱谢尔死后。西特林依据这样一种"长期关系",完整地讲述了弗莱谢尔的故事。

西特林把死去的人当作自己赖以生存的"面包与黄油"——他曾为许多名人,如柏拉图(Plato)、莎士比亚、雪莱(Shelley)、柯勒律治(Coleridge)、布莱克(Blake)、艾略特等写过传记,但是他如此念念不忘、情深意浓地追忆过世的弗莱谢尔却还是第一次。耶特曼认为,西特林这样做主要有两个意义:其一是将诗人弗莱谢尔的失败,作为抨击美国社会粗暴对待艺术家的例证;其二是西特林因没有帮助穷困潦倒中的弗莱谢尔而内疚。或者换句话说,西特林在利用弗莱谢尔抨击美国社会和表达自己负疚感的同时,也完成了对自身形象的塑造。

总之,耶特曼认为,贝娄既不是批评家们通常所认为的那种哲学上和文化上的一元论者,也不是一位未来的观者或浪漫的空想家,仍然是一位无可争议的 20 世纪小说家。显然,艺术无法医治 20 世纪的混乱

① 以下介绍的观点均出自 Michael G. Yetman: "Who Would Not Sing for Humboldt?", *ELH,* Vol. 48, No. 4 (Winter, 1981), pp. 935-951。不再注明所引观点的具体页码。

和伤痛，贝娄是一位过于倔强的现实主义者，也不可能用历史的浪漫情思去假设想象能够改变社会或任何个体心灵之外的东西。不过，尽管如此，耶特曼认为，贝娄在《洪堡的礼物》中还是一而再，再而三地坚持认为诗歌和具有诗一般的心灵是十分重要的，不管付出什么代价都应该坚持这一点。贝娄在小说中让西特林表达了同样的思想，即诗具有"消除世界行动和噪音的能力，适合倾听事物的本质"。①

伊桑·费什曼在1983年发表的《索尔·贝娄的"似真的故事"》②一文，是贝娄批评中不多见的比较研究文章。文章主要对柏拉图的《理想国》(*The Republic*)和贝娄的《院长的十二月》(*The Dean's December*)进行了平行比较研究，并指出了贝娄作品与古典政治观念复活之间的关系。

费什曼认为，虽说贝娄没有像加缪和萨特那样享有政治小说家的声誉，但是，他是一位被阅读最为广泛的当代柏拉图政治哲学类写作的拥趸者。遗憾的是，这一点被多数从事政治学研究的学者忽略了。从贝娄出版第一部长篇小说《晃来晃去的人》的1944年，到出版《院长的十二月》的1982年，近四十年来贝娄一直都重复地向他的读者讲述他所熟悉的柏拉图主题，尤其是在《院长的十二月》这部最富有争议的小说中完整和戏剧性地表达了他对柏拉图政治理念的支持。甚或可以说，《院长的十二月》可以看作《理想国》的姊妹篇。它不仅在内容上回应了《理想国》，在文体上也与之颇为相似。

在费什曼看来，这种把《院长的十二月》看作《理想国》姊妹篇的观点是可以理解的。他认为，从严格的学科分类意义上来看，政治学学者一般不会把文学作品作为自己合法的研究领域。古典政治哲学家们把政治主要作为一门研究正义含义的学问，并愿使用各种方法来达到此目的；而许多当代政治科学家则将自己的研究范围，限定为政府机构和与此类机构相关联的人类行为。实证主义者就主张应对政治的研究范围做出限定。不过，也有少数学者认为，政治领域研究需更为宽阔。

① Saul Bellow: *The Humboldt's Gift*, New York: Vikings Press, 1975, p. 312.

② 以下介绍的观点均出自 Ethan Fishman: "Saul Bellow's 'Likely Stories'", *The Journal of Politics*, Vol. 45, No. 3 (Aug., 1983), pp. 615-634。除必要外，不再注明所引观点的具体页码。

对这些学者而言,贝娄作为一个小说家广受欢迎,很有可能不利于对其进行严肃的学术研究。贝娄是一位如此完美的艺术家,其作品又具有如此强的可读性,蕴含其作品中的哲学意蕴是不易被发现的。需要指出的是,虽说贝娄从未参与讨论他所处那个时代的政治问题,他本人也不鼓励研究者对其作品作"深入"分析,但有一个不容忽视的事实是,贝娄曾与芝加哥大学社会思想研究委员会有密切关系,且熟知柏拉图的政治哲学,因此可以断定,柏拉图的政治哲学在贝娄小说中虽踪迹飘忽,表现细微,但贝娄实际上确是在宣扬柏拉图的政治哲学。

费什曼用来支撑自己观点的主要论据之一是,柏拉图认识到政治与文学之间的关联。柏拉图是写寓言的大师,在《理想国》中提出了对正义的理解。在苏格拉底(Socrates)的哲学观点开始遭到冷遇时,他求助于一种"似真的故事",从另一层面来唤起对话者的理解,即诉求艺术想象力。索尔·贝娄秉承柏拉图的意志,在《院长的十二月》中延续长期以来所做的工作,即致力于对战后西方世界进行政治解读并宣扬柏拉图的政治理念。具体地说,《理想国》和《院长的十二月》的作者在谋篇布局上,都使用了一些个人的和政治的术语来界定正义这一理念,而且两位作者都认为有必要在经典哲学框架内,发掘另外一种密切相关的理念以界定正义。即,他们两位都不把这一界定工作当作一种形式操练,而是将其视为对读者灵魂和心灵的影响。从这种意义上说,创作出"似真的故事"以影响读者的行为,哲学家柏拉图变成了艺术家,而艺术家贝娄则变成了哲学家。

在具体分析和比较柏拉图《理想国》和贝娄《院长的十二月》中,费什曼主要是从以下三个方面进行的:首先是确定《理想国》中一些具有开创性的理念——灵魂的超然、犬儒主义的邪恶以及兄弟情谊的责任——这些理念如何体现在贝娄的小说中;其次是在上述分析比较中,特别指出贝娄不愿把政治看成是某种颇有夸张效应的东西,并且指出贝娄对抽象理论化的不信任,对形式理论和相关目的论的接受;最后是揭示柏拉图有关善的理念与贝娄笔下人物所追求的"绝对理解难以捉摸的目的"[①] 的思想之间的惊人一致处。不过,费什曼在文章的最后却

① Ethan Fishman: "Saul Bellow's 'Likely Stories'", *The Journal of Politics*, Vol. 45, No. 3 (Aug., 1983), p. 616.

又指出，贝娄《院长的十二月》并没有清楚明白地阐释柏拉图的政治理念。作品只是颇有成效地把新鲜活力注入到了作为西方文明基础的柏拉图政治理念中，给那些否认灵魂超然、宣扬犬儒主义、忽视兄弟情谊责任以及过分强调政府作用的人上了一课，并以此确认并欢呼艺术与政治研究之间的密切关系。

L. H. 戈德曼在1986年发表的《索尔·贝娄小说中的大屠杀》[①]一文，是最早专题讨论贝娄小说中大屠杀问题的论文之一。戈德曼在文章开篇引用了马克斯·韦恩里奇在《希特勒的教授们》一书中提出的德国学界影响纳粹哲学的观点，[②]并认为最终导致大屠杀的纳粹哲学是在先前德国哲学家酝酿期间形成的。在戈德曼看来，希特勒和纳粹思想的倡导者认为，他们发起的对犹太人的战争是对20世纪人道主义的战争，其目的是最终从根源上铲除人道主义，即从犹太教中剔出人道主义并用达尔文—尼采—瓦格纳—钱伯林认识论中的日尔曼神取而代之。1936年，德国哲学教授厄恩斯特·克里艾克（Krieck, Ernst）在其发表的一篇文章中也明确指出："人道主义的思想［……］是由18世纪当时情况促成的一种哲学原则，我们现在生活在不同的环境且有着不同的命运，没有道理再让这一哲学原则继续约束我们。"[③]

在整个世界对发生在欧洲的大屠杀都保持沉默的年月，索尔·贝娄在自己的小说中虽说有些隐晦，但却大胆地谈论了德国文化的本质。从1944年出版的第一部小说《晃来晃去的人》到1982年出版的《院长的十二月》，贝娄始终如一地抨击纳粹主义和那些导致纳粹主义形成的思想观点。贝娄认为，纳粹哲学的基础是误入歧途的浪漫主义。贝娄对此曾评价说，浪漫主义是一种"高度亢奋和入迷的"生活方式，

---

① 以下介绍的观点均出自 L. H. Goldman: "The Holocaust in the Novels of Saul Bellow", *Modern Language Studies*, Vol. 16, No. 1 (Winter, 1986), pp. 71-80。除必要外，不再注明所引观点的具体页码。

② 马克斯·韦恩里奇认为："德国学界提供了思想和技术，导致并为这场史无前例的大屠杀作出了辩护。"见 Max Weinreich: *Hitler's Professors*, New York: Yiddish Scientific Institute-YIVO, 1946, p. 6。

③ Max Weinreich: *Hitler's Professors*, New York: Yiddish Scientific Institute-YIVO, 1946, p. 21.

一种“个体享有完全自由”且“具有无限可能性的生活”。这类浪漫主义者相信人类是评判一切的标准。因此说,“纳粹主义就是这样一种极端的浪漫主义运动”。[①] 具体说,贝娄对纳粹哲学及其哲学来源的批判主要是从明、暗两个方面展开的:明的一面是批判德国文化本身,即从总体上批判那些源自德国文化的敌视人类和事物的思想(如反犹主义),以及促成纳粹主义形成的思想(如浪漫主义和基督教),其主要表达方式是通过描写小说主人公的思维方式、白日梦以及梦境等;暗的一面是通过宣扬人道主义精神,特别是强调生命的圣洁和人类的兄弟情谊,以批判那些试图从20世纪思想和实践中根除人道主义的思想言论。

贝娄在每一部小说中从反面的角度,至少刻画一个具有德国人特点的次要人物,如《晃来晃去的人》中的威尔·哈拉斯查及其秉持反犹思想的父母;《受害者》中阿尔比的房东夫妇,即庞特一家;《奥吉·玛琪历险记》中的瘸腿艾因霍恩;《抓住时日》中的艾德勒医生;《赫佐格》中的格斯巴赫;《赛姆勒先生的行星》中的希尔达·格鲁纳;《洪堡的礼物》中的冯·洪堡·弗莱谢尔等。在表达人道主义思想和人类兄弟情谊这一主题时,贝娄常常让他的主人公从不健康的自我关注走向健康的社区生活,即让他的主人公体悟到生活就是要与人们在一起。例如,在《晃来晃去的人》中,约瑟夫摆脱了自己晃来晃去的生存状态,选择加入到军队这个大集体中;而在批判反犹主义方面,贝娄则描绘了欧洲大屠杀硝烟未尽、纳粹政治和文化仍然对人们生活造成影响的故事。例如,在《受害者》中阿萨·利文萨尔与科比·阿尔比的相遇,引出了反犹主义的幽灵——纳粹宣传机器曾广泛并有效地使用过的诽谤犹太人的宿主罪、《锡安长老会纪要》以及莎士比亚戏剧《威尼斯商人》中刻画的“一磅肉”情节等。

贝娄在随后出版的《赫佐格》、《赛姆勒先生的行星》以及《洪堡的礼物》三部小说中,更为深入地探究了纳粹的意识形态和德国的浪漫主义。例如,他在《赫佐格》中尖锐地抨击了纳粹思想的两位主要先期倡导者——尼采与海德格尔。尼采的《查拉图斯特拉如是说》和《权力意

① 戈德曼转引自 Sanford Pinster: “Saul Bellow in the Classroom”, *College English*, 34 (April 1973), pp. 976, 977。

志》两部著作,曾对德国的知识界产生过巨大的影响。尼采深受德国国家机器崛起的影响,对那些装饰有西方文明的旧有秩序价值观深恶痛绝。他的思想经过重新阐释后,被融进新浪漫主义和民粹主义革命,从而进入到德国社会生活中。尼采并不热爱民主。他在著作中提出的一些颇有煽动性的口号,如"强者有理"、"白肤金发碧眼的日耳曼兽"、"超人"等,被纳粹分子抽出来加工、曲解,成为纳粹主义的思想武器,并成为纳粹分子蛊惑人心的便利工具。贝娄在小说中让主人公赫佐格拒绝接受尼采和德国存在主义思想,并以此来谴责基督教和浪漫主义,表明自己对犹太教的信仰和对构成西方伦理道德原则基础的摩西戒律的遵从,以及自己对德国纳粹文化的立场。

总之,贝娄在作品中,将那些源自德国的带有纳粹特点或被纳粹所利用的思想,与具有人道主义思想价值的犹太教思想相关联,一方面指出了德国这些思想或学说为纳粹主义的盛行营造了适宜的氛围,另一方面也在对比中凸显了犹太人道主义的价值观。作为一个作家,贝娄把揭露危害社会和人民的思想及学说视为己任,并在创作实践中付诸实现。

在20世纪70年代,有批评家把贝娄与诺曼·梅勒、莱昂内尔·特里林、约翰·巴思、托马斯·品钦放在一起讨论,而在20世纪80年代,则有批评家把贝娄与约翰·厄普代克、威廉·斯蒂伦以及J. D. 塞林格放在一起分析。戴维·盖洛韦的《美国小说中的荒诞英雄人物》[①]就是一例。他从"荒诞"这个角度研究上述四位作家的作品,并分别指出其中的荒诞所在。具体到贝娄作品中的荒诞性,盖洛韦着重讨论了贝娄作品中的主人公以流浪汉形象出现的荒诞意蕴。他认为,在贝娄最早的两部长篇小说(即《晃来晃去的人》和《受害者》)中,刻画了两位自我意识中心十分敏感的主人公,反映了他们错位的城市生活,并对被环境扭曲的当代价值观和迫害行为进行了通俗易懂的描写。

盖洛韦在文中把贝娄的《晃来晃去的人》和加缪的《局外人》(*The Stranger*)放在一起比较,认为这两部小说的荒诞性都在于描述了主人公生活的荒诞性,而并非是对某一具体荒诞事件的空谈。虽然故事有

---

① 以下介绍的观点均出自 David Galloway: *The Absurd Hero in American Fiction*, Austin: University of Texas Press, 1981, pp. 129-203。不再注明所引观点的具体页码。

所不同,但两部小说中的主人公最终都站到了荒诞立场上。他们的经历似乎没有什么逻辑性:他们就在那儿,而且他们的在场本身似乎也在说明没有逻辑性。贝娄似乎在说明人类的问题,源自在其生存的社会环境和政治环境中找不到自己的位置或错置了位置。《晃来晃去的人》中的主人公意识到并力图纠正这种错位,《受害者》中的主人公则是从另一个角度,即没有意识到自己在家庭中的尴尬地位来反映这种错位的。

《奥吉·玛琪历险记》更是从内容和形式两个方面表现了错位这一主题。贝娄在这部小说中使用流畅、通俗的语言刻画了一个傲慢自负的主人公,并以片断式故事结构构建了流浪汉的荒诞世界。这部小说的荒诞性走向虽然有些曲折,但与前两部小说并无二致。抑或说如同前两部小说一样,它开始也是让主人公"流浪"并独自在社会上拼搏,但趋近结尾时又逐渐走向一种既定的价值体系,即用一种非凡的温柔来从容对待人类的堕落,并用善良的幽默来抵制虚无和自怨自艾。

在《抓住时日》这部中篇小说中,贝娄又回到了早期两部小说简练沉默的表现模式,再现了作家一直热衷刻画的老人统治的病态世界。小说的主人公是一个可悲可叹的失败者汤米·威廉。威廉早期曾梦想成为电影明星,结果失败了;婚姻让他疲惫不堪,并进入了离婚的折磨期;年轻时的初恋还未品尝就干脆消隐失色;他在一家大型制造公司建立了巩固的销售渠道,但出于自负,十分荒唐地辞去了职位。他可谓尝尽人间辛酸痛苦,像约瑟夫一样,在工作与情爱之间晃来晃去;又像利文萨尔一样,成为一个奇怪的受害者—迫害者。

在《雨王汉德森》中,贝娄将在早期作品中关注的那些在敌对的社会现实面前仍能坚持自己信念的人物,整合成汉德森这一形象。昔日的约瑟夫"晃来晃去",最终还是"倒下"了;利文萨尔只是部分地清醒了;奥吉的前景随着命运的冲击而摇摆不定;汤米·威廉的完善只是在人群的推动下得以完成;只有饱学的汉德森才是一位执著的探求者,即便是赫佐格也没有他那么完美。汉德森的身上聚合了上述人物的因子。也就是说,汉德森也不得不站在通向社会和逃离社会的十字路口上面临选择。像汤米·威廉和阿萨·利文萨尔一样,汉德森也是一种具有新颖激情的当代荒诞人物,只是这种新颖激情崇高得有些令人奇怪。

《雨王汉德森》的大部分，特别是小说开篇对出自名门望族的汉德森养猪、违法、拉小提琴等稀奇古怪生活细节的描写，具有明显的流浪汉小说传统痕迹。小说写到汉德森到非洲后，既或多或少地保留了流浪汉小说的一些因素，也开始逐渐转向了"圣杯"传统。然而，贝娄却告诫我们寻找的神话不能完全解释汉德森的经历，而且大部分解释都是失败的，这主要是因为汉德森没有与寻找圣杯同样的绝对精神资源。抑或说，就像厄普代克笔下的圣人没有可以依托的上帝，贝娄笔下的骑士也没有可以依托的上帝。总之，汉德森所经历的幸福与荒诞是不可分离的，因为诚如加缪所说，荒诞教导我们"并非所有的已被穷尽。它把曾经来到这个世界心怀不满且喜欢徒劳痛苦的神祇驱赶了出去；它把命运当作人类的事情来处理，而且必须在人类之间予以解决"。[①] 在荒诞、混乱、零散的世界中，汉德森有了一种能够掌握自己命运的幻觉，并最终成为被莱斯利·菲德勒所称为的最成功的当代英雄，即他是一个懂得"斗争本身才是其鲜明的特质"[②] 的人。

继《雨王汉德森》之后出版的《赫佐格》，是贝娄前期创作在主题思想和创作技巧等方面的极端延伸。主人公赫佐格在小说的开篇以受害者的形象出现，他郁闷怪僻得几乎达到偏执的程度，而且还自怨自恋，徘徊在虚无主义和异化的边缘。贝娄在《赛姆勒先生的行星》中，也把郁闷怪僻作为一个重要的主题。所不同的是，在这部小说中，他用了一种更为极端的形式予以表现，如疯狂、暴力、贪婪以及掠夺性爱等。贝娄在这一创作时期出版的最后一部小说《洪堡的礼物》也是一部"总结性"小说，综合了前期创作的主题和叙述策略。像汤米·威廉一样，其中的主人公西特林也陷入了种种麻烦，在阴险狡诈的美国商业社会中左冲右突，极尽挣扎；像约瑟夫和奥吉一样，西特林也常常唯恐被卷入到朋友和熟人强加给他的不同版本的现实社会中；像赫佐格一样，西特林也是一个有知识的人，曾经辉煌过，此刻却受到限制，踯躅不前，被事业和生活的两条线所羁绊。他对事业和生活的思考揭示了自负的知识分子试图与时代保持一致的可笑可叹的一面。不过，尽管如此，贝娄还

① Albert Camus: *The Myth of Sisyphus*, trans. Justin O'Brien, New York: Vintage Books, 1959, pp.90-91.

② Leslie Fiedler: "No! In Thunder", *Esquire* 44 (September 1960), p. 79.

是赋予他的人物以崇高神圣的品质,即在贝娄看来,人类虽有荒诞的一面,但在抓住了被加缪喻为生活的高尚意义时,就是有价值的。

1982 年,马尔科姆·布雷德伯里在《索尔·贝娄》[①] 一书中,较为系统地讨论了贝娄的创作,其中也包括贝娄在这一年出版的《洪堡的礼物》。他在"序言与致谢词"中提出贝娄所处的时代,是一个无论在小说创作和阅读方式方面均发生巨大改变的时代。贝娄作为他那个时代严肃而富有洞察力的作家,并未参与到时代的潮流中去。他仍然坚持自己对小说的认识,即认为小说是人类探究问题的最基本模式。可以说,无论从形式上还是从哲学层面上来看,贝娄的小说都是斗争的小说。从贝娄采用的各种不同表达形式的背后,我们可以清晰地看出蕴含其间的道德与智慧,以及伟大经典作品所具有的力量。在形式和哲学层面上来看,贝娄的作品有些保守。不过,布雷德伯里认为,说贝娄保守不一定是一件坏事,主要还要看贝娄保守的是什么和他保守的程度。有一点是毫无疑问的,贝娄的小说是当代知识分子不同性情意向交锋的战场,我们潜在的失望和潜在的可能性遭遇于此。

在这部专著的第一章,即"索尔·贝娄与当代小说"中,布雷德伯里回顾了 20 世纪西方文学的发展变化,并指出他之所以要撰写研究贝娄的专著,主要是因为贝娄是站在 20 世纪西方小说创作主题、技巧、文体风格等一系列变化中间的一位作家。换句话说,贝娄很喜欢 20 世纪 50 年代和 60 年代早期的文体风格,他那种美国犹太小说的叙述模式,在形式上和道德上似乎代表了现代主义基本的以及派生出来的东西;20 世纪 60 年代后期和 70 年代,美国小说创作发生了实质性的变化,贝娄以自己的写作作了回应。布雷德伯里在这部专著中,主要探讨的就是贝娄小说中文体风格上发生的这些变化。具体地说,主要是指贝娄在小说中表现出来的精神恢复力、对风格和历史的重视、对现成的逻辑和时代要素的挑战。布雷德伯里认为,在 20 世纪 80 年代初期,贝娄成为主要当代小说家。他站在文学变化和文学运动的中心,具有现代意识和国际视野。他的文学创作生涯反映了这个时代最为尖锐的艺术问题,包括艺术焦虑等问题。

① 以下介绍的观点均出自 Malcolm Bradbury: *Saul Bellow*, London and New York: Methuen, 1982。不再注明所引观点的具体页码。

1976年,贝娄获得了诺贝尔文学奖。在布雷德伯里看来,这一奖项的获得无疑标志着美国小说创作在世界文坛上取得了统治地位。该奖奖励的是,在人道主义小说发展受到质疑的情况下,贝娄肯站出来为其呐喊——这是他获奖的原因。之前获奖的四位作家,即辛克莱·刘易斯(Lewis, Sinclair)、威廉·福克纳、厄内斯特·海明威、约翰·斯坦贝克(Steinbeck, John)也同样因其作品弘扬了人道主义精神而获奖。贝娄虽说是二战后第一个受此殊荣的美国犹太作家,但其作还是承继了前辈作家的传统,甚至更为深沉。他获奖时在斯德哥尔摩发表的演说,就表达了一种坚定的人道主义精神。他在获奖前后发表的几部小说,也都体现了其演说词中所提出的人道主义和作家在一个危机四伏的时代所应扮演的角色。换句话说,贝娄在小说中就是要重新发现那些最为基本的事实,作家迫切需要在更为宽广、灵活、丰满、协调一致以及全面的层面上来讲述我们人类的生存状况,并回答"我们是谁?""我们为什么活着?"这类问题[①]。

贝娄笔下的人物通常都是些知识分子或作家,都喜欢分辨他在《受害者》中所说"存在的怪异性",即要面对不断出现的迫害和失败的考验。那种破坏性的历史压迫感在贝娄的小说中表现得非常强烈。抑或说,贝娄小说中陌生的感觉和存在的期许,总是出现在生与死或时间与历史的复杂和悖谬中。然而,"现代力量"却常常否认现实社会中存在着贝娄所指出的那些"可怕、奇怪的事情",并否认人类自我和人类超越自我的可能性。这就使得贝娄所说的一切,都处于一种受到质疑的风险中。但是,贝娄却通过巧妙地安排故事的内容和形式,有效地表达了主题思想,并取得了一种有如神助的效果。

贝娄小说中的现代性因素特别明显,就其创作走向、倾向以及经验来说,他应该归于当代小说家行列。贝娄是一位富有知性的小说家。他对文学传统非常熟悉,也继承了不少优秀思想和写作手法。他的继承主要表现在两个方面:一是继承了爱默生、麦尔维尔以及其他美国超验主义作家和欧洲浪漫主义作家的优秀传统(这一点在《赫佐格》的结尾处表现得尤为明显);二是继承了以德莱塞为代表的自然主义传统,

① Cf. Saul Bellow: "The Nobel Lecture", *The American Scholar*, 46 (Summer 1977), pp. 16-25.

尤其是德莱塞等自然主义小说家在其作品中所表现出的真实、荒凉、混乱却乐观的城市生活场景。另外，贝娄长期以来一直对遗传决定论纠缠不休，也是受到美国自然主义小说的影响。具体说，他在小说中表达的那种环境介入、条件决定以及人的精力因生命竞争而得到释放或受到压抑的深刻思想，也是从美国自然主义小说那里吸取过来的。他在《院长的十二月》中，特别强调了黑格尔(Hegel)对时代与生活的理解，即从本质上说，我们身上体现了时代的精神，想纯洁而富有诗意地超越时代精神是不可能的。

总之，在布雷德伯里看来，历史条件无休止的压迫不断地塑造和再塑造了贝娄的小说创作，使其作品各各不同，表现出对历史的高度警觉和表现形式的迥然有别。唯一相同的是，贝娄所有的作品都在探寻受历史困扰的时代，即这个时代怎么了？贝娄的创作是一种发展的创作，这也是该书作者布雷德伯里在书中所要着重讨论的内容。

1984年，有两部论述贝娄创作的重要专著出版，即丹尼尔·富克斯的《索尔·贝娄：想象与修正》[①] 和朱迪·纽曼的《索尔·贝娄与历史》。前者从两个方面，即贝娄与现代文学传统，贝娄与陀思妥耶夫斯基的关系，探讨了贝娄的文学创作背景；后者则专门论证了贝娄小说中的历史主题。

在《索尔·贝娄：想象与修正》中，富克斯对自己发表于1974年的《索尔·贝娄与现代传统》一文进行了修改和补充。他除了保留了1974年一文中的基本观点和论证外，还再次肯定了贝娄在美国文学中的地位。他说，自第二次世界大战以来，没有一位美国作家能像贝娄那样对我们的当下生活做出如此清醒、真实且富有活力的描述；更没有哪位作家如此清晰深刻地刻画了当下生活与当下阅读、人物与思想以及个性与作品之间的关系。贝娄笔下的主人公，常常通过最为触手可感的文化道具来表现他们所怀有的强烈情感。生存也同样依赖于个人的感觉和思想，它们之间的关系密不可分。与那些广受欢迎的小说家相反，贝娄不把思想当作一种负担。相反，他在创作中承载着思想，进行了另外一种艰难的圣人探险之旅。

就贝娄与现代文学传统而言，富克斯延续了1974年的看法，即认

① 以下介绍的观点均出自 Daniel Fuchs: *Saul Bellow: Vision and Revision*, Durham: Duke University Press, 1984。除必要外，不再注明所引观点的具体页码。

为在美国文学中，有些作家如海明威、福克纳等，写具体行动写得很好，但在写思想意识方面却显得不足或唐突。贝娄不是知识分子作家，但却是一位知性作家。他写的小说与某些法国作家如纪德、萨特等所写的论文式小说不同。论文式小说写作是用某种思想来进行的，贝娄则不然。他把作品中的人物放到人物所处的现实环境中，把他们视为一些自我，或更确切地说视为一些灵魂。人物的思想不是僵硬的，而是随着不可避免出现的情感而流动的。用贝娄自己的话说，他是用俄国作家（托尔斯泰和陀思妥耶夫斯基）的方式来表达思想的。如果说贝娄把人物的心灵和躯体描写得让美国普通读者感到陌生的话，那么，他在作品中所讨论的某些问题让非普通读者感到更为陌生。这主要是因为在美国文学中还没有一位作家如此执著且成功地反对了现代主义的本质。就此而言，贝娄是一位杰出的后现代主义者，他的许多灵感常常来自于反抗现代主义那些著名的美学思想。

不过，富克斯在这部新出版的著作中谈及贝娄与现代文学的关系时进一步明确指出，贝娄的创作实际上是对现代主义美学主张的一种抵制和反抗。他再次回溯了19世纪以来欧洲的现代主义文学创作情况，并指出现代作家在很大程度上把风格当作自己作品的主题，让个性屈从于形式，人物让位于人工制品，事件的地位次于反讽，行动重要性不及词语，并把经历当作反映某种更高一级真理的载体。这一类作家将历史降低为一种仅仅能起到完善作品作用的东西。他们不过是现代乌托邦主义者。在很大程度上，现实被贬低了，理想则得到颂扬。其结果是，神话取代了历史，荣格取代了弗洛伊德。

富克斯在这部新出版的著作中提出的新观点，是贝娄继承和发扬了陀思妥耶夫斯基的创作理念和技巧。富克斯指出，美国现代文学不可能如海明威所说的那样源自于马克·吐温的《哈克贝利·芬恩历险记》（*Adventures of Huckleberry Finn*），因为这从文学角度来说是讲不通的。从塞林格、安德森、海明威、福克纳等近期创作情况来看，他们的作品似乎回应了上一世纪的文学传统。然而，细究起来，情况还是大不一样的。马克·吐温笔下的哈克与塞林格笔下的霍尔顿之间的区别就很有说服力。前者孤独，后者隔离；前者的创伤性经历被后者发展为一种神经过敏；前者外出寻找自己的领地，而后者则退守自己的精神家园。在塞林格的作品中，青春已不再是一种样板,而只是一个案例。塞林格也确实继承了马克·吐温的一些东西,但他继承的却是极端的东西,如马克·吐温在小说中表明文明生活不值得过的观念。然而,在塞林格的作品中,主人公不再拥有浪漫的田园生活,取而代之的是城市生活和伴随其间的幽闭无能。霍尔顿头上的灰发象征了美国神话的结束,美国社会已经从童年步入成年了。

从贝娄的创作情况来看,他是遵循俄国的文学传统来创作的。俄国的文学传统认为,作家应该是一个教师而非烈士,是一个公民而非艺术家,是一个记者而非美学家;文学应该灵活,且能表现出其倾向性和具有一定的启发性;文学应该拒绝为追求形式而对生活采取一种所谓客观、超脱或漠然的态度;不应该把艺术家与上帝比较。俄国作家绝不会把艺术视为宗教。相反,在他们的作品中,可能最终被描述得富有宗教意蕴的道德情感,却常常是充满活力、期待和希望的。诚如欧文·豪所说的那样,俄国文学追求精神的表达,是"'狂热取代了全部',这是我们这个时代的特点"。[①] 美国后现代主义犹太作家将这种富有戏剧性的精神表达称之为俄国人的。而那些具有意第绪语背景的美国作家和斯拉夫语系的俄国作家又有着颇为相近的渊源。

贝娄作为一位具有意第绪语背景的美国作家,与俄国作家特别是与陀思妥耶夫斯基有着亲近的感觉。陀思妥耶夫斯基十分注重作品中的道德因素,而贝娄的作品也始终围绕道德这根轴线来展开。两位作家都用孩子来象征纯真和纯洁。陀思妥耶夫斯基笔下的伊万把孩子视为受害者,并通过孩子挨揍这一情节来表现一种不可言说的非正义的象征。在小说中,甚至阿辽莎都认为应该枪毙那个虐待孩子的家伙。贝娄笔下的赫佐格在看到孩子受到伤害时,也萌生出了杀人的念头。在陀思妥耶夫斯基那里,虐待孩子成为一种具有诱惑力的力量,因此陀思妥耶夫斯基有时候被称为俄国的萨德。[②] 不过,陀思妥耶夫斯基小说

① Irving Howe: "Dostoevsky: *The Politics of Salvation*", in *Politics and Novel*, New York: Meridian, 1957, p. 51; also in Daniel Fuchs: *Saul Bellow: Vision and Revision*, Durham: Duke University Press, 1984, p. 29.

② 萨德(Marquis de Sade, 1740—1814):法国作家,军人出身,著有长篇小说《美丽的厄运》、《朱莉埃特》等,以性倒错色情描写著称,曾因变态性虐待行为多次遭监禁。Sadism(虐待狂)一词即源于其姓氏。

的主题效果是用此来揭露而非推销虚无主义思想。

陀思妥耶夫斯基对虚无主义的批判既是政治上的，也是伦理上的。他所采用的方法并不拘泥于写歇斯底里，还常常通过一种舍弃思想的喜剧形式来表达他的批判精神。有论者认为，陀思妥耶夫斯基实际上也是在批判车尔尼雪夫斯基（Chernyshevsky）、傅立叶（Fourier）和圣西门（Saint-Simon）等人提出的调和了黑格尔和卢梭的乌托邦思想，其中包括世界历史进程、人类情感、历史决定论以及个人意愿等思想。[①] 贝娄小说所构建的世界中也充满了思想、立场以及解决的方案。赫佐格是生活在贝娄小说世界的众多人物形象的杰出代表。他对历史进程、人类情感以及历史决定论等问题喋喋不休，不断地解释各种臆测或思想，充分反映出他所生活的那个让人焦躁不安的时代特色。如果说陀思妥耶夫斯基集中批判的是功利主义和大变革思想，那么除此之外，贝娄还着重批判了近期出现的乌托邦式装腔作势，其中包括心理分析、专家政治以及现代主义的空想。陀思妥耶夫斯基与贝娄的批判模式相同，不同的是批判的内容有所变化。这主要是因为贝娄从常人的立场上，同情被陀思妥耶夫斯基讽刺的一些自由功利主义思想。例如，在陀思妥耶夫斯基看来，痛苦是人类意识之母；贝娄有条件地接受了陀思妥耶夫斯基的这一观点，其条件是要把快乐视为痛苦之父。

另外，在陀思妥耶夫斯基的创作思想中还有一种田园精神与温和主义相结合的特质，即，陀思妥耶夫斯基笔下的人物具有一种与时代不合拍的精神追求。贝娄对此也极为认同。他笔下的人物基本上都是些精神不太正常的城市人，而且大多都是知识分子。通常，他们都因某种原因失业了，过着一种孤独或隔离的生活。接下来，他们所做的事情就是处理人事关系，精神始终处于高度危机中。他们每天都有所醒悟，但这些醒悟却被随之汹涌而来的一些邪恶或乱七八糟的东西所淹没。乔治·斯坦纳（Steiner, George）评价陀思妥耶夫斯基的话也适用于评价贝娄。他说，陀思妥耶夫斯基笔下的"人物，即便是他们当中最贫穷的，

① Cf. Dostoevsky: *Notes from Underground*, trans. Matlaw, New York: Dutton, 1960, p. xiii; also in Daniel Fuchs: *Saul Bellow: Vision and Revision*, Durham: Duke University Press, 1984, p. 31.

也总喜欢混乱或不加考虑地卷入混乱”。[①]

当然,陀思妥耶夫斯基与贝娄之间也有不同之处。例如,陀思妥耶夫斯基呈现给我们的是一种极端的戏剧场面,一种道德是非的截然对比。这些东西在陀思妥耶夫斯基那里被直接表现出来了,他小说中的人物拉斯考尔尼科夫变成了杀人犯。而贝娄笔下的人物,如赫佐格则没有,也就是说,在贝娄那里所有一切都是用一种虚幻或暗示的方式来表现的。总之,虽说陀思妥耶夫斯基对贝娄的影响是广泛的,但贝娄在接受影响的同时,也提出了自己独到的见解和创作手法,如“选择精神”及相关创作手法等。

朱迪·纽曼在其《索尔·贝娄与历史》[②]一书的序言中指出,尼采的历史观在当代构成了一种第六感,渗透到哲学、艺术以及当代文化中。[③]不过,对多数读者而言,贝娄小说中的第六感理念更多的是指超越现实的感觉、柏拉图的家世界以及斯坦纳对不朽问题的思考与暗示。批评界也惊人一致地认为贝娄作为一个作家,关注更多的是普适性而非具体事物,他对永恒而非历史更感兴趣。即便有论者说贝娄有一种历史感,那也仅仅是指贝娄小说中出现的一条不重要的辅线。更有甚者认为,贝娄小说中人物的发展总是趋向于超然的:赫佐格学会用祈祷的方式来替代争论,历史被超然所替代;赛姆勒懂得了知识不需要引用历史;西特林的发展结局不过是在被折磨得筋疲力尽之后的精神超脱。[④]所有这些研究中,几乎没有一位论者关注时间在贝娄小说中所起到的推力作用。

然而,在纽曼看来,历史在贝娄的小说中以种种不同的形式出现,

① George Steiner: *Tolstoy and Dostoevsky*, New York: Vintage, 1961, p. 154; also in Daniel Fuchs: *Saul Bellow: Vision and Revision*, Durham: Duke University Press, 1984, pp. 38-39.

② 以下介绍的观点均出自 Judie Newman: *Saul Bellow and History*, London: Macmillan Press, 1984。除必要外,不再注明所引观点的具体页码。

③ Friedrich Nietzsche: “Beyond Good and Evil”, in *The Complete Works of Friedrich Nietzsche*, ed. Oscar Levy, London: Foulis, Allen & Unwin, 1909-1913, XII, p. 167; also in Judie Newman: *Saul Bellow and History*, London: Macmillan Press, 1984, p. 1.

④ Cf. Sanford Pinsker: “Saul Bellow's Cranky Historians”, *Historial Reflections*, 3, No. 2, 1976, pp. 35, 38, 43; also in Judie Newman: *Saul Bellow and History*, London: Macmillan Press, 1984, p. 5.

它成为小说的情节、人物命运以及主题思想发展的推动力。一方面,在贝娄小说中,历史不是被用引号直接引用的历史事件,而是以"内接"的方式,弥漫在小说的一系列事件和具体时间的行动中,由这些事件和行动勾勒出历史的轮廓;另一方面,每一部小说所牵涉到的具体时间与得到普遍接受的历史理论家形成对照,而每一时期的读者又与遥远的哲学观点形成对照。因此,纽曼所要论证的主要有两个方面,一是历史在贝娄小说中所起到的推力作用;二是分析历史在作品形式上(即贝娄在组织小说时所采用的具体模式)是如何起作用的。纽曼分别以"历史、自然以及自由:《奥吉·玛琪历险记》"、"《雨王汉德森》:伴随时间的音乐舞蹈"、"《赫佐格》:作为神经官能症的历史"、"《赛姆勒先生的行星》:威尔士、希特勒以及世界国家"以及"《洪堡的礼物》:历时的喜剧"五个话题,讨论了与历史相关的问题。因篇幅所限,在这里主要梳理一下纽曼对"《赛姆勒先生的行星》:威尔士、希特勒以及世界国家"的论述。

《赛姆勒先生的行星》是贝娄的第七部小说。该小说出版后曾受到一些否定性的评论。戴维·盖洛韦在《现代小说研究》上撰文批评说,贝娄的这部小说标志着贝娄小说想象力的衰竭,并论证说小说富有想象力的结构没能为智力的结构提供有效支撑;[①] 另一位批评家詹妮弗·M. 贝利(Bailey, Jennifer M.)则认为,贝娄小说的事件只是一些象征性机器的碎片。[②] 可是在纽曼看来,这部小说的标题本身就说明贝娄写作这部小说的主要兴趣是综合的历史。小说是由两个历史事件支配行动的:其一发生在过去的犹太大屠杀,赛姆勒先生是其中的幸存者;其二是阿波罗登月事件,这一事件表达了对未来的期许。这两个事件均包含了一种"行星般运动的"暗喻。

纽曼认为,贝娄将集中营世界与"另外一个星球"相关联,是一种表达类似经验的常见方式。爱德华·亚历山大也同意这一观点。他认

---

① Cf. David Galloway: "*Mr. Sammler's Planet*: Bellow's Failure of Nerve", *Modern Fiction Studies*, 19, 1973, pp. 17-28; also in Judie Newman: *Saul Bellow and History*, London: Macmillan Press, 1984, p. 133.

② Cf. Jennifer M. Bailey: "The Qualified Affirmation of Saul Bellow's Recent Work", *Journal of American Studies*, 7, 1973, pp. 63-73; also in Judie Newman: *Saul Bellow and History*, London: Macmillan Press, 1984, p. 133.

为贝娄小说的标题“行星”就是指大屠杀的另一个世界。他还引用汉娜·阿伦特在《极权主义的起源》(*The Origins of Totalitarianism*)中的话说:“无法将集中营的生活进行平行比较。永远无法想象集中营中的恐怖,唯一的原因就是它已超出生与死这个概念,并因此而永远无法说,其幸存者回到这个世界了,也无法让这些幸存者完全相信自己过去的经历。他们仿佛有故事要讲给另一个星球听。”① 不过,贝娄小说中的另一个星球指的是月球,象征未来。像集中营世界一样,这个星球也超出了人类的经验。一般说来,这两个代表过去与未来相对应的星球,成为主宰小说的两种对立成分,即作为噩梦的历史和作为进步的历史。贝娄利用大屠杀这一事件为讨论历史上的邪恶提供了场所,抑或说集中讨论了阿伦特对战争罪的研究;利用登月事件提出了历史进步的观点,并借此把它作为一种乌托邦和虚幻的计划,展开对 H. G. 威尔士关于空间殖民和技术进步的讨论。

另一方面,“赛姆勒先生的行星”也指当下的地球,小说在开篇将其描述为“思想的地球”。在小说第一章中,贝娄通过赛姆勒跟马戈特谈论艾希曼、赛姆勒讲述 H. G. 威尔士以及赛姆勒遭遇偷包贼这一系列事件,提出了乐观和悲观的综合历史观。具体地说,赛姆勒应邀到哥伦比亚大学,讲述 20 世纪 30 年代的英国社会。赛姆勒年轻时是威尔士的朋友,曾应邀出席威尔士以“公开阴谋”为题的有关构建乌托邦性世界国家的研讨会。赛姆勒在演讲中解释说,这个计划是根据生物科学繁殖理论、社会学以及历史学而构建的,是想把科学原则有效地运用到人类生活中去。威尔士的乌托邦是想把工业、资本、交通以及人口置于世界范围的集体掌控之下,并进而取消国家和战争。不过,有人提出,赛姆勒在演讲中,将奥维尔对威尔士的攻击也包含在内了。

的确,赛姆勒的许多观点源自奥维尔。奥维尔曾在《威尔士、希特勒以及世界国家——〈赛姆勒先生的行星〉》(“*Mr. Sammler's Planet:* Wells, Hitter and the World State”)一文中,表达了对威尔士观点的反感。奥维尔指出,有头脑的人可能会同意威尔士的观点,但是,没有

① Edward Alexander: “Imaging the Holocaust: Mr. Sammler's Planet and Others”, *Judaism*, 22, 1972, p. 300; also in Judie Newman: *Saul Bellow and History*, London: Macmillan Press, 1984, pp. 133-134.

一个地方会让有头脑的人掌权。在奥维尔看来,人类的行为动机并不像威尔士所想象的那样既理智又进步。奥维尔指出,眼下有许多急需解决的问题,如希特勒的问题,另外还有许多动机不纯的事情,尤其是知识分子不能有所担当,不能区别是非曲直。赛姆勒同意奥维尔的观点。他在与马戈特讨论阿伦特的《艾希曼在耶路撒冷》(*Eichmann in Jernsalem*)一书时,就对知识分子提出了批评。他指出,知识分子并不明白,他们的观点多半是来自于文学作品。阿伦特实际上是在利用历史的悲剧来推销魏玛知识分子的愚蠢思想。纽曼认为,赛姆勒的这一观点其实也就是贝娄本人的观点。贝娄在 1975 年就曾重申了赛姆勒的观点,指出阿伦特的错误之处,就在于她没有明白其实人类内心是有罪恶感的。①

总之,贝娄在小说中让主人公赛姆勒先生先后与许多思想家或历史人物进行交流,并最终在生活中吸取了教训。贝娄在通过呈现事件复杂的逻辑关系来表明理性分析和区别事物重要性的同时,又让小说中重复出现的情节为道德批评搭建了平台。抑或说,在贝娄看来,人类历史上的一些观点,不管它们是乐观的还是悲观的,最终都要让位于当下伦理道德的迫切需求。贝娄与批评家不同,思想与行动不只是文学形式问题,更是道德问题。不管如何看待月球与地球之间的对立——把它们视为无限的或有限的,永恒的还是暂时的,乌托邦的还是启示录的,虚幻的还是噩梦的——最终都不能死守着超然的反讽;相反,在这些星球的转换和偶发事件中,所有一切都指向一个极点,即绝对必要的道德。从长远的观点或从对过去的理解来看,个人有能力获得这方面的知识,并能够将之带入到文明的未来中去。因此,贝娄这部充溢各色各样思想的小说更是一种构建道德的小说。

1986 年,切尔西出版社编辑出版了由耶鲁大学人文教授哈罗德·布卢姆作序的《索尔·贝娄》② 论文集。该集子辑入了 30 年来有关

① Cf. Robert Boyers et al.: "Literature and Culture: An Interview with Saul Bellow", *Salmagundi*, 30, 1975, pp. 16-17; also in Judie Newman: *Saul Bellow and History*, London: Macmillan Press, 1984, p. 136.

② 以下介绍的观点均出自 *Saul Bellow,* New York and Pheiladelphia: Chelsea House Publishers, 1986, pp. 1-7, 9-12, 235-241。除必要外,不再注明所引观点的具体页码。

贝娄研究的一些重要论文,如罗伯特·潘·沃伦的《未作承诺的人》[1]、欧文·豪的《仰面朝天的俄底修斯》[2] 等。

哈罗德·布卢姆在序言里指出,批评界一致认为贝娄是他那个时代最强的美国小说家,可能只有诺曼·梅勒可与之相匹敌。对贝娄的这一经典判断主要是依据他的全部创作而非某部具体作品。布卢姆认为,贝娄的主要作品有《奥吉·玛琪历险记》、《赫佐格》以及《洪堡的礼物》。他的早期小说《晃来晃去的人》和《受害者》现在看来似乎是时代的产物,而《院长的十二月》则是一部单调乏味的作品,小说中几乎看不到贝娄一贯所喜欢使用的喜剧因素。布卢姆把《洪堡的礼物》视为贝娄最好的一部小说。尽管如此,布卢姆还是指出了作品的不足之处,即与小说中其他次要的男性人物相比较,主要男性人物有些摇摆不定;小说中的女性人物,不管是否定的还是肯定的,则都是一些“如愿以偿”式的人物。抑或说,贝娄笔下的所有人物都像狄更斯笔下的人物那样,用自己的热情激活了一些次要的或小的个性,并在这些个性之间,由女性人物嵌入了一些多姿多彩、能够说服贝娄本人,但并不能说服我们读者的思想意识。

布卢姆认为,贝娄在运用幽默、叙述策略以及文体创新方面所取得的成就是无可争辩的。在人物方面,贝娄写得最好的是一些次要人物。这些次要人物有着稀奇古怪的个性,身上还总有一种让人感到惊讶的活力。贝娄也擅长写小说的开篇和结尾,甚至可以说,几乎没有哪位小说家写开篇和结尾能比得上贝娄。例如,《奥吉·玛琪历险记》中的开篇和结尾就颇具匠心地交互辉映,很有惠特曼《自我之歌》(*Song of Myself*)或爱默生《自然》(*Nature*)的韵味。贝娄没完没了地与每一个新出现的文学的或知识的现代主义运动所进行的斗争,成为他小说的审美资源,并构成他的审美倾向。不妥的是,他的这一审美倾向在小说中常常重复出现,表达了他个人的某种酸楚,有时甚至还把这种酸楚融入到对女人心理所进行的尖刻判断上。比如说,在小说《赫佐格》中,

---

① Also see Robert Penn Warren: “The Man with No Commitments”, *The New Republic* 13, vol. 129, October 26, 1953.

② Also see Irving Howe: “Odysseus, Flat on His Back”, *The New Republic*, September 19, 1964.

贝娄把自己对现代主义的斗争，融到那个喋喋不休的主人公赫佐格的思想意识中；赫佐格平息下来后，又先后出现在《赛姆勒先生的行星》中的主人公赛姆勒和《院长的十二月》主人公亚历山大·科德那里。总之，甚至可以说，贝娄不争论点什么，几乎就不能提笔写小说，哪怕是在像《洪堡的礼物》这样充满喜剧幽默的小说中也是如此。

罗伯特·潘·沃伦的观点与布卢姆的观点不尽相同，尤其是对贝娄早期两部小说的看法不一样。沃伦早在1953年撰写的《未作承诺的人》中指出，《奥吉·玛琪历险记》无疑是贝娄前三部小说中最好的一部，而且要讨论美国小说的话，这是一部绕不过去的作品。但是，赞美贝娄的《奥吉·玛琪历险记》，并不等于说就贬低了《晃来晃去的人》和《受害者》两部早期的小说。在沃伦看来，贝娄的这两部小说清晰地彰显了贝娄的创作天赋和他对人物、结构以及文体的敏锐感觉。尽管说《晃来晃去的人》缺乏叙述的动力，但是在其他方面还是很有韵味的，如在对人物的塑造和对社会与心理活动的议论方面就做得颇具特色。贝娄在《受害者》中的叙述很有力，还制造了不少悬念。这两部作品不仅昭示了贝娄的创作才能，还表明了贝娄扎实和卓越的艺术成就。

沃伦认为，《晃来晃去的人》和《受害者》两部小说可以用精心打造来形容，可说是继承了福楼拜、詹姆斯的传统。特别是《受害者》，在很大程度上凭借结构的紧凑、时间的限制、场景描述的简约、场景的安排和并置、表达上的无言与克制、行动的缄默、文体的审慎含蓄等技巧，强化了叙述的效果。从这部小说可以看出，贝娄不仅已经娴熟地掌握了写作技巧，还细致地表达了通常被称之为"知性"的思想。然而，贝娄在创作第三部小说《奥吉·玛琪历险记》时，突然放弃了已经娴熟掌握的写作方法和文体，而采用了一种全新的表达方式。我们不能简单地将这一转变归咎为当时那些理论家对他的负面影响或因年轻没有经验而深受误导，也不能简单地说贝娄在创作方法上从一开始就走错了路。而应该说，贝娄如果没有前期的创作积累，就不可能写出后来的作品。贝娄的第三部小说《奥吉·玛琪历险记》的成功就与作家所选用的文类相关，即他运用了最恰当的方式叙说玛琪的个人冒险经历。

欧文·豪对贝娄的小说《赫佐格》推崇备至，他甚至认为美国当代小说的起点就是贝娄的这部小说。小说的主人公摩西·赫佐格躲在自己臭味难耐的房间里，因失败的婚姻而痛苦地呻吟着。他像一个孩子查看膝上的伤疤一样，检视着自己心灵的创伤。贝娄塑造的这个既是英雄又是懦夫的人物，虽然刻画得有些不那么“平整”，却是贝娄小说中一个崭新而又辉煌的形象，也是20世纪60年代的一个标志性人物。或者说，他代表了那些被个人事务弄得焦头烂额、既得意又愚蠢的后政治知识分子阶层。赫佐格是一个不错的学者，却始终无法完成自己的著作。他在想象中给一些大人物写信，在窃取他们的智慧的同时，庇护他们的错误。他是一个让女人倾心的男人，然而在47岁的年龄就焦虑自己是否阳痿了。他是一个爱孩子的父亲，离过两次婚，每次离婚都留下了一个象征美好愿望的孩子。在欧文·豪看来，他是一个坚定的犹太抱怨者——抱怨那些时髦的绝望。具体地说，他在渴望过一种有大作为的生活和具有一副“亚里士多德理念里的政治”头脑的同时，却一而再，再而三地屈从于那些深刻了解他的女人的慈悲。在很大程度上可以说，《赫佐格》标志着对贝娄前期小说的一种超越。同时，这部小说的出版也标志着贝娄已经成为一位大师级的小说家。他在这部作品中对时间的艺术处理堪称一绝。在这部小说里，时间的安排既起到了人物聚集、聚焦和分配的作用，又创造了一种纯动态叙述的快感。简而言之，贝娄不管是用忧伤的现实主义手法，还是用强调道德的寓言，或者以传奇式流浪冒险的文体写成，他的每部小说都是一种超越，一种在形式和观念上的冒险。因其具有美国当代小说家最为有力的心灵，他能把自己的智慧融入创作中。

1989年出版的由格洛里亚·L. 克罗宁和L. H. 戈德曼合编的《20世纪80年代的索尔·贝娄：一部批评文集》①，辑入了20世纪80年代对索尔·贝娄的批评文章。这部论文集分为两部分，分别对贝娄总的创作倾向和具体小说做出了论述。克罗宁和戈德曼在该书序言中，将对贝娄的批评分为了三个时期。第一时期主要指1966至1974年间。这一期间的主要批评家有布利吉特·什奇尔-什纳兹勒、基思·奥普代尔、欧文·马林、约翰·J. 克莱顿、戴维·D. 盖洛韦、厄尔·罗维特等。

① 以下介绍的观点均出自 Gloria L. Cronin and L. H. Goldman (eds.): *Saul Bellow in the 1980s: A Collection of Crtical Essays*, Michigan: Michigan State University Press, 1989。除必要外，不再注明所引观点的具体页码。

这一时期的主要特点是,尽管这些批评家的研究各有侧重,但是他们无一例外都把贝娄作为一位人道主义者和当代新超验主义作家来看待。这些批评家颇为娴熟精到地分析了贝娄作品的主题思想、文体技巧等方面,在为贝娄步入世界文坛做出极大贡献的同时,也为以后的贝娄研究打下了坚实基础。后来的批评者几乎没有几个能超越他们。

贝娄批评的第二时期,主要指 1975 至 1979 年间。这一期间的主要批评家有彼得·比斯考夫(Bischoff, Peter, 1975)、罗伯特·基根(Kegan, Robert, 1976)、托尼·坦纳、埃德蒙·施拉彭(Schraepen, Edmund, 1978)、斯坦利·特拉顿伯格(Trachtenberg, Stanley, 1979)等。这些批评家虽然从多个角度研究贝娄的作品,扩大了贝娄研究的范围,但却始终停留在那些所谓正宗观点上,即认为贝娄是一个人道主义和对人生抱有积极态度的作家。

贝娄批评的第三时期,主要是指两位作者编辑这本文集时所处的 20 世纪 80 年代。在这一期间出版了许多批评著作,大大拓展了贝娄研究的范围。美国年轻学者约瑟夫·麦卡登(McCadden, Joseph, 1980)出版了第一本研究贝娄笔下女性人物的专著;英国学者马尔科姆·布雷德伯里从现代主义史学研究的角度研究贝娄作品;法国学者克劳德·利维(Levy, Claude, 1983)从结构主义的角度研究贝娄小说的叙述策略;信仰传统犹太教的美国犹太学者 L. H. 戈德曼从犹太教的角度研究贝娄小说,认为贝娄小说中的许多哲学思想源自犹太教;荷兰学者简·巴克(Bakker, Jan)用比较的方法研究贝娄与海明威的小说创作;美国学者珍妮·布雷厄姆(Braham, Jeanne, 1984)探讨了 19 世纪美国文学对贝娄的影响;英国学者朱迪·纽曼根据大量史学材料研究贝娄对 20 世纪历史和史学研究的回应;另外一位美国学者丹尼尔·富克斯出版了第一部对贝娄小说文本解读的专著;还有一位美国学者乔纳森·威尔逊对贝娄作为人道主义者这一形象提出质疑,并认为贝娄实际上是一个彻头彻尾的虚无主义者。总之,这一时期的研究已经超越了第一时期给贝娄做出的人道主义作家界定,并在此基础上将贝娄的创作推向了更为具体和纵深的研究领域。

克罗宁和戈德曼在介绍文集中的一般性评论文章时指出,许多早期贝娄批评家,如什奇尔-什纳兹勒、吉尔伯特·波特、基思·奥普代尔、托尼·坦纳等,都反对说历史是贝娄小说的中心主题。他们认为,超然的思想才是贝娄在小说中急切要表达的思想,而其他所有细节描写都是为表达这一思想服务的。英国学者布雷德伯里和纽曼的观点与上述美国批评家的观点截然相反,纽曼在辑入文集的《贝娄的第六历史观》("Bellow's Sixth Sense: The Sense of History")[①]一文中,在对贝娄的所有小说分析后指出,贝娄在小说中提出了"混乱"与"时间"这样的两极体。贝娄的每一部小说,即便是第一部非常短的小说,也都重复表现了"不受时间影响"和"受时间限制"之间的张力。纽曼的这篇论文寻求建立一种针对贝娄小说的历史解读,以揭示其中的历史内涵。纽曼认为,历史在贝娄小说中决不是附属品,而是具有一定的功能作用,成为小说结构的组织成分,并且能传达出小说的主题关怀。纽曼对贝娄研究的主要贡献是,她指出了贝娄在小说中系统地和从不同角度接触和退避了历史——"历史像是一个噩梦、悲剧、闹剧、黑色喜剧;退避到神话或高度集中的当下精神危机中。"纽曼还指出,贝娄在小说中还探讨了"冷不防",或即刻出现的历史的危险性,并进一步指出这种历史威胁性是受老一套道德规范约束的。

富克斯的论文《贝娄与弗洛伊德》("Bellow and Freud")与纽曼的论文有一种平行的关系,因为他也是从哲学和历史学的角度讨论贝娄小说中的现代主义这一问题的。以往对其展开的讨论都缺乏针对性。富克斯的文章第一次集中讨论了贝娄对现代主义所进行的批评,特别是讨论了贝娄与弗洛伊德的关系。富克斯颇具说服力的论证,一方面再次说明贝娄对现代主义的批评是经得住时间推敲的;另一方面也勾勒出贝娄与弗洛伊德争论的大致轮廓。富克斯的论文所使用的论据也是真实可信的,他依据传记、论文、小说以及他个人与贝娄的交往等文献,系统地分析了贝娄对弗洛伊德思想模式的批判。

L. H. 戈德曼就贝娄犹太教中的哲学思想对贝娄的影响进行了讨论。几十年来,批评界一致认为贝娄的创作受益于西方的人道主义思想,不过具有讽刺意味的是,所有论者都试图证明,贝娄的人道主义思想源自希腊、欧洲或基督教。戈德曼在文中纠正了这种偏见,并指出,在希腊、欧洲或基督教之前,贝娄首先受到了犹太文化和宗教传统的影

① 纽曼的这篇文章是在她的专著《索尔·贝娄与历史》一书的基础上改写的。

响。她认为，贝娄创作这一行为本身就是在接近上帝，在他创作后期的作品中，有许多场合公开表达具有契约思想的犹太教。因此可以说，贝娄把小说作为幸存者文学的一种形式。

阿伦·查夫金（Chavkin, Allan）则运用翔实的资料证明，贝娄对英国浪漫主义文学有所继承，并将其描述为20世纪作家中饱学且最具知性的作家。20世纪六七十年代的主要贝娄批评家，如克莱顿、奥普代尔、坦纳、什奇尔-什纳兹勒、波特、托尼等，都认为贝娄关注的是超然主义，坚信人类潜在的人道主义、直觉以及超越理性智力的启蒙思想等方面。查夫金所做的工作就是论证贝娄吸纳了所有能得到的思想，尤其是明确并详尽地说明了，贝娄小说中的那些浪漫主义情愫在很大程度上是从19世纪英国浪漫主义那里借鉴来的。

与查夫金论证方式相接近的是莫利·斯达克·威廷（Wieting, Molly Stark）的论文《贝娄小说中田园意象的象征功能》（"Symbolic Function of the Pastoral in Saul Bellow's Novels"）。威廷之前的批评家们在讨论贝娄的作品时，集中讨论的是贝娄在小说中抽象或具体描写的犹太城市背景（通常为芝加哥和纽约），而忽略了弥漫于贝娄小说中的一种田园因素。威廷指出，在贝娄的每一部小说中都能找到相应的田园因素，即小说主人公实际上或精神上远离喧嚣混乱城市的远足旅行。这种田园因素从另一个侧面揭示了贝娄小说中的一种内聚性主题。

从女权主义角度研究贝娄的小说是一个新课题。这一研究大约在1979年或1980年才开始。早期从女性主义角度研究贝娄小说的有卢安娜·L. 皮翁泰克（Peontek, Louana L.）、南塔纳·布拉纳隆（Buranaron, Nantana）、埃斯特·玛丽·麦金托什（Mackintosh, Esther Marie）、约瑟夫·麦卡登等人。这本文集中收入的艾达·阿哈罗尼（Aharoni, Ada）论述贝娄笔下女性人物的论文，与20世纪80年代初那些女权主义批评论文有很大的不同。20世纪80年代初的女权主义批评论文几乎是清一色地从女性人物形象这个角度介入，没能区分开究竟是贝娄有厌女症，还是他笔下的主人公有厌女症。早在20世纪60年代，莱斯利·菲德勒和约翰·克莱顿就曾为贝娄小说中缺乏真实动人的女性人物而遗憾。欧文·马林就贝娄小说中的女性人物问题，也曾批评贝娄及其批评者说，贝娄没有写出像样的女性人物，其批评者也没能就此问题提出正面的论述。阿哈罗尼似乎遵从马林的命令,对马林在文中提到的问题,特别是对女性人物的复杂性这一问题予以了特别关注。她在重新考察了贝娄小说中的女性人物后认为,贝娄采用的是从男性人物心中折射出女性人物的创作技巧,这就在一定程度上遮蔽或限制了他对女性人物的描写。贝娄小说中的叙述者通常都是些经历着生存危机的男性。相较而言,女性人物没有与那些男性人物相同的情感和道德深度,也没有正面男性人物或反面男性人物那样复杂的头脑。另外,贝娄更多的是通过社会对待女性的态度,而非从正面或全面的角度来刻画女性。尽管这样,贝娄在小说中还是向读者展现了一座生动且丰富多彩的女性人物画廊。

20世纪80年代贝娄研究还出现了一些新的关注点。本·西格尔对贝娄与现代学术研究的关注就是其中之一。西格尔注意到,贝娄像美国许多小说家和诗人一样,对美国的文化,特别是有关文学的文化颇多指责。西格尔的文章根据多部贝娄小说和其他文献,分析了贝娄对美国高等学校、美国教育体系、美国现代文化以及美国艺术发展状况等方面所持有的批评态度。克罗宁和戈德曼在这部文集中,还辑入了许多论述贝娄具体小说的专题论文。因篇幅原因,就不一一介绍了。

1989年出版的另外一部由罗伯特·E. 基尔南撰写的贝娄批评专著《索尔·贝娄》,[①] 对贝娄所有的长篇小说进行了文本分析。其中对贝娄小说《更多的人为伤心而死》(*More Die of Heartbreak*)的分析,是这一时期其他专著所欠缺的。基尔南认为,这部小说总体构架并无多少创意,贝娄只是沿用了自《奥吉·玛琪历险记》以来所使用的那种将问题思考与滑稽情节相结合的创作手法。基尔南介绍说,多数批评家对贝娄这种"相结合"的手法已经厌烦,并认为其是在检验大家的忍耐程度。也有批评者认为,《更多的人为伤心而死》虽不是一部糟糕的小说,但至少让人郁闷。[②] 小说家威廉·加迪斯(Gaddis, William)的观点颇有代表性。他认为,贝娄想阐释的东西太多,"翻到《更多的人为伤心而

① 以下介绍的观点均出自 Robert E. Kiernan: *Saul Bellow*, New York: The Continuum Publishing Company, 1989。除必要外,不再注明所引观点的具体页码。

② Cf. Rhoda Koenig: "A Couple of Guys Sitting Around Talking", *New York*, 8 June, 1987, p. 72; also in Robert F. Kiernan: *Saul Bellow*, p. 217.

死》的最后一页，你会感到没有一种形象不被［书中人物］在心里不断地和超然身外地探讨过。”[①] 基尔南对这部小说的分析，基本上是依据以加迪斯为代表的观点而展开的。不过，他也有一些独到见解，如小说中两个主要人物本和肯尼斯不仅延续了以往小说中舅舅与外甥之间的关系，而且还道出了代表人道主义精神的肯尼斯与代表科学精神的本之间的关系。

① Willian Gaddis: "An Instinct for the Dangerous Wife", *New York Times Book Review*, 24, May 1987, p. 16; also in Robert F. Kiernan: *Saul Bellow*, p. 217.

第五章 20世纪90年代

20世纪90年代的贝娄批评从量上来看,较80年代更胜一筹,似乎已达到贝娄批评的顶峰阶段。在这十年中,先后有20余部专著或论文集出版,主要有迈克·格伦德(Glenday, Michael K.)的《索尔·贝娄与人道主义的衰落》(*Saul Bellow and the Decline of Humanism*, 1990)、艾伦·皮佛(Pifer, Ellen)的《格格不入的索尔·贝娄》(*Saul Bellow against the Grain*, 1990)、乔纳森·威尔逊的《赫佐格:思想的局限》(*Herzog, The Limits of Ideas*, 1990)、露丝·密勒(Miller, Ruth)的《索尔·贝娄:想象的传记》(*Saul Bellow: A Biography of the Imagination*, 1991)、彼得·海兰德(Hyland, Peter)的《索尔·贝娄》(*Saul Bellow*, 1992)、L. H. 戈德曼、格洛里亚·L. 克罗宁和艾达·阿哈罗尼(Aharoni, Ada)三人合编的《索尔·贝娄:一位摩西式的作家》(*Saul Bellow, A Mosaic*, 1992)、玛丽安·M. 弗里德里克(Friedrich, Marianne M.)的《索尔·贝娄短篇小说中的人物与叙述》(*Character and Narration in the Short Fiction of Saul Bellow*, 1995)、格哈特·巴赫(Bach, Gerhard)编辑的《对索尔·贝娄作品的批评回应》(*The Critical Response to Saul Bellow*, 1995)、尤金·霍拉罕(Hollahan, Eugene)编辑的《索尔·贝娄与处于中心的斗争》(*Saul Bellow and the Stuggle at the Center*, 1996)、迈克·克雷默(Kramer, Michael)编辑的《〈抓住时日〉新论》(*New Essays on Seize the Day*, 1998)、瓦尔特·比格勒(Bigler, Walter)的《索尔·贝娄长篇小说中的疯癫人物 》(*Figures of Madness in Saul Bellow's Longer Fiction*, 1998)等。

另外还有一些文献性著作,如格洛里亚·L. 克罗宁和本·西格尔合编的《与索尔·贝娄的会话》(*Conversation with Saul Bellow*, 1994)和横向比较性著作,如朱丽娅·艾肯伯格(Eichelberger, Julia)的《公认的预言家:拉尔夫·埃里森、托妮·莫里森、索尔·贝娄以及尤多拉·韦尔蒂小说中的思想意识与个人》(*Prophets of Recognition: Ideology and the Individual in Novels by Ralph Ellison, Toni Morrison, Saul Bellow, and Eudora Welty*, 1999)等。因篇幅的原因,下面只介绍部分著作的主要观点。

迈克·格伦德在1990年出版的《索尔·贝娄与人道主义的衰落》[①]与约翰·雅各布·克莱顿的《索尔·贝娄:捍卫人类》[②]是两部观点相左的贝娄批评专著。两位作者在探讨贝娄描述有关人类生存这一共同问题中得出了不同的结论:克莱顿认为贝娄的小说捍卫了人类的尊严,富有人道主义精神;而格伦德则认为,贝娄通过描述小说主人公的"退隐"来表达自己对人道主义精神的放弃。

格伦德论述贝娄对人类生存问题的认识,是从其对美国社会现实和文化的认识入手的。格伦德在书中开篇首先援引贝娄在谈论自己的小说《院长的十二月》时所说的话:"我的主题之一是美国对真实现实的否认,我们[有]规避这一现实的意愿,我们拒绝面对那些十分显然和可感的东西。"[③]格伦德理解贝娄这句话的意思是,美国文化中有一种逃避到非真实现实中去的欲望。

格伦德还进一步解释说,在贝娄看来,现代艺术和语言使用的堕落导致了我们判断力的衰退,而后现代文学则在审美和哲学层面上怀疑现实的本质。贝娄认为,现实不是哲学层面,而是认知层面上的问题。人的心灵对现实是可感的,小说创作就是要揭露日常生活中那些不真实的东西,关注并发现现实中本质的东西。美国主流文化根据商业、技术、企业领域来制定自己的原则,让人的思想和情感服从科学理性主义。格伦德认为,贝娄并不反对这种功利和经验型科学理性主义在美

① 以下介绍的观点均出自 Michael K. Glenday: *Saul Bellow and the Decline of Humanism*, London: Macmillan, 1990。除必要外,不再注明所引观点的具体页码。

② 前文已作介绍,不再赘述。

③ Matthew C. Roudané: "An Interview with Saul Bellow", *Contemporary Literature*, 25, 1974, p. 270; also in Michael K. Glenday: *Saul Bellow and the Decline of Humanism*, p. 1.

国文化中占有一席之地。贝娄反对的是,这一主流价值观念压制了依情感和精神而定的另外一种生存方式。他预言人类的未来依赖于人与人的亲密互动和情感的真诚交流。不过,格伦德通过对贝娄小说的研究发现,贝娄对社区伦理并不抱有多大信心,因为在他看来,只要美国人面对的是不负责任且低级的媒体团队,交流和娱乐文化对艺术与语言的堕落就会起到催化作用,所以他笔下的人物必须学会面对那些启蒙主义旗帜下的孤独人物。

格伦德引用贝娄在《往返耶路撒冷:私人札记》中的话说,我们的媒体用新闻消息制造危机,让我们的心中充满令人焦虑恐惧的东西。[①] 在格伦德看来,这些在我们生活中无处不在消费人们神经的新闻媒体,成为贝娄后期小说的重要背景。贝娄笔下的人物在这一背景下,开始从低劣的社会现实中撤离。贝娄说过,现代革命不会再是机器的革命,而是人类内心的革命。自从出版《雨王汉德森》以来,贝娄的主人公就越来越多地开始从事这种内心的革命。《赫佐格》中主人公赫佐格、《洪堡的礼物》中主人公西特林、《院长的十二月》中主人公科德以及《更多的人为伤心而死》中主人公本·克莱德,最终都选择了从美国当代社会"荒诞不经的群体"中退出。格伦德认为,这些人物结局的安排暗示贝娄放弃了人道主义精神,并转而强调人类群体的力量和对超自然的重视。

艾伦·皮佛在1990年出版的《格格不入的索尔·贝娄》[②] 一书中提出的观点,虽有些接近格伦德,但是他在讨论贝娄与美国社会现实和传统之间的关系时,却提出了更为鲜明的看法。与前期论者不同的是,皮佛把贝娄的小说"串起来"看,他在批评前期批评者观点的基础上,强调并论证了贝娄小说在整体上与美国当代文化格格不入的一面。他认为,贝娄小说就深刻含义方面来说颇有些极端,即现实中所有已被接受的东西都受到贝娄的挑战、瓦解和推翻。美国小说家约翰·厄普代克

① Cf. Saul Bellow: *To Jerusalem Back: A Personal Account*, New York: The Viking Press, 1976, p. 21; also in Michael K. Glenday: *Saul Bellow and the Decline of Humanism*, p. 2.

② 以下介绍的观点均出自 Ellen Pifer: *Saul Bellow Against the Grain*, Philadelphia: University of Pennsylvania Press, 1990。除必要外,不再注明所引观点的具体页码。

曾指出，贝娄相信灵魂，这是他与古人和伟大作品相联系的途径之一。不过，皮佛则指出，也正是这种与古人的联系，清晰地凸显了贝娄思想中极端的一面，揭示出贝娄小说大胆和富有争论性的原因。

习惯上，我们把贝娄的小说归类为现实主义小说。不过，他的小说与传统现实主义小说之间的关系却有些另类。从《晃来晃去的人》到《院长的十二月》，再从《抓住时日》到《更多的人为伤心而死》，贝娄用丰富而又绘画般的细节界定了个人与其环境之间的关系。不过，有一个问题却被大家忽略了，即贝娄运用了一种非常独特的方法，将其累计起来的大量事实和具体细节自行瓦解，颠覆了现实主义者对环境和表象世界的传统信念。

有论者认为，贝娄的小说形式老旧、“审美懦弱”，在文体、角度以及“内含的价值体系”方面老调重弹，回到过去“资产阶级现实主义”的老路上去。贝娄的文学事业代表了一种倒退，最终在试图恢复[19 世纪]现实主义作家的中心主义中失败了。[①] 然而，皮佛认为，贝娄在小说中不是想救赎那些已逝的过去或文化，而是想发现并揭示自我超越的“文化”及其现时的权威。贝娄并非像某些批评者所言，是由一种“得体和表示尊敬的文化”支撑起来的作家。相反，他并不依附于权威文化，而是在一直不断地挑战这一文化。作为一位作家，贝娄更相信自己的内心，更依赖于自己的感觉。抑或说，正是这种对自己内心的信任和依赖，支撑了贝娄的“宗教事业”及其文学创作。具体地说，尽管贝娄在小说中用密集的史实、社会问题、具体事件、心理危机等编织小说背景，但是，这并不能说明贝娄的小说倒退到老派的“资产阶级现实主义”或受到权威文化的庇荫。相反，贝娄在小说中编织的这种浓郁的文化背景，恰好为活跃在其中的人物揭示事情的真伪创造了契机。

在皮佛那里，贝娄的“宗教事业”是与“头脑文化”相对应的，而非指一般意义上的宗教事业。具体来说，“宗教事业”指对内心感受的信仰和依赖，而“头脑文化”则指那种“通过裁定某些知识为非法的方式来发展一种令人厌烦的理性”，并“无限制地遵从集体力量与能产出最

① Cf. Charles Newman: *The Post-Modern Aura: The Act of Fiction in an Age of Inflation*, Evanston, IL: Northwestern UP, 1985, pp. 70-74; also in Ellen Pifer: *Saul Bellow Against the Grain*, pp. 2-3.

为可见的文明成就的技术”[①] 的文化。贝娄在一次接受采访时对西方“头脑文化”中的怀疑主义,与个人默默持有的未言说的“内在信仰”之间的关系做出了区别。他说:“你可以相信受过教育的人,告诉你他们是不可知论的理性主义者,但是,他们身上真实的东西却是那些严守的秘密。原因是现在还没有一种语言能真实地表达这一秘密,而且没有几个能真正值得你信赖的人……如果你问他们在想些什么,他们会把在大学里学到的东西讲给你听。”[②] 贝娄在另外一次接受采访时,也提出了更为激进的观点。他指出大学教育与自己内心所真切深刻感到的相互冲突。他越来越相信自己的内心感受,只是在这个被我们的智力世界所构建的现代社会中,没有灵魂存在的空间了。这个世界越来越像是一座监狱。[③]

在皮佛看来,贝娄重视内心或灵魂的“宗教事业”,与重视“头脑文化”的主流社会格格不入。遗憾的是,贝娄批评开展二十多年来,很少有人关注贝娄的“宗教事业”,有人甚至还否认这一点。皮佛在这部论著中所要论证的就是这种“格格不入”在贝娄小说中的具体表现。

在 1992 年出版的由 L. H. 戈德曼、格洛里亚·L. 克罗宁和艾达·阿哈罗尼三人合编的《索尔·贝娄:一位摩西式的作家》[④] 一书中,辑入了一些新的贝娄研究成果,如 L. H. 戈德曼在《索尔·贝娄的犹太观》(“The Jewish Perspective of Saul Bellow”)一文中,再次从犹太视角讨论了贝娄作品;以色列学者阿摩司·奥兹(Amos Oz, 1939—)在《赛姆勒先生与汉娜·阿伦特的平庸观》(“Mr. Sammler and Hannah Arendt's Banality”)一文中,对汉娜·阿伦特的平庸观进行了批判;丹尼尔·富克斯在《文学与政治:贝娄 / 格拉斯在国际笔会上的冲突》(“The

① Cf. Saul Bellow: “A World Too Much with Us”, *Critical Inquiry* 2, 1 (Autumn 1975), p. 6; also in Ellen Pifer: *Saul Bellow Against the Grain*, p. 3.

② Robert Boyers: “Literature and Culture: An Interview with Saul Bellow”, *Salmagundi* 30 (Summer 1975), p. 8; also in Ellen Pifer: *Saul Bellow Against the Grain*, p. 3.

③ Cf. Jo Brans: “Common Needs, Common Preoccupations: An Interview with Saul Bellow”, *Southern Review* 62, 1977; also in Ellen Pifer: *Saul Bellow Against the Grain*, p. 4.

④ 以下介绍的观点均出自 L. H. Goldman, Gloria L. Cronin and Ada Aharoni: *Saul Bellow: A Mosaic*, New York: Peter Lang, 1992。除必要外,不再注明所引观点的具体页码。

Bellow/Grass Confrontation at the PEN Congress"）一文中，以文学与政治为题，介绍并讨论了贝娄与君特·格拉斯（Grass, Gunther）在国际笔会上的论争；格洛里亚·L. 克罗宁在《探寻叙述间距：作者自我反讽与对〈赛姆勒先生的行星〉中西方厌女症的未定的讨论》（"Searching the Narrative Gap: Authorial Self-Irony and the Problematic Discussion"）一文中，从叙述间距的角度，探讨了贝娄《赛姆勒先生的行星》中的作者自我反讽与西方厌女症问题等。因前文已经对 L. H. 戈德曼等人的主要观点有所介绍，下面仅介绍奥兹、富克斯和克罗宁三位论者的主要观点。

阿摩司·奥兹在《赛姆勒先生与汉娜·阿伦特的平庸观》[①] 一文中，对贝娄小说《赛姆勒先生的行星》中的人物和汉娜·阿伦特用平庸来解释纳粹屠杀犹太人的罪行，进行了尖锐的批判。在小说中，赛姆勒的侄女玛戈特·阿金对赛姆勒说：

> 那想法是……没有邪恶的伟大精神。那些人太微不足道了，叔叔。他们只是些下层人，行政官员，小官僚，或流氓无产者。大众社会不会生产大罪犯，这是因为全社会劳动分工消除了普遍责任心的思想。计件工作干的好事。就像你不去想有许多树木的森林，而去想个头小、根儿浅的小树。现代文明不再创造伟大的个体现象。[②]

奥兹认为，玛戈特的这番话实际上用一种十分浪漫的方式不浪漫地阐释了邪恶。抑或说，玛戈特用社会感伤这棵浅小植物，替换了浪漫主义的大树。她似乎在说，如果不是可怕的"计件工作"社会，阿道夫·艾克曼就会成为一个善良勤奋的会计；如果不是因为大众社会，希姆勒就会成为一个严格又迂腐的中学校长。或者说希特勒这个曾梦想成为画家的小布尔乔亚，倒成了全社会劳动分工的另外一个受害者。事实上，玛戈特用自己的话解说了阿伦特在《艾希曼在耶路撒冷》的中心思想，并阐释了阿伦特关于"邪恶的平庸"的信条。按照玛戈特的逻辑，我们

① L. H. Goldman, Gloria L. Cronin and Ada Aharoni: *Saul Bellow: A Mosaic*, New York: Peter Lang, 1992. pp. 21-25.

② Saul Bellow: *Mr. Sammler's Planet*, New York: Viking, 1969, p. 20; also in L. H. Goldman, Gloria L. Cronin and Ada Aharoni: *Saul Bellow: A Mosaic*, p. 21.

应该原谅这些“不知道自己都在做些什么”的无足轻重的小官僚。简要地说，这就是阿伦特这类魏玛犹太知识分子的立场：将基督教的同情心和宽恕用到异教徒纳粹杀人犯的身上。在阿伦特和玛戈特看来，纳粹恐怖所展示的不是邪恶，而是现代性。大众社会被她们看作是“真凶”。

马克思主义者认为，希特勒主义是资本主义最高和最终的表现形式，从而拒绝接受所谓“创造性邪恶”这样的理念。对某些自由主义者来说，避免遭遇个别罪恶的方法，就是称希特勒为“集权主义的终极化身”。某些保守派人士通过把希特勒视为革命激情产物的方式，来避免面对这个邪恶的天才。阿伦特在把希特勒及其帮凶仅仅描述为无个性大众社会的产物时，与上述自由主义者和保守派人士的观点并无区别。奥兹质疑，怎么能说那些纳粹头目没有个性呢？托马斯·曼也是一位有知识的人，但他在1938年却写了一篇题为《希特勒兄弟》（“Hilter Brother”）的文章。战后，曼也从未对自己的这种“魏玛奶油”思想进行过否定。

奥兹在批判阿伦特和玛戈特的同时，注意到在贝娄的小说中也有反对的声音。玛戈特的前夫阿金先生，就对玛戈特的这种基督教式宽容厌烦。他说：“够了，别再提这种魏玛知识分子的宽容了。玛戈特，住口！”[①] 赛姆勒先生也与阿金先生有同感。他尖锐地指出：“把这个世纪最大的罪恶视为单调乏味本身就不平庸。政治上和心理上，德国人有一种天才的情结。平庸只是一种伪装。除了让杀戮看上去平常、令人厌烦或陈腐外，还有什么更好的办法让杀戮免遭诅咒？他们具有可怕的政治洞见力，想出了一个办法来伪装事情……她［汉娜·阿伦特］在用德国人来攻击这个世纪……用历史悲剧来推销魏玛知识分子的愚蠢思想。”[②] 由此，在奥兹看来，贝娄在小说中塑造了两个不同的人物形象，玛戈特代表了阿伦特，赛姆勒则就是贝娄本人。赛姆勒对阿伦特之类的魏玛知识分子的批判，其实也就是贝娄本人对他们的批判，甚至还可以说是对耶稣基督的批判。即，并不是玛戈特或阿伦特她们要宽恕纳粹，而是耶稣。贝娄通过在小说中引用耶稣的话说：“宽恕他们吧，因

① Saul Bellow: *Mr. Sammler's Planet*, p. 20; also in L. H. Goldman, Gloria L. Cronin and Ada Aharoni: *Saul Bellow: A Mosaic*, p. 22.

② Saul Bellow: *Mr. Sammler's Planet*, p. 22; also in L. H. Goldman, Gloria L. Cronin and Ada Aharoni: *Saul Bellow: A Mosaic*, pp. 22-23.

为他们不知道。”同时又让赛姆勒反驳说：“那就是事实——我们所有的人都知道，上帝，我们知道，我们知道。”[①] 贝娄通过这样的一种叙述策略，批判了以阿伦特为代表的魏玛知识分子的立场和基督教的本质。

丹尼尔·富克斯在《文学与政治：贝娄 / 格拉斯在国际笔会上的冲突》[②] 一文中，介绍并分析了 1986 年国际笔会上发生在贝娄与格拉斯之间的矛盾冲突。根据富克斯的介绍，在这次主题为“作家的想象与国家的想象”的笔会上，贝娄未做主题发言，而是被分到讨论“异化”的小组。贝娄在小组发言中首先同意前一位发言者［即从苏联流亡到美国的小说家瓦西里·阿克西亚诺夫（Aksyanov, Vassily, 1932—2009）］的观点，即没有必要把流亡与异化相等同。随后，贝娄就异化的文化历史作了简短介绍。贝娄在介绍中指出，在美国，我们的起点不是很高，也没上升到多么高。我们有蔽身之处、健康，还有一定程度抵御不公正的安全保障。在建国时，美国是一个政治模式，文化从未处于突出的位置，艺术家与政府之间也没有多少联系。美国既不承认神仙、恶魔，也不赏识哲学理想主义。浪漫主义被常规化和非神秘化了，看不到上下左右的真实情况导致了虚无主义的出现。结果，我们不相信存在有感官担保的权力。相反，我们满足于无限多的欲望。

贝娄的这席话显然不是说异化不存在，而是说尽管美国民主有许多优点，但是也存在该死的精神异化。只是异化被误解了，并被滥用到了社会政治领域里。贝娄发言的核心内容是说物质主义文化精神的匮乏。阿摩司·奥兹闻言提出要警惕卢梭所做的假设，即国家和政体都是邪恶的，普通人都生而纯洁善良。国家有好的，也有不好的，这需要我们去区分。紧接着，君特·格拉斯站出来发言。他既没有兴趣对奥兹提出的国家政体与国民之间的关系做出区分，也不针对贝娄的发言来提出问题，而是借批判美国社会中的不公现象抨击贝娄。他指出，美国的物质主义并没有广泛传播，这就导致了社会的不公平。贝娄说美国民主不仅给人民带来蔽身之处，而且还带来食物。但是，南布朗克斯怎

① Saul Bellow: *Mr. Sammler's Planet*, p. 316; also in L. H. Goldman, Gloria L. Cronin and Ada Aharoni: *Saul Bellow: A Mosaic*, p. 25.

② Cf. L. H. Goldman, Gloria L. Cronin and Ada Aharoni: *Saul Bellow: A Mosaic*, New York: Peter Lang, 1992, pp. 49-57.

么就没有贝娄所说的这些？生活在那里的人民没有住处、没有食品，因此就没有可能享有贝娄所享有的自由。因为美国政府的支持，世界上还有独裁统治的存在。在富克斯看来，格拉斯之所以将国内的不公与国外的独裁相联系，主要是他相信美国是一个资本主义国家，因而也就是一个反动的国家。

贝娄回应格拉斯的质疑说，自己刚才的发言指美国这个国家的大体情况，而并未包括方方面面。贝娄承认社会上肯定存在特殊情况，并强调他所谈的是17—18世纪哲学家们所说的自由和美国建国时对更高尚一些的生活未予以重视等问题，而不是说一定没有贫穷的存在。格拉斯却并不认同贝娄这样一位主要关注公民—主人公的作家。不过，在富克斯看来，贝娄笔下的人物表达了一种亚里士多德理念中的礼仪和政治等。贝娄像格拉斯一样，对把艺术家视为敏感的植物感到厌烦，也认识到个人有被公众社会所吞噬的危险，并且主张作家必须为个人说话，而不应过多地卷入到政治中去。

富克斯认为，贝娄要比格拉斯更为清楚政治诱惑的危险。他警告国际笔会不要过于夸大作家的能力。他质问，福伊希特万格（Feuchtwangers）、罗曼·罗兰（Rolands, Romain）和布莱希特（Brechts）在“包容希特勒或斯大林统治”中得到了什么？格拉斯虽然也不看好德国剧作家布莱希特，但他在听到贝娄提及布莱希特时，借此再次更为激烈地指责贝娄。他说：“没错，德国作家没能阻止战争，但是如果没有他们，我这一代人就会迷失。迪吉拉斯没能改变斯大林主义，然而，年轻作家想知道如何改变事物，他的作品是不可缺少的。我不喜欢这种双重思维方式，即如果我批评西方社会什么东西，就必得先声明自己不是共产分子。如果我不关照四周而温和地提出一些美学问题，我就站错了立场。”格拉斯对贝娄的这番指责，令富克斯深感惊讶。事后他问格拉斯是否看过贝娄的《院长的十二月》，格拉斯对此未置可否，只是重复说他反对贝娄说生活在美国的人们没有被异化，并恼恨贝娄提出作家不应该是政治性的观点。

对格拉斯的这两点指责，富克斯也表达了自己的不同看法：首先，贝娄并没有表达过生活在美国的人们没有被异化或类似的观点；其次，格拉斯并没有弄懂贝娄所说的日常政治的含义。说到底，贝娄与格拉斯冲突的核心问题是真理与权力、想象力与行动这两对恼人的关系，而并非代表了两种极端或两种不可融合的观点。格拉斯也清楚地意识到在政治与艺术不可分离的地方，艺术就成为政治的女仆。只是他在指责贝娄时，淡化了自己的艺术才能而过于强调政治这一方面。

格洛里亚·L. 克罗宁在《探寻叙述间距：作者自我反讽与对〈赛姆勒先生的行星〉中西方厌女症的未定的讨论》[①]一文中，以贝娄的《赛姆勒先生的行星》为例，分析了贝娄与小说中人物之间的关系。克罗宁介绍说，贝娄在现代哲学和知识史中浸润了近六十年。可以说，就对西方文明中知识和精神考古学方面的熟悉程度而言，现在在世的作家没有一位能与贝娄相媲美。贝娄在自己许许多多作品、论文、访谈以及短篇小说中，都不止一次地提及西方的思想传统、经典文本、思想家或意识形态等。他常用的手法是，在小说中安排一位睿智的主人公，并通过其反映贝娄对西方思想传统的思考，或让这位主人公来阐释贝娄思想。克罗宁认为，了解贝娄安排主人公来阐释思想这一手法的关键问题，是如何认识贝娄在小说中设置的他与主人公之间不断变化的间距。这个间距是一个极其重要的空间。贝娄利用这个空间批评、阐释，甚或解构他自己的知识文化互渗。

克罗宁认为，以往的批评者不总是愿意承认或阐释贝娄小说文本中作者与人物之间存在的间距，而只是论证贝娄小说中的主人公不过是伪装了的作者。他们在论证《赛姆勒先生的行星》时，甚至还用“自传体小说”这一概念来论述。事实上，贝娄小说中的叙述间距，既让自己与西方思想传统保持了一定的距离，又把虚构的含义包含了进来。这一点是了解贝娄自我反讽和女权主义对他的批评的一个关键所在。不过需要注意的是，由于贝娄与他所塑造人物之间的间距很微妙，而且变换不定，所以有时也很难一言以蔽之。

克罗宁在文中介绍说，他对贝娄小说中间距的研究是根据美国学者沙里·本斯托克（Benstock, Shari）的传记研究理论展开的。本斯托克指出，传记研究所揭示的不仅是时间和空间方面的间距，或个人与社

① Cf. L. H. Goldman: Gloria L. Cronin and Ada Aharoni: *Saul Bellow: A Mosaic*, New York: Peter Lang, 1992, pp. 97-122.

会之间的间距,还是手法与话语之间逐渐扩大的偏差。[①] 换句话说,这类作品是在作者"自我"与"生活"本身之间调解的。就《赛姆勒先生的行星》而言,这种间距指的是作者贝娄与伪虚构或伪传记性赛姆勒先生之间的间距。在这一小说文本中,表达对自己和他所构建的"自我"的认知,既是小说文本的目的,又是小说文本的意愿。然而,在"写作"与"自我"这一十字路口,文本揭示了作家与历史学家贝娄把自己当作一个对象来处理。这一间距很快就在由意象、声音、感官回应等方面共同构建的自我不协调中显露出来。贝娄似乎并不想闭合在自我整体中存在的间距。或许,在写作过程中的某一阶段,人物及人物的成长史转而重构了历史上贝娄的"自我"。这样一来,重构出来的"那个"不只是令人钦佩的人道主义者的真实"自我",还有那个并不令人钦佩的厌恶女人的人。

克罗宁在文中还介绍说,对《赛姆勒先生的行星》中的间距分析,还可以用法国学者乔治·古斯多夫(Gusdorf, Georges, 1912—2000)提出的心理分析方法。[②] 不过,克罗宁也坦承《赛姆勒先生的行星》内涵丰富,不是用一种方法就能解说清楚的。这部小说写的是一位从欧洲移居到美国的大屠杀幸存者,作者显然不是想把幸存者作为一个理想的人物来描写的,或用这个虚构的人物来直接反映自己。不过,贝娄却也把这个虚构的人物视为他所处时代欧洲知识分子的典型代表。还可以说,贝娄利用这个人物来解构他自己的知识背景,并在刻画这个德国犹太人和大屠杀幸存者的过程中与美国犹太人形成对照。在克罗宁看来,贝娄在塑造赛姆勒这一形象时,把重点放在了西方文化、历史以及心理层面上表现出来的厌女问题上,或许是有意借此来解构西方的人道主义文化传统。

1995 年出版的由格哈特·巴赫编辑的《对索尔·贝娄作品的批评

① Shari Benstock (ed.): *The Private Self: Theory and Practice of Women's Autobiographical Writings*, Chapel Hill: University of North Carolina Press, 1988, p. 11; also in L. H. Goldman, Gloria L. Cronin and Ada Aharoni: *Saul Bellow: A Mosaic*, p. 100.

② Cf. Georges Gusdorf: "Conditions and Limits of Autobiography", *Autobiography: Essays Theoretical and Critical*, Ed. James Olney. Princeton: Princeton University Press, 1980, pp. 28-48.

回应》[①]一书,是一部按贝娄作品评析分类的历年较有代表性的论文选集。因其中多数文章都见诸已介绍过的其他文集,在此只介绍巴赫为论文集所作的序言。

巴赫在序言中介绍说,贝娄似乎从来都不喜欢做公众人物,而且一直厌恶那种把形象变成偶像的宣传。对贝娄而言,若与美国及其政治文化和思想背景过于亲近,就会受到制约。贝娄也不屑于各种各样的分类,比如说"犹太美国人"或"人道主义者"等。不过,说贝娄不屑于批评界的分类,并不等于说其对批评界所关注的问题毫无反应。在关系到社会、哲学、伦理等方面的问题时,贝娄从来都积极地做出回应,并曾承认他利用小说中的人物来表达自己的立场观点。我们从他在各种场合或利用各种形式的回应中,也可以清晰地看出贝娄多年来对上述各方面问题的思考。

巴赫在序言中还指出了贝娄研究中出现的一些值得重视的问题。五十余年来,贝娄一直都在以自己独特的方式,不屈不挠地记录着美国对自我的探索。我们从他的每一部小说中都能感受到时代的脉动。可以说,贝娄是20世纪最有价值的美国作家之一,但这并不是说贝娄的作品受到一致的欢迎。例如,有论者指责贝娄作品冗长,还有论者说他不断地重复自己。随着一些新的批评理论的出现,贝娄研究也出现了一些新的动向,如有论者从女性主义和新历史主义的角度解读贝娄的作品。但是,像"贝娄是一位'乐观'的作家,还是'悲观'的作家?"、"在贝娄这位归化的美国公民的作品中,哪一种传统更为突出:犹太的还是美国的?"、"贝娄的声音在多大程度上可被认为等同于其作品中叙述者的声音?"等一些类似的老话题仍然没有过时。

不过,巴赫指出,贝娄并不认同批评界的一些认识和做法。他在《洪堡的礼物》中借主要人物之一弗莱谢尔的嘴,表达了自己对批评界或学术界的不信任。弗莱谢尔说:"对他们而言,艺术的整个目的就是暗示和启发思想及话语。[他们]是一群思考着的乌合之众,尚处于马克思所言原始积累阶段。他们的工作就是把杰作降低为话

① 以下介绍的观点均出自 Gerhard Bach (ed.): *The Critical Response to Saul Bellow*, Westport and London: Greenwood Press, 1995。除必要外,不再注明所引观点的具体页码。

语。”[①] 早在20世纪50年代,贝娄就分别在《作为恶棍的大学》(“The University as Villain”, 1957)和《对世界进行深度阅读的读者,小心!》(“Deep Readers of the World, Bewared”, 1959)两篇文章中,提出要警惕知识分子对文化盲目崇拜的心态和对想象力的贬损。1974年,贝娄在意大利召开的一次会议上,指责大学豢养了一群“受过教育的市侩”,并指出他们是“一种新生的否定力量”。[②]1976年,贝娄在斯德哥尔摩发表诺贝尔文学奖获奖感言时,也没忘记批评大学对知识、态度和意见的迷恋,并指责知识分子不愿重新审视他们对社会、政治、人类精神、艺术等所抱有的根深蒂固的成见。他们用态度替代了思想,[③] 用先进的技术替代了精神的追求,让人类的灵魂在虚空中飘荡。这对贝娄来说,不啻是对艺术的背叛和对人类生存的威胁。

从另一个角度来讲,贝娄对知识界的批评或指责也反映了他对艺术使命的认识。贝娄在为艾伦・布卢姆(Bloom, Allan)《美国精神的封闭》(*The Closing of American Mind*, 1987)一书所撰写的前言中说,艺术是在这最为混乱的时刻仍然能让我们心灵保持畅通的一种渠道,我们有责任保持畅通的渠道,以使我们能够进入到心灵的最深邃处。[④] 从出版小说《院长的十二月》开始,贝娄就更加注重处理艺术家的社会责任问题。在贝娄看来,艺术家的社会责任是要用新的眼光来看待人类,用一种从康拉德那里借用过来的“天真的优雅”(naïve grace)来保护艺术家自己的心灵,并诉求于能够高兴和惊讶、有怜悯心和疼痛感、对所有生物都能待之以兄弟情谊的自我。[⑤] 巴赫认为,这是理解贝娄本

① Saul Bellow: *Humboldt's Gift*, New York: Viking, 1975, p. 32; also in Gerhard Bach (ed.): *The Critical Response to Saul Bellow*, p. 3.

② Saul Bellow: “A Matter of the Soul”, *Opera News*, 11 Jan, 1974, p. 28; also in Gerhard Bach (ed.): *The Critical Response to Saul Bellow*, p. 4.

③ Cf. Saul Bellow: “The Nobel Lecture”, *American Scholar* 46 (1977), p. 324; also see Gerhard Bach (ed.): *The Critical Response to Saul Bellow*, p. 4.

④ Cf. Saul Bellow: “Foreword” to Allan Bloom, *The Closing of The American Mind*, New York: Simon & Schuster, 1987, pp. 16-17; also see Gerhard Bach (ed.): *The Critical Response to Saul Bellow*, p. 4.

⑤ Cf. Saul Bellow: “The Nobel Lecture”, *American Scholar* 46 (1977), p. 324; also see Gerhard Bach (ed.): *The Critical Response to Saul Bellow*, p. 5.

人及其笔下人物的关键之所在。

尤金·霍拉罕在自己编辑的《索尔·贝娄与处于中心的斗争》[①]一书的序言中，用归纳总结文集中各篇文章主要观点的方式，提出了“中心”在贝娄小说中的意义。霍拉罕介绍说，自从叶芝以来，“中心”作为美学意象和文化难题，已成为人类生活中的一个关键问题和文学批评的前沿话题。叶芝曾抱怨说，“中心”是抓不住的。不过，贝娄却认为，人类不应停止追求想象中的“中心”，到达这一“中心”后，也不应停止斗争。贝娄显然知道并同意叶芝关于“中心”的另外一层意思，即人类生活迫使被围困的个人竭力达到“中心”，然后再为保住中心位置而斗争。

霍拉罕认为，探讨贝娄小说中的“中心”及其意义需要从“危机”(crisis)这一角度入手。“危机”首先被亚里士多德用来指富有逻辑的情节结构，朗吉努斯(Longinus)用来指情感加深，之后这个词语就被广泛地运用到批评和叙述中，例如它先后出现在马修·阿诺德(Arnorld, Mathew)的文化中心批评、亨利·詹姆士的存在美学、D. H. 劳伦斯的自我界定性爱、保罗·德·曼(Man, Paul de)的受错误支配批评、贝娄的歇斯底里式逃避主义等批评话语中。

“危机”在乔治·艾略特(Eliot, George)那里具有了新的含义。她称它为一个“伟大的名词”，指的是现代人类社会中的意识危机，或指证明现代生活的一种主要动力。英美散文和小说创作中就有很多此类事例，例如，托马斯·潘恩(Paine, Thomas)的政治表达、撒缪尔·理查生(Richardson, Samuel)对英国贵族与新兴中产阶级之间冲突的描写、亨利·麦克齐(Mackenzie, Henry)对前浪漫主义博爱精神与老派的人类贪婪之间悲剧冲突的再现、瓦尔特·司各特(Scott, Walter)对18世纪感伤主义的终结、乔治·艾略特在小说中对1832年改革时期的反映等。

“危机”比喻不拘泥于字面的意思，具有多重含义和多种非同凡响的修辞效果。“危机”对贝娄及其他笔下的人物而言，是指贝娄在《洪堡的礼物》中所说的“在公共危机的压力下，私人的活动空间被放弃了”。抑或说，贝娄及其笔下的人物都在为进入“中心”和进入“中心”后的生存“危机”而斗争。贝娄曾是“芝加哥社会思想委员会”的成员，他会

① 以下介绍的观点均出自 Eugene Hollahan (ed.): *Saul Bellow and the Stuggle at the Center*, New York: AMS Press, 1996。除必要外，不再注明所引观点的具体页码。

用非常有影响的社会理论来观察和斗争。这在霍拉罕看来，也是处于一个理想的中心。另外，在说贝娄小说人物寻找“中心”的同时，也是在说贝娄的批评者在寻找和确定贝娄在小说中设置或假设的那个“中心”。例如，贝娄是一位反映错位和边缘化问题的富有思想的小说家。欧洲的读者会把他放在强大压力下出现的新欧洲中心之转化的中心。贝娄对当代社会问题的关注，使其有资格进入到这一富有压力的语境中。他认为，作者的“内在声音”看似远离当下的政治事件和发展问题，却在全国范围内提供了作家和知识分子间的社会与文化的结合力。

贝娄小说中经常出现的“中心”主要是受痛苦煎熬的人类。摩西·赫佐格并非是头脑混乱，而只不过是因离婚引起一种正常的悲伤。他的这种心理疼痛反映了一个主要的美国社会问题。离婚是一种心理死亡，赫佐格要为自己失败的婚姻而哀悼。他经历了经典的悲伤过程，即惊讶、否认、沮丧、愤怒、试图自杀，最终又恢复理智并接受现实。贝娄把人类生存作为人类现实的“中心”之一。他在这个有形“中心”的功能“中心”中，发现了人类长有食指和与之相对的拇指的手。这两个手指能弯曲构成一个圆圈（中心），并构成一个 OK 的手势。贝娄哲学设想的最高阶段由此与人类的手相关联。

贝娄小说中的人物通过多种途径在许多地方寻找“中心”。《赫佐格》中写的在蒙特利尔那一章，应该与《旧秩序》放在一起读。贝娄在两部作品中均融入了犹太宗教和文化传统，以及俄国犹太移民在加拿大和美国的文化适应等。即便是小说中表现出来的喜剧色彩，也融合了哈西德（Hasidim）[①] 和米特纳盖德（Mitnagdim）[②] 这两个相对立的主要犹太宗教的思想。在其他小说中，贝娄笔下人物是通过远离世俗、坚定信念的方式，来找到自己的“中心”的。例如，在《更多的人为伤心而死》中，贝娄把现代世界视为一片荒原。他在处理性爱、死亡、金钱以及政治这些主题时，有意无意中阐释了一个信念，即人类通过经历痛苦，可以得到救赎、再生或被“中心化”，或像一位满怀信念的骑士救赎荒原

① 此处指犹太教哈西德主义，一个 18 世纪兴起于波兰的犹太教派。该教派坚持虔修及神秘主义教义。

② 此处指犹太教米特纳盖德教派。该教派坚持犹太传统教义，反对 18 世纪中叶哈西德教派的主张。

世界。小说中的主要人物之一本·克莱德就是这样的一位骑士。简言之，对贝娄而言，人类亘古不变的“中心”不是物质追求，而是“精神追求”。

在1998年出版的还有另外一部重要的贝娄研究文集，即迈克·克雷默编辑的《〈抓住时日〉新论》[①]。迈克·克雷默为该文集撰写了题为《消失的犹太人：论把贝娄的〈抓住时日〉作为族裔小说讲授》(“The Vanishing Jew: On Teaching Bellow's *Seize the Day* as Ethnic Fiction”)的序言。文集中还收入了哈纳·沃斯-乃舍(Wirth-Nesher, Hana)的《“他在家时他是谁？”：索尔·贝娄的转变》(“Who's he when he's at home?”: Saul Bellow's Translations)、朱尔斯·钱姆茨基(Chametzky, Jules)的《死亡与后现代英雄/傻瓜：论〈抓住时日〉》(Death and the Post-Modern Hero/Schlemiel: An Essay on *Seize the Day*)等多篇论文。因篇幅原因，这里主要介绍克雷默撰写的序言。

迈克·克雷默在序言中介绍说，他在以色列给学生讲授贝娄的《抓住时日》时，学生们都很惊讶于他把这部小说作为族裔小说来讲。学生们知道小说中人物的名字都是犹太人的，小说中也偶尔提到过犹太人节日和犹太大屠杀。但是，他们并不认为贝娄这部作品是一部犹太族裔小说。多数学生是依据两个标准来判断一部小说是否是族裔小说的：一是看作者是否属于相关族裔；二是看该小说是否有可辨认的族裔内容。贝娄的犹太性主要在于他的血统。小说主人公汤米·威廉的犹太性也是血统上的。汤米的长相和说话都不像犹太人，他不会说希伯来语或意第绪语，也不吃犹太人的食物。他的妻子似乎也不是犹太人。他不知道犹太人的节日，只是随意间提到过跟犹太人相关的大屠杀和模模糊糊记得犹太人的哀悼词，他也从未提到过以色列。小说中第一次直接提及与犹太相关的话题是在小说的三分之二处，即小说中的主要人物之一唐金医生，问汤米在推销产品时是否碰到过反犹主义？汤米的回答充其量只是暗示了他与犹太人还有些关系。由此看来，学生们说贝娄的这部小说没有跟犹太人相关的内容似乎也有道理。

让克雷默感到惊讶的不是这些熟稔犹太性的以色列学生，而是在与学生的互动中意外发现，贝娄在新版的《抓住时日》中做了一处看似

① 以下介绍的观点均出自Michael Kramer: *New Essays on Seize the Day*, Cambridge: Cambridge University Press, 1998。除必要外，不再注明所引观点的具体页码。

不起眼却意义重大的改动。小说结尾处写汤米在街道上跟随着涌动的人流来到一座教堂。1968 年版是这样写的:“穿着正式的服装和头戴黑色霍姆堡毡帽的人们,在软木地板上和中间通道上走来走去。彩色玻璃中白色部分像是珍珠母,呈蓝色的大卫星像是天鹅绒彩带。”[①] 而在 1975/76 年版中,贝娄将最后一句话改为:“彩色玻璃中白色部分像是珍珠母,呈蓝色的伟大星座流体像是天鹅绒彩带。”[②] 贝娄将文中“大卫星”这一可辨认的最能代表现代犹太性的意象,改成了只具有宽泛意义的“伟大星座流体”,并对这一改动缄默不语。

克雷默面对的这些以色列学生虽说不上是具有典型犹太性的学生,但他们毕竟生活在以色列这个犹太人国家,他们的生活就是由“犹太”构成的。对他们而言,“大卫星”的出现和消失不止是一个宗教问题,而且还是一种强烈的政治信号。以色列人都为此而工作,抑或说,都是在它的指引下捍卫自己的国家。他们并不会因表达自己的犹太性而尴尬。他们理解,犹太性可以有多种多样的意蕴和各种各样的表达方式。以色列陷入一场文化战争,不只是与阿拉伯邻国之间的斗争,而且还有犹太人内部的争斗。耶路撒冷里的犹太人每天都在争论着各种版本的犹太性,宗教的、文化的、政治的,世俗的、宗教的,鹰派的、鸽派的,不一而足。但是,有一点是肯定的,即他们都自认为是犹太人。他们不能认可汤米这样美国化的犹太人。

克雷默权且从纯粹审美的角度来解释贝娄所作的这一改动。比如说,考虑到汤米跟随人群来到教堂时,心绪不宁甚或神志不清,用这种含糊的方法叙说看到的意象,比直接说出大卫星的名称,在心理上可能更能说得过去。但是,在贝娄修改这句话的那一刻,他似乎就没有考虑是在写某个具体的犹太故事,甚至都没有考虑让这故事具有某种犹太色彩,更不用说让它成为一部具有可感性的族裔文学作品。一般说来,族裔文学批评者倾向于族裔文学作品中有一些能清晰表达文化特点的意象或标示,如犹太人的隔都、西班牙语居民的集居区、印第安土著居

① Saul Bellow: *Seize the Day*, introduction by Alfred Kazin, New York: Fawcett World Library, 1968, p. 126; also in Michael Kramer: *New Essays on Seize the Day*, p. 4.

② Saul Bellow: *Seize the Day*, New York: Penguin Books, 1976, p.116; also in Michael Kramer: *New Essays on Seize the Day*, p. 5.

民的居留地;意第绪语、西班牙语、黑人英语;犹太男子戴的亚莫克便帽、日本和服、爵士乐、中国炒饭等。贝娄对这一切都不屑一顾,所以在《抓住时日》中,很少见到能区别于其他民族的类似意象或标示。

克雷默认为,贝娄是主动放弃这一切富有民族象征意义的东西,特别是不愿提及有关于他自己民族身份的东西。他对学术界出现的"族裔保护主义"不满,认为其妨碍了思想自由,并限制了表达自由。他总是对被称为犹太作家恼火,称这种标签为"一种暗含的贬低"①。不过,这并不是说贝娄轻视文化差异或看不起自己的犹太性。他曾多次表示"充分意识到自己是一个犹太人",还承认自己痛苦地意识到这一称谓都给他带来了什么,特别是在 20 世纪这些年里。他因此拒绝接受用"族裔"来被界定。他曾说自己的灵魂不能舒适地适应犹太作家这一个类别。

但是,贝娄自相矛盾的是,一方面,他小说中多数人物都是用犹太人的名字;他在《受害者》和《赛姆勒先生的行星》中分别提及反犹主义和犹太大屠杀;他翻译过犹太作家肖洛姆·阿雷彻姆的短篇小说《永生》和艾萨克·巴舍维斯·辛格的短篇小说;他也写过一部讲述六日战争的旅游札记和有关以色列的回忆录。1968 年他还接受"圣约信徒犹太传统奖"(Bnai Brith Jewish Heritage Award), 1976 年接受"反诽谤联盟'美国民主遗产'奖"(the Anti-Defamation League's "American Democratic Legacy")等奖项。另一方面,他尽管说从来没有背叛过自己的历史,但也十分强硬地表示他"从来没有作为一个犹太人写作",而只是作为索尔·贝娄写作,"一个犹太出身的人——美国的和犹太的——他有一些生活经历,其中一部分是犹太的",但同时也是美国的,俄国的,移民的儿子,男性,20 世纪,中西部,曲棍球迷等等。"我得应对我生活中的那些事实——作为原始的基本事实。这些事实是我被给予的。"②

贝娄解释自己拒绝"犹太作家"称谓的原因为美国犹太社区要把

① Quoted in Ruth Miller: *Saul Bellow: A Biography of the Imagination*, New York: St. Martin's Press, 1991, p. 43; also in Michael Kramer: *New Essays on Seize the Day*, p. 7.

② Bellow in Chirantan Kulshrestha: "A Conversation with Saul Bellow", in *Conversations with Saul Bellow*, pp. 90-91; also in Ruth Miller: *Saul Bellow: A Biography of the Imagination*, p. 41 and in Michael Kramer, *New Essays on Seize the Day*, p. 8.

他列入社区名册。自从发生犹太大屠杀以来,"犹太人对世界看待他们的形象特别敏感",他们"觉得美国犹太作家这一职业就是写公共关系稿,出版任何说犹太社区好的稿件,并压制其他稿件,要忠诚"。[①]贝娄披露说,有些"犹太作家迫于压力在拼命地做",而他则竭力抵制这种压力。他声称自己不愿意为了公共关系而牺牲艺术诚实,或用我们现在的话说,他不愿意为了政治正确而写作。他认为,伟大的作品应该超越其族裔,从而具有普适性意义。据此,他宣称自己"没有任何族裔义务的概念。这不是我的主要义务。我的主要义务是我所从事的职业,而不是某个具体的族裔集体"。[②]甚或说,"整个犹太作家这档子事完全是一种发明"。[③]

克雷默指出,让我们感到困惑的是,贝娄这样不遗余力地抵制"犹太作家"这类称谓,为何却又在作品中埋藏了如此丰富的犹太宝藏?好在多数批评家并不依据贝娄的表白来界定或判断他的犹太性。对贝娄同代的许多作家和批评家,如阿尔弗莱德·卡津(Kazin, Alfred)、莱斯利·菲德勒、欧文·豪、朱尔斯·钱姆茨基等而言,《抓住时日》中的犹太性并不是潜在的或不明显的,而是可感的和显然的,体现出一种与众不同的和具体的族裔经历。他们在这部小说的场景、人物、语言、文体等中看到了贝娄的犹太性。克雷默把贝娄一方面抵制犹太作家称谓,另一方面又在作品中通过各种手段表达犹太情愫或表现犹太因素这一现象,归结为战后犹太人构建自己身份的一种自然或必然的现象。对战后这一代犹太人而言,做犹太人并非要遵循某一特定律法和传统,不需要共享某种文化传统,不是要回到巴勒斯坦或住到某个犹太社区,而是要独自流亡,做一个社会弃儿,一个流浪者,甚或远离自己的同胞。

① Bellow in Chirantan Kulshrestha: "A Conversation with Saul Bellow", in *Conversations with Saul Bellow*, p. 91; also in Saul Bellow: "The Swamp of Prosperity", *Commentary* 28, 1959, p. 79 and in Michael Kramer, *New Essays on Seize the Day*, p. 8.

② Bellow in Chirantan Kulshrestha: "A Conversation with Saul Bellow", in *Conversations with Saul Bellow*, p. 90; also in Ruth Miller: *Saul Bellow: A Biography of the Imagination*, p. 42 and in Michael Kramer, *New Essays on Seize the Day*, p. 9.

③ Saul Bellow: "Foreword" to Allan Bloom, *The Closing of The American Mind*, p. 13; also in Michael Kramer: *New Essays on Seize the Day*, p. 9.

犹太知识分子更是既要远离自己的同胞又要远离社会，从而做一个典型的犹太人。在克雷默看来，无论从历史的角度还是从观念的角度来看，种族是一个不能忽视和回避的问题。贝娄在《抓住时日》中可以把"大卫星"改成"伟大星座流体"，却无法改掉自己身上的犹太因子，"大卫星"也没有因他的改动而真正消失。

在瓦尔特・比格勒撰写的《索尔・贝娄长篇小说中的疯癫人物》①一书中，作者讨论了有关疯癫人物的话题，如贝娄是如何切入疯癫人物、疯癫人物的类型及形式、成长中的疯癫人物和英雄人物问题、"疯癫时代"的小说以及在"堕落"世界中的叙述者等。比格勒认为，贝娄小说中充满了"疯癫"、"精神错乱"、"疯狂行为"、"躁狂"等类型的人物。早在贝娄的第一部小说《晃来晃去的人》中，那个写日记的约瑟夫就记叙了他自己内心的奇怪经历。在《受害者》中，疯癫人物更是随处可见。例如，小说主人公阿萨・利文萨尔在参加侄子米基的葬礼时，看到他的嫂子艾莉娜眼中奇异的神情。在贝娄的中期小说，特别是在《雨王汉德森》、《赫佐格》和《赛姆勒先生的行星》中，我们也能发现类似现象。例如，玛德琳离开赫佐格是因赫佐格的精神错乱；同时，玛德琳周边的人也发现玛德琳有些疯狂的举止。在小说《赛姆勒先生的行星》中，疯癫的不只是主人公赛姆勒，还有许多其他人物。小说《洪堡的礼物》和《更多的人为伤心而死》处理的干脆就是一群疯癫的人物。即便在中篇小说《窃贼》(*The Theft,* 1989)中，所涉的主题也与疯癫有关。当然，这类疯癫人物和现象还远不止于这些小说，在贝娄其他小说中也有不同程度的存在。从这个角度讲，疯癫不只是在贝娄小说中担当了重要的角色，还构成贝娄小说一个重复出现的主题。

比格勒在系统讨论贝娄小说中的疯癫主题之前，首先梳理了有关疯癫的界定及所隐含的意蕴。疯癫(madness)是一个有歧义的、用于口语的词语，指的是一种具有高度争议性的现象。它包括各种各样的情况，如内部状况的极端失衡，特别是用非同寻常的方式来经历"现实"，明显非理性行为、态度、言语、思想、成长等。作为口语中使用的一个词语，词典中把疯癫界定为"有疾病的心理"、"精神疾病"、"充满非理

① 以下介绍的观点均出自 Walter Bigler: *Figures of Madness in Saul Bellow's Longer Fiction*, New York: Peter Lang, 1998。除必要外，不再注明所引观点的具体页码。

性的热情”、“过于兴奋”、“愤怒”、“愚蠢”等。这一词语的多义性让读者见木不见林。即便是对一些研究疯癫的职业人士来说，如心理学家、精神病医生、社会学家等，也没取得一致的看法。词语含义的不确定性会给研究带来困惑，甚至让研究无从做起。

给阐释带来困惑的“疯癫”一词难做界定，其反义词“神志正常”也同样语义含混。这两个词语既见诸贝娄小说中，也出现在贝娄小说的批评文章里。一方面，《洪堡的礼物》中的主人公查理 · 西特林起先把他的朋友洪堡视为疯子而躲避他，后来他又修正了自己的看法，认为洪堡是当代神志最清醒的人；另一方面，《赛姆勒先生的行星》中主人公赛姆勒是贝娄笔下最稳定、最平衡的一个人物，可是谁能相信他竟能为自己神志清醒而激烈地争吵。对多数批评者而言，赛姆勒代表了“神志清醒健全”，是一个“在通篇小说中精神未受损的主人公”。[①] 另有批评者则持截然相反的观点，称赛姆勒为“最为不可靠的目击者和预言者”，而且还“有点精神错乱”。[②]

为何会出现如此不同的观点呢？这似乎不仅关系到对“疯癫”一词的界定，还关系到批评者自己的价值观。因此，要研究“疯癫”这一现象，就必须用查找已知的心理紊乱征候并将这些“疾病”征候与类似病人相联系的方法来分析“疯癫之人”的“内部状况”及其行为。根据这一方法，疯癫之人可以大致分为“神经机能病患者”和“精神病患者”这两大类。但是，从个案分析来看，常常有两类情况相混合的患者，它们之间缺乏清晰的界限，而且还有可能由此衍生出一些特殊的征候。比格勒的文章沿着这一思路，即运用心理和病理分析方法，以赫佐格和西特林为主要案例，分析了贝娄小说中人物的疯癫情况。

① Joe Maw: “Method in Madness: Bellow Develops the Theme of Insanity”, *Saul Bellow Journal*, Spring/Summer, 1984, p. 5; also in Walter Bigler: *Figures of Madness in Saul Bellow's Longer Fiction*, p. 11.

② Charles Berrymann: “Saul Bellow: Mr. Sammler and King Lear”, *Essays in Literature* 1983, Spring 10/1, p. 86; also in Walter Bigler: *Figures of Madness in Saul Bellow's Longer Fiction*, pp. 11-12.

第六章 2000年以来

进入21世纪，贝娄批评的热情似乎有些减弱，一是体现在出版的论文、专著或论文集的数量上；二是在对贝娄作品研究的广度和深度上，没有出现对贝娄创作进行全面研究的著作或文集，也少见讨论分析贝娄近作的书评或文章。

2000年，詹姆斯·阿特拉斯撰写的长达近七百页的《贝娄：一部传记》（*Bellow: A Biography*, 2000）出版。同年还出版了格哈特·巴赫和格洛里亚·L. 克罗宁合编的论述贝娄短篇小说的论文集《小行星：索尔·贝娄及其短篇小说的艺术》（*Small Planets: Saul Bellow and the Art of Short Fiction*, 2000）。翌年，格洛里亚·L. 克罗宁撰写的研究贝娄小说中女性人物的专著《他自己的房间：寻找索尔·贝娄小说中的女性》出版。这应该是对贝娄笔下女性人物进行系统研究的第一部专著。2006年出版了M. A. 奎厄姆（Quayum, M. A.）撰写的《索尔·贝娄与美国超验主义》（*Saul Bellow and American Transcendentalism*, 2006）。2010年，本杰明·泰勒（Taylor, Benjamin）编辑出版了《贝娄书信集》（*Saul Bellow Letters*, 2010）。书中收集了贝娄在1932至2005年间写的主要书信。

本章将扼要介绍克罗宁和奎厄姆所撰写的两部专著。

格洛里亚·L. 克罗宁撰写的《他自己的房间：寻找索尔·贝娄小说中的女性》[①] 几乎涉及贝娄全部作品，其中包括贝娄的最后一部长篇小说《拉维尔斯坦》及其随笔《往返耶路撒冷：私人札记》和个人文集《随

---

① 以下介绍的观点均出自 Gloria L. Cronin: *A Room of His Own: in Search of the Feminine in the Novels of Saul Bellow*, New York: Syracuse University Press, 2001。除必要外，不再注明所引观点的具体页码。

笔、书信、演讲等总辑：从朦胧的过去到不确定的未来》（*It All Adds Up: From the Dim Past to the Uncertain Future,* 1994）。

克罗宁在该书序言中介绍说，传统上，贝娄小说研究几乎一致地在探讨贝娄小说中男性主人公如何捍卫西方人道主义传统，或如何同虚无主义、存在主义、理性主义以及其他各种宣扬虚空的思想作斗争。主流批评家们细心地构建了一种批评话语，说贝娄是一位反对现代主义者，并说贝娄浪漫甚或有些复古地抱着灵魂、超然以及西方人道主义自我的普适性等这些观念不放。总之，自 20 世纪 60 年代以来，美国、英国以及欧洲其他国家的主流学者，主要以欧洲大陆哲学思想为指导来研究贝娄及其笔下的人物。尽管这些学者对贝娄的自由主义人道思想和普通人具有神性的观念做了很多精到论述，但他们对分裂性主体、文化定位、性别等问题鲜有触及。

克罗宁认为，主流学者习惯对贝娄的作品进行自由主义的人道批评。他们把作者贝娄、读者以及作品主人公视为一种人类本质无差异性的建构。这种批评角度和见解应该有所突破了，即贝娄作品中反映出的主体分裂、男子中心主义以及贝娄擅长使用的独白体文本等问题也应得到应有的重视。克罗宁主要从性别研究的角度，探讨了贝娄男性小说中的女性人物，如母亲、女友、姊妹、女友等的缺位，以及女性心理，女性意向等问题。在贝娄的小说里，正是这些女性人物难倒了那些在西方哲学、伦理学以及超验思想的碎片瓦砾中寻寻觅觅的男性人物。贝娄讽刺的笔触聚焦在这群厌女的不幸男性人物身上。他们寻找着失去的女性因素，又颇具反讽意味地排斥与他们具有同样社会背景的女性人物。他们在每次构建女性人物的同时，又在抹杀她们身上的女性特点，并借此把她们重构为挑逗性和病态的女性人物。女性人物被围困在男子中心主义的文化氛围中。她们要么不在场，要么愚昧无知、呆滞刻板或具有破坏力。

不过，在克罗宁看来，问题并非这么简单。贝娄对自己的文化适应和他笔下人物的另一个"我"的缺陷所进行的解构性反讽，暗示这些另一个"我"及其塑造者似乎都觉察到了问题所在。某些情况下，他们几乎就要窥见隐藏在镜子后面的男性主体。贝娄似乎在系统地利用这些另一个"我"，以找出他自己和社会的主要病症和盲点。贝娄及其笔下人物有时看到了他们想象中难以理解的女性形象，到头来遭遇到的却是他们自己的局限。他的人物仿佛在哀求："帮帮我捉住她，这样可以在生病的宇宙中找到我自己的健康。"在各种各样的精神操练中，超然思想没能帮他们逃脱出男性自身的束缚。贝娄最想弄明白的正是这种失败，他也正是在对这种失败进行喜剧和反讽分析的过程中，接近了对性别隔阂的理解。从这个角度上来看，把贝娄看成是反女性主义者、患有厌女症或大男子主义就有些不真实，或者说弱化了贝娄作品的意蕴。在某种程度上，贝娄及其笔下的人物可能患有一定程度的厌女症，他们因此凭直觉感受到了那种未成形就离他们而去的女性因素。贝娄用一种喜剧和反讽的方式，来表现人物十分严肃认真的道德追求，这样一来反倒赢得了读者的同情和理解。贝娄及其笔下的人物探索那些离他们而去的女性因素，有时候是那样接近，几乎都能让读者感觉到它们的真实存在，但是从整个作品来看却又常常消失得无影无踪。具有讽刺意味的是，这种存在也罢，消失也罢的女性因素，其实都发生在男性欲望构建的房子里。这并不是说贝娄笔下的男性欲望不完全基于男性对女性的认识，而是说贝娄笔下的男性及其塑造者，似乎偶尔对另外一个空间也有所了解。

克罗宁认为，贝娄小说中经常出现患有厌女症的人物，不过有的作品却用这类人物来分析和解构厌女问题。从性别研究的角度来看，贝娄的小说展示了在男性人物欲念中失去的女性因素，还考察了人物的思想意识和那些缺乏情感和超然因素的现代主义现实语境。不过，贝娄并没有将这一考察进行下去，即没有真正探究这种情境中所隐含的伦理关系或他那一代人性别意识中的缺憾。贝娄笔下的人物最终似乎没有能力解开这个谜的中心意义，因而在后来的小说中，他们开始直接攻击女性人物，或从象征混乱、邪恶以及不洁的女性人物身边抽身离去，以迎合律法书中所要求的洁净和抽象的超然思想。甚或可以说，贝娄笔下的男性人物从女性人物身边离去，既是古老的犹太宗法观念的再现，也回应了当代基督教神父们的思想。让·鲍德里亚说得清楚，女人应对拦阻男性欲望负责和愧疚。① 雅克·德里达则说："'女人'可能

① Jean Baudrillard: *De la seduction*, Paris: Editions Galilee, 1979, p. 208; also in Gloria L. Cronin: *A Room of His Own: in Search of the Feminine in the Novels of Saul Bellow*, p. 4.

有经期,不洁、疯癫、光艳夺目、渎神、不得体,不过,女人对实现被误导的男性欲望来说是必需的。”[①] 露丝·埃里戈雷则对这种男权思想提出了尖锐的批评。她说:“女人在这种性想象中只是一种或多或少满足男性幻想的必不可少的道具……因为传统上女人对男人来说有使用价值,在男人中有交换价值;换句话说,一种商品……女人从来就只是两个男人之间或多或少竞争交换的场所,包括为拥有母亲大地而进行的竞争。”[②] 在埃里戈雷看来,西方艺术总是依据男性的标准来界定性爱,从而让女性缺席,匮乏,沉默,萎缩或低能。

贝娄依据西方主流文化固有的心理架构来刻画他笔下的女性人物。在其小说中,女性人物往往被描写成被赶出群的牲畜或偶像。哈罗德·布卢姆评价说“美国文本将会证明自己是在抵制解构”或“分析联想性技巧”,因为“顺应美国方式写作”就等于肯定了“自我而不是语言”。[③] 艾丽丝·贾丁也表达了类似的看法。她说,作为艺术家的美国儿子不愿意在表达中放手第三人称功能。这个儿子刻画女人,然后又刻画母亲,就像是必须知道的某件事情一样。然后,他把女人当作现代性问题来表述,而不是构建这个女人。美国男性小说中的“效果女人”将恐女症主题化了,这接近盎格鲁-撒克逊的思想。[④] 贾丁和埃里戈雷提倡的是对男性文本进行极端的重新评价,以及对有性别的语篇进行有性别的阅读与批评做出检讨。她们暗示性别是最显然的另一个我,这说明还有一大群他者。如果崇拜生殖器的西方

---

① Jacques Derrida: *Writing and Difference*, trans. Alan Bass, Chicago: University of Chicago Press, 1978; also in Gloria L. Cronin: *A Room of His Own: in Search of the Feminine in the Novels of Saul Bellow*, p. 4.

② Luce Irigaray: *This Sex Which Is Not One*, trans. Catherine Porter with Carolyn Burke, Ithaca, New York: Cornell University Press, 1985, pp. 31-32; also in Gloria L. Cronin: *A Room of His Own: in Search of the Feminine in the Novels of Saul Bellow*, pp. 4-5.

③ Robert Alter: "More Wrestling with Forebears", review of Towards a Theory of Revisionism, by Harold Bloom, *New York Times*, 31 January 1982, sec. 7, p. 8; also in Gloria L. Cronin: *A Room of His Own: in Search of the Feminine in the Novels of Saul Bellow*, p. 6.

④ Cf. Alice Jardine: *Gynesis: Configurations of Woman and Modernity*, Ithaca, New York: Cornell University Press, 1985, p. 42; also in Gloria L. Cronin: *A Room of His Own: in Search of the Feminine in the Novels of Saul Bellow*, p. 6.

人道主义者的文本"语法"可以被透彻了解的话，那么这群他者的痕迹就被从人类学的角度记录下来。不对总体文化语法做这样的阐释，女性除非被当作物体和思考的储藏器，否则就永远不会出现在历史上。[①]

这种阅读范式会督促读者和批评者考察贝娄文本中出现的许多他者：贝娄本人就是一位与女性相对而言的他者，美国与欧洲、白人与黑人、受教育的与未受教育的、犹太人与盎格鲁-撒克逊白人、西方人道主义者与非西方人道主义者之间都形成相互对立的他者。依据这种范式，克罗宁在书中还就贝娄小说中出现的男性独白者与同性社会现象、可怖的母亲形象、具有毁灭力量的妻子、情人等女性形象问题分别进行了讨论。

M. A. 奎厄姆在2006年出版的《索尔·贝娄与美国超验主义》[②]一书，基本上延续了自上个世纪70年代以来对贝娄作品所进行的超验主义解读思路。奎厄姆在书的序言中说明自己无意与任何不同观点争论，而只是从美国超验主义的角度来考察贝娄一些主要作品。奎厄姆认为，贝娄的创作思想非常接近美国超验主义的主流意识，特别是爱默生和惠特曼的创作思想，所以完全可以称贝娄为新超验主义作家。

奎厄姆认为，贝娄全面地继承了美国超验主义作家的创作思想。据他考察，贝娄不仅在创作主题上与美国超验主义作家保持一致，而且在许多场合都提到爱默生、惠特曼以及梭罗等超验主义作家。如在非小说类写作和访谈中，贝娄有31次提到上述美国超验主义作家：其中有八次提到爱默生，六次提到梭罗，17次提到惠特曼[③]，可见美国超验主

① Cf. Luce Irigaray: *This Sex Which Is Not One*, p. 155; also in Gloria L. Cronin: *A Room of His Own: in Search of the Feminine in the Novels of Saul Bellow*, p. 6.

② 以下介绍的观点均出自M. A. Quayum: *Saul Bellow and American Transcendentalism*, New York: Peter Lang, 2006。除必要外，不再注明所引观点的具体页码。

③ For references to Emerson, see Saul Bellow, "Culture Now: Some Animadversion, Some Laughs", *Modern Occasions* 1 (1971), p. 177; "Where Do We Go from Here: The Future of Fiction", *Saul Bellow and the Critics*, ed. Irving Malin, New York: New York University Press, 1967, p. 218, etc.; for referenes to Thoreau, see Saul Bellow, "Distractions of a Fiction Writer", *The Living Novel: A Symposium*, ed. Granville

义作家对贝娄的影响之深。具体地说,奎厄姆在书中主要论及贝娄的五部小说,即《雨王汉德森》、《赫佐格》、《赛姆勒先生的行星》、《洪堡的礼物》以及《院长的十二月》。奎厄姆认为,这五部小说是表现贝娄情感的中心文本,贝娄其他小说则是这个中心文本的前言或后记。奎厄姆解释说他的选择其实是根据贝娄本人对自己作品的评价。贝娄在接受马修・C. 鲁达内(Roudané, Matthew C.)的采访时表示:

> 我不怎么用我早期的作品。《晃来晃去的人》和《受害者》并不让我感到满意[……]对《奥吉・玛琪历险记》,我不再在乎检查了[……]不过,我现在看出来了,《奥吉・玛琪历险记》中有两个问题,一是它离我而去了,我无法控制它。我不知道如何控制我自己……美国人读它,对它的纵情感到释然,但是我觉得《奥吉・玛琪历险记》将不会多么受欢迎。①

在另外一次访谈中,贝娄认为他的小说《抓住时日》也是一部受害者小说,与《受害者》极为相似。他对《奥吉・玛琪历险记》的掩沓也感到惊讶,并承认自己“越界了”。② 总之,奎厄姆放弃讨论贝娄早期小说,就是因为作家自己不看好这些小说,它们没有达到贝娄的期待。另外,贝娄的晚期作品,如《更多的人为伤心而死》和《窃贼》,尽管也取得了一定的艺术成就,但在主题表达方面与贝娄创作盛期的作品不尽一致,不能与其相提并论。

Hicks, New York: Macmillan, 1957, pp. 9, 11; “Where Do We Go from Here: The Future of Fiction”, p. 447, etc.; for references to Whitman, see Saul Bellow, “The University as Vallain”, *Nation* 16 Nov. 1957, p. 362; “Some Notes on Recent American Fiction”, *The American Novel Since World War II*, ed. Marcus Klein, Greenwhich, Conn: Fawcent, 1969, p. 166, etc.; more details also in M. A. Quayum, *Saul Bellow and American Transcendentalism*, note 2, p. 35.

① Matthew C. Roudané: “An Interview with Saul Bellow”, *Contemporary Literature* 25.3, 1984, p. 279; also in M. A. Quayum: *Saul Bellow and American Transcendentalism*, p. 3.

② Cf. Chirantan Kulshrestha: “A Conversation with Saul Bellow”, in *Saul Bellow: The Problem of Affirmation*, New Delhi: Arnold, 1978, pp. 12-13.

上面提到的贝娄五部小说尽管在场景与氛围、道德与主题等方面有所不同，但是从总体主题表现上看，它们构成了一个有机整体。甚或可以说，这五部小说紧密地编织在一起，像是一部小说，只是由不同的主人公组成，他们拥有同一个观点（做"正确"的事情），并共同表达了作者的道德价值取向。奎厄姆援引贝娄在接受采访时所讲的笑话，来说明这五部小说为何自成一体。贝娄说：

> 我有时候乐于说人的一生大约会听说十个精彩的笑话。我最喜欢的一个是关于美国歌唱家的笑话。这位歌唱家在拉·斯卡拉作首场演出。他唱的第一首咏叹调获得了热烈的掌声。人群喊道："再来一遍！"他又唱了一遍，但随后观众又要他再来一遍。这样他唱了第三遍、第四遍……最后，他筋疲力尽、气喘吁吁地问道："这首咏叹调我得唱多少遍？"这时有人告诉他，"直到你唱对了才行！"我也是这种情况——我总觉得我还没唱对，所以我要一直唱下去。[①]

因此，贝娄也不断"唱"着相同的"歌"，即写着同一部小说，重复地审视着这个非人道、失去精神和濒临死亡的人类。他强调说，道德危机应对20世纪思想意识中不断出现的分歧、不统一以及破碎的现象负责。贝娄"成熟期"的小说重复应对的就是美国文化中的这类分歧和不统一。他笔下的主人公常常是沉思的、博学的，想法很多，焦虑地观察着外部世界。这些主人公目睹着这个虚构的世界上普遍存在的两种偏执的人。他们或被那现代世界里一片"大量"惊呆，或被死亡这个顽固的事实吓坏，因而坚持过一种"非此即彼"的虚幻生活，即，或选择过一种集体化的、被道德绑架的、编排好的和有认知特点的"洁净"生活；或选择过一种有点小个性的、普罗米修斯主义的、感伤主义的或有些疯疯癫癫的"肮脏"生活。他们因脱离精神生活和生存的内在属性而选择一种物质主义和唯理主义生活。这些生活缺乏感情、想象力和爱，或者走向另外一个极端，滥情、感伤，既没有实际意义，又缺乏理性。

① Michiko Kakutani: "A Talk with Saul Bellow: On His Work and Himself", *New York Times Book Review*, 13 Dec. 1981, p.1.

贝娄笔下的主人公多数是独自在这个非人道化、失去精神和道德分裂的世界里漫游。他们常常竭力要保住自我、个人身份以及诚实。他们悲伤地发现,自己无法摆脱《院长的十二月》中主人公科德所说的那个“20世纪大规模的精神错乱”。在汉德森、赫佐格和西特林这些人物那里,情况有些不同。他们面对的是道德混乱、精神涣散或混乱无序。他们为纠正自己的“混乱”和摆脱掉自身的“大规模精神错乱”而着手道德朝圣。他们的目的是重新振奋自己的精神生活、恢复内心的平衡和生存的平衡。

贝娄的主人公在进行个人救赎的同时,也救赎了人类。他们固执地思考现代人类和文明的命运,都有一种想做预言家或有所承担的倾向。他们相信,要想把人类从道德颓废状态中拯救出来和挽救支离破碎的文明,就必须摒弃20世纪出现的荒谬的二元对立和分类。所以,他们不约而同地拒绝“洁净”与“肮脏”这种对立的价值观。具体地说,他们既拒绝“洁净”的物质主义和唯理主义,又摒弃“肮脏”的滥情和感伤。他们还抵制“非此即彼”的集体主义价值观、自我放纵和“荒原”的世界观,以及任性固执的美学观、保守主义与极端主义、遵从主义与反对主义、“目中无人的清教主义”与性混乱、有把握与疑虑、精确与粗心大意、对技术未来的爱与对过去的爱。

除了摒弃美国现代意识中这种对立观念外,贝娄笔下的主人公还提出了一种统一和平衡的人生观。奎厄姆将这种人生观归纳如下:第一,既然自然和人类是宇宙中两个对立极的形态,即物质的和精神的,肉体的和灵魂的,那么为维持人类状况,个人就有必要找到一个中间地带,一种内心的“一致”,或两极之间的一条中轴线;第二,假设有必要调停,个人应该融合的不仅是肉体与灵魂、物质与精神这些对立的两极,还有理性与情感、信仰与权宜之计、自助与集体等诸多关系的对立属性;第三,既然个人从两个方面本能地向宇宙的两个对立极开放,他在唯此一生中就同时包含了有限与无限、有生与永恒、个人与社会、具体与普遍、独立与命运等相关的诸多对立法则,因此个人的责任就是要劝和这些对立项,并表达这些对立项能归于统一的信念。换句话说,贝娄主人公生活在当下这个缺乏人道精神的世界里,就是要表达这样的一种信念。爱默生、惠特曼等美国超验主义者也主张融合个人与社会等诸多对立的法则。从这个方面来说,贝娄在小说中通过人物塑造和情节建构想表达的,正与美国超验主义者所主张的一致。

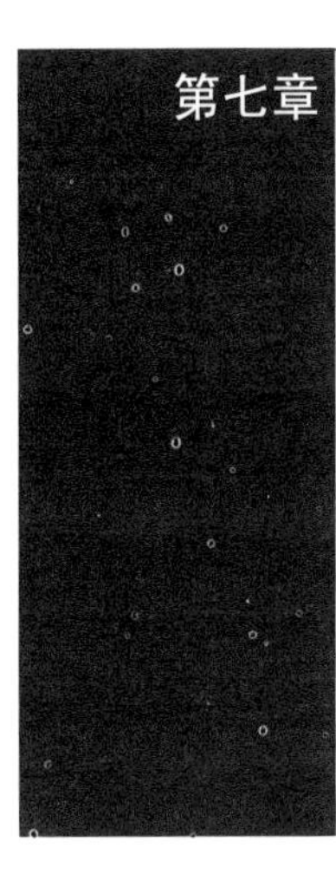

第七章

贝娄研究在俄罗斯

由于意识形态的原因,索尔·贝娄的作品直到1990年才被首次翻译为俄文。第一部被译介的作品是长篇小说《赫佐格》。评论家兹韦列夫(Зверев А.М.)为之作了名为《掌管好自己的心——致〈赫佐格〉的出版》[①]的序和名为《做个真正的人,仅此足矣》[②]的跋。在跋文中,兹韦列夫称索尔·贝娄是所有现代西方浪漫主义作家中最"俄罗斯"的一位,但俄罗斯对他的了解却只是"道听途说",没有任何严肃认真的研究。此文开篇便追溯了索尔·贝娄的俄罗斯之根,强调了俄罗斯文学对他的显著影响。他说:"俄罗斯文学锤炼了,也许甚至是唤醒了贝娄的才能。"[③]接下来介绍了索尔·贝娄的基本思想特点、哲学倾向的演变,并围绕其作品主人公的塑造概述了他的创作理念、背景、风格、手法等。最后用余下的一半篇幅比较深入具体地探讨了《赫佐格》的主题——异化与人性的回归、主人公赫佐格的心路历程、小说中的内在对话性、复调手法等问题。兹韦列夫称索尔·贝娄为不懂"中庸"法则的艺术家,并将《赫佐格》视为贝娄最核心的作品。

之后,索尔·贝娄的作品逐渐被译介到俄罗斯,其中有别斯巴洛娃(Беспалова Л.)翻译的《堂表亲戚们》(1991)、《冈萨加的手稿》(1997)

① Зверев А. Владеть собственной душой. К публикации «Герцога»//Иностранная литература. 1990. №12. С.211-218.

② Зверев А. Быть человечным, только и всего /Послесловие к «Герцогу» Сола Беллоу. М.: Панорама, 1992. С.350-365.

③ Зверев А. Быть человечным, только и всего /Послесловие к «Герцогу» Сола Беллоу. М.: Панорама, 1992. С.350-365.

和《银碟》(2006),苏利茨(Суриц Е.)翻译的《抓住时日》(1998)和《受害者》(2003),以及兹洛宾(Злобин Г.П.)翻译的《洪堡的礼物》(2006)。2006年,莫斯科安谢塔出版社(АСТ)出版了德米特里·沃兹尼亚凯维奇(Дмитрий Вознякевич)翻译的《索尔·贝娄短篇小说集》[①]。该书收录了13篇带有很强自传色彩的短篇小说,基本上都是关于家庭和亲人的回忆,语言简单平实,基调比较一致。玛利亚·恩杰莉(Мария Эндель)为该书作了名为《上帝不是什么都会拯救》[②]的书评。文章认为,索尔·贝娄在刻画人物方面技艺高超,他像一个高明的摄影师,并不简单地复制现实,而是对其重塑和高度浓缩。

2005年贝娄去世后,俄罗斯《外国文学》(Инострàнная литература)杂志在第12期上刊登了两篇悼念性的文章,一篇是玛利亚·施泰因曼(Мария Штейнман)翻译的索尔·贝娄回忆录,名为《作家、知识分子、政治家:要事回首》(1994)[③]。该文是索尔·贝娄本人对从十月革命到苏联解体这段时间的回忆,作者在回顾自己的成长历程和思想动态的同时,也表明了他对十月革命、共产主义、大清洗、斯大林体制、知识分子和整个冷战的一些看法。另一篇是阿兰·列尔楚克(Алан Лелчук)的悼念文章:《纪念索尔·贝娄》。[④] 作者深情回顾了自己与索尔·贝娄的深厚友谊,对其机智、幽默、谦逊、热忱等大加赞扬。文章把索尔·贝娄与福克纳在20世纪上半叶美国文坛的地位相比,认为他是美国20世纪下半叶最重要的作家。他作品中的语言风格以及反英雄犹太人形象突破了当时美国文学界的成规,开了一代文学之先河。作者着重分析了《旧秩序》、《抓住时日》、《奥吉·玛琪历险记》和“二战以来最伟大的长篇小说”[⑤]——《赫佐格》这四部小说的独特结局及其深意,

① Сол Беллоу. Пер. с англ. Дмитрия Вознякевича. Избранные рассказы. АСТ, 2006.

② Мария Эндель. Не все сохраняет Бог. http://booknik.ru/reviews/fiction/ne-vce-sohranyaet-bog/.

③ Беллоу С. Писатели, интеллектуалы, политики: воспоминания о главном // Иностранная литература, 2005, № 12. С. 191-205.

④ Лелчук А. Памяти Сола Беллоу//Иностранная литература. 2005, № 12. С. 43-46.

⑤ Лелчук А. Памяти Сола Беллоу//Иностранная литература. 2005, № 12. С. 206-217.

用很大篇幅论证了贝娄小说表面的晦涩难懂背后的深刻意义——启迪智慧、抚慰心灵。此外,文章还通过对《雨王汉德森》的分析肯定了索尔 · 贝娄的喜剧才能,并认为他其他大部分作品也都含有浓厚的喜剧因素。列尔楚克认为,希伯来语和犹太遗产赋予了索尔 · 贝娄作品鲜明的特点,同时贝娄还继承了俄罗斯人,尤其是陀思妥耶夫斯基对人的理解——人不是可以用来玩弄的工具,上天赋予他自由意志和以爱为标志的内在自由。

相对于贝娄作品的译介,俄罗斯学者对贝娄研究起步并不晚,1969年便有了莫洛左娃(Морозова, Т.Л.)的专著《美国文学中的美国青年形象(嬉皮士、塞林格、贝娄、厄普代克)》[①],这是我们能找到的俄罗斯最早研究贝娄的文献。但由于历史原因,对贝娄的研究进展缓慢,此后基本陷于停滞。直到上世纪 90 年代后,随着贝娄作品的译介,对他的研究才逐渐兴盛起来。目前俄罗斯对贝娄的研究主要集中在两个方面,一是影响研究,即寻找贝娄及其作品与俄罗斯的联系,强调俄罗斯对索尔 · 贝娄创作的影响;二是比较纯粹的诗学研究,重在分析贝娄作品的艺术特色。

由于贝娄与俄罗斯有着千丝万缕的联系,俄罗斯学者比较注重研究俄罗斯对贝娄的影响。萨弗琴科(Савченко А. Л.)在《索尔 · 贝娄眼中的俄罗斯文学》[②] 中指出,普希金、托尔斯泰和陀思妥耶夫斯基一生都伴随着贝娄。他们的影响总是有意无意地出现在贝娄的作品中。文章着重以《赫佐格》为例,考察了俄罗斯文学对贝娄的影响。例如,赫佐格有一个有着俄罗斯名字的哥哥舒拉,他比其他亲戚更理解赫佐格。另外,小说的迷失故乡主题也与俄罗斯有关。作者认为,格里鲍耶陀夫(Грибоедов А. С.)的《聪明误》对《赫佐格》有潜在的影响,并对此作了具体阐释。文章特别指出,俄罗斯经典作家陀思妥耶夫斯基、法国存在主义大师萨特和加缪,以及美国浪漫主义作家惠特曼对《赫佐格》的

---

① Морозова Т.Л. Образ молодого американца в литературе США (битники, Сэлинджер, Беллоу, Апдайк).- М.: высшая школа, 1969. С.95.

② Савченко А.Л. Русская литература глазами Сола Беллоу. Международные связи русской литературы XI - XVIII веков. http://meropr.ropryal.ru/liter2008/img/tom11.pdf. С.394-399.

艺术思想特色都有影响，但陀思妥耶夫斯基的影响是第一位的，这是因为贝娄与陀思妥耶夫斯基对人和自由的理解有着高度一致。同时，作者也看到了二者的不同，认为贝娄的贡献在于塑造了这样一个人物形象："他的内心不仅因对'世界命运'的担忧而痛苦，而且也为日常琐事所折磨。"①

俄罗斯贝娄研究最权威的学者应该是下诺夫哥罗德国立语言大学的副教授布罗尼琪（Бронич М.К.）。她共出版了研究贝娄的专著1部：《索尔·贝娄与俄罗斯文学—哲学传统》②（下诺夫哥罗德国立语言大学出版社，2009）；发表论文20篇，它们分别是：

（1）《索尔·贝娄小说〈赫佐格〉中的人和文化》③（载莫斯科大学《世界背景下的美国文学会议纪要》，1994）；

（2）《索尔·贝娄的小说与陀思妥耶夫斯基的创作动机》④（载莫斯科大学《美国文学与俄罗斯会议纪要》，1995）；

（3）《索尔·贝娄小说中的俄语互文》⑤（"美国文学和文化的体裁、时代和方向更替"会议纪要，莫斯科大学，1996）；

（4）《索尔·贝娄小说〈更多的人为伤心而死〉中的俄罗斯文学—哲学传统》⑥（载下诺夫哥罗德国立罗巴切夫斯基大学《西欧与美国文学

---

① Савченко А.Л. Русская литература глазами Сола Беллоу. Международные связи русской литературы XI - XVIII веков. http://meropr.ropryal.ru/liter2008/img/tom11.pdf. C.398.

② Бронич М.К.Сол Беллоу и русская литературно-философская традиция//Нижний Новгород: Изд-во НГЛУ, 2009.

③ Бронич М.К. Человек и культура в романе Сола Беллоу «Герцог»//Американская литература в мировом контексте: Тезисы конференции. М.: МГУ, 1994. С.48-50.

④ Бронич М.К. Романы Сола Беллоу и мотивы творчества Ф.М.Достоевского//Американская литература и Россия: Тезисы конференции. М.: МГУ, 1995. С. 52-53.

⑤ Бронич М.К. Русские аллюзии в романах Сола Беллоу(Russian Allusions in the novels of Saul Bellow)//Смена стилей, эпох и направлений в американской литературе и культуре: Тезисы конференции. М.: МГУ, 1996. С. 171.

⑥ Бронич М.К. Русская литературно-философская традиция в романе Сола Беллоу «Больше умирают от разбитого сердца»//Вопросы взаимовлияния литератур Западной Европы и Америки: Межвузовский сборник. Н.Новгород: Изд-во ННГУ, 1998. С. 39-45.

的相互影响问题》论文集，1998）；

（5）《索尔・贝娄早期小说中的陀思妥耶夫斯基传统》[1]（下诺夫哥罗德国立语言大学"文化交点"会议材料，1999）；

（6）《索尔・贝娄作品中的芝加哥（作为区域主义概念的都市主义）》[2]（载莫斯科大学《美国文化：全球化与区域主义大会纪要》，2001）；

（7）《索尔・贝娄与列夫・托尔斯泰》[3]（载下诺夫哥罗德国立杜布罗柳波夫语言大学《文学、语言和翻译问题》论文集，2001）；

（8）《精英与大众：索尔・贝娄小说〈拉维尔斯坦〉中的现代文化面孔》[4]（载《美国研究年刊》，2004）；

（9）《索尔・贝娄小说中的戏剧和戏剧性》[5]（明斯克"英语及相近学科教学大会"材料，2006）；

（10）《索尔・贝娄小说〈奥吉・玛琪历险记〉的历史背景及历史哲学》[6]（载《下诺夫哥罗德罗巴切夫斯基大学学报（文艺版）》，2008年第5期）；

（11）《索尔・贝娄的〈晃来晃去的人〉与陀思妥耶夫斯基的〈地下

① Бронич М.К. Традиция Ф.М.Достоевского в ранних романах Сола Беллоу// Carrefour des cultures. Перекресток культур. Francoic Mauriac et la Russie. Франсуа Мориак: Материалы международной научной конференции. Н.Новгород: НГЛУ,1999. С. 62-79.

② Бронич М.К. Чикаго в творчестве Сола Беллоу (урбанизм как концепт регионализма)//Американская культура: глобализация и регионализм: Тезисы конференции. М.: МГУ, 2001. С. 34-36.

③ Бронич М.К. Сол Беллоу и Лев Толстой//Проблемы литературы, языка и перевода: Сборник научных трудов. Н.Новгород: НГЛУ им. Н.А.Добролюбова, 2001. С.14-21.

④ Бронич М.К. Элитарность и массовость: лики современной культуры в романе Сола Беллоу «Равельштейн»//Американские исследования: Ежегодник/Под ред. Ю.В.Стулова. Минск: Пропилеи, 2004. С. 11-18.

⑤ Бронич М.К. Театр и театральность в романах Сола Беллоу//Преподавание английского языка и смежных дисциплин: Материалы Международной научной конференции. Минск, 16-18 ноября 2006 г. Минск: МГЛУ, 2009. С. 11-18.

⑥ Бронич М.К. Исторический фон и философия истории в романе Сола Беллоу «Приключения Оги Марча».//Вестник Нижегородского университета им. Н.И. Лобачевского, Нижний Новгород,2008, № 5, С. 310–314.

室手记〉》[1]［载《维亚特国立人文大学学报》,2008，4（2）］;

（12）《索尔 · 贝娄与列夫 · 托尔斯泰:大师的训诫》[2]［载《维亚特卡国立人文大学学报》,2009,2（2）］;

（13）《索尔·贝娄与俄罗斯白银时代哲学》[3]（圣彼得堡第39届国际语文学大会材料,2010）;

（14）《索尔 · 贝娄与列夫 · 托尔斯泰:善的问题》[4]（载《俄罗斯国立赫尔岑师范大学学报》,2009,103）;

（15）《论困惑作为索尔·贝娄文学评论中的文化问题》[5]（载《俄罗斯教育科学院大学学报》,2009,4）;

（16）《索尔 · 贝娄小说〈更多的人为伤心而死〉中的安德烈 · 别雷记忆》[6]［载《明斯克国立语言大学（语文学版）》,2009,4（41）］;

（17）《索尔 · 贝娄与亨利 · 詹姆斯:〈冈萨加的手稿〉与〈阿斯本文稿〉》[7]［载《伏尔加格勒国立师范大学学报（语言文学版）》,2009,7（41）］;

① Бронич М.К. «Болтающийся человек» Сола Беллоу и «Записки из подполья» Ф.М. Достоевского//Вестник Вятского государственного гуманитарного университета. Киров, 2008. № 4(2). С. 160-164.

② Бронич М.К.Сол Беллоу и Лев Толстой: уроки мастера.//Вестник Вят ГГУ, Киров, 2009, №2(2), С.174-179.

③ Бронич М.К. Сол Беллоу и русская философия Серебряного века.//XXXIX Международная филологическая конференция(Н). Санкт-Петербург. 2010.

④ Бронич М.К. Сол Беллоу и Лев Толстой: проблема добра.//Известия российского государственного педагогического университета им. А.И.Герцена. СПб., 2009. № 103. С. 76-84.

⑤ Бронич М.К. Рассеянность как проблема культуры в публицистике Сола Беллоу//Вестник Университета Российской академии образования. М., 2009. № 4. С. 63-67.

⑥ Бронич М.К. Реминисценции Андрея Белого в романе Сола Беллоу «Больше умирают от разбитого сердца»//Вестник Минского государственного лингвистического университета. Серия 1. Филология. Минск, 2009. № 4(41). С. 169-177.

⑦ Бронич М.К. Сол Беллоу и Генри Джеймс: «Рукописи Гонзаги» и «Письма Асперна»//Известия Волгоградского государственного педагогического университета. Серия «Филологические науки». Волгоград, 2009. № 7(41). С. 170-173.

（18）《索尔・贝娄小说〈受害者〉中的陀氏影响》[①]（载《下诺夫哥罗德罗巴切夫斯基大学学报》,2009,1）；

（19）《索尔・贝娄创作中对俄罗斯文学和文化的接受》[②]（下诺夫哥罗德国立杜布罗柳波夫语言大学语言文学博士论文,2010）；

（20）《索尔・贝娄创作中的自然与城市：与列夫・托尔斯泰辩论》[③]（载《下诺夫哥罗德国立杜勃罗留波夫语言大学学报》,2011,14）。

仅从这些论文的标题我们就可以看出,布罗尼琪比较注重研究俄罗斯文化和文学对贝娄的影响,主要是陀思妥耶夫斯基和托尔斯泰对贝娄创作的影响:如《索尔・贝娄小说〈受害者〉中的陀氏影响》以其早期作品《受害者》为例,研究了贝娄的语言规范性问题以及他对陀思妥耶夫斯基作品的接受特点。文章通过对具体的引起对陀思妥耶夫斯基联想的类似物及其特点、贯彻始终的主题和情节进展的分析,揭示了所研究文本在类型学方面的相似性和在民族观念方面的差异性。布罗尼琪认为,这部小说的整体情节,甚至框架结构都模仿了陀思妥耶夫斯基《永久的丈夫》:"两部作品的受害者都去敲诈主人公,而主人公都怀有罪感,对受害者有种爱恨交织的心理"[④],而且,两部作品的某些细节很相似。陀思妥耶夫斯基所创立的多义性艺术效果与贝娄创作方法的鲜明特点联系紧密,但后者的多义性较陀氏有增无减。贝娄把陀思妥耶夫斯基小说情节的一条线索分成了两条平行的线索,并重新思考了梦和梦境的主题。两部作品的小丑行为和伪装的主题只是部分相关,与陀思妥耶

① Бронич М.К.Реминисценции Достоевского в романе Сола Беллоу «Жертва».// Вестник Нижегородского университет им. Н.И.Лобачевского. Нижний Новгород, 2009. №.1. С. 194-201.

② Бронич М.К. Рецепция русской литературы и культуры в творчестве Сола Беллоу: автореферат дис. ... доктора филологических наук: 10.01.03 / [Место защиты: Нижегор. гос. ун-т им. Н.И. Лобачевского]. 2010.

③ Бронич М.К. Природа и город в творчестве Сола Беллоу: полемика с Л. Н. Толстым//Вестник НГЛУ им. Н.А. Добролюбова. Вып. 14. Нижний Новгород, 2011. С.133-140.

④ 汪汉利:《索尔・贝娄与陀思妥耶夫斯基》,《浙江海洋学院学报(人文科学版)》,第26卷第2期,2009年6月,第30—34页。

夫斯基不同的是，贝娄将自己的世界图景及其具体表现投射在作品中。

在《索尔·贝娄的〈晃来晃去的人〉与陀思妥耶夫斯基的〈地下室手记〉》这篇文章中，布罗尼琪研究了贝娄对陀思妥耶夫斯基创作的接受，透过贝娄在《晃来晃去的人》中与存在主义辩论的棱镜，分析了他对陀思妥耶夫斯基原型模式的主观看法，表明两位作家之间文学的联系不在于其相似性，而在于对道德体系中合理性之作用的评价根本不同。《论困惑作为索尔·贝娄文学评论中的文化问题》以贝娄两篇关于文化危机时代艺术家使命的小品文《作家的困惑》和《困惑的公众》为例，分析了贝娄如何看待混沌和秩序、“小说死了”、当代文学的症结、作家的使命等问题，把“困惑”视为贝娄文学评论中的一种文化问题，并认为托尔斯泰的艺术经验是贝娄捍卫艺术创造、对抗信息风暴的理论源泉。《索尔·贝娄与列夫·托尔斯泰：大师的训诫》一文“研究了贝娄与托尔斯泰在主题思想和体裁方面的一些对话”[①]，并以《奥吉·玛琪历险记》和《抓住时日》为例，分析了托尔斯泰对贝娄的影响之具体体现，如对个性的评价、人物性格的多变性、个体生命与整体的不可分割性等，认为贝类作品精神上的不落俗套和良心的崇高道德律令，都是从托尔斯泰的先验主义伦理学和道德哲学精神中建立起来的，托尔斯泰的心理分析对贝娄来说首先是寻求艺术真谛以唤醒心灵的手段。其分析表明，俄罗斯经典文学中某些独立的哲学创作主题和描写原则，在贝娄的作品中得到了直接或间接的体现，并在新的语境中获得了新的形式。与此类似的《索尔·贝娄与列夫·托尔斯泰：善的问题》一文研究了贝娄作品对托尔斯泰道德哲学某些方面的接受特点，通过对其作品中的引喻、主题、情节的分析，结合不以暴力抗恶和中庸理论问题，揭示了两位作家的相似性，并在某些地方用托尔斯泰的道德理论与美国先验主义哲学观的起源关系作了阐释。

关于俄罗斯文化和文学对贝娄影响的研究，最具代表性的是她的文学博士论文《索尔·贝娄创作中对俄罗斯文学和文化的接受》（Рецепция русской литературы и культуры в творчестве Сола Беллоу）。她在文中以贝娄的文艺政论文章为研究客体，以其创作中

① Бронич М.К. Сол Беллоу и Лев Толстой: уроки мастера//Вестник Вятского государственного гуманитарного университета, Киров, 2009. № 2(2). С. 174.

对俄罗斯文化和文学的接受之特征和机制为研究对象，运用比较文学方法、对话性原则、释义学和接受美学的结构原理以及跨学科讨论的基本原理，透过俄罗斯19—20世纪前30年文学的远景审视了贝娄的创作。她还论述了贝娄在其文学作品和评论文章中对俄罗斯文化及文学经验的领会、掌握和嫁接，并首次尝试在俄罗斯文学的大背景下对贝娄的创作进行系统考察和分析，研究了西欧和俄罗斯传统对贝娄的影响。她在介绍贝娄创作的各个时期及创作方向的同时，将其大量在俄罗斯国内尚不知名的文艺政论作品引入了研究。另外，她还在论文中探寻了贝娄接受俄罗斯文学和哲学传统的原因，从与俄罗斯文学和哲学传统的关系角度分析了贝娄的文学和政论作品，揭示了贝娄与俄罗斯作家文本的类型学相似性，对在此相似性基础上产生的俄美文学亲近联系和类型学联系加以分析，并建构起了俄美文学的共同意义空间。

布罗尼琪认为，在20世纪下半叶美国作家对俄罗斯文学—哲学传统兴趣日趋浓厚的背景下，美国文化界对俄罗斯文学的各种理解在贝娄的创作中得到了有机统一。其现代浪漫主义小说的体裁特征受到了包括陀思妥耶夫斯基和托尔斯泰在内的俄罗斯文学传统的影响。陀思妥耶夫斯基在贝娄的艺术思维中就像某种固定的文本，在他的整个创作过程中以各种变体出现在其作品中。布罗尼琪揭示并阐述了贝娄所开创的“知识分子喜剧”体裁的基本特点，认为这种体裁在某种程度上源自陀思妥耶夫斯基的梅尼普体。贝娄对托尔斯泰的接受则多半是由于后者在美国文化中的特殊地位——托尔斯泰的哲学—道德追求是与美国道德说教相符的，但贝娄注重的并非托尔斯泰的地位，而是他塑造人物的方法，突出托尔斯泰的个人追求：“贝娄喜欢俄罗斯宗教哲学在提出‘终极问题’时的大胆、极端性和世界性，俄罗斯哲学家的作品成为了贝娄所塑造的各种与现代社会的精神文化贫瘠相对立的形象的源泉。”[①] 不过，贝娄哲学思考的宗教—神秘主义倾向和对俄罗斯宇宙论的锡利亚主义—乌托邦学说的排斥，使得他与俄罗斯思想家和作家之间

① Бронич М.К. Рецепция русской литературы и культуры в творчестве Сола Беллоу: автореферат дис. ... доктора филологических наук: 10.01.03 /Нижегородский государственный лингвистический университет им. Н.А.Добролюбова, 15.03.2010. С.5.

的争论比较明显。从艺术方面来看，“他的浪漫主义小说在体裁和风格方面具有综合性特点，这是把对西欧及俄罗斯美学和哲学遗产的创造性把握与对各种纯民族主义问题的深入研究相结合的产物”。[①] 布罗尼琪在文中还首次研究了美国文学对20世纪初俄罗斯象征主义、阿克梅主义和俄罗斯哲学的接受问题。

另外，布罗尼琪对贝娄作品的艺术特色也有一些研究。在《索尔·贝娄小说〈奥吉·玛琪历险记〉的历史背景及历史哲学》一文中，她考察了该小说的历史背景。在她看来，这些背景不仅包括时代生活和风尚的独特标志，还有成为主人公和作家反思对象的历史事件和人物。除此之外，她还研究了贝娄小说中的历史主义问题及其特征，探讨了他的历史哲学思想、流浪汉小说和成长小说艺术手法、“恶作剧者”等问题。她认为，索尔·贝娄艺术世界最重要的组成部分，是重建主人公特定心理和哲学观的时代精神与政治本质。她在文章中重点讨论了追求人的个性独立与历史决定论之间的冲突问题，阐述了这种形而上学冲突在小说主人公奥吉·玛琪身上的内化及在故事情节中的体现，并指出，这种冲突决定了小说的结构。在布罗尼琪看来，《奥吉·玛琪历险记》体现了贝娄对当前历史最核心问题——时间对人的钳制——的迫切关照，并指出贝娄在该问题上的观点与托尔斯泰的历史哲学有着惊人的相似——人是历史的精髓意义之所在，即“由于人类寿命的限制，人不得不对自然法则低头……但尽管如此，人却是自由的”。[②]

雅申金娜（Яшенькина Р.Ф.）在《索尔·贝娄的“长”短篇小说（体裁和诗学特点）》[③]（载《彼尔姆国立大学学报》，2009年第6期）一文中认为，贝娄创新了短篇小说的体裁，并将其称为“密实的短篇小说”。其

① Бронич М.К. Рецепция русской литературы и культуры в творчестве Сола Беллоу: автореферат дис. ... доктора филологических наук: 10.01.03 /Нижегородский государственный лингвистический университет им. Н.А.Добролюбова, 15.03.2010. С.5.

② Бронич М.К. Исторический фон и философия истории в романе Сола Беллоу «Приключения Оги Марча». Вестник Нижегородского университета им. Н.И. Лобачевского, Филология. Искусствоведение, 2008, № 5. С.313.

③ Яшенькина Р.Ф. «Длинный» рассказ С.Беллоу (особенности жанра и поэтики)// Вестник Пермского университета, - Пермь, Вып. 6, 2009. С.66-72.

内容的充实性是与事件的缓慢发展和长篇小说特有的密实度相连的。在他的诗学中，情节和作者动机占主导地位，而语言的“自然力量”构成密实的文本。雅申金娜指出，贝娄文本的内在特点是由语言决定的，他将语言视为文化的根本，通过语言来透视生命的本质。其美学形式的创新首先体现在故事和情节新的相互作用和新的叙事原则。雅申金娜从贝娄创作的历史意义谈起，认为他将文学引入了我们的时代，捍卫了现实主义免受后现代主义的冲击，用现代书信技巧复苏了传统的现实主义，并称短篇小说是贝娄最卓越的遗产之一。雅申金娜还以《堂表亲戚们》为例，探讨了该短篇小说的主题——日常生活和人、高度具体化的形而上学内容、犹太身份主题等。她认为，这是一篇很长的短篇小说，人物密集，形象复杂并具有书信风格。“不同寻常的是它把注意力从一个人物转移到另一个人物身上，使叙事者和生活本身最终成为了无情节故事的主人公。”[①] 另外，雅申金娜又以《窃贼》为例，对贝娄长篇小说和短篇小说的区别作了具体阐释，分析了该短篇小说复杂的分支结构、叙事方法、人物等。作者指出，因情节和叙事人的作用不同以及结构和布局的不同，贝娄的“长”短篇小说与“短”短篇小说作为两种体裁的区别很明显，但他的短篇与其“小”长篇之间的区别却并不这么明显。他的“短篇很长，而长篇却很‘短’”[②]。文章最后指出，贝娄简短充实的短篇小说并非以其具体性，而以对人心灵和潜能的人道主义关切取胜。这让人感到他不仅是一个现实主义作家，也是一个浪漫主义作家，同时还具备了“后现代主义的同情心”。

肖波洛娃（Шоболова С.В.）女士的《论索尔 · 贝娄小说〈赫佐格〉中的浪漫主义传统》[③]［载《下诺夫哥罗德罗巴切夫斯基大学学报（文艺版）》2010 年第 1 期］对小说《赫佐格》主人公性格以及其中的疯狂、二元对立、罪恶、死亡等问题进行了研究，揭示了作品中的浪漫主义元素，

① Яшенькина Р.Ф. «Длинный» рассказ С.Беллоу(особенности жанра и поэтики)// Вестник Пермского университета. - Пермь, Вып. 6 . 2009. С.69.

② Яшенькина Р.Ф. «Длинный» рассказ С.Беллоу(особенности жанра и поэтики)// Вестник Пермского университета. - Пермь, Вып. 6 . 2009. С.70.

③ Шоболова С.В. Рецепция романтизма в романе Сола Беллоу «Герцог»//Вестник Нижегородского университета им. Н.И. Лобачевского, 2010, № 1, С. 309-314.

同时阐述了论文作者对苦难、自由、生命与死亡问题的哲学思考。她认为，贝娄的《赫佐格》继承了爱伦·坡（Poe, Ellen, 1809—1849）的唯理主义浪漫主义传统，像爱伦·坡一样凸显了"人的意识与现实的冲突"问题，延续了爱伦·坡奠定的心理描写传统，并用书信表现了主人公内心世界的矛盾和特点。在她看来，贝娄的赫佐格是浪漫主义主人公的典型。不过，与传统的浪漫主义主人公不同的是，赫佐格生活在作家当时的世界里："主人公的浪漫主义特质潜藏在他的内心世界里，在他不同于他人的感知和思考能力中。贝娄的赫佐格不是以失去理智的疯子的形象出现的，他承认单个有限存在本体论上不可调和的破碎性，以及整个人类社会是一个有机的整体，他是接近智慧的。"① 这与浪漫主义作品传统的疯狂主题有所不同。疯狂是20世纪文化的中心问题，也是浪漫主义的中心问题。对浪漫主义来说，疯狂是最易于接受的解释新精神经验的形式之一。浪漫主义作品传统的疯狂主题在美国的爱伦·坡和纳撒尼尔·霍桑的很多小说里都有体现。在自然观方面，贝娄追随了美国浪漫主义—先验论作家拉尔夫·沃尔多·爱默生、亨利·梭罗和霍桑的步伐，并有所发展。赫佐格的自然观也是浪漫主义的——这不是主体对待外界的简单个人态度，而是通过自然表达的个性对待人生的态度。他将自然视为朋友，是与城市风气败坏相对立的道德价值载体。二元对立手法在小说中也占有重要地位。在赫佐格的意识中仿佛存在两个不同的人：一个生活在思想的世界里，另一个千方百计想融入现实的物质世界里。这形成了浪漫主义作品的特征之一——精神与物质的强烈对比。但与前人相比，"贝娄的同貌人首先是可笑的，是主人公自我嘲讽的反映。在小说的结尾，同貌人与主人公和谐地统一并融合了"。②

此外，作者还分析了小说的浪漫主义讽刺手法。贝娄的讽刺引起读者的自我反思，借讽刺展开死亡的话题：在20世纪美国残酷的现实主义中，生与死在贝娄小说中的浪漫主义对立显得几乎比在爱伦·坡

① Шоболова С.В. Рецепция романтизма в романе Сола Беллоу «Герцог»//Вестник Нижегородского университета им. Н.И. Лобачевского, 2010, № 1, С. 310.

② Шоболова С.В. Рецепция романтизма в романе Сола Беллоу «Герцог»//Вестник Нижегородского университета им. Н.И. Лобачевского, 2010, № 1, С. 312.

的神秘主义小说中还要色彩鲜明。20世纪60年代美国的实用主义思潮造就了贝类作品中的冲突，贝娄在对浪漫主义价值观的回归中看到了克服当代精神危机的良方，运用浪漫主义的手段寻找现实主义的代替物，与当代社会等待世界末日的个人主义观念作斗争。

2010年4月23日，在莫斯科人文经济学院基洛夫分院举行的第14届大学生科研代表大会上，布列兹金娜（Брезгина И.）宣读了题为《1940—1960年间索尔·贝娄小说的演变（冲突的特色和个性观念）》①的论文。这是索尔·贝娄研究的最新成果。文章介绍了贝娄20世纪中叶20年间的创作演变，探索了作家哲学—美学观形成的根源，进而阐释了现代美国长篇小说的创作革新。

此外，关于索尔·贝娄创作研究的还有伊特金娜（Иткина Н. Л.）的专著《索尔·贝娄的小说》②（俄罗斯国立人文大学出版中心，2009）。该书详细考察了其小说中的诗学问题，包括对人和世界的认识、典型人物的塑造、艺术手法和修辞等问题。

总的来说，与欧美和中国的索尔·贝娄研究相比，俄罗斯学界从事索尔·贝娄研究的人并不多，译介和研究成果也不丰硕，而且大多数研究侧重于索尔·贝娄与俄罗斯文学的联系。

① Брезгина И. Эволюция романов Сола Беллоу 1940-1960 годов (Своеобразие конфликта и концепция личности).//Программа XIV студенческой межвузовской научной конференции «Весна-2010». Киров, Отпечатано в типографии Кировского филиала МГЭИ, 2000. С. 28.

② Иткина Н.Л. Роман Сола Беллоу /Москва: Российский гос. гуманитарный ун-т, 2009.

第八章 贝娄研究在西班牙和西班牙语美洲

作为公认的伟大作家,贝娄的作品在西班牙语国家读者群很广。他所有的作品都被翻译成西班牙语,并由西班牙著名的出版公司出版。不过,最早出现贝娄作品西班牙语版本的却是在西班牙语美洲国家,如阿根廷、墨西哥和智利。1962 年阿根廷吉列尔莫·克拉夫特(Kraft, Guillermo)出版社出版了《奥吉·玛琪历险记》; 1964 年墨西哥的华金·摩尔蒂斯出版社(Joaquín Mortiz)出版了《雨王汉德森》;之后,智利的之字出版社(Zig-Zag)于 1969 年出版了《受害者》。1964 年,贝娄的成名作《赫佐格》出版以后,西班牙的命运出版社(Destino)马上出版了西班牙语版本,由著名的翻译家、曾经翻译过乔治·奥维尔《1984》的拉法艾尔·巴斯克斯·萨莫拉(Vázquez Zamora, Rafael)翻译。萨莫拉还翻译了《莫斯比的回忆》(*Mosby's Memoirs*)和《赛姆勒先生的行星》,这两部小说的译文分别由命运出版社于 1969 年和 1972 年出版。1968 年,由赛依克斯·巴拉尔(Seix Barral)出版社出版的《抓住时日》由西班牙著名的诗人、散文家、文学评论家、翻译家何塞·玛利亚·巴尔韦德(Valverde, José María)翻译。1976 年贝娄获得诺贝尔文学奖之后的作品主要由普拉萨与哈内斯出版公司出版。2004 年德博西略出版社(Debolsillo)又重新出了新版的贝娄作品平装书。2011 年,贝娄的《信札》由阿尔法比亚出版社(Alfabia)翻译出版。

贝娄的作品在西班牙经常再版,但是学界对贝娄的研究却不是很多。许多评论文章更似名著的读后感或者随笔。显而易见,这些作品是被当作当之无愧的名家名著来阅读的。

多明戈·罗德纳斯·德·梅亚(Ródenas de Moya, Domingo)在其

著作《二十世纪一百位作家》(*Cien Escritores del Siglo XX*)(索尔·贝娄)[①]中首先说道,贝娄获得过很多文学奖项,其中包括1976年的诺贝尔文学奖。虽然文学界评价甚高,但也不乏反对的声音。比如后现代主义者认为他的作品只是步19世纪俄国作家或者狄更斯后尘的平庸之作,根本称不上是20世纪的作品。而他在作品中对女性形象的描写,也冒犯了女性主义者。纳博科夫认为他的作品"平庸得可怜"。而贝娄本人,则被指责为种族主义者,在芝加哥一条大街要以他的名字为名时遭到了抗议。作者把贝娄和其他很多犹太作家,如菲利普·罗斯,伯纳德·马拉默德以及艾萨克·巴舍维斯·辛格放在一起,但是认为犹太文学在美国占据了非常特别的位置,而且就其范围、质量和数量来说,都很难把它再归入少数族裔文学。

梅亚认为,是《奥吉·玛琪历险记》这部作品"奠定了贝娄作为美国当代伟大作家的基础"。这部作品曾多次被拿来和塞万提斯的《堂吉诃德》(*Don Quijote de la Mancha*)做比较,[②]而且塞万提斯毫无疑问地对贝娄的文学创作产生了一定的影响。收在短篇小说集《莫斯比的回忆》里的《冈萨加的手稿》,"以弗朗哥时期的西班牙为背景,小说主人公对于一个像乌托邦一样的手稿的追寻,虽然游离于整个故事之外,但却和情节紧密相连,从中也可以看出塞万提斯的影响。另外,这部小说毫不留情地描写了一个落后的、多疑的、对美国既羡慕又妒忌的西班牙形象。其侦探小说的元素和辛辣的讽刺风格,让人想起亨利·詹姆士的《艾斯珀恩文件》(*The Aspern Papers*,1888)和A. S. 拜厄特(Byatt, A. S., 1936)的《占有》(*Possession: A Romance,* 1990)"。

在梅亚看来,"贝娄小说里的主人公们展示了作者的思想发展过程和他不断追求更好、更完美的热情。尽管从马克思主义或者最近几年流行的新保守主义的观点来看,贝娄的思想体系在不断变化,但是作为一个被打上犹太作家烙印的作家他一直没变。是一个犹太作家不仅仅

---

① Domingo Ródenas de Moya: "Saul Bellow", *Cien Escritores del Siglo XX*, Ed. Ariel. S. A. España, 2008, pp. 473-475.

② 西班牙是流浪汉小说的起源地,西班牙语作家或文学评论家经常把该小说和西班牙伟大的流浪汉小说代表作相比较。该小说在何塞·巴斯克斯·阿马拉尔(José Vázquez Amaral)的文章《索尔贝娄》里被拿来和《托尔梅斯河的小拉萨路》做比较。

意味着是个犹太人，信仰闪米特人的信仰。正如阿尔弗莱德·卡津指出的，犹太作家贝娄在他的大部分作品里都渗透着对犹太民族的关注：几乎所有作品里都有犹太人物，就是他们身边的非犹太人，也无一例外跟犹太人有瓜葛。有犹太街区，犹太家庭……所表现出来的犹太人俨然是世界知识分子。犹太人是被上帝选中的子民，也屡遭迫害，这样的想法让贝娄着迷。在他的作品里，主人公们都是历尽千辛万苦得以在城市丛林里幸存下来的犹太人。他笔下的英雄是与社会格格不入、到处漂泊、在一个充满敌意的世界奋力斗争的奇怪人物。他们是在一个陌生的世界流浪的朝圣者，只有斗争才能幸存。《晃来晃去的人》的主人公约瑟夫就自问：'一个好人要怎样活下去呢？他该怎么做？'这样的问题正是贝娄作品的关键，体现了他的主人公们共同的精神困境。如何回答这样的质问，如何解决这样的问题，小说《抓住时日》的名字就非常明确无误地给出了答案。"

另外一篇比较有代表性的文章是皮埃尔·哈克梅特收录在《我的图书馆之旅》中的文章《赫佐格和洪堡的礼物》（"Herzog-El legado de Humboldt"）。[①] 哈克梅特自学成才，通晓多国语言，爱好文学、诗歌等。这本《我的图书馆之旅》连续出了四版，在西班牙广受好评。哈克梅特在该书中主要以一个普通读者的身份对自己所读过的书做评论，类似读后感。他认为"道德上的进退两难是贝娄作品中的精髓"，并认为贝娄运用了希腊悲剧作品中的基本元素，用性格上的缺陷无情地决定主人公们的命运。在他看来，《赫佐格》是贝娄的巅峰之作，是一部让人愉悦的作品。他在评价小说中人物赫佐格时说："赫佐格是一个 47 岁的知识分子，虽然好女色，但也谈不上放荡不羁。他度过了疯狂的一周，想要了解自己、自己的国家和自己所处的时代。在此期间，他用一部分时间来给在他生命中出现的形形色色的人写信，但是这些信他都没有寄出去。这些信札摧毁了西方的哲学传统。""由于最后一次婚姻的失败，赫佐格很沮丧，他的心理医生给他做出了弗洛伊德式的诊断，认为赫佐格对妻子玛德琳所表现出来的爱情只不过是一个自恋的、受虐狂的、过时了的男人一种歇斯底里的依赖罢了。惊诧于这种分析诊断，赫

① Pierre Jacomet: "Herzog-El legado de Humboldt", *Un viaje por mi biblioteca*, Catalonia Ltda, 2006, p.307.

佐格愤而反抗,对我们生活的这个人吃人的社会进行了毫不留情的批判。他攻击尼采、杜威和怀特海,因为他们断定我们没有能力找到内心的幸福,只有求助于宗教和哲学来逃避现实。”作者认为虽然人们把这部作品和乔伊斯的《尤利西斯》相提并论,但“贝娄此书还具有一种丝毫没有贬义的品质:通俗易懂”。

哈克梅特还认为,《洪堡的礼物》是一部“使人发笑的喜剧作品,描写了理查·西特林,一个来自芝加哥的家伙的精神斗争。他被包围在无用的贪婪、黑帮的威胁、‘气体力学’、女人以及一种几乎已经消失的诗意的抒情情怀中间”。在他看来,“这部作品是一场界定在一种喜剧性语言内的宗教讨论”,贝娄在此“批判了美国的资本主义文化,这种文化以一种大男子主义式的对权力、控制欲的渴望,毁灭了爱情、心灵和诗人的情怀。这种灾难是受那些不祥的人物——比如金赛、马斯特斯和约翰逊,尤其是弗洛伊德——的影响的结果。按西特林的说法,‘日常生活中的精神病理学’仅仅证明了我们每天的生活就是病态的精神错乱。一句话:我们每个人都是疯子。”

另外,梅赛德斯·蒙麦尼(Monmany, Mercedes)的著作《喀尔巴阡山的堂吉诃德》(*Don Quijote en los Cárpatos*)汇集了很多作者认为堪与堂吉诃德比肩的伟大作家,其中《索尔·贝娄:纽约的护身符》(*Saul Bellow: un talismán en Nueva York*)[①]一文对贝娄作品做了一些研究。蒙麦尼认为,“索尔·贝娄笔下那些患神经官能症的知识分子,那些形而上的主人公,也就是说,赫佐格,他同名小说的主人公,还有奇迹般地逃过大屠杀跑到曼哈顿来避难的来自克拉科夫省的亲英的波兰人赛姆勒先生,他们已经成为美国现代文坛的一部分,已经成为跟塞林格笔下的霍尔顿·考菲尔德、[②]欧文笔下的盖普、[③]厄普代克笔下的兔子安斯特姆,[④]或者是肯尼迪·吐尔(Toole, Kennedy)笔下的依格那休斯[⑤]等紧

① Mercedes Monmany: “Saul Bellow: un talismán en Nueva York”, *Don Quijote en los Cárpatos*, Ed. Huerga Fierro 1997, pp. 153-155.

②《麦田里的守望者》的主人公。

③《盖普眼中的世界》的主人公。

④《兔子》(四部曲)的主人公。

⑤《笨人联盟》(*A Confederacy of Dunces*)的主人公。

密相连的象征形象”。

蒙麦尼还分析了贝娄近来坚持写中短篇小说的原因:贝娄 1989 年发表《窃贼》时宣布说已经对自己作品中的“思想干预”厌倦,想要重新回到“只是讲故事”上来。他在《记住我这件事》的序言里激情昂扬甚至是怒气冲冲地为文学篇幅的“短小”辩护。之后不久他发表了《贝拉罗萨暗道》(*Bellarosa Connection*),又一次表达了自己完全赞同伏尔泰的“所谓多余,实为必要”的观点,以及纳博科夫的“要抚摸细节”的建议。

蒙麦尼认为,贯穿贝娄作品的“形而上的存在现实主义的关键特点”是“展现世界,在青天白日之下细致入微地描述最生动、最混乱的细节,并得出结论。日常生活中人们为了各种理由在这个世上摇摇晃晃,疲于奔波,贝娄的作品就是要穿透这些理由,到最深的井底看个究竟”。他把贝娄自传性的小说《记住我这件事》的主人公等同于贝娄本人,认为该书描写了“青年学生贝娄,在自己的城市芝加哥四处奔波,外出做事,从事各种工作,不仅仅为了经济上的原因,也就是赚钱,而且是为了解密这座无聊、压抑、丑陋、无边无际、腐败的城市……”“他坚决不相信这里的人们所做的正是他们认为他们正在做的事情。”“年轻的贝娄知道,在每个声音、每个面庞的背后,都悄无声息地隐藏着一个真正的语气。”

在蒙麦尼看来,贝娄同伯纳德·马拉默德、亨利、菲利普·罗斯以及 E. L. 多克托罗(Doctorow, E. L.)等作家共同形成了犹太人自己独特的文学。他认为,这些作家“也代表了或多或少直接从犹太人区中出来的第一代犹太移民,他们在大城市里,面对激烈的冲突,备受惊吓”。也正是由于这种身份背景,“贝娄身上汇集了三种伟大的文化:美国的,俄国的——他的家庭从俄国移民而来——还有他继承的意第绪传统。当代伟大的小说家,波兰移民艾萨克·巴舍维斯·辛格自从他 30 年代来到美国,就一直在继续实践这种传统”。

蒙麦尼在文中分析了贝娄的另一部小说《窃贼》,认为它“是一部现代寓言故事”,讲述的是“一个关于现代纽约城的小故事,其故事背景是爱的力量,在一个强势的、反复无常的女人的一生中,一份唯一的爱所产生的力量”。文中的女主人公克拉拉·维尔德,以多年前情人送给她的一枚戒指做护身符,保护她在一个各方面都“严重超载”,尤其是各种思潮泛滥成灾的时代免遭厄运。借用贝娄的话说,“没有这个无瑕的象征,这个中世纪的护身符,她就没办法活下去”。蒙麦尼认为,贝娄对于纽约,正如戒指对于克拉拉,贝娄就是纽约的护身符。

不过,也有些评论家从批判的角度来阅读贝娄的作品,比如劳拉·巴卡罗(Vaccaro, Laura)在《深海激流和海面微风》(“Corrientes Profundos y Brisas de Superficie”)[①] 一文中,认为索尔·贝娄的作品“展现了男性的主人公由于不得不面对由于精神的诉求而产生的内心挣扎”,并认为“这种对于存在的不确定性是他许多作品的主要特征”。她列举了贝娄的几部小说予以具体说明:“《晃来晃去的人》里,约瑟夫对自己存在的原因进行了思考;又如《奥吉·玛琪历险记》,这是一部跟亨利·菲尔丁的《汤姆·琼斯》(*Tom Jones*)或者马克·吐温小说类似的流浪汉小说,故事的主人公是一个贫困的芝加哥犹太人,他试图为自己跌宕起伏的生活找到意义,与此同时寻找在社会上生活的方式;还有《抓住时日》,小说中汤米·威廉想要用一种他自己也不满意的心理分析来摆脱自己的困境;而《赫佐格》和《赛姆勒先生的行星》里的主人公和‘文化上的不适’做斗争,并把这种不适转换成西格蒙德·弗洛伊德的术语”,并由此得出结论,“贝娄所有的故事都没有偏离一个很清晰的轴线,无论主人公们长着什么样的面孔,有着什么样的名字,归根结底,他们都是同一个人”。

巴卡罗还对贝娄的《雨王汉德森》和《贝拉罗萨暗道》这两部作品提出了批评。她认为“《雨王汉德森》讲的是一个普通琐碎的让人过两天就忘了的故事。故事里的主人公被环境所压抑,一会儿要养猪,一会儿又想拉小提琴,后来他就跑到非洲去寻找自我,当然最后毫无悬念地返回家乡,也重新找到了自我。在此期间确实有一些象征着此次关系重大的寻找之旅的冒险活动,但是掩盖不了其中的粗俗和幼稚。贝娄到底想做什么? 根据英雄故事的传统标准,他是想用一个人在外在地理意义上的环游,来象征人物内心的转变。这其实都是拾海明威的牙慧,只不过把此次的寻根之旅范围扩大了一点,到一个未开化的大陆

① Laura Vaccaro:“Corrientes Profundos y Brisas de Superficie”, *Premios Nobel de Literatura: una lectura crítica*, Universidad de Sevilla, 2007, pp. 329-331.

去。到哪里了呢？一个老套的地方，在那里有原始部落的智者，原始的祈雨仪式。一个昨天还只不过是个经常喝得烂醉如泥，浑身散发着臭气，整日里跟猪为伍的家伙，一个星期后竟然因为像马戏团表演一样的所谓'丰功伟绩'而被人顶礼膜拜。在人物的刻画上连一丁点心理学上的前后连贯都没有。汉德森不断学习的场景，表现得就好像国王达福（Dahfu）拿了块橡皮泥捏来捏去随便造了个型，完全幼稚得如同儿戏。但贝娄确实也有过好时候，甚至好到辉煌夺目。然而，让人感觉他好像深刻不了多久，像只没有续航力的海豚一样，总是要频繁地跳出水面来呼吸空气。当他沉浸在水里的时候，还是不错的"。而《贝拉罗萨暗道》整部小说都是被滥用了的、游移的、无用的回忆。"在一种很合理的矛盾心态中，故事对那些值得留在记忆里的事情提出了疑问：要明智地忘记过去以保持跟现实生活联系的纽带吗？可是内心那无法平复的召唤，迫使着你去回忆过去。用这些元素，贝娄讲述了一个并不多么优秀的故事。当然，故事的价值还是有的，毕竟讲述的是一个如此敏感的话题。不管怎么说，还是应该很严肃地考虑一下，一本书是否仅仅因为提到了一个至今仍是很多人心头之痛的话题，就应该让人觉得比别的书更好，更值得关注和研究呢？"

巴卡罗根据贝娄本人对家乡芝加哥的评论：这是个充斥着斗牛士、流氓无赖和粗野的物质主义、"任何文化之光都透不进来"的地方，来讽刺"在这样一个社会的中等读者要想看懂一个中等难度的作家的作品是有些难度的。因此，贝娄可能让他的某些同胞感觉很深刻，但是对于很多欧洲人来说，他的作品只不过让人产生些微类似流感的灼痛感罢了"。并且说，"对于巴比特来说，贝娄确实是个复杂难懂的作家。然而，除了有时候能在他作品的某些角落里找到大量的积淀，这位得了如此多奖项的作家，坦白地说，在绝大多数情况下都让人失望。"

当然，也有学者从文本分析角度，对贝娄所有作品做了整体研究。比较有代表性的有萨拉曼卡大学语言学系英语语言文学教授皮拉尔·阿隆索·罗德里格斯（Alonso Rodríguez, Pilar）的论文《实体，关联和过程：贝娄作品中反复出现的基本要素》（"Entidades, Relaciones y Procesos: Constituyentes Básicos y Recurrentes en la Narrativa de Saul

Bellow")。[1] 该论文认为,贝娄的作品里有一系列修辞学方面的要素,它们互为关联,反复出现。从中我们得以从话语语言学的角度,把他的所有作品看作一个整体文本,组成这个文本的所有小说都是一个更高层次的大构架的组成部分。它们互相衔接、连贯,共同实现作者想要通过这一系列作品的主人公塑造一个人物典范的企图。

罗德里格斯还通过大量论证,指出这些反复出现的修辞要素贯穿贝娄的所有作品,它们像是明确的指示灯,反映出主人公们所处的不同状态和过程。对这些反复出现的要素的分析和对比,展示出贝娄所有作品的衔接性和连贯性。

2005 年贝娄逝世时,阿根廷作家兼记者罗德里格·弗雷桑(Fresán, Rodrigo)在《自由文学》(*Letras Libres*)发表《索尔·贝娄》[2] 一文,以纪念这位伟大的作家。他在文中对贝娄小说的主题进行了探讨,认为贝娄的小说是"人名"的小说。"自狄更斯以来,很少有作家给自己的作品一上来就写上'人名'。但是在贝娄的小说里,我们看到了奥吉·玛琪、汉德森、赫佐格、莫斯比、赛姆勒先生、洪堡、拉维尔斯坦……而即使人名没有出现在标题里,他也贯穿在小说的字里行间:约瑟夫就是《晃来晃去的人》,阿萨·利文萨尔就是《受害者》,汤米·威廉要《抓住时日》,阿尔伯特·科尔德《院长的十二月》,肯尼斯和本舅舅就是《更多的人为伤心而死》[……]这些人身边都有一个美丽聪明的蛇蝎女人陪伴和折磨着他们——而且其中绝非偶然的,还有一个阿根廷女人。也许换种说法将会更清楚:当我说贝娄的书是关于'人名'的书,实际上我想说的是关于这些'人名'如何生活、如何感受、如何行动的书。千变万化的生活不会自动反映出来,也没有无数的模子供你选择,它们也不会自动就排列得整整齐齐让人用笔把他们记录下来。而贝娄的任务正是如此,他也做到了:钻到这些人的头脑里,讲述这些'人名'杂乱无序的生活,而实际上,这些人都是贝娄自己的'第二自我'。我们可以这么说:从来都没有哪一位作家像贝娄那样写小说原原本本,也没有哪位像他

① Pilar Alonso Rodríguez: "Entidades, Relaciones y Procesos: Constituyentes Básicos y Recurrentes en la Narrativa de Saul Bellow", *Atlantis*, Vol. XI, n°s.1-2, jun.-nov., 1989, pp. 89-112.

② Rodrigo Fresán: "Saul Bellow", *Letras Libres*, 2005, ISSN 1405-7840.

一样原原本本地从事脑力活动。”

西班牙是流浪汉小说的发源地。1979 年在西班牙召开的首届流浪汉小说国际研讨会上，萨拉·M. 帕金森·德·萨兹（Parkinson de Saz, Sara M.）发表了《索尔·贝娄的〈奥吉·玛琪历险记〉，美国流浪汉的起源？》[①] 一文，从贝娄的小说《奥吉·玛琪历险记》和流浪汉小说的渊源入手研究。另外值得一提的是，2010 年诺贝尔文学奖得主马里奥·巴尔加斯·略萨（Vargas Llosa, Mario）于 1988 年写的关于《赫佐格》的评论：《〈赫佐格〉，疯癫的人文主义者》[②] 和曾在罗格斯大学（Rutgers University）担任西葡语系系主任的墨西哥教授、文学批评家何塞·巴斯克斯·阿马拉尔（Vázquez Amaral, José）所写论文《索尔·贝娄》。[③] 后者于 1967 年在墨西哥维拉卡鲁斯大学的学报《话与人》（*La Palabra y el Hombre*）上首次发表，对贝娄在《赫佐格》之前发表的作品进行了细致的研究。

① Sara M. Parkinson de Saz: "*The adventures of Augie March*, de Saul Bellow. Norteamericana: ¿fermento de pícaros?", *La picaresca: orígenes, textos y estructura: actas del I Congreso Internacional sobre la Picaresca*, 1979, ISBN 84-7392-134-8, pp. 1177-1183.

② Mario Vargas Llosa: "Herzog: El humanista desbaratado", *La verdad de las mentiras*, Ed. PEISA, 1993.

③ José Vázquez Amaral: "Saul Bellow", *La Palabra y el Hombre*, La Universidad Veracruzana, 1967, no. 43, pp. 423-439; 1997, no. 101, pp. 221-236.

第九章 贝娄研究在法国

1948年,索尔·贝娄获得古根海姆研究基金,并在1948至1950年间凭此研究基金前往巴黎考察。他在此之前出版的两部小说《晃来晃去的人》和《受害者》已经在欧洲产生了巨大反响。作为曾经给予索尔·贝娄创作手法和哲学思想滋养的法国,对索尔·贝娄作品的译介、评论和研究也始终不遗余力。1968年,法国政府将"法兰西文学艺术骑士勋章"[①]授予索尔·贝娄,足见法国对这位美国文学巨匠之成就的青睐和肯定。本章拟从译著、专著、学术论文和评论文章等几个方面,对索尔·贝娄在法国的被接受程度作概要梳理和总结。

法国对索尔·贝娄作品的译介始于20世纪50年代。1954年,索尔·贝娄《晃来晃去的人》由米歇尔·德翁(Déon, Michiel)翻译成法语,并由普隆(Plon)出版社出版,这是法国读者接触到的索尔·贝娄的最初译作。如果说50年代至70年代是索尔·贝娄创作的黄金时代,那么60年代至80年代法国对其作品的译介也达到了第一次高峰,其间知名的伽利玛出版社(Gallimard)和弗拉马里翁出版社(Flammarion)充当了重要推手。1961年,伽利玛出版社出版了由让·罗森塔尔(Rosenthal, Jean)翻译的《雨王汉德森》,1962年出版了由达尼埃尔·普拉内尔(Planel, Danielle)翻译的《只争朝夕》,1964和1966年又先后出版了依然由让·罗森塔尔翻译的《受害者》和《赫佐格》。进入70年代,法国对索尔·贝娄的译介继续进行,同时有多种旧译再版。1972年,伽利玛出版社出版了由亨利·罗比约(Robillot, Henri)翻译的《赛

① 法国政府于1957年设立该奖。该奖为法国的四大勋章之一,亦为法国文学艺术界的最高荣誉。

姆勒先生的行星》。1977年,弗拉马里翁出版社出版了由让·罗森塔尔翻译的《奥吉·玛琪历险记》,同年和次年还先后出版了由亨利·罗比约和安娜·罗比诺维奇(Rabinovitch, Anne)翻译的游记《往返耶路撒冷:私人札记》和小说《洪堡的礼物》。20世纪80年代对贝娄作品的翻译和再版旧译更为集中。1982年,LGF出版社出版了由D.甘斯堡(Guinsbourg, D.)翻译的《院长的十二月》;1984年,伽利玛出版社出版了由让·罗森塔尔翻译的《莫斯比的回忆》;1989年,朱利亚(Julliard)出版社出版了由亨利·罗比约翻译的《更多的人为伤心而死》。20世纪90年代,随着索尔·贝娄的创作生涯进入重点转向中短篇小说和散文随笔的第三阶段,其作品的法语译介也达到了第二次高峰。1991年,朱利亚出版社出版了由罗贝尔·佩潘(Pépin, Robert)翻译的《贝拉罗萨暗道》和由克莱尔·马尔鲁(Malroux, Claire)翻译的《窃贼》;1992年,LGF出版社出版了英法对照版的《祸从口出的他》;1995年,普隆出版社出版了由马克·绍洛坚科(Cholodenko, Marc)翻译的《集腋成裘》和由皮埃尔·格朗茹昂(Grandjouan, Pierre)翻译的《勿忘我的念物》;1998年,伽利玛出版社出版了由雷米·朗布雷克特(Lambrechts, Rémy)翻译的《真情》。同一时期,法国多家出版社再版以往的许多译作,如1992年弗拉马里翁出版社再版了《耶路撒冷去来》;1994年LGF袖珍书出版社再版了《洪堡的礼物》和《院长的十二月》;1995年10/18出版社再版了《窃贼》。至于索尔·贝娄的暮年之作《拉维尔斯坦》这一长篇小说,则由雷米·朗布雷克特翻译并于2004年由伽利玛出版社出版。

法国文学界对贝娄作品的研究始于20世纪60年代。皮埃尔·多梅尔格(Dommergues, Pierre)在《索尔·贝娄》(*Saul Bellow*, 1967)[①]一书中,通过对各种作品的分析,揭示出贝娄凭借"对主人公的人文构思"、"自身与作品的直接关联"以及"喜剧形式的文笔选择",成为"将伦理艺术和现实感性协调一致的一代文坛作家的代表"。克洛德·莱维(Lévy, Claude)在《索尔·贝娄:移位的视角》[②]

① 以下所有观点均出自 Pierre Dommergues: *Saul Bellow*, Paris: Grasset, 1967。

② 以下所有观点均出自 Claude Lévy: *Saul Bellow: un regard décalé*. Paris: Belin, 2004。除必要外,不另注明出处。

一书中指出,贝娄以其"崭新的感性和全新的写作方法",塑造出了一名"把苦难喜剧化"、"幽默看待世界和自己"的"犹太知识分子的美国臆想"。此外,他还在《索尔·贝娄的小说:叙事技巧与俄狄浦斯式策略》[①]中,对贝娄作品的文体手段和写作策略进行了深入分析总结。热罗姆·沙兰在《身居大胡蜂的脑壳中:美国犹太作家文选》[②]一书中,高度评价了贝娄的《奥吉·玛琪历险记》。他认为,阅读该书就如同"生活在一只大胡蜂的脑壳中,听到的和感受到的,是无休止的嘈杂,是思想、情感、萌动与话语的庞杂汇聚,是一支乐曲",是这本书使得美国犹太作家"变得可见"。同样身为美国文学研究专家的保尔·莱维也发表了多部美国犹太文学专著。她在《艺术家的象征:20世纪下半叶美国犹太文学中的身份与笔法》[③]一书中,对包括贝娄在内的七名作家的文学作品进行了深度剖析与思考。她也在另外一部贝娄研究专著《在索尔·贝娄的周围》[④]中指出,贝娄的作品处于"美国传统、欧洲文化和东欧犹太民俗的交叉点上",是"美国臆想的深度体现",其特征在于"现实主义与荒诞离奇同在,严肃与调侃、内省与奔放并行"。让-伊夫·佩尔格兰在《重寻美洲:索尔·贝娄作品中的主题线路图》[⑤]一书中,对贝娄作品中的主题进行了梳理和挖掘。总体上看,法国对贝娄的研究多为综合性研究,而对其单部作品进行研究的著作不很多见。[⑥]

---

① Claude Lévy: *Les Romans de Saul Bellow: Techniques narratives et stratégies œdipiennes*. Paris: Klincksieck,1983.

② 以下所有观点均出自 Jerome Charyn: *Dans la tête du frelon: anthologie d'écrivains juifs américains*. Paris: Mercure de France, 2006。

③ Paule Lévy: *Figures de l'artiste: identité et écriture dans la littérature juive américaine de la deuxième moitié du XXe siècle*. Pessac: Presses universitaires de Bordeaux, 2006.

④ 以下所有观点均出自 Paule Lévy: *Autour de Saul Bellow*. Angers: Presses De L'université D'angers, 2011。

⑤ Jean-Yves Pellegrin: *Retrouver l'Amérique: itinéraire du sujet chez Saul Bellow*. Paris: Presses de l'Université Paris-Sorbonne. 2010.

⑥ 亚历山大·莫罗科尔达托(Maurocordato, Alexandre)的《索尔·贝娄之〈赫佐格〉的"四维"》(*Les Quatre dimensions du Herzog de Saul Bellow*, 1968)是为数不多的作品研究专著之一。

法国有关贝娄的学术论文主要集中在博士论文层次。据不完全统计，从1977年起，从事贝娄作品研究的博士论文约14篇，其中对贝娄整体作品研究的论文有10篇，对单部作品研究的论文有1篇，另有3篇论文为有关美国文学的比较研究。多数论文从创作手法、人性、哲学以及美学价值的视角，探讨贝娄的创作思想和作品的主题。皮埃尔-伊夫·佩蒂永撰写的《索尔·贝娄与美国传统：阅读实练》[①]可能为最早的此类博士论文。20世纪80年代以来，出现了多部研究贝娄作品的博士论文。其中有瓦尔多·丰蒂的《索尔·贝娄诗意小说中描写的功用》[②]、伊夫·吉厄的《索尔·贝娄诗意小说中人文主义的结束与超验性的追寻》[③]、伊丽莎白·博布里的《索尔·贝娄作品主人公身上的相异性意识》[④]、雷吉娜·康-罗贝松（Camps-Robertson, Régine）的《索尔·贝娄诗意小说中的声音》（*La voix dans l'œuvre romanesque de Saul Bellow*, 1993）、热拉尔狄娜·舒瓦尔·韦龙的《时间线——美国当代小说中的时间性：尤多拉·韦尔蒂、索尔·贝娄和弗拉基米尔·纳博科夫》[⑤]、勒伊拉·埃莱阿尔-穆尔非的《美国文学中双文化现象的两个方面：索尔·贝娄和保罗·鲍尔斯》[⑥]等。其中，由蒂梅阿·隆阿尔德特撰写的《索尔·贝娄，针对现代性的抗争——

① Pierre-Yves Pétillon: *Saul Bellow & la tradition américaine: exercice de lecture.* Thèse de doctorat, Études nord-américaines, Paris 3, dir. Laurette Veza, 1977.

② Valdo Fonti: *Fonction de la description dans l'œuvre romanesque de Saul Bellow.* Thèse de 3e cycle, Études nord-américaines, Paris 8, dir. Olga Scherer Virsky, 1981.

③ Yves Guieu: *Fin de l'humanisme et quête de la transcendance dans l'œuvre romanesque de Saul Bellow.* Thèse de doctorat, Études nord-américaines, Nice, dir. Jean Guiguet, 1982.

④ Elisabeth Baubry: *La Conscience de l'altérité chez le héros de Saul Bellow.* Thèse 3e cycle, Études anglophones, Paris 3, 1982.

⑤ Géraldine Chouard Veron: *Le fil du temps. Aspects de la temporalité dans le roman américain contemporain: Eudora Welty, Saul Bellow, Vladimir Nabokov.* Thèse de doctorat, Études nord-américaines, Paris 3, dir. Hubert Teyssandier, 1995.

⑥ Leïla Elaihar-Moulfi: *Deux aspects du biculturisme dans la littérature américaine: Saul Bellow et Paul Bowles.* Études anglophones, Paris 4, 2001.

1970年以后发表的贝娄小说和评论性文章的对比研究》[1]是一部新近通过答辩的博士论文。该论文围绕贝娄“逆流而上”的存在原则与“紧跟时代”的作家责任，从哲学思辨的角度探究贝娄与“现代性”之间“复杂、矛盾、模棱两可”的关系。隆阿尔德特指出，面对“服从现代性”的召唤，作家表现出的却是一种对“信义”的追求，一种“批评一切、揭露一切、抨击一切”的“全方位的嗜好”。在不满现实运动和多元文化主义蔚然成风的20世纪下半叶的美国，贝娄似乎显得“不合时宜”，或者被批“不够时髦”、“顽固保守”，甚至“反现代主义”。隆阿尔德特通过分析1970年以后贝娄发表的小说和评论性文章，得出如下结论：贝娄一味地“尖锐批判”，恰好是作家“同时代性”的表现，因为他始终保持对现代事物的热情，紧盯时代的发展，之所以“逆流而上”，源于他“抵制历史与传统”、“抵制大同”的思想。他不愿屈从于“当下的政治与文化潮流”，追求的是一种“催生现代性的自由哲学”。隆阿尔德特认为，贝娄作为“讽刺作品大师”和“现代伦理学家”，所做的批判正是基于“激活当代社会对古典自由主义价值观这一政治道德体制的信任”。

除了上述较成规模的译介与学术研究，法国有关贝娄的评论文章也比比皆是。特别是以《读书》（*Lire*）、《新观察家》（*Le Nouvél Observateur*）以及《世界报》（*Le Monde*）为代表的知名报刊杂志，始终关注并及时报道贝娄的创作动态与个人动向，并且不失时机地给予评论或引介。1994年，贝娄出版了散文集《集腋成裘》，伊莎贝尔・菲迈尔以《精神矍铄的索尔・贝娄》[2]为题，对该书进行了简单介绍，称贝娄“大概是最有才智、最为幽默的当代美国小说家”，作品中充斥着作家“对大众文化、政治、美国小说界的抗争”，“以具有忧郁和辛辣讽刺味道的愉悦质询着人类的灵魂和真相的搜寻”。2000年，贝娄的最后一部长

---

① 以下所有观点均出自 Timéa Lonhardt: *Saul Bellow, la résistance à la modernité. Etude comparative des romans et des écrits critiques belloviens publiés après 1970*. Thèse de doctorat, l'université de Nantes, dir. Elyette Benjamin-Labarthe, 2011。除必要外，不另注明出处。

② 以下所有观点均出自 Isabelle Fiemeyer: "Saul Bellow en pleine forme". *Lire*, le 01-09-1995。

篇小说《拉维尔斯坦》引起颇多的指责与非议。亨丽埃特·科尔塔尔·阿尔特随即撰写了《索尔·贝娄背叛了自己的朋友？》[①]一文，广征博引美法两国文学评论界或当事人亲友的评述，对贝娄出卖密友的风波进行了简要回顾。这篇文章其实是对贝娄进行了不愿直白表达的辩护。她文章中反问道："当哲学理想和私生活交织在一起的时候，难道不应提及其传记对象的性行为吗？"她指出，"《拉维尔斯坦》首先是一部小说，它并没有任何针对布卢姆的前言或后记"，"在这种身份紊乱的背景下，泄露他人同性恋的问题具备了全新的内涵。贝娄借由虚构创作，将同性恋去政治化，同时也使得布卢姆的哲学超脱了传统的政治划分。"

2005年4月贝娄去世不久，法国新闻界对这位作家的人生和作品均进行了大量的回顾与评论。迪迪埃·雅各布的《这位伟大的美国作家享誉世界》[②]一文，以新闻采访的形式，高度评价了贝娄的文学成就，称贝娄给了美国犹太文学以"存在的权利"并推动了它的发展。他认为，从贝娄的"作品中衍生了许多文学流派"，并认为贝娄"关注的是能量、细节和激情"，"与其说他活在强势里，不如说他活在怪诞中"。拉扎尔·比通在题为《索尔·贝娄：另一个美国的伟大作家》[③]一文中，通过夹叙夹议的方式，在回顾了贝娄的生平与创作经历的同时，还对贝娄的每部作品做出评价，进而挖掘贝娄的哲学思想。比通在文中指出，贝娄拒绝接受"19世纪铸就的"、"一战之后用伤口和幻灭重塑的清教徒式的规则"，直接向20年来主宰美国文学界的海明威"发起挑战"，表现出"开辟想象新天地"的坚强决心 。在比通看来，贝娄"结束了盎格鲁-撒克逊人和新教徒对文学的控制"，为美国多数人的文化添加了"一个元件"。而且，贝娄与以往的那些"受政治主导、竭力促成民俗同化"的犹太小说家公然决裂，给予后来的"犹太作家、黑人作家以及其他少数族裔作家各种文化表达的权利"。贝娄在作品中竭力"维护日常生活的奇

① 以下所有观点均出自 Henriette Korthals Altes: "Saul Bellow a-t-il trahi son ami?", *Lire*, le 01-02-2001。

② 以下所有观点均出自 Didier Jacob: "Il était dans le monde, le grand écrivain américain", *Le Nouvel Observateur*, le 06-04-2005。

③ 以下所有观点均出自 Lazare Bitoun: "Saul Bellow: le grand écrivain de l'autre Amérique", *Le Monde*, le 06-04-2005。

妙空间”,主张“个体自由”、“对己忠诚”和“不受时效约束的为自己发声的权利”。

从上面简短梳理来看,法国文化于贝娄意义重大,而这位美国作家的艺术成就在法国文学界也获得了广泛的回声。可以预见,法国的贝娄研究也会因此不断地持续下去。

第十章 贝娄研究在日本

贝娄于20世纪60年代被译介到日本。1972年4月,贝娄到日本访问,在东京、京都逗留了一个月时间。同年8月,《英语青年》策划推出了贝娄专辑,较全面地评介了其文学创作。贝娄去世后,2005年8月,该刊再次策划了贝娄专辑以示悼念。近半个世纪以来,日本学界在贝娄研究方面也取得了不少成果。为了推进贝娄及其相关领域的研究,1989年在日本成立了学术研究团体日本索尔·贝娄协会(The Saul Bellow Society of Japan),总部设在关西外语大学。该协会举办年会,刊发会员通讯,给会员提供宣读研究成果的交流平台。自2000年开始,每年在其网站上发布年度会员活动报告,介绍关于贝娄的研究成果。本章拟从译著、专著、主要论文等几个方面,重点梳理20世纪90年代以来日本贝娄研究的状况和研究成果。

1968年,太阳社出版了井内雄四郎(Inouchi, Yūshiro)翻译的《晃来晃去的人》。这当是在日本最早出现的贝娄作品。到了70年代,贝娄的作品开始被大量翻译出版。1970年,现代出版社出版了栗原行雄(Kurihara, Yukio)翻译的《抓住时日》。同年,早川书房出版了宇野利泰(Uno, Toshiyasu)翻译的《赫佐格》,新潮社出版了德永畅三(Tokunaga, Shyozo)翻译的《莫斯比的回忆》。1973年,新潮文库出版了太田稔(Ōta, Minoru)翻译的《受害者》。1974年,角川文库出版了繁尾久(Shigeo, Hisashi)翻译的《索尔·贝娄短篇集》,新潮社出版了桥本福夫(Hashimoto, Fukuo)翻译的《赛姆勒先生的行星》。1977年,讲谈社出版了大井浩二(Ōi, Kōji)翻译的《洪堡的礼物》。其中,《晃来晃去的人》、《抓住时日》在70年代都出现了四个不同版本的译本,《受害者》也出现了两个翻译版本。这说明贝娄的作品在日本已拥有大量读者。

进入80年代以后,贝娄的新作出版不久就能被译介到日本。早川书房于1981年、1983年,相继出版了涩谷雄三郎(Shibuya, Yū zaburo)翻译的《奥吉·玛琪历险记》和《院长的十二月》。中公文库1988年出版了佐伯彰一(Saeki, Shyō ichi)翻译的《雨王汉德森》。之后,早川书房又于1990年、1992年先后出版了宇野利泰翻译的《窃贼》和《贝拉罗萨暗道》。角川春树事务所1998年出版了真野明裕(Mano, Akihiro)翻译的《真情》。贝娄日译本的不断问世也推动了日本文学评论界对其作品的研究。

日本对索尔·贝娄的研究始于20世纪60年代。最早的文章可能是斋藤忠利(Saito, Tadatoshi)的评论文章《索尔·贝娄〈赫佐格〉》[①]。根据对NDL—OPAC(日本国立国会图书馆藏书检索系统)和CiNii(国立情报学研究所)的检索,自1965至2010年,日本期刊杂志共发表有关索尔·贝娄的评论文章约120篇。

早期的评论文章,大多在简述贝娄的文学地位和生平之后,简要评析其主要作品,如大竹胜(Ōtake, Masaru)的《索尔·贝娄的小说》[②]、松原和夫的《索尔·贝娄的出发点》[③]、佐伯彰一的《索尔·贝娄印象》[④]等皆如此。70年代以后,贝娄研究开始呈现出多样化趋势。例如,从贝娄的犹太裔身份出发探讨其作品犹太性的主要有:岩元严(Iwamoto, Iwao)的《犹太裔作家的魅力——贝娄与马拉默德》[⑤]、入江隆则(Irie, Takanori)的《犹太式崩溃的反论——索尔·贝娄论》[⑥]、佐川和茂

① 斎藤忠利:ソール・ベロウ「ハーツォグ」[J]. 文学界, 1965, (6).

② 大竹勝:ソール・ベローの小説[J]. 東京経済大学人文自然科学論集, 1969, (2): 55-81.

③ 松原和夫:ソール・ベロゥの出発点[J]. 英文学, 1970, (3): 78-88.

④ 佐伯彰一:ソール・ベローの印象[J]. 英語青年, 1971, (8): 7-9.

⑤ 岩元巌:ユダヤ系作家の魅力——ベローとマラマッド[J]. 英語青年, 1972, (8): 3-16.

⑥ 入江隆則:ユダヤ的崩壊の逆説——ソール・ベロウ論[J]. 新潮, 1982, (11): 256-273.

（Sagawa, Kazushige）的《视力的增大——索尔·贝娄与大屠杀文学》[①]以及北村有纪子的《阿尼塔·布鲁克纳和索尔·贝娄——犹太性的表现》[②]；还有些论文将研究视角扩展到道德哲学、作者对人的认识等方面，例如涩谷雄三郎的《索尔·贝娄论——以其作为道德家的一面为中心》[③]、大工原千奈美的《死亡的俘虏——索尔·贝娄身上的死亡》[④]、半田拓也的《索尔·贝娄的人性观》[⑤]、竹腰佳誉子的《重生的可能性——索尔·贝娄与水的意象》[⑥]、河合瑞惠的《犹太裔美国人作家作品研究——索尔·贝娄初期作品中人的存在和价值》[⑦]等。此外，也有学者从比较文学视野研究贝娄的作品，例如西口正宏的《陀思妥耶夫斯基、索尔·贝娄和约瑟夫·康拉德的关系》[⑧]、岩山太次郎的《菲利普·罗斯、索尔·贝娄和福克纳——论叙事小说》[⑨]等。

对贝娄的创作技巧进行整体研究的论文不多。其中，大塚绫子的《索尔·贝娄论——技巧和视点》[⑩]是一篇较有代表性的论文。大塚绫

① 佐川和茂：視力の増大：ソール・ベロウとホロコースト文学［J］. 論集, 1986, 27：55-68.

② 北村有紀子：アニータ・ブルックナーとソール・ベロウ——ユダヤ性の表出［J］. 比較文学年誌, 2002,38：137-151.

③ 渋谷雄三郎：ソール・ベロー論——モラリストとしての側面を中心に［J］. 英語青年, 1972,（8）10-12.

④ 大工原ちなみ：死のとりこ：ソール・ベローに於ける死［J］. アメリカ文学評論，1984, 5：59-66.

⑤ 半田拓也：ソール・ベローの人間観［J］. アメリカ文学研究，1987, 24：65-85.

⑥ 竹腰佳誉子：再生の可能性——ソール・ベローと水のイメージ［J］. アメリカ文学評論, 1998, 16：55-65.

⑦ 河合瑞惠：ユダヤ系アメリカ人作家の作品研究——ソール・ベローの初期の作品における人間の存在と価値 [J]. 長良アカデミア, 2002, 5：41-65.

⑧ 西口正宏：ドストエフスキー、ソール・ベローとジョセフ・コンラッドの関係［J］. 大月短大論集, 2003, 3：149-234.

⑨ 岩山太次郎：フィリップ・ロスとソール・ベローとフォークナー——物語小説について［J］. フォークナー, 2006,（4）：14-19.

⑩ 以下所有观点均出自大塚アヤ子：ソール・ベロー論——その技法と視点 [J]. 駒沢大学論集, 1980, 12：55-73。除必要外，不另注明出处。

子以贝娄的随笔为线索,较全面地论述了贝娄的文学观及其思想。具体地说,她依据贝娄在1957年发表的随笔《小说家的分心》提出的观点指出:"现代社会中数据的多样性和人生的噪音,正是贝娄所说的现代人共同面临的'分心'。现代人被这种'分心'剥夺了精神的安宁,灵魂变得支离破碎,丧失自我,陷入混乱状态。贝娄把现代人的这种状况称为'困难'。"大塚绫子认为,贝娄"文学论和艺术论的视点正是在于描述美国社会与生活在感性中的个人(自我)之间的矛盾"。其创作方法的核心可以概括为一句话,即"小说家从混乱与不协调出发。但是,在某种未知的想象力的作用下,朝着秩序化前行"。贝娄的主人公们也如他们的创造者所言,都是从混乱与不协调出发。他们寻找出路,却越来越深地陷入混沌之中,是一群丧失了自我的群体。他们所追求的对他处的向往,变成了对"永不存在之地"的无望的憧憬,进而"受苦者"们因为某种契机又回到现实生活,踏上重生之路。简言之,在大塚绫子看来,贝娄一开始就是以对否定主义见解的否定为己任的作家。他没有陷入虚无主义的泥潭,而是不断思考如何在避免愚蠢且徒劳无益的反抗的前提下,能够对抗广大的社会统治。他既不是空洞无物的乐天派,也不是自恋成癖的悲观主义者。

另外,还有一些论文注重分析贝娄小说中的人物形象。其中,北川典子以贝娄《两个早晨的独白》、《晃来晃去的人》、《受害者》和《抓住时日》四部作品为例,通过对作品中四名赌徒的性格、作用及其变迁的分析与思考,揭示了赌徒及其赌性与贝娄在大量作品中意欲表现的主题之间的关系。新美澄子[①]选取贝娄短篇小说集《莫斯比的回忆》中创作于50年代的四部作品,即《寻找格林先生》、《冈萨加的手稿》、《来日的父亲》和《离别黄屋》,考察了贝娄的生命观与东方宗教思想的关系。坂口佳世子的《"美国人作家"贝娄的诞生》[②],根据年代顺序分析美国社

① 以下所有观点均出自新美澄子:ソール・ベローの生命観について——短編集『モズビーの思い出』をめぐって[J]. 青山学院女子短期大学紀要, 1992, 46:107-118。除必要外,不另注明出处。

② 以下所有观点均出自坂口佳世子:「アメリカ人作家」ベローの誕生——ソール・ベローの文学とアメリカ社会[J]. 宮崎大学教育文化学部紀要・人文科学, 2003, 10:9-18。除必要外,不另注明出处。

会在贝娄作品中的折射，考察了贝娄的文学特性及创作态度。坂口指出，《奥吉·玛琪历险记》生动地描写了美国社会这种"光与影"的对比，以及美国对各个政治阶级的区别对待，让读者认识到了厄普顿·辛克莱（Sinclair, Upton）的"热带丛林"社会，即弱肉强食的美国社会。贝娄以犹太人移民这样一个边缘人物的视角，揭示了上世纪二三十年代美国社会存在的矛盾。

从总体上来看，对贝娄某一部具体作品的专题研究占有很大比例。这主要集中在贝娄的长篇小说上，其代表作《晃来晃去的人》、《抓住时日》、《雨王汉德森》问世后一直是日本学者研究的热点，对其他作品的研究则呈现出明显的阶段性，如对《赫佐格》、《洪堡的礼物》的研究集中在1990年之前，对《受害者》、《奥吉·玛琪历险记》的研究集中在1995年之前，对《赛姆勒先生的行星》的研究多出现在2000年之前，在这些时间点之后就几乎没有再出现相关的研究成果。中短篇小说除《抓住时日》外，其他作品鲜有人问津。

从已发表的论文来看，多数学者从哲学和人性的视角探讨贝娄作品的主题，如铃木喜美的《索尔·贝娄〈雨王汉德森〉中肯定的哲学》[①]、佐川和茂的《索尔·贝娄〈雨王汉德森〉——生的探求者》[②]、佐藤由美的《索尔·贝娄〈雨王汉德森〉研究——人生观的转换》[③]、加藤菊雄的《从〈奥吉·玛琪历险记〉看索尔·贝娄人性恢复的思想》[④]、佐川和茂的《索尔·贝娄的〈受害者〉——对肯定的愿望》[⑤]、坂野明子的《超越"智慧"

① 鈴木喜美：ソール・ベロー『雨の王ヘンダーソン』における肯定の哲学 [J]. 文化研究, 1998, 12：125-136.

② 佐川和茂：ソール・ベロウの『雨の王ヘンダスン』：生の探求者 [J]. 論集, 1984, 25：49-64.

③ 佐藤由美：ソール・ベローの『雨の王ヘンダソン』研究：人生観の転換 [J]. Otsuma review, 1978, 11：54-68.

④ 加藤菊雄：「オーギィ・マーチの冒険」から見たソール・ベローの人間性回復の思想 [J]. 帝京大学文学部紀要 英語英文学一般外国語, 1977, 8：33-58.

⑤ 佐川和茂：ソール・ベローの「犠牲者」：肯定への願望 [J]. 研究紀要, 1980, 11：247-254.

的剩余性——索尔·贝娄〈洪堡的礼物〉研究》[①]。也有人探讨贝娄作品中的犹太主题,如森哲夫的《〈受害者〉中的反犹太主义》[②]、伏谷幸子的《索尔·贝娄和大屠杀——以〈赛姆勒先生的行星〉为中心》[③]。特别值得一提的是西口正宏的《关于索尔·贝娄〈雨王汉德森〉的考察》[④]。西口正宏在文中指出,从《雨王汉德森》中可以看到贝娄对二战后美国政治的讽刺。在他看来,贝娄在小说中批判了现代社会和在科学万能的风潮中自我的丧失或自我含混的现象,并把汉德森塑造为一个坚决不肯失去自我的人物。也就是说,贝娄文学的特征首先是探讨在现代社会的生活中如何不丧失自我的问题;其次是把描写不轻易与社会妥协的主人公看作作家的使命。

对贝娄作品中的人物进行分析研究的论文主要有:只木荣美的《约瑟夫的苦斗——索尔·贝娄〈晃来晃去的人〉研究》[⑤]、篦雅明的《约瑟夫与自由——索尔·贝娄〈晃来晃去的人〉》[⑥]、伊达雅彦(Date, Masahiko)的《模糊不清的"骗子"形象——其意义与可能性》[⑦]、木村雅次的《索尔·贝娄对女性的描写方法——以〈受害者〉为例》[⑧]等。伊达雅彦从贝娄在《抓住时日》中细节设置的角度,探讨了从表层下面支

① 坂野明子:〈知〉の余剰性を超えて:ソール・ベロー「フンボルトの贈り物」の研究 [J]. 静岡大学教育学部研究報告 人文・社会科学篇, 1982, 33 : 121-139.

② 森哲夫:「犠牲者」における反ユダヤ主義 [J]. 拓殖大学論集, 1982, 136 : 23-39.

③ 伏谷幸子. ソール・ベローとホロコースト:『サムラー氏の惑星』を中心に [J]. 人文研紀要, 2000, 37 : 31-53.

④ 以下所有观点均出自西口正宏:ソール・ベローの『雨の王ヘンダーソン』についての一考察 [J]. 都留文科大学研究紀要,2003,58 : 105-126。除必要外,不另注明出处。

⑤ 只木栄美:ジョゼフの苦闘:ソール・ベロウ『宙ぶらりんの男』研究 [J]. 英米文学, 2002, (3) : 80-107.

⑥ 篦雅明:ジョウゼフと自由——ソール・ベロウの「宙ぶらりんの男」[J]. 甲南大学紀要・文学編, 1983, 49 : 143-153.

⑦ 以下所有观点均出自伊達雅彦:曖昧な「詐欺師」像——その意味と可能性:ソール・ベロー『この日をつかめ』再考 [J]. 尚美学園大学総合政策研究紀要, 2001, 1 : 69-81。除必要外,不另注明出处。

⑧ 木村雅次:ソール・ベローによる女性の描き方:「犠牲者」の場合 [J]. 北海道教育大学紀要. 第一部. A. 人文科学編, 1992, (2) : 27-40.

撑着贝娄作品世界的创作技巧。伊达雅彦指出，在该作品中威廉作为"失败者"的结构从过去持续到现在，并将延续到未来，但是对另一个人物唐金的设置则更加复杂。贝娄一方面让威廉确切地说明唐金是骗子，另一方面又让他觉得唐金可信。这一平衡的效果是通过让唐金本人说出很多事情而成功取得的。具体地说，一方面，贝娄丝毫没有给主人公威廉喘气的机会。他在家庭关系中面对的是更加冷淡的父亲、分居的妻子、关系不好的妹妹和已经死去的母亲。随着作品中物理空间、时间空间的移动，在人际关系也闭塞的环境中，威廉被迫与身份不明的唐金对峙，结果被唐金这类二流的骗子所欺骗。另一方面，贝娄虽然明确地描写了主人公，但是通过有意识地在对应的反面人物的设定上留下模糊之处，使整部作品拥有解释的空间，并扩大了解释的可能性。

新美澄子的论文《作为喜剧的人类》[①] 也值得一提。她通过对《赫佐格》文体的分析，指出贝娄最大限度地使用了幽默和反讽的手法，塑造了一个具有丑角性质的主人公赫佐格。她指出，赫佐格虽然具有与传统的"丑角"不相符的特征，如自我意识、过去、书写、主人公、结婚、学者、撒娇，等等，但他无疑是现代丑角的一个典型。因为在她看来，现代小说丑角性质的主人公（反英雄）不是莎士比亚时代那种巨大的丑角，即在神话的、宇宙论的规模上体现自然和快感原则。神话性的消失即丑角的矮小化，同社会的现代化是表里关系。赫佐格作为丑角的特色在于常常"把双刃剑对准对象和自己"。这与贝娄经常从两个方面观察事物的态度有关。

新美澄子在《世纪末的蓝星》[②] 一文中讨论了贝娄的《赛姆勒先生的行星》。她指出，所谓"赛姆勒的行星"广义上是指我们现在唯一的生活场所地球，狭义上应该是指主人公及其周围的人所构成的生活环境。那正是纽约这座巨大城市的空间，它作为高度真实的幻影成为人们憧憬的地方。赛姆勒就像被命运之线牵着似的从波兰到伦敦，又从伦敦

① 以下所有观点均出自新美澄子：喜劇としての人間——ソール・ベロー『ハーツォグ』[J]. 青山学院女子短期大学紀要，1990，44：181-198。除必要外，不另注明出处。

② 以下所有观点均出自新美澄子：世紀末の青い星——ソール・ベロー『サムラー氏の惑星』[J]. 青山学院女子短期大学紀要，1991，45：103-116。除必要外，不另注明出处。

到奥斯维辛,最后来到纽约。这是因为他感到通过自己体验中的精华弄清事物的真相是一种使命。贝娄本人也相信,表现自己所属时代的时代感是小说家的使命。各种社会现象正朝着人性的灭亡和个人无名化的方向发展,在这样的现代社会中,贝娄以知识分子的良心,对这种倾向表示出强烈的抵抗姿态。他以满腔热情记录下正在发生急剧变化的美国城市,以及居住在这里的人们的意识和生活的变化,也是因为作为同时代的人希望提出一些建议吧。

神户春树在《论索尔·贝娄的〈赛姆勒先生的行星〉》[①] 一文中也指出,《赛姆勒先生的行星》通过从纳粹的收容所奇迹般地生还、几乎经历了整个 20 世纪的赛姆勒的眼睛,描写了纽约的现代文明。神户春树认为,贝娄的这部小说是一部富有历史性和哲学性的作品。在这部作品中,贝娄毫不掩饰地表达出自己的思想。他对现代人的疯狂和文明的颓废进行了历史的考察,认为文艺复兴打破了宗教和科学的和谐,废弃了宗教精神,浪漫主义因过分强调个性和独创而遗弃了模仿的传统。在神户春树看来,贝娄最渴求的是恢复人性的和谐。因此说贝娄这部小说讲的既是有关赛姆勒死亡和重生的故事,也是 20 世纪的历史书,是面向未来的预言书。

日本最早的贝娄研究专著是 1984 年出版的由安藤正瑛(Ando, Masaei)撰写的《索尔·贝娄的世界》[②] 一书。该书从东方文化禅宗的视角探讨了贝娄的文学世界。十年后,田畑千秋(Tabata, Chiaki)撰写的《读索尔·贝娄》[③] 出版。该书作者以《晃来晃去的人》到《更多的人为伤心而死》、《贝拉罗萨暗道》等 10 篇小说为例,分析了贝娄的文学世界。

进入 21 世纪后,日本学者又陆续出版了多部贝娄研究的专著。2003 年,坂口佳世子(Sakaguchi, Kayoko)撰写的《索尔·贝娄研究——贝娄的文学与美国社会》[④] 一书出版。该书作者讨论了贝娄的《晃来晃

---

① 以下所有观点均出自神戸春樹:ソール・ベロー『サムラー氏の惑星』論 [J]. 東海大学紀要・文学部, 2000, 74 : 45-57。除必要外,不另注明出处。

② 安藤正瑛. ソール・ベローの世界 [M]. 東京:英宝社, 1984.

③ 田畑千秋. ソール・ベローを読む [M]. 東京:松籟社, 1994.

④ 坂口佳世子: ソール・ベロー研究: ベローの文学とアメリカ社会 [M]. 東京: 成美堂, 2003.

去的人》、《受害者》、《奥吉·玛琪历险记》、《抓住时日》、《雨王汉德森》、《赫佐格》、《赛姆勒先生的行星》、《洪堡的礼物》和《院长的十二月》这九部作品,并且论述了贝娄作为一名"社会解放者"的作家的作用与意义。2006年,町田哲司(Machida, Tetsuji)出版了《索尔·贝娄——"Soul"的传记序说》[①]一书。作者在该书中探讨了索尔·贝娄早期短篇小说中对死亡的超越思想。翌年,片渕悦久(Katafuchi, Nobuhisa)在其所著《索尔·贝娄的物语意识》[②]中,以贝娄的物语意识为线索,解读了贝娄小说作品的全貌。该书正文由三部分构成。第一部分"回想与冥想",分析了《晃来晃去的人》中虚拟的自我对话,《雨王汉德森》中的"存在"和"转变",以及《洪堡的礼物》中冥想的故事学。第二部分"思索的自我探求者",分析了《奥吉·玛琪历险记》超越常规的思索,《赫佐格》的饶舌与沉默,《院长的十二月》"中空的外部"的迷宫,《更多的人为伤心而死》中趋向出轨的强迫观念。第三部分"作为犹太裔小说的修辞手法",分析了等待着犹太人同胞的《受害者》、彷徨的大卫之星——《抓住时日》、成为摆脱大屠杀文学地平面的《赛姆勒先生的行星》、应该回归的场所《贝拉罗萨暗道》和反映美国犹太人生死的《拉维尔斯坦》。

此外,还有一些论文集性质的研究成果。1982年,岩山太次郎编辑的《索尔·贝娄》[③]一书是作为"现代英美文学研究丛书"之一出版的。该书中收录了数篇有代表性的研究论文,并附有参考文献和年谱。1995年,坂野明子、町田哲司编辑的《索尔·贝娄论文集》由大阪教育图书出版发行。2007年,日本索尔·贝娄协会编辑的《索尔·贝娄研究——人物形象与生存方式的探求》[④]文集出版。该文集由序言、长篇研究、中短篇研究和索尔·贝娄的特约文章构成。其中,有文章运用法国哲学家莱维纳斯(Levinas)的理论研究《受害者》中对他者的责任,并重新解读《洪堡的礼物》;也有文章通过《赫佐格》分析贝娄的知

① 町田哲司:ソール・ベロー:"Soul"の伝記序説[M].大阪:大阪教育図書,2006.

② 片渕悦久:ソール・ベローの物語意識[M].東京:晃洋書房,2007.

③ 岩山太次郎:ソール・ベロー[C].東京:山口書店,1982.

④ 日本ソール・ベロー協会:ソール・ベロー研究:人間像と生き方の探求[C].大阪:大阪教育図書,2007.

识分子观。研究贝娄中短篇小说的文章主要讨论了贝娄的《莫斯比的回忆》、《未来的父亲》、《银碟》、《今天过得怎么样》等作品。论文作者通过这些作品,探讨了贝娄作品中幽默特质的变迁、亲子关系等。

第十一章 贝娄研究在中国[1]

由于历史原因，国内对索尔·贝娄的译介和研究始于"文革"之后，改革开放之初。1976年贝娄获诺贝尔奖之时，中国大陆尚无一本索尔·贝娄的小说译本。国内对索尔·贝娄作品的迻译始于1981年5月。其时，湖南人民出版社出版了王誉公翻译的《勿失良辰》(即《抓住时日》)。1982年9月江苏人民出版社出版了蒲隆翻译的《洪堡的礼物》。此后，1980年代和1990年代，中国大陆又翻译出版了贝娄的5部长篇。2002年河北教育出版社出版了宋兆霖主编的14卷本《索尔·贝娄全集》，涵盖了戏剧以外贝娄的绝大部分作品。2004年11月译林出版社推出了贝娄发表于2000年的最后一部小说《拉维尔斯坦》。2006年上海译文出版社组织出版了贝娄的四部主要作品。[2] 除中译本外，中国对外翻译出版公司于1992年还出版了陈文伯注释的英文版《索尔·贝娄短篇小说集》[3]。

同样由于历史的原因，国内对索尔·贝娄的研究无论在时间上还是质量上也都相对滞后和逊色。据中文检索，1979至2011年9月间，中国期刊发表有关索尔·贝娄的评介文章和论文共三百余篇。最早的

① 本章仅收入中国大陆学者相关研究成果，港澳台地区学者相关成果尚未收入。

② 分别是宋兆霖翻译的《赫佐格》和《奥吉·玛琪历险记》，蒲隆翻译的《洪堡的礼物》和蓝仁哲译的《雨王亨德森》。

③ 英文版为 *Him With His Foot in His Mouth and Other Stories*. New York: Pocket Books, 1985。

可能要算陆凡的评介文章。[①] 早期的文章[②] 大多在对贝娄的文学地位和生平进行简述之后，再对其主要作品逐一评析，旨在对这位当代美国犹太作家作宏观介绍。例如，陈焜对贝娄的生平和创作作简要介绍后，便按发表顺序重点介绍了贝娄的四部作品：《奥吉·玛琪历险记》、《赫佐格》、《赛姆勒先生的行星》和《洪堡的礼物》。

国内20世纪80年代有不少贝娄作品的读者，对贝娄的研究却相对沉寂，但到90年代以后，贝娄研究开始活跃并出现多样化的趋势。进入新世纪后，从发表文章数量和质量看，国内贝娄研究更有勃兴之态。90年代以来，有对贝娄作品作主题研究的，有专门研究贝娄作品的写作技巧和艺术特色的，还有半数论文是对贝娄单部作品的探讨。可以说，国内这个阶段索尔·贝娄研究出现了可喜的变化。在研究内容、研究方法和理论切入角度方面都呈现多元化的趋势。

从主题而言，国内有关索尔·贝娄研究论文的关注点如下：

（1）贝娄小说的犹太性。[③] 这类论文涉及到犹太民族的受难和异化主题及索尔·贝娄本身对犹太性态度的转变。

① 《洪堡的礼物》及其作者索尔·贝娄，《现代美国文学研究》，1978年第2期。

② 如，陆凡的《美国当代作家索尔·贝娄》（《文史哲》，1979年第1期），陈焜的《索尔·贝娄——当代美国文学的代表性作家》（《世界文学》，1979年第4期），伊哈布·哈桑著、蒲隆译的《索尔·贝娄》（《美国文学丛刊》，1982年第1期），刘象愚的《试论索尔·贝娄的创作》[《外国文学研究集刊》（第六辑）中国社会科学出版社，1982]，毛信德的《索尔·贝娄》（《外国文学研究》，1982年第2期），钱满素的《西方精神危机的剖析者》（《文学报》，1983年10月13日第3版）等。

③ 如，邹智勇的《论当代美国犹太文学的犹太性及其形而上性》（《外国文学研究》，2001年第4期）、《当代美国犹太文学中的异化主题及其世界化品性》[《武汉大学学报》（人文社会科学版），2000年第4期]、《索尔·贝娄小说的主题及其文化意蕴》[《武汉理工大学学报》（社会科学版），2001年第6期]；周南翼的《犹太小说中的父亲形象》（《外国文学研究》，2000年第2期）；汪汉利的《人文焦灼与民族记忆——〈赫佐格〉中的人文关怀与犹太民族境遇的关系》[《沈阳师范学院学报》（社会科学版），2002年第2期]；祝平的《悖论的迷宫——评索尔·贝娄的〈拉维尔斯坦〉》（《当代外国文学》，2006年第1期）；乔国强的《从小说〈拉维尔斯坦〉看贝娄犹太性的转变》[上海大学学报（社会科学版），2011年第2期]。

（2）贝娄小说中的女性形象或两性关系。[①] 这类论文往往从女性主义视角探讨贝娄作品中形形色色的正反面女性形象、女性的受虐与觉醒、性爱与性战，或从福柯的“权力”理论出发探讨夫妻间权力关系。

（3）贝娄小说主人公的心理模式。[②] 指出贝娄小说主人公遵循焦虑—探索—回归的心理模式并分析这种心理模式的成因。

（4）流浪汉母题。[③] 指出贝娄小说主人公以流浪作为特定的认知方式，对现代人的生存状况进行了形象化、哲理化的探讨和再现。

（5）贝娄小说中的历史主题。[④] 乔国强指出，在反映贝娄基本历史观点的三部主要作品《赫佐格》、《赛姆勒先生的行星》和《洪堡的礼物》中，贝娄通过作品中主人公的生活经历来反复玩味对历史的混乱感觉，重新思考评价浪漫主义极端自我的价值观，从而发现和确认“历史”的积极意义。

（6）贝娄作品的存在主义底蕴。这类论文讨论贝娄作品的荒诞与虚无，以及主人公在寻求自我的过程中的自由选择。[⑤] 但也有人论证了

① 除80年代初期陆凡的《索尔·贝娄小说中的妇女形象》（《文史哲》，1980年第4期），八九十年代和新世纪对这一主题研究的还有：刘洪一的《性爱与性战——贝娄人物的两性意识》（《求是学刊》，1991年第6期），汪海如的《女性意识的觉醒——论贝娄笔下的职业女性》（《国外文学》，1995年第4期），张群的《男人世界中的女性——论索尔·贝娄小说中的女性形象》（《外国语》，2002年第6期），刘文松的《贝娄小说中的知识分子夫妻之间的权力关系》[《厦门大学学报》（哲社版），2002年第5期]，仲秋荣的《试论索尔·贝娄小说中的两性意识》（《徐州师范大学学报》，1999年第2期）。

② 苏晖：《焦虑·探索·回归——论索尔·贝娄小说主人公心理模式》，《外国文学研究》，1995年第3期；苏晖：《疯狂世界中的“边缘人”——论索尔·贝娄小说主人公心理模式的形成机制》，《华中师范大学学报》（哲社版），1995年第5期。

③ 傅少武：《论索尔·贝娄小说的流浪汉形象》，《徐州师范大学学报》（哲学社会科学版），1997年第2期。

④ 乔国强：《论索尔·贝娄小说中的历史主题》，《东方论坛》，1998年第3期。

⑤ 例如，易乐湘：《有存在主义特色的人道主义者——论美国当代作家索尔·贝娄》，《淮北煤师院学报》（哲学社会科学版），1999年第1期；宋德伟，胡春萍：《生命的探询与存在的决断——索尔·贝娄小说的现代性意蕴片论》，《解放军外国语学院学报》，1999年第6期；胡艺珊：《试论〈洪堡的礼物〉的存在主义思想》，《解放军外国语学院学报》，1996年第4期；邓宏艺：《荒诞与虚无：贝娄小说的存在主义解读》，《聊城大学学报》（社会科学版），2004年第5期。

贝娄作品是对存在主义的颠覆。①

(7)贝娄作品中的原型。廖七一②认为《奥吉 · 玛琪历险记》中存在表层与深层两个结构层次以及三个既相互平行又相互交叉的神话意象和母题。他认为作品表层的主题是追寻命运,深层的标题是寻父,所以奥吉 · 玛琪就是当代的忒勒玛可斯。同时,奥吉的冒险与古希腊神话中的特洛伊英雄埃涅阿斯的经历平行,都表达了"逃离"的主题。另外,从深层结构分析,奥吉又是20世纪美国社会中寻求和梦想重返伊甸园的亚当。刘兮颖③探讨了三种父子关系:血缘父子,精神父子,异化父子。江宁康④指出贝娄的最后一部作品《拉维尔斯坦》对犹太人"寻找自我的民族家园"这个文化母题进行了艺术的阐释,显示了当代叙事的文化反思意识和艺术创新意识。

(8)索尔 · 贝娄小说的伦理(道德哲学)意蕴。祝平连续发表论文,⑤探讨索尔 · 贝娄小说的肯定伦理观和亲社会伦理指向:贝娄的文学伦理观是肯定的,即对个人、群体和人类有着不灭的信心。贝娄虽不回避描写人的异化、人的精神困境和危机,但并不让他的主人公在逆境中沉沦。他拒绝虚无主义,拒绝相信现代社会会彻底分崩离析。他赋予在异化、孤独、危机境况中的主人公以希望,即在否定性的陈述中贯穿着肯定的主旨,并最终使美好的人性、高尚的价值观念和对人类的信仰获得胜利。车凤成认为贝娄作品中存在的诸多二元对立现象,不但形成

① 戚涛:《弘扬还是颠覆——评贝娄的〈赫佐格〉》,《国外文学》,2002年第3期。

② 廖七一:《重返伊甸园的亚当梦——论〈奥吉 · 玛琪历险记〉》,《四川外语学院学报》,1993年第3期;《论〈奥吉 · 玛琪历险记〉的神化母题》,《外国文学研究》,1994年第1期。

③《论索尔 · 贝娄长篇小说中隐喻的"父与子"主题》,《外国文学研究》,2004年第3期。

④《评〈拉维尔斯坦〉的文化母题:寻找自我的民族家园》,《当代外国文学》,2006年第1期。

⑤ 祝平:《索尔 · 贝娄的肯定伦理观》,《外国文学评论》,2007年第2期;《从"我要!我要!我要!"到"她要,他要,他们要"——丰裕社会中的〈雨王汉德森〉的精神指归》,《外语研究》,2008年第4期;《生存还是毁灭?——从〈洪堡的礼物〉看物质主义社会中艺术家的选择》(《外语教学》,2009年第1期;《索尔 · 贝娄〈晃来晃去的人〉"亲社会"伦理观照》,《外国语文》,2009年第3期和《"最好莫如作一个士兵":索尔 · 贝娄〈只争朝夕〉的伦理指向》,《国外文学》,2009年第2期。

了贝娄创作中的“边界意识”，也成为贝娄完成超越并迈向“共同体意识”的契机；而贝娄超越的完成得益于他对“个人←→集团←→类存在”之间相互关系的辩证理解，这使其作品具有指向人类理想未来的伦理期待性。[①] 刘兮颖认为索尔·贝娄充分地吸收了犹太传统文化，“伦理—神教”思想贯穿在他的整个创作生涯中，以艺术化的方式得以呈现。贝娄小说中的人物设置、主题的凸显以及情节的书写均存在着一定的模式化倾向，而伦理线和伦理结正蕴含在其中。[②] 另外还有不少论文涉及这个主题。[③]

贝娄创作的艺术特色和叙事手法也是中国研究者关注的重点。例如：

（1）张弘论述了贝娄小说的“传统的流浪汉叙述模式与现代的意识流手法相结合”的艺术表现风格。[④]

（2）不少学者对《赫佐格》的叙事手法情有独钟。其中，赵霞对《晃来晃去的人》的日记体和《赫佐格》的书信体进行了比较。陈榕指出，贝娄的《赫佐格》对书信技巧进行的三项改革，即突破书信的时间限制，突出人背负历史的沉重感；改变书信的一般格式，勾勒出主人公躁动不安的灵魂，描摹出纷繁芜杂的现实世界；将书信中的第一人称视角和叙述中的第三人称视角融合，在一定程度上克服了叙述的纯主观性。阮航探讨了《赫佐格》在展示人物内心冲突，情节构造，叙述基调，审美品位等方面独特的艺术风格。段良亮、单小明认为贝娄在《赫佐格》中运

① 车凤成：《从“边界意识”到“共同体意识”——论贝娄作品的伦理指向性》，《东北师大学报》（哲学社会科学版），2009 年第 5 期。

② 刘兮颖：《贝娄与犹太伦理》，《外国文学研究》，2010 年第 3 期。

③ 如洪洁：《荒诞世界中的价值诉求——索尔·贝娄作品评析》，《文艺争鸣》，2002 年第 6 期；庄严、李为民：《一曲存在者的咏叹调——贝娄小说价值重估》，《外国文学》，1990 年第 3 期；阳光武：《价值的错位——管窥小说〈赫佐格〉的主题意义》，《四川外语学院学报》，2003 年第 6 期；宋德伟：《存在困境中的终极性关怀——散论〈赫佐格〉的现代哲学意蕴》，《河南大学学报》（哲社版），2002 年第 6 期；张钧、殷耀：《人物形象与作者主观精神的外化——从摩西·赫佐格透视贝娄对社会与人生的探索》，《东北师大学报》（哲学社会科学版），2000 年第 3 期；戚咏梅：《试析索尔·贝娄小说中的人文主义精神》，《外国文学研究》，2004 年第 3 期。

④ 张弘：《论贝娄小说艺术特色》，《北方论丛》，2000 年第 5 期。

用“戏仿”手段表现出现代人的苦闷与无助。[①]

（3）徐文培、张建慧利用“复调”理论研究《洪堡的礼物》的“复调”视角、“复调”结构和“复调”时空等特点。[②]

国内研究者有关索尔·贝娄的专题博士论文和专著的完成标志着索尔·贝娄研究有了长足的进步。

张均2001年的博士论文聚焦于贝娄的早期小说中主人公在精神上从黑暗向光明的逾越，修改后于2007年由东北师范大学出版社出版，名为《夕阳尽处是长安——索尔·贝娄早期小说研究》（英文版）。刘文松在香港大学完成其博士论文《索尔·贝娄小说中的权力关系及其女性表征》（英文版），该文于2004年由厦门大学出版社出版。他用福柯的权力理论深入评析了贝娄作品中知识分子夫妻之间的权力关系、婚姻中的经济关系、情感权力关系、母亲的权力和女性叙事权力这五种权力关系及其女性表征。祝平于2006年完成的博士论文《乌云后的亮光——索尔·贝娄小说（1944—1975）的伦理指向》是国内首篇专门研究索尔·贝娄的中文博士论文。该文重点分析了贝娄获诺贝尔文学奖以前小说中所表现出的肯定人类和亲社会伦理。汪汉利2008年完成的博士论文《索尔·贝娄小说的文化渊源》从文化视角探讨贝娄小说与犹太文化、美国基督教文化和欧洲文化的关系。王玲2008年的博士论文《索尔·贝娄主要作品中男主人公的受害特征》对贝娄的三部代表作《抓住时日》、《赫佐格》和《洪堡的礼物》进行主题和人物分析，揭示其所有作品中男主人公某些最具典型意义的受害特征。籍晓红的2009

① 赵霞：《从〈晃来晃去的人〉和〈赫佐格〉看索尔·贝娄写作技巧的发展》，《兰州大学学报》（社会科学版），2003年第6期；陈榕：《索尔·贝娄〈赫佐格〉：书信技巧的挖掘与创新》，《解放军外国语学院学报》，1999年第1期；刘文松：《论赫佐格的书信》，《福建外语》，1994年第1期；陈春发：《索尔·贝娄创作技法论：兼论〈赫佐格〉的创作技巧》，《西南师范大学学报》（哲学社会科学版），1994年第4期；夏政：《〈赫佐格〉艺术表现手法刍议》，《四川大学学报》（哲学社会科学版），1988年第3期；张生庭：《浅析小说〈赫佐格〉的叙述特点》，《英美文学研究论丛3》，上海外语教育出版社，2002年；段良亮、单小明：《〈赫佐格〉的戏仿解读》，《外国文学》，2004年第3期；阮航：《〈赫佐格〉艺术风格蠡测》，《广西社会科学》，2002年第1期；裘乐英：《索尔·贝娄〈赫佐格〉的叙事技巧初探》，《江西财经大学学报》，2005年第1期。

② 徐文培、张建慧：《〈洪堡的礼物〉中的“复调”解读》，《外语学刊》，2006年第4期。

年博士论文《行走在理想与现实之间——索尔·贝娄中后期五部小说对后工业社会人类生存困境的揭示》从文化批评的视角揭示贝娄小说所反映的后工业社会人类困境。刘兮颖的博士论文《受难意识与犹太伦理取向:索尔·贝娄小说研究》,采用文学伦理学批评、原型批评、文化学研究等方法,分析了索尔·贝娄的小说,探讨犹太知识分子在当代美国社会面临的伦理困惑和精神危机,以及犹太伦理道德观在美国当代社会受到的冲击及其特殊的启迪和指引作用。该文已于2011年7月由华中师范大学出版社出版。此外,周南翼2001年完成的博士论文《追寻一个新的理想国:索尔·贝娄、伯纳德·马拉默德与辛西娅·奥芝克小说研究》(该文英文版已于2005年由厦门大学出版社出版),魏啸飞的2001年博士论文《美国犹太小说中的犹太精神》,买琳燕的2008年博士论文《从歌德到索尔·贝娄的成长小说研究》也有专章涉及索尔·贝娄。

国内目前已出版的有关索尔·贝娄的专著除上述张均、刘文松、刘兮颖的博士论文外,还有车凤成的《索尔·贝娄作品的伦理道德世界》(中国社会科学出版社,2010年),作者采用文学伦理学的批评方法,对贝娄小说中的伦理道德问题予以解读。另外,周南翼出版的评传性质的《贝娄》(四川人民出版社,2003年)一书,对贝娄的生平和创作做了较为宏观和全面的评述。此外,刘洪一在《美国犹太文学的文化研究》(江苏文艺出版社,1995年)和《走向文化诗学——美国犹太小说研究》(北京大学出版社,2002年)以及乔国强的《所要来的都是空虚》(北京出版社,1999年)和《美国犹太文学》(商务印书馆,2008年)等专著中也都用一定的篇幅论述贝娄的小说创作。当然,国内大部分的外国文学史和美国文学史教材都或多或少地涉及到贝娄,[①] 但由于编写体例和

① 这些文学史包括:秦小孟:《当代美国文学——概述及作品选读》(中册),上海:上海译文出版社,1985年;董衡巽等:《美国文学简史》,北京:人民文学出版社,1978年(上册),1986年(上下册),2003年修订本;王守仁:《新编美国文学史》(第四卷),上海:上海教育出版社,2002年;毛信德:《美国小说史纲》,北京:北京出版社,1988年;毛信德:《美国小说发展史》,杭州:浙江大学出版社,2004年;杨仁敬:《20世纪美国文学史》,青岛:青岛出版社,2000年;李公昭:《20世纪美国文学导论》,西安:西安交通大学出版社,2000年;常耀信:《美国文学简史》(英文版),天津:南开大学出版社,1990年第1版,2003年第2版;黄铁池:《当代美国小说研究》,北京:学林出版社,2000年;童明:《美国文学史》(英文版),南京:译林出版社,2002年;吴定柏:《美国文学大纲》(英文版),上海:上海外语教育出版社,1998年。

编写目的等原因,大多未能对贝娄作品展开讨论。

综上所述,自改革开放以来我国的索尔·贝娄译介和研究工作取得了长足的进步。归纳而言,既有谈论索尔·贝娄作品的写作及叙事手段的,也有探讨其作品的文化特性的,还有探讨其作品对形而上的哲学思考的,亦有聚焦于索尔·贝娄作品的伦理和道德思考的。尤其是近几年,研究内容、研究方法和理论视角都呈多元化趋势,有分量的专著和项目也有所增多,这都为有意从事索尔·贝娄研究的学人奠定了一定的基础。

第二编

贝娄学术史研究

索尔·贝娄在1976年获得诺贝尔文学奖，是第一位荣获该奖的当代美国犹太作家。不过，贝娄在美国文学界的地位却一直有些“模棱两可”。一方面，他作为“20世纪最优秀的作家之一”跻身于美国乃至世界文坛，受到许多作家、学者的盛赞：罗伯特·舒尔曼在《贝娄的喜剧风格》一文中对贝娄的创作评价颇高。他认为，就探索的范围和力度而言，贝娄不仅可以与他的美国前辈马克·吐温、瓦尔特·惠特曼以及芝加哥的那些自然主义小说家相媲美，而且还可以与以写幽默见长的意第绪语作家、写流浪汉题材的小说家亨利·菲尔丁、多比亚斯·乔治·史沫莱特以及存在主义小说家陀思妥耶夫斯基、弗里德里希·尼采、让-保罗·萨特、阿尔伯特·加缪等相媲美。[①] 诺曼·梅勒认为贝娄是他那一代作家中具有“最温暖的想象力”的一位作家；[②] 约翰·克莱顿和托尼·坦纳都认为贝娄是美国当代最重要的小说家；[③] 还有学者认为贝娄是威廉·福克纳的继承人，率领美国小说创作达到可与20世纪30年代相媲美的高峰，[④]

① Cf. Robert Shulman: “The Style of Bellow’s Comedy”, in *PMLA*, Vol. 83, No. 1, (Mar., 1968), pp. 109-117.

② Norman Mailer: “Some Children of Goddess”, in *Cannibals and Christmas*, New York: 1966, p. 127; also in Brigitte Scheer-Schäzler: *Saul Bellow*, New York: Frederick Ungar Publishing Co., 1972, p. 2.

③ Cf. John Jacob Clayton: *Saul Bellow: In Defense of Man*, Bloomington and London: Indiana University Press, 1968, p. 3; cf. Tony Tanner: *Saul Bellow*, Edinburgh and London, 1965, p. 111.

④ Jonathan Baumbach: “The Double Vision: *The Victim* by Saul Bellow”, in Jonathan Baumbach, *The Landscape of Nightmare*, New York, 1965, pp. 35-54.

是在捕捉当代生活的真实性和千奇百怪的世态方面最为成功的作家。[①]然而，另一方面，他在美国的声誉，尤其是自20世纪末以来，“既不如在他之前的几位诺贝尔文学奖的获得者，福克纳、海明威以及斯坦贝克，也没有像诺曼·梅勒那样，成为美国的一个偶像人物”。[②]这里面的原因很多，有他为人处事低调和独特的一面，也有他对待自己民族身份的态度问题。当然，更主要的原因是他的作品主题和写作风格不为某些评论者所接受。

学术界对贝娄创作研究已经持续近七十年，研究成果可谓卷帙浩繁。贝娄的现代主义、后现代主义、人道主义、存在主义等特质几乎无一遗漏地被讨论过。不过，从总体上来看，西方学者的讨论多依据“超族裔”的西方文化、哲学以及伦理道德的理念，多围绕带有普适性的话题展开，而很少关注贝娄作为一位美国犹太作家的创作思想、他作品中所蕴含的丰富的犹太文化意蕴、[③]贝娄小说中提出的城市问题、现代性问题等方面。本编将着重讨论有关贝娄创作的核心内容、主导精神、文化立场、价值取向、创作来源等带有根本性质的问题，以弥补以往讨论中的遗漏，或矫正已有讨论中的不当及谬误。

① Cf. Ben Siegel: “Artists and Opportunists in Saul Bellow’s *Humboldt’s Gift*”, *Contemporary Literature*, Vol. 19, No. 2 (Spring, 1978), p. 143.

② Bach Gerhard (ed.): *The Critical Response to Saul Bellow*, Westport, Connecticut, London: Greenwook Press, 1995, “Introduction”, p. 1.

③ 迈克·克雷默是为数不多几位探讨贝娄作品中犹太文化因素的学者之一。Cf. Michael Kramer: *New Essays on Seize the Day*, Cambridge: Cambridge University Press, 1998.

第一章 贝娄的创作思想

贝娄的创作思想不仅体现在他的作品中，还散见于他的演说、访谈、札记等。但是，作为一位美国犹太作家，他的创作思想更是植根于滋养他的犹太民族文化。据贝娄的传记作者露丝·密勒记载，贝娄小说中的许多人物都能在生活中或记忆里找到原型，“贝娄像赛姆勒的女儿舒拉仔细翻找着她的垃圾箱一样，搜索着自己尘封的记忆和经历，想找到能存留下来的好东西，以备某日能更好地利用或有更大的用途”。[①]也就是说，贝娄的创作是很有生活根基的，比如说，从贝娄在《赫佐格》中对主人公赫佐格在蒙特利尔的童年生活的描写里，可以看到贝娄童年生活的影子；小说《洪堡的礼物》中的主要人物之一弗莱谢尔是根据犹太诗人戴尔默尔·施瓦兹的原型塑造的；小说《拉维尔斯坦》中的主人公是根据同事、好友艾伦·布卢姆的生平写成的。这些例子足以说明露丝·密勒所言非虚。因此，在这种意义上说，要了解贝娄的创作思想，最佳的途径之一就是从他的生平入手。

贝娄的创作思想由多种因素构成，内涵丰富，不仅包括将要论述的他与托洛茨基（Trotsky）、契诃夫（Chekhov）等几方面的关系，而且还包括他创作思想中最为重要的两个方面，即犹太性和现代性。由于这两方面的内容比较多，将在此章之外分别各用一章，进行专题论述。

① Ruth Miller: *Saul Bellow: A Biography of the Imagination*, New York: St. Martin's Press, 1991, xix.

第一节　生平与创作

据贝娄本人回忆,他的父母是在1913年从俄国圣彼得堡移居到加拿大蒙特利尔的。[①]

1913年前后,俄国犹太人经历了许多变故。19世纪末和20世纪初,俄国政府对犹太人采取的迫害和屠杀政策,不但遏制了俄国犹太人口的增长和限制了犹太人的生活,而且还大大改变了他们的生存方式。沙俄政府规定,犹太人未经许可,禁止居住在给犹太人规定的区域以外的地方。不过,贝娄的父亲亚伯拉罕·贝娄(Bellow, Abraham)[②]设法贿赂沙俄当局,在婚后八年时间里偷偷地居住在圣彼得堡。亚伯拉罕是一位颇有进取心的人。他在24岁时做起了从土耳其进口无花果和从埃及进口洋葱的生意。贝娄称他父亲为"物产经销商"。但由于生不逢时,加上性格中有急躁、轻浮和轻信的弱点,亚伯拉罕在生意上总是屡屡受挫,很不得志。亚伯拉罕的岳父是一位犹太拉比,家境殷实,膝下有十二个孩子。亚伯拉罕的妻兄在南非做钻石生意,经常帮衬妹妹一家的生活。亚伯拉罕也曾经在犹太学校学习,很有些浪漫情怀,喜欢读普希金的作品,还会拉小提琴。但是,亚伯拉罕的岳父母并不看好这个女婿。

贝娄的母亲莉莎·戈丁(Gordin, Lescha[③])受过教育,婚后在家里专心相夫教子,是一位标准的犹太传统家庭妇女,对外面的世界知之甚少。她虔诚地遵守着犹太教教规,对犹太传统礼仪和饮食习惯一丝不苟。每到周五晚上,她都会点燃安息日的蜡烛。不过,她闲暇时也喜欢看一些犹太感伤小说或《犹太每日前进报》(*The Jewish Daily Forward*)

① 以下介绍性的基本资料主要参见Keith M. Opdahl: "Saul Bellow" in Daniel Walden (ed.), *Twentieth-Century American-Jewish Fiction Writers*, Detroit: Gale Research, 1984, pp. 8-25; Ruth Miller: *Saul Bellow: A Biography of the Imagination*, New York: St. Martin's Press, 1991; James Atlas: *Saul Bellow: A Biography*, New York: Random House, 2000。除必要外,不另作注。

② 索尔·贝娄的父亲原名为Abraham Belo(亚伯拉罕·贝娄),"Belo"源自"byelo"一词,俄语意为"白色"。他带领家人移居加拿大时,加拿大移民官员将"Belo"译为"Bellow"。Cf. James Atlas: *Bellow: A Biography*, New York: Random House, 2000, p. 7.

③ 索尔·贝娄的母亲到达加拿大后由原来的名字Lescha改为Liza。

中连载的小说,还常常被其中的动人故事感动得落泪。贝娄在接受记者采访时曾说,母亲“完全生活在 19 世纪,她对我的唯一期望是成为一个《塔木德》学者”。[①]

1912 年,沙俄警察局发现亚伯拉罕一家非法居住在圣彼得堡,准备将他们流放到西伯利亚。亚伯拉罕的妻兄帮助妹妹一家购买了假文件,并于 1913 年偷渡到加拿大,投奔到住在加拿大魁北克省勒申市的亚伯拉罕妻姐家。1915 年 6 月 10 日[②],贝娄就出生在这座城市。

勒申市位于蒙特利尔市郊,主要居住着下层社会的劳动人民。这个小城市里有来自乌克兰、希腊、意大利、匈牙利、波兰等国的移民,是一座地道的“熔炉”式移民城市。贝娄对这些劳动者很感兴趣。他们“镶着金牙、穿一身在哈利法克斯买来的新到移民常穿的衣服,他们需要穿上这身引人注目的衣服在这个新世界里闯荡”。[③] 当时,在这座城市里居住的犹太移民不足三百人。贝娄的父亲来到加拿大后,曾先后尝试做过多种生意,如废品生意、干货生意,还花了大量积蓄在荒郊野外买了一块地想办农场。贝娄曾回忆说,他们来到森林的某个地方,夜晚狼在房子外面嚎叫。做公共祈祷时都凑不齐十个犹太男人。

贝娄在长相方面很像他的祖辈。他在小说《晃来晃去的人》中就写到自己在骨骼上很像祖父及祖父以前的祖父,同样宽阔的脸庞,水灵灵的眼睛,性感的嘴唇以及高贵的鼻子。不过,在气质上贝娄却有别于他的家人。贝娄自称为一个喜欢“怀旧的人”,对过去的事情念念不忘。这在他的诸多小说中都有所表现。贝娄没有继承家人经商的才能,而是继承了叙事的才华。他的舅舅亚伯拉姆很会讲故事。贝娄在童年就常常把在餐桌上听来的故事讲给他的小伙伴们听。贝娄也有着过人的记忆力,在 4 岁时就能背诵整篇的《创世记》。

贝娄在被问及童年往事时,曾提到两件印象深刻的事:一件是他在

---

① Nina A. Steers: “Successor to Faulkner?”, *Show*, IV, September, 1964, p. 38.

② 贝娄出生证上的日期为 1915 年 7 月 10 日。多数贝娄传记作者认为贝娄的出生日应为 1915 年 6 月 10 日。因加拿大勒申市市政厅在 20 世纪 20 年代被大火焚毁,贝娄的出生证是后来重新填写的。Cf. James Atlas: *Saul Bellow: A Biography*, pp. 8-9; Ruth Miller, *Saul Bellow: A Biography of the Imagination*, p. 3.

③ James Atlas: *Saul Bellow: A Biography*, p. 8.

4岁时，开始学习希伯来语和《旧约》。他回忆说，“我感到与上帝——那位最初的父亲——在一起很舒服，那时，我开始学习了解犹太人的祖先（我大约五六岁），我觉得他们非常像我的家人。我分不清父亲和那些英雄般的祖先——亚伯拉罕、艾萨克、雅各布、雅各布的儿子们，特别是约瑟”有什么区别；[①] 另一件则是贝娄在8岁时所经历的事情。他说：“我大约8岁时受过一次惊吓。我在医院了住了有半年多。一位教会的女士给了我一本儿童版《新约》，我看了。我被耶稣的经历深深感动了，把他看作是和我同样的一个犹太人。我想这个医院给我灌输了许多这类事情。因为我从来没有离开过父母。”[②] 另外，贝娄在很多年后还能记忆犹新地回忆起当时在加拿大生活的一些事情：“在晚饭桌上，沙皇、战争、前线、列宁、托洛茨基和他们在家乡的父母、姐妹、兄弟等一样常常被提起。在犹太人看来，那个强大君主的整体倒台简直无法想象。”[③] 他们对昔日苦难生活的回忆，给年幼的贝娄留下了深刻的印象。贝娄后来曾回忆说：“我们搬到芝加哥居住后，我就能开始读马克思和列宁的书了。但我的父亲则说：‘别忘了廖娃出了什么事——我有许多年没有我姐姐的音讯了。我不需要你的那些俄国和列宁。’”[④] 父亲的这些话无疑对贝娄会起到潜移默化的作用。[⑤] 通过贝娄在晚年回忆起的这些事情可以看出，在贝娄的早年思想形成期，他像接受亲情一样，接受了传统的犹太文化并将异教学说中的耶稣视为自己的同胞。这种情愫对他后来创作思想的形成产生了很大的影响。

1924年，父亲在美国梦的诱惑下，带领全家从加拿大的勒申移居到美国的芝加哥。贝娄一家在芝加哥的贫民区定居后，父亲和家里大一些的孩子开始外出做零工，补贴家用。但由于世事艰难——美国经济

① Saul Bellow: “A Half Life”, in Saul Bellow, *It All Adds Up: From the Dim Past to the Uncertain Future*, p. 287.

② Ibid., p. 98.

③ Saul Bellow: “Writers, Intellectuals, Politics: Mainly Reminiscence”, in Saul Bellow, *It All Adds Up: From the Dim Past to the Uncertain Future*, London: Secker & Warburg, 1994, p. 98.

④ Ibid., p. 98.

⑤ Cf. Saul Bellow: “Writers, Intellectuals, Politics: Mainly Reminiscence”, in Saul Bellow, *It All Adds Up: From the Dim Past to the Uncertain Future*, pp. 98-114.

尚未从第一次世界大战中完全复苏，社会仍然存在对犹太移民的偏见，贝娄一家人虽然拼命干活，经济状况却并未得到改善，只能靠亲戚朋友的接济勉强度日。不过，虽然贝娄一家生活艰难，却能像所有的犹太移民家庭一样，家里人相互支持照顾，日子过得还算温馨愉快。

贝娄对早年在芝加哥的生活印象深刻。这座城里有喧嚣、热闹、横穿城区的国家铁路，还有熙熙攘攘的小麦集散中心，加上黑社会的枪声和妓女的浪叫声交织在一起，共同构成了一轴美国独特的风俗画卷。这让未来的作家——索尔·贝娄大开眼界。面对着这样一个清贫而烦扰、热闹而丰富的多彩世界，贝娄一家没有失去自己的精神信仰。一家人靠辛勤劳作维持生计，艰难的岁月让他们紧紧地团结在一起。即便是父亲不在家的日子里，孩子们也能在母亲的带领下，努力工作，共渡难关。这一时期的生活在少年贝娄的心灵上刻下了深刻的印记。

1933 年，“在移民区里长大的移民的孩子”① 索尔·贝娄在艰难生活中读完了中学，随后又到芝加哥大学继续深造。1935 年，他从芝加哥大学转到西北大学，并于 1937 年获得西北大学理学士学位。同年，他与安妮塔·格什金（Goshkin, Anita, 1937—1959）结婚。新婚后的贝娄很快就失去了在哥哥开办的矿区里找到的第一份工作。他被解雇的原因是旷工。贝娄的哥哥要求他能正常来上班，而贝娄则想在家里写作。失业后的贝娄寄宿在岳母家里。贝娄的另外一位传记作家詹姆斯·阿特拉斯在《贝娄：一部传记》中援引贝娄的话，回忆了他当时失业后的生活：

> 只有我的岳母在家里。一位寡妇，当时她有七十多岁（确切地说，她有六十五六岁），她那条沉重的白色辫子一直垂到后背。她是一位现代女性、社会主义者以及故国鼓吹妇女参政的妇女［……］她把屋子收拾得很整洁。那些植物、烟灰缸、柱角、小垫布、椅子，都彰显了她的控制能力。每一个物件都摆放得井井有条。要把她的住处变成西点军校是很容易的。
>
> 12 点半吃午饭。烹饪得很可口。我们一起在厨房里吃午饭。

① Saul Bellow: “A Half Life”, in Saul Bellow, *It All Adds Up: From the Dim Past to the Uncertain Future*, p. 88.

午饭后接下来就是沉寂。我岳母要午睡一会儿。我到街上。雷文伍德小镇空无一人。我像是肚子里装了一块大石头走在街上。我常常会转到劳伦斯街上，站在桥上看着排水沟渠。我如果是一只狗，一定会嚎叫起来。[①]

贝娄因失业和写作进展迟缓而郁闷，不过这种郁闷很快就被他打破了。1936 年，贝娄在左翼刊物《灯塔》上发表第一篇反法西斯和不抵抗主义的短篇小说《那真不行》。1938 至 1943 年间，他到芝加哥佩斯特罗兹-弗罗贝尔师范学院（Pestalozzi-Froebel Teachers College）任教。1941 年，他在《党派评论》（5—6 月卷）上发表短篇小说《两个早晨的独白》。1942 年，他根据在墨西哥拜访托洛茨基的经历，发表了短篇小说《墨西哥将军》（"The Mexican General"）。1943 到 1946 年间，他到大英百科全书编辑部工作。1944 年，他的第一部长篇小说《晃来晃去的人》出版。这部小说主要讲述了主人公约瑟夫在第二次世界大战期间辞职在家等待入伍的故事，提出了"晃"的创作主题。1944 至 1945 年间，他到美国海军部工作。1946 年，他在美国明尼阿波利斯市的明尼苏达大学英文系任教。1947 年，他的第二部长篇小说《受害者》出版。这部小说讲述了主人公犹太人利文萨尔受到基督教徒阿尔比的迫害，开创了贝娄"受害"主题的写作。1948 年，他被耶鲁大学布雷德福学院聘为英语副教授，并获得古根海姆研究基金资助。他依靠这项基金的资助，在法国巴黎度过了一年，开始着手写《奥吉・玛琪历险记》。这是贝娄写的第一部"成长小说"。该书于 1953 年出版，1954 年荣获美国全国图书奖。这部小说的出版和获奖奠定了贝娄在美国文学史上的地位。1950 到 1952 年间，他获得国家艺术文学学院奖（National Institute of Arts and Letters Award）后，到纽约大学作访问讲师。翌年，被普林斯顿大学聘为创作研究员。在几经变换后，贝娄又回到明尼苏达大学，并且再次获得 1955—1956 年度的古根海姆研究基金。他的第四部小说《抓住时日》就完成于这一时期，并于 1956 年出版。这部小说结构紧凑，故事主要在主人公汤米・威廉及其父亲之间展开。1959 年，他的第五部长篇小说《雨王汉德森》出版。

贝娄是一位多产的作家，也是迄今为止，唯一一位三次获得美国

① James Atlas: *Bellow: A Biography*, p. 4.

全国图书奖的美国犹太作家。进入20世纪六七十年代后,贝娄的创作更加旺盛,连续写出几部重要的作品。其中长篇小说《赫佐格》不仅在1964年获得美国全国图书奖,还在翌年获得国际文学奖(Prix International de Littérature),贝娄成为获得此殊荣的第一位美国作家。1966年,贝娄的《最后的分析》和另外三部短剧组成的戏剧《不舒服》(*Under the Weather*, 1966)在百老汇剧场上演。1968年,贝娄出版短篇小说集《莫斯比的回忆》。这一年也是他的又一个丰收年。他获得了两个重要的奖项:该年1月获法国授予外国人的最高文学奖——艺术与文学骑士十字勋章;3月又获得犹太传统奖"圣约信徒奖"(B'nai B'rith)。他在1970年出版的《赛姆勒先生的行星》再次为他赢得当年的全国图书奖。他之后出版的作品还有:随笔《往返耶路撒冷:私人札记》,短篇小说集《他讲错话及其他故事》(*Him with His Foot in His Mouth and Other Stories*, 1984),长篇小说《院长的十二月》、《更多的人为伤心而死》,中篇小说《贝拉罗萨暗道》、《窃贼》,《随笔、书信、演讲等总辑:从朦胧的过去到不确定的未来》,《真情》。他的最后一部长篇小说是《拉维尔斯坦》。贝娄于2005年4月5日在美国马萨诸塞州布鲁克林的家中去世,没有等到他两个月零五天后的90岁生日。

贝娄的创作大致可以分为三个时期:从1936年他发表第一篇寓言故事《那真不行》起至1959年他出版《雨王汉德森》的早期,从20世纪60年代起至1976年他获得诺贝尔文学奖的中期,以及他获得诺贝尔文学奖以后岁月的晚期。大体说来,贝娄早期创作主题较为丰富,有"晃"、"受害"、"成长"、"走出去"等主题。这些主题分别反映了犹太人的心理状态、社会地位、情感经历、精神追求等。贝娄中期创作的主题主要围绕着反思个人与现实以及个人当下生活与历史之间的关系展开。晚期创作的主题则突出了对现实社会和反犹主义的批判。不过,纵观贝娄的小说,不管他的创作主题如何,作品中都蕴含了丰富的犹太文化底蕴,并反映了他执著的犹太情愫。

第二节 贝娄与托洛茨基主义

贝娄的创作思想除了在创作实践中逐渐形成,在某种程度上也是基于他对社会和文学，尤其是对本民族文化和文学传统的理解和吸纳。换句话说，贝娄的创作思想具有一种双重性：即他的创作思想不仅是作为一位美国作家，而且还是作为一位犹太作家，在认识西方社会、继承西方文学传统，以及理解并吸纳自己民族文化与文学传统的基础上，通过创作实践而逐渐形成的。

具体地说，贝娄的创作思想构成是多层面的，其中之一就是与托洛茨基主义之间的关系。抑或说，托洛茨基主义在一定程度上从正反两个方面影响了贝娄的创作。贝娄承认自己在读大学期间是一个托洛茨基分子。他在《作家、知识分子、政治：要事回首》一文中，回忆了自己与托洛茨基之间的关系。他写道："托洛茨基把对失败者和被逐出者而言是正统的思想逐渐灌输给年轻的追随者们。我们是那场运动的成员，都忠诚于列宁主义[……]不过，我最亲密的朋友和我都不是积极分子。我们是作家。"[①] 也就是说，贝娄似乎一方面承认曾受过托洛茨基的影响，另一方又想撇清自己与托洛茨基之间的关系。这里暂不讨论他想撇清自己与托洛茨基之间关系的动机——这里牵扯到许多复杂的个人和社会等因素，而要强调他承认自己受过托洛茨基的影响。

从贝娄的创作，尤其是从他的早期创作来看，托洛茨基对他的创作的确产生过一定的影响。以下几个事例有助于说明。

首先是贝娄与托洛茨基分子雅塔·巴舍维斯基（Yetta Barshevsky, 1915—1996）之间的关系——贝娄一直保持与早年介绍他加入托洛茨基运动的女友雅塔·巴舍维斯基的友谊。1931 年，贝娄还在上中学期间，就认识了当时已加入左翼组织共青团的雅塔·巴舍维斯基。翌年，贝娄因看出雅塔·巴舍维斯基对同是左翼分子的内森·戈尔德斯坦（Nathan Goldstein）十分感兴趣，[②] 遂给她写了一封"绝交信"，表示要与这位信仰托洛茨基主义的女友决裂。[③]1996 年 9 月 22 日，贝娄在

① Cf. Saul Bellow: "Writers, Intellectuals, Politics: Mainly Reminiscence", in Saul Bellow, *It All Adds Up: From the Dim Past to the Uncertain Future*, p. 100.

② 贝娄与雅塔绝交后，雅塔随后不久就与内森·戈尔德斯坦结婚。

③《贝娄书信集》的编辑本杰明·泰勒并不认为贝娄在这封信中谴责了雅塔。他谈到，贝娄写的这封"绝交信"其实是一个十六七岁的男孩在初恋时的一种"正常表现"。Cf.〈http://www.nybooks.com/articles/archives/2011/jul/14/defense—yetta/〉(2011/8/6) .

为雅塔·巴舍维斯基去世所写的一篇悼文中解释说,自己之所以研究雅塔·巴舍维斯基是因为她本人的缘故。他说雅塔·巴舍维斯基对自己来说十分重要,还特别强调她身上有一种十分了不得的犹太女人的美。[①] 换句话说,贝娄似乎在暗示,自己与雅塔·巴舍维斯基的交往完全是出于对她的爱,特别是因为她身上所具有的犹太女性的美。他想通过这一暗示来说明他与雅塔·巴舍维斯基之间关系并非出于政治原因,并进而撇清他们曾经有过的政治关联。不过,并非所有的人都相信贝娄所说的话。哥伦比亚大学比较文学系教授爱德华·门德尔松(Mendelson, Edward)就曾在一篇题为《捍卫雅塔》("In Defense of Yatta")的文章中指出,贝娄其实并没有放弃当时的左翼立场。贝娄与雅塔·巴舍维斯基之间这种前后自相矛盾的关系更多的是出于政治原因,即雅塔·巴舍维斯基曾介绍贝娄加入到托洛茨基运动中。[②]

其次是贝娄与美国左翼刊物和托洛茨基的秘书之一、美国托派运动的创始人阿尔伯特·格罗特泽(Glotzer, Albert, 1908—1999)之间的关系。1937 年,贝娄在写给詹姆士·法莱尔[③] 的信中提到阿尔伯特·格罗特泽,并在这封信中表示自己曾试图说服格罗特泽让左翼刊物《灯塔》更加左倾,并指责阻止他这么做的西德尼·哈里斯(Harris, Sydney, 1917—1986)。从《贝娄书信集》所收集的信函来看,贝娄与格罗特泽一直保持联系,直到格罗特泽去世的前一年,即 1998 年 6 月 3 日。[④]

最后是贝娄与托洛茨基本人之间的关系。1940 年,贝娄和他的朋友赫伯特·帕辛(Passin, Herbert)在"一位欧洲女士"的安排下,前去拜见托洛茨基。贝娄到达墨西哥后从报纸上得知,就在贝娄约定与托

① Cf. Saul Bellow: "Letter to James T. Farrell", in Benjamin Taylor (ed.), *Saul Bellow Letters*, p. 528.

② Cf. Edward Mendelson's *replies* in Benjamin Taylor, In Defense of Yetta, 〈http://www.nybooks.com/articles/archives/2011/jul/14/defense—yetta/ 〉(2011/8/6) .

③ 法莱尔早年也是一位托洛茨基分子。1946 年,他加入社会主义工人党(Socialist Workers Party),后来又加入美国社会主义党(Socialist Party of America)。

④ Cf. Saul Bellow: "Letter to James T. Farrell", in Benjamin Taylor (ed.), *Saul Bellow Letters*, New York: Viking, 2010, pp. 5-6, 340, 373-374, 468, 470-472, 511-512, 518-519, 538, 542.

洛茨基见面的那天上午距见面时间前几个小时,托洛茨基被暗杀了。[①]但是,贝娄还是按照原先约定的时间前往托洛茨基住处,并且根据当地警方的安排前往医院看望其遗体。贝娄的这种“执著”既在很大程度上表明了他当时的心境,也或多或少地暗示了他的思想倾向。

从现有的文献资料来看,贝娄保持对托洛茨基的兴趣似乎主要是出于以下几点原因:一是因托洛茨基的犹太身份及其在1929年被前苏联当局驱逐出国等背景,青年时期的贝娄因爱上犹太同胞雅塔·巴舍维斯基而开始接触托洛茨基的思想;二是1936年发生了莫斯科大审判,许多美国知识分子改变了对前苏联的看法,并转而同情托洛茨基,贝娄也是其中之一;三是1939年前苏联政府与德国政府签订条约,随后德国纳粹军队入侵波兰,第二次世界大战爆发。这一事件和紧随其后的苏芬战争,让更多的美国知识分子更加倾向于托洛茨基。贝娄事隔多年后写道,尽管那时候已“远离马克思主义的政治,但是我仍然钦佩列宁和托洛茨基[……]我怎么能忘记托洛茨基创建了红军,怎能忘记托洛茨基在与德尼金(Denikin)战斗的前线还在读法国小说。一大群人被他光辉闪耀的演说所折服。”[②]

从贝娄的具体创作情况来看,应该说,托洛茨基的一些思想,如社会主义革命、反对跟帝国主义势力进行政治交易、反对秘密外交或反法西斯等思想,从正反两个方面在一定程度上影响了贝娄,并对他创作思想的构建起到了作用。比如说,1936年,贝娄在当时左翼刊物《灯塔》上发表了他的一篇寓言故事《那真不行》,表达了他反法西斯的思想。小说讲述了一个称作亨利的人在睡梦中被纳粹士兵抓到,然后又被带到一座离他家五个街区远的房子里遭到鞭笞的故事。小说着重写了亨利的无辜与无助,纳粹士兵的冷血与残暴,并通过描写亨利所生活的小镇民不聊生的场景,揭露了法西斯统治给人民带来的苦难。

贝娄还在其他一些作品中有类似的表达。1941年,贝娄在另一个左翼刊物《党派评论》上发表了短篇小说《两个早晨的独白》。小说中的主人公根据自己被父亲“驱赶”出家门,寻找工作的经历,叙说了自

① Cf. Saul Bellow: “Writers, Intellectuals, Politics: Mainly Reminiscence”, in Saul Bellow, *It All Adds Up: From the Dim Past to the Uncertain Future*, p. 101.

② Ibid., p. 101.

20 世纪 30 年代大萧条以来美国走向衰败的社会现实和美国民众，特别是年轻人面对这种衰败所采取的不同态度。1942 年，他还根据在墨西哥拜访托洛茨基的经历，发表了短篇小说《墨西哥将军》。贝娄在这部小说中通过人物第一次表达了自己对托洛茨基主义的怀疑，并且揭露了围绕在托洛茨基周围那些人的私心杂念。小说中，西特林中尉一语道破了担任保卫托洛茨基任务的菲利普将军隐秘的内心活动。他说，将军“有着非常清晰的历史意识。我甚至可以说他是一个有历史感的人——是用一种非常利己的方式表现出来的”，他“非常清楚当前的形势，而且表现得异常出色”。[①] 另外，贝娄还通过叙说托洛茨基被暗杀的故事，指出了托洛茨基及其“永远革命”的理论在残酷现实面前的苍白无力。

从贝娄的《墨西哥将军》这部小说来看，托洛茨基对贝娄的正面影响并没有持续多久。或者更为确切地说，贝娄在对待托洛茨基的问题上，采取了一种既怀疑又不作彻底割舍的态度。贝娄曾回忆说，托洛茨基认为“就严格意义而言，工人阶级的国家不能发动帝国主义战争。这次[对芬兰的]战争是有进步意义的，能把财产国有化，是迈向社会主义不可避免的一步。托洛茨基因忠于十月革命，回击了反对者的不同意见”。[②] 贝娄对托洛茨基这种观点和做法不以为然，甚至有些震惊。他后来回忆说：“原子弹落到广岛时，我正在商船上接受训练。我已经认清了希特勒‘是个什么东西’。很多事情我都知道了。我不仅认为我许多犹太朋友在理论上错了，而且还对他们所采取的立场——我们所采取的立场——感到震惊。”[③]

贝娄在 1944 年出版的小说《晃来晃去的人》中，也间接地表达了对托洛茨基对前苏联红军进入芬兰采取“防御者”立场的怀疑。贝娄以小说的主人公辞去工作、等待应召入伍为主要故事线索，提出了积极参

---

① Saul Bellow: “Mexican General”, *Partisan Review*, Vol. IX, No. 3, 1942, pp. 187, 190.

② Saul Bellow: “Writers, Intellectuals, Politics: Mainly Reminiscence”, in Saul Bellow, *It All Adds Up: From the Dim Past to the Uncertain Future*, p. 101.

③ Saul Bellow: “A Half Life”, in Saul Bellow, *It All Adds Up: From the Dim Past to the Uncertain Future*, p. 310.

与反法西斯战争的主题思想。他在1947年出版的小说《受害者》中也部分地修正了自己以前的观点,特别是不再坚持托洛茨基"永远革命"的思想。比如说,小说的主人公利文萨尔受到非犹太人阿尔比的迫害,痛苦不堪。但是,小说的结局不像前一部小说那样让主人公毅然决然地践诺而离家从军,而是让敌对的双方做出妥协,互泯恩怨,并让他们各自回归到自己的生活。

贝娄在1953年出版的长篇小说《奥吉·玛琪历险记》中仍然没有完全放下托洛茨基,对托洛茨基的流亡生活还颇有些惋惜。不过,这部小说更多用一种调侃和超然的口吻来叙说和演绎自己先前对托洛茨基及其"永远革命"理论的认识。小说主人公奥吉·玛琪是一个生活在社会底层的犹太移民。他经历丰富,曾到百货商店做理货员,在火车站兜售小玩意,偷窃和变卖过学生课本,还上过大学,做过煤炭生意,接触下层社会,当过拳击手的经纪人,为有钱人看门遛狗,恋爱了两次,担任工会头头,甚至后来还跑到墨西哥训鹰,捉大蜥蜴,参加托派活动,到商船上做水手,最后在巴黎结婚,终于安顿了下来。从奥吉·玛琪叙说的这些经历来看,托洛茨基沉重的思想已经被他轻松、幽默的处世思想所替代。比如说,奥吉在墨西哥参加托派活动时,考虑更多的是他自己的生存等杂七杂八的问题,而不是什么主义或政治问题,结果严肃的思考最终还是被很实际的生活"解构"了。而且,从整部小说结构上看,这部分看上去似乎游离于整个故事情节,抑或说只是整个小说故事框架中可有可无的一个部分,并未受到贝娄的充分重视。

1968年,他从墨西哥访问归来,出版了短篇小说集《莫斯比的回忆》。这是以其中同名短篇小说命名的。在这部小说中,贝娄用一种自我解嘲的口吻和客观超然的姿态,清算了自己早年对托洛茨基思想的信仰。小说中的主要人物海门·拉斯特加登在政治信仰上影射了早年的贝娄。拉斯特加登曾是一个鞋商,后来参加各种布尔什维克组织的活动,信仰列宁主义和托洛茨基主义。但是,随着这些布尔什维克组织领导者的退出,拉斯特加登也失去了对政治的兴趣。尽管他仍然坚信十月革命是历史的必然,却质疑托洛茨基对前苏联红军进入芬兰的看法。[①] 后来,他远离家乡,到法国做起了投机生意。生活的艰难和生意的失败,让他身心疲惫。早年的革命斗志在他身上已经荡然无存。不仅如此,他在巴黎看到法国知识分子热情地讨论马克思主义和其他政治话题,还禁不住嘲笑他们:"他们知道些什么! [……]问问他们什么是民主集中制! 问问他们什么是莫斯科审判! 什么是'社会法西斯主义'! 他们无知。"[②] 小说的叙述者莫斯比也感叹世事的变迁:"逝去了,古老的牧师和封建卫士! 随着神学和玄学一起去吧!"[③] 小说中的这些细节描写其实也暗示了贝娄对托洛茨基及其思想欲爱还难、欲罢不能的矛盾心理。

从上述分析中可以看出贝娄与托洛茨基关系的大致走向,即贝娄从早期追随托洛茨基,受托洛茨基思想的影响,到后来怀疑托洛茨基的思想,甚至想撇清与托洛茨基的关系。他在 1993 年写的《作家、知识分子、政治:要事回首》一文中,为自己当年对托洛茨基及其理论曾有过的种种矛盾心理进行了辩护。他回忆说,当年有许多事情需要弄明白,比如说历史、哲学、科学、冷战、大众社会、通俗艺术、高雅艺术、心理分析、存在主义、苏联问题、犹太问题等。不过,他说自己很快就意识到作家很少是知识分子,不能全部弄明白上述所有问题。所以,他也不必为自己年轻时代的选择和热情而感到难过或担负什么责任。[④]

不过,从他整个创作过程来看,他与托洛茨基的关系其实已经无法彻底了断。托洛茨基成为贝娄绕不过、挥不去的一个阴影,甚或成为一个供其参考比照的标杆。这一现象即便未具体表现在话语上,也见诸人物塑造、意象构建、故事结构或叙述策略中。这在他后来的作品中,特别是他最后一部长篇小说《拉维尔斯坦》中可以清晰地看到。简言之,

① Saul Bellow: "Moshy's Memoirs", in Saul Bellow, *Moshy's Memoirs*, New York: The Viking Press, 1968, p167, 165. 贝娄在 1993 年写的《作家、知识分子、政治:要事回首》一文中重复了这一质疑。Cf. Saul Bellow: "Writers, Intellectuals, Politics: Mainly Reminiscence", in Saul Bellow, *It All Adds Up: From the Dim Past to the Uncertain Future*, pp. 98-114.

② Saul Bellow: "Moshy's Memoirs", in Saul Bellow, *Moshy's Memoirs*, p. 170.

③ Ibid., p. 169.

④ Cf. Saul Bellow: "Writers, Intellectuals, Politics: Mainly Reminiscence", in Saul Bellow, *It All Adds Up: From the Dim Past to the Uncertain Future*, pp. 98-114.

贝娄对托洛茨基的态度变化既有贝娄思想发展的自身原因,在很大程度上也与美国社会大环境的变化密切相关。

第三节　贝娄与契诃夫的作家政治观

贝娄的创作思想还受到俄国作家契诃夫的影响,尤其是作家在作品中该如何处理或把握政治问题方面,他倾向于契诃夫的观点。在《作家、知识分子、政治:要事回首》一文中,贝娄明确表示赞同契诃夫提出的不用政治—社会—经济类的冗词的创作原则,并认为这一创作原则体现了契诃夫的作家政治观,即"作家应该以能保护自己不受政治牵累为限度来参与政治"。[①] 他在作品中,尤其是在多数早期和中期作品中,也确实较好地履行了契诃夫的这一主张。比如说,他写托洛茨基,但却极少提到他的名字,而是多以"那个老人"[②] 等代名词表示;他写反犹主义、麦卡锡主义、冷战等社会逆流或丑陋现象,也多是"浅尝辄止"或"指桑骂槐",大致上做到了契诃夫所主张的"客观、简约、大胆、避免冗词俗语以及富有同情心"。[③]

不过,贝娄在口头上也并不是全盘接受契诃夫的观点。比如说,他并不赞成契诃夫提出的另外一个观点,即"有点意识形态,并且时时更新是最恰当的"。[④] 他早在诺贝尔文学奖的获奖演说词中就曾反驳过这一观点,并认为"人类本质上对寄予问题中的这些思想和对这些思想的讲述并不感兴趣"。[⑤] 不过,他说的和做的,却也有些很不一致的地方。纵观贝娄的创作,他其实从来就没有放弃对政治的兴趣,或自始至终都能把对政治的关心程度拿捏得恰到好处。在作品中,尤其是在晚期作

---

① Saul Bellow: "Writers, Intellectuals, Politics: Mainly Reminiscence", in Saul Bellow, *It All Adds Up: From the Dim Past to the Uncertain Future*, p. 105.

② Cf. Saul Bellow: "Mexican General", *Partisan Review*, Vol. IX, No. 3, 1942, pp. 178-194.

③ Saul Bellow: "Writers, Intellectuals, Politics: Mainly Reminiscence", in Saul Bellow, *It All Adds Up: From the Dim Past to the Uncertain Future*, p. 105.

④ Ibid., p. 105.

⑤ Saul Bellow: "Nobel Lecture", in Saul Bellow, *It All Adds Up: From the Dim Past to the Uncertain Future*, p. 91.

品中,不只是“有点意识形态”,而且还能变换方式地予以“时时更新”。

贝娄的问题是,他一方面在创作中尽其所能地贯彻契诃夫的作家政治观,另一方面又不希望批评家指出自己在作品中“时时更新”的“意识形态”。他甚至认为,一个作家对政治或思想意识形态的问题是否感兴趣,那是作家的事情,批评家不应对此指手画脚。早在1976年发表的诺贝尔文学奖获奖感言中,他就通过驳斥某些批评家给小说人物下“死亡通知”的做法,对批评家们用所谓的文化观念或理论来干预作者创作的现象提出了批评,并借此间接地表达了他对文学创作与政治之间关系的理解:

> [……]艺术应该跟随“文化”吗?什么地方搞错了。
>
> 如果[跟随文化]这一策略能给小说家以灵感,那么小说家就可以随意丢下“人物”了。但是,如果小说家是按照某一理论说这个时期标志着至高无上的个人已经终结了,他就做出决定不写“人物”,这可是很荒唐的。我们不应允许知识分子充当我们的老板。让他们来操作我们的艺术对他们没有好处。他们读我们的小说,就只是看看在小说中是否能找到支持他们观点的东西?①

需要指出的是,贝娄在这里并不是想说明文学与政治之间没有关系,或作家不应该关心并表达政治理念,而是说作家不能按照知识分子或批评家所要求的那样为“观念”而写作,应该有自己的表达方式。

不过,从上面的引文来看,他说来说去,其实还是在考虑契诃夫“以能保护自己不受政治牵累为限度来参与政治”的主张。他不喜欢在知识分子或批评家的“指使”下创作,或让那些喜欢“在小说中找到支持他们观点的东西”的知识分子或批评家对自己的作品说三道四,其目的不仅是不愿意被那些所谓知识分子或批评家牵着鼻子走,用他们的观念来认识社会、介入社会或批判社会,而且是更愿意以一个成熟小说家的身份,来考虑当代人所面对的诸多问题,如道德情感问题、对完美的渴求、对社会欠缺的容忍、焦虑愤懑、粗心、吸毒等;同时还隐含了不愿意让那

① Saul Bellow: “Nobel Lecture”, in Saul Bellow, *It All Adds Up: From the Dim Past to the Uncertain Future*, p. 91.

些知识分子或批评家把所有的问题都说破的成分。因为说破了就无法达到“以能保护自己不受政治牵累为限度来参与政治”的目的了。

从某种角度说,贝娄跟知识分子或批评家所做的计较,既可以看作是他在实践契诃夫作家政治观的过程中对社会上流行的各种主义和对自己作家身份的一种新认识,也可以看作是他对自己小说创作策略所做的一次调整。这种新的认识主要是基于他对作家所面对的社会现实的清醒认识。他在诺贝尔奖获奖演说中指出的当下西方社会所存在的问题,可以看作这种认识的准确表达。他认为,现在西方社会:

> 在个人生活方面,骚动无序或几近恐慌;在家庭生活方面——对丈夫、妻子、父母、孩子而言——混乱;在民众行为,个人忠诚,性爱实践(我不想背诵整个名单;我们不愿听这些了)——更进一步地混乱。我们正是努力生活在这样一种个人骚动无序、公众迷惑混乱的环境中。我们随时都会面临各种各样的焦虑。一切事情都在下降和坠落,让我们每天都感到畏惧担心;我们对私人生活兴奋不已,却备受公众问题的折磨。[①]

贝娄实际上是在断言,现代西方社会是一个从个人生活到民众行为再到公众环境都处于全面混乱状态的社会。不过,他认为艺术家的责任是在面对这样的社会现实时,不应停留在指出这些问题,而需要进一步思考艺术现实,即艺术家如何通过艺术手段,来揭露面对社会现实所产生的内心恐惧,洞察我们的傲慢与偏见,并给我们认识世界的智慧和面对世界的勇气。这实际上不只是如何看待和实践契诃夫的作家政治观的问题,而是牵涉到艺术家应该如何正确认识和平衡社会现实与艺术现实之间的关系。

贝娄在诺贝尔奖获奖演说中以法国小说家马塞尔·普鲁斯特(Proust, Marcel, 1871—1922)的《重现的时光》(*Time Regained*, 1927)为例,说明了社会现实与艺术现实之间的关系。他介绍说,普鲁斯特提出用“真实印象”(true impressions)的创作方法来平衡社会现实与艺

① Saul Bellow: “Nobel Lecture”, in Saul Bellow, *It All Adds Up: From the Dim Past to the Uncertain Future*, p. 92.

术现实之间的关系。也就是说,艺术家对现实的洞察犹如灯光的闪烁,尽管真实,但却忽隐忽现,脆弱易逝。艺术家的责任就是要捕捉到这一真实的瞬间,并用具体的艺术形象来予以表现。普鲁斯特还认为艺术是生活的必需品,是一种具有很强独立性的现实,而且还具有魔力。在贝娄看来,普鲁斯特的认识和主张是一种进步,艺术的价值就体现在这种艺术地表现间断出现的"真实印象"中。[①] 过去,黑格尔认为艺术不再占有人类的主要精力,人类的主要精力都用在科学上了。在这个科学的时代,尽管人们还在艺术创造,但是不管这些现代艺术作品看上去多么辉煌,多么富有尊严,我们都不再对它们屈膝膜拜。在黑格尔看来,纯艺术的最大贡献就是让"我"不再承担以往所承担过的责任。艺术不再"严肃",而是"通过形式的平静"把人们的灵魂"提升到与现实作痛苦的纠缠之上"。[②] 贝娄不同意黑格尔的这个观点。他认为,占据现代社会人类主要精力的不是对纯科学的理性追求,而是他所描述的在个人与家庭生活等方面的那些危机,以及在这种混乱与模糊的情况下,人类是否有决心继续忍受下去的问题。[③]

从贝娄赞成普鲁斯特的主张,到质疑黑格尔的观点,再到批评与他同代作家的保守,归结起来,他其实在一定程度上已经超越或突破了前面提到的契诃夫所说"作家应该以能保护自己不受政治牵累为限度来参与政治"的主张。这种超越也体现在他获得诺贝尔文学奖之后的创作实践中。他似乎不太在意是否真的能够把握好契诃夫所说的那个"度",而是更多地表达了不再继续忍受下去的决心。具体地说,他在获得诺贝尔文学奖后出版的第一部长篇小说《院长的十二月》中就体现了这样的决心。在这部小说中,他开始公开谈论当局可怕的独裁统治、美国芝加哥城市的腐败衰朽以及小说人物面对严酷现实所表现出来的坚忍和期盼。及至 1989 年出版《贝拉罗萨的暗道》时,他对契诃夫所设下的限度已有了很大的突破。他第一次直接以犹太大屠杀幸存者为

① Saul Bellow: "Nobel Lecture", in Saul Bellow, *It All Adds Up: From the Dim Past to the Uncertain Future*, p. 97.

② Cf. Saul Bellow: "Nobel Lecture", in Saul Bellow, *It All Adds Up: From the Dim Past to the Uncertain Future*, pp. 93-94.

③ Ibid., pp. 94-96.

题材，讨论大屠杀幸存者在美国的生活状况。而他的最后一部长篇小说《拉维尔斯坦》则几乎完全不受任何限制，不只是讨论犹太大屠杀问题，还细述了反犹主义在欧洲的发展历史。当然，贝娄也并非自 1982 年后便直线上升式地突破契诃夫的限制。这期间也有所“反复”，例如他 1987 年出版的《更多的人为伤心而死》、1989 年出版的《窃贼》以及 1997 年出版的《真情》中，都又回到《赫佐格》矜持又含蓄的套路上来了。

概而言之，从贝娄的全部创作来看，他在对政治问题的处理上深受契诃夫作家政治观的影响。他在 1976 年以后有所超越或突破，而且通过提出对社会现实和艺术现实的看法来修正自己对契诃夫作家政治观的认识。不过，基于种种原因，他最终还是没有能够完全摆脱契诃夫。不过，在学习普鲁斯特方面，贝娄倒是有很大的进步，他在许多作品中都能够成功地表现在现实社会中瞬间捕捉到的“真实印象”。

大致说来，他创作思想中的政治因素或对政治问题的把握，可以分为以下三种形态，即从早期追随托洛茨基、较为直露地表达信仰或质疑，到中期信奉契诃夫提出的拿捏分寸地表达对社会现实的看法，再到晚期突破所有限制的直抒胸臆。当然，这样一个大致的区别并不是说这三种形态各有一个清晰的轮廓或边界。除了他晚期的作品，特别是最后一部长篇小说《拉维尔斯坦》，他的其他小说在政治问题的表达上，只有程度上的差异，而没有或很少有本质上的不同。

第二章 贝娄的犹太性

贝娄创作思想中还有一个重要的因素，即他的犹太性。在某种意义上说，犹太性也是贝娄创作思想中最具有本质性的方面。不过，贝娄本人对犹太性的问题似乎很有些不以为然。他很不愿意被称为“犹太裔美国作家”或“美国犹太作家”，认为这种称谓是“一种暗含的贬低”。[①]批评家们在贝娄的犹太性问题上，也是仁者见仁，智者见智，未有一个较为一致的看法。这一现象的出现决不是偶然的或无关紧要的，而是有其深刻的历史原因和社会原因。

另外，我们还应该注意到，贝娄是随父母移居到加拿大并在加拿大生活了一段时间之后，才移居到美国的。也就是说，他是在“试探了圣劳伦斯河冰冷的河水之后才进入美国的主流的”，[②]与其他直接从纽约埃利斯岛进入美国的来自东欧或西欧的犹太作家有所不同。这种不同，让贝娄在被美国社会“同化”的过程中，有了一定的“缓冲”空间和时间，同时也给他的犹太性增加了一些复杂和不确定的因素。

第一节 纠结的犹太民族身份

贝娄对自己的犹太民族文化身份一直很纠结。一方面，他曾在多种场合下公开表示“充分意识到自己是一个犹太人”。[③]他在接受尼

① Ruth Miller: *Saul Bellow: A Biography of the Imagination*, New York: St. Martin's Press, 1991, p. 43.

② James Atlas: *Bellow, A Biography*, p. 146.

③ Sanford Pinsker: "Saul Bellow in the Classroom", *College English*, 34, 7 (April, 1973), p. 982.

娜·斯梯尔的访谈时详细讲述了自己的犹太童年。[①] 他在为美国犹太作家伯纳德·马拉默德撰写的悼念文章中,也坦承他与马拉默德是同类人。他说:“我们是同类人,都是东欧犹太移民的儿子,我们都早早地来到各自的街道上,被学校、报纸、地铁、公交车、市郊的沙地美国化了。大熔炉孩子。”[②] 另外,他还接受了“圣约信徒犹太传统奖”、“反诽谤联盟的‘美国民主遗产’奖”等奖项。从创作上看,他小说中多数人物都是用犹太人的名字;也分别在小说《受害者》、《赫佐格》、《赛姆勒先生的行星》、《贝拉罗萨暗道》、《拉维尔斯坦》等中提及反犹主义和犹太大屠杀;他还翻译过犹太作家肖洛姆·阿雷彻姆的短篇小说《永生》和艾萨克·巴舍维斯·辛格的短篇小说《傻瓜吉姆佩尔》;[③] 他也写过一部讲述第三次中东战争的旅游札记和有关以色列的回忆录。[④]

然而,另一方面,他拒绝用犹太的称谓来界定他,并且十分强硬地表示他“从来没有作为一个犹太人写作”,而只是作为索尔·贝娄写作。他声称自己是“一个出身犹太的人——美国的和犹太的——他有一些生活经历,其中一部分是犹太的”,但同时也是美国的,俄国的,移民的儿子,男性、20 世纪、中西部、曲棍球迷,等等,并且还说,“我得应对我生活中的那些事实——作为原始的基本事实。这些事实是我被给予的。”[⑤] 他曾明确地表示自己的灵魂不能舒适地适应犹太作家这一个类别,并承认自己痛苦地意识到这一称谓都给他带来了什么,特别是在 20 世纪的这些年代里。[⑥]

贝娄解释自己拒绝“犹太作家”称谓的原因,是他所居住的那个美国犹太社区要把他列入社区名册。这种解释听起来似乎有些轻描淡写

① Cf. Nina Steers: “Successor to Faulkner?”, *Show*, September 1964, pp. 36-38; also in Gloria L. Cronin and Ben Siegel (eds.), *Conversations with Saul Bellow*, pp. 28-29.

② Saul Bellow: “In Memory of Bernard Malamud”, in Benjamin Taylor (ed.), *Saul Bellow Letters*, p. 435.

③ 这部短篇小说是在欧文·豪的力荐下才由索尔·贝娄翻译的。

④ Cf. Michael Kramer (ed.): *New Essays On Seize the Day*, pp. 7-8.

⑤ Bellow in Chirantan Kulshrestha: “A Conversation with Saul Bellow”, in *Conversations with Saul Bellow*, pp. 90-91; also in Ruth Miller: *Saul Bellow: A Biography of the Imagination*, p. 41 and in Michael Kramer, *New Essays on Seize the Day*, p. 8.

⑥ Michael Kramer (ed.): *New Essays On Seize the Day*, p. 7.

或干脆就不是个什么理由,实则有很深刻的意蕴。贝娄在接受访谈时说,自从发生犹太大屠杀以来,犹太人对世界如何看待他们的形象特别敏感。他们认为:"在美国,犹太作家这一职业就是写公共关系稿,出版一些说犹太社区好的稿件,并压制其他稿件,要忠诚。"[①] 贝娄还披露说,有些"犹太作家迫于压力在拼命地做",而他则竭力抵制这种压力。他声称自己不愿意为了公共关系而牺牲艺术诚实,或用我们现在的话说,他不愿意为了政治正确而写作。他认为,伟大的作品应该超越族裔的界限,从而具有普适性意义。据此,他宣称自己"没有任何族裔义务的概念。这不是我的主要义务。我的主要义务是我所从事的职业,而不是某个具体的族裔集体"。[②] 甚或说,"整个犹太作家这档子事完全是一种发明"。[③] 简言之,贝娄对待美国犹太作家这一称谓是有顾虑的。他不仅担心自己被列入"社区名册",还顾忌世界如何看待自己;不仅反感迫使犹太作家写"公共关系稿",而且还拒绝为"族裔集体"承担义务。

其实,贝娄对待自己民族文化身份的这种纠结并非是个案,而是众多美国犹太作家所共同面临的问题。从历史上看,美国政府在对待犹太移民和犹太知识分子的问题上,曾出现了一系列带有歧视、排斥甚至敌视的政策和法令。早在 20 世纪 20 年代,美国政府就先后颁布了《移民法》(*The Immigration Act of 1924*)、《约翰森—里德法》(*Johnson-Reed Act*)和《国家原出生地法》(*National Origins Act*),对犹太等移民的移居、入学、就医、从事法律工作、开办有限公司等实行配额制。这就意味着犹太人不仅要根据自己的民族身份和相关法案来安排生活,[④] 而且还不得不面对由这些强制性法案引起的种族偏见或歧视,并且独自承受

① Bellow in Chirantan Kulshrestha: "A Conversation with Saul Bellow", in *Conversations with Saul Bellow*, p. 91; also in Saul Bellow: "The Swamp of Prosperity", *Commentary* 28, 1959, p. 79 and in Michael Kramer, *New Essays on Seize the Day*, p. 8.

② Bellow in Chirantan Kulshrestha: "A Conversation with Saul Bellow", in *Conversations with Saul Bellow*, p. 90; also in Ruth Miller: *Saul Bellow: A Biography of the Imagination*, p. 42 and in Michael Kramer, *New Essays on Seize the Day*, p. 9.

③ Saul Bellow: "Foreword" to Allan Bloom, *The Closing of The American Mind*, New York: Simon & Schuster, 1987, p. 13.

④ Cf. Hasia R. Diner: *The Jews of the United States: 1654—2000*, London: University of California Press, 2004, p. 3.

由此而给自己生活和工作所带来的不便甚至痛苦。

1938年,美国国会成立了以反共为己任的"国会非美活动委员会"(House of Un-American Activities Committee, 1938—1975),主要负责调查左翼和亲共知识分子的活动。因左翼和亲共知识分子多为犹太人,许多犹太知识分子被列入"黑名单"而遭到迫害。1950年2月,美国威斯康星州参议员约瑟夫·R. 麦卡锡(McCarthy, Joseph R., 1908—1957)在参议院提出反共和迫害民主进步力量的法案。许多美国知识分子、作家和艺术家受到牵连或迫害。美国犹太作家阿瑟·密勒(Miller, Arthur, 1915—2005)就是深受其害的一位。他因拒绝美国国会非美活动委员会的审问而被控犯有蔑视国会罪,不但被列入黑名单,而且还遭到非美活动委员会的长期迫害。他在"《戏剧集》引言"中回忆当时的情景时说:"我吃惊地看到,曾经跟我有多年交情的人从我面前走过连头也不敢点;而且,不能不使我大为震惊的是,我了解到存在于这些人中间的恐怖气氛是有人蓄意策划造成的。"[①]

其实,在麦卡锡主义猖獗之前,美国政府就采取了一系列排外特别是排犹的相应措施。其中,1940年6月29日美国国会通过的《外国人登记法案》(*Alien Registration Act*)[②]、1950年和1952年美国国会先后通过《麦卡伦法》和《麦卡伦—沃尔特移民和归化法》(*McCarren-Walter Act*),以法律的形式,对已加入美国国籍的侨民进行了不同程度的系列控制和迫害。[③] 严格说来,这几个法案在很大程度上就是针对美国犹太移民的,因为在美国的进步知识分子、社会主义者或共产党人等中,犹太人占有很大的比例,并起着举足轻重的作用。1947年,美国国会非美活动委员会调查了好莱坞动画制片厂中的41位演职人员。这些演职人员自愿接受调查并成为"友好见证人"。他们在调查中指控了19人持有左翼思想观点,并致使其中的10人遭到迫害。这就是所谓的"好

① 阿瑟·密勒:《阿瑟·密勒论戏剧》,郭继德等译,北京:文化艺术出版社,1988年,第144页。

② 这个法案要求所有14岁以上外国人都要登记说明他们个人的政治信仰等,旨在瓦解美国共产党人以及其他左翼进步团体。

③ 参见刘绪贻:《美国通史》(第6卷),北京:人民出版社,2002年,第110—111页。

莱坞十君子"[①]事件。

另据调查显示,美国有相当多的民众对犹太人抱有偏见。他们认为犹太人贪财,不诚实,不道德,好搞帮派,傲慢自负,追逐权力以及富有侵略性。1969年统计数据显示,不持有反犹情绪的美国民众约占总人口的31%;中等程度持有反犹情绪的民众约占总人口的32%;持有极度反犹情绪的民众约占总人口的37%。[②]这些统计数据明确表明了犹太人的生存环境和他们必须面对的严峻形势。总之,正是美国当局所推行的一系列对进步知识分子的迫害政策、法令,社会公众对犹太人的偏见以及部分人为了保护自己而歇斯底里地乱加指控他人的社会现实,促使美国犹太作家对自己的民族文化身份和写犹太题材格外谨慎。

不少美国犹太作家认为,不去写反映第二次世界大战中的"犹太人大屠杀"问题,主要是因为不想重新搅起潜伏的反犹主义。[③]阿瑟·密勒也曾说,写犹太人一些不好的特点只能是为反犹主义者提供攻击的弹药。[④]另一位不愿意被冠以美国犹太作家称谓的莱昂内尔·特里林也说:"我并不把自己看作一个'犹太作家'[……]如果我的批评家在我的作品中发现他们称之为犹太性的东西,不管是不好的还是好的,我都会感到愤恨。"[⑤]不过,他说归说,还是照样积极地参与编辑并为犹太人的刊物《灯台》(*Menorah Journal*)撰稿。特里林将自己采取这种态度的原因归结为反犹主义。他曾回忆说:"反犹主义的压力帮助我和《灯台》中的其他同事'确定自己和我们社会的界限;我们能够发现我们是谁和我们希望是谁'。这种社会关系'最终在我的想象之中',而且对他

① "好莱坞十君子"有:Herbert Biberman, Lester Cole, Albert Maltz, Adrian Scott, Samuel Ornitz, Dalton Trumbo, Edward Dmytryk, Ring Lardner Jr., John Howard Lawson, Alvah Bessie。他们拒绝回答"非美活动委员会"所提出的任何问题,因而遭到迫害。

② Cf. Harole E. Quinley and Charles Y. Glock: *Anti-Semitism in America*, New York: The Free Press, 1979, pp. 2-6.

③ Cf. Allen L. Berger: *Crisis and Covenant: The Holocaust in American Jewish Fiction*, Albany: State University of New York Press, 1985, p. 34.

④ Ibid., p. 34.

⑤ Jules Chametzky, John Felstiner, Hilene Flanzbaum and Kathryn Hellerstein (eds.): *Jewish American Literature: A Norton Anthology*, p. 632.

身份感的形成起着重要的作用。”[①]

像密勒和特里林这样言不由衷、生活在悖论中的美国犹太作家不在少数，比如说还有伯纳德·马拉默德、菲利普·罗斯等。这是他们的一种生存策略，即在这样看似自由宽松，实则诡谲紧张的社会氛围里，美国犹太作家既要坚持生存下来，又不能背弃自己的民族，他们所能做的就只有采取所谓“顺势而为”的策略，写有关犹太人的故事，却拒绝接受犹太作家的称谓。

贝娄在他的早期和中期创作阶段也采取了这样一种生存策略。不过，他在晚期创作中似乎就不太在意这一点。他对自己文化归属的态度发生了变化，在作品中不时地露出“锋芒”，或敢于袒露自己的犹太身份，或勇于直面棘手的犹太问题。总的来说，贝娄对自己犹太身份的态度和犹太问题的认识有一个嬗变的过程。我们从其创作轨迹中也可看出这一过程的变化曲线。

第二节　从早期作品看贝娄的犹太性

除了没有在小说《雨王汉德森》中明确说明主人公的民族文化身份，贝娄在所有其他小说中都明确地标明其主人公的犹太身份。如果说这是一种偶然的巧合，那么这种巧合也折射出贝娄的民族意识和他创作的聚焦所在。我们知道，“判断一个作家是不是少数民族作家不能以他自己对外的宣称来定，而是要看这些作家究竟写的是什么，他们的立场怎样，他们所关心的又是什么”。[②] 另外，表现在贝娄作品中的犹太性不仅体现在他作品的题材和主题上，而且还体现在深层结构中，即贝娄常用的犹太视角、犹太故事情节安排以及犹太式的故事结尾。[③]

贝娄的第一部长篇小说《晃来晃去的人》发表于第二次世界大战结束的前期，着重描写了一位名叫约瑟夫的主人公在第二次世界大战时

① Quoted in Stephen J. Whitfield: “Lionel Trilling”, in Daniel Walden (ed.), *Twentieth-Century American-Jewish Fiction Writers*, p. 306.

② 乔国强:《美国犹太文学》(绪论),北京:商务印书馆,2008 年版,第 5 页。

③ Cf. Ruth Rosenberg: “Three Jewish Narrative Strategies in *Humboldt’s Gift*”, *MELUS*, Vol. 6, No. 4 (Winter, 1979), pp. 59-66.

期等待入伍通知期间焦躁彷徨的复杂心情。约瑟夫是一个尚未被美国社会完全同化的犹太人。他为了能入伍参加反法西斯战争,辞去工作,搬到一处廉价的房子里居住,专门等候着入伍的召唤。他等待入伍的目的之一就是要在新的环境中找到自己的位置,并求得一种对美国犹太移民来说至关重要的身份感。贝娄在小说中还以犹太人的视角,特别描写了约瑟夫赋闲在家,需靠妻子赚钱来养活自己的细节。妻子养活丈夫,这在美国文化传统里或许是不可思议的,但在犹太文化传统中却是再正常不过的事情了。从这一点来看,贝娄其实在小说的开篇,就给其主人公以明确的文化定位。

小说中写辞去工作后的约瑟夫,没有了任何社会责任的束缚,一下子轻松无比。他想恢复一度尝试过但又搁置下了的写作活动,却发现自己最终所写出的不过是一些毫无意义的随意瞎想。随着时间的流逝,自由的喜悦消失了,取而代之的是空虚、孤独。因此,他不断跟邻居吵架,和亲戚翻脸,就连庆祝自己的结婚纪念日也搞得别别扭扭。渴望已久的"自由"在这时对他来说,仿佛是一个陌生的国度,一切原有的价值观念都土崩瓦解了:诚如罗伯特·R. 达顿所指出的,他"脱离了语境,因此迷失了"。[①] 贝娄对约瑟夫这种获取"自由"又迷失于"自由"的描写,与其说揭示了现代人存在主义式的生存状态,不如说更暗喻了犹太人在遭到长期禁锢后已不能适应新环境的特定心理。

小说中讲述的约瑟夫与美国共产党组织关系这个细节值得重视。众所周知,美国犹太移民早在 20 世纪初,就以热衷于工会组织、社会主义、共产主义以及其他激进组织而闻名。贝娄本人也追随过托洛茨基。然而,20 世纪 30 年代中后期以后,由于苏联发生了"莫斯科审判"和斯大林与德国纳粹签订互不侵犯条约等事件,有相当一部分美国知识分子,特别是美国犹太知识分子改变了早先的看法。贝娄把这一社会 / 政治思潮引入到小说中,一方面是为了进一步说明和印证约瑟夫的民族身份,另一方面也是为了更好地反映并揭示造成约瑟夫精神苦闷彷徨的社会根源。

贝娄的第二部长篇小说《受害者》关注的焦点不只是犹太人自己的生活情况,还有犹太人与反犹主义者之间的互动关系。犹太主人公

① Robert R. Dutton: *Saul Bellow*, Boston: Twayne Publishers, 1982, p. 12.

利文萨尔无意间得罪了反犹主义者阿尔比的老板。阿尔比在遭到解雇后，开始把怨气撒到利文萨尔身上，不断地骚扰和迫害他。贝娄给小说中的反犹主义者起名为阿尔比（Allbee），具有深刻的含义。英文"Allbee"其实是在暗示"所有的人均皆如此"（Everybody is）。从这一点来看，阿萨·利文萨尔的迫害者，究竟指的是谁已经是不言而喻了。也就是说，利文萨尔实际上面对的不只是阿尔比一个人，而是美国社会中所有的反犹主义者。阿尔比正是在有了"所有的人"这样的社会语境下，才会想到或敢于当众散布反犹言论，并在被解雇后赖在利文萨尔的家中混吃混喝。表面上看，贝娄似乎不过是讲了一个关于两个人的简单故事，实则寓意深刻地回忆了历史上犹太人屡遭诽谤而受迫害的历史事实。这里有一些细节颇有深意。比如说，起初阿尔比指责利文萨尔毁了自己的前程时，利文萨尔感到很荒唐，并把他视为疯子。但是，在阿尔比的不断逼迫下，利文萨尔自己也弄不清楚是否真的应该对阿尔比的失业负有责任。于是，他向朋友维利斯顿请教。后者通过分析认为，利文萨尔在这件事情上不是一点责任没有。这些细节容易让读者联想到历史上有许多栽赃陷害犹太人的案件——虽然不是事实，但被人们说得多了，就连并没有做错事的犹太人也会疑惑自己是否真的错了。贝娄在此采用这种联想性的象征手法，一方面意在诘问历史究竟谁应为犹太民族的苦难负责；另一方面也告诫自己的同胞不要像利文萨尔那样做"施勒米埃勒"（Shlemiel），即没用的傻瓜。

类似于前文说的具有"所有的人"象征意义的阿尔比，也出现在利文萨尔的家中。利文萨尔的嫂子是一个虔诚的天主教徒，对自己的犹太丈夫心存不满。他们的孩子生病，嫂子的母亲借机威胁说，如果孩子有个三长两短，那就要考虑她女儿的婚姻是否合适了。贝娄写道："这场婚姻对她来说是不纯洁的。不错，他知道她对这事怎么看。犹太人，一个血管里流淌着错误的血液，坏血液的人，让她女儿有了两个孩子，这就是为什么孩子病倒了。"[①] 可见，在贝娄的小说中，反犹主义虽不像德国纳粹那样明火执仗地对犹太人大肆屠戮，却深入到了社会生活的每一个角落，乃至家庭成员之间。

作为受害者，利文萨尔的思维方式也受到了限制，他让一种"受迫

① Saul Bellow: *The Victim*, New York: Vangurad Press, 1947, p. 62.

害”情结缠绕着自己,时时处处“检点”自己的举止言谈甚或穿衣打扮,以避免引起非议。“人们笑话他的鼻子,于是他开始学习拳击;他们笑他穿富有诗意的丝绸衣服,于是,他改穿黑色衣服;他们笑他看的书,于是,他就把书拿给他们看。[……]他极度不安地做着这一切。”[1]他似乎无论怎么做都会觉得不对劲,无奈之中只能惴惴不安地时刻调整自己,以便能够最大程度地迎合人们的要求。利文萨尔这一形象及其生活际遇,深刻地折射出美国犹太人的生存现状,同时也披露了隐藏在贝娄灵魂深处的愤懑和无奈。

贝娄的第三部长篇小说《奥吉·玛琪历险记》从多个层面,向读者展示了主人公奥吉与社会之间的关系。奥吉生长在一个贫穷的犹太移民家庭,幼年时曾饱受反犹主义者的欺凌,长大后即开始了他“历险”的经历。贝娄在这部小说中表达的犹太性更多的是通过所谓“深层结构”来表现的。比如说,在小说的情节展开后,贝娄没有安排奥吉参加一些与其宗教相关的活动,或进行一些宗教思考来反映其犹太身份,而是通过他对家庭和亲人执著的爱和安排他离开家庭、外出“历险”这样的“深层结构”来凸显其犹太性。

奥吉的“历险”在这部小说里应该解读为“流亡”和“走出去”。“流亡”是犹太人的一种生存状态,而“走出去”则是犹太人谋求生存的手段或途径。从历史上看,直到1948年以色列国成立,犹太人近两千年没有自己的国家。从犹太宗教文化的角度看,犹太人从走出埃及开始,这种“走出去”的思想是根深蒂固的。他们无论是在困境中,还是在顺境中,都不会放弃具有历险性质的“探索”和“走出去”的努力。公元前586年,随着耶路撒冷第一圣殿的被焚毁,犹太人再次踏上“流亡”和“走出去”之路。他们先是被掳掠到巴比伦,成为“巴比伦之囚”,随后又辗转欧洲各国,屡遭迫害、驱逐,乃至杀戮。从19世纪80年代开始,犹太人开始从欧洲各国大量移居美国。他们在新的“流亡”和“走出去”中求生存和图发展。奥吉的“历险”过程在本质上也是这样一种过程。抑或说,他的“历险”就是现代犹太人“流亡”和“走出去”的一个缩影。另外,奥吉的“历险”也折射出了犹太人的一般秉性。美国犹太作家艾萨克·巴舍维斯·辛格在回答“犹太人是怎样的一种人”时曾说:“犹

① Saul Bellow: *The Victim*, New York: Vangurad Press, 1947, p. 130.

太人是那样一个不得安宁、焦虑烦躁的家伙,他们必须做点什么或计划点什么。他是那种不管经历多少次失望,都会立即制造出另外一些幻想来的人。”① 如果用这句话来解释奥吉的犹太民族文化特征及其命运是再合适不过了——奥吉自己也说“性格即命运”。②

贝娄的第四部长篇小说《抓住时日》延续了他在前三部小说中所探讨的主题,即犹太人的生存和精神状况。小说集中讲述了犹太人汤米·威廉一天的生活经历。汤米一直生活在悖论之中。他憎恨自己的懒散、平庸,却又无力改变自己。他曾努力想成为好莱坞的电影明星,但到头来却连一份微不足道的工作也没能保住;他轻信骗子,把身上仅有的几百美元作了投资,却赔得血本无归;他想要的东西(如父爱和与妻子离婚)得不到;他不想要的东西(如孩子)却又撇舍不下;他在一筹莫展、不知所措中,稀里糊涂地跟随着参加葬礼的人群走进了教堂,并在无意中参加的陌生人的葬礼上哭得伤心欲绝。贝娄在这里刻画了另外一副传统犹太文学中焦躁不安、忙里忙外,不仅忙不出任何结果,而且还事事出错的犹太傻瓜形象。

从思想内容上看,这部小说更加着重强调新一代犹太人由于放弃了父辈的信仰、缺乏父辈的智慧以及其艰苦努力的精神,而在美国当代社会中所遭遇到的失败。他们不仅没能在社会上安身立命,甚至连家庭生活也过得昏天暗地,难以维持。这部小说虽有些劝谕意味,但总的来看,其基调是沉重而又挣扎的,偶尔旁逸出高亢,那也是在挣扎与绝望之间发出来的。小说的标题《抓住时日》③ 就是这种挣扎基调的最好说明。在小说结尾,汤米在教堂里嘈杂的人群和“低沉且如海浪般潮涌而至的哀乐”④ 中的哭泣就是这样。汤米的哭泣既不是宣泄,也不是彻悟,而是愚人在公众场合里的一种自怨自怜。

不过,从另一角度看,汤米离开老年公寓、融入人群和走进教堂这些细节还是具有一定的象征意义:他离开了那个住满垂死之人的老年

① Richard Burgin: “Isaac Bashevis Singer Talks … About Everything”, p. 32.

② Saul Bellow: *The Adventures of Augie March*, New York: Viking Press, 1953, p. 3.

③ 有译者将这部小说的标题 *Seize the Day* 译为《只争朝夕》。这种译法似乎没有传达出“挣扎”的意蕴。

④ Saul Bellow: *Seize the Day*, New Yorik: Penguin Books, 1956, p. 118.

公寓，可能象征着他离开原来的生活方式，不再死乞白赖地纠缠他年迈的父亲；他融入人群可能表示他不再幽闭自己，开始接触社会并汇入社会主流；而他进入教堂则可能暗示他的情感和信仰的回归。这里之所以说“可能”，主要是因为汤米是被卷入人流并被人流带进教堂的。另外，他还被那汹涌而至的哀乐所感动。从上面所说的这些“被”字来看，他实在是“被动”得可以。我们在他身上发现主动求变的唯一举动是走出了那座老年公寓。这一走出虽不能说是他采取了新的行动，或者说就此开始了对新生活的探索，但毕竟是一次走出。或许因为汤米还有些冥顽不化，这一新举动对他的生活不会带来多大正面的改观，或许还会把生活搞得更糟，但是，他毕竟行动了。这对汤米甚或对贝娄来说，是至关重要的。“行动”或“走出去”是贝娄在早期小说中致力表达的一个犹太主题。

贝娄在接下来出版的第五部小说《雨王汉德森》中就从另外一个侧面，进一步表达了这种“走出去”或“采取行动”的主题。换句话说，如同贝娄的前一部小说一样，《雨王汉德森》的犹太性再次体现在小说的“深层结构”中，即贝娄借“流亡”和“走出去”这一结构方式，来折射犹太人长期养成的思维习惯和生存方式。犹太民族的文化特点，在贝娄早期的五部小说中分别得到了不同程度的体现。从他的第一部小说《晃来晃去的人》中可以看出，主人公约瑟夫焦躁不安地等待入伍，其实是一种渴望“流亡”和“走出去”的心理反映；《奥吉·玛琪历险记》中主人公奥吉的“历险”则是一场“流亡”和“走出去”的全方位模拟实验；《雨王汉德森》中的主人公汉德森顺应内心的呼唤，来到非洲“探索”，也在一定意义上实践了犹太人“流亡”和“走出去”的精神。

贝娄的犹太性还体现在《雨王汉德森》的一些细节中。例如，汉德森到达非洲后，首先来到一个名叫阿纳维（Arnewi）的部落。这个部落的居民在表达悲伤时，“绞着自己的手”，显出一副很无助的样子。这种表达悲伤的方式是典型的犹太人表达方式。我们可以在许多其他美国犹太作家，尤其是在艾萨克·巴舍维斯·辛格的作品中常常见到。由此看来，尽管贝娄并没有在这部小说中直接谈论与犹太人相关的事情，但植根于他灵魂中的犹太文化精髓却不由自主地表露了出来。

简言之，贝娄在早期创作中，从不同的侧面刻画了美国犹太人悲戚、纠结、挣扎的形象,较为完整地勾勒出美国犹太人在20世纪四五十年代的生存状况和精神状况。除此之外,贝娄的犹太性还体现在他所构建的具有符号意义的意象群、他所描述的场景和故事、所采用的叙述策略以及所使用的表现犹太文化底蕴的"深层结构"中。不过,需要指出的是,贝娄在这一创作时期,既没有着力表现发生在欧洲的犹太大屠杀,也没有明确反映美国犹太人对大屠杀的态度,而只是间接、含蓄地表现了反犹主义者对美国犹太人的迫害。与发生在欧洲的惨烈的犹太大屠杀相比较,贝娄在作品中的表现似乎有些过于"淡定"了。我们虽然不能就此判断贝娄缺乏民族责任心或同仇敌忾的正义感,但至少可以说贝娄作为一个美国犹太小说家,并不是不谙世事,即不看重自己与现实社会之间的关系,甚或说他不担心自己被反犹主义者算计,而是恰恰相反,他其实很注重美国社会的"语境"。应该说,他表现犹太性的方式,与他内心对自己民族身份的纠结有很大的关系。

第三节　从中期作品看贝娄的犹太性

贝娄中期创作的主要作品有三部,《赫佐格》、《赛姆勒先生的行星》以及《洪堡的礼物》。严格说来,就其思想内涵而言,贝娄这一时期的作品与早期作品相比没有实质性变化。他还是通过种种方式来描写和反映美国犹太人的生存状况和精神状况。不同之处,一是贝娄在这一时期创作的作品中所刻画的不是早期作品中的那些小人物,如小职员、流浪汉和落魄者,而多为中产阶级知识分子,如大学教授、作家等。这一变化既表明贝娄关注的对象发生了改变,又预示贝娄开始注重探索富有思辨性的精神层面的问题。二是贝娄在表达犹太性方面,特别是在一些敏感问题上,如处理发生在欧洲的犹太大屠杀上,虽较前一时期有所突破,但总的来看,依然采用了含糊其词或引而不发的叙述策略。

贝娄在长篇小说《赫佐格》中塑造了一位大学历史教授赫佐格的形象。赫佐格是一个美国犹太人,学识渊博,曾出版过《浪漫主义和基督教》等学术专著。然而,由于两次婚姻的失败,他的精神遭受到了极大创伤。于是,他开始"整天给天底下的每个人写信",[①] 抱怨和批评公

① Saul Bellow: *Herzog*, New York: Penguin Books, 1961, p. 1.

众生活的混乱与颓败，还与历史人物讨论或争论人类在历史中的地位。例如，他在写给艾德莱 · 史蒂文森的信中说：“人们的天性是拒绝智力、形象和思想，或许误以为它们是怪物”；[①] 他指责艾森豪威尔将军的“胜利是因为他表达了低级的土豆式的爱”；[②] 他还批评戒毒委员会的专员，认为“一个社会无法维持的公众秩序不是个人的错误”，[③] 而是这个社会的错误。

贝娄在这部小说中的犹太性，主要是通过融入自己的生活经历、描写日常生活细节以及那些看似混乱不堪、毫无章法的信件表现出来的。贝娄的传记作者詹姆斯 · 阿特拉斯认为《赫佐格》是贝娄最具自传性的一部小说。[④] 贝娄在写给菲利普 · 罗斯的信中，也承认自己在《赫佐格》这部小说中未能像罗斯那样在作品中与人物保持一定的距离。[⑤] 换句话说，贝娄在《赫佐格》中融进了许多与他个人生活相关的细节。比如说，他多处提到主人公赫佐格的母亲，如“我曾听到我那俄国籍的母亲叫我‘我的美男子’”、[⑥] 母亲曾希望他“成为一个拉比”[⑦] 等，这些话语经常出现在贝娄的传记或访谈[⑧] 中，很容易让读者联想到赫佐格的母亲其实就是贝娄自己的母亲。

小说的主人公赫佐格是“正宗的、爱讲感情的老派犹太人”，[⑨] 也是一个典型的犹太愚人形象。他所挚爱的第二个妻子玛德琳与他的密友格斯巴施私通，而他却竭尽所能地帮助密友找工作和安排住处。不仅如此，他还跑到格斯巴施面前诉苦，心甘情愿地接受他的讥讽：“像你这么一个重要人物，居然为爱情去送命，这可是个大问题，真让人痛心，简

① Saul Bellow: *Herzog*, New York: Penguin Books, 1961, p. 66.

② Ibid., p. 66.

③ Ibid., p. 68.

④ James Atlas: *Bellow, A Biography*, p. 146.

⑤ Cf. Saul Bellow: “Letter to Philip Roth”, in Benjamin Taylor (ed.), *Saul Bellow Letters*, p. 540.

⑥ Saul Bellow: *Herzog*, p. 17.

⑦ Ibid., p. 22.

⑧ Cf. Ruth Miller: *Saul Bellow: A Biography of the Imagination*, p. 3.

⑨ Saul Bellow: *Herzog*, p. 84.

直荒唐透顶！”[1]他不仅在婚姻方面失败，与其他女人打交道也总是不得要领，甚至连极想“恢复他生活的秩序”的女人雷蒙娜，也不能解决他“高层次的问题”。[2]不但如此，他在与男人们交往时，也总是四处碰壁。心理医生艾维格博士并未把他当作人，而是把他当作一个病例来看待；法官、警察、律师等也只把他当作一件物品、一个工作的对象。

小说中的主要女性人物是玛德琳。玛德琳出生于犹太家庭。她父亲是一位“上了黑名单好几年了”[3]的著名犹太艺术家。她的母亲丹妮也是一位“有教养、有文化背景的犹太女人”。她的外祖父是“裁缝，劳动工会会员、意第绪语研究者”。[4]也就是说，玛德琳本人及其家庭成员的文化背景与赫佐格别无二致，都出身于犹太家庭，属于同一个民族。贝娄交待玛德琳父母的民族身份、宗教信仰等情况，是为写玛德琳背叛自己的民族信仰和背叛丈夫这两个事件作铺垫，让玛德琳与她的家人形成一种对照。叛教或同化是美国犹太作家关注的一个重要话题。贝娄自然也没有放过这个话题。我们可以从他描写玛德琳皈依基督教这一过程中看出贝娄的立场。贝娄在小说中写道：

> 她下了出租车，料想他会跟上去的，就快速地走上了台阶。他付了车费，追赶上她。她用肩膀顶开了旋转门，并在胸前画了个十字，仿佛生来就会画十字似的。她大概是从电影上学来的吧。不过，她脸上表露出来的那种急切、迷惑以及渴求的神情又是从哪儿学来的？［……］玛德琳的整个身体似乎都积聚在胸前和肩膀上，她的脸庞因兴奋而涨得通红。她把头发都严严实实地塞进帽子里面，不过有几绺头发还是滑落了出来，在耳边形成了边发。［……］玛德琳在通道上跪了下来。她不只是跪下，而是伏下身体，整个身体全都匍匐下来。她想摊开身体地趴在地上，把自己的心脏贴在地上——他认得这种动作［……］他是一个犹太人。他为何要到

① Saul Bellow: *Herzog*, p. 61.

② Ibid., p. 185.

③ Ibid., p. 108.

④ Ibid., p. 108.

这座教堂里来？[①]

贝娄在这里描写了玛德琳和赫佐格走出出租车后的一连串动作，既写出了赫佐格的被动无奈，又对玛德琳模仿基督教徒的样子极尽讽刺：她准备在胸前画十字，甚至都不用手去推开教堂的旋转门，那句"大概是从电影上学来的吧"对这一动作做出了最基本却最切中要害的判断。而在她"把头发都严严实实地塞进帽子里面"后，仍有"几绺头发还是滑落了出来，在耳边形成了边发"，说明尽管她竭尽所能想成为一个基督教徒，但还是难掩其犹太人的本色，因为两耳旁的"鬓发"（earlocks）是正统犹太人的典型特征之一。贝娄在这里只是将"鬓发"改为"边发"（sidelocks），二者的象征意义其实是一样的。尤其是她"伏下身体，整个身体全都匍匐下来。她想摊开身体地趴在地上，把自己的心脏贴在地上"这种动作，更能说明她皈依基督教的可笑之处。

这段引文最后一句的诘问，即"他为何要到这座教堂里来？"表明了赫佐格的民族立场。玛德琳可以利用赫佐格对她的爱来胁迫威逼他走进基督教堂，但他自始至终没有忘记自己的民族身份，并没有让她的计谋得逞。贝娄在接下来对玛德琳的描写中进一步暴露了她虚伪的一面："她是多么地可爱啊！她的脸上洋溢着快乐，脸蛋圆圆的，红红的；蓝色的眼睛，晶莹透彻。这跟她发怒时那副穷凶极恶的样子（凶杀犯的样子）相比，真有天壤之别！"[②]

贝娄不仅在刻画两个主要人物过程中尽量多地糅进犹太因素，而且在一般叙述中或嵌入的其他故事情节中，也都巧妙地提及或议论与犹太相关的事情。例如，赫佐格去看望他的一个女友旺达时，回想起在波兰华沙的"那十天日子"："四周寒风刺骨、灰蒙蒙的，一片死气沉沉。那些纪念碑上仍然散发着战时大屠杀的气味。他觉得自己嗅到了血腥味。"[③] 在赫佐格写给夏皮罗的信中，也提到第二次世界大战幸存者和德国纳粹屠杀犹太人的焚尸炉：

① Saul Bellow: *Herzog*, pp. 62-63.

② Ibid., p. 63.

③ Ibid., p. 25.

> 在这个时代里,我们都是幸存者,因深知我们为此付出的代价,所以各种关于进步的理论不适合我们。认识到你是一个幸存者,你会感到震惊;认识到这就是你的命运,你会潸然泪下。死者上路时,你想叫他们一声,可是他们脸色阴沉,灵魂抑郁地离你而去。他们化为团团烟雾,从灭绝人寰的焚尸炉烟囱里飘然而去,把你留在历史成就——即西方的技术成就——的光华中。[①]

在这段引文里,贝娄对在遭纳粹屠杀的犹太人寄予深切缅怀的同时,还表达了自己故地重游时的悲凉心情。那句"死者上路时,你想叫他们一声,可是他们脸色阴沉,灵魂抑郁地离你而去",透露出他写下此句时情何以堪的心境。不过,尤其需要注意的是,贝娄在此提出了所有活着的犹太人"都是幸存者"的这一重要观点。他在后来的中篇小说《贝拉罗萨暗道》中,再次用艺术形象诠释并发展了这一观点。简言之,体现在贝娄这部作品中的犹太性是零散而随处可见的。如果把这些犹太因素排列组合起来,就会构成一幅表明贝娄犹太立场和价值取向的较为清晰的画面。这种画面在他随后的小说中重复出现,只是时而清楚,时而模糊。

有论者指出贝娄在这部小说中谈及犹太大屠杀问题时,采取了一种非常"矜持"的态度,并认为贝娄之所以持这种态度,主要是因为20世纪50年代的麦卡锡主义和冷战氛围所造成的。[②] 在《赫佐格》这样厚厚的一本小说中,有关大屠杀这一事件仅用"纪念碑上仍然散发着战时大屠杀的气味"和"他们化为团团烟雾,从灭绝人寰的焚尸炉烟囱里飘然而去"寥寥数语就一笔带过了。用詹姆斯·阿特拉斯的话说,贝娄为"大屠杀事件已经挣扎了二十多年,但是他在小说中只是模模糊糊地提到"。[③] 我们可以想象得到,贝娄当时是处于怎样的一种精神状态。不过,这一情况在接下来写的小说《赛姆勒先生的行星》中有所改观。

《赛姆勒先生的行星》是贝娄在先后访问波兰和以色列,阅读亚历山大·多纳特(Donat, Alexander)的《大屠杀王国》(*The Holocaust*

① Saul Bellow: *Herzog*, p. 75.

② Cf. James Atlas: *Bellow, A Biography*, p. 388.

③ Ibid., p. 388.

Kingdom, 1965）后创作的。多纳特的书让他了解到更多有关犹太大屠杀的真相。另外，发生在 1967 年 6 月的第三次中东战争[①]对他的触动也很大。他在 1967 年 6 月 10 日访问以色列期间写给一位名叫玛格丽特·斯塔茨（Staats, Margaret）的人的信中称，他目睹的战争场面"简直不敢相信"。[②]他从以色列回来后，以奥斯卡·塔科夫（Tarcov, Oscar）讲述的故事和波里克先生（Mr. Pawlyk）的亲身经历为基本素材，另外还融进他自己的一些经历，[③]创作了《赛姆勒先生的行星》。[④]

从叙述策略上来看，贝娄还是首先给小说主人公及其他主要人物的犹太民族身份定位，然后再采用零星但随处可见的笔触，来叙说有关主人公赛姆勒先生二战期间作为犹太人在欧洲的经历和战后作为幸存者在美国的经历。他的犹太性也就体现在这些叙述中，即通过插叙一些有关主人公的犹太出身、他从二战大屠杀中幸存下来的经历，以及他的妻子等人死于战火等故事，来表明自己的立场和观点。另外，贝娄在小说中还通过另外一位二战幸存者布鲁奇回忆自己在大屠杀期间的经历，来揭露德国纳粹的阴险与邪恶。他在小说中写道：

> [纳粹士兵]把平底锅拿出来卖给这些囚徒。从工厂里运来了成千上万的新平底锅。为什么呢？布鲁奇能买多少买多少。干什么用？囚徒们把这些平底锅相互转卖。这时有个人掉进粪池里了。他们不允许任何人去救他。这个人就这么淹死在粪池里，囚徒们只能蹲在粪池两旁无助地旁观。没错，被粪便窒息死了！[⑤]

贝娄在这里是想通过这个片段说明，这些德国纳粹士兵把犹太人当作低劣人种看待。他们想通过这一事件来宣扬雅利安人的优越，贬损犹

---

① 又称"第三次阿拉伯国家与以色列战争"，指 1967 年 6 月 5 日至 10 日期间发生在以色列与阿拉伯国家之间的战争。阿拉伯国家主要参战国有埃及、叙利亚和约旦。

② Saul Bellow: "To Margaret Staats", in Benjamin Taylor (ed.), *Saul Bellow Letters*, p. 271.

③ Cf. Ruth Miller: *Saul Bellow: A Biography of the Imagination*, pp. 185-186.

④ Cf. James Atlas: *Bellow, A Biography*, p. 388.

⑤ Saul Bellow: *Mr. Sammler's Planet*, New York: The Viking Press, 1976, p. 58.

太人的愚昧和肮脏，并为他们随后屠杀犹太人寻找借口。

再比如说，贝娄在小说中还让赛姆勒先生回忆了自己曾开枪打死德国士兵这一故事，用具体事例驳斥了汉娜·阿伦特在《艾希曼在耶路撒冷》（*Eichmann in Jerusalem*, 1963）一书中提出的观点，即德国纳粹在二战时期所犯下的罪孽与犹太人在死亡面前的消极与被动有关。即，在贝娄看来，以赛姆勒先生为代表的犹太人在死亡面前可能被动，但却并不消极。除此之外，贝娄还对阿伦特的另一个错误观点，即德国纳粹屠杀犹太人与现代性相关进行了批判。① 他在小说中写道："把本世纪极大的罪恶视为单调无聊本身就不平庸［……］，蔑视对平庸的古老的理解本身就不平庸。有一个反对神圣生命的阴谋［……］，那个女教授的敌人是现代文明本身。她只是用德国人来攻击20世纪——用德国人发明的术语来谴责。"② 这里所说的"女教授"即是指汉娜·阿伦特。她用德国人提出的有关"现代性"的观念，来分析和总结德国纳粹大屠杀，并把这一残暴行为归结为具有现代特点的大众社会。在阿伦特看来，纳粹恐怖所展示的不是邪恶而是现代性。大众社会才是这场浩劫的"真凶"。贝娄在这里尽管只是片言只语地谈论阿伦特或大屠杀，但是这对他来说已经是一个不小的突破了。甚或可以说是他"有史以来"的第一次。

贝娄在这部小说中的犹太性，还体现在对幸存者赛姆勒先生战后生活的描写中。由于战争的创伤，多数二战幸存者都不能像正常人一样生活。赛姆勒先生也是众多饱受战争创伤者中的一个。战争摧毁了他的家园，也摧毁了他们简朴幸福、无忧无虑的个人世界和美好、善良、单纯的梦想。虽然他从德国纳粹的大屠杀中幸存了下来，可是早期那种进取精神却没有了。20世纪60年代的美国社会，因冷战和越战而引发的极端个人主义思潮风靡社会的角角落落。例如，普林斯顿的年轻学生对赛姆勒先生污言秽语，狂吼乱叫；格鲁纳医生的儿子为了寻求个

① 贝娄曾称阿伦特为自己"非常好的朋友"。另据贝娄传记作者詹姆斯·阿特拉斯的记载，贝娄起初以旁观者的态度来评价阿伦特的著作：要谈论这部著作"很难不引起某一团体或另外一些团体的谴责"，后来在写《赛姆勒先生的行星》这部小说时，又改变了自己的看法。Cf. James Atlas: *Bellow, A Biography*, pp. 388-389.

② Saul Bellow: *Mr. Sammler's Planet*, pp. 18-19.

人幸福和发财致富,不惜牺牲家庭和道义;赛姆勒自己的女儿舒拉模仿大屠杀中所表现出的野蛮行径等。赛姆勒先生目睹了这些事件的发生,仿佛又回到了40年代曾经历过的欧洲社会,让他十分震惊。更令他气愤的是,黑人窃贼竟公然向他展示生殖器。所有这一切都更使赛姆勒对历史和社会产生了悲观的认识,从而更加坚定了逃避对自己的存在负有责任的念头。贝娄的这些描写没有直接与赛姆勒先生幸存者的身份挂钩,但是由于他在小说的开篇即说明了赛姆勒先生的身份,所以接下来所讲述的赛姆勒先生的精神状态和生存状态,其实也就是贝娄所理解的幸存者。

贝娄在1975年出版的《洪堡的礼物》没有延续他在《赛姆勒先生的行星》中提出的话题,即二战大屠杀和幸存者,而是转向探讨美国犹太人在美国的生活及其所要面对的问题。贝娄在这部小说中表现出来的犹太性,主要体现在对美国犹太人生活的关注上。相比较而言,这里的犹太性较弱一些。除了多数人物是犹太人这一特点能明显地表达他的聚焦所在,他并没有提出什么有价值的新问题,或深入探讨美国犹太人在宗教、文化生活中所必须面对的问题。另外,在人物塑造和场景描写方面也没有多少创新。他对主人公西特林独自照料抛弃他的情人的孩子的描写,仍然没有突破写犹太愚人的路数;而对另一个主要犹太人物作家弗莱谢尔的描写除了多出一些乖张,并没有写出犹太作家的内心世界。

这部小说主要根据美国犹太作家戴尔默尔·施瓦兹的原型写成。施瓦兹曾热情洋溢地赞美过贝娄的《奥吉·玛琪历险记》,但是后来施瓦兹因出现精神问题,开始不断地折磨贝娄,不仅嘲笑贝娄所获的奖项、荣誉和《赫佐格》一书为他带来的巨大金钱收入,还把贝娄描绘成一具成功的僵尸。[①] 在小说中,贝娄较为准确地状摹了施瓦兹的音容笑貌和举止言谈,不过,他低调处理了施瓦兹的犹太情结,并省略了相关重要事件,却强化了发生在贝娄与施瓦兹之间有关竞争与

① Cf. James Atlas: *Bellow, A Biography*, p. 429.

成功的恩怨。换句话说,在某种程度上,贝娄把写作的重点放在处理他与施瓦兹之间的关系上。他既没有探究他们之间矛盾的真实原因,也没有深入发掘隐含在他们之间关系中的文化意蕴,而只是把他们之间的矛盾要么解释为施瓦兹的精神问题,要么干脆归结为美国社会,指责美国社会不尊重艺术家。贝娄这样写发生在自己与施瓦兹之间的故事,好看是好看了,却把一个原本十分厚实的题材处理得有些简单化。

美国学者鲁思·罗森堡在《〈洪堡的礼物〉中的三种犹太叙事策略》一文中,从叙述的角度,归纳总结了贝娄在作品中表现出来的犹太性,即贝娄常用的犹太视角、犹太故事情节以及犹太式的故事结尾。[①] 比如说,贝娄小说的视角采用的都是独白形式,其情节趋于"静止和停留在感觉上,而不是能动的和发展的"。[②] 故事内叙述者更多地是在反省而不是行动。叙述者多处于被动地位,或耽于回想,或静止不动,或处于过分延长的暂停中,等等。应该说,罗森堡总结出来的这些叙述策略不仅仅体现在《洪堡的礼物》这一部小说中,而是几乎体现在贝娄所有小说中。这也是贝娄后期小说在叙述策略方面既得赞赏又颇受诟病的一个原因。

总之,贝娄在这一时期的犹太性主要体现在他对美国犹太人问题的关注上。其新颖之处是,他在这一时期的创作中,开始涉及德国纳粹屠犹问题并关注大屠杀幸存者的生活。其关注的程度与后期创作相比虽然还远远不够,但与前期创作相比是有所进步的。只是这一进步仅仅表现在个别作品中。

① Cf. Ruth Rosenberg: "Three Jewish Narrative Strategies in *Humboldt's Gift*", *MELUS*, Vol. 6, No. 4 (Winter, 1979), pp. 59-66.

② Tony Tanner: "The Flight from Monologue", in Irving Howe (ed.), *Herzog, Text and Criticism*, New York: Viking Press, 1976, pp. 445-446, 461; also in Ruth Rosenberg: "Three Jewish Narrative Strategies in *Humboldt's Gift*", *MELUS*, Vol. 6, No. 4 (Winter, 1979), pp. 61, 62.

第四节 从晚期作品看贝娄的犹太性

贝娄的创作晚期应该从他获得诺贝尔文学奖六年后，即1982年出版的《院长的十二月》算起。除了《院长的十二月》外，贝娄在这期间创作出版的主要作品还有《更多的人为伤心而死》、《贝拉罗萨暗道》、《窃贼》、《真情》以及《拉维尔斯坦》。

贝娄在《院长的十二月》和《更多的人为伤心而死》这两部小说中还是一如既往地采用了间接的表述方式，来表达自己对犹太问题（包括犹太大屠杀及其幸存者）的看法。他在1989年出版的中篇小说《贝拉罗萨暗道》中，没有沿用以往这种“含蓄”的手法，而是“破天荒”第一次直接谈到“大屠杀”问题，并在此基础上反省了美国犹太人与“大屠杀”幸存者之间的关系和犹太幸存者在战后美国的遭遇。可以说，《贝拉罗萨暗道》的出版为他发展中的犹太性矗立了一块醒目的界碑，不仅明确地标示出他对反犹主义和“大屠杀”的态度，还清晰地凸显出他对自己犹太身份的强烈关注。贝娄从所谓对“普世意义”的关注，转向了对自己民族，特别是对犹太幸存者和犹太移民美国化问题的关注。新的转折凸显了他作为美国犹太作家的文化立场和价值取向。

由于《贝拉罗萨暗道》和《拉维尔斯坦》这两部小说在揭示贝娄的犹太性及其转变方面具有非常重要的地位，下面将分两个小节讨论它们。

《贝拉罗萨暗道》的英文名称是*The Bellarosa Connection*。其中，“connection”一词至少有两层含义，一是指由小说中主要人物之一比利·罗斯在第二次世界大战期间构建的营救犹太人的“地下通道”；二是指战后欧洲犹太人与以比利·罗斯等为代表的美国犹太人之间的“联系”或“不联系”。小说叙述的重点是后者，“联系”或“不联系”成为小说的关键词，也是揭示主题的一个关键点，即美国犹太人“联系”或“不联系”“大屠杀”犹太幸存者，表明了他们的文化立场和价值取向。

小说中，波兰犹太人冯斯坦遭到纳粹法西斯分子迫害，只身逃到意大利，先后在米兰、土伦以及罗马等地躲藏，不料还是被意大利当局抓住，关进大牢。就在冯斯坦要被处死的前一天晚上，他得到秘密组织营救人员的指点，逃出了纳粹统治的意大利。他辗转来到美国后，得知是大名鼎鼎的娱乐界大亨、犹太人比利·罗斯救了他。于是，这位幸存下来的波兰犹太人冯斯坦怀着一颗感恩的心，千方百计地想面谢恩人罗斯。按照冯斯坦的妻子索莱拉的话说，"他所要的一切就是说一声'谢谢'。"[①] 但出乎意料的是，这位昔日不惜代价救出同胞的美国犹太大亨却坚决拒绝与冯斯坦见面。冯斯坦对此非常伤心。冯斯坦的妻子索莱拉为自己的丈夫抱不平。她批评说，生活在美国"这个国家的移民后代有些变了"，[②] 变得不愿面对过去、不愿与自己的同胞联系，甚至都不愿意承认像冯斯坦这样得到他拯救的人的存在。在她看来，这些得势的美国犹太人似乎跟犹太相关的事物沾一点边，就会承受不了，唯恐那样会把自己"从羽毛丰满的美国人的位置上拉下来"。[③]

索莱拉对罗斯的冷酷无情非常气愤，想尽一切办法帮助丈夫满足自己感恩的心愿。她认识了罗斯的前任女雇员德博拉·海密特。海密特曾受罗斯派遣到纽约埃利斯岛去面见冯斯坦。她被罗斯解雇后养病在家，索莱拉经常去探视海密特，两人成为密友。海密特在去世前把记录自己与罗斯私下交往的日记留给了索莱拉。索莱拉在以色列设法见到罗斯后，不惜以罗斯与海密特之间的私情来"要挟"罗斯，让他满足自己丈夫冯斯坦的感恩请求。但是，事与愿违，索莱拉不仅遭到罗斯的奚落，还被严词拒绝。罗斯在拒绝索莱拉时说，他"不需要这些纠缠——我做了什么，就做了。我不得不减少关系和联系的数量。我为你们做了什么，接受和欢迎就行了，但别让我跟你们有什么关系以及诸如此类的事情"。[④] 也就是说，"避免纠缠"[⑤] 是罗斯为自己拒绝接受冯斯坦当面感谢所找的理由。

可是，罗斯为什么要"避免纠缠"呢？索莱拉转述罗斯的一段话发人深省：

> 我已经尽我之所能……在那个时间，这已经超出人们所能说

① Saul Bellow: *The Bellarosa Connection*, New York: Penguin, 1989, p. 23.

② Saul Bellow: *The Bellarosa Connection*, p. 23.

③ Ibid., p. 23.

④ Ibid., p. 56.

⑤ Ibid., p. 56.

> 的了。冲着史蒂芬 · 韦斯喊叫。跟山姆 · 罗斯曼大吵大闹。但人们都袖手旁观。他们愿意去拜访对犹太人丝毫不在乎的罗斯福和科德尔，而且很是为自己能接近白宫而无比自豪和幸福，甚至把得到的推诿也看作是一种怡人的特权。那些著名的拉比去拜访罗斯福时，罗斯福用花言巧语蒙骗了他们……邱吉尔也跟罗斯福一样。那些该死的白皮书。又能怎样？[①]

原来，罗斯的“避免纠缠”是有缘由的。他也曾热情和冲动过，但是，身边同胞的冷漠势利甚至愚蠢，让他对自己的拯救行动有了新的认识；以美国总统、英国首相等为代表的美英新教政府对犹太人所蒙受灾难的漠视和对犹太拉比们的请求所采取的蒙骗手段，更是让他义愤填膺。但是，在那样一种时局或环境里，他只有改变自己，采取了只救人不联系的策略。如果说小说中反映出来的罗斯拒绝接受冯斯坦面谢，表示了他对犹太同胞所采取的一种立场，那么，这一立场的形成则是由上面提到的冷漠势利的犹太同胞和漠视犹太人生命的美英政府两方面原因造成的。抑或说，罗斯之所以对自己不遗余力拯救过的犹太人采取规避的态度，实际上是他对美国社会现实认知的一个真实反映。他认清了已被美国化的犹太人对蒙受苦难的欧洲同胞采取“都袖手旁观”态度的真正动机，以及美国政府“用花言巧语蒙骗”犹太人并“对犹太人丝毫不在乎”的真实面目。他的冷漠和规避是在现实磨砺中产生并最终形成的。这也从另一个侧面解释了罗斯为何不愿被冯斯坦夫妇“纠缠”，同时却又热衷于在以色列做善事这样似乎有悖常理的行为。

小说中描写与犹太幸存者“联系”和“不联系”的不只是对美国社会和美国犹太人深有认识的罗斯，而且还有拥有“X 百万”[②] 的叙述者“我”。小说中叙述者“我”声称“强迫自己记住并非出生在费城那个有着 20 英尺高屋顶的家里，而是在新泽西作为一个俄国犹太人的孩子开始生活的。像我这样一个行走的记忆文件夹不能把自己的出身当垃圾处理掉，也不能歪曲早期的历史”。[③] 但是，他所声称的和实际上做的还

① Saul Bellow: *The Bellarosa Connection*, p. 54.

② Ibid., p. 2.

③ Ibid., p. 2.

是有相当的差距。

叙述者“我”是一个靠“记忆”为生的美国犹太人。他因在费城建立培训记忆力的机构而获得巨大的商业成功，不仅为像国家安全委员会这样重要的美国政府机构培训记忆人才，还因此成为“X 百万”富翁。但是，就是这样一位自诩为“一个行走的记忆文件夹”，把“记忆”视为“生命”[①]的叙述者“我”，却想让自己处于一种“忘记回忆”[②]的状态中。其原因之一是叙述者“我”对那些“欧洲化的美国人……摆出一副英国人和法国人虚妄的正确感，并把自己那种惹人心烦的自我意识带到与朋友的交往中”[③]的做派感到不快。说白了，叙述者“我”看不惯来自东欧的远房亲戚冯斯坦那股感恩的执著劲。冯斯坦虽屡遭拒绝，但他自以为“是一个有尊严的人”，就“不会停止感恩”。[④]为此，叙述者“我”直言奉劝冯斯坦“忘掉它。按美国人的方式干。埋头做好自己的生意”，并且还提醒他们别“要求得太多了。你们无法从他［罗斯］那里得到更多”。[⑤]叙述者“我”对冯斯坦的妻子索莱拉为自己的丈夫出面也不理解。他对她声称一定要完成她丈夫生命中的这一章，并坚持认为这是“犹太大毁灭的一个部分。对在我们没有受到威胁的大西洋的这一边，我们有特别义务来处理这件事”[⑥]持有怀疑态度。

叙述者“我”与冯斯坦的“联系”与“不联系”还表现在故事的情节中。自从叙述者“我”在 20 世纪 50 年代末与冯斯坦夫妇在以色列偶然相见后，30 年未再与他们联系。叙述者“我”后来对自己疏离冯斯坦夫妇所作的解释是，“我没能理解冯斯坦这一事件的真相。我没有理解冯斯坦与罗斯之间的关系”。[⑦]30 年后，叙述者“我”因偶然接到来自耶路撒冷犹太拉比的一个电话，请求他帮助联系冯斯坦，让冯斯坦为在耶路撒冷落魄的亲戚提供帮助，“我”这时才意识到自己与冯斯坦夫妇已

---

① Saul Bellow: *The Bellarosa Connection*, p. 2.

② Ibid., p. 2.

③ Ibid., p. 3.

④ Ibid., p. 26.

⑤ Ibid., p. 61.

⑥ Ibid., p. 60.

⑦ Ibid., p. 89.

失去联系30年。他从冯斯坦夫妇死于车祸的事件中惊醒,开始反省自己作为一个美国犹太人的行为。从这些故事情节来看,作者贝娄仍然将叙述者"我"与冯斯坦夫妇的"联系"与"不联系"的原因归结为美国社会。"我"在反省中认识到,正是这样一个高度商业化且又远离战争威胁的社会把人们之间的情谊给冷漠化了。在美国,那些曾经历过贫穷和苦难的犹太移民已"不需要皈依就可以被同化了……已不需要在耶和华和耶稣之间做出选择了"。[①] 他们"相忘于江湖"也就不足为怪。作者贝娄的批判锋芒之所向已是清晰可见。

另外,还有一桩由叙述者"我"转述的事件虽然似乎有些游离于主要故事情节之外,却十分有助于深化"联系"与"不联系"这一中心主题。冯斯坦夫妇的儿子在"朋友"的诱惑下走上了歧途,失去了与父母的"联系"。冯斯坦夫妇驱车前去救助,却双双死于车祸。这个故事看似一个偶发的事故,但却寓意深刻:假如冯斯坦夫妇不是那样坚守欧洲犹太传统伦理道德观念,把亲情看得太重,就不会一听说儿子出事就心急火燎地驱车前往,也就不会发生车祸。他们没有死在意大利纳粹分子手中,却命丧于与亲情"联系"的车祸中。贝娄用这样一个情节传达了自己对美国社会的认识和情绪,也表达了自己对仍然坚守传统伦理道德观念的冯斯坦夫妇的深切同情。

判断《贝拉罗萨暗道》在多大程度上反映了作者贝娄的文化立场和价值取向,应该是研究这部小说的落脚点。研究这个落脚点的角度应该有很多,通过考察小说叙述结构或叙述策略来看,应该是一个重要的角度。

《贝拉罗萨暗道》的主要叙述结构是第一人称的转述话语结构。从形式上来看,这种话语结构主要表现在小说中的主要事件完全是由叙述者"我"转述的。"我"起到组织并构建整个叙述框架的任务。例如,贝娄在小说的开篇通过"我"交待说,因对小说中人物的"刻画太清晰和令人愉快以至于不真实",所以不得不先把人物"描摹出来,然后抹掉并重新构建";而且在构建中还注意到"直言讲述和富有感情的回顾之间的区别"。[②] 也就是说,小说中的叙述者实际上扮演了隐含作者的角

① Saul Bellow: *The Bellarosa Connection*, p. 81.

② Ibid., p. 3.

色，我们可以从贝娄安排叙述者“我”对材料的遴选、组织和对叙述过程的构建中，看出他是如何注意“直言讲述和富有情感的回顾之间的区别”，并从其中看出他如何表达自己的文化立场和价值取向。

先说贝娄在这部小说中安排叙述者“我”对材料的遴选与组织。大致说来，出现的主要人物有四位：幸存者犹太人哈里·冯斯坦，冯斯坦的妻子索莱拉，美国娱乐界明星、犹太人比利·罗斯，以及以匿名形式出现的犹太人叙述者“我”；主要事件有四个：纳粹分子所实施的犹太大屠杀、冯斯坦请求面谢罗斯的救命之恩、索莱拉与罗斯的会谈、以色列拉比请求叙述者“我”帮助寻找冯斯坦。我们从上述两组颇具符号矩阵意味的人物和事件的选择与构建中可以看出，小说所关注的重点乃是与犹太人密切相关的。这一选择与构建就诠释了作者贝娄的思想内涵。

其次再看一下小说对人物和事件的叙述安排。这种安排，折射出了叙述者“我”，或者更确切地说是作者贝娄的思维方式和思想构架。为达到这一目的，贝娄在小说开篇分三步来进行自我介绍。第一步，让叙述者“我”在介绍其他人物出场之前，先交待自己的身份：一个曾从事记忆培训且获得巨大商业利润，但现在已经退休了的美国犹太人。从他的介绍中可以看出，他已经完全融入到美国的主流社会，不仅有自己的公司、过着富足的生活——他家里有“许多大型衣橱、挂画、波斯毯、餐具柜、雕刻的壁炉、装饰华丽的天花板——还有封闭的花园……”[①] 而且还与足以代表美国主流社会的机构和人员——他培训过“一个在国家安全委员会工作的人”——来往密切[②]。第二步，让叙述者“我”在正式讲述有关冯斯坦夫妇与比利·罗斯交往的故事前，再次夸耀自己的记忆力——“我的主要投资投在记忆上。本科生时就在数次聚会上展示过了。我能存贮四周二十多人接二连三告诉我的单词，然后又一一背诵出来。”[③] 贝娄让叙述者“我”反复说自己的记忆力好并以实例证明，为下文详细记叙其他人物、事件与情境埋下了令人信服的伏笔，即暗示他随后转述的所有事情都应该是准确无误、真实可信的。第三步，叙述

① Saul Bellow: *The Bellarosa Connection*, p. 3.

② Ibid., p. 2.

③ Ibid., p. 6.

者“我”声称自己退休后想“忘记记忆”;然后,就在他说完这话后,紧接着声称“像我这样一个行走的记忆文件夹不会把自己的出身当垃圾处理掉,也不能歪曲早期的历史”。[①] 贝娄让叙述者“我”在这“忘记记忆”与不会“忘记”自己犹太身份的悖论式叙述中,凸显了“我”的犹太民族身份,表明了自己的民族立场。

叙述者“我”在做好这些铺垫的基础上,才开始详细地叙述欧洲犹太人在第二次世界大战期间所蒙受的苦难:

> 1938年,他[冯斯坦]的父亲是一位珠宝商。德国人没收了他在维也纳所做的投资(贵重的财产)。战争爆发后,穿着像尼姑样的纳粹冲锋队员从天而降,逮捕了冯斯坦藏匿在乡村的姐姐和她的丈夫,并把他们送到集中营处死。冯斯坦和他的母亲逃到萨格拉布[②],后来又逃到拉文纳[③]。冯斯坦夫人就是在这个意大利的北部城市死去的。……冯斯坦经历了犹太历史上最大的苦难。[④]

冯斯坦的家人都被纳粹分子杀害了,他本人也是九死一生。贝娄安排叙述者“我”在冯斯坦提出面谢比利·罗斯的救命之恩之前叙说这样残酷的事实,为随后冯斯坦面谢的请求做了合理的铺垫。这样的安排不仅不会让读者在随后读到冯斯坦夫妇执著的请求时感到贸然,反而会让读者对冯斯坦夫妇的执著更加理解和同情。按理说,被罗斯从死亡线上救下来的冯斯坦提出面谢罗斯是一件再合乎常理不过的事了。不过,作者却没有让叙述者“我”按照这个常理简单叙述,而是让他讲述了冯斯坦夫妇想尽一切办法面谢罗斯但却屡屡受挫的故事,并借此引出了本文在第一部分中谈到的“联系”与“不联系”这一中心主题。

最后再看小说的转述语气。贝娄安排“我”在转述小说中其他人物的话语、情境与事件时所使用的语气,透露了叙述者“我”对受叙情

① Saul Bellow: *The Bellarosa Connection*, p. 2.

② 前南斯拉夫西北部城市。

③ 意大利东北部港口城市。

④ Saul Bellow: *The Bellarosa Connection*, pp. 6-7.

境与事件的态度。例如,叙述者"我"转述索莱拉与罗斯面谈情境时所使用的语气就透露了自己的倾向。他首先做交代说:"如下所讲述的是根据索莱拉的报告,并辅以我自己的观察。我无须说'我的记忆力是否管用'。从我的情况来看,记忆是管用的,没错。另外,她讲述时,我还在记事本的背面上做了一些记录。"[①] 从这一"交待"来看,叙述者"我"说话的语气虽然与受叙的情境和事件尚有些距离——这个距离主要体现在他所说的在记事本上所做的记录,但是距离似乎已经很近,因为他同时还交待说,接下来他所叙述的内容不仅有记忆中的,还有自己观察到的,也就是说叙述者"我"在一定程度上参与甚或融入所叙内容中了。从接下来的叙述所使用的一般过去时陈述句,且并未使用任何附加从句(tag clause)的表达方式就可以看出,叙述者"我"已经完全把"转述"作为"陈述"了。他讲述出来的就不只是索莱拉提供的内容,还加进了个人的判断和情绪。简言之,贝娄通过运用这样一种很有些复杂且有反讽意味的转述结构和独特的叙述语气,不仅令人信服地叙说了幸存者在战争中遭迫害和在战后现实生活中遭冷遇的经历,还通过这一叙述构建了叙述者亦即作者自己的思想。

贝娄在小说中精心安排的叙述场景实际上起到了承载他思想的作用。大致说来,贝娄在小说中安排了四个主要的场景:叙述者"我"的父亲家、索莱拉在以色列会见罗斯的大卫王宾馆、罗斯捐款建造的雕塑玫瑰花园以及冯斯坦夫妇的空宅。它们又可以分为两组,一组为小说事件的主要发生地,即在以色列的场景;另一组为小说叙述的始发和结束地,即在美国的场景;在这两组场景中,每一组场景还可以分为人物在其内活动或受影响的场景和人物在其外活动或受影响的场景。上面提到的四个场景,前两个属于人物在其内活动或受影响的场景,后两个则属于人物在其外活动或受影响的场景。这些场景是作者贝娄有意安排的,具有民族性和价值取向。也就是说,贝娄一方面构建并营造充满犹太元素的场景,让具有不同犹太元素的人物活动在这样一些场景里,并让他们的话题和思考受到这些犹太元素的规定和影响;另一方面又让他的人物在感受和认知犹太因素的同时,反过来赋予其新的意义和功能。

① Saul Bellow: *The Bellarosa Connection*, pp. 50-51.

先说安排在以色列的两个场景。贝娄首先安排的是人物在其内活动或受影响的场景，即把坐落在耶路撒冷的大卫王宾馆作为故事发生的主要场景。他让主要人物冯斯坦夫妇、罗斯以及叙述者“我”同住这一宾馆，并安排冯斯坦的妻子索莱拉和罗斯在这一场景中直接交锋。表面上看来，小说中这些犹太人物可以同处一个空间，实际上他们却有着显然不同的价值观和人生观。叙述中通过凸显在“内部”环境中犹太同胞之间的“联系”与“不联系”这一纠结，揭示了美国犹太人与东欧犹太人之间的矛盾冲突。而故事中多次提到的罗斯捐款建造的雕塑玫瑰花园，则是一个人物在其外活动但却具有一定影响的场景。贝娄虽未对这个场景做正面描述，却通过这个场景的安排揭示了主要人物罗斯文化立场和价值取向复杂或矛盾的一面。罗斯在大卫王宾馆会见索莱拉的时间是在20世纪50年代初，其时正值以色列国初建之际。一方面，罗斯“把一切事情都视为一种表演”，[①] 拒绝面见曾被自己拯救的同胞，对冯斯坦夫妇的请求摆出一副不可理喻的傲慢架势；另一方面，他又在以色列国成立初期即积极支持其建设——捐款兴建具有特殊意义的雕塑园，表达了他对新建的犹太人家园以色列的态度。

再说在美国的那组场景。在小说开篇，作者也首先安排了人物在其内活动或受影响的场景：叙述者“我”在父亲的家里与一位远房侄子冯斯坦和他的夫人索莱拉见面。在父亲家这个场景里，贝娄描述了叙述者“我”和冯斯坦分别与叙述者“我”的父亲下棋、“我”与冯斯坦夫妇的交谈，展示了犹太人家庭浓浓的温馨亲情。叙述者的父亲“热衷于难民的故事”，并因冯斯坦“从犹太历史上最大的苦难中幸存了下来”[②] 而对他格外关注。故事就是从这样一种氛围开始的，“我”从这里开始了解并向读者介绍冯斯坦夫妇的情况。冯斯坦是一位来自东欧的第二次世界大战幸存者。他来到美国后，先是在一家制造加热器的工厂里工作，“不久就开上了崭新的庞蒂亚克车”[③]。后来，他自立门户，也做起了加热器生意并且因此发家致富，有了自己的房子和一个“在数学和物理

① Saul Bellow: *The Bellarosa Connection*, p. 65.

② Ibid., pp. 5, 7.

③ Ibid., p. 21.

学方面饱学”[1]的儿子。照道理讲，叙述者“我”可以在此基础上进一步讲述冯斯坦一家如何幸福地生活在美国这个富足的社会里。然而，叙述的环节在讲到“我”的父亲去世后，家庭的温馨场景就不复存在，转而出现的是一些紊乱和不固定的场景。在这些场景里，叙述者“我”介绍更多的是冯斯坦夫妇如何抱残守缺般地坚守东欧犹太人的“正义观”和伦理准则，千方百计地想对拯救过自己的同胞当面致谢，却屡屡遭到断然拒绝；他们如何对自己的儿子寄以厚望，一心想“帮他成为富人”[2]，结果美国社会却把他们饱学的儿子变成了罪人，他们自己最后也死于车祸。

小说结尾的场景是冯斯坦夫妇因车祸去世后留下的空房子，即一个人物“在其外”仍然保持其影响的场景。这种人物“在其外”的影响既表现在叙述者“我”与看房人之间的对话中，更见诸空房子对叙述者“我”所引发的深思。具体地说，“我”通过与看房人的对话，不仅深刻感受到冯斯坦夫妇对看房人的影响，还开始了新一轮的自我认识和对冯斯坦夫妇这一事件的感悟。他认识到自己“并非是自己原来所想象的那样”，[3]自己其实是“一个完全不同种类的犹太人……与比利·罗斯更为接近……不能理解冯斯坦这一事例的真实情况。我没有理解冯斯坦与罗斯之间的关系，我极想跟哈里和索莱拉讲清楚这一点。你们为作为这个新世界的孩子付出了代价”。[4]非但如此，叙述者“我”通过冯斯坦夫妇的去世还意识到了生活的“无情残暴”，“我们当中任何一个人都有可能随时死去”。[5]小说以空房子这一场景，作为叙述的最后场景，似乎不仅表达了叙述者“我”，更确切地说是作者对犹太人在美国生活虚空的认识，而且透露出了他对人生无常的感悟。

① Saul Bellow: *The Bellarosa Connection*, p. 21.

② Ibid., p. 21.

③ Ibid., p. 88.

④ Ibid., p. 89.

⑤ Ibid., pp. 88, 96.

第五节 从小说《拉维尔斯坦》看贝娄犹太性的转变

贝娄的最后一部长篇小说《拉维尔斯坦》是他根据同事、好友艾伦·布卢姆的生平写成的一部传记性小说。[①]小说出版后,在美国批评界引起了很大反响:称赞者认为该小说的出版是"一个惊人的成就,贝娄数年来写的最富有吸引力的一部作品",并认为其主要成就有三:一是贝娄在该作品中"展示了自己对传记类古典作品的熟悉";二是贝娄在"刻画布卢姆形象上花了很大功夫",表现出了他的朋友布卢姆的"基本假定",即"对心灵的信仰","对充满激情生活的挚爱";三是"保持了约翰逊提倡的传记类作品写作基本要求和刻画拉维尔斯坦那些值得不断品味的典型特征之间的平衡";质疑者则认为贝娄"暴露"了布卢姆的隐私,把布卢姆搞"同性恋"的事情给泄露了。这牵扯到道德问题,即贝娄无权"将其好友布卢姆的个人隐私公布于众",[②]如是等等。纵观已有的评论,发现评论者关注的重点基本都是暴露隐私和死亡、友谊、爱情等问题,[③]将一部主要讨论反犹主义和"大屠杀"这一重大问题的小说用私人化的方式消解了。

贝娄在84岁高龄创作的这最后一部长篇小说是为好友写传记,这可能是真实的,[④]但可能更为真实的是,贝娄借写传记这一机会和形式,来总结自己对人生一些重大问题的思考,特别是为自己对反犹主义和"大屠杀"的认识做最终定位。下面试从分析"写什么"、"怎么写"以及"为何现在"三个方面,来看作者贝娄如何反映反犹主义和"大屠杀"这样的思想主题和他如何通过书写这类主题来为自己的犹太民族立场定位,即他如何为自己的犹太性安排归宿。

---

① Cf. James Atlas: *Bellow, A Biography*, p. 593.

② Ibid., pp. 593, 595, 596-597.

③《拉维尔斯坦》中译本译者认为该小说主要探讨了爱情、死亡和友谊三个问题。参见索尔·贝娄:《拉维尔斯坦·译序》,胡苏晓译,南京:译林出版社,2000年版,第4—7页。

④ 艾伦·布卢姆的学生安德鲁·帕特纳在《芝加哥太阳时报周末书评》中写道:"只有两个人知道布卢姆从贝娄那里得到身后出版书的允诺,而其中的一个已经死了。"(转引自 James Atlas: *Bellow, A Biography*, New York: Random House, 2000, p. 598。)现在,两位当事人均已过世,贝娄是否是按照或违背艾伦·布卢姆的意愿写成,已成难以了断的公案。

先谈书写“大屠杀”，写什么？

在第二次世界大战中，三分之二的欧洲犹太人被欧洲纳粹分子屠杀了。美国犹太学者哈依姆·格雷德认为：“除非犹太人认识到不是以色列的第三圣殿被毁，而是犹太民族自身的三分之一、他们的躯体和灵魂被毁，否则他们就不能认识这场灾难的真正损失。”[①] 也就是说，对格雷德而言，“大屠杀”摧毁的不仅仅是犹太人的家园，其数量之大几近灭绝整个犹太民族，而其伤害之严重足以毁灭犹太人的精神。不对此作深入的探讨，就无法认识“大屠杀”给犹太民族所带来的灾难损失究竟有多么深重。

《大屠杀文学参考指南》一书中介绍了223位作家的307部反映“大屠杀”的文学作品。[②] 就本文作者有限的阅读，迄今为止，反映“大屠杀”的文学作品大体上有五种题材或表现模式，即（一）用爱情的甜蜜糖衣包裹苦难［如安妮·弗兰克（Frank, Anne）的《安妮日记》（*The Diary of Anne Frank*）、伊娃·海曼（Eva Heyman）的《伊娃·海曼日记》（*The Diary of Eva Heyman*）等］；（二）直接描述死亡苦难［如托马斯·基尼利（Keneally, Thomas）的《辛德勒的避难所》（*Schindler's Ark*）[③]、辛西娅·奥兹克（Ozick, Cynthia）的《大披巾》（*The Shawl*）等］；（三）反映“幸存者”生活［如I. B. 辛格的《敌人：一个爱情的故事》（*Enemies: a Love Story*）、《哈德逊河上的阴影》（*Shadows on the Hudson*），菲利普·罗斯的《狂热者艾利》（*Eil, the Fanatic*）］；（四）用隐喻的方式反映“迫害”并批判德国纳粹文化［如索尔·贝娄的《赛姆勒先生的行星》，阿瑟·密勒的《严峻的考验》（*The Crucible*）等］；（五）以“大屠杀”为背景，探讨如何在与异族交往中和在本民族范围内重塑犹太民族文化身份［如哈

① Chaim Grade: My War with Hersh Rasseyner, translated by Milton Himmelfarb, Commentary 16: 5 (November 1953), p. 437. 转引自 Alan L. Berger: *Crisis and Covenant: The Holocaust in American Jewish Fiction*, Albany: State University of New York Press, 1985, p. 12。此处所说的“三分之一”指世界“三分之一”的犹太人。

② Thomas Riggs (ed.): *Reference to Holocaust Literature*, “editor's Note”, Miami: St. James Press, 2002, vii.

③《辛德勒的避难所》在美国改编为电影时，取名《辛德勒的名单》（*Schindler's List*）。

依姆·波托克(Potok, Chaim)的《选民》(*The Chosen*)、《我的名字叫阿舍·列夫》(*My Name is Asher Lev*),E. L. 多克托罗的《上帝之城》(*City of God*)等]。应该说,这些类型的文学作品从不同侧面、不同程度,生动准确地反映了"大屠杀"的残暴,并敦促人们深入反思"大屠杀"的成因和给犹太民族乃至全人类带来的伤害。

面对如此众多的"大屠杀文学"作品,如何在内容和思想上有所超越是贝娄创作《拉维尔斯坦》之前所需要面对的问题。在《拉维尔斯坦》出版之前,贝娄已有多部小说直接或间接地与反犹主义和"大屠杀"相关,如《受害者》、《赫佐格》、《赛姆勒先生的行星》以及《贝拉罗萨暗道》等。L. H. 戈德曼曾撰文总结,在《贝拉罗萨暗道》和《拉维尔斯坦》出版之前,贝娄从两个方面来表现对德国纳粹的批判,一是"攻击德国文化本身,一种总体性的批判,有时候会对属于德国的人和事物采取敌视的态度。其中包括揭露反犹主义并攻击德国思想和其他各种各样诱发纳粹思想的阐释者——浪漫主义和基督教";二是贝娄在小说中对非人道的一种隐含批判,即他"强调生命的圣洁和人类的兄弟情谊"。[①] 应该说,戈德曼总结的这两个方面较为准确地反映了贝娄在他早中期创作中对反犹主义和"大屠杀"的基本认识。不过,戈德曼的总结也提示我们,贝娄显然既没有超越他同时代作家的认识,也没能完整准确地反映反犹主义和"大屠杀"的实质所在,他所谓"浪漫主义导致德国纳粹说"甚至很有些极端或片面化。

贝娄似乎也意识到了自己的问题,这从他晚年创作的《拉维尔斯坦》对自己以往的成见所做的清算中可以看出。具体来说,他在小说中没有延续以往从浪漫主义去看反犹主义和"大屠杀"的单一角度,而是从多个新的角度提出了对反犹主义和"大屠杀"的认识。这些新的角度和认识实际上也构成了小说的主要内容。

首先,贝娄在这部小说中不再单纯地认为浪漫主义是导致德国纳粹产生的唯一根源,转而强调理性主义、虚无主义在德国纳粹的产生及其犯下的滔天罪行中所起到的作用。他在小说中这样写道:

① L. H. Goldman: "The Holocaust in the Novels of Saul Bellow", in *Modern Language Studies*, Vol. 16, No. 1 (Winter, 1986), p. 71.

你不得不思考一下，数十万、数百万人因思想不同而惨遭杀戮——也就是说，带着一些理性的借口。理性作为秩序的表现或者意图的明确具有很重要的价值。虚无主义最狂热的形式，极其彻底地表现在德国军队中……德国的军国主义产生了最极端和最可怕的虚无主义。这种虚无主义引发了普通士兵最血腥和最疯狂的复仇主义的谋杀热情。因为这种热情几乎完全包含在执行的过程中，所以一切责任追溯到上层发布命令的来源。[①]

这段近似议论的文字表明，在贝娄看来，德国纳粹及其屠杀人类的刽子手们一方面用理性主义帮助他们为其所进行的大肆屠杀寻找理由，另一方面又用虚无主义为他们日后推卸责任制造借口。因此，对纳粹反犹主义的批判应该从欧洲近代以来各种思潮中去寻找原因，而不应只简单地归咎于浪漫主义。

其次，贝娄在小说中还进一步分析了现代庸众对法西斯反犹主义的形成所起到的作用。一方面，他以体育运动和电视节目等大众传媒作比，分析了庸众如何在狂热而盲目的追捧中成就了像希特勒这样反人类的法西斯分子。他指出："你无法分清战争和 NBA 赛事——体育运动，超级大国的魅力，高科技的军事行动……体育运动和法西斯分子的大型集会互相借鉴。"[②] 另一方面，贝娄还认为平庸社会中所普遍存在的软弱无力，也是让法西斯分子的张狂能得逞的原因："人们普遍愿意接受千千万万人的被毁灭。接受它就像是本世纪的基调……同意承担如此多的毁灭？思考这些事实时，我们全都突然变得软弱无力。"[③] 总之，在贝娄看来，庸众的盲目追捧和麻木不仁是现代社会的通病，而这些通病又是造成法西斯纳粹"大屠杀"的另一个主要原因。贝娄以此为基点，又将批判的锋芒向历史和当下拓展，即从过去单一地指责或批判与德国文化相关的人和事，转向了批判包括历史和当下形形色色所

---

① Saul Bellow: *Ravelstein*, New York: Penguin Group, 2000, p. 168. 引文参考胡苏晓译本（索尔·贝娄:《拉维尔斯坦》，南京：译林出版社，2004 年版），并有所修正。除必要外，不再一一注明。

② Saul Bellow: *Ravelstein*, New York: Penguin Group, 2000, pp. 55-56.

③ Ibid., p. 169.

有参与迫害犹太民族的反犹主义者,其中既包括法国启蒙主义思想家伏尔泰对犹太人的仇恨、英国首相劳埃德·乔治(George, Lloyd)对犹太人的敌视,还包括英国诗人 T. S. 艾略特对犹太人的厌恶、法国医生路易-费迪南·塞利纳对犹太人的刻毒、美国葛利夫教授对犹太人的愚弄以及逃往美国的前罗马尼亚法西斯分子"达齐安人"格里莱斯库对犹太人所曾犯下的罪孽,等等。贝娄扩大对反犹主义者的清算是有道理的,因为反犹主义不只是出现在第二次世界大战的大屠杀中,而是由来已久,涉及到世界各国社会的层层面面;参与者也不只是军队里的官兵,更有诗人、医生、哲学家、教授以及其他所谓的体面人。他们共同构成的反犹大军,以历史的厚重和当下的迅猛,合力促成了欧洲纳粹法西斯惨绝人寰的大屠杀。

再其次,贝娄在小说中重申了活着的犹太人都是"幸存者"的观点。在第二次世界大战初始,美国政府坐收渔翁之利;一些生活在美国的犹太人也心存侥幸,不愿多事,以免惹祸上身。在贝娄看来,这种以旁观者姿态出现的犹太人其实并没有意识到他们这样做的危险性:过去,欧洲法西斯分子"杀害了超过一半以上的欧洲犹太人",[①] 并有"如此多的其他人,成百万的其他人,希望[犹太人]他们死",[②] 乃至"犹太人曾经被提供给整个人类作为一个衡量人性邪恶的尺度";现在"作为犹太人,我们现在明白了什么是可能的。没人说得出,下面它会从哪一个角落冒出来"[③]——历史将有可能会重演的,即使犹太人收敛自己,尽量不去招惹是非,但反犹主义者也会施展各种伎俩,其中包括编造有关犹太人的"和阴谋论有联系"的神话,以便达到他们毁谤并最终彻底消灭犹太民族的目的。小说中提到的"《锡安山草案》事件就是一例",[④] 正如小说主人公拉维尔斯坦所说的一句话:"一定要时常想一想那些吊在肉钩子上的人。"[⑤] 可见,贝娄在小说中重申活着的犹太人都是"幸存者"的观点,其目的就是要让活着的犹太人意识到自己的独特身份和可能重演的历

① Saul Bellow: *Ravelstein*, New York: Penguin Group, 2000, p. 174.

② Ibid., p. 167.

③ Ibid., p. 174.

④ Ibid., pp. 127-128.

⑤ Ibid., pp. 127-128.

史。贝娄在这里借助小说中的人物表达了一种强烈的种族警觉意识。

最后,贝娄在小说中提出了同化和回归犹太民族的问题。小说中嵌入了一个有关拉维尔斯坦的老朋友莫里斯·赫伯斯特换心脏的故事——象征性地说明美国犹太人的同化问题。莫里斯是从德国移居到美国的犹太人。他的医生告诉他"他的心脏已经报废了",[1]需要移植新的心脏。恰好一个美国年轻人因车祸去世,于是这个年轻人的心脏就变成了莫里斯的心脏。不过,就是这位"胸膛里承载着另外一个人心脏"的莫里斯却"是一个有信仰的犹太人——虽不十分正统,但也或多或少地遵从教规",[2]即,莫里斯的心虽然被更换了,但是却没有被异族人的心脏所主宰,其信仰未变。不仅如此,这颗美国年轻人的心脏还需要"带着它异己的能量和律动"来"让自己适应犹太人的需要或独特的习性"。[3]说莫里斯有信仰、未被异族人心脏所改变的一个有力的证明就是,莫里斯清醒地认识到,"战争清楚地表明,几乎每一个人都赞同犹太人没有生存的权利",并且与拉维尔斯坦得出同样的结论:"人不可能抛弃自己的血统,犹太人也不可能改变自己的身份。"[4]而且,他在听说了拉维尔斯坦在临终前的忠告("犹太人应该对犹太人的历史感兴趣——对他们的正义原则感兴趣")后,又"肯定拉维尔斯坦给犹太人指出了最好的出路,没有什么比这一宗教遗产的价值更大了"。[5]贝娄在小说中嵌入有关莫里斯换心脏故事的用意是非常明显的,即,一是说明有信仰的犹太人是不可能被同化的;二是说明犹太人无论在什么情况下都不能忘记自己的民族之根。

总而言之,贝娄在《拉维尔斯坦》中从揭露德国纳粹思想产生的根源写起,到谴责古今所有反犹主义者的丑恶面目及其所犯下的滔天罪行,再到提出没有被屠杀的犹太人都是"幸存者"的观点,最终以犹太人拒绝同化、回归自己民族作为书写"大屠杀"的归结。这样一种几乎面面俱到的书写,不仅全面地反映了反犹主义和"大屠杀"历史的真实面貌

① Saul Bellow: *Ravelstein*, New York: Penguin Group, 2000, p. 146.

② Ibid., pp. 146-147.

③ Ibid., p. 148.

④ Ibid., pp. 178-179.

⑤ Ibid., p. 179.

和对犹太人身心的影响,还意味深长地表达了对自己民族的赤子之心。

再谈书写“大屠杀”:怎样写?

詹姆斯·E. 杨在为《大屠杀文学参考指南》一书所作的序言中说:

> 有时,几乎所有大屠杀作家……都哀叹完全无法完成自己的写作任务:如何去描述那些似乎无法描述的事情。如何使那些连目睹者都无法相信的事情让读者相信?另外,许多作家深深担忧叙述艺术本身所具有的内在秩序的特性会把“隔都”里那些似乎还完全处于初始阶段的经验引入歧途。如何可能……用一种有秩序的方式来描述一件无秩序的事情?①

的确,那场“大屠杀”历时七年,受害者六百万,每一个生命的消失都是一曲悲歌;每一个“幸存者”都经受了难以想象的身心摧残;每一个集中营里都充满了对生命的绝望和对上帝的嘲讽;刽子手们的每一次行凶都揭示了纳粹的本质……面对如此任意残暴、如此巨大规模的屠杀——远远超过“海量”的“素材”,几乎没有一位作家能够完全驾驭得了。如何既能真实且让读者信服地再现当年的情境,又能抒发胸臆,表明自己的立场观点和价值取向,是所有作者不得不考虑的问题。

同样,贝娄在创作《拉维尔斯坦》时也可能不仅要考虑“如何去描述那些似乎无法描述的事情”和如何“用一种有秩序的方式来描述一件无秩序的事情”,而且还要斟酌如何在已有的“大屠杀文学”创作模式②和他自己过去创作的基础上有所突破的问题。贝娄最终选择使用传记方式来写《拉维尔斯坦》应该看作是基于上述两方面考虑的结果。

一般说来,运用传记这一体裁写小说有许多方便之处:传记体小说介于虚构与非虚构间,既拥有传记的特点,作者可以介入叙述,且能较为容易地让读者感到自己所写的内容真实可感;又可以拥有小说的特点,以相当大的自由度运用多种叙述策略来构建芜杂的素材,而不必拘泥于真人真事或事件发生的真正秩序等。就《拉维尔斯坦》这部传记性

① James E. Yong: “Introduction” in Thomas Riggs (ed.), *Reference to Holocaust Literature*, Miami: St. James Press, 2002, xxxi.

② 参见前一节所介绍的五种模式。

小说的具体创作而言,作者与小说的叙述者之间没有清楚的界线。在更多的情况下,贝娄让自己充当叙述者的角色,为叙述的合理性和内容的可信度提供支持,如他在书中说了“作为一个诚实的观察者,我有义务讲清楚拉维尔斯坦是怎样行动的”、“因为时间紧迫,必须要说出来”①等等一些话。作为叙述者,贝娄在作品中构建叙述(“我*说过*,我要通过一点一滴的拼凑来表现拉维尔斯坦”②)的同时,还担任构建思想的重任,并在以人物拉维尔斯坦为主线的叙述中,或跟随着拉维尔斯坦的活动来写,给人以纪实的现场感;或离开他一会,将拉杂的纪实予以整理,并从一定距离来审视、评价拉维尔斯坦或贝娄自己的行为和思想。贝娄在书中也写道:“我的责任是写一个人,由于我不可能只描写他而不把自己也或多或少地牵扯进去,因此,如果我出现在书的边边角角里,那就还要多多包涵了。”③

具体到贝娄在作品中如何书写反犹主义和“大屠杀”,总的说来,他采用的是揭露和批判,而不是“糖衣包裹”④的方法;不是直陈“大屠杀”死亡的场景,而是通过谴责反犹主义(者)的行径,来折射“大屠杀”让“数百万人的毁灭”⑤的残暴行径及其反人类的本质。具体方法可谓多种多样,大致说来,可以归纳为通过描述与人物互动的情境和事件,来揭露由来已久的反犹主义及反犹主义者的种种表现,并在此基础上构建自己对反犹主义的认识。具体地说,从故事的大致时间顺序来看,小说中与人物互动的情境和事件先后有:

(一)小说中的人物“遭遇”历史人物。如病危中的拉维尔斯坦在提及被誉为18世纪法国资产阶级启蒙运动的旗手、“法兰西最优秀的诗人”和“欧洲的良心”——一向以信仰自由、司法公正以及鼓吹天赋人权思想而闻名的伏尔泰时,称其“著名的为启蒙运动而战斗的伏尔

① Saul Bellow: *Ravelstein*, pp. 83, 94.

② Ibid., p. 37. 此处“说过”原文为斜体字。

③ Ibid., p. 129.

④ Cf. Hilene Flanzbaum (ed.): *The Americanization of the Holocaust*, Baltimore and London: The Johns Hopkins University Press, 1999, p. 3.

⑤ Saul Bellow: *Ravelstein*, p. 168.

泰……极端地仇恨犹太人”。[①]

（二）在小说中，政治家们在国际会议上明目张胆地表达自己的反犹情绪。1919年巴黎和会上，法国政府的一位犹太部长克罗兹和英国首相劳埃德·乔治之间发生了矛盾冲突。犹太人克罗兹主张战败的“德国人以其他方式来购买粮食，而不是黄金”。[②] “一向仇恨、蔑视”克罗兹的英国首相劳埃德·乔治听克罗兹如此说话，就“大发雷霆，竟然对这个犹太人攻击，做了一连串令人吃惊的动作来嘲笑他”，[③]甚至还喊叫道：“刹那间就想杀了他……他大声说，在那些在欧洲传播布尔什维主义的人中，克罗兹先生将会与列宁和托洛茨基齐名。”[④]

（三）格调高雅的诗人也难以掩饰自己对犹太人的偏见或厌恶。拉维尔斯坦在系创始人的太太葛利夫夫人的家宴上与T. S. 艾略特相遇。拉维尔斯坦在餐桌上不拘小节，对着瓶口喝可乐，宴会主人玛拉·葛利夫夫人对他说：“你居然直接对着瓶口喝可乐，T. S. 艾略特一直都在看着你——目瞪口呆。”[⑤] 葛利夫夫人并表示“她不会让任何犹太佬在她的餐桌上举止如此不检点”。[⑥]

（四）科学家也丧心病狂地鼓吹反犹主义。法国医生塞利纳对犹太人抱有深刻的敌视情绪。他在多本小册子中宣扬消灭犹太人的思想。叙述者“我”通过让拉维尔斯坦阅读塞利纳的小册子，来认识那些所谓科学家真实的反犹面目。小说中，叙述者“我”把塞利纳在1941年出版的小册子《困境》借给拉维尔斯坦看并向他介绍说：“塞利纳建议要像消灭细菌一样消灭犹太人……在他的宣传中，他是一个不折不扣的杀人狂。”[⑦] 后来，叙述者“我”生病了。不过，他在病中还记起塞利纳在第二次世界大战前出版的另外一本小册子，即《对大屠杀说些无足轻重的话》。在这本小册子中，塞利纳指责说“犹太人占据并败坏了法国”，

① Saul Bellow: *Ravelstein*, p. 178.

② Ibid., p. 80.

③ Ibid., p. 8.

④ Ibid., p. 80.

⑤ Ibid., p. 37.

⑥ Ibid., p. 38.

⑦ Ibid., p. 175.

并宣称“对于法国的大多数人来说，他们的敌人是犹太人，不是德国人。希特勒……会把法国从犹太人的占领下解放出来”。[①]

（五）令人尊敬的学者对待犹太人同样心怀叵测。小说中说葛利夫教授不同于他的太太。他也曾帮助过犹太学者拉克弥尔免遭解雇。然而，他帮助了拉克弥尔，又以主子的态度来对待这位曾受惠于他的犹太人。他以让这位犹太人帮助整理他夫人的日记为借口，让拉克弥尔再度遭受屈辱。学者的夫人在日记中写道：“‘又是那个讨厌的小犹太人拉·科贡。’‘我尽量去折磨受赫伯特保护的那个让人反感的科贡，他一天天地变得更有犹太样了，更卑鄙邪恶，也更让人无法容忍——长着一张蜡黄的多处鬼混的嘴脸。’”[②]

（六）叙述者“我”的“好朋友”却是法西斯分子。叙述者“我”结交了举止温文尔雅、出手阔绰大方的格里莱斯库夫妇。格里莱斯库曾是罗马尼亚的法西斯分子，一个“希特勒的支持者”，参加过反犹团体“铁卫团”和布加勒斯特的大屠杀。在那场屠杀中，“他们把人活生生吊死在屠宰场挂肉的钩子上，屠宰他们——活活地剥他们的皮”[③]。现在，夫妇俩利用叙述者“我”的友谊做掩护，妄图掩盖他们曾经犯下的罪行。

（七）家庭不能让犹太人感到安全，与异族通婚也不一定就会带来安全。前妻薇拉的母亲是一个基督教徒。她竭力反对女儿与一个犹太人结婚。婚后，她也没忘记时常表达对身为犹太人的女婿，也就是叙述者“我”的厌恶。“我”回忆说：“老太太非常厌恶我。有一个犹太人做女婿败坏了她的晚年生活。”[④]

从上述类似于揭露和控诉性的叙述中，不难看出贝娄实际上构建了反犹主义的来龙去脉。具体地说，贝娄在小说中从“历时”和“共时”两个维度，即从历史上的名人、政治家、诗人、科学家到当下的学者、朋友、家人等多个层面，构建了反犹主义这张“大网”。

总而言之，贝娄在小说中以批判而非“糖衣包裹”的姿态，通过运用传记这一体裁和在小说中不断地对由自己扮演的叙述者“我”，以及

① Saul Bellow: *Ravelstein*, p. 203.

② Ibid., p. 39.

③ Ibid., p. 124.

④ Ibid., p. 166.

小说中人物、历史事件等的反省，构建了自己对反犹主义和“大屠杀”的新认识。这样的写法在给人以真实感的同时，还给作者阐发自己思想观点和价值取向的机会。

最后谈书写“大屠杀”：为何现在？

美国历史学家彼得·诺威克在《美国人生活中的大屠杀》一书的绪言中，对美国民众在20世纪90年代，即在大屠杀发生五十多年后，突然对“大屠杀”变得感兴趣一事提出了质疑。他诘问道：“美国人变得如此具有‘大屠杀意识’跟时间相关：为什么现在？”[①]借用诺威克的诘问，本文作者也试问，贝娄为何在以往的小说中含蓄地讨论或表达过对犹太人问题的看法，如主要反映犹太人的动态思想（《奥吉·玛琪历险记》、《雨王汉德森》）、犹太人蒙受的迫害（《受害者》、《赛姆勒先生的行星》）、犹太人的爱情和友谊伦理观（《赫佐格》、《更多的人为伤心而死》、《洪堡的礼物》）等，却没在一部小说中直接讨论，或即便讨论也是采用零散或夹杂在字里行间的方式，隐含地提及第二次世界大战中的犹太“大屠杀”问题。为何“矜持”了一生的贝娄“突然”从长时间“忘记回忆”[②]中清醒过来，在创作的后期，特别是最后一部长篇小说《拉维尔斯坦》中终于“放开”了，用了大量篇幅直接讨论反犹主义和犹太“大屠杀”等问题？要回答这两个问题，需要分别从以下两个方面加以说明。

首先，从“外部”情况来看，美国社会的反犹情绪及其表现特别值得注意。据统计，1933至1939年间，在美国大约有114个反犹组织，其中有77个到1940年仍然活动频繁。第二次世界大战结束后，美国在冷战思维的主宰下，“20世纪50年代没有几个人对大屠杀表示关注”；[③]“许多犹太人从来没打算对此探究”。[④]与此同时，美国社会很快

① Peter Novick: *The Holocaust in American Life*, Boston and New York: Houghton Mifflin Company, 1999, p. 1.

② Saul Bellow: *The Bellarosa Connection*, p. 2.

③ Hilene Flanzbaum (ed.): *The Americanization of the Holocaust*, Baltimore and London: The Johns Hopkins University Press, 1999, p. 2.

④ Zygmunt Bauman: *Modernity and the Holocaust*, Oxford: Polity Press, 1989, Preface, p. vii.

又滋生出主要针对犹太人的"麦卡锡主义"。许多著名美国犹太导演、演员和作家被列上黑名单，如著名作曲家兼指挥利奥纳德·伯恩斯坦（Bernstein, Leonard, 1918—1990）、著名演员兼导演查尔斯·卓别林（Chaplin, Sir Charles Spencer, 1889—1977）、著名戏剧家阿瑟·密勒、著名作家欧文·肖等。

20世纪60年代，古巴导弹危机更加巩固了美国冷战思维的统治地位。随后爆发的黑人民权运动、新左派运动、妇女运动、反正统文化以及反对越南战争等，让人有些应接不暇，人们似乎已经顾不上战争时期发生在欧洲的大屠杀。但是，美国犹太人并没有因此而消除对反犹主义的恐惧。恰恰相反，反犹主义在20世纪60年代初的美国形成蔓延之势。哈罗德·E. 昆利（Quinley, Harold E.）和查尔斯·Y. 格劳克（Glock, Charles Y.）在他们合著的《美国反犹主义》（*Anti-Semitism in America*）一书的序言中写道，1959年圣诞夜前夕，一伙德国年轻人亵渎了科隆的犹太教堂。数日内，这种亵渎行为迅速蔓延至整个德国，然后又很快传到欧洲和美国。截至1960年3月，即在德国科隆犹太教堂遭亵渎之后不到两个月的时间内，在美国就有643起类似的羞辱和攻击犹太人的案件发生。几乎是一夜间，全美国的犹太教堂均被涂上德国纳粹的标志和谩骂污辱犹太人的语言或符号。不仅如此，犹太人的墓地、商店以及住处都被用反犹口号或德国纳粹标志乱涂乱抹。[①]一项调查显示，将1945年与1965年相比较，反犹主义在政治生活领域呈大幅上升趋势。[②]

时值20世纪70年代，美国知识界对德国纳粹所犯下的滔天罪行仍然讳莫如深。美国历史学家鲁西·S. 达维多维奇（Dawidowicz, Lucy S.）曾指出，美国历史教科书中很少提及犹太"大屠杀"；即便提及，也没有解释该由谁对屠杀了六百万欧洲犹太人负责或他们是如何屠杀了六百万欧洲犹太人的；在由四十余位哥伦比亚大学教授参编、旨在为世界各国作为教科书使用的《哥伦比亚世界史》（*Columbia History of the World*, 1972）一书中，编者提到希特勒时，只用了三个句子简短地介

① Cf. Harold E. Quinley and Charles Y. Glock: *Anti-Semitism in America*, New York: Free Press, 1979, xi.

② Ibid., p. 17.

绍了希特勒如何掌权和1939年时的德国政府。[①] 这些现象说明反犹主义在美国并没有销声匿迹，即便是到20世纪末，“美国每八个人中就有一个具有固执的反犹情绪”。[②]

其次，从“内部”情况来看，美国社会的反犹情绪也深深地影响了美国犹太作家的创作和对自己民族身份的认同感。[③]1952年在美国出版的《安妮日记》对美国社会各界造成了很大影响：该书出版后，屡获美国大奖（如普利策奖、纽约评论家奖、托尼戏剧奖等），在不到20年的时间里，共销售五百余万册。1959年改编成电影后，观众高达上百万人，[④]成为“大屠杀教育的主要材料”和“大屠杀美国化的最重要的里程碑”。[⑤]不过，质疑者认为，这部没有提及政治或宗教问题的日记体小说实际上以“给一个令人毛骨悚然的素材包裹上糖衣”[⑥] 的方式，迎合了20世纪50年代的美国社会状况和多数美国犹太人“正在努力挤进美国主流社会，不愿把自己跟受此灭顶灾难的经历画等号”[⑦] 的心理。《安妮日记》受到美国犹太人和大众的欢迎，也恰好说明在当时“冷战状态下，公众的阅读和研究的品位不是被导向去了解那些罪行”，[⑧] 而是去淡化那些

① Cf. Lucy S. Dawidowicz: *The Holocaust and Historians*, Cambridge and London: Harvard University Press, 1981, p. 24.

② Spencer Blakeslee: *The Death of American Antisemitism*, Westport: Praeger Publishers, 2000, p. 3.

③ Cf. Guo Qiang Qiao: *The Jewishness of Isaac Bashevis Singer*, Peter Lang, 2003, pp. 119-156.

④ 文中所用数据是根据凯瑟琳 · 比斯肖品（Katherine Bischoping）：《阐释社会对大屠杀知识的影响》（“Interpreting Social Influences on Holocaust Knowledge”, *Contemporary Jewry* 17, 1996），分别转引自 Hilene Flanzbaum (ed.): *The Americanization of the Holocaust*, Baltimore and London: The Johns Hopkins University Press, 1999, Introduction, p. 2。

⑤ Hilene Flanzbaum (ed.): *The Americanization of the Holocaust*, Baltimore and London: The Johns Hopkins University Press, 1999, p. 1.

⑥ Flanzbaum (ed.): *The Americanization of the Holocaust*, p. 3.

⑦ Leon A. Jick: “The Holocaust: Its Use and Abuse within the American Public”, *Yad Vashem Studies* (1981, 14), p. 303.

⑧ Abraham Duker: “Comments”, in Leon A. Jick: “The Holocaust: Its Use and Abuse within the American Public”, in *Yad Vashem Studies* (1981, 14), p. 307.

罪行。

《安妮日记》是非之争尚未完结，20世纪60年代又爆发了美国犹太作家与黑人作家之争。1963年，欧文·豪发表《黑孩子们和土生子们》（"Black Boys and Native Sons"）一文。美国黑人作家拉尔夫·艾里森在看到欧文·豪的文章后，指责豪并不了解黑人，也不必对美国黑人的创作指手画脚。他甚至说犹太人不应以为自己的肤色和白人一样，就以白人的口吻来教训黑人，犹太人也是移民，而且是后于美国黑人的移民。[①]这场争论从表面上看，是缘起于美国犹太学者欧文·豪与黑人作家拉尔夫·艾里森之间关于理查德·赖特（Wright, Richard, 1908—1960）、詹姆士·鲍德温（Baldwin, James, 1924—1987），以及欧文·豪对其黑人文学作品的评论，其实深刻地反映了美国犹太人与黑人由来已久的矛盾。

且不提美国犹太学者艾伦·海姆里奇（Helmreich, Alan）和保罗·玛尔库斯（Marcus, Paul）在他们所列的美国黑人与犹太人关系时间表[②]中将美国犹太人与黑人之间的关系上溯到19世纪60年代，单说在欧文·豪发表引起争论的那篇《黑孩子们和土生子们》文章之前，后来卷入争论的美国黑人作家詹姆士·鲍德温就曾撰文说："哈勒姆的犹太人是些小商人、收租者、房地产中介以及当铺老板；他们按照美国剥削黑人的商业传统行事，因此而被认为是在从事剥削并遭人恨。我记得我长大的那些年月，没碰见一个黑人，不管是家里人还是外人，会真心地相信犹太人，确实很少有人不对犹太人表示极度的厌恶。"[③]可以说，20世纪60年代以来的美国黑人社会对美国犹太人也有一种普遍的敌对情绪，即便是"一些黑人领袖有时也承认黑人中存在广泛的反犹

① Cf. Emily Miller Budick: *Blacks and Jew in Literary Conversation*, Cambridge University Press, 1998.

② Cf. Alan Helmreich and Paul Marcus (eds): *Blacks and Jews on the Couch*, Westport: Praeger Publisher, 1998, pp. 15-28.

③ James Baldwin: *Notes of a Native Son*, Boston: Beacon Press, 1962, p. 28; 转引自 Harold E. Quinley and Charles Y. Glock: *Anti-Semitism in America*, New York: The Free Press, 1979, p. 54。

情绪”。[①]

在这样一种社会文化与政治的语境下，许多美国犹太知识分子把拒绝自己真实的犹太身份，当作确认自己忠诚国家身份和避免麻烦的一种方式。或许正如欧文·豪所指出的那样，“多数移民及其后代被现代历史这一恶魔所缠绕，心里总怀有一种恐惧，担心反犹主义在美国可能再次成为一个严重的问题。到这个世纪的中期，情况常常并非是一种真正的恐惧，但是人们说服自己要怀有这种恐惧；尽管没有直接的理由让他们担心，但过去所经历的一切不得不让他们保持警觉”。[②] 也就是说，现实环境迫使多数美国犹太作家不得不采取一种暧昧的态度，并且导致他们拒绝接受“美国犹太作家”这一称谓。[③] 表面上看来，他们认为一个作家如果以自己的民族身份来界定，就等于承认自己仅仅是为某个少数民族而写作的作家，其作品不具有普世价值，并因此而被认为“狭隘”和不入主流。对这些作家而言，贴上民族的标签，就会“含有一种贫穷、无知和地方主义等意思……‘犹太作家’已超出嘲弄，而是一种侮辱”。[④] 但实际上并非如此简单，这些犹太作家主要还是对其民族身份心存疑虑，甚或恐惧。从麦卡锡主义恐怖年代走过来的美国犹太戏剧家阿瑟·密勒颇有体会地说，如果承认自己为犹太作家，那么“即便是无所意识地提到某个犹太人所犯的某个错误”，也会成为被用来指责其固执的导火索。[⑤]

贝娄也是众多拒绝被贴上“美国犹太作家”标签中的一个。[⑥] 他在

① Harold E. Quinley and Charles Y. Glock: *Anti-Semitism in America*, New York: The Free Press, 1979, p. 54.

② Howe: *The Immigrant Jews of New York: 1881 to the Present*, London and Boston: Routledge & Kegan Paul, 1976, p. 630.

③ Cf. Louis Harap: *Creative Awakening: The Jeiwsh Presence in Twentieth-Century American Literature 1900-1940s*, New York: Greenwood Press, 1987, p. 3.

④ Appelfeld, A.: “The Artist as a Jewish Writer”, in *Reading Philip Roth*, Asher Z. Milbauer and Donald G. Watson (ed.), New York: Macmillan Press, 1987, p. 13.

⑤ Chametzky, J., Felstiner, J., Flanzbaum, H., Hellerstein, K. (eds.): *Jewish American Literature: A Norton Anthology*, New York and London: W. W. Norton & Company, 2001, p. 577.

⑥ Cf. Emily Budick: “The Place of Israel in American Writing: Reflections on Saul Bellow’s *To Jerusalem and Back*”, in *South Central Review*, Vol. 8, No. 1 (Spring, 1991), p. 59.

晚年出版的具有总结性意义的文集《随笔、书信、演讲等总辑:从朦胧的过去到不确定的未来》中曾回忆儿时父亲给他的一个忠告,这个忠告或许能较好地诠释贝娄拒绝的深层原因。贝娄在书中写道:"我们搬到芝加哥居住后,我就能开始读马克思和列宁的书了。但我的父亲则说:'别忘了廖娃出了什么事——我有许多年没有我姐姐的音讯了。我不需要你的那些俄国和列宁。'"[①]这件发生在儿时的事,贝娄终生都没有忘记,这说明他把父亲的忠告当成了自己一生的"警世通言"。所以他在后来的创作实践中很少来直接谈论犹太问题,而多半是从所谓普世角度来讨论人类的问题。即便偶尔谈论到犹太话题,也提及他们的犹太身份,但在《贝拉罗萨暗道》和《拉维尔斯坦》出版之前,他几乎从不从正面谈及反犹主义和犹太大屠杀问题。[②]

在美国知识界,特别是美国犹太知识界,对"大屠杀"也有两种截然不同的观点:一种观点认为,不管是否亲身经历过德国集中营"大屠杀"灾难,所有活下来的犹太人都是"幸存者",都有责任写出"大屠杀"的意义并从历史中获得教训;[③]另一种观点则认为,对美国犹太人而言,"大屠杀"应该是一种民族身份的标识符,不需要在心理上做出什么决定,更不需要用犹太的方式在创作中表达出来。[④]美国犹太知识界思想的不统一甚或混乱,也给当时的美国犹太文坛造成了一定的影响。

我们在上文中介绍了许多"外部"和"内部"的情况,一是想"顺

① Saul Bellow: "Writers, Intellectuals, Politics: Mainly Reminiscence", in Saul Bellow, *It All Adds Up: From the Dim Past to the Uncertain Future*, London: Secker & Warburg, 1994, p. 98.

② Cf. Allen Guttmann: *The Jewish Writer in America: Assimilation and the Crisis of Identity*, New York: Oxford University Press, 1971, pp. 120–128; 也可参见 Sol Liptzin: *The Jew in American Literature*, New York: Bloch Publishing Company, 1966, pp. 172-179。

③ Cf. Arthur A. Cohen: *The Tremendum: A Theological Interpretation of the Holocaust*, New York: The Crossroad Publishing Company, 1981, p. 2. 转引自 Alan L. Berger: *Crisis and Covenant: The Holocaust in American Jewish Fiction*, Albany: State University of New York Press, 1985, p. 11。

④ Jacob Neusner: "The Implication of the Holocaust", The Journal of Religion 53: 3 (July 1973); *Stranger at Home: The Holocaust, Zionism and American Judaism*, Chicago: University of Chicago Press, 1981, pp. 1-2, 61-91.

着”说明贝娄在《贝拉罗萨暗道》和《拉维尔斯坦》出版之前没有在一部小说中直接讨论第二次世界大战中的犹太“大屠杀”问题，主要是由美国社会环境和美国犹太人自身问题所决定的，或者更进一步说，他对反犹主义的担心、恐惧以及对德国纳粹本质的偏颇认识都给创作带来了深刻的影响；二是想从“反向”说明贝娄的民族文化立场和价值取向，即一方面，贝娄在《贝拉罗萨暗道》和《拉维尔斯坦》出版之前，尽管早在小说《赫佐格》中也表达过“大屠杀”后的所有犹太人都是“幸存者”的观点，[①] 但是他在小说中并没有表达出一种清晰而坚定的犹太文化立场。换句话说，面对这样一个饱受苦难的犹太民族，他那些看似具有普世意义的作品，在一定程度上存在着跟《安妮日记》这类作品同样的问题：一种想迎合并想融入美国主流文化的痕迹清晰可见，或充其量站在一个貌似客观的立场上，评价各种流行的观点。另一方面，与他同代的作家，如辛西娅·奥兹克、艾萨克·巴舍维斯·辛格等的创作实践，恰好也“反证”了贝娄暧昧含混的民族文化立场。奥兹克和辛格身处同样社会环境并且面临同样问题，但是他们在从事创作伊始就明确表明自己“美国犹太作家”的身份，且在创作中自始至终地关注包括犹太大屠杀等在内的犹太问题。[②]

事实上，对美国犹太作家而言，民族身份问题不是不想面对就可以不面对的；同样，有关犹太大屠杀的问题也不是想不说就可以不说的。相反，它们是每一个严肃犹太作家所不得不面对和不得不说的问题——说与不说，只是个时间问题。对贝娄来说亦如此。从客观上来看，贝娄在创作历程的最后阶段发生转变，即在《拉维尔斯坦》中直接讨论第二次世界大战中的犹太大屠杀问题，其“大屠杀意识”复苏并非偶然现象，在某种意义上，也是政治和意识形态的风向标。[③]

毕竟，“20 世纪 50 年代谈论‘大屠杀’不同于 20 世纪 90 年代，甚

① Also in Thomas Riggs (ed.): *Reference to Holocaust Literature*, Miami: St. James Press, 2002, p. 27.

② 例如，奥兹克的《大披巾》和辛格的《敌人：一个爱情故事》、《哈德逊河上的阴影》等作品都直接反映了“大屠杀”灾难及其幸存者的生活。

③ Cf. Peter Novick: *The Holocaust in American Life*, Boston and New York: Houghton Mifflin Company, 1999, pp. 1-2, 7-11, 108-109.

至不同于20世纪80年代”。[1] 美国历史学家彼得·诺威克分析为何在20世纪末出现“大屠杀意识”的复苏，对我们理解贝娄的“大屠杀意识”在小说中复苏或许会有所帮助。诺威克认为有四点原因：其一，美国犹太人群中出现的“不断下降的宗教信仰”和“不断高涨的异族通婚”威胁到犹太人的可持续发展，同时，因新的反犹主义思潮的出现，[2] 犹太人的“黄金时代”已经结束；其二，以色列与巴勒斯坦之间的冲突迫使美国犹太人采取一种“不妥协和自以为是的姿态”，如果在“大屠杀的范式里看待中东的争端”，就会让美国政府对以色列的政策产生重大影响；其三，“美国犹太人近年来开始向内和向右转”，即他们开始思考自己民族的问题并主张采取强硬措施捍卫犹太人的生存；最后，犹太传统要求犹太人牢记所有的历史灾难，特别是“大屠杀”灾难。[3] 作为生活在这个时期的美国犹太作家，贝娄不可能对眼下所发生的一切置若罔闻，对自己的创作归宿也不能没有考虑。

当然，我们不能妄断贝娄是否同意诺威克的分析，更无法猜测贝娄直接阐发对“大屠杀”看法的真实动机。但是，有一点却是十分明确的，即贝娄不在自己创作早期和中期，而是在自己创作生涯的最后时刻——在写《拉维尔斯坦》中——畅谈反犹主义和“大屠杀”，绝不是仅仅为兑现对布卢姆的“临终允诺”[4]——这个允诺本身就是值得怀疑的；而是经过深思熟虑，对自己创作思想所做的一次最终清理和总结，即在“最后时刻”将一浇心中块垒，将自己最终的落脚点毅然地放在犹太人最为关注的问题上。

我们由此可以给贝娄创作中表现出来的对反犹主义和“大屠杀”的态度，画出一条大致的发展曲线：如果说贝娄在早期创作中以一种曲折或间接的方式表达了对包括反犹主义和“大屠杀”在内的犹太人问题

① Hilene Flanzbaum (ed.): *The Americanization of the Holocaust*, Introduction, Baltimore and London: The Johns Hopkins University Press, 1999, p. 2.

② Also in Jocelyn Helling: *The Holocaust and Antisemitism: A Short History*, Oxford: Oneworld Publications, 2003, pp. 301-308.

③ Cf. Novick: *The Holocaust in American Life*, Boston and New York: Houghton Mifflin Company, 1999, pp. 1-2, 7-11, 108-109.

④ James Atlas: *Bellow, A Biography*, New York: Random House, 2000, p. 598.

的看法，那么在他的晚年，贝娄则几乎抛开了所有的顾虑，放开地对这些问题进行讨论。具体地说，在早期创作中，贝娄对德国纳粹的认识还是停留在所谓哲学层面上，即认为“德国纳粹哲学是一种误导的浪漫主义”，并因而导致在作品中对“德国文化本身批判”的同时，“强调生活的神圣性和人类的兄弟情谊”；[①] 在他中期的创作中，贝娄仍然没有从他引以为豪的美国人情结中走出来，他在1976年出版的《往返耶路撒冷：私人札记》这部旅游散记性质的作品中，还是从美国人的角度，对犹太人国家以色列“展示出了他作品中明显的非犹太和美国化的倾向”；[②] 直到1989年他的中篇小说《贝拉罗萨暗道》出版，贝娄才意识到自己对反犹主义和“大屠杀”的认识有问题。他在一次访谈中坦诚地回答说：“不管怎样，我竟然忽略了一些重大事件的意义。当时的我对那些事件的了解十分肤浅，从写作《贝拉罗萨暗道》起直至今时，我的了解才深入了许多。”[③] 及至2000年出版《拉维尔斯坦》，贝娄已经基本完成了这种认识的转变。恐怕这也是《论贝娄的行星：从阴暗面阅读》一书的作者乔纳森 · 威尔逊在另外一个场合称《拉维尔斯坦》为“最富有犹太性的一部小说”[④] 的原因所在。贝娄经过一生的摸索，在结束自己创作生涯的时候，终于回归到了自己的民族上，为自己犹太性的发展画上了一个完美的句号。

① L. H. Goldman: “The Holocaust in the Novels of Saul Bellow”, in *Modern Language Studies*, Vol. 16, No. 1 (Winter, 1986), pp. 71, 72.

② Emily Budick: “The Place of Israel in American Writing: Reflections on Saul Bellow’s *To Jerusalem and Back*”, in *South Central Review*, Vol. 8, No. 1 (Spring, 1991), p. 59.

③ Saul Bellow: *Interview of Saul Bellow in Bostonia.* New York: Viking Press, 1990, p. 47; also in Alan,Berger: “Remembering and Forgetting: The Holocaust and Jewish-American Culture in Saul Bellow’s *The Bellarosa Connection*”, in Gerhard Bach and Gloria L. Cronin (eds.), *Small Planets: Saul Bellow and the Art of Short Fiction*. MI: Michigan State University Press, 2000, p. 317.

④ 转引自 James Atlas: *Bellow, A Biography*, New York: Random House, 2000, p. 598。

第三章 贝娄小说中的现代性

丹尼尔·富克斯在《索尔·贝娄与现代传统》一文中认为,贝娄与现代主义创作格格不入,是一个典型的后现代主义作家。[①]贝娄在写给富克斯的信中,对富克斯描述他对现代主义的看法表示赞同。不过,他接下来又话锋突转,告诉富克斯,你"说我对艾略特持有敌意却不太对——我对艾略特的尊敬远比你所能猜到的要多,不过从迹象上看来你是对的"。[②]

从上面的引文来看,贝娄似乎是想说明自己不是一个现代主义作家,而更多的是一个后现代主义作家。另外,他还想说明,自己对艾略特实际上是很尊敬的,只是在作品中流露出对他的不同看法。这些说法似乎有许多可疑之处。其一是,贝娄曾承认自己曾深受康拉德、陀思妥耶夫斯基等现代主义作家影响,[③]且并未在任何一处谈及作品中的后现代主义因素,只是在富克斯提出这个问题后,他才做出相应的回复;其二是,贝娄说他对艾略特还是尊敬的,只是从迹象上来看,他敌视艾略特。但是,在这封信中他并没有说明他为何尊敬或为何敌视艾略特。其实,最能说明贝娄对艾略特态度的,一是综合来看他所有信函或他在其他场合对艾略特的看法;二是他自身的作品。而要想认清富克斯的观点并说明贝娄是现代主义作家还是后现代主义作家,一是看富克斯

---

① Cf. Daniel Fuchs: "Saul Bellow and the Modern Tradition", *Contemporary Literature*, Vol. 15, No. 1 (Winter, 1974), p. 67.

② Saul Bellow: "To Daniel Fuchs", in Benjamin Taylor (ed.), *Saul Bellow Letters*, New York: Viking, 2010, p. 318.

③ 参见上一节对贝娄受现代主义文学影响的讨论。

究竟如何论述贝娄的后现代主义性，二是看贝娄作品中究竟显示了现代主义性还是后现代主义性。

从《贝娄书信集》中可以大致看出贝娄为何对艾略特心存敌意。他在信函中第一次提到艾略特是在1954年写信给他的一个朋友塞缪尔·弗雷菲尔德（Samuel Freifeld）时。贝娄在信中写道：

> 关于艾略特——我原谅你，因为你还没看［艾略特的］《机要职员》。[①] 等一下！我不知道我在强烈地抗议什么。你是否想说他是一汪大瀑布，而我则仅仅是一注喷出来的液体？或许吧。不过，总要有人站出来为犹太人和民主人士说话，尤其是缺乏更好一点的斗士的话，小水注不得不尽其所能。[②]

贝娄在1982年写给罗伯特·博伊尔斯（Boyers, Robert）的信中，谈及加拿大学者休·肯纳（Kenner, Hugh, 1923—2003）的反犹主义立场时提到了艾略特。他说，肯纳是"一个公开的反犹主义者。他并不想掀起一波憎恨犹太人的浪潮，但奇怪的是，他竟决定以艾略特—庞德式反犹主义标记公开示众"。[③]1986年，贝娄在写给卡尔·夏皮罗的信中，提到他特别憎恨艾略特的《伯班克》（"Burbank"）一诗，并称其为"本世纪最令人厌恶的诗歌之一"。[④]

从上面引述的三封信函中来看，贝娄所抨击的并非是艾略特作品中的现代主义因素，而是他反犹主义的立场和言行。富克斯借用贝娄敌视艾略特的反犹主义来否定贝娄的现代主义文学创作，在逻辑上似有"偷梁换柱"之嫌。贝娄说他"对艾略特的尊敬"远比富克斯"所能

①《机要职员》（*Confidential Clerk*, 1953）是艾略特的一部诗剧，讲述克劳德·姆尔海默爵士（Sir Claude Mulhammer）雇用私生子充当自己的机要职员，以便能让私生子正常出入他的家庭，由此引发一系列感情纠葛的故事。

② Saul Bellow: "To Daniel Freifeld", in Benjamin Taylor (ed.), *Saul Bellow Letters*, New York: Viking, 2010, p. 133.

③ Saul Bellow: "To Robert Boyers", in Benjamin Taylor (ed.), *Saul Bellow Letters*, New York: Viking, 2010, p. 393.

④ Saul Bellow: "To Karl Shapiro", in Benjamin Taylor (ed.), *Saul Bellow Letters*, New York: Viking, 2010, p. 428.

猜到的要多”，其实就已经很能说明问题。他对艾略特创作的一些直接评价，则进一步证实并表达了他对其现代主义创作的态度。

1963 年，布鲁斯·库克（Cook, Bruce）在《索尔·贝娄：抗议的情绪》（“Saul Bellow: A Mood of Protest”）一文中提到贝娄曾把艾略特的作品译成意第绪语。[①] 同年，贝娄在接受戴维·D. 盖洛韦的访谈中论及“大学”小说（“university” novel）时，也提到艾略特的创作。他认为，对“大学”小说的批评有些过头，牵涉面太广。艾略特的作品中也有“大学”小说的成分，但是，大学本身并非像那些浪漫主义者所认为的那样糟糕。[②]1966 年，贝娄在接受戈登·哈珀（Harper, Gordon）的采访中被问及是否不得不在“抱怨与喜剧”之间选择时说，他可能感到被喜剧所吸引。他认为，20 世纪 20 年代至 50 年代期间，现代文学被艾略特《荒原》和乔伊斯《青年艺术家的画像》中那种哀婉的基调所主宰。他似乎不赞成艾略特和乔伊斯作品中所流露出的凄楚哀婉的情绪。[③] 不过，他的不满似乎更多地是跟他的民族立场相关。他在 1984 年接受罗克韦尔·格雷（Gray, Rockwell）等人的访谈时特别强调了这一点。[④] 由此看来，贝娄对艾略特的态度其实还是围绕着艾略特的反犹立场和他对自己民族立场的捍卫。

至于富克斯为何在文中认为贝娄与现代主义创作格格不入，并且说他是一个典型的后现代主义作家，这还需要从他的论文本身说起。富克斯在文中说，贝娄小说的中心主题是“否定虚无主义，非道德主义以及美学观点。他希望能让艺术成为生活的可能。艺术家的英雄人物

① Cf. Bruce Cook: “Saul Bellow: A Mood of Protest”, in Gloria L. Cronin and Ben Siegel (eds.), *Conversations with Saul Bellow*, Jackson: University Press of Mississippi, 1994, p. 13; also in *Perspective on Ideas and the Arts*,12 February, 1963, pp. 46-50.

② David D. Galloway: “An Interview with Saul Bellow”, in Gloria L. Cronin and Ben Siegel (eds.), *Conversations with Saul Bellow*, Jackson: University Press of Mississippi, 1994, p. 19.

③ Gordon Lloyd Harper: “An Interview with Saul Bellow”, in Gloria L. Cronin and Ben Siegel (eds.), *Conversations with Saul Bellow*, Jackson: University Press of Mississippi, 1994, p. 68; also in *The Paris Review*, 9. 36 (1966), pp. 48-73.

④ Rockwell Gray, Harry White, and Gerald Nemanic: “Interview with Saul Bellow”, in Gloria L. Cronin and Ben Siegel (eds.), *Conversations with Saul Bellow*, Jackson: University Press of Mississippi, 1994, pp. 219-220; also in *TriQuarterly*, 60 (1984), pp. 12-34.

追求疏离,贝娄的主人公渴望社区”。[①] 从富克斯的上述总结来看,他似乎还并未充分把握现代主义与后现代主义之间的差异。一般说来,后现代主义文学的基本特征为:(一)彻底的反传统;(二)摈弃所谓的“终极价值”;(三)崇尚所谓“零度写作”,反对现代主义关于深度的“神话”,拒斥孤独感、焦灼感之类的深沉意识,将其平面化。在后现代文学中,写作消失了内容,而转向“写作”自身。作家仅仅把话语、语言结构当作自己为所欲为的领地,写作成为一种纯粹的表演和操作;(四)后现代文学蓄意打破精英文学与大众文学的界限,出现了明显的向大众文学和“亚文学”靠拢的倾向。[②]

无论是从贝娄的创作情况,还是从富克斯总结出来的贝娄创作特点来看,贝娄的创作几乎均不能满足上述后现代主义的四个基本特征。仅从富克斯总结所说的贝娄“否定虚无主义,非道德主义以及美学观点。他希望能让艺术成为生活的可能。艺术家的英雄人物追求疏离,贝娄的主人公渴望社区”一句来看,贝娄就绝对不是一位后现代主义作家。恰恰相反,从贝娄的全部创作来看,他更崇尚追求所谓“终极价值”,想从总体上解决人类的问题,而不是就事论事地讨论某些具体问题;他反对二元思想,主张人类走向大同,并借此消除犹太人与非犹太人之间的对立。这些思想实际上说到底还是属于现实主义文学和现代主义文学的范畴。

然而,谈贝娄的现代性又会牵涉到一些较为复杂的问题,最主要的是如何界定现代性或如何判断文学作品中的现代性。有不少学者尝试对此做出界定,也有个别学者认为“现代性不可以被表述”。[③] 理查德·胡克(Hooker, Richard)把现代性看作一种通过社会和文化变革,把过去与现在断裂开来的观念。[④] 雷蒙·威廉斯(Williams, Raymond)则指出,

① Danie Fuchs: “Saul Bellow and the Modern Tradition”, *Contemporary Literature*, Vol. 15, No. 1 (Winter, 1974), p. 74.

② Cf.〈http://baike.baidu.com/view/411552.htm〉(2012/1/7)

③ 弗里德里克·詹姆逊:《单一的现代性》,王逢振、王丽亚译,天津:天津人民出版社,2005 年,第 14 页。

④ Cf. Richard Hooker: “Modernity” on〈http://www.wsu.edu/~dee/GLOSSARY/MODERN.HTM〉(2011/9/29).

英文“modern”（现代的）一词早期的含义接近“contemporary”（当代的），其“意为现在所存在的事物或此时此刻”。[①] 具体到界定或讨论作家或作品的现代性，欧文·豪对辛格现代性的评价就有一定的启发性。他经常将“现代的”、“现代性”以及“现代主义”这三个词语交替使用，以揭示辛格的作品与这三个词语之间的关系。不过，归根结底，他认为，辛格的现代性既植根于犹太民族文化（包括宗教和历史），又不拘泥于或者说超脱于这种文化，而具有一种贴近现代的情愫和感觉力。[②]

西方学者在论述贝娄创作中的现代性和后现代性问题时，基本上是以现代主义创作为一条衡量的轴线，看他的创作是否附着在这条轴线上，或是否偏离。罗伯特·潘·沃伦在《不承担任何义务的人》中称贝娄为现代主义作家，认为贝娄的小说《受害者》继承了现代主义作家福楼拜和詹姆斯的传统；[③] 哈罗德·布卢姆的观点与沃伦的观点恰好相反。他在自己编辑的《索尔·贝娄》论文集序言中指出，贝娄一生都在同福楼拜及其追随者的美学主张论战；[④] 丹尼尔·富克斯在《索尔·贝娄与现代传统》一文中认为贝娄与现代主义创作格格不入，是一个典型的后现代主义作家。[⑤] 三种不同的观点虽各有所见，但也各有偏颇。且不说现代主义文学本身的复杂性，就说现代主义文学所呈现的诸多特点，也不可能都能典型性地出现在贝娄的所有作品中。在这个意义上说，我们不能仅仅依据上述三位学者提出的那条轴线，来判断贝娄是否是现代主义作家或后现代主义作家，而且还应该参考欧文·豪评价辛格现代性所采用的角度，即要考虑贝娄美国犹太作家这一独特身份，具体地分析他某部小说中的某些现代主义因素或他在不同时期现代主义的不同表现。

① 雷蒙·威廉斯：《关键词》，刘建基译，北京：生活·读书·新知三联书店，2005 年版，第 308 页。

② 参见乔国强：《辛格研究》，上海：上海外语教育出版社，2008 年版，第 92—93 页。

③ Cf. Robert Penn Warren: “The Man with No Commitments”, in Harold Bloom (ed.), *Saul Bellow*, New York: Chelsea House Publishers, 1986, pp. 9-12.

④ Harold Bloom (ed.): *Saul Bellow*, New York: Chelsea House Publishers, 1986, p. 5.

⑤ Cf. Daniel Fuchs: “Saul Bellow and the Modern Tradition”, *Contemporary Literature*, Vol. 15, No. 1 (Winter, 1974), p. 67.

严格说来,贝娄小说中的现代性有一个变化的过程,并存在传统与现代并行不悖的现象。比如说,贝娄在早期小说中对犹太女性的处理就有许多传统的痕迹。因此,从这种意义上讲,贝娄的现代性有其自己独特的一面,而并非完全等同于欧洲文学中的现代性。下面拟从贝娄与现代主义文学之间的关系、贝娄小说中的现代"荒原"情结、女性人物塑造以及叙述风格四个方面,来看贝娄小说创作中的现代性。

第一节 贝娄与西方现代主义文学

西方学者在讨论贝娄与西方现代主义文学之间的关系时,多从贝娄受西方现代主义文学的影响[①]这个角度切入,而很少从西方现代主义文学的整体上来看贝娄作品。应该说,这是一个问题的两个方面,很难厘清。其难处首先是因为,对现代主义文学本身的认识有待加深,比如说对现代主义文学的起止点、现代主义文学的内涵与外延等尚未取得一致的看法;对现代主义文学与现实主义文学的区别、现代主义文学与后现代主义文学的界限等问题亦未廓清;其次是因贝娄的创作期绵延了近七十年,横跨了多个时期。在这期间各种主义、理论及其相关作品先后相继出现,并在内容和形式上程度不同地相互勾连或交叠,很难划出明确的界限来,这就给清晰地界定像贝娄这样一位长期进行创作的作家带来了一定的困难。本节拟从顺着贝娄批评界已有的切入角度,即从贝娄受西方现代主义文学的影响入手,在探讨贝娄与西方现代文学之间的关系过程中评价贝娄在现代主义文学创作中所取得的成就。

贝娄的创作思想受西方现代主义文学影响是很显然的。例如,1960 年,J. C. 利文森在《贝娄的晃来晃去的人》一文中认为,尼采和陀思妥耶夫斯基在贝娄"想象的世界"里并不陌生。[②]1968 年,罗伯特·舒尔曼在其《贝娄的喜剧风格》一文中指出,就探索的范围和力度而言,贝娄不仅可以与他的美国前辈马克·吐温、惠特曼以及芝加哥那些自

① 还有学者认为贝娄是一位杰出的后现代主义者。他的许多灵感常常来自反抗现代主义那些著名的美学思想。Cf. Daniel Fuchs: *Saul Bellow: Vision and Revision*, Durham: Duke University Press, 1984.

② Cf. J. C. Levenson: "Bellow's Dangling Man", *Critique*, 3:3 (1960: Summer), pp. 3-14.

然主义小说家相媲美,而且还可以与以写幽默见长的意第绪语作家、写流浪汉题材的小说家菲尔丁、史沫莱特以及存在主义小说家陀思妥耶夫斯基、尼采、萨特、加缪等相媲美。[①]1981年,布鲁斯·米切尔森在《〈雨王汉德森〉中的思想》一文中认为,贝娄小说《雨王汉德森》中的嘲讽思想源自荣格、尼采、威廉·詹姆士或威廉·布莱克。他甚至还认为这部小说是一部"元文本"小说,即一部关于创作小说的小说,是受塞万提斯、麦尔维尔、马克·吐温、康拉德、海明威、梅勒,甚至凯鲁亚克的影响。[②]

总的来说,从批评家们和贝娄本人提到的与他自己相关联的西方现代作家来看,康拉德和陀思妥耶夫斯基出现的频率最高。换句话说,贝娄阅读世界和创作世界里的这些现代主义作家中,这两位对贝娄的创作影响最大。这么说也是根据贝娄本人的意见得出的结论。他在诺贝尔文学奖获奖演说词的开篇就坦承自己受到英国作家约瑟夫·康拉德的影响。他说:

> 四十多年前我读本科时,是一个很有些逆反的学生。有一个学期,我注册学习金融和银行课程,结果却在集中精力地阅读约瑟夫·康拉德的小说。我从来都没后悔过做了这件事。康拉德之所以吸引我,或许是因为他像是一个美国人。他说法语,却用极其有力和漂亮的英语创作——他是一个在异国他乡漂流、彻底离开家园的波兰人。我是一个在芝加哥移民社区里长大的孩子,这个斯拉夫人是一位英国船长,知道如何把船驶入马赛港。我喜欢他是再自然不过的了。[③]

贝娄阅读康拉德的小说应该是在20世纪30年代。这个时期正是

① Cf. Robert Shulman: "The Style of Bellow's Comedy", in *PMLA*, Vol. 83, No. 1, (Mar., 1968), pp. 109-117.

② Cf. Bruce Michelson: "The Idea of *Henderson*", in *Twentieth Century Literature*, Vol. 27, No. 4 (Winter, 1981), pp. 309-324.

③ Saul Bellow: "Nobel Lecture", in Saul Bellow, *It All Adds Up: From the Dim Past to the Uncertain Future*, p. 88.

贝娄创作思想的形成时期。他在四十多年后回头再来看康拉德有关艺术创作目的等创作思想,还是予以了肯定。他在诺贝尔文学奖获奖演说词的结尾处说:“康拉德说的是真的:艺术就是试图在宇宙、事物以及在生活事件中,找出那些基本、持久、本质性的东西。”[1] 可见贝娄受康拉德创作思想影响之久远和深刻。

贝娄在作品中表达的那些基本、持久、本质性的东西与康拉德表达的有许多相似或相同之处。康拉德在作品中“试图表现可见宇宙中的最高正义”,[2] 贝娄关注的则是“同代人极端的道德敏感性”和他们对社会与人类本质、阶级、政治、性别、心灵等的态度。[3] 贝娄说的虽然不似康拉德那样抽象而是有些具体,但其本质是同样的。他们都把关心人、社会以及自然的最高法则视为己任,都力求表达人类情感中最本质的东西。所不同的是,贝娄在表达上述法则和最本质东西的过程中,往往自觉不自觉地糅进了本民族传统文化的一些认知。

除了创作思想之外,贝娄还受到康拉德创作技巧的影响。从美国学者唐纳德·W. 海尼(Heiney, Donald W.)总结的康拉德创作技巧来看,[4] 贝娄在许多方面都与康拉德相类同。以“视点”为例。海尼认为,康拉德喜欢运用一种诡谲的视点技巧,如用三四个人的目光来看故事的讲述者、信函、文件等。这种“诡谲的视点技巧”细分有三种:其一是他最喜欢使用的一种技巧,即让叙述者给身边的一群人讲述自己过去的经历。其二是他喜欢让没有姓名的第一人称叙述者讲述故事。这位叙述者身份神秘,代表了康拉德本人的态度或观点。他往来穿梭于故事的各个环节,却不介入故事的进展。其三是他偶尔也使用第三人称叙述。不过,他使用这种方式叙述时,其视点往往由外部叙述转换为频繁出现的内在意识流动。

康拉德的这三种视点在贝娄的作品中也常见。他的许多小说都使

---

① Saul Bellow: “Nobel Lecture”, in Saul Bellow, *It All Adds Up: From the Dim Past to the Uncertain Future*, p. 97.

② Ibid., p. 88.

③ Ibid., pp. 92, 95.

④ Cf. Donald W. Heiney: *Essentials of Contemporary Literature*, New York: Barron’s Educational Series, Inc., 1954, pp. 207-221.

用第一人称“我”作为叙述者，例如《奥吉·玛琪历险记》、《雨王汉德森》、《更多的人为伤心而死》、《贝拉罗萨暗道》、《拉维尔斯坦》等，也有用第三人称作为叙述者的，例如《受害者》、《抓住时日》、《赛姆勒先生的行星》、《院长的十二月》等。其中，贝娄的《拉维尔斯坦》和《贝拉罗萨暗道》与康拉德的《黑暗的心脏》在叙述技巧上极为相似。康拉德在《黑暗的心脏》中，让一个名叫马娄的第一人称叙述者讲述非洲商人库尔兹的故事。读者通过马娄的讲述，逐渐了解了库尔兹在非洲的经历。贝娄在《拉维尔斯坦》和《贝拉罗萨暗道》这两部小说中也运用了同样的叙述技巧，即让第一人称“我”来讲述主人公的故事，并让读者通过“我”的讲述，了解小说主人公的人生或情感经历。另外，贝娄也像康拉德那样使用第三人称叙述，即让叙述者的视点由外部叙述转换为频繁出现的内在意识流动。《晃来晃去的人》和《赫佐格》就是两个很典型的例子。

需要指出的是，说贝娄在叙述技巧方面受康拉德的影响，并不是说贝娄一成不变地照搬康拉德的叙述技巧，而是说他在学习并运用康拉德的叙述技巧的同时，还进行了程度不同的创新改造。比如说，贝娄同样采用了不介入故事情节进展的第一人称叙述，即故事外叙述，但是他没有僵化地使用这一叙述技巧。在《洪堡的礼物》中讲述洪堡的故事时，多半是让叙述者“我”，即西特林作为一个故事外的叙述者来讲述。但是，随着故事情节的发展，叙述者会逐渐地由故事外进入到故事内，甚至还成为故事的参与者，即成为故事中的一个人物。简言之，贝娄在继承康拉德叙述技巧的基础上，发展并丰富了这些技巧，将其改造成融合了多种技巧于一体的新的叙述技巧。

贝娄接受陀思妥耶夫斯基的影响主要是指贝娄在早期作品中受其创作思想的影响。大致包括以下三个方面：一是陀思妥耶夫斯基作品中的道德因素；二是陀思妥耶夫斯基作品中那种田园精神与温和主义相结合的特质；[①] 三是陀思妥耶夫斯基作品中表现出来的对严肃思想的追求。[②]

首先，贝娄对陀思妥耶夫斯基在作品中的道德因素十分赏识。他

① Cf. Daniel Fuchs: *Saul Bellow: Vision and Revision*, Durham: Duke University Press, 1984.

② Cf. R. Z. Sheppard: “Scribber on the Roof”, *Time*, 25 Aug. 1975, p. 62.

在谈及陀思妥耶夫斯基的创作时也说：

> 长期以来，这个文明世界里的作家把操控心灵、洗脑以及社会工程理解为进化中唯一的最新发展。我们在阅读19世纪和20世纪小说时，很快会意识到这些小说家通过各种方法，试图对人类的本性进行界定，以便为生活和小说写作延续的正当性辩护。陀思妥耶夫斯基说，不管你喜欢与否，正是因了我们要自由的本性和在痛苦的激励下，我们在善良与邪恶之间做出抉择。①

贝娄对作家对现代社会的一些认识颇有感触，尤其是对陀思妥耶夫斯基提出的“在善良与邪恶之间做出抉择”很有体悟。

善与恶也是贝娄早期小说中一个很纠结的问题。以贝娄的小说《受害者》为例。小说中的善与恶主要表现在两组人物的关系中。其一是在小说主人公阿萨·利文萨尔与反犹主义者科比·阿尔比之间。阿尔比在一次宴会上散布反犹言论，侮辱了利文萨尔的好朋友；而利文萨尔无意中得罪了阿尔比的顶头老板卢迪格，结果，阿尔比被卢迪格解雇了。本来这件事与利文萨尔没有必然的关系，但阿尔比却坚持认为他的失业是由利文萨尔造成的，便赖在利文萨尔的家里混吃混喝。后来，阿尔比趁利文萨尔外出，又把一个妓女带到利文萨尔的家中鬼混，并打开煤气扬言要自杀，碰巧赶来的利文萨尔忍无可忍，终于把他赶了出去。其二是在利文萨尔与他的嫂子之间。利文萨尔的哥哥马科斯外出到得克萨斯州做工，把妻子艾莉娜和两个孩子留在纽约家中。其中一个孩子病重，利文萨尔前去照顾嫂子和两个孩子。结果孩子因病医治无效死去了，嫂子对利文萨尔心存不满。贝娄通过描述这两组善与恶之间的较量，表达了自己对善的向往和对恶的悲悯。他的人道主义思想也在表现和处理善与恶的关系中逐渐形成。

其次，贝娄对陀思妥耶夫斯基的田园精神与温和主义也颇为钟情。丹尼尔·富克斯在论及陀思妥耶夫斯基的创作思想时指出，陀思妥耶夫斯基作品中有一种田园精神与温和主义相结合的特质。或换句话说，

① Saul Bellow: “The Sealed Treasure”, in Saul Bellow, *It All Adds Up: From the Dim Past to the Uncertain Future*, p. 60.

陀思妥耶夫斯基笔下的人物具有一种与时代不合拍的精神追求。他认为,贝娄笔下的人物基本上都是些精神不太正常的人,特别是知识分子类的人物。另一位批评家乔治·斯坦纳说得更具体一些。他说,贝娄笔下的人物"即便是他们当中最贫穷的,也总喜欢混乱或不加考虑地卷入混乱"。[①]纵观贝娄的作品,他笔下的人物几乎个个都是这类既有精神追求,但又有些不安分的人物。他们在生活中不是受到家人或亲戚的挤兑,就是跟朋友或周边环境过不去,几乎没有一个人物不是在混乱中磕磕绊绊地生活。《雨王汉德森》的主人公汉德森就是一个很典型的代表。

汉德森是一位生活在康涅狄克州的美国公民,从父亲那里继承了数百万美元。他祖上曾是从荷兰来的做香肠的移民,曾祖父做过州务卿,曾叔祖父做过英国和法国的大使,父亲是一位著名的学者,是威廉·詹姆士和亨利·亚当斯的朋友。他本人也曾在第二次世界大战中获得过许多奖章,还是常春藤联合会大学的毕业生。[②]他高大强壮、博闻强记,从事过各种各样的职业,如养猪、狩猎等,但是性情有些古怪。他在55岁前有过两次婚姻,五个孩子。他爱好旅游,曾去过许多地方,可谓阅历十分丰富。按理说,汉德森应该是一个既富有又生活得很充实的人。但是,就是在这样一个生活环境中,他不加考虑地开始制造混乱,并且立刻很投入地卷入自己制造的混乱中。他对战后美国盛行的物质主义和自己平庸的生活深为不满,心中憋闷。为了发泄这股无名之火,他在外面和州里的巡警寻衅打架、拒绝房客的合理要求;在家里跟妻子莉莉无理取闹、跟儿女闹别扭、对年长的用人大声呵斥,结果把这位用人吓出了心脏病,等等。他查遍各种各样的哲学著作,也没有找到能让内心平静下来的方法。来自于内心深处的"我要!我要!"的呼喊声,促使他决定逃离眼下的生活,到非洲去寻找答案。然而,他到达非洲后,也一刻没有消停,"好管闲事,卷入与自己毫不相干的事"。[③]例如,他自作聪明,用炸药帮助当地清除蛙害,结果却把当地人赖以生存的蓄

① George Steiner: *Tolstoy and Dostoevsky*, New York: Vintage, 1961, p. 154.

② Cf. Saul Bellow: *Henderson the Rain King*, New York: Vikink, 1959, pp. 7, 82, 15-18, 4.

③ 索尔·贝娄:《雨王亨德森》,蓝仁哲译,上海:上海译文出版社,2006年版,第192页。

水池塘给炸毁了。

最后，贝娄受陀思妥耶夫斯基的影响，在作品中追求严肃的思想。这种追求主要体现在以下三个方面：人物塑造、场景描写和情节结构安排。贝娄从写第一部短篇小说《那真不行》起，就十分注重让人物负载一些严肃或沉重的思想。小说的主人公亨利面对酷刑和死亡，考虑的不只是自己的境遇，还想到与他相关的环境和生活在这种环境中那些无辜之人的命运。总的来说，他笔下的人物几乎个个都具有“悲天悯地”的秉性，都面临着重大的人生抉择，而且都喜欢沉思默想一些重大问题，包括人类的生存问题、善与恶的问题、美国当下的社会问题、现代城市问题、犹太大屠杀、反犹主义等。

贝娄在场景描写中也十分注重每一个场景中所具有的象征意蕴。比如说，他在《抓住时日》中对老年人旅馆及其内部设施等的描写，透出了衰朽意蕴；在《贝拉罗萨暗道》中写主人公死后留下的空房子，则传达出了虚空意蕴。他小说的情节结构安排，也在一定程度上体现出他所追求的严肃思想。比如说，他经常使用反讽结构，在人物、事件或场景安排中注意构建一些以否定性为前提的对立关系，让这些人物、事件或场景在各种异质冲突中，起到互相干扰、互相冲突、互相抵消的作用，并借此表达出一种与人类原来所希望或所追求的相异但最终又趋于平衡的理念。

另外，影响贝娄追求严肃的思想的也不仅仅是陀思妥耶夫斯基，还有其他西方现代作家。贝娄在接受戈登·哈珀为《巴黎评论》所作的采访时说，他是用“借来的情感”写《晃来晃去的人》和《受害者》这两部小说的。他提到福楼拜、詹姆斯、加缪，甚至还有萨特，并认为这些作家都是他的借鉴对象，而最为直接借鉴的则是德莱塞和陀思妥耶夫斯基。[①]

简言之，从贝娄自己的言谈及其作品来看，至少有两点是可以肯定的，一是贝娄对陀思妥耶夫斯基等追求严肃思想的作家印象深刻。他在接受采访时说自己虽然是一个很独立的人，但不知道为什么却又常常回想起那些追求严肃思想的作家，如陀思妥耶夫斯基、康拉德、哈代

① Gordon L. Harper: “The Art of Fiction XXXVII: Saul Bellow”, *Paris Review*, 9 (1966), p. 55.

(Hardy)等;[①] 二是贝娄深为陀思妥耶夫斯基在作品中表达的深厚的人道主义情怀所感染,也被其与时代格格不入的姿态所触动。也就是说,贝娄在作品中所表达的人道主义情怀和格格不入的姿态中,含有陀思妥耶夫斯基等现代主义作家的思想因素。不过,这并不等于说贝娄的思想表达缺乏原创性。相反,贝娄对现代社会的认识在一定程度上超越了陀思妥耶夫斯基等西方现代主义作家。这种超越既体现在他所处的时代不同,能够像一个“过来人”那样反省已经经历过的时代;也体现在他思想表达中所融入的犹太民族文化因素与这种融入所带来的广度和深度。因此在某种意义上可以说,贝娄是西方现代主义文学中一位具有较强民族性和独特品质的作家。

第二节　现代“荒原”情结

“荒原”情结是西方现代主义文学的重要特征之一。这一特征表达了作者对西方现实危机的认识和批判。西方现代主义文学成熟期的重要作家之一,英国现代主义诗人 T. S. 艾略特在其《J. 阿尔弗莱德·普鲁弗洛克的情歌》(*The Love Song of J. Alfred Prufrock*, 1917)、《荒原》等诗篇中,通过生动的意象反映了西方世界的现实危机,如精神颓废、拜物主义、不合时宜的人物及其平庸无能的生活等,表达了他“在确立的秩序之外”[②] 反观现代社会时所具有的现实意识。

如上所述,贝娄一方面批评艾略特等现代主义作家在批判西方现代文明方面走得太远甚或流于荒诞;另一方面,他却在自己的作品中也结下了这样的“荒原”情结。他从创作第一部小说《晃来晃去的人》时,就注意描写美国现代社会中那些“荒原”现象。现代主义文学中的一些特点,如异化、破碎、悲苦、孤寂、背离传统、夸大主体性、数字所承载的文化意蕴、非人性化的社会机构等,在贝娄的小说中均有不同程度的表

① Cf. David D. Galloway: “An Interview with Saul Bellow”, in Gloria L. Cronin and Ben Siegel (eds.), *Conversations with Saul Bellow*, Jackson: University Press of Mississippi, 1994, p. 21.

② 马尔科姆·布雷德伯里、詹姆斯·麦克法兰:《现代主义的名称和性质》,胡家峦等译,上海:上海外语教育出版社,1992 年版,第 9 页。

现。例如,《晃来晃去的人》中的主人公约瑟夫因有一种“陌生和不怎么属于这个世界的感觉”[①]而痛苦,并在充分享有“自由”的同时,在不同的精神归宿间“晃来晃去”;《受害者》中的主人公利文萨尔的时间和精力因反犹主义者阿尔比的骚扰而变得支离破碎,不得不在惶惑、悲苦中度过时日;《奥吉·玛琪历险记》中的主人公奥吉不拘犹太传统的禁忌“流放”自己,在平庸而又破碎的世界里凭着一己之力独闯天下;《抓住时日》中的主人公汤米庸碌无为,既过不好家庭生活,又无力养活自己,终日赖在老年人住的公寓里期盼父亲的施舍,最后在投资受骗和失败中随着人流走进教堂,并在陌生人的葬礼中独自哭泣;《雨王汉德森》中的主人公汉德森自恃掌握现代文明,炸毁当地人赖以生存的池塘,不得不狼狈离开;后来帮助另一部落祈雨、击败象征权力的狮子,但又因惧怕重蹈前任国王的下场而逃离;《赫佐格》中的主人公赫佐格遭到妻子、朋友欺骗,精神受到极大的打击,并在胡乱写信中惶惶度日。

这种“荒原”性在贝娄晚期小说《更多的人为伤心而死》中也有所体现。开篇讲述了小说中的主要人物之一,世界著名植物学家本·克莱德喜爱上擅长表达黑色幽默意蕴的卡通画。这幅画是查尔斯·亚当斯画集中的一幅。画中站着一对在墓碑和紫杉树[②]间的堕落孤凄的夫妇。男的长相粗鲁,女的长发垂肩,穿了一件女巫式的长袍。画中有两行简短的说明文字:

> “亲爱的,你不高兴吗?”
> “啊,是的,不高兴。完全不高兴。”[③]

画中人是疯癫的,绘画者也是疯癫的,喜爱这幅画的人自然也是疯癫的,或至少在情感上倾向于这种疯癫。克莱德为自己喜爱这幅画所做出的解释是:“你不总是有什么可以选择的……在中西部,脑子变得慢一些了。我看得出亚当斯不在那些大画家之列,但他却发出了当代

① Saul Bellow: *Dangling Man*, New York: The Vanguard Press, Inc., 1944, p. 12.

② 紫杉树是一种志哀象征的树。

③ Saul Bellow: *More Die of Heartbreak*, New York: Dell Publishing, 1987, p. 2.

的声音，我喜欢他这种对爱情的疯癫处理方式。"[①] 贝娄在这里用文字成像的方式，既呈现了"荒原"式的场景，又状摹了人物"荒原"般的精神状态。这种在小说开篇处使用的颇有些悲苦、凄惨的现代主义小说笔调，为全书故事情节的发展和人物的命运际遇定下了基调。

"荒原"情结在贝娄的长篇小说《洪堡的礼物》中尤其得到了较为集中的表现。贝娄放弃了对诗情、崇高等所谓宏大叙事的描写，转而用现代话语叙说了呈现在美国现代社会中的"荒原"场景和遭遇"荒原"命运的美国艺术家。具体说，小说中的"荒原"场景主要包括两个方面，一是美国社会中呈现出来的"荒原"意象；二是由"荒原"性人物组成的背景性"荒原"群体。其中遭遇"荒原"命运的美国艺术家主要指两个主要人物冯·洪堡·弗莱谢尔和查理·西特林。

小说中围绕着主要人物洪堡和西特林呈现出来的美国社会中的"荒原"意象，四散在小说的各个章节甚或字里行间。例如，洪堡曾经治疗精神疾病的贝莱坞精神病院、洪堡曾经居住过的地处荒野的小屋和他去世前居住的伊尔斯贡公寓、洪堡家中壁炉里冒出的青烟和桌子上乱扔的啃光了的鸡骨头、从洪堡小屋窗外飘来的一股股淡淡的污水池气味、从西特林公寓门房里散发出来的肥皂粉味和粗布工作服上令人窒息的汗臭味、洪堡和西特林一起观看的恐怖片、深更半夜响个不停的电话声、在气温华氏 90 度下散发着昔日屠宰场气味的芝加哥夜晚、西特林那辆被恶徒砸烂的梅赛德斯车残骸、狄维仁街的俄国澡堂、俱乐部里的热水化学浴池、游泳池附近声名狼藉的帐篷、森林剧院里上演的《色情狂》、永远不能出版的杂志《方舟》，如是等等。所有这些意象组合生成了一个个纵横交错的意义群，共同指向了现代社会的"荒原"性，并披露出小说人物和故事情节所处场景的"荒原"品质。

在小说中这些"荒原"性意象之间，贝娄还安排了一些由"荒原"性人物组成的背景性"荒原"群体。群体人物恰到好处地存在于或活动于"荒原"意象和主要人物之间，并与主要人物发生互动关系。在这一群体中有昔日结局悲惨的伟大诗人、洪堡穷困落魄的父母、靠福利津贴度日的老人、恶棍坎特拜尔、粗暴的警察、替黑手党做生意的斯特朗森、怕睡觉的黛米、欺骗西特林的莱纳达及其卖棺材发财的前夫、莱纳达狡

① Saul Bellow: *More Die of Heartbreak*, New York: Dell Publishing, p. 2.

黠的母亲、纠缠不休的丹尼斯、邋遢的门房、感恩节里的暴徒、折磨西特林的律师和法官等。贝娄写"荒原"性群体的意图是十分明显的,即一方面用生动的事例诉说了美国社会这一"荒原"如何"激活"了群体的邪恶,并给伟大诗人带来了凄惨的命运;同时又从另一个侧面揭露了美国社会的无序和冷漠无情。例如,他在提及昔日诗人的悲惨结局时写道:

> 埃德加·爱伦·坡被从巴尔的摩的阴沟里捞了上来;哈特·克莱恩从船舷上跳海自尽;贾雷尔被撞倒在汽车前;可怜的约翰·贝里曼从桥上跳了下去。由于某种原因,这些可怕的事却莫名其妙地得到了商业与技术高度发达的美国的特别赏识。这个国家为它死于非命的诗人而感到自豪。这个国家从诗人们证实其粗糙、庞大、众多、坎坷以及美国现实令人无法忍受的强悍中,感到了极大的满足。[1]

一个国家能为死于非命的诗人而感到自豪或满足,除了说明这个国家的冷漠无情,还说明了这个国家其实已经处于不再需要艺术的"荒原"阶段。

小说中的两个主要人物冯·洪堡·弗莱谢尔和查理·西特林也生活在这样一个不再需要艺术的"荒原"社会里,他们未能逃脱被冷漠无情的美国社会抛弃的命运。洪堡是20世纪30年代的著名诗人。不过,就是这位"人们期盼已久的人物"在出名后不久,其"神志就越来越不正常了",并最终"在时代广场附近的一家下等旅馆倒地身亡了"。[2]贝娄在写洪堡这个"荒原"性人物时,侧重描写他的不合时宜和美国社会的非人性化。比如说,贝娄在小说开篇介绍洪堡时这样写道:

> 要当一个美国诗人的崇高理想有时让洪堡觉得自己像是个怪人、孩子、小丑,或傻瓜。我们像流浪汉和毕业了的学生一样,在浑浑噩噩中打发日子。或许美国是不再需要艺术和内在的奇迹了。

① Saul Bellow: *Humboldt's Gift*, New York: Penguin Books, 1975, p. 117.

② Saul Bellow: *Humboldt's Gift*, pp. 1, 9, 10.

它外在的奇迹已经足够多。美国本身是一宗大买卖,很大。它赚的越多,我们拥有的就越少。因此,洪堡的所作所为就成了怪异滑稽的笑料。[……]苦思冥想没有使他头脑清醒。于是,他便试着吃药、喝酒,最终又不得不做许多个疗程的电休克疗法。正如他所经历的那样,他与疯狂对峙,而疯狂完全占据了上风。①

不仅如此,洪堡在电梯里猝死后被警察送到医院,却遭到医院的拒绝;随后他又被警察送到"没有现代诗歌读者"的停尸房里,成为躺在停尸房里的"又一个被遗弃的人"。②

对美国社会而言,洪堡的死再次说明环绕在诗人身上所有圣洁的光环均已消失殆尽,诗人只不过是一个怪人、孩子、小丑、傻瓜或笑料。洪堡生前对美国社会这一"荒原性"情况不是一点没有觉察——他常引用《李尔王》(*King Lear*)中的诗句:"城里有反抗,乡村里有叛乱,宫廷里有政变,父与子的纽带已经扯断"③——但是,他的这种觉察更多是所谓"诗"性的觉察,而并没有认清所处"荒原"时代的实质和自己早已被那些"杂种、文学的葬送者、政客们"④排斥在美国社会所"确立的秩序之外"这一事实。或如贝娄在小说中所说的那样,"处于一种极度狂乱之中"的美国"期待着从贫民窟里蹦出'反基督'"的人来时,洪堡却手捧着"爱的礼物出现了",⑤他仍然停留在传统的诗境里,反复吟咏的还是那些传统的话题,如"诗、美、爱、荒原、异化、政治、历史、无意识"等,并渴望回归到"原始的完美形态"。⑥他对抛弃自己的美国社会所进行的抗争最终也未能宣泄心中的怨愤。

洪堡身上的"荒原"性还体现在他思想和行为的"荒诞"性。例如,小说里讲述洪堡因被普林斯顿大学取消聘任而心情抑郁烦闷。在一次朋友聚会的晚宴上,洪堡看见他喝醉酒的女友凯丝琳从一位熟悉的男

① Saul Bellow: *Humboldt's Gift*, p. 9.

② Ibid., p. 19.

③ Ibid., p. 9.

④ Ibid., p. 9.

⑤ Ibid., p. 14.

⑥ Ibid., pp. 10, 14.

宾口袋里掏火柴用,就“突然发作了,万分恼怒地一把扯住凯丝琳,把她的胳膊拧到背后,从厨房推到院子里……用拳头猛击凯丝琳的肚子。她疼得弯下身去,接着他又扯着她的头发,把她拉进他的别克车里”,[①]并在驱车回家的路上,一边用言语折磨凯丝琳,一边不断地用拳头殴打她。凯丝琳趁机打开车门逃跑之后,他又驱车追她,并企图用车轧死她。事后,他就不再让凯丝琳离开他的视线,“如果她要去哪儿,就必须告诉他才行……甚至连上浴室也要得到他的允许”,而且还“像一个色情狂那样”对待凯丝琳,“在耶鲁,即使在他朗诵的时候,他也要我坐在讲台上,可是随即又指责我把腿露出来了。每到一个加油站,他总是硬要跟我一起进女厕所”。[②]发生在洪堡身上这些不近情理的荒诞行为,也从另一个侧面反映了美国“荒原”社会对一位杰出诗人所造成的影响。贝娄在写洪堡精神失常的同时,一并交代了促使其失常的一些因素。比如说,洪堡在失去普林斯顿大学的教职后,就开始不断地申请各种各样的资助,但是每次申请都是无果而终。这样反反复复徒劳的申请几乎把他逼到了疯狂的地步。然而,一个已经不需要诗人的“荒原”社会不会在乎像洪堡这样的诗人的感受。社会的拒绝不仅让诗人洪堡失去了基本的生活保障和尊严,还逼得他在窘迫中一步步走向精神错乱和死亡。

洪堡身上的“荒诞”性也表现在他对西特林的嫉妒和攻击上。西特林创作的剧本在百老汇的成功上演,并不损害洪堡的任何利益。具有诗人情操和生活格调的洪堡,本不该嫉妒曾拜在他门下的年轻人西特林。然而事情恰好相反,在西特林的剧本获得普利策奖后,他即不遗余力地挖苦、诽谤西特林:

> 他们给西特林颁发普利策奖,那是因他写了一本有关威尔逊和图玛尔蒂的书。普利策奖是发给那些乳臭未干的家伙的——那些小雏鸡的。这个奖不过是由那些招摇撞骗、不学无术的骗子颁发的,在报纸上做做宣传而已。你成了普利策的移动广告。等你

① Saul Bellow: *Humboldt's Gift*, pp. 113-114.

② Ibid., p. 147.

小命呜呼时，讣告里会说“普利策奖得主去世”。[①]

洪堡说了这样恶毒的话还不算，还在上演西特林剧本的剧院前聚众闹事，诱使西特林给他签发支票，并在西特林不知情的情况下偷偷兑现了支票。简言之，贝娄在这里描绘的诗人洪堡的反常行为具有了一种独特的“修辞效果”，标志着他对诗人的认识与传统相背离。诗人洪堡身上表现出的前所未有的人格分裂，喻指了他身上所具有的现代特征。

小说中另外一位“荒原”性主要人物是西特林。贝娄在表现西特林身上的“荒原”性时，也注重运用“荒诞”。比如说，小说中有两处写西特林练瑜伽以表现其荒诞性：一处发生在他听说自己的好兄弟、好师长洪堡去世后，不仅没有表现出应有的悲伤，或打个电话安慰洪堡的家人；相反，他却用练瑜伽和倒立的方法，来表达自己对洪堡的追思和对他去世的哀悼。另一处发生在他心爱的车子被恶棍坎特拜尔砸烂之后。西特林看到车子被毁，首先做的不是考虑如何处理车子被砸事件，而是考虑如何让自己平静下来。他让自己恢复平静的方法是，立刻回到屋里，从衣袋里把零钱和钥匙掏出来，脱掉鞋子，然后在屋里找了一个合适的地方练起了一套他会做的倒立瑜伽。

贝娄在小说中还通过更具讽刺意味的荒诞情节，来表现西特林身上的“荒原”性。西特林兴高采烈地约女友莱纳达到意大利度假。他到达意大利后不仅没有见到莱纳达，反倒被莱纳达的母亲用计打发到西班牙的一个小镇，去照料莱纳达与前夫所生的儿子罗杰。西特林为罗杰和莱纳达的母亲花光了身上所有的钱后，不得不带着罗杰住进膳宿免费的公寓里，过起了十分艰难的生活。然而，人心难测，世事难料。就在西特林一边苦苦等待莱纳达前来与他幽会，一边千辛万苦、有些迂腐地疼爱和照看莱纳达的儿子罗杰时，莱纳达却在意大利的名城米兰与经营棺材生意的前夫弗朗萨利复婚，并与他一起到西西里岛度蜜月。一心一意爱着莱纳达的西特林无论如何也没想到，莱纳达是因以为西特林将要破产而决定背弃他并回到她前夫身边。莱纳达随后给西特林写了一封信，彻底惊醒了沉溺在痴情蜜意中的西特林。她写道：“此刻

① Saul Bellow: *Humboldt's Gift*, p. 7.

我很想念你。弗朗萨利也觉察到这一点,但他经营的那种生意的好处却使得他能够正视现实……作为一个漂亮的女人,趁现在还年轻,我宁愿像尘世上的芸芸众生一样打发日子。"[①] 莱纳达的这封信道出了她的浅薄、世故、狡黠以及背叛。贝娄用这样一些荒诞情节构建起来的反讽,在嘲讽西特林与莱纳达之间情爱的价值取向和品质的同时,也折射出表现在这些人物身上的,甚至是美国现代社会在精神和情感生活领域里的"荒原"性。

贝娄在小说中还写了另外一个自始至终对西特林生活造成负面影响的人物,即恶棍坎特拜尔。如果说西特林与莱纳达之间的关系表现出了现代的"荒原"性,那么他与坎特拜尔之间的关系也具有这样"荒原"的品质。西特林在与朋友一起玩牌时,偶然认识了坎特拜尔。坎特拜尔在玩牌中作弊,西特林因此输掉牌局。他看出了坎特拜尔所玩的把戏,拒绝付给坎特拜尔钱。事过多日,坎特拜尔把西特林昂贵的轿车砸烂,折磨并劫持西特林要他偿还所欠赌债。西特林被逼无奈,按照坎特拜尔的要求,准备好了钱。然而,坎特拜尔倒并非单纯地向西特林索要赌债。表面上看来,他想要的是挽回自己面子,逼迫西特林当众承认错误并向他道歉,然后又把西特林给他的钱撒向空中。其实,他真正的意图是把西特林当成自己施虐的对象,为折磨而折磨他。他不断地用种种荒诞不经的手段来骚扰西特林,比如说,他逼迫西特林为自己的女友写论述洪堡的论文等。贝娄在小说主要故事情节中嵌入西特林与坎特拜尔的纠葛已是离奇;粗暴邪恶、不学无术的坎特拜尔有一个攻读博士学位的女友,他逼迫西特林为自己的女友写论文更是荒诞。然而,奇上加奇的是,西特林竟然并不急于摆脱坎特拜尔的纠缠;相反,他在精神上还对坎特拜尔颇有些"依赖"——他似乎需要一些强烈的虐待或反面刺激,才能达到把本来就已复杂的生活搞得更加混乱不堪的目的。

不过,尽管贝娄对上述这些人物之间的关系以及各自性情、诉求等均进行了改写,让他们都具有了程度不同的荒原性或荒诞性。但是,他却并不是为写荒原而写荒原,或为写荒诞而写荒诞。他在写这些荒原性或荒诞性的同时,还在探寻存在于其中的人性,或可能实现的人道主义精神。这也是许多批评家多年来一直致力于探讨他的人道主义精神

① Saul Bellow: *Humboldt's Gift*, pp. 418-419.

的一个缘故。

第三节 女性人物与现代性

要考察贝娄笔下的女性人物及由塑造这些女性人物而反映出来的他对现代性的认识,就不能回避贝娄在骨子里作为一个美国犹太作家与他自己所声称的美国作家之间的关系,以及他因此而特有的一些立场和价值观。比如说,他对现代性的理解,对传统犹太女性以及对美国现代女性的认知和界定。

犹太传统宗教文化对犹太女性有着十分矛盾的态度。一方面,传统犹太教一度曾依据母亲的民族身份来判断其子女是否是犹太人,凸显了犹太女性的重要性;后来虽因战争等原因,特别是第二次世界大战中发生的大屠杀,犹太教会改变了这一判断标准,把父母双方都作为其子女民族身份判断的依据,但是,犹太女性在民族延续这一极其重大的事项中仍然起到举足轻重的作用。另外,历史上许多犹太女性除了生儿育女、相夫教子外,还要承担扶养丈夫和家庭的重担。比如说,丈夫在家里只要埋头研读经书就可以了,妻子则既要料理家务,又要在外面照料小杂货店等以赚取养家的费用。犹太女性在家庭中十分重要。而另一方面,犹太女性在宗教和家庭事务方面,基本上没有什么话语权。她们不能进学堂、不能参加宗教事务;在教堂里参加教会仪式时也只能待在"偏座"里;男人做祈祷时,即便是人数不够,也不会让女性参加,如是等等。

随着19世纪欧洲犹太启蒙运动的发展,犹太民族逐渐步入现代社会,犹太女性的社会地位也随之发生了变化。不过,在20世纪美国犹太文学中,有些作家对犹太女性的认识在很大程度上仍然停留在过去的传统阶段,辛格和马拉默德是两位比较典型的例子。贝娄在他的第一部长篇小说《晃来晃去的人》中也保留了对犹太女性的传统认识。我们从主人公约瑟夫的日记中了解到,他的妻子伊娃是一个年轻的犹太女性,在她的身上还保留了许多传统犹太女性的特点。

伊娃是一个图书馆管理员。她像传统中许多犹太女性一样,不辞辛苦地赚钱养活因等待征召入伍而辞职的丈夫。依照传统,有出息的犹太男人在家里要做的主要事情就是研读犹太人的经书,以期日后能做个犹太拉比或担任其他犹太教职。伊娃似乎也仿效传统犹太女性,悉心照料丈夫的生活起居并支持赋闲在家的丈夫读书学习。最典型的例子是在小说开篇,约瑟夫辞职后,伊娃担心丈夫约瑟夫在家里闷得慌,就借了许多书给约瑟夫看,并鼓励他继续撰写他先前感兴趣的论文。然而,生活在伊娃周边的人却并没有这种古人情怀,他们是一些地地道道生活在现代的人。伊娃的父母对女婿约瑟夫靠妻子赚钱生活颇有微词;银行的经理拒绝约瑟夫兑换妻子的支票。贝娄在这里营造了一种传统与现代之间的张力,在传统和现代的较量中表达自己对二者的认知。

不过话又说回来,伊娃也并非是一个彻头彻尾的传统犹太女性。她生活在一个现代社会,身上不可避免地存在一些现代的因子。比如说,她像其他所有现代女性一样,也喜欢穿漂亮衣服、用新家具、看时装杂志、参加一些轻松活泼的娱乐活动。约瑟夫意识到,他可以教伊娃如何去"赞美[梭罗的]《瓦尔登湖》",但绝对无法让她"去穿旧时的衣服"。[①] 在家庭生活中,伊娃虽然顺从丈夫并尽职尽责地做一个妻子应做的事情,即便丈夫无缘无故地对她发脾气、甩门离家外出,她也能耐心地在家等候丈夫的回归。但是,一旦丈夫提出或做出不合情理的事情,她也会像一个现代女性那样勇敢反抗,并"开始享受自己的独立"。[②] 从这个角度来看,伊娃是一个集传统与现代于一身的犹太女性。我们从贝娄最初的叙述中感觉到小说中的男主人公对伊娃及其他女性身上现代的东西有排斥感,认为伊娃及其他女人没有被教育好。不过,随着故事情节的发展,贝娄的叙述也开始出现转向,即让约瑟夫逐渐认识到"伊娃不想被人牵着走。那些由博克哈特笔下文艺复兴时期伟大女性所激起的梦想和不亚于奥古斯丁的那些深刻女性是在我的头脑中,而不是在她的头脑中。我最终认识到伊娃不可能生活在我被冲昏的头脑中"。[③] 抑或说,约瑟夫意识到伊娃不会屈从于以男权为中心的家庭生活。她要过一种有独立人格和权利的家庭生活。贝娄的这种写法,一

① Saul Bellow: *Dangling Man*, p. 98.

② Ibid., p. 98.

③ Ibid., p. 98.

方面道出了犹太女性在现代生活中所处的境地,另一方面也表达了自己对处于这样境地中女性的同情和理解。

贝娄在小说中还提到其他几位具有现代意识的女性人物,如约瑟夫的姨妈迪娜。约瑟夫在日记中记叙了4岁时母亲与姨妈之间的争吵。姨妈不喜欢她姐姐让自己的儿子留长长的鬈发,认为“是该剪掉鬈发的时候了”。[①] 她未征得守旧的母亲的同意,就带约瑟夫到理发店里剪掉了鬈发,而且还让理发师给约瑟夫剪了一个当时很时髦的发型。对旧时代的犹太男性而言,鬈发是一种民族身份的象征,剪掉鬈发就意味着世俗化或不再坚守传统的犹太习俗。这样的犹太男子不仅要背上背教的骂名,还有可能被开除教籍或被驱逐出犹太社区。姨妈迪娜的这一举动无疑传达了一种强烈的现代意识。贝娄在约瑟夫的日记中插叙这个故事,似乎不仅仅是让约瑟夫在苦闷无聊中回忆自己的童年生活,更意在通过约瑟夫透露出更多的现代信息。

美国著名犹太文学批评家莱斯利·菲德勒并不看好贝娄笔下的女性人物。他评价说:“贝娄的全部作品异常缺乏真正的或生动的女性人物。在他的作品中女人被介绍出场,但是她们的出现像是一些虚幻的人物,特别没有说服力。”[②] 虽不像菲德勒说得那么严重,但是,就这部小说和随后几部小说中的人物刻画而言,他的评论是切中肯綮的。贝娄至少在早期和中期创作的小说中很少正面或完整地描写女性人物,即便有所描写,也或多或少地有些像约翰·克莱顿在谈及《赫佐格》中的女性人物时所说的那样,“那些女人是赫佐格在受虐狂式的想象中创造出来的,一点也不‘真实’”。[③] 尤其是写非犹太女性人物时,她们大多具有现代社会所特有的问题,如感情的背叛、物欲的膨胀、富有野心和侵略性等。从这个角度来看,贝娄写女性人物其用意并不在这些人物本身,而是在表现现代社会犹太男性和家庭所面临的问题,并借此来表达自己的思想和情怀,传递出他对女性人物在现代社会中的地位等的

① Saul Bellow: *Dangling Man*, p. 75.

② Leslie Fiedler: *Love and Death in the American Novel*, New York: Stein & Day, 1967, p. 363.

③ John J. Clayton: Saul Bellow: *In Defense of Man*, Bloomington: Indiana University Press,1968, p. 211.

认知和态度。不过,他在晚期创作的《院长的十二月》这部小说中改变了自己先前对女性的认识,通过男性人物的视域,塑造出了一些富有能力、爱心以及现代意识的美好女性。

在《院长的十二月》中,贝娄沿用以往写作手法的同时,还做出了一些改变,直接或间接地刻画了一个富有爱心、正义感、勇敢聪慧的女性群体。这个群体中的主要人物之一敏娜·科尔德是一位有美国和罗马尼亚双重国籍的著名天体物理学家。她出生在罗马尼亚的首都布加勒斯特,具有强烈的现代意识。在青年时代,她不顾生命安危,毅然决然地冲破罗马尼亚当局的严密封锁,到西方国家求学,并成为所学领域里的著名学者。在小说开篇时,敏娜的母亲因患心肌梗塞和脑卒中而入院治疗,危在旦夕。敏娜在丈夫的陪同下从美国千里迢迢回到布加勒斯特,想探望和照料病危中的母亲。不料,当局百般阻挠,不让敏娜前去医院探望母亲。更有甚者,罗马尼亚当局在敏娜家里安装了窃听器,让看门人随时报告敏娜一家的行踪,还安排人在街道上跟踪他们。面对这样的危急情势,敏娜勇敢机智地同罗马尼亚当局的安全人员周旋,并关照丈夫免遭暗算。她在母亲去世后回到美国,依靠自己崇高的学术声誉,帮助丈夫摆脱了遭人误解和攻击的困境。敏娜这一女性人物形象是贝娄刻意塑造的一个现代社会里有爱心、坚强独立、做事果敢的新女性。

贝娄在叙述中毫不掩饰地表达了对敏娜的赞美和尊重。然而,由于敏娜这一形象更多的是从男主人公即敏娜丈夫科尔德的视角来看的,很大程度上,敏娜身上许多富有现代性的美好因子由男性主人公叙述出来或赋予。因此,从这个角度讲,这部小说虽对以往女性形象描写进行了很大程度上的修正,仍然没有突破贝娄在表达方面的局限。贝娄只是在中篇小说的创作中才对这一局限有所突破,较为真实地塑造了有血有肉的现代女性。

贝娄总共写过三部以女性人物为主人公的中篇小说,即《离别黄屋》(*Leaving the Yellow House*, 1958)、《你有怎样的一天?》(*What Kind of Day Did You Have?* 1984)和《窃贼》。他在《离别黄屋》中采用回溯的方式,讲述了一位濒临死亡的孤寡老妇人海蒂的故事。海蒂在中年时,因婚姻破裂而离家来到偏远的塞格沙漠湖区。这里的居民都是一些进入耄耋之年的老人。她结识了一位名叫威克斯的西部牛仔并与他同居在一间陋屋中。后来,她因瞧不起牛仔威克斯并与他分手,寄居到一位名叫英迪的老妇人家中。英迪居住的房子叫"黄屋"。海蒂在照料嗜酒如命的英迪时,也染上了酗酒的坏毛病。英迪去世后,将"黄屋"遗留给了海蒂。小说开篇时,海蒂已经七十多岁了。她在一次醉酒后驾车出了麻烦,车子抛锚在铁轨上。邻居在帮她拖车时又不慎把她的胳膊弄折。在治疗伤病期间,海蒂尽管也得到邻居的帮助,但最终还是被抛弃,无依无靠,终日靠酒精麻醉自己。小说的结尾,她在一次酩酊大醉中思前想后,始终没能找到一个自己死后可以将"黄屋"托付的人。最后,她立下遗嘱,将"黄屋"留给了自己。

有评论者认为,贝娄写海蒂这位女性人物主要是写她精神上的最终觉醒,[①] 即海蒂立遗嘱把"黄屋"留给自己后祈求上帝的宽恕。其实,海蒂的觉醒并非表现在她祈求上帝的宽恕,而是表现在立遗嘱过程中,她终于意识到,"在内心里还没有找到一个合乎自己心意的人。被人抛弃,孤孤单单地待在一个不妨碍任何人的地方"。[②] 也就是说,她的这一意识实际上是对现代社会中个人孤独无助、人与人之间关系冷漠等的深刻体悟。她将"黄屋"留给自己的决定虽然有些自私,但是对于饱受冷漠人情折磨的她来说,也算是一种形式独特的抗争。简言之,贝娄将海蒂置于这样一个与现代社会进程相对立的环境,即行将消隐的老年世界里刻画,并通过对海蒂命运及其与其他人物关系的对立或对照描写,不仅预示着旧有叙事的终结,还深刻地反映了他对现代社会、对人性、对人生诸多无奈的认识。

贝娄在另外一部以女性人物为主人公的中篇小说《你有怎样的一天?》中塑造了一个觉醒了的女性人物卡特里娜·格利戈。在小说中,卡特里娜被描写成一个富有现代意识的中产阶级家庭主妇和两个孩子的母亲。她对"把自己当作一个傻瓜"[③] 一样谦卑而又普通的生活很

① Cf. Marianne M. Friedrich: *Character and Narration in the Short Fiction of Saul Bellow*, New York: Peter Lang, 1995, p. 60.

② Saul Bellow: "Leaving the Yellow House", in *Saul Bellow Collected Stories*, Penguin, Books, 2001, p. 280.

③ Saul Bellow: "What Kind of Day Did You Have?", in Saul Bellow, *Him with His Foot in His Mouth and Other Stories*, New York: Penguin Books, 1984, p. 66.

不满意。离婚后,她偶然认识了一位年逾七旬的世界级艺术史家维克托·乌尔皮并与他相恋。她在与维克托爱恋和跟随他学习世界艺术史及艺术思想的过程中开始觉醒,对自己和自己以前的生活有了新的认识。

卡特里娜与维克托之间的关系不仅仅是恋人,也是很能谈得来的朋友。比如说,他们在床第之间除了做"抽烟、饮酒、相互抚摸、说笑"[①]等事情,还讨论马克思主义、艺术思想等严肃问题。卡特里娜在这样一种充满知性与爱意的氛围中,精神和身心都得到了舒展和激励。维克托惊讶地发现"他们都有思想"并且意识到他"没有在她的身上浪费才智"。[②]总的来看,贝娄是把卡特里娜当作一个觉醒的现代女性来塑造的。她身上的现代性由爱生发出来,她在对爱的追求过程中构建了具有独立自我的现代生活。对传统女性而言,卡特里娜的转变确实有一定启示意义,不过,对生活在 20 世纪 80 年代女权主义运动已经十分活跃的美国女性而言,这个女性人物形象并没有太多的新意。她其实仍然活在男人的阴影里,是在男人的教育或指导下才找到了所谓属于自己的生活目标或归宿。从这个意义上说,贝娄并没有突破福楼拜设定的对现代女性的认知框架,卡特里娜充其量不过是一个生活在美国场景里的包法利夫人式人物。

贝娄似乎也意识到了这部小说中存在的问题。他在《你有怎样的一天?》出版五年后写的中篇小说《窃贼》中,对女性人物形象做出了很大的调整,对自己新塑造的这位在家庭里和社会上处于乾坤倒转地位的现代女性人物"充满了感情"。[③]他在接受采访时曾坦承,克拉拉·维尔德是他"所知道的所有女人的一个综合体","在写作过程中曾爱恋上她",并且"对接近一位具有独特智慧的女性感到非常满意"。[④]

在这部小说里,贝娄主要是通过叙说小说中女主人公克拉拉·维

① Saul Bellow: "What Kind of Day Did You Have?", in Saul Bellow, *Him with His Foot in His Mouth and Other Stories*, p. 77.

② Ibid., p. 77.

③ Andrea Chambers: "At 73, Nobel Laureate Saul Bellow Decides He Wants to Be a Paperback Writer", *People Magazine*, 27 March 1989, p. 66.

④ Ibid., p. 66.

尔德在家庭和社会中的生活，来表达自己对现代女性的理解。克拉拉是一位精力充沛、聪明能干、独立不羁的现代职业女性。她来自美国印第安纳州的一个小镇，从小在浓郁的宗教氛围里长大："早餐时做祈祷，每顿饭前还做感恩祷告，并且能熟诵《诗篇》、《福音》等章节及其诗文。"[1] 她在上学期间曾因失恋自杀未遂；转到纽约读书一年后，又先后到路透社和私人学校工作。她还为英国和澳大利亚报纸撰写文章。她在 40 岁时成立自己的新闻机构，专做女士最新时尚报道，取得了巨大成功。不过，她很快又将自己的公司卖给一家国际出版集团，并出任集团执行董事。

克拉拉结过四次婚，生有三个孩子。在她看来，四次婚姻中，只有第三任丈夫迈克·斯庞梯尼"还像那么回事"。[2] 斯庞梯尼是一个意大利亿万富翁，追求他的人不计其数。克拉拉凭着自己的智慧"赢得了嫁给他的战斗，但却输掉了拥有他的战争"。[3] 她的其他三任丈夫都只不过是摆摆样子的。尤其是最后一位丈夫怀尔德·维尔德最为平庸无能。他人长得又高又帅，却是个吃"软饭"的。他每到一个地方工作绝不会超过六个月，纽约"猎头"看过他的简历后，就没有人再愿意为他找工作。后来，他干脆"宅"在家里，逗逗孩子玩或看看惊悚通俗类的闲书。克拉拉不仅要在外面竭尽所能面对复杂的工作，还要独撑家庭的全部责任：她既要赚钱还贷款，支付日常开销、家庭用人等费用，也要为三个孩子的未来做计划，充当孩子的玩伴，陪孩子外出郊游，做心理测试，给孩子的玩具做衣服，帮孩子剪画报等。我们在克拉拉身上不仅能看到闪烁着现代女性无限风光的一面，也能感觉到传统女性难掩的苦涩和隐忍的一面。

换句话说，表现在克拉拉身上的现代性，不只是那些可以归类到现代女性的单个事件，还有那些完整地表达出现代女性诉求的现代社会的文化逻辑。从克拉拉所扮演的社会角色来看，她所走的路线与美国社会其他成功人士所走的几乎别无二致。她有着良好的家庭教养和经济实力，而且工作努力、为人精明，富有冒险精神。她遵从美国现代社

① Saul Bellow: *A Theft*, New York: Penguin Books, 1989, p.1.

② Ibid., p. 2.

③ Ibid., p. 3.

会职业伦理规约,被与她合作的同事称为“良好的合作者”,并被赞美为“时尚写作的沙皇”。[①] 然而,从所扮演的家庭角色来看,她却没能突破其他妇女的宿命。她曾为爱恋试图自杀;也曾为追求完美,一再在婚姻的丛林中探险,但最终还是没能逃脱命运的安排,为情所伤;作为三个孩子的母亲和孩子们父亲的妻子,她不得不为了生计奋斗在社会和家庭两条“战线”上。抑或说,这种悖论也就是她作为现代女性所特有的品质和特征。她无法改变女性的心理和情感,也无法摆脱传统文化对她的束缚。所有的一切都好像是一个预设,从孩童到少女,再到中年妇女,或从学生到企业家,再到三个孩子的母亲,一切的开端都指向了结局。现代性在她身上仿佛像是环环相扣的链条,串起了过去、现在以及未来。在这个链条上,能让人辨别出有些新意来的那一环,就算是她的现代性了。不过,这新的一环毕竟终有一天会变旧,而且还要与那些早已成为旧的和那些即将形成更新的一环连接在一起。换句话说,贝娄笔下的女性人物挣扎在过去与现代之间,用过去来应对现代。这样的现代性实际上是一种既未摒弃过去又未指明未来的现代性。

第四节 叙说的现代性

套用弗里德里克·詹姆逊(Jameson, Fredric)的话说,贝娄叙说的现代性还表现为“一种叙事类型”。[②] 这里所说的叙事类型,主要是指贝娄运用一种类似内省性的叙述策略,来表现小说人物内心世界及其与外部世界的双重分裂。纵观贝娄所有的小说,小说中的叙述几乎都是在这种二元分裂中完成的。

按理说,内省性叙述策略(即作者把自身和/或构成性与交流性叙述成分,如叙述者、受叙者、叙述行为等,作为反省主体[③])是一种传统的叙事策略。早在18世纪中期,具有“现代”精神的劳伦斯·斯特恩在

① Saul Bellow: *A Theft*, p. 2.

② 弗里德里克·詹姆逊:《单一的现代性》,王逢振、王丽亚译,天津:天津人民出版社,2005年版,第20页。

③ Cf. Gerald Prince: *A Dictionary of Narratology* (revised edition), Lincoln and London: University of Nebraska Press, 2003, pp. 86-87.

《项狄传》（*The Life and Opinions of Tristram Shandy, Gentleman*, 1759—1767）中就运用过这一叙事策略。斯特恩在叙述中打乱时空顺序，让人物不时地插进来进行大篇幅的内省或评说，披露并评价了项狄的父亲、叔父等人物的怪诞行为和言谈，并借此抵制前期启蒙主义小说所倡导的理性主义思想和表达其一些超出时代局限的思想。

贝娄"旧瓶装新酒"，在小说中也运用了这一内省性叙事策略，并借此表达其对历史和当下社会的看法。具体地说，他通过叙述中插入大量内省或评说，表现小说人物内心世界及其与外部世界的双重分裂，并以此来表达他对历史和当下社会的看法。不过，贝娄在沿用以往"内省"方法的同时，还为"内省"增加了一些外在的表现形式，即他不单单让人物出来插话评说，还让人物用其他方式或形式，如用日记、书信、笔记、对话等"载体"来"内省"和评说。贝娄在所有小说中几乎都采用了"内省"的叙事类型。他以下四部小说：《晃来晃去的人》、《赫佐格》、《院长的十二月》、《拉维尔斯坦》，则较为集中地但又有所区别地运用了这一叙事策略。

《晃来晃去的人》是一部日记体小说。主人公约瑟夫借助日记，不仅反思或评说了自己的生活际遇和情感精神历程，还反映了时代的变迁和风俗的改变。他在第一篇日记中就直接地表达了自己对时代和当下美国社会的看法。他写道："过去曾有那么一段时间，人们有经常写日记的习惯，跟自己说说话，而且并不以这种记录自己内心活动的行为而羞耻。不过，现在写日记就会被视为孤芳自赏，并把写日记看作弱点和品位不高。"[①] 他写这篇日记的时间是 1942 年 12 月 15 日。此时，欧洲正在进行着第二次世界大战，美国社会也正面临着经济复苏和世界大战的严峻考验。在这一云谲波诡的时代，昔日的脉脉温情已经杂糅了进取、淡漠、彪悍等情感，最终被运动员式的粗糙行为方式所取代。大家所遵循的文化符码是感觉表达的不确定性、内心生活的私人化以及感情存在的不切实际。诚如约瑟夫在日记中自问自答的那样："你有感觉吗？有正确和不正确两种表达方式。你有内心生活吗？这只是你自己的事情，与他人毫不相干。你有感情吗？闷死它们。"[②]

① Saul Bellow: *Dangling Man*, New York: The Vanguard Press, 1944, p. 9.

② Ibid., p. 9.

约瑟夫对今昔两个不同时代所做的对比记叙,也折射出他在当下社会氛围中自己内心的矛盾和与社会的隔膜疏离。按理说,“在城市里几乎居住了一辈子的人不应该感到孤独,” “人们可以乘坐飞机飞来飞去,或去斗牛和捉大海鲢”。[①] 然而,约瑟夫却哪里也不去。他“一个人在一间屋子里独自待上十个小时”,手里拿着书,却“发现自己看不进去”,[②] “甚至都不能到商店买香烟”,[③] 感到了现代人“真正意义上的” [④] 孤独。这种孤独感让他不断地走近自我,并在对自我的内省中进一步加深了对自己“晃来晃去”的状态和迫使他处于“晃来晃去”生存状态的外部力量的认识。简言之,贝娄在这部日记体小说中方便地运用了内省性叙事策略,并借助主要人物的“内省”道出了他对现代人和社会的认识,进而对现代社会扭曲人性的力量进行了批判。

贝娄另一部较为集中运用内省性叙事策略的小说《赫佐格》与《晃来晃去的人》有很大的不同。小说中的主人公赫佐格在遭到妻子和朋友的背叛后,精神处于一种分裂和混乱的状态。他开始不分场合、没完没了、发狂似的“给天底下的每个人写信”, [⑤] 并以此发泄心中愤懑和表达对人类、历史、现代人的信仰和爱情等方面的看法。不过,严格说来,这部小说不似日记体的《晃来晃去的人》那样方便,可以让人物通篇直接走入自己的内心,并直接表达自己的喜怒哀乐或阐发自己对外界的人与事的看法。不过,聪明的贝娄在写作《赫佐格》时并没被难住。他在坚持运用传统内省性叙事技巧的同时,还有所“创新”,即在小说中借用“书信”和“笔记”的方式来替代日记,以使其达到可以同样让人物走进内心世界的叙述效果。

一般说来,以第三人称叙述的小说想让叙述者直接进入人物内心并不困难,西方许多经典小说家,例如巴尔扎克(Balzac)、司汤达、狄更斯、托尔斯泰等大作家都在作品中运用了这一技巧。然而,这样写有一个很大的问题是,叙述者“全知全能”式的介入,会给人以叙述“非客观”

① Saul Bellow: *Dangling Man*, New York: The Vanguard Press, 1944, p. 10.

② Ibid., p. 10.

③ Ibid., p. 16.

④ Ibid., p. 10.

⑤ Saul Bellow: *Herzog*, New York: Penguin Books, 1964, p. 1.

和“强加”给读者的感觉。人们不禁会问,叙述者何以知道人物的心理活动会如何呢?贝娄对这种传统的第三人称叙述做出了修改和创新,为增加“客观性”并方便人物表达自己的内心感受和思想活动,找到了一些合适的载体,即“书信”和“笔记”。

不仅如此,贝娄并没有像其他写书信体小说的作家,如理查逊(Richardson, Samuel, 1689—1761)在写作《帕米拉》(*Pamela, or Virtue Rewarded*, 1740)时那样,让人物直抒胸臆,并让读者有机会直接了解人物间的思想和情感交流。他笔下主人公所写的“书信”有些特殊:一方面,这些书信中有“写给报章杂志、知名人士、亲戚朋友……已经去世的人”,[①] 甚或还有上帝和历史上的名人,而且从来没有寄出去。也就是说,主人公所写的这些书信不是用来与他人交流的。另一方面,主人公的这些书信不是一些完整的书信,很多时候既无开头,又无结尾,有时候甚或只是一些片言只语。综合这些情况来看,贝娄在总体叙述中嵌入这些完整和不完整的书信,一则起到了与日记体小说或传统书信体小说同样揭示人物心灵情感的作用;再则还隐喻了现代人分裂混乱的精神状态。

贝娄在获得诺贝尔文学奖后出版的第一部小说《院长的十二月》,与前面提到的两部小说又有很大不同。批评界抱怨这部小说中有许多大篇幅的议论,并认为贝娄还是没有走出以前创作的套路。这也是实情。从这部小说中出现的大篇幅议论来看,贝娄在这部小说中运用的内省性叙事技巧,基本上没有突破他此前出版的几部小说,如《受害者》、《洪堡的礼物》等。不过,也有两个方面与他前期小说不同:一是他在小说中将内省性叙事策略彻底“进行到底”了。贝娄已经不是让主要人物在叙述的某一处参与议论,而是让他随时随地或随心所欲地插进来议论。我们几乎看不到故事的进展,而只能看到人物在多数时间里就某一事件或观念思索、论辩。尤其是在小说的后半部分,这种内省性叙事几乎成了主宰叙述的主要形式,甚至小说的叙述者也加入到这种叙事中。二是贝娄在这部小说中也作了一些变革,即在叙述中嵌入许多小说中次要人物写的大段“文章”或“说词”,并将这些嵌入与主要人物的议论和冥想勾连在一起,以此形成一种“自省”与“他省”相结合

① Saul Bellow: *Herzog*, New York: Penguin Books, 1964, p. 1.

的双向度或多向度的内省。在这种情况下，次要人物的“文章”或“说词”成为主要人物内省的对象。

下面这段引文，就是“内省”与“他省”相结合的双向度内省性叙事较为典型的例子。小说叙述者在介绍主人公科尔德安顿好妻子敏娜后，退缩到自己的角落里，阅读起他的少年朋友、现在大名鼎鼎的专栏作家杜威 · 斯潘格勒写的一篇有关他的文章。斯潘格勒在开篇简短地回忆起了自己与科尔德的友谊，随后开始转向对科尔德的“他省”：

> 他谈到多才多艺的伙伴阿尔伯特 · 科尔德：“甚至在那时他就是一个神秘人物”，后来在国际《先驱论坛》获得相当高的声誉，终于成了教授和科尔德院长。院长从未想迷惑任何人，但他那神秘的性格确实令人迷惑。人们也许不知道对这样的一个人进行深度分析，会得出什么样的结果，但阿尔伯特 · 科尔德对心理分析持有一种莫名其妙的敌视。按他有一次曾说过的话来说，心理分析会一下子就把一个人描绘出来。“心理分析假装探索无意识领域，无意识的定义是你没有意识到的领域。但分析者已经知道那里有什么了。他们应该知道，因为他们事先就把那些东西全放进去了。这就像寻找复活节彩蛋。你把蛋藏起来，然后你又找到它们。这是光明磊落的。但心理分析则不是。”[①]

在这段文字中有三个参与者：小说的叙述者、斯潘格勒、科尔德。也就是说，主人公科尔德看到的这段引文，实际上是由作者安排小说的叙述者从斯潘格勒的文章中间接引述的。

这段引文的前半部分属于科尔德被“他省”的内容，科尔德的“成长历程”（因在《先驱论坛》发表文章而成名，并当上教授和院长）和个性（令人迷惑的神秘个性）在这部分引文中得以披露。小说的叙述者和斯潘格勒似乎对科尔德形成一个共同的看法，即科尔德的成功有偶然因素，科尔德对心理分析的敌视令人费解。引文的后半部分属于“自省”的部分，与前面转述斯潘格勒的话形成参照，从另一个侧面证实了斯潘格勒对科尔德的评价，并说明了科尔德敌视心理分析的原因——不光

① Saul Bellow: *The Dean's December*, Harper & Row, 1982, p. 298.

明磊落。小说的叙述者这样安排引文的两个部分,一方面似乎在告诉正在阅读的科尔德,斯潘格勒在文中所言非虚,科尔德确实有这方面问题;另一方面也暗示了斯潘格勒的老谋深算,他利用对科尔德过去的了解和所谓的友谊,为随后瓦解科尔德的名声找到了口实,并为攻击科尔德的人品和他对芝加哥城市的批判做好了铺垫。

果然,在接下来的一段对斯潘格勒文章的直接引用中,小说叙述者向我们展示了斯潘格勒的真实意图和凶险之处。斯潘格勒写道:"作为个人的癖性,这不足以成为遭人反对的依据,可是不久前,科尔德院长走入公共生活并写了两篇关于芝加哥城市的令人迷惑不解的文章,使很多读者困惑和惴惴不安。"[①] 首先,斯潘格勒在此用"癖性"(idiosyncrasy)一词虽然也含有指某人的特质、特性的意思,但更多地却是指某人的癖性或古怪 / 怪癖(eccentricity)。作为老同学和老朋友,斯潘格勒完全可以使用一个直接表示个性的单义词,如 personality 或 character 等。但是,他没有这样做。他用这个具有歧义的词来形容科尔德,一则可以达到攻击科尔德的目的,再则也能够暂时掩盖自己的真实意图。

其次,斯潘格勒在称呼自己的老朋友科尔德时,多次在其名字的后面缀上"院长"这一头衔。他这样做其实是在不断重复前面所做的暗示,即这个院长头衔得来得有些不地道。最后,斯潘格勒说写到科尔德院长"使很多读者困惑和惴惴不安",结合前面几句话和上段引文所做的铺垫,我们意识到,斯潘格勒似乎在暗示科尔德这位院长有些不安分了,他的关注点发生了"转向",即从大学校园转向了公共生活。这里"公共生活"(public)一词寓意深刻。在斯潘格勒的语境里,"公共生活"实际上不属于科尔德院长,言外之意是说科尔德院长不守本分,做了不该做的事情,所以"使很多读者困惑和惴惴不安"。更为重要的一点是,斯潘格勒在文中未说明科尔德两篇文章具体内容的情况下,先说他的文章"使很多读者困惑和惴惴不安"。这样做其实是在"投毒下井",即通过攻击科尔德的人格、动机、态度、地位等方式,来达到否定科尔德的目的。

应该说,上面这段引文基本上属于对科尔德的否定性"他省",至此

① Saul Bellow: *The Dean's December*, Harper & Row, 1982, p.298.

还没有完全与科尔德的“自省”相结合,并形成双向度的“内省”。按常理,科尔德顺着小说叙述者的安排来阅读斯潘格勒的文章,他的内心是不会平静的。他肯定会思考或计较斯潘格勒所说的每一句话,甚或惊愕于斯潘格勒的狡黠并佩服他的精明。然而,从表面上看来,小说叙述者似乎至此还没有明言科尔德对自己所看到的这些文字作何思考或有何反应。我们可以把这种情况权且理解为,小说的叙述者是想让斯潘格勒做足铺垫,或估计他前面所“投”之“毒”发挥作用之后,才让上面提到的“他省”与“自省”的双向度“内省”得到真正的实现。但是,实际上,我们如果仔细研读一下,就会发现科尔德在阅读中并非没有思考或计较。他的思考或计较实际上体现在小说叙述者所使用的评价性叙述语言中。抑或说,科尔德的思考或计较多数是由小说叙述者转达出来的。叙述者在转述科尔德的话,如“心理分析假装探索无意识领域”,实际上已经表明了科尔德对斯潘格勒热衷心理分析的认识和态度。

不过,贝娄并没有通篇使用这种由叙述者间接表达人物认识和态度的叙述策略。具体地说,在这一章结尾,小说的叙述者在继续叙述斯潘格勒攻击科尔德的文章的同时,还对科尔德察言观色,并最终“放下”斯潘格勒的文章,转而专门告诉读者科尔德自己的思想感受:

这些句子所造成的伤害像其印刷出来的文字一样清楚……他想,杜威已经把我搞定了。亚历克·维特现在抓住我了,是我祸从口出。当然,我可以试着说我只是引用,说这些都是老梅森说的,但是维特既不愿听我解释,也不在意到底说了些什么。所有的麻烦都在这些细微差别之中。啃,那些细微的差别!杜威和我从来没有把我们之间的细微差别融化过。40年了,就从来没有融化过。学院里也不愿意聆听这些细微差别。这就是我跟教务长之间的发展情况。起先我会遭到怀疑,现在我得不到信任,此后还会遭到厌恶。而我还在努力让自己降到最低档次——令人轻蔑。再后来,人们会说:“这人就是一个灾星。”最后,人们得出结论:“这个狗娘养的是个叛徒。”没错,这一次杜威算是把我搞定了。从来没有接受过大学教育的杜威倒给我们上了一课。但是与此同时,他又想跟我套近乎,想把我揽到他的怀抱里。[①]

这段引文说明科尔德终于看出了斯潘格勒的阴险狡诈和他写这篇文章的险恶用心。此时的叙述者通过转换人称,即第一人称“我”的使用,把“内省”的工作几乎完全交给了科尔德自己。另外,科尔德在“自省”的同时,还“他省”了斯潘格勒,并以此构建了由“自省”和“他省”的互动性“内省”模式。引文中一句“杜威算是把我搞定了”就揭露了杜威的阴险狡诈。

小说中还有一处这样较为典型的“自省”和“他省”相结合的例子。叙述者在介绍斯潘格勒的文章过程中,插入一段让科尔德“自省”和“他省”相结合的议论:“读到这些话,院长发觉自己几乎停止了呼吸。杜威是一个多么精明的小魔鬼啊,他多么争强好胜啊!他把院长描写成一个不知情的局外人,就这样把他打发了。他摆脱科尔德的方式可真够聪明的。”[②] 小说叙述者让科尔德通过阅读斯潘格勒的文章,意识到后者的精明和狡黠之处,然后又让科尔德停下阅读,并让他对前面所作阅读抒发自己的感受。通过这个过程,叙述者帮助科尔德完成了对自己的“自省”和对斯潘格勒的“他省”。

贝娄在《拉维尔斯坦》中也大量运用了这种“内省性叙事”方法,并由此构建了自己对反犹主义的认识。例如,在讲述了T. S. 艾略特对拉维尔斯坦不雅的就餐举止目瞪口呆后,这一事件的叙述者拉维尔斯坦反省似的反问小说中的叙述者“我”:“T. S. 会怎么看我们!”叙述者“我”则跳出拉维尔斯坦的具体追问,而对整个事件的来龙去脉反省。他自忖道:“我不相信对着瓶口喝可乐就是整个故事的来龙去脉。(首先,可口可乐瓶子出现在餐桌上干什么!)那些教授的太太都知道,当拉维尔斯坦来赴宴时,宴会结束后的清洁工作还有的忙呢……有经验的主人会在他坐的椅子下面铺上报纸,他一点也不在意。他不太注意这些事情。”[③] 回顾了事件的大致情况后,叙述者“我”得出结论:对待这样一位不拘小节的犹太学者的随意行为大惊小怪,其实就“等于承认

① Saul Bellow: *The Dean's December*, p. 303.

② Ibid., p. 300.

③ Saul Bellow: *Ravelstein*, pp. 37-38.

自己的心胸狭窄"。[1] 再例如,在叙述者"我"与妻子罗莎曼的对话中,共同反省了拉维尔斯坦对"大屠杀"问题的思考。叙述者"我"为让妻子的评价具有正确性或权威性,有意在她做出评价之前,先高度评价妻子,说她"不仅观察敏锐,而且还思路清晰",[2] 然后在叙述者"我"谈及他的前妻母亲厌恶自己是一个犹太人时,又让罗莎曼点评说:"现在你才找到问题真正的症结了……你对各种各样的问题都作过许多思考,就没有考虑到这最重要的一点。你就从犹太人这个问题开始吧。"[3] 在该处,作者把叙述者与受叙者之间的交流性对话作为反省的主体,既起到了进一步确认问题实质的作用,又推动了反犹主义这一讨论话题向纵深发展。

这种内省性叙述运用得最重要之处是在小说的后半部分。叙述者"我"借助与妻子罗莎曼谈论病危中的拉维尔斯坦如何承受得了整日思考"大屠杀"的机会,阐发了自己对反犹主义和"大屠杀"的认识。他清醒地指出:"对犹太人来说,如此众多的其他人,成百万的其他人,希望他们死亡,这意味着什么。其他的人类驱逐他们。据记载,希特勒说过,他一旦掌权,就要在慕尼黑的玛丽亚广场竖起一排排的绞刑架,把犹太人一个也不剩地都吊死在那里。"[4] 另外,他还借助对拉维尔斯坦的剖析,进一步阐发了自己对发生在20世纪的种种屠杀的思考:"我想到的是古拉格群岛和德国劳改营大量死亡的人。为什么这个世纪——我不知道应该怎样去表述它——同意承担如此众多的毁灭?思考这些事实时,我们全都突然变得软弱无力。"[5] 概括起来看,贝娄通过在小说中运用这种内省性叙述,在评价人物、情境与事件中,巧妙地构建了自己对反犹主义和"大屠杀"的认识。

总之,贝娄通过运用"内省性叙事"的叙事类型,构建了他对发生在现代社会中的重大事件的认知框架,并通过小说人物的"内省",披露了他们在现代社会生活中所产生的内心焦虑、分裂以及挣扎。

① Saul Bellow: *Ravelstein*, p. 38.

② Ibid., p. 41.

③ Ibid., pp. 166-167.

④ Ibid., p. 167.

⑤ Ibid., p. 169.

第四章 贝娄笔下的城市

贝娄小说中的场景几乎全都位于城市里。因此，就地理位置这一意义说，贝娄的小说可以归类为城市小说。

贝娄在小说中集中描写的城市主要有三个，一个是纽约，另一个是芝加哥，还有一个是罗马尼亚的布加勒斯特。他写的这些城市在时间上跨越了半个世纪，即从 20 世纪 40 年代起至 20 世纪末。这段时间，美国社会经历了许多重大事件，比如第二次世界大战和冷战的影响、麦卡锡主义、"越战"、"中东战争"、"垮掉的一代"、民权运动、"女权主义运动"、"水门事件" 等等；也经历了从工业时代向后工业时代再向信息时代，或现代主义向后现代主义的转变。许多术语、观念蜂拥而出，如东方主义、后殖民主义、先锋派、结构与解构、生态主义，等等。然而，在这样一个像万花筒般变化的时代里，贝娄笔下的多数人物似乎没有发生多大变化。他们还在城市中或苦苦寻求自己不确定的身份，或为失败的事业和婚姻而伤心。即便有个别想与现实社会较量一番的理想人物，最终也还是在焦头烂额中回归家庭。

当然，贝娄笔下的城市不是一成不变的，笔下的人物也不是清一色的背运者。在他的不同创作时期，城市及其生活在其中的人物也呈现出不同的风貌。下面主要以《晃来晃去的人》、《受害者》、《抓住时日》、《院长的十二月》等小说为例，从"城市的'畸零人'"、"消隐的城市'中心'"、"城市的归属与罪戾" 三个方面，来分别讨论贝娄笔下的城市，以期勾勒出贝娄作品中的城市风貌及生活在其中的人物的人生际遇。

第一节 城市的"畸零人"

历史上,生活在欧洲的犹太人曾被严格限制在"隔都"这样城市的角落里生存和繁衍。他们渴望能够像正常的社会公民一样,走出"隔都",融入进社会的主流生活中去。19世纪80年代,生活在欧洲城市"隔都"里的犹太人,在经过"底舱的煎熬"和埃利斯岛的搜身检验后,开始大批移入美国,寻找他们心目中的"允诺之地"。然而,在他们终于踏上了梦寐以求的地方后,又因经济等原因,只能集聚在纽约等城市的贫民区,挣扎在城市的边缘。他们先后经历了"配额"的限制、"百分之百美国化"的"鞭策"、血汗工厂的剥削,以及工会、社会主义运动等的洗礼。由于生活的艰难、多舛的命运、精神的压抑等原因,犹太移民内部也发生了分化和改变。一部分人坚守自己的传统道德与信仰,愤世嫉俗,挺身抗争不公的社会;另有一部分人憧憬美好未来,依靠自己的努力挣得了一份家业;还有一部分人急于皈依美国主流社会,离家出走,抛弃了自己的社区和信仰。

对这些美国犹太移民而言,城市不仅仅是一个地理空间概念,而且还是一个社会空间概念。因为相对于由当地居民构成的主流社会,外来的犹太移民只能算是"客民社会",即他们并不是这个社会的嫡系成员。这种身份上的差异在生活中是有所表现的:首先,从地理位置上看,他们中大多数人只能寄居在贫民区狭小肮脏的空间里,远离商业文化区、餐饮娱乐区、政府机关等城市主体设施,处于城市的边缘;其次,从社会角度看,他们处在社会的底层:从事着低级工作,挣着血汗工资,过着贫寒生活。虽然说犹太移民从祖辈起就生活在欧洲城市里,几代人的流散生活让他们积累了足够的城市生活经验,但是作为具有异质性文化背景的贫穷客民,加之他们的语言和习俗都与当地居民不一样,故而在踏上美国这片新奇的土地后,特别是在面对全新的城市格局和人际关系时,他们还是被陌生、诡谲、隔阂甚或敌意的气氛牢牢地攫住,仿佛置身于茫茫无边的漆黑世界里。他们虽然不似在欧洲那样受到严格限制,并在后来的生活中能够较为自由地选择居住地和工作,但还是遭遇到了不同程度的排斥、敌视,甚或迫害。

《晃来晃去的人》就是这样一部描写生活在美国城市里的犹太人受

到主流社会排斥和挤压,犹太人内部发生分化的小说。从主人公犹太人约瑟夫的记叙里,可以看出当年的犹太社区已经不复存在,城市里犹太人之间的关系也不似从前。犹太移民及其后代都已经各奔东西,消隐于美国城市的各个角落,失去了以前犹太社区所给予的关爱、支持和温馨。即便是留在同一城市里的犹太人也是"持续地相互远离"。[①] 不仅如此,亲属、朋友之间也鲜有往来,甚至无法沟通。比如说,约瑟夫与妻子"就不再相互信任";[②] 约瑟夫从前的同志也不再搭理他了。在约瑟夫看来,维系他们同胞之间关系的主要纽带已经失去,所以他既不急于见到他的同胞,也没有动力去找回联系他们的纽带。

此时,小说里的城市正处在一个"生硬的时代",[③] 城市商业区里能看到的只有"用旧色棉布做成的留有胡须的红色圣诞老人"和商店里外川流不息的人群;能听到的也只有为募捐叮当作响的铃铛声和留声机里播放的"我梦见一个白色的圣诞节"[④] 歌曲,整个城市几乎没有什么跟犹太相关的东西。

生活在这一时期的犹太移民面临着新的考验。发生在欧洲的"大屠杀"还在继续,蛰伏在美国的反犹主义也不时露出头来。美国政府对犹太移民仍然实行种种限制。约瑟夫报名参军的遭遇就是一个很好的例证。约瑟夫是一位移居美国已有 18 年的犹太人。他为了支援反法西斯战争,毅然辞去工作,报名参军。在没有"资源"的约瑟夫看来,对像他这样的"异族人而言,入伍似乎是唯一的出路"。[⑤] 然而,根据美国政府颁布的法律和法令,他"不经调查仍然不能入伍"。[⑥] 他先后三次被验血,从 1A 血型改为 3A 血型,后来又再次改回为 1A 血型。而且在他看来,"这种令人厌烦的事还远远没有结束",还需要"拖延另外两个、三个或四个月"。[⑦] 约瑟夫入伍不成,想回到原来的工作岗位,也遭到了

① Saul Bellow: *Dangling Man*, p. 12.

② Ibid., p. 12.

③ Ibid., p. 9.

④ Ibid., pp. 30-31.

⑤ Ibid., p. 12.

⑥ Ibid., p. 11.

⑦ Ibid., p. 11.

拒绝,只好独自一人躲在家里“等待或晃来晃去”,[①] 而且“很少离开房间”,[②] 甚至都“不愿到商店购买烟卷”或“想从椅子上站起来”。[③] 他每天顶多离开房间里四次,三次外出吃饭,一次受妻子吩咐外出付账单或买信封等。在这里,城市的地理概念消失了;距离、界标、建筑物、行走的车辆以及人群在约瑟夫的意识里变成了一些模糊的概念。对他而言,城市充其量就是几个街区、一个房间,甚或一把椅子而已。

约瑟夫辞去在旅游公司的工作这一情节,颇有反讽意味。通过他的工作,原本可以安排顾客周游美国各地,他自己也能与外界保持着一定联系。而今他辞去了这一工作,并将自己局限在家中一间小屋里,只能从阁楼的窗子里看外面耸立的烟囱里冒出的青烟和一排排民房、仓库、台球馆等。仿佛他所处的这个城市和时代共谋,在让他丢掉了工作、没有了亲情羁绊的同时,又失去了面对现实和与他人交往的能力,退缩为一个与外界疏离的“他者”。比如说,他为了不让熟人碰见自己,总是更换吃饭的地方;他不想与卖三明治的人、女招待、收款员等人客套;他像一个家庭妇女一样待在家里听收音机和隔壁邻居的咳嗽;前来收拾房间的女佣叼着烟卷,对他视而不见,毫不在意他的存在;他前去照料生病的岳父,却不愿意跟他说话;他去拜访哥哥一家,却像个孩子一样,为争抢电唱机跟侄女大吵大闹起来,还很没有风度地动手打了她。他甚至对自己也感到陌生了:

> 从法律的角度上说,我是那个从前的我,如果提出有关我身份的问题,我也只能指向我昨日所拥有的属性。我并没有试图把自己升级到今日。这样做既不是因为冷漠,也不是因为恐惧。几乎与一年前的我没有任何关系,这真让我高兴。我禁不住要嘲笑他,嘲笑他那些特点和言论。[④]

不过,约瑟夫虽然还停留在过去,但是他非常想知道自己身上发生

① Saul Bellow: *Dangling Man*, p. 12.

② Ibid., p. 10.

③ Ibid., p. 13.

④ Ibid., p. 26.

了什么。他觉得自己无论是在外貌长相和穿衣戴帽上，还是在举止言谈上，都有些古怪。他想对周边的人友好客气，但是他古怪的容貌、唐突的话语和突然爆发的坏脾气却阻止别人与他亲近。他的结论是战争改变了一切，自己是"这场战争的一个道德受害者"，[①] 也是这座城市里的"畸零人"。

贝娄在《抓住时日》这部小说中塑造了另外一种城市"畸零人"的形象，即小说主人公汤米·威廉。他是一个四十多岁就已经失业的美国犹太人。他所住的这座城市里的一切似乎都在相互关联着，形成一种无形的力量，左右着他的情绪、行为，乃至命运。小说开篇时，贝娄详细地描写了汤米居住的环境。他住在纽约城里一家名叫格劳里纳的旅馆里。这家旅馆地处纽约闹市区，周边有林立的商店、餐馆、茶室、美容店、阅览室、俱乐部等。街区的拐角，还有一个具有界标意义的旅馆，即安索尼亚旅馆。这个旅馆——

> 看上去像是一座巴罗克宫殿[……]林立的塔楼和圆屋顶此起彼伏。金属门框、浮雕以及垂花饰已经泛出斑斑绿锈。在这些圆圆的屋顶上密密麻麻地矗立着黑色的电视天线。它会随着气候的变化而看上去像是大理石或海水，浓雾中像石板瓦一样黝黑，阳光下又像石灰华一样白皙。[②]

这个环境不像《晃来晃去的人》中约瑟夫居住的环境那样僻静、隔膜。不过，热闹归热闹，可居住者大多是老年人。不仅在格劳里纳旅馆里住满了一些退休的老人，他们坐在旅馆大厅里的沙发或扶手椅里看报、聊天，"熬过这一天"；[③] 而且，在天气不太冷或没有下雨的情况下，周边的老年人还"蜂拥挤坐在街道两旁的长凳上"或"挤满了在街道两旁的商店、餐馆、廉价的小商店"[④] 等。需要注意的是，贝娄并非在虚写这样一个热闹的环境。他实际上为我们深入阅读他笔下的城市提供了

---

① Saul Bellow: *Dangling Man*, p. 18.

② Saul Bellow: *Seize the Day*, New York: Penguin Books, 1956, p. 5.

③ Ibid., p. 4.

④ Ibid., p. 4.

一种“路径”。即，贝娄似乎在暗示，他笔下的这座纽约城，其实就是一座步入老年阶段的城市。它也像那些“熬过这一天”的老人一样，熬过自己的时日。

小说中，身体健硕、膀大腰圆的汤米不适应纽约这座步入老年的城市。对他而言，“充沛的精力本身已经给自己造成了极大的伤害；”[①]他对住在格劳里纳旅馆里自然也觉得有些“不对劲”。[②]比如说，他无所事事，每天从旅馆23层楼房间里乘电梯下楼，然后经由铺满旅馆大厅像是“汹涌而来”的“暗红色高低不平的地毯”，[③]再到旅馆外面，“就是每天要做的主要事情”。[④]他每天外出都要路过挂着法国式帷幔的旅馆大厅前部。这些帷幔遮蔽了阳光，弄得厅里光线昏暗，让他心情抑郁、精神低落。他意识到“他每天要做的例行公事就要停下来，并感觉到许久以来预感到的大麻烦马上就要形成”。[⑤]几周来，他天天晚上玩一种赌钱的双人牌游戏，却从来没有赢过一次。他听信骗子唐金，把身上仅有的几百美元交给唐金投资，却被骗得血本无归；绝望中他向父亲求助，却遭到父亲的严词拒绝。

汤米的父亲艾德勒医生“已经歇业；他有不少钱财，很轻而易举就能帮助他儿子”。[⑥]但是，他还是拒绝了儿子汤米的乞求。表面看来，他这么做似乎也有道理，因为在他的心目中，儿子因意气用事丢掉了工作，然后又不听劝，跟骗子唐金往来，结果受骗上当。不过，如果将贝娄在小说开篇时对住满退休老年人的格劳里纳旅馆和站满老年人的街道、商店等处的描写结合起来看，就不难发现艾德勒医生拒绝儿子的乞求其实另有隐情。一般说来，纽约是一个现代城市，应该充满亮丽色彩，富有生机和活力。但是，在贝娄笔下，这座城市却丝毫没有这种亮丽和活力。格劳里纳旅馆大厅光线昏暗、住满等待死亡的老人；唯一年轻且有活力的是汤米，却因得不到父亲的帮助而在绝望中挣扎。再看格劳

① Saul Bellow: *Seize the Day*, p. 7.

② Ibid., p. 4.

③ Ibid., p. 3.

④ Ibid., p. 4.

⑤ Ibid., p. 4.

⑥ Ibid., p.11.

里纳旅馆外面，具有城市界标意义的安索尼亚旅馆昔日辉煌不再，巴罗克宫殿般的容颜已被密密麻麻矗立着的黑色电视天线和斑斑绿锈所取代，俨然像是一个穷困没落的贵族。这般穷困没落与街道上、商店里以及其他公共环境里挤满的老年人、暴跌的股市、教堂里举行的葬礼等细节相呼应，完整地烘托出一种“熬过这一天”的腐朽、衰亡的氛围。

小说中，这种城市氛围似乎在无形中催生了一种行为“准则”，规范着小说人物的举止言谈、情绪乃至命运。汤米的父亲艾德勒医生也是众多“熬过这一天”老年人中的一位。他对自己唯一亲生儿子的艰难处境所采取的“不想被打搅”[①]的漠然态度，显然是受到这一“准则”的影响。艾德勒医生在听儿子说话时，“只是点点头。你可能跟他说西雅图离普吉特·桑德不远，或吉安特和道奇两家晚上打牌了，但是他那张老年人所具有的健康、好看、和善的脸上几乎没露出丝毫表情”。[②]

在这样一种氛围里，汤米也未能逃脱“准则”的影响。他虽然理解“老年人肯定会有些变化的。他们有一些很难堪的事情要考虑。他们必须要为自己的去向做准备。他们再也不能按照以前的时刻表来生活了，所有的观点都会随之改变”。[③]然而，在眼下走投无路的情况下，他对父亲脸上这种漠然呆滞的表情几乎悲愤到难以忍受的地步。他自忖道：“难道他看不见？难道他感觉不到？他已经丧失了家庭的观念？”[④]但是，由于受到氛围催生出来的“准则”限制，他还是不能跟父亲畅畅快快地吐露内心的苦闷，甚至在跟父亲讲话时，也不得不模仿父亲的口吻，让自己说出来的话“听起来文雅、低调、有品位”，也“不允许声音颤抖”以及“做一些愚蠢的手势”。[⑤]他在万般无奈中，听信骗子唐金的诱惑，最后落得一文不名。

在小说的结尾部分，贝娄写汤米凄凄惶惶地跟随着参加葬礼的人群走进了教堂，孤孤单单地在陌生人的葬礼上尽情哭泣，完全是一副城市“畸零人”的样子。贝娄这样写，在某种程度上也诠释了城市的氛围

① Saul Bellow: *Seize the Day*, p.11.

② Ibid., p.11.

③ Ibid., p.11.

④ Ibid., p.11.

⑤ Ibid., p.11.

如何影响或规范着人物的情绪、行为乃至命运。

第二节 消隐的城市"中心"

犹太人有一种强烈的地区意识和归属意识。对许多美国经典犹太作家来说,城市的中心不是指那些政治、商业或娱乐活动场所,而是他们心目中的社区——一个他们维系与表达亲情的场地和赖以生存的空间。例如,艾萨克・巴舍维斯・辛格笔下的华沙犹太家族、迈克・戈尔德(Gold, Michael, 1894—1967)笔下的犹太贫民区、亨利・罗思笔下的贫民区街道、菲利普・罗斯笔下的伍顿屯犹太社区、伯纳德・马拉默德笔下的犹太小杂货店,等等。

在贝娄的笔下,这样的"中心"作为主要场景出现的次数不多,它们主要出现于他运用的隐喻或作品中人物的记忆中。在这些隐喻或记忆里,"中心"具有一定的犹太文化色彩,表达了一种带有归宿意味的亲近感和对犹太地区的空间经验。例如,贝娄在第二部长篇小说《受害者》中所描写的纽约,让我们隐约感觉到犹太故国的身影:

> 在某些夜晚,纽约就像曼谷一样炎热。整个大陆似乎从原来的地方移到更接近赤道之处。苦涩灰暗的大西洋变成了绿色,富有赤道的色彩。像粗野的阿拉伯农民一样的人群,穿梭在街道上,置身于巨大神秘的墓碑遗迹之间。充溢的阳光耀眼,向上延伸直到炎热的天空。[①]

这段虚写纽约的引文中所使用的"炎热"、"更接近赤道"、"像粗野的阿拉伯农民"等词语,很容易让读者联想到地处炎热的中东地区的以色列国,颇有些怀念遥远故国的意味。不过,贝娄这样的虚写与接下来实写发生在纽约城中的日常琐事形成了一种鲜明的对照,让读者原先联想到的一切顿有物事人非之感。

在贝娄这个实写的纽约城中,犹太主人公利文萨尔与他的哥哥马科斯已经很少来往,没有了昔日的兄弟之情;利文萨尔请假去看望病危

① Saul Bellow: *The Victim*, New York: Penguin Books, 1966, p. 9.

的侄子，他的同事对他风言风语，极不友好，没有了昔日的同事之谊；利文萨尔的哥哥马科斯与非犹太人结婚，“在一阵新鲜之后”又被视为“冒险”，[①] 家庭里危机四伏。这还不算，利文萨尔的处境也好不到哪里去。他 8 岁时，母亲住进精神病院后不久去世；父亲对自己的儿子吝啬而缺乏责任心。他不仅不承担抚养子女的责任，还在妻子去世后离开家庭再婚。失去家庭的利文萨尔先后做过许多工作，历尽艰难，最终才算有一个稍感安定的工作。后来，因在一次聚会上，无意中得罪了反犹主义者阿尔比的老板卢迪格，结果屡屡遭到阿尔比的迫害。总之，犹太人已经不像当初移居美国时那样，拥有或依赖一个能给自己以归属感和安全感的社区。随着时代的变迁，犹太人已经从原来集聚在某一社区的“群居”，变化为四散在美国的“散居”。他们之间已经没有某个特定地区相联系，不再为以前约定俗成的穿衣戴帽、举止言谈而操心，维系他们之间情感的共同经历似乎也荡然无存。

那些对犹太人来说具有特殊意义的城市“中心”在小说中常常被城里一般意义上的地理空间，如街道、建筑物、商业中心等所取代。即便如此，贝娄在这部小说中也没有花多少笔墨来写这样的地理空间。倘若要写，那么这些城市空间在他笔下大多都是带有否定意义的，而且只有在营造氛围或服务于故事情节发展时才出现。例如，贝娄写利文萨尔去他哥哥马科斯家照料侄子的情况就是这样。利文萨尔一路上要乘坐摆渡驳船、地铁等交通工具，还要经受濡湿、闷热天气的煎熬，才能到达他哥哥马科斯的家。另外，因长久没有来往，嫂子艾莉娜来电话时也没有告诉利文萨尔他们的住处，利文萨尔费了很大周折，好不容易才找到哥哥家。他哥哥家原来住在一座没有电梯的很大的公寓里。公寓前厅里孩子们闹哄哄地跑来跑去；前厅的墙壁上被孩子们乱涂乱画；公寓入口处还有一个戴军帽的黑人看门人在清洗楼梯。他对利文萨尔进来时留下的脚印怒目而视。这种环境描写，在更大程度上是用来折射出利文萨尔的焦虑和郁闷。

贝娄在这部小说中写城市，关注更多的是像家庭这样的一些小的空间。抑或说，他一方面利用家庭这样一些小空间来反映生活在其中的人物的生存状况和生活际遇，另一方面也以此来表达对现代城市的

① Saul Bellow: *The Victim*, New York: Penguin Books, 1966, p. 10.

总体看法,即现代城市生活空间遭到挤压,被边缘化的犹太人只能生活在狭小空间里,而且危机四伏、前途未卜。利文萨尔及哥哥一家就是这些在城市中过着边缘化生活的犹太人中的部分代表。他们只能依靠脆弱而变异了的犹太家庭伦理来维系家庭的存在。主人公利文萨尔在哥哥马科斯家看到的混乱状况很能说明问题。

哥哥马科斯与一个年轻的非犹太女人结婚,结果生活得混乱不堪。马科斯为了生计四处做工,“从诺福克岛加尔文斯顿再到上帝知道的某个地方”。[①] 家里留下他妻子和两个孩子,其中一个还得了重病。利文萨尔在哥哥家里看到的是一幅脏乱不堪的景象:屋子里遮阳板紧闭,屋里光线昏暗、了无生机;他嫂子艾莉娜无心收拾,拆下来三周多的脏兮兮的窗帘依然堆放在屋里;桌子和椅子上乱放着脏衣服;吃的用的也胡乱混放在一起,完全不像过日子的样子。再看他的嫂子艾莉娜“目光焦虑,格外地明亮,也格外地清澈;她的举止过于亢奋,暗示着心神烦乱甚或某种几乎失控的疯癫……她曾经红润黝黑的脸庞现在变得柔软、丰满,看上去更苍白,还有些蜡黄”。[②] 生活的艰难、琐碎以及心灵的无所寄托,折磨着这位异族女人,也给她的未来生活投下了巨大的阴影。用艾莉娜自己的话说,她的心早已经跑到“数英里之外了”,[③] 这个狭小的天地已经装不下她的情怀和思绪。

作品描绘的城市生活主要是琐碎的日常生活。比如说,贝娄写主人公利文萨尔晚上回到家里,看到妻子玛丽不在家,想给她打电话,但转念一想又放弃了。他走进厨房,看到“洗涤槽里有几个玻璃杯。他把它们洗干净后,把杯子倒过来放着,以便晾干”。[④] 贝娄把小说中与反犹主义主题相关的迫害与受害问题都蕴含在琐碎的家庭生活或社会的人际交往中。他在写反犹主义者阿尔比迫害利文萨尔时,也是通过一些日常的生活细节表现出来的。小说中写阿尔比在动物园里以跟踪方式来骚扰和迫害利文萨尔就是其中一个很好的例子。利文萨尔带侄子来动物园游玩,是一件再普通不过的事情。然而,贝娄却通过对这件琐事

① Saul Bellow: *The Victim*, p. 14.

② Ibid., p. 13.

③ Ibid., p. 12.

④ Ibid., p. 80.

的描写表达了自己对反犹主义者阿尔比的深刻批判和讥讽。

贝娄分了四个层次来写这一场景。第一层次写动物园笼子里关了许多动物供游人观看,利文萨尔带着侄子也跟随着观看笼中的动物。这一层是用白描手法写现实生活中的琐事;第二层写阿尔比跟踪利文萨尔来到动物园,他没有看笼中的动物,而是在看利文萨尔,似乎暗示利文萨尔才是他要看的“动物”;第三层写利文萨尔因觉察到自己被跟踪、监视,被迫也用“一种异样的眼光”,像观察动物一样来审视自己的“脸庞、喉咙的蠕动、皮肤的皱褶、体型以及穿着一双白鞋的脚”。[①] 即是说,原本前来看动物的利文萨尔不看动物而改为看自己,观者变成了自观者;第四层写利文萨尔在反观自己中,意识到也可以用同样的方法来观看迫害他的阿尔比。在这里,情况发生了第二次变化,观者阿尔比变成了被观者。因这一切变化都发生在动物园里,很容易将发生在观者与被观者身上的这些变化与动物园笼中的动物勾连起来,即观者与被观者之间的关系宛如游客与动物之间的关系。于是,这样一件到动物园看动物的日常琐事,被演绎成有关迫害与被迫害之间辩证的关系及其相互转化。贝娄笔下的城市动物园这个场景所蕴含的独特意蕴也就此彰显出来了。

可是,紧接着又有一些新的问题凸显出来,即城市难道就只有家庭、动物园、公园等这些或微小或边缘化的场景吗?城市的中心在哪里?贝娄的小说中也有写城市中心的场景,如《抓住时日》中就写过百老汇附近街道上坐在椅子上“熬过这一天”的老人。不过,贝娄笔下活动在其内的主人公,要么只是一个过路人,或者类似于这些熬日子的老人,他们错置了自己的位置或干脆找不到自己的位置;要么是游走于城市的边缘,与城市中心这类地方没有关系,或者说中心对他们而言没有任何意义。前面谈到贝娄小说中没有像其他犹太小说家笔下那样以社区或教堂等为代表的充满犹太元素的“中心”,即没有相对全面地描述犹太社区里的集体行为,或系统表达犹太人的精神诉求,而只有一些大致体现犹太元素的零星意象或孤立的个体行为。从这种意义上来看,贝娄也没有写出真正意义上的城市中心。在贝娄的笔下,随着城市中心的消隐,城市对犹太人而言也成为不具有鲜明城市特色且没有归属

① Saul Bellow: *The Victim*, p. 91.

意识的地区。不过,这些地区并没有失去自身的文化定位功能,相反,它恰好界定了现代美国犹太人在美国社会的无根基和与美国社会的同化情况。

第三节 城市的归属与罪戾

在贝娄的笔下,城市不是代表人类文明的集散地。相反,在大多数情况下,城市代表了现代社会的罪恶。贝娄较为集中描写城市里的罪恶,是在他获得诺贝尔文学奖后创作的第一部小说,即《院长的十二月》中。他写了芝加哥和布加勒斯特这两个城市的"归属"问题,生动地演绎出发生在两座城市里的故事,并深刻揭露了隐含在故事中的罪恶。

在《院长的十二月》的开篇,贝娄写主人公阿尔伯特·科尔德陪伴具有美国和罗马尼亚双重国籍的妻子敏娜回罗马尼亚的布加勒斯特看望病危的岳母。科尔德是一位在芝加哥土生土长的美国人。不管从哪个角度上看,布加勒斯特这座城市都不属于他这位来自美国的女婿。科尔德因语言不通,无法与人交流,不得不把自己"关在一座老式公寓里",[①] 几乎什么事情也做不成。更让他难以容忍的是,他的一切活动都受到了严密监视。秘密警察在他居住的所有房间里都装上了窃听器,他跟妻子商量事情需要走到街上;他们进出公寓,看门人会随时向秘密警察报告;在街道上,他们也能时时看到跟踪自己的秘密警察,担心随时会被秘密警察随便找个借口抓走;[②] 甚至去探视病危中的岳母,也受到掌管医院的秘密警察严格的限制。

这座城市也不属于科尔德的妻子敏娜。敏娜虽然出生在这里,回到家乡后却受到一种极大排斥感的压迫。她 20 年前离开这里,前往西方国家学习天体物理学,并成为世界著名的天体物理学家。她虽然没有放弃罗马尼亚国籍,但由于同时又加入了美国国籍,有一位不与政府合作的母亲,还嫁给了一个美国人,所以也遭到当局的敌视和刁难。例如,她和丈夫急切地回到故乡探视病危中的母亲,在未经同意而第二次前去探视时,遭到以监管医院的秘密警察为代表的当局的百般阻挠,甚

① Saul Bellow: *The Dean's December*, London: The Alison Press, 1982, p. 1.

② Ibid., p. 10.

至恐吓和威胁。在这种情况下，她也毫无办法，只能“在愤怒之下，沉默不语。她还能说什么呢？”[①] 换句话说，布加勒斯特这座城市已经不属于她，不是她说理的地方了。

这座城市同样不属于敏娜的母亲瓦勒丽娅。瓦勒丽娅是一位著名的精神分析学家。她土生土长于这座城市，性格刚毅、爱憎分明。她继丈夫之后担任了罗马尼亚卫生部长的职务。然而，“从那次事件以后就不再是党员了……她受到报纸和广播公开批判，被驱逐出党，而且还受到监禁和死亡的威胁”。[②] 事件过后，她的职务虽然得到了恢复，但由于她拒绝重新入党，再次受到迫害。她失去了生活保障，居住也受到了严密的监视。她因病危住进亲自创建的“党的医院”后，不仅无权选择医生和医治方案，还失去了见到日夜牵挂的女儿的权利。

这座城市更不属于敏娜的亲戚朋友们。自从敏娜的母亲瓦勒丽娅受到迫害后，亲戚朋友们就不得不提心吊胆地生活在这座城市的政治夹缝里。他们既不甘心与当局一致，又不敢亲近瓦勒丽娅，甚至在瓦勒丽娅病危和病逝期间，也不能毫无顾忌地表达出自己的情感。他们习惯了静静地等待和默默地忍受，现实生活的残酷使他们学会了规避和退让。小说中有几个场景或细节很能说明这种生存状态，并集体诠释了这座城市在当局统治下的生活方式和思维方式。其中一个例子是，瓦勒丽娅的亲戚们参加完瓦勒丽娅的葬礼后，在雨中习惯性地走向公共汽车站，默默地等候公共汽车的到来，甚至连瓦勒丽娅年逾八十的堂姐也不例外；另外一个例子是，化学工作研究者弗拉达替她哥哥拒绝科尔德提出的与其哥哥一起散步的邀请。弗拉达介绍说，她哥哥曾因是社会民主人士而入狱十年，并被关进单人禁闭室。出狱后，他事事谨慎，处处小心。因为在那儿，“假如你跟外国人谈话，必须向当局报告，我哥哥不得不特别小心他们”。[③]

贝娄在小说中对“城市”做出过这样的议论。他说：“城市是情绪、情感状态，大部分是集体的畸变。在这里，人类既茁壮成长，又痛苦煎熬；在这里，人类把灵魂投注到痛苦和欢乐中，并以此痛苦和欢乐来证

① Saul Bellow: *The Dean's December*, p. 2.

② Ibid., p. 4.

③ Ibid., p. 218.

明现实的存在。因此说,‘该隐的城市以谋杀而建’。其他的城市则由神秘或骄傲而建。”① 从以上的这番评述来看,贝娄对布加勒斯特所进行的阴晦又险恶的描写,似乎是在暗示这座城市不是由“神秘”或“骄傲”造就的,而是与“该隐”相关的,即由“谋杀”和“迫害”构建的。这座城市不属于居住在这里的瓦勒丽娅及其亲戚朋友,更不属于来自异乡的敏娜和她的丈夫科尔德,而是属于高压政治下的前罗马尼亚专制政府。

贝娄笔下的芝加哥又是属于谁的呢?从贝娄在小说中借助叙述者提出的“芝加哥、美国是由什么建成的?”② 这一问题来看,贝娄似乎不急于界定芝加哥的归属,而是通过回溯,借助与主人公科尔德相关的案件审理和判决,穿插地讲述有关芝加哥的故事,并借此来诠释它的归属问题。

贝娄是从一件杀人案入手介绍芝加哥的。主人公科尔德在陪妻子敏娜到布加勒斯特之前,被“卷入”到了一件凶杀案中。科尔德所在学院的一个白人学生里克·莱斯特被黑人洗碗工卢卡斯·伊布里和黑人妓女瑞吉·海因斯两人合谋杀害了。与布加勒斯特12月的严寒相反,杀人案发生时,芝加哥正处于炎热8月“一个令人讨厌的夜晚”。③ 凶杀案发生在莱斯特家里。他先是被案犯伊布里给割去了耳朵,后又被捆绑着从三楼窗口抛到楼下摔死。科尔德凌晨4点被警车带到案发现场,看到了白人学生的惨状和死者受到惊吓的妻子,愤怒和怜悯之情在他心中油然而生。他为给自己“守纪律的学生”④ 伸张正义,撰文怀念遭谋杀死去的学生。与此同时,他还接受了警方的建议,积极筹措资金,张贴海报悬赏证人。这时的科尔德俨然是以一位主人公的姿态参与到警方调查中,还主动安抚了受害者家属。

然而,科尔德虽然是芝加哥城里一个学院的院长,但是,他既左右不了他所在学院的情感状态,也不能随心所欲地想干什么就干什么。事实上,他对这件事情的处理没有多少发言权,也控制不了整个事态发

---

① Saul Bellow: *The Dean's December*, p. 285.

② Ibid., p. 285.

③ Ibid., p. 27.

④ Ibid., p. 37.

展的局面。然而，随着事件的进展，他院长的权威遭到无端的挑战，维护正义的言行被挑战者恣意滥用。

首先出来挑战他权威的是教务长阿莱克·维特教授。这位教务长平日很富有合作精神，科尔德也认为他是一个好人："办事方式周密谨慎极尽温和。"[①] 然而，在这件事情上，维特教授指责科尔德"动作太快"。[②] 他认为这件事情牵涉到了微妙而棘手的种族问题，有什么样的结果还无法预料，学院应该保持低姿态才对。直到此时科尔德才意识到这位"周密谨慎极尽温和"的维特教授实际上是一个"粗暴的芝加哥汉子；他的脖颈，他的胸膛表明了这一点。他虽然不甚魁梧，但却野性十足，毫无疑问——那些肌肉块中蕴藏着勇猛的中后卫的力量"。[③] 第二个出来挑战他的是他长期予以细心关爱的外甥梅森。梅森也是科尔德所在学院的一个学生。他曾与黑人洗碗工卢卡斯·伊布里一起工作过，并成为好朋友。在他得知其担任院长的舅父动用了学院资源悬赏他的朋友后，便立即组织了"一场抵抗运动，一场捍卫战"，并指责"学院正在进行一场反对黑人的秘密战争……利用学院的力量来攻击黑人"。[④] 梅森给他舅父扣上这样的一顶大帽子还不算，还组织学生通过一份决议，并将其在学生日报上发表，把声势搞得甚是宏大。

更严峻的挑战来自科尔德的表亲狄提里昂。狄提里昂是一位资深但名声不怎么好的律师。他在为科尔德管理财产时曾欺骗过科尔德，并让科尔德受到了很大的损失。科尔德不得已解雇了他。他这次跳出来公开反对科尔德，并免费为两个被指控犯谋杀罪的黑人出庭申辩，是出于两方面的考虑：一，这次辩护对他来说"是一座公关的金矿"；[⑤] 二，可以借此机会败坏科尔德的名声，以报复科尔德解雇他的宿怨。在法庭上，他不仅为两个黑人嫌犯开脱罪责，而且为达到目的，还试图把科尔德"放到证人席上，以确定学院已严重地卷入了这桩案子"。[⑥]

① Saul Bellow: *The Dean's December*, p. 29.

② Ibid., p. 29.

③ Ibid., p. 30.

④ Ibid., p. 30.

⑤ Ibid., p. 146.

⑥ Ibid., p. 177.

科尔德原本想以满腔热血来匡扶正义，却被这些人搅得身心俱疲、无所适从。总之，贝娄在小说中虽没有明确说出芝加哥这座城市属于谁或不属于谁，但从他叙说的科尔德所受到的诸多挑战来看，显然不能说这座城市是属于"认真执著、多思多虑、身心交瘁、一脸沧桑（或书呆子），且满怀道德愿望，肩负人类的重担"[1]的思想者科尔德这类人物的。贝娄这样有意识地模糊城市的归属问题，似乎在暗示不管是专制体制下的布加勒斯特，还是所谓民主体制下的芝加哥，城市在很大程度上都属于那些否定性势力。它们实际上成为主宰这两座城市的主要势力之一，也是贝娄小说着力揭露和批判的对象之一。

在贝娄的笔下，这些否定性势力在布加勒斯特和芝加哥这两座城市里的具体表现，主要是谋杀、迫害、背叛三种罪行。对布加勒斯特而言，谋杀主要是指罗马尼亚当局对瓦勒丽娅、瓦勒丽娅的丈夫以及同时受到"那次事件"牵连入狱的瓦勒丽娅的同事所进行的迫害。小说中较为详尽地交待了瓦勒丽娅和她丈夫的死，却没有具体说明那位受牵连且被处死的同事的名字。我们从上下文中得知，他是一位"从安东内斯库以及纳粹的屠刀下幸存下来的老军人"。[2]他被关进监狱后，"尚未受到审判就在狱中被砍掉了脑袋……是被一把斧头或砍肉刀宰杀的"。[3]从叙述中可以看出，这一血腥谋杀缘于政治权力斗争，执政当局做了专制独裁分子安东内斯库和纳粹所没有做的事情，其性质是反文明和反人道的，其手段之残忍和卑劣不亚于法西斯分子。

对芝加哥而言，谋杀主要指的是黑人洗碗工卢卡斯·伊布里和黑人妓女瑞吉·海因斯杀害白人学生里克·莱斯特的事。谋杀发生在一个炎热的夏天夜晚，莱斯特在百无聊赖中闯进了黑人聚会的酒吧，并惹恼了在那里参加聚会的黑人伊布里和海因斯。莱斯特没有意识到伊布里和海因斯对自己的憎恨，还邀请他们到自己的家中继续饮酒作乐。伊布里和海因斯来到莱斯特家中后，寻机合谋杀害了莱斯特。贝娄在对发生在布加勒斯特和芝加哥这两起谋杀的比照描写中，把前者作为打开布加勒斯特专制黑幕的一个开启点，进一步揭露了藏匿在这道黑

① Saul Bellow: *The Dean's December*, p. 122.

② Ibid., p. 4.

③ Ibid., p. 4.

幕后面关于迫害的罪行，如瓦勒丽娅和她丈夫以及弗拉达哥哥所遭受的迫害等；而把后者作为讲述芝加哥故事的引子，以此导出有关正义、种族、阶级等问题，如瑞德帕斯监狱长所揭露出来的黑帮操控下的监狱和发生在县肾透析医院的耸人听闻的故事等。

在贝娄的描写中，发生在布加勒斯特的谋杀、迫害、背叛等罪行完全是政治性的，是自上而下操纵的、系统的和遍布整个社会的。小说中，监管医院的秘密警察贯彻国家政府首脑的意志，严格监控瓦勒丽娅的住院治疗和科尔德夫妇的探视，充分表现了当时国家政治权力斗争的残酷和无情。如前所述，瓦勒丽娅因与当政者政见不合而被撤职和清除出党；她恢复职位后因拒绝再次入党而受到排挤和打击；她还因女儿出国学习未归并嫁给美国人而受到监视。她病重入院后，罗马尼亚当局仍然没有放过她，不仅对她的治疗、选择医生等方面严格限制，还百般控制和刁难她的女儿和女婿前来探视，即便是瓦勒丽娅的妹妹也未逃脱当局的恐吓和迫害。小说中的主要人物之一弗拉达解释说，之所以发生这类事件，其原因是，在这个国度里，政府当局"为你定下了痛苦的标准。政府有这个权力。每个人都得明白这种垄断，并且准备好接受它"。[①]

与此形成对照的是，贝娄在小说中把发生在芝加哥的谋杀、迫害、背叛等罪行，更多地归咎为个体的、情绪的或非理性的。与此同时，他还在字里行间暗示着这些罪行与炎热的天气、人物的社会处境以及社会环境相关，而不是像布加勒斯特那样，完全是由极权统治者制造出来的。因为在他看来，美国"是一个愉快的社会"，而且美国政府"从来没有打算在痛苦的标准上采取一种公开的立场"。[②] 具体地说，黑人洗碗工卢卡斯·伊布里和黑人妓女瑞吉·海因斯犯罪的主要原因，是他们"社会地位低下或者他们铅中毒或者来自边远地区"，[③] 而且生活环境和工作环境恶劣。他们实际上也是受害者。另外，他们犯罪还有一定的情绪因素在里面，即主要因为受到白人莱斯特的挑衅而动了杀念，其犯罪行为有一定的偶然性、情绪性和个体性，而与政府或统治者无关。

---

① Saul Bellow: *The Dean's December*, p. 275.

② Ibid., p. 275.

③ Ibid., p. 275.

小说中还讲述了另外一宗杀人案，即米歇尔绑架、奸污并最终杀害一位无辜妇女的案件。尽管贝娄在讲述这一案件时，采取了一种思想对话式的叙述策略，即用人物对话方式，从两个不同的角度来分析凶手的犯罪动机，小说中属于叙述的那一部分的着力点还是放在了凶手的社会地位、个人性情以及凶手与受害妇女的精神状态等方面。

不过，贝娄的笔墨并没有仅仅停留在描述具体罪行上，他还对整个芝加哥城作了概括性的评价，比如，“芝加哥看上去像是一个反基督者早已降临了的城市”，或这座城市“与其说是丛林，不如说是垃圾场”。[①]他甚至还说，在这个城市里都“没有人的手足够干净得可以去按电源开关”[②]处死犯人。也就是说，他叙述的范围不仅有个体的罪行，而且还有群体的，并借此表明美国城市的犯罪是一种普遍现象，是一种整体上的腐朽和堕落。显然，在这样一种环境里，衍生出来的不只是谋杀这样极端的罪恶，伴随其间还有背叛等行为。这对笃信社区和家庭伦理观念的贝娄来说，也不啻为一种罪恶。贝娄在小说中对此进行了深刻的揭露和批判。

具体地说，贝娄在小说中是从三个方面来表现发生在芝加哥的背叛的：其一是两代人间的背叛，主要是指主人公科尔德的外甥梅森公开反对其舅父介入莱斯特谋杀案；其二是同代人间的背叛，指科尔德的表亲狄提里昂律师借莱斯特谋杀案公开诋毁科尔德等；其三是朋友间的背叛，指科尔德少年时代的朋友，《哈珀氏》著名专栏作家杜威 · 斯潘格勒公开他与科尔德的私人谈话。斯潘格勒诱使科尔德在私下闲聊中说出自己对美国种族问题的看法，并把他们闲聊的内容以断章取义的方式公开发表在《哈珀氏》专栏上，给科尔德本人及其家人都造成了很大的伤害。

贝娄对这种背叛在小说中所给予的惩罚是，让梅森远走他乡，不知所终；狄提里昂诉讼失败，得到应有下场；斯潘格勒则失去朋友的信任和友谊。贝娄在叙述这三种背叛方面花费了大量的笔墨，而且将它们作为叙述的主要线索。具体来说，贝娄用科尔德外甥梅森的背叛作为一个“引子”，以此提出一个“话题”，并为后面叙述的走向定下了基本线

① Saul Bellow: *The Dean's December*, p. 263.

② Ibid., p. 180.

路;用科尔德表亲狄提里昂的背叛来制造一个悬念,给整个叙述造成一种张力;用少年时代朋友斯潘格勒的背叛作为全书的一个归结,从道义上对背叛做出了最终判决。贝娄对这一背叛的描写还具有一些特殊的意义,既通过斯潘格勒的背叛,间接评介了科尔德的立场,又为科尔德最终摆脱“俗事”,跟随研究天体物理的妻子去看星星做出了解说。

小说中发生在布加勒斯特这座城市的背叛,主要是通过瓦勒丽娅的看门人依奥安娜来展示的。与前面所谈到的三种背叛相比,这次写得比较隐晦与夹缠。瓦勒丽娅对看门人依奥安娜十分友好,每次出国都会为其带回来一些礼物,并在许多方面对她关照。依奥安娜同样也敬重瓦勒丽娅,并把后者的照片摆放在自己的小屋子里。然而,这丝毫不能阻止她向秘密警察报告一切与瓦勒丽娅相关的事情。

她们两人这种怪异的友谊是值得深思的:瓦勒丽娅对依奥安娜的友好可能是出于真心,也可能是为迷惑对方而采取的一种策略。但是,不管瓦勒丽娅怎样做,应该都是出于她在残酷的环境中所不得不做出的多种考虑。而依奥安娜无论是对瓦勒丽娅的友好,还是她向秘密警察的报告,均应含有感恩的成分。其原因一是依奥安娜是政府派来监视瓦勒丽娅的,她非常感谢政府,如果不是政府给她安排了这项监视工作,她就不会有生活来源;二是她虽然监视并向警察当局报告瓦勒丽娅的一切活动,瓦勒丽娅仍然友好地对待她,这让她既感到内疚,又心怀感激。正是由于这两种矛盾的感恩心理,她才在把瓦勒丽娅的行踪都一一报告给政府的同时,又私下里供奉着瓦勒丽娅的照片,还时时刻刻惦念着瓦勒丽娅的健康和安危。

依奥安娜是一个悲剧性人物,她由于感恩而背叛,不但背叛了瓦勒丽娅,还背叛了政府,在双重感恩中做出了双重的背叛。贝娄在小说中除了让她良心自责外,没有对她做出明确的惩罚。不过,可以想象的是,她极有可能随着瓦勒丽娅的去世而结束自己所担负的监视使命,从而失去工作和生活来源。贝娄在叙述瓦勒丽娅葬礼时曾做出暗示,即政府原本打算给她另行安排其他监视工作,但由于她在瓦勒丽娅葬礼上的恸哭,让当局有关人员对她很反感,并对她的使用产生疑惑心理。她最好的结局也只能是被当局所抛弃;而最坏的结局则是,有可能从此被关押起来,遭受审讯甚或迫害。根据小说的叙述逻辑和当局行事的法则,这两种情况似均有可能发生。

需要说明一点的是,在贝娄的叙述中,发生在芝加哥的背叛与发生在布加勒斯特的背叛是两种不同性质的背叛:前者的背叛主要是从伦理和人性的角度叙说的;而后者则主要围绕着政治和思想意识来展开。贝娄这样安排是另有考虑的,即借此来揭示两个不同性质的城市所存在的不同问题:罗马尼亚的布加勒斯特被政治恐怖所笼罩着,即便是人性也必须服从于政治;而美国的芝加哥则是人情淡漠和伦理道德混乱。这说明贝娄已意识到不同的城市空间存在着不同问题,这些问题又都与这个城市的特点紧密相连,或者说,城市的状况决定了人们的生存状况。

附录一

重要文献

A

Aaron, Daniel: "*Humboldt's Gift* by Saul Bellow", *New Republic* 20 Sept. 1975: 28-30.

Abbott, H. Porter: "Saul Bellow and the 'Lost Cause' of Character", *Novel: A Forum on Fiction* 13, 1980: 264-283.

Abeltina, Renate: "Existentialism in Saul Bellow's Novel *Henderson the Rain King*", *Wissenschaftliche Zeitschrift der Wilhelm-Pieck-Universitat Rostok Gesellschafts Reihe* 33.7, 1984: 32-36.

Adams, Robert M.: "Winter's Tale", Rev. of *Him with His Foot in His Mouth and Other Stories. New York Review of Books* 19 July 1984: 28-29.

Adams, Timothy Dow: "La Petite Madeleine: Proust and *Herzog*", *Notes on Contemporary Literature* 8.1, 1978: 11.

Agress, H.: "*To Jerusalem and Back: A Personal Account*", *Contemporary Judaism* 31, 1976-1977: 101-103.

Aharoni, Ada: "Bellow and Existentialism", *Saul Bellow Journal* 2.2, 1983: 42-54.

Aharoni, Ada: "The Cornerstone of Bellow's Art", *Saul Bellow Journal* 2.1, 1982: 1-12.

Aharoni, Ada: "The Search for Freedom in *Dangling Man*", *Saul Bellow Journal* 3.1, 1983: 47-52.

Aharoni, Ada: "*The Victim*: Freedom of Choice", *Saul Bellow Journal* 4.1, 1985: 33-44.

Aharoni, Ada: "Women in Saul Bellow's Novels", *Studies in American Jewish Literature* 3, 1983: 99-112.

Aithal, S. Krishnamoorthy: "American Ethnic Fiction in the Universal Human Context", *American Studies International* 21.5, 1983: 61-66.

Alam, Fakrul: "A Possible Source of Augie's Axial Lines", *Notes on Contemporary Literature* 10.2, 1980: 6-7.

Aldridge, John W.: "The Complacency of Herzog", *Time to Murder and Create: The Contemporary Novel in Crisis.* John W. Aldridge (ed.), New York: Mckay, 1966: 133-138.

Aldridge, John W.: "Nothing Left to Do But Think—Saul Bellow", *Time to Murder and Create: The Contemporary Novel in Crisis.* John W. Aldridge (ed.), New York: McKay, 1966: 87-94.

Aldridge, John W.: "Saul Bellow at 60: A Turn to the Mystical", *Saturday Review* 6 Sept. 1975: 22-25.

Aldridge, John W.: "The Society of Three Novels", *In Search of Heresy: American Literature in an Age of Conformity.* John W. Aldridge (ed.), New York: McGraw-Hill, 1956: 126-148.

Alexander, Edward: "Imagining the Holocaust: *Mr. Sammler's Planet* and Others", *Judaism* 22.3, 1973: 288-300.

Alexander, Edward: "Saul Bellow: A Jewish Farewell to the Enlightenment", *The Resonance of Dust: Essays on Holocaust Literature and Jewish Fate*. Edward Alexander. Columbus, OH: Ohio State University Press, 1979: 171-193.

Alhadeff, Barbara: "The Divided Self: A Laingian Interpretation of *Seize the Day*", *Studies in American Jewish Literature* 3.1, 1977: 16-20.

Allen, Mary Lee: "The Flower and the Chalk: The Comic Sense of Saul Bellow", Diss. Stanford University, 1968.

Allen, Michael: "Idiomatic Language in Two Novels by Saul Bellow", *Journal of American Studies* 1.2, 1967: 275-280.

Allen, Walter: *New Statesman and Nation* ns 27 Apr. 1957: 547-548.

Alpert, Hollis: "Uptown Dilemmas", *Saturday Review* 24 Nov. 1956: 18, 34.

Alter, Robert: "A Fever of Ethnicity", *Commentary* June 1972: 68-73.

Alter, Robert: *After the Tradition*, New York: Dutton, 1969.

Alter, Robert: *Harvard Studies in Comparative Literature* 26. Cambridge, MA: Harvard University Press, 1964: 106-132.

Alter, Robert: "Jewish Humor and the Domestication of Myth", *Defenses of the Imagination: Jewish Writers and Modern Historical Crisis.* Robert Alter (ed.), Philadelphia: Jewish Publication Society of America, 1977: 155-167.

Alter, Robert: "Kafka's Father, Agnon's Mother, Bellow's Cousins", *Commentary* Feb. 1986: 46-52.

Alter, Robert: "Mr. Bellow's Planet", Rev. of *Him with His Foot in His Mouth and Other Stories. New Republic* 11 June 1984: 33-37.

Alter, Robert: "The Stature of Saul Bellow", *Midstream* 10, Dec. 1964: 3-15.

Alvarez, Carmen Gago: "The Hero and the Social in Saul Bellow's Fiction", *Estudios Anglo-Americanos* 5-6, 1981-1982: 137-144.

Anders, Jaroslaw: "Saul Bellow's Treatment of Ideas in Three Major Works", *Kwartalnic Neofilologiczny* 27.4, 1980: 455-466.

Anderson, David D.: "Chicago as Metaphor", *Great Lakes Review* 1.1, 1974: 3-15.

Anderson, David D.: "The Dean's Chicago", *MidAmerica* 12, 1985: 136-147.

Anderson, David D.: "The Novelist as Playwright: Saul Bellow on Broadway", *Saul Bellow Journal* 5.1, 1986: 48-62.

Anderson, David D.: "The Room, the City and the War: Saul Bellow's *Dangling Man*", *Midwestern Miscellany* 11, 1983: 49-58.

Andres, Richard John: "Self-Consciousness and the 'Heart's Ultimate Need': A Reading of Saul Bellow's Novels", Diss: Fordham University, 1977.

Arnavon, Cyrille: "Le Roman Africain de Saul Bellow: *Henderson the Rain King*", *Etudes Anglaises* 14.1, 1961: 25-35.

Atchity, Kenneth John: "Bellow's Mr. Sammler: 'The Last Man Given for Epitome'", *Research Studies* 38.1, 1970: 46-54.

Atkins, Anselm: "The Moderate Optimism of Saul Bellow's *Herzog*", *Personalist* 50.1, 1969: 117-129.

Atlas, James: "Interpreting the World", Rev. of *Dean's December*. *Atlantic* Feb. 1982: 78-82.

Atlas, James: *Bellow: A Biography*, Toronto: Random House, 2000.

Atlas, Marilyn Judith: "The Figurine in the China Cabinet: Saul Bellow and the Nobel Prize", *MidAmerica* 8, 1981: 36-49.

Axelrod, Stephen Gould: "The Jewishness of Bellow's Henderson", *American*

Literature 47.3, 1975: 439-443.

Axthelm, Peter M.: "The Full Perception: Saul Bellow", *The Modern Confessional Novel.* Peter M. Axthelm (ed.). New Haven: Yale University Press, 1967: 128-179.

Axthelm, Peter M.: *The Modern Confessional Novel*, New Haven: Yale University Press, 1967.

Ayyan, Poppy: "The Changing Character of the Jew in American Fiction", *Asian Response to American Literature*. C. D. Narasimaiah (ed.). New York: Barnes, 1972: 293-298.

B

Bach, Gerhard: "Saul Bellow's German Reception. Part I", *Saul Bellow Journal* 5.2, 1986: 52-65.

Bach, Gerhard: " 'Howling like a Wolf from the City Window': The Cinematic Realization of *Seize the Day*", *Saul Bellow Journal* 7, No. 2, 1988: 71-83.

Bach, Gerhard (ed.): *The Critical Response to Saul Bellow*, Westport and London: Greenwood Press, 1995.

Bach, Gerhard, and Gloria L.: Cronin. *Small Planets: Saul Bellow and the Art of Short Fiction*, Michigan: Michigan State University Press, 2000.

Bailey, Jennifer M.: "The Qualified Affirmation of Saul Bellow's Recent Work", *Journal of American Studies* 7.1, 1973: 67-76.

Baim, Joseph: "Escape from Intellection: Saul Bellow's *Dangling Man*", *University Review* [Kansas City] 37, Autumn 1970: 28-34.

Baim, Joseph, and David P. Demarest, Jr.: "*Henderson the Rain King*: A Major Theme and a Technical Problem", *A Modern Miscellany*. Carnegie Series in English 11. Pittsburgh: Carnegie-Mellon U, 1970: 53-63.

Baker, Carlos: "Bellow in the Holy Land", *Theology Today* Jan. 1977: 407-408.

Baker, Carlos: "Bellow's Gift", *Theology Today* Jan. 1976: 411-413.

Baker, Carlos: "To the Dark", *New York Times Book Review* 22 Feb. 1959: 4-5.

Baker, Robert: "Bellow Comes of Age", *Chicago Review* 11.1, Spring 1957: 107-110.

Baker, Sheridan: "Saul Bellow's Bout with Chivalry", *Criticism* 9.2, 1967: 109-122.

Bakker, Jan: "In Search of Reality: Two American Heroes Compared", *Dutch Quarterly Review of Anglo-American Letters* 4, 1972: 145-161.

Balbert, Peter: "Perceptions of Exile: Nabokov, Bellow and the Province of Art", *Studies in the Novel* 14.1, 1982: 95-104.

Barasch, Frances K.: "Faculty Images in Recent American Fiction", *College Literature* 10.1, 1983: 28-37.

Barrett, William: "Reader's Choice", *Atlantic* Nov. 1964: 192, 196.

Bartz, Fredrica K.: "*Humboldt's Gift* and the Myth of the Artist in America", *South Carolina Review* 15.1, 1982: 79-83.

Bartz, Fredrica K.: "The Role of Rudolph Steiner in the Dreams of *Humboldt's Gift*", *Ball State University Forum* 24.1, 1983: 27-29.

Baruch, Franklin R.: "Bellow and Milton: Professor Herzog in his Garden", *Critique* 9.3, 1967: 74-83.

Baumbach, Jonathan: "The Double Vision: *The Victim* by Saul Bellow", *The Landscape of Nightmare: Studies in the Contemporary American Novel.* Jonathan Baumbach (ed.). New York: New York University Press, 1965: 35-54.

Baumbach, Jonathan: *The Landscape of Nightmare*, New York: New York University Press, 1965.

Bayley, John: "More Familiar than Novel", *Listener* 9 July 1970: 51-52.

Bayley, John: "By Way of Mr. Sammler", *Salmagundi* 30, Summer 1975: 24-33.

Beatty, Jack: "A Novel of East and West", Rev. of *The Dean's December. New Republic* 3 Feb. 1982: 38-40.

Belitt, Ben: "Saul Bellow: The Depth Factor", *Salmagundi* 30, 1975: 57-65.

Bell, Pearl K.: "American Fiction: Forgetting the Ordinary Truths", *Dissent* 20, 1973: 26-34.

Bell, Pearl K.: "Bellow's Best and Worst", *New Leader* 1 Sept. 1975: 19, 20.

Bellamy, Michacl O.: "Bellow's More-or-Less Human Bestiaries: *Augie March* and *Henderson the Rain King*", *Ball State University Forum* 23.1, 1982: 12-22.

Bellman, Samuel Irving: "Two-Part Harmony: Domestic Relations and Social Vision in the Modern Novel", *California English Journal* 3.1, 1967: 31-41.

Bellman, Samuel Irving: "Rambling Scenario of Life", *Southwest Review* 62.2, 1977: 202-205.

Berets, Ralph: "Repudiation and Reality Instruction in Saul Bellow's Fiction", *Centennial Review* 20.1, 1976: 75-101.

Berger, Alan L.: "Holocaust Survivors in Anya and *Mr. Sammler's Planet*", *Modern Language Studies* 16.1, 1986: 81-87.

Bergler, Edmund: "Writers of Half-Talent", *American Imago* 14.2, 1957: 155-164.

Berryman, Charles: "Saul Bellow: Mr. Sammler and King Lear", *Essays in Literature* 10.1, 1983: 81-92.

Berryman, John: "A Note on Augie", *The Freedom of the Poet.* New York: Farrar, 1940: 222-224.

Berthoff, Warner: *A Literature without Qualities: American Writing since 1945.* Berkeley, CA: U of California P, 1979.

Betsky, Seymour: "In Defense of Literature: Saul Bellow's *The Dean's December*", *Universities Quarterly: Culture, Education and Society* 39.1, 1984-85: 59-84.

Bezanker, Abraham: "The Odyssey of Saul Bellow", *Yale Review* 58.3, 1969: 359-371.

Bienen, Leigh Buchanan: "New American Fiction: Review of *Herzog*", *Transition: A Journal of the Arts, Culture and Society* 5.20, 1965: 46-51.

Bigler, Walter: *Figures of Madness in Saul Bellow's Longer Fiction*, New York: Peter Lang, 1998.

Bigsby, C. W. E.: "The New Surrealism", *Confrontation and Commitment: A Study of Contemporary American Drama 1959-1966.* C. W. E. Bigsby. Columbia, Mo: University of Missouri Press, 1968: 93-99.

Bigsby, C. W. E.: "Saul Bellow and the Liberal Tradition in American Literature", *Forum* [Houston] 14.1, 1976: 56-62.

Bilik, Dorothy Seidman: "Bellow's Worldly 'Tsadik'", *Immigrant Survivors: Post Holocaust Consciousness in Recent Jewish-American Literature.* Dorothy Seidman Bilik (ed.). New York: Wesleyan University Press, 1981: 137-166.

Billy, Ted: "The Road of Excess: Saul Bellow's *Henderson the Rain King*", *Saul Bellow Journal* 3.1, 1983: 8-17.

Binni, Francesco: "Percorso narrative di Saul Bellow", *Ponte* 22, 1966: 831-842.

Bird, Christine M.: "The Return Journey in *To Jerusalem and Back*", *Melus* 6.4, 1979: 51-57.

Birindelli, Roberto: "Tamkin's Folly: Myths Old and New in *Seize the Day* by Saul Bellow", *Saul Bellow Journal* 7, No. 2, 1988: 35-48.

Bischoff, Peter: "Protagonist und Umwelt in Saul Bellows Romanen: Ein Forschungsbericht", *Literature in Wissenschaft und Unterricht* [Kiel] 8, 1975: 257-276.

Blanch, Mable: "Variations on a Picaresque Theme: A Study of Two Twentieth-Century Treatments of Picaresque Form", Diss. University of Colorado, 1966.

Bloom, Alice: "Recent Fiction", Rev. of *Him with His Foot in His Mouth and Other Stories. Hudson Review* 37.4, 1984-1985: 621-630.

Bloom, Harold: *Saul Bellow*, New York: Chelsea House Publishers, 1986.

Bluefarb, Sam: "The Middle-Aged Man in Contemporary Literature: Bloom to Herzog", *College Language Association Journal* 20.1,1976: 1-13.

Bolling, Douglass: "Intellectual and Aesthetic Dimensions of *Mr. Sammler's Planet*", *Journal of Narrative Technique* 4.3, 1974: 188-203.

Bordewyk, Gordon: "Nathanael West and *Seize the Day*", *English Studies* 64.2, 1983: 153-159.

Bordewyk, Gordon: "Saul Bellow's Death of a Salesman", *Saul Bellow Newsletter* 1.1, 1981: 18-21.

Boroff, David: "Mr. Bellow Achieves His 'Breakthrough'", *National Observer* 5 Oct. 1964: 18.

Borrus, Bruce J.: "Bellow's Critique of the Intellect", *Modern Fiction Studies* 25.1, 1979: 29-45.

Borrus, Bruce J.: "Thoughts Informed Against Me: The Fiction of Saul Bellow", Diss. University of Washington, 1978.

Bosha, Francis J.: "The Critical Reception of Saul Bellow in Japan", *Saul Bellow Journal* 1.2, 1982: 34-46.

Boulger, James D.: "Puritan Allegory in Four Modern Novels", *Thought* 174, 1969: 413-432.

Boulot, Elisabeth: "Rupture, révolte et harmonie dans *Herzog* de Saul Bellow", *Visages de l'harmonie dans la littérature Anglo-Americaine.* Reims: Centre de Recherche sur l'imaginaire dans la littérature de langue anglaise, University of Reims, 1982: 153-166.

Bouson, J. Brooks: "The Narcissistic Self-Drama of Wilhelm Adler: A Kohutian Reading of Bellow's *Seize the Day*", *Saul Bellow Journal* 5.2, 1986: 3-14.

Bowen, Robert O.: "Bagels, Sour Cream and the Heart of the Current Novel", *Northwest Review* 1.2, 1957: 52-56.

Boyers, Robert T.: "Attitudes Toward Sex in American 'High Culture'", *Annals of the American Academy of Political and Social Sciences* 376, 1968: 36-52.

Boyers, Robert T.: "Confronting the Present", *Salmagundi* 54 (1981): 77-97.

Boyers, Robert T.: "Nature and Social Reality in Saul Bellow's *Sammler*", *Critical Quarterly* 15.3, 1973: 251-271.

Brackenhoff, Mary: "*Humboldt's Gift*: The Ego's Mirror—A Vehicle for Self-Realization", *Saul Bellow Journal* 5.2, 1986: 15-21.

Brackenhoff, Mary: "Saul Bellow's Myth of the Picaro", Diss. The University of Nebraska-Lincoln, 1984.

Bradbury, Malcolm: "The It & the We: Saul Bellow's New Novel", *Encounter* Nov. 1975: 61-67.

Bradbury, Malcolm: "Leaving the Fifties: The Change of Style in American Writing", *Encounter* [London] 45.1, 1975: 40-51.

Bradbury, Malcolm: "Saul Bellow and Changing History" in *Saul Bellow*. Harold Bloom (ed.). Modern Critical Views. New York: Chelsea, 1986: 129-146.

Bradbury, Malcolm: "Saul Bellow and the Naturalist Tradition", *Review of English Literature* 4.4, 1963: 80-92.

Bradbury, Malcolm: "Saul Bellow and the Noble Prize", *Journal of American Studies* 11.1, 1977: 3-12.

Bradbury, Malcolm: "Saul Bellow's *Henderson the Rain King*", *Listener* 30 Jan. 1964: 187-188.

Bradbury, Malcolm: "Saul Bellow's *Herzog*", *Critical Quarterly* 7.3, 1965: 269-278.

Bradbury, Malcolm: "Saul Bellow's *The Victim*", *Critical Quarterly* 5.2, 1963: 119-128.

Bradbury, Malcolm: *Saul Bellow*, London: Methuen, 1982.

Braem, Helmut M.: "Der Weg Saul Bellows", *Neue Rundschau* 4, 1971: 742-752.

Bragg, Melvyn: "'Off the Couch by Christmas': Saul Bellow on his New Novel",

Listener 20 Nov. 1975: 675-676.

Bragg, Melvyn: "Eastward Ho!", Rev. of *The Dean's December. Punch* 31 Mar. 1982: 536.

Braham, Jeanne: "A Sort of Columbus: An Investigation of the American Voyages of Saul Bellow's Major Fiction", Diss. Carnegie-Mellon University, 1975.

Braham, Jeanne: "The Struggle at the Center: Dostoyevsky and Bellow", *Saul Bellow Journal* 2.1, 1982: 13-18.

Braham, Jeanne: *A Sort of Columbus: The American Voyages of Saul Bellow's Fiction*, Athens: University of Georgia Press, 1984.

Braine, John: "Bellow's Planet", *National Review* 10 Mar. 1970: 264-266.

Brans, Jo: "The Balance Sheet of Love: Money and Its Meaning in Bellow's *Herzog*", *Notes on Modern American Literature* 2.4, 1978: Item 29.

Brans, Jo: "The Dialectic of Hero and Anti-Hero in *Rameau's Nephew* and *Dangling Man*", *Studies in the Novel* 16.4, 1984: 435-447.

Brezianu, Andrei: "Epistolarul lui Herzog sau Lsecolul abirintul spre Adamville ["Herzog's Epistolary or the Labyrinth to Adamville"]", *Secolul* 20.9, 1970: 104-109.

Brodin, Pierre: "La littérature américaine", *Liberté* [Montreal] Nov.-Dec. 1964: 480-483.

Brodin, Pierre: "Saul Bellow", *Continuateurs et Novateurs; Ecrivains américains d'aujourd'hui*. Pierre Brodin. Paris: Debreise, 1973: 33-38.

Bromwich, David: "Some American Masks", *Dissent* 20, Winter 1973: 35-45.

Brophy, Robert J.: "Biblical Parallels in Bellow's *Henderson the Rain King*", *Christianity and Literature* 23.4, 1974: 27-30.

Browne, Phiefer L.: "Men and Women, Africa and Civilization: A Study of the African Novels of Haggard, Greene, and Bellow", Diss. Rutgers University, 1979.

Broyard, Anatole: "*Mr. Sammler's Planet*", *New York Times Book Review* 1 Feb. 1970: 1, 40.

Brustein, Robert: "Saul Bellow on the Drag Strip", *New Republic* 24 Oct. 1964: 25-26.

Bryant, Jerry H.: "Ambiguity and Affirmation: The Moral Outlook", *The Open*

Decision: The Contemporary American Novel and its Intellectual Background. Jerry H. Bryant. New York: Free Press, 1970: 341-369.

Buckton, R. J.: "Novels of Saul Bellow", Diss. University of Leicester, 1976.

Buitenhuis, Peter: "A Corresponding Fabric: The Urban World of Saul Bellow", *Costerus* 8, 1973: 13-35.

Bullock, C. J.: "On the Marxist Criticism of the Contemporary Novel in the United States: A Re-Evaluation of Saul Bellow", *Praxis* 1.2, 1976: 189-198.

Bullock, C. J.: "The Self and the World: A Study of Form and Theme in the Novels of Saul Bellow", Diss. University of Leeds, 1975.

Buranarom', Nantana Yunibandhu: "Saul Bellow's Anatomy of Love: A Study of the Theme of Love in *The Adventures of Augie March, Herzog,* and *Humboldt's Gift*", Diss. Ohio University, 1979.

Burgess, Anthony: "The Jew as American", *Spectator* 7 Oct. 1966: 455-456.

Burgess, Anthony: "A Resonant Bellow", *Spectator* 27 Nov. 1976: 26.

Burns, Robert: "The Urban Experience: The Novels of Saul Bellow", Dissent 24, 1969: 18-24.

Bus, Heiner: "Saul Bellow: *Mr. Sammler's Planet*", *Amerikanische Erzahlliterature 1950-1970.* Frieder Bush and Renate Schmidt-von Bardeleben (eds.). Kritische Information 28. Munich: Fink, 1975: 170-185.

Busby, Mark: "Castaways, Cannibals and the Function of Art in Saul Bellow's *Humboldt's Gift*", *South Central Bulletin* 41.4, 1981: 91-94.

Butler, Robert James: "The American Quest for Pure Movement in Bellow's *Henderson the Rain King*", *Journal of Narrative Technique* 14.1, 1984: 44-59.

C

Cagan, Anita P.: "Sons and Misogynists: A Study of the Protagonists in Saul Bellow's Novels", Diss. New York University, 1983.

Calin, Vera: "Ignorarea psihologie", ["The Ignoring of Psycholog"]. *Omisiunea elocventa* [*The Eloquent Omission*] Bucharest: Editura enciclopedica romana, 1973: 243-246.

Campbell, Jeff H.: "The Artist as American Dreamer: *Humboldt's Gift*", *Journal of the American Studies Association of Texas* 9, 1978: 3-10.

Campbell, Jeff H.: "Bellow's Intimations of Immortality: *Henderson the Rain King*", *Studies in the Novel* 1.3, 1969: 323-333.

Capon, Robert F.: "Herzog and the Passion", *America* 27 Mar. 1965: 425-427.

Carter, Everett: "Optimism in the Twentieth Century: Saul Bellow", *The American Idea: The Literary Response to American Optimism.* Everett Carter. Chapel Hill, NC: University of North Carolina Press, 1977: 249-254.

Casey, Jane Barnes: "Bellow's Gift", *Virginia Quarterly Review* 52.1, 1976: 150-154.

Cassidy, T. E.: "From Chicago", *Commonweal* 2 Oct. 1953: 636.

Casty, Alan: "Post-Loverly Love: A Comparative Report", *Antioch Review* 26.3, 1966: 399-411.

Cecil, L. Moffitt: "Bellow's Henderson as American Image of the 1950's", *Research Studies* 40.4, 1972: 296-300.

Chamberlain, John: "Books of the Times", *New York Times* 25 Mar. 1944: 13.

Chametzky, Jules: "Notes on the Assimilation of the American-Jewish Writer: Abraham Cahan to Saul Bellow", *Jahrbuch fur Amerikastudien* 9, 1964: 173-180.

Chapman, Abraham: "The Image of Man as Portrayed by Saul Bellow", *College Language Association Journal* 10, 1967: 285-298.

Chapman, Sara S.: "Melville and Saul Bellow in the Real World: Pierre and Augie March", *West Virginia University Bulletin. Philological Papers* 18, 1971: 51-57.

Chase, Richard: "The Adventures of Saul Bellow: Progress of a Novelist", *Commentary* 27.4, 1959: 323-330.

Chavkin, Allan: "The Secular Imagination: The Continuity of the Secular Romantic Tradition of Wordsworth and Keats in Stevens, Faulkner, Roethke, and Bellow", Diss. University of Illinois, 1977.

Chavkin, Allan: "The Unsuccessful Search for 'Pure Love' in Saul Bellow's *Herzog*", *Notes on Modern American Literature* 2.4, 1978: Item 27.

Chavkin, Allan: "Bellow's Alternative to the Wasteland: Romantic Theme and Form in *Herzog*", *Studies in the Novel* 11.3, 1979: 326-337.

Chavkin, Allan: "Baron Humboldt and Bellow's Von Humboldt Fleisher: Success and Failure in *Humboldt's Gift*", *Notes on Contemporary Literature* 10.2, 1980: 11-12.

Chavkin, Allan: "Ivan Karamazov's Rebellion and Bellow's *The Victim*", *Papers on Language and Literature: A Journal for Scholars and Critics of Language and Literature* 16.3, 1980: 316-320.

Chavkin, Allan: "Bellow and English Romanticism", *Studies in the Literary Imagination* 17.2, 1984: 7-18.

Chavkin, Allan: "Bellow's Investigation of the 'Social Meaning in Nothingness': Role Playing in *Herzog*", *Yiddish* 4.4, 1982: 48-57.

Chavkin, Allan: "'The Hollywood Thread' and the First Draft of Saul Bellow's *Seize the Day*", *Studies in the Novel* 14.1, 1982: 82-94.

Chavkin, Allan: "Recovering 'The World That Is Buried under the Debris of False Description'", *Saul Bellow Journal* 1.2, 1982: 47-57.

Chavkin, Allan: "Suffering and Wilhelm Reich's Theory of Character-Armoring in Saul Bellow's *Seize the Day*", *Essays in Literature* 9.1, 1982: 133-137.

Chavkin, Allan: "Father and Sons: 'Papa' Hemingway and Saul Bellow", *Papers on Language and Literature* 19.4, 1983: 449-460.

Chavkin, Allan: "The Feminism of *The Dean's December*", *Studies in American Jewish Literature* 3, 1983: 113-127.

Chavkin, Allan: "*Humboldt's Gift* and the Romantic Imagination", *Philological Quarterly* 62.1, 1983: 1-19.

Chavkin, Allan: "The Problem of Suffering in the Fiction of Saul Bellow", *Comparative Literature Studies* 21.2, 1984: 161-174.

Chavkin, Allan: "Bellow's *A Theft*", Review of *A Theft*, by Saul Bellow. *Saul Bellow Journal* 8, No. 1, 1989: 68-70.

Chavkin, Allan: "Wordsworth's 'Ode' and Bellow's *Seize the Day*", *ANQ* ns 3, No. 3, 1990: 121-124.

Chavkin, Allan, and Nancy Feyl Chavkin: "Shawmut's Hostile Joking and Stereotyping in 'Him with His Foot in His Mouth'", *Saul Bellow Journal* 11, No. 2 & 12, No. 1, 1993-1994: 22-29.

Chen, Tung-jung: *Man in the City: A Study of Saul Bellow's Urban Novels* (Ph.D.), Michigan State University (University Microfilms International), 1987.

Chomsky, Noam: "Bellow's Israel", *New York Arts Journal*, Spring 1977: 29-32.

Christhilf, Mark M.: "Death and Deliverance in Saul Bellow's Symbolic City", *Ball State University Forum* 18.2, 1977: 9-23.

Christhilf, Mark M.: "Saul Bellow and the American Intellectual Community", *Modern Age* 28.1, 1984: 55-67.

Chupin, Helen: "Bellow's Changing Attitude to Couples: *The Dean's December*", *Etudes Anglaises* 36.4, 1983: 455-460.

Chyet, Stanley F.: "Herzog's Folly: Or, A Discourse on History and Literature for American Jews", *American-Jewish History* 73.3, 1984: 286-295.

Ciancio, Ralph: "The Achievement of Saul Bellow's *Seize the Day*", *Literature and Theology.* Thomas F. Staley and Lester F. Zimmerman (eds.). The University of Tulsa Department of English Monograph Series 7. Tulsa, OK: University of Tulsa, 1969: 49-80.

Cixous, Hélène: "Situation de Saul Bellow", *Les Lettres Nouvelles* 58, Mar.-Apr. 1967: 130-145.

Clark, Michael: "Saul Bellow's *Seize the Day* and *Oedipus Rex*", Saul Bellow Journal 6, No. 1, 1987: 28-33.

Clayton, John J.: (ed.) *Saul Bellow: In Defense of Man.* John J. Clayton. Bloomington, IN: Indiana University Press, 1968.

Clayton, John J.: "The Victim", *Saul Bellow: In Defense of Man. Bloomington*, IN: Indiana University Press, 1968: 139-165.

Clayton, John J.: "Saul Bellow: In Defense of Human Dignity", Diss. Indiana University, 1966.

Clayton, John J.: "*Humboldt's Gift*: Transcendence and the Flight from Death", *Saul Bellow and His Work.* Edmond Schraepen (ed.). Brussels: Centrum Voor Taal En Literatuurwetenschap, Vrije Universiteit Brussels, 1978: 31-48.

Clayton, John J.: "Saul Bellow's *Seize the Day*: A Study in Mid-Life Transition", *Saul Bellow Journal* 5.1, 1986: 34-47.

Clayton, John J.: "A Rich Reworking", *Saul Bellow Journal* 6, No. 2, 1987: 19-25.

Clemons, Walter: "A Tale of Two Cities", Rev. of *The Dean's December. Newsweek* 18 Jan. 1982: 86.

Clurman, Harold: "Theatre", Rev. of *The Last Analysis*. Nation 19 Oct. 1964:

256-257.

Clurman, Harold: "Theatre", Rev. of *Under the Weather. Nation* 14 Nov. 1966: 523-524.

Cohen, Joseph: "Saul Bellow's Heroes in an Unheroic Age", *Saul Bellow Journal* 3.1, 1983: 53-58.

Cohen, Matt: "A Tale of Two Cities", Rev. of *The Dean's December. Books in Canada* 12 May 1982: 12, 14.

Cohen, Sarah Blacher: "The Comic Elements in the Novels of Saul Bellow", Diss. Northwestern University, 1969.

Cohen, Sarah Blacher: "Sex: Saul Bellow's Hedonistic Joke", *Studies in American Fiction* 2, 1974: 223-229.

Cohen, Sarah Blacher: "Saul Bellow's Chicago", *Modern Fiction Studies* 24.1, 1978: 139-146.

Cohen, Sarah Blacher: "Comedy and Guilt in *Humboldt's Gift*", *Modern Fiction Studies* 25.1, 1979: 47-57.

Cohen, Sarah Blacher: "Saul Bellow's Jerusalem", *Studies in American Jewish Literature* [University Park, PA] 5.2, 1979: 16-23.

Cohen, Sarah Blacher: "The Comedy of Urban Low Life: From Saul Bellow to Mordecai Richler", *Thalia* 4.2, 1981-1982: 21-24.

Cohen, Sarah Blacher: "Adaptations in and of Saul Bellow's The Old System", *Saul Bellow Journal* 11, No. 2 & 12, No. 1, 1993-1994: 108-123.

Cohn, Ruby: "Saul Bellow", *Dialogue in American Drama.* Ruby Cohn. Bloomington, IN: Indiana University Press, 1971: 192-197.

Colbert, Robert E.: "Satiric Vision in *Herzog*", *Studies in Contemporary Satire* 5, 1978: 22-33.

Colbert, Robert E.: "Saul Bellow's King of Confidence", *Yiddish* 4.4, 1982: 41-47.

Coleman, John: "Bellow at His Blackest", *Observer* 12 Sept. 1965: 26.

Conant, Oliver: "Burlesquing Intellectuals", Rev. of *Him with His Foot in His Mouth and Other Stories. New Leader* 11 June. 1984: 16-17.

Connole, John M.: "*The Adventures of Augie March*", *America* 31 Oct. 1953: 133-134.

Contraire, A. U.: "The Prufrock Corner: Herzog and Prufrock: Eyes that Fix You in a Formulated Phrase", *Windless Orchard* 38, Spring-Summer. 1981: 46-48.

Coonley, Donald E.: "To Cultivate, to Dread: The Concept of Death in *The Ginger Man* and *Herzog*", *New Campus Review* [Metropolitan State College, Denver] 2, 1969: 7-12.

Cordesse, Gérard: "L' Unité de Herzog", *Caliban* 7, 1970: 99-113.

Coren, Alan: "Displaced Persons", *Punch* 19 Oct. 1966:603.

Coren, Alan: "Manhattan Agony", *Punch* 27 Oct. 1965: 624.

Corrigan, Robert W.: "Engagement/ Disengagement in the Contemporary Theatre", *The Theatre in Search of a Fix*. Robert W. Corrigan. New York: Delacorte, 1973: 282-284.

Costello, Patrick: "Tradition in *Seize the Day*", *Essays in Literature* 1, No. 1, 1987: 117-131.

Cowley, Malcolm: "The Literary Situation, 1965", *University of Mississippi Studies in English* 6, 1965: 91-98.

Crabtree, Ursula Margot: "Facing the Bogeyman: A Comparative Study of the Motif of the Double in the Novels of Saul Bellow and Gunter Grass", Diss. University of California, Davis, 1978.

Craig, Harry Edward: "The Affirmation of the Heroes in the Novels of Saul Bellow", Diss. University of Pittsburgh, 1967.

Crane, Milton: *Chicago Sunday Tribune Magazine of Books* 30 Dec. 1956: 7.

Crane, Milton: "Sprawling, Episodic Tale of a Chicagoan", *Chicago Sunday Tribune Magazine of Books* 20 Sept. 1953: 4.

Croghan, L. A.: "WLB Book Reviews", Rev. of *Dean's December. Wilson Library Bulletin* Feb. 1982: 466-467.

Cronin, Gloria L: "Art vs. Anarchy: Citrine's Transcendental Experiment in *Humboldt's Gift*", *Indian Journal of American Studies* 15.1, 1985: 33-43.

Cronin, Gloria L.: "Faith and Futurity: The Case for Survival in *Mr. Sammler's Planet*", *Literature and Belief* 3, 1983: 97-108.

Cronin, Gloria L.: "*Henderson the Rain King*: A Parodic Expose of the Modern Novel", *Arizona Quarterly* 39.3, 1983: 266-276.

Cronin, Gloria L.: "*Herzog*: The Purgation of Twentieth Century Consciousness", *Interpretations: A Journal of Ideas, Analysis and Criticism* 16.1, 1985: 8-20.

Cronin, Gloria L.: "Saul Bellow's Rejection of Modernism", Diss. Brigham Young University, 1980.

Cronin, Gloria L.: "The Seduction of Tommy Wilhelm: A Post-Modernist Appraisal of *Seize the Day*", *Saul Bellow Journal* 3.1, 1983: 18-27.

Cronin, Gloria L.: "Through a Glass Brightly: Dean Corde's Escape from History in *The Dean's December*", *Saul Bellow Journal* 5.1, 1986: 24-33.

Cronin, Gloria L.: A *Room of His Own, In Search of the Feminine in the Novels of Saul Bellow*, New York: Syracuse University Press, 2001.

Cronin, Gloria L., and Blaine H. Hall (eds.): *Saul Bellow: An Annonated Bibliography,* Second Edition, New York and London: Garland Publishing Inc., 1987.

Cronin, Gloria L., and L. H. Goldman (eds.): S*aul Bellow in the 1980s: A Collection of Crtical Essays*, Michigan: Michigan State University Press, 1989.

Cronin, Gloria L., and Ben Siegel (eds.): *Conversations with Saul Bellow*, Jackson: University Press of Mississippi, 1994.

Crozier, Robert D.: "Theme in Augie March", *Critique* 7.3, 1965: 18-32.

Cruttwell, Patrick: "Fiction Chronicle", *Hudson Review* 12.2, 1959: 286-295.

Curley, Thomas F.: "A Clown Through and Through", *Commonweal* 17 Apr. 1959: 84.

Curley, Thomas F.: "Herzog in Front of a Mirror, the Reader Behind Him", *Commonweal* 23 Oct. 1964: 137-139.

Cushman, Keith: "Discriminating Gusto", *Chicago Review* 27 (1975-76): 145-148.

Cushman, Keith: "Mr. Bellow's Sammler: The Evolution of a Contemporary Text", *Studies in the Novel* 7.3, 1975: 425-444.

D

Dahlin, Robert: "Bellow's Nonfiction Debut, on Jerusalem, Coming From Viking in the Fall", *Publishers Weekly* 19 Apr. 1976: 40.

Dame, Enid: "Bellow & Potok: The Saving Force", *Congress Monthly* Apr. 1976: 20-22.

Darras, Jacques: "Librairie du mois", *Esprit* Aug.-Sept. 1983: 170-171.

Davenport, Guy: "Turn the Other Face", *National Review* 3 Nov. 1964: 978-979.

David, Gerd: "Leiden im Exil: Saul Bellow's *Dangling Man*", *Literatur in Wissenschaft und Unterricht* 9, 1976: 231-243.

Davis, Robert Gorham: "The American Individualist Tradition", Nona Balakian and Charles Simmons (eds.). *The Creative Present: Notes on Contemporary American Fiction.* NY: Doubleday, 1963: 111-141.

Davis, Robert Gorham: "Augie Just Wouldn't Settle Down", *New York Times Book Review* 20 Sept. 1953: 1, 36.

De Rambures, Jean-Louis: "La Fin du Héros Muscle: *Herzog* de Saul Bellow", *Realities* Sept. 1966: 99-105.

De Vries, Peter: "Portrait in Depth of Youth Suspended Between Worlds", *Chicago Sun Book Week* 9 Apr. 1944: 3.

Decap, Roger: "Picaresque et Nouveau Roman: *The Adventures of Augie March*", *Caliban* 22, 1983: 69-81.

Demarest, David P., Jr.: "The Theme of Discontinuity in Saul Bellow's Fiction: 'Looking for Mr. Green' and 'A Father-to-Be'", *Studies in Short Fiction* 6.2, 1969: 175-186.

DeMott, Benjamin: "Saul Bellow and the Dogmas of Possibility", *Saturday Review* 7 Feb. 1970: 25-28, 37.

Denby, David: "Memory in America", Review of *The Bellarosa Connection* and *A Theft*, by Saul Bellow. *New Republic,* 1 January 1990: 37-40.

Detweiler, Robert: "Patterns of Rebirth in *Henderson the Rain King*", *Modern Fiction Studies* 12.4, 1966-1967: 405-414.

Detweiler, Robert: *Saul Bellow, A Critical Essays,* Grand Rapids, Mich: Eerdmans, 1967.

Dickstein, Felice Witztum: "The Role of the City in the Works of Theodore Dreiser, Thomas Wolfe, James T. Farrell, and Saul Bellow", Diss City University of New York, 1973.

Dickstein, Morris: "For Art's Sake", *Partisan Review* 33.4, 1966: 617-621.

Dickstein, Morris: "Cold War Blues: Notes on the Culture of the Fifties", *Partisan Review* 41.1, 1974: 30-53.

Dietrich, Richard F.: "The Biological Draft Dodger in Bellow's 'A Father-to-Be'",

Studies in the Humanities 9.1, 1981: 45-51.

DiGennaro, Michael William: "The Primitive and the Civilized: The Dialectical Nature of Saul Bellow's Art", Diss. Fordham University, 1978.

Dittmar, Kurt: "Realität und Fiktion in der zeitgenössischen amerikanischen Erzählliteratur", *Literarische Ansichten der Wirklichkeit: Studien zur Wirklichkeitskonstitution in englischsprachiger Literatur.* Hans-Heinrich Freitag and Peter Huhn (eds.). *Anglo-American Forum 12*. Frankfurt a M: Lang, 1980. 401-427.

Dommergues, Pierre: *L'Alienation dans le roman américain contemporain*. Vol.1. Paris: Union Générale d' Editions, 1977: 355-429. 2 vols. 1976-1977.

Dommergues, Pierre: *Saul Bellow*, Paris: Grasser, 1967.

Donoghue, Denis: "Bellow in Short", Rev. of *Mosby's Memoirs and Other Stories. Art International* 13, 1969: 59-60, 64.

Donoghue, Denis: "Commitment and the *Dangling Man*", *Studies: an Irish Quarterly Review of Letters, Philosophy and Science* 53, 1964: 174-187.

Donoghue, Denis: *The Ordinary Universe*, New York: Macmillan, 1968.

Dougherty, David C.: "Finding Before Seeking: Themes in *Henderson the Rain King* and *Humboldt's Gift*", *Modern Fiction Studies* 25.1, 1979: 93-101.

Downer, Alan S.: "Skulduggery in Chungking and Manhattan", *New York Times Book Review* 30 Nov. 1947: 29.

Drabble, Margaret: "A Myth to Stump the Experts", *New Statesman* 26 Mar. 1971: 435.

Duchovnay, Gerald: "The Urgency of Survival", *CEA Critic* 43.1, 1980: 20-24.

Dudar, Helen: "The Graying of Saul Bellow", *Saturday Review* Jan. 1982: 17-20.

Dutton, Robert R.: "The Subangelic Vision of Saul Bellow: A Study of His First Six Novels, 1944-1964", Diss. University of the Pacific, 1966.

Dutton, Robert R.: " 'Sunk Though He Be'", *Saul Bellow*. Vol. 181 of Twayne United States Authors Series, 83-97. Boston: Twayne, 1971. Revised edition, 1982: 75-90.

Dutton, Robert R.: *Saul Bellow,* New York: Twayne, 1971, 1982.

E

Ebon, Martin: "Saul Bellow: The Worldly Insight and Mystical Core of a Nobel

Laureate", *New Realities* 1.1, 1977: 26-30.

Edelman, Lily: "In Praise of Saul Bellow", Rev. of *Herzog, Mr. Sammler's Planet,* and *Great Jewish Short Stories. National Jewish Monthly* Apr. 1971: 47-48.

Edelman, Lily: "Saul Bellow's Planet—and Ours", *Jewish Heritage* Sept. 1970: 3-4, 67.

Edelstein, Mark Gerson: "Saul Bellow: Columbus of the Near-at-Hand", Diss. State University of New York at Stony Brook, 1982.

Edwards, Duane: "The Quest for Reality in *Henderson the Rain King*", *Dalhousie Review* 53, 1973: 246-55.

Ehrenkrantz, Louis: "Bellow in Jerusalem", *Midstream* Nov. 1977: 87-90.

Eichelberger, Julia: *Prophets of Recognition: Ideology and the Individual in Novels by Ralph Ellison, Toni Morrison, Saul Bellow, and Eudora Welty*, Baton Rouge: Louisiana State University Press, 1990.

Eiland, Howard: "Bellow's Crankiness", *Chicago Review* 32.4, 1981: 92-107.

Eisinger, Chester E.: "Saul Bellow: Love and Identity", *Accent* 18.3, 1958: 179-203.

Eisinger, Chester E.: "Saul Bellow: Man Alive, Sustained by Love", *Fiction of the Forties*. Chester E. Eisinger. Chicago: University of Chicago Press, 1963: 341-362.

Elgin, Don D.: "Order Out of Chaos: Bellow's Use of the Picaresque in *Herzog*", *Saul Bellow Journal* 3.2, 1984: 13-22.

Elliott, George P.: "Hurtsog, Hairtsog, Heart's Hog?", *Nation* 19 Oct. 1964: 252-254.

Ellmann, Richard: "Search for an Internal Sanctuary: *Herzog*", *Chicago Sun-Times Book Week* 27 Sept. 1964: 1-2.

Elmen, Paul: "Bellow's Gift", *Christian Century* 24 Nov. 1976: 1033-1036.

Enck, John: "Saul Bellow: An Interview", *Commentary Literature*, 6, 1965: 156-160.

Enright, D. J.: "Exuberance-Hoarding", Rev. of *Him with His Foot in His Mouth and Other Stories. Times Literary Supplement* 22 June 1984: 688.

Enright, D. J.: "Saul Bellow's New Novel: Good Exists and Cannot Wholly be Credited to Favourable Weather", *Listener* 1 Apr. 1982: 20.

Epstein, Joseph: "Saul Bellow's Messenger of Ill-Tiding", *Chicago Tribune Book*

Week 1 Feb. 1970: 1, 3.

Epstein, Seymour: "Bellow's Gift", *Denver Quarterly* 10.4, 1975: 35-50.

Ertel, Rachel: "*Mr. Sammler's Planet*—Roman de mémoire et d'Histoire", *Delta* 19, Oct. 1984: 155-169.

Estrin, Barbara L.: "Recomposing Time: *Humboldt's Gift* and *Ragtime*", *Denver Quarterly* 17.1, 1982: 16-31.

Evanier, David: "Bare Bones", Rev. of *The Dean's December. National Review* 2 Apr. 1982: 364-366.

Evelyn, Avery: "Book Review", Review of *The Bellarosa Connection*, by Saul Bellow. *Studies in American Jewish Literature* 10, no. 2, 1991: 225-227.

F

Fairman, Lynette A.: "Finitude, Anxiety and Affirmation in Saul Bellow's Novels", *Saul Bellow Journal* 3.2, 1984: 40-46.

Farrelly, John: "Among the Fallen", *New Republic* 8 Dec. 1947: 27-28.

Fearing, Kenneth: "Man Versus Man", *New York Times Book Review* 26 Mar. 1944: 5, 15.

Fein, Richard J.: "Bellow's Turf", *Judaism* Sept. 1970: 252-254.

Fenster, Coral: "Ironies and Insights in *The Bellarosa Connection*", *Saul Bellow Journal* 9, No. 2, 1990: 20-28.

Feuer, Diana Marcus: "The Rehumanization of Art: Secondary Characterization in the Novels of Saul Bellow", Diss. Wayne State University, 1974.

Fiedler, Leslie: "The Fate of the Novel", *Kenyon Review* 10.3, 1948: 519-527.

Fiedler, Leslie: "Literature and Lucre: A Meditation", *Genre* 13.1, 1980: 1-10.

Fiedler, Leslie: "Saul Bellow", *Prairie Schooner* 31, 1957: 103-110.

Fiedler, Leslie: "Some Footnotes on the Fiction of '56", *Reporter* 13 Dec. 1956: 44-46.

Fiedler, Leslie: "Saul Bellow and the Critics After the Nobel Award", *Modern Fiction Studies* 25.1, 1979: 3-13.

Fiedler, Leslie: "Saul Bellow: From Montreal to Jerusalem", *Studies in American Jewish Literature* [University Park, PA] 4.2, 1978: 51-59.

Fineman, Irving: "The Image of the Jew in Fiction of the Future", *National Jewish Monthly* Dec. 1967: 48-51.

Finkelstein, Sidney: "The Anti-Hero of Updike, Bellow and Malamud", *American Dialogue* 7.2, 1972: 12-14, 30.

Finkelstein, Sidney: "Lost Social Convictions and Existentialism: Arthur Miller and Saul Bellow", *Existentialism and Alienation in American Literature.* Sidney Finkelstein (ed.). New York: International, 1965: 252-269.

Fisch, Harold: "The Hero as Jew: Reflections on *Herzog*", *Judaism* 17.1, 1968: 42-54.

Fishman, Ethan: "Saul Bellow's 'Likely Stories'", *Journal of Politics* 45.3, 1983: 615-634.

Flamm, Dudley: "Herzog—Victim and Hero", *Zeitschrift fur Anglistik und Amerikanistik* [East Berlin] 17.2, 1969: 174-188.

Fleischmann, Wolfgang Bernard: "The Contemporary 'Jewish Novel' in America", *Jahrbuch fur Amerikastudien* 12, 1967: 159-166.

Fletcher, Janet: "*Mr. Sammler's Planet*", *Library Journal* Feb. 1970: 511.

Flint, Robert W.: "The Undying Apocalypse", *Partisan Review* 24.1, 1957: 139-145.

Flower, Dean: "Fiction Chronicle", Rev. of *The Dean's December. Hudson Review* 35.2, 1982: 281-286.

Fortson, Kay Kenney: "Saul Bellow's Use of Imagery as Metaphor in *Herzog, Mr. Sammler's Planet,* and *Humboldt's Gift*", Diss. Oklahoma State University, 1979.

Fossum, Robert: "The Devil and Saul Bellow", *Comparative Literature Studies* 3.2, 1966: 197-206.

Fossum, Robert: "Inflationary Trends in the Criticism of Fiction: Four Studies of Saul Bellow", *Studies in the Novel* 2.1, 1970: 99-104.

Franck, Jacques: "Saul Bellow: *Herzog*", *Revue Générale Belge*, Feb. 1967: 113-120.

Frank, Mike: "The Travail of Being Human", *American Zionist* Dec. 1970: 41-42.

Frank, Reuben: "Saul Bellow: The Evolution of a Contemporary Novelist", *Western Review* 18.2, 1954: 101-112.

Freedman, Ralph: "Saul Bellow: The Illusion of Environment", *Wisconsin Studies in Contemporary Literature* 1.1, 1960: 50-65.

Friedman, Alan Warren: "The Jew's Complaint in Recent American Fiction: Beyond Exodus and Still in the Wilderness", *Southern Review* 8.1, 1972: 41-59.

Friedrich, Marianne M.: "Artistic Representation in Bellow's 'What Kind of Day Did You Have?'", *Saul Bellow Journal* 8, No. 1, 1989: 51-67.

Friedrich, Marianne M.: "Bellow's Renaissance Courtier: Woody Selbst in 'A Silver Dish'", *Saul Bellow Journal* 9, No. 1, 1990: 21-35.

Friedrich, Marianne M.: " 'Cousins': The Problem of Narrative Representation", *Saul Bellow Journal* 11, No. 2 & 12, No. 1, 1993: 80-107.

Friedrich, Marianne M.: *Character and Narration in the Short Fiction of Saul Bellow*, New York: Peter Lang, 1995.

Frohock, W. M.: "Saul Bellow and His Penitent Picaro", *Southwest Review* 53, Winter 1968: 36-44.

Froncek, Tom: "Rising to Disaster", *Tablet: A Weekly Newspaper and Review*, 6 Feb. 1965: 154.

Fuchs, Daniel: "*The Adventures of Augie March*: The Making of a Novel", *Americana-Austriaca: Beitrage zur Amerikakunde.* Klaus Lanzinger (ed.). Vol.5. Vienna: Universitats-Verlagsbuchandlung, 1980: 27-50.

Fuchs, Daniel: "Bellow and Freud", *Studies in the Literary Imagination* 17.2, 1984: 59-80.

Fuchs, Daniel: "*Herzog*: The Making of a Novel", *Critical Essays on Saul Bellow.* Stanley Trachtenberg (ed.). *Critical Essays on American Literature*. Boston: Hall, 1979. 101-121.

Fuchs, Daniel: "Saul Bellow and the Example of Dostoevsky", *The Stoic Strain in American Literature: Essays in Honour of Marston La France.* Duane J. MacMillan (ed.). Toronto: University of Toronto Press, 1979. 157-176.

Fuchs, Daniel: "Saul Bellow and the Modern Tradition", *Contemporary Literature* 15.1, 1974: 67-89.

Fuchs, Daniel: *Saul Bellow: Vision and Revision*, Durham: Duke University Press, 1984.

G

Gallagher, Michael Paul: "Bellow's Clowns and Contemplatives", *Month* Apr.

1977: 131-134.

Galloway, David D.: *The Absurd Hero in American Fiction*, Austin, Texas: University of Texas Press, 1966.

Galloway, David D.: "The Absurd Man as Picaro: The Novels of Saul Bellow", *Texas Studies in Literature and Language* 6.2, 1964: 226-254.

Galloway, David D.: "Clown and Saint: The Hero in Current American Fiction", *Critique* 7.3, 1965: 46-65.

Galloway, David D.: "Culture-Making: The Recent Works of Saul Bellow", *Saul Bellow and His Work.* Edmond Schraepen (ed.). Brussels: Centrum voof Taal-en Literatuurwetenschap, Vrije Universiteit Brussel, 1978: 49-60.

Galloway, David D.: "Moses-Bloom-Herzog: Bellow's Everyman", *Southern Review* 2.1, 1966: 61-76.

Galloway, David D.: "*Mr. Sammler's Planet*: Bellow's Failure of Nerve", *Modern Fiction Studies* 19.1, 1973: 17-28.

Galloway, David D.: "Saul Bellow: 'The Gonzaga Manuscripts'", *Die Amerikanishe Short Story der Gegenwart: Interpretationen.* Peter Freese (ed.). Berlin: Schmidt, 1976: 175-183.

Garcia Ponce, Juan: "A Hero of Our Time", *Entry Into Matter: Modern Literature and Reality.* Juan Garcia Ponce. Trans. David J. Parent and Bruce Novoa. Illinois Language and Culture Series 2. Normal, IL: Applied Literature Press, 1976: 18-24.

Gard, Roger: "Saul Bellow", *Delta* 36, Summer 1965: 27-30.

Garrett, George: "To Do Right in a Bad World: Saul Bellow's *Herzog*", *Hollins Critic* 2.2, 1965: 1-12.

Geismar, Maxwell: "The American Short Story Today", *Studies on the Left* 4.2, 1964: 21-27.

Geismar, Maxwell: "The Crazy Mask of Literature", *Nation* 14 Nov. 1953: 404.

Geismar, Maxwell: "The Great Herzog Schande", *Minority of One* Dec. 1964: 29-30.

Geismar, Maxwell: "The Jewish Heritage in Contemporary American Fiction", *Ramparts* 2.2, 1963: 5-13.

Geismar, Maxwell: "Saul Bellow: Novelist of the Intellectuals", Maxwell Geismar (ed.). *American Moderns: From Rebellion to Conformity.* New York: Hill and Wang, 1958: 210-224.

Geismar, Maxwell: *American Moderns: From Rebellion to Conformity*, New York: Hill & Wang, 1958.

Gelfant, Blanche: "In Terror of the Sublime: Mr. Sammler and Odin", *Notes on Modern American Literature* 2.4, 1978: Item 25.

Gerbaud, Colette: "Aventure(s) et Sacre dans «Les Aventures d'Augie March»", *Aspects du Sacre dans la Littérature Anglo-Americaine.* Reims: Publications du Centre de Recherche sur l'Imaginaire dans les Littératures de Langue Anglaise, 1979: 107-129.

Gerson, Steven M.: "The New American Adam in *The Adventures of Augie March*", *Modern Fiction Studies* 25.1, 1979: 117-128.

Gerson, Steven M.: "Paradise Sought: Adamic Imagery in Selected Novels by Saul Bellow and Kurt Vonnegut, Jr.", Diss. Texas Tech University, 1977.

Gerson, Steven M.: "Paradise Sought: The Modern American Adam in Bellow's *Herzog*", *McNeese Review* 24, 1977-1978: 50-57.

Giannone, Richard: "Saul Bellow's Idea of Self: A Reading of *Seize the Day*", *Renascence* 27.4, 1975: 193-205.

Gibson, Walker: "Free-Style: The Rhetoric of Unreliable Narrators", *Tough, Sweet and Stuffy: An Essay on Modern American Prose Styles.* Walker Gibson. Bloomington, IN: Indiana University Press, 1966: 59-63.

Gill, Brendan: "Long and Short", *New Yorker* 5 Jan. 1957: 69-70.

Gill, Brendan: "Surprised by Joy", *New Yorker* 3 Oct. 1964: 218, 221-222.

Gilman, Richard: "Bellow on Broadway", Rev. of *Under the Weather. Common and Uncommon Masks: Writings on Theatre 1961-1970.* Richard Gilman. New York: Random, 1971: 242-244.

Gilman, Richard: "*Humboldt's Gift*", *New York Times Book Review* 17 Aug. 1975: 1-3.

Gilman, Richard: "The Stage: Novelists in the Theatre", *Commonweal* 29 Mar. 1963: 20-22.

Gilmore, Thomas B.: "Allbee's Drinking", *Twentieth Century Literature* 28.4, 1982: 381-396.

Gindin, James: "The Fable Begins to Break Down", *Wisconsin Studies in Contemporary Literature* 8.1, 1967: 1-18.

Gindin, James: "Saul Bellow", *Harvest of a Quiet Eye: The Novel of Compassion.* James Gindin (ed.). Bloomington, IN: Indiana University Press, 1971: 305-336.

Girgus, Sam B.: "After the Sixties: The Continuing Search", Sam B. Girgus (ed.) *The Law of the Heart: Individualism and the Modern Self in American Literature.* Austin: University of Texas P, 1979: 140-150.

Gitenstein, Barbara: "Saul Bellow of the 1970's and the Contemporary Use of History in Jewish-American Literature", *Saul Bellow Journal* 1.2, 1982: 7-17.

Gitenstein, Barbara: "Saul Bellow and the Yiddish Literary Tradition", *Studies in American Jewish Literature* [University Park, PA] 5.2, 1979: 24-46.

Gitenstein, Barbara: "Versions of the Yiddish Literary Tradition in Jewish-American Literature: Isaac Bashevis Singer, Abraham Cahan, and Saul Bellow", Diss. The University of North Carolina at Chapel Hill, 1975.

Gittleman, Sol: "*Mr. Sammler's Planet* Ten Years Later: Looking Back on Crises of 'Mishpocha'", *Judaism* 30, Fall 1981: 480-483.

Glenday, Michael K.: "'The Consummating Glimpse': *Dangling Man*'s Treacherous Reality", *Modern Fiction Studies* 25.1, 1979: 139-148.

Glenday, Michael K.: *Saul Bellow and the Decline of Humanism*, London: Macmillan, 1990.

Glickman, Susan: "The World as Will and Idea: A Comparative Study of *An American Dream* and *Mr. Sammler's Planet*", *Modern Fiction Studies* 28.4, 1982-1983: 569-582.

Glicksberg, Charles I.: "The Theme of Alienation in the American Jewish Novel", *Reconstructionist* 29 Nov. 1957: 8-13.

Gold, Herbert: "The Discovered Self", *Nation* 17 Nov. 1956: 435-436.

Gold, Herbert: "Giant of Cosmic Despair", *Nation* 21 Feb. 1959: 169-172.

Gold, R. Michael: "The Influence of Emerson, Thoreau, and Whitman on the Novels of Saul Bellow", Diss. New York University, 1979.

Goldberg, Gerald Jay: "Life's Customer, Augie March", *Critique* 3.3, 1960: 15-27.

Golden, Daniel: "Mystical Musings and Comic Confrontations: The Fiction of Saul

Bellow and Mordecai Richler", *Essays on Canadian Writing* 22, 1981: 62-85.

Golden, Daniel: "Shapes and Strategies: Forms of Modern American Fiction in the Novels of Robert Penn Warren, Saul Bellow and John Barth", Diss. Indiana University, 1972.

Golden, Susan Landau: "The Novels of Saul Bellow: A Study in Development", Diss. Duke University, 1975.

Goldfinch, Michael: "A Journey to the Interior", *English Studies* 43.5, 1962: 439-443.

Goldman, Arnold: "A Remnant to Escape: The American Writer and the Minority Group", Marcus Cunliffe (ed.). *American Literature Since 1900*. London: Barrie, 1975: 312-343.

Goldman, Liela H.: "Bellow's Moses Herzog", *Explicator* 37.4, 1979: Item 26.

Goldman, Liela H.: "Affirmation and Equivocation: Judaism in the Novels of Saul Bellow", Diss. Wayne State University, 1980.

Goldman, Liela H.: "On the Character of Ravitch in Saul Bellow's *Herzog*", *American Notes and Queries* 19.7-8, 1981: 115-116.

Goldman, Liela H.: "Saul Bellow's Misuse of Hebrew and Yiddish in *Herzog*", *Jewish Language Review* 2, 1982: 75-79.

Goldman, Liela H.: "The Source for Saul Bellow's *Mr. Sammler's Planet*", *American Notes and Queries* 20.7-8, 1982: 117-119.

Goldman, Liela H.: *Saul Bellow's Moral Vision: A Critical Study of the Jewish Experience*, New York: Irvington, 1983.

Goldman, Liela H.: "Saul Bellow and the Philosophy of Judaism", *Studies in the Literary Imagination* 17.2, 1984: 81-95.

Goldman, Liela H.: "The Holocaust in the Novels of Saul Bellow", Modern Language Studies 16.1, 1986: 71-80.

Goldman, Liela H.: "*The Dean's December:* A Companion Piece to *Mr. Sammler's Planet*", *Saul Bellow Journal* 5.2, 1986: 36-45.

Goldman, L. H., and Gloria L.: Cronin and Ada Aharoni. *Saul Bellow, A Mosaic*, New York: Peter Lang, 1992.

Goldman, Mark: "*Humboldt's Gift* and the Case of the Split Protagonist", *Modern Language Studies* 11.2, 1981: 3-16.

Goldon, Andrew: "The Hero as Sucker in Saul Bellow's Early Fiction", *Saul Bellow*

Journal 6, No. 2, 1987: 47-63.

Goldon, Andrew: "It Doesn't Ring True", Review of A Theft, by Saul Bellow. *Saul Bellow Journal* 9, No. 1, 1990: 79-83.

Goldreich, Gloria: "Letters Never Sent", *Hadassah Magazine* Dec. 1964: 14-15.

Goldsmith, Arnold L.: "A 'Curse on Columbus': Twentieth Century Jewish-American Fiction and the Theme of Disillusionment", *Studies in American Jewish Literature* [University Park, PA] 5.2, 1979: 47-55.

Gollin, Rita K.: "Understanding Fathers in American Jewish Fiction", *Centennial Review* 18.3, 1974: 273-287.

Goodheart, Eugene: "Parables of the Artist", Rev. of *Him with His Foot in His Mouth and Other Stories. Partisan Review* 52.2, 1985: 149-153.

Goran, Lester: "Saul Bellow Makes It to the Top", *Chicago Sunday Tribune Books Today* 20 Sept. 1964: 1.

Gordon, Andrew: "Pushy Jew: Leventhal in *The Victim*", *Modern Fiction Studies* 25.1, 1979: 129-138.

Gordon, Andrew: "Shakespeare's *The Tempest* and Yeats' 'Sailing to Byzantium' in *Seize the Day*", *Saul Bellow Journal* 4.1, 1985: 45-51.

Graff, Gerald: "Babbitt at the Abyss", *Literature Against Itself: Literary Ideas in Modern Society.* Chicago: University of Chicago Press, 1979: 207-239.

Gray, Paul: "The Naysayer to Nihilism", Rev. of *Him with His Foot in His Mouth and Other Stories. Time*, 14 May 1984: 84.

Gray, Paul: "New Novels in Review", *Yale Review* 59.3, 1970: 430-438.

Greenberg, Martin: "Modern Man as Jew", *Commentary* Jan. 1948: 86-87.

Greenstone, Maryann D.: "Saul Bellow and Isaac Babel: A Review of *Mr. Sammler's Planet*", *Jewish Spectator* Nov. 1970: 10-12.

Grigorescu, Dan: "Adevaratul dar al lui Humbold", [The True Gift of Humboldt]. *Darul lui Humboldt* [*Humboldt's Gift*]. Bucharest: Univers, 1979: V-XXXII.

Gross, Beverly: "Dark Side of the Moon", *Nation* 9, Feb. 1970: 153-155.

Gross, Theodore L.: "Saul Bellow: The Victim and the Hero", Theodore L. Gross (ed.). *The Heroic Ideal in American Literature.* New York: Free Press, 1971: 243-261.

Grossman, Edward: "The Bitterness of Saul Bellow", *Midstream* 16.7, 1970: 3-15.

Grossman, Edward: "Unsentimental Journey", *Commentary* Nov. 1976: 80, 82-84.

Grubb, Daniel S.: "Another Gulliver?", *Studies in the Humanities* 4.1, 1974: 3-9.

Guerard, Albert J.: "Saul Bellow and the Activists: On *The Adventures of Augie March*", *Southern Review* 3, 1967: 582-596.

Gunn, Drewey Wayne: *American and British Writers in Mexico, 1556-1973*. Austin: University of Texas Press, 1974: 204-208.

Guthridge, George: "The Structure of Twentieth-Century Society: The Concept of the Intellectual in Bellow's *Mr. Sammler's Planet*", *Saul Bellow Newsletter* 1.1, 1981: 6-10.

Guttman, Allen: "Bellow's Henderson", *Critique* 7.3, 1965: 33-42.

Guttman, Allen: "Mr. Bellow's America", *The Jewish Writer in America: Assimilation and the Crisis of Identity*. Allen Guttmann: New York: Oxford University Press, 1971: 178-222.

Guttmann, Allen: "Saul Bellow's Humane Comedy", Sarah Blacher Cohen (ed.). *Comic Relief: Humor in Contemporary American Literature*. Urbana: University of Illinois Press, 1978: 127-151.

Guttmann, Allen: "Saul Bellow's Mr. Sammler", *Contemporary Literature* 14.2, 1973: 157-166.

Guttmann, Allen: *The Jewish Writer in America*, New York: Oxford University Press, 1971.

H

Haber, Leo: "Saul Bellow's Discourse", *Jewish Frontier* June 1970: 24-26.

Hadari, Amnon: "Ha-professor Eino Me'uban; *Cohav Ha-lekhet Shel Mar Sammler* Me'et Saul Bellow", *Shdemot* 44, 1971: 102-113.

Hainer, Ralph C.: "The Octopus in *Henderson the Rain King*", *Dalhousie Review* 55, 1975: 712-719.

Hale, Thomas A.: "Africa and the West: Close Encounters of a Literary Kind", *Comparative Literature Studies* 20.3, 1983: 261-275.

Halio, Jay L.: "Contemplation, Fiction, and the Writer's Sensibility", *Southern Review* 19.1, 1983: 203-218.

Hall, James: "Portrait of the Artist as a Self-Creating, Self-Vindicating, High Energy

Man: Saul Bellow", James Hall (ed.) *The Lunatic Giant in the Drawing Room: The British and American Novel Since 1930*. Bloomington: Indiana University Press, 1968: 127-180.

Hall, James: *The Lunatic Giant in the Drawing Room*, Bloomington: Indiana University Press, 1968.

Hall, Joe: "*The Dean's December:* A Separate Account of a Separate Account", *Saul Bellow Journal* 5.2, 1986: 22-31.

Halperin, Irving: "Saul Bellow and the Moral Imagination", *Jewish Affairs* 33.2, 1978: 33-36.

Halperin, Irving: "Therefore Choose Life", *Jewish Affairs* Mar. 1976: 65, 67, 69.

Hammond, John Francis: "The Monomythic Quest: Visions of Heroism in Malamud, Bellow, Barth, and Percy", Diss. Lehigh University, 1979.

Handy, William J.: "Bellow's *Seize the Day*", William J. Handy (ed.). *Modern Fiction: A Formalist Approach.* Carbondale: Southern Illinois University Press, 1971: 119-130.

Handy, William J.: "Saul Bellow and the Naturalistic Hero", *Texas Studies in Literature and Language* 5.4, 1964: 538-545.

Handy, William J.: *Modern Fiction*, Carbondale: Southern Illinois University Press, 1971.

Hansen-Love, Friedrich: "Die Peripetien Saul Bellows", *Merkur* 31.1, 1977: 66-76.

Hardwick, Elizabeth: "A Fantastic Voyage", *Partisan Review* 26.2, 1959: 299-303.

Hardwick, Elizabeth: "Fiction Chronicle", *Partisan Review* 15.1, 1948: 108-117.

Harmon, William: Rev. of *The Dean's December. Southern Humanities Review* 17.3, 1983: 280-281.

Harper, Gordon L.: "Ideas and the Novel", *Dialogue* 2, 1969: 54-64.

Harper, Gordon L.: "The Art of Fiction XXXVII: Saul Bellow", *Paris Review*, 9, 1966: 48-73.

Harper, Howard M. Jr.: "Saul Bellow—The Heart's Ultimate Need", Howard M. Harper, Jr. (ed.). *Desperate Faith: A Study of Bellow, Salinger, Mailer, Baldwin and Updike*. Chapel Hill: University of North Carolina Press, 1967: 7-64.

Harper, Howard M. Jr.: "Trends in Recent American Fiction", *Contemporary Literature* 12.2, 1971: 204-229.

Harper, Howard M. Jr.: *Desperate Faith*, Chapel Hill, N. C.: North Carolina University Press, 1967.

Harper, Howard Morrall: “Concepts of Human Destiny in Five American Novelists: Bellow, Salinger, Mailer, Baldwin, Updike”, Diss. Pennsylvania State University, 1965.

Harris, James Neil: “One Critical Approach to *Mr. Sammler's Planet*”, *Twentieth Century Literature* 18.4, 1972: 235-250.

Harris, Mark: *Saul Bellow: Drumlin Woodchuck*, Athens: the University of Georgia Press, 1980.

Hartman, Hugh Callow: “Character, Theme and Tradition in the Novels of Saul Bellow”, Diss. University of Washington, 1968.

Harwell, Meade: “Picaro from Chicago”, *Southwest Review* 39, 1954: 273-276.

Hasenclever, Walter: “Grosse Menschen und Kleine Wirklichkeit: Erlebnisse eines Regenkonigs”, *Monat* Feb. 1961: 71-75.

Hassan, Ihab H.: “Saul Bellow”, *Antioch Review* 40.3, 1982: 266-273.

Hassan, Ihab H.: “Saul Bellow: Five Faces of a Hero”, *Critique* 3.3, 1960: 28-36.

Hassan, Ihab H.: “Saul Bellow: The Quest and Affirmation of Reality”, Ihab Hassan (ed.). *Radical Innocence: Studies in the Contemporary American Novel.* Princeton: Princeton University Press, 1961:290-324.

Hassan, Ihab H.: “The Way Down and Out”, *Virginia Quarterly Review* 39.1, 1963: 81-93.

Hassan, Ihab H.: *Radical Innocence*, Princeton: Princeton University Press, 1961.

Hays, Peter L.: *The Limping Hero: Grotesques in Literature.* New York: New York University Press, 1971: 55-59.

Heinsheimer, Hans: “Zeroing In”, *Opera News*, 16 Apr. 1977: 12-15.

Held, George: “Men on the Moon: American Novelists Explore Lunar Space”, *Michigan Quarterly Review* 18.2, 1979: 318-342.

Heppenstall, Rayner: “New Novels”, *New Statesman and Nation* ns 28 Dec. 1946: 488-489.

Hermans, Rob: “The Mystical Element in Saul Bellow's *Herzog*”, *Dutch Quarterly Review of Anglo-American Letters* 11.2, 1981: 104-117.

Hesla, David: “By Strength Shall No Man Prevail”, *North American Review* ns 1.4,

1964: 90-91.

Hewes, Henry: "A Muse of Fire", Rev. of *The Last Analysis. Saturday Review* 17 Oct. 1964: 29.

Hicks, Granville: "Collections of New and Classic Works by Saul Bellow, Orwell and Wilder", *New Leader* 26 Nov. 1956: 24-25.

Hicks, Granville: "Fragile Bits and Pieces of Life", *Saturday Review* 19 Sept. 1964: 37-38.

Hicks, Granville: "Two New Novels of Life's Mystery by Wright Morris and Saul Bellow", *New Leader* 21 Sept. 1953: 23-24.

Hill, John S.: "The Letters of Moses Herzog: A Symbolic Mirror", *Studies in the Humanities* 2.2, 1971: 40-45.

Hindus, Milton: "Herzog: Existentialist Jewish Hero", *Jewish Frontier* Dec. 1964: 11-14.

Hirsch, David H.: "Jewish Identity and Jewish Suffering in Bellow, Malamud and Philip Roth", *Jewish Book Annual 29th*. New York: Jewish Book Council, 1971: 12-22.

Hoffman, Frederick J.: "The Fool of Experience: Saul Bellow's Fiction", Harry T. Moore (ed.). *Contemporary American Novelists.* Carbondale: Southern Illinois University Press, 1964: 80-94.

Hoffman, Michael J.: "From Cohn to Herzog", *Yale Review* 58.3, 1969: 342-358.

Hogan, William: "Saul Bellow's Case Against Symbolism", *San Francisco Chronicle* 23 Feb. 1959: 25.

Hogel, Rolf: "Gegenwart und Vergangenheit: Ihre synchrone Darstellung in Saul Bellows Roman *Herzog*", *Literatur in Wissenschaft und Unterricht* 14.2, 1981: 103-115.

Holinger, Richard: "Him with His World Intact", *Saul Bellow Journal* 8, No. 1, 1989: 24-34.

Hollahan, Eugene: "Bellow's Affirmation of Individual Value via Classical Plot Structure", *Saul Bellow Journal* 2.1, 1982: 23-31.

Hollahan, Eugene: "'Crisis' in Bellow's Novel: Some Date and a Conjecture", *Studies in the Novel* 15.3, 1983: 249-264.

Hollahan, Eugene: "Design as Defense: Saul Bellow's Classical Plots as Defenses of the Beleaguered Modern Individual", Don Harkness (ed.). *Design, Pattern, Style: Hallmarks of a Developing American Culture.* Tampa: American Studies Press, 1983: 44-45.

Hollahan, Eugene: "Editor's Comment", *Studies in the Literary Imagination* 17.2, 1984: 1-5.

Hollahan, Eugene (ed.): *Saul Bellow and the Structure at the Center*, New York: AMS Press, 1996.

Hollander, John: "Return to the Source", *Harper's* Dec. 1976: 82, 84-85.

Holm, Astrid: "Existentialism and Saul Bellow's *Henderson the Rain King*", *American Studies in Scandinavia* 10.2, 1978: 93-109.

Howe, Irving: "Mass Society and Post-modern Fiction", *Partisan Review* 26.3, 1959: 420-436.

Howe, Irving: "Odysseus Flat on His Back", *New Republic* 19 Sept. 1964: 21-26.

Howe, Irving: *Seize the Day. Classics of Modern Fiction: Ten Short Novels* (Introduction). New York: Harcourt Brace and World, 1968.

Howe, Irving: "Fiction: Bellow, O'Hara, Litwak", *Harper's* Feb. 1970: 106, 108, 112, 114, 116-118.

Howe, Irving: "People on the Edge of History—Saul Bellow's Vivid Report on Israel", *New York Times Book Review* 17 Oct. 1976: 1-2.

Hruska, Thomas: "Henderson's Riches", *Journal of English Studies* [India] 12.1, 1980: 779-784.

Hughes, Daniel J.: "Reality and the Hero: Lolita and *Henderson the Rain King*", *Modern Fiction Studies* 6.4, 1960-61: 345-364.

Hull, Byron D.: "*Henderson the Rain King* and William James", *Criticism* 13.4, 1971: 402-414.

Hulley, Kathleen: "Disintegration as Symbol of Community: A Study of *The Rainbow, Women in Love, Light in August, Prisoner of Grace, Except the Lord, Not Honour More,* and *Herzog*", Diss. University of California, Davis, 1973.

Hunt, George W.: "The Breadth and Breath of Life", Rev. of *The Dean's December. America* 20 Feb. 1982: 136, 137.

Huq, Abi Mohammad Nizamul: "The Pattern of Family Relationships in Four Selected Novels of Saul Bellow", Diss. Oklahoma State University, 1983.

Hux, Samuel: "Character and Form in Bellow", *Forum* [Houston] 12.1, 1974: 34-38.

Hux, Samuel: "American Myth and Existential Vision: The Indigenous Existentialism of Mailer, Bellow, Styron, and Ellison", Diss. University of Connecticut, 1965.

Hyland, Peter: *Saul Bellow, Modern Novelists*, New York: St. Martin's, 1992.

Hyland, Peter: *Saul Bellow*, London: Macmillan, 1992.

Hyman, Stanley Edgar: "Saul Bellow's Glittering Eye", *New Leader* 28 Sept. 1964: 16-17.

I

Ichikawa, Masumi: "A Buddhistic Interpretation of Saul Bellow's Three Novels—*Dangling Man, The Victim and Seize the Day*", *Chu-Shikoku Studies in American Literature* 19 June 1983: 36-47.

Ikeda, Choko: "Narrative Devices in Saul Bellow's A Silver Dish'", *Kyusbu American Literature* 29, 1988: 31-39.

Inglehart, Babette: "Drama as Reality and Metaphor in the Work of Saul Bellow", Diss. The University of Chicago, 1972.

Inou, Kenji: "Shosetsuka kara Keiseika e", *Eigo Seinen* 128.4, 1982: 211-212.

Isaac, Dan: "Orpheus, Transcending", *Judaism* 14.1, 1965: 125-127.

Iwamoto, Gen: "Monogatari wa Dare no Te ni", *Eigo Seinen* 128.4, 1982: 213-214.

J

Jacobs, Rita D.: "Fiction", *World Literature Today* 57.1, 1983: 107.

Jacobs, Rita D.: "'Truths on the Side of Life': Saul Bellow, Nobel Prize 1976", *World Literature Today* 51, 1977: 194-197.

Jacobson, Dan: "The Solitariness of Saul Bellow", *Spectator* 22 May 1959: 735.

James, E. Anthony: "The Hero and the Anti-Hero in Fiction", *Four Quarters* 23, Autumn 1973: 3-23.

Jefehak, Andrew: "Family Struggles in *Seize the Day*", *Studies in Short Fiction* 11.3 1974: 297-302.

Johnson, Diane: "Point of Departure", Rev. of *The Dean's December. New York*

Review of Books 4 Mar. 1982: 6, 8.

Johnson, Gregory: "'Creatures and More': Codes of Nonverbal Dialogue in the Canon of Bellow", Diss. University of Washington, 1981.

Johnson, Gregory: "A Winter's Tale", Rev. of *The Dean's December. Southwest Review* 67.3, 1982: 342-345.

Johnson, Gregory: "Spatial Dialogue in Bellow's Fiction", *Mosaic* 16.3, 1983: 117-125.

Johnson, Gregory: "Bellow's Bellows", *Saul Bellow Journal*, 6.2, 1987: 3-18.

Johnson, Gregory: "Jewish Assimilation and Codes of Manners in Saul Bellow's 'The Old System'", *Studies in American Jewish Literature* 9, No. 1, 1990: 40-60.

Johnson, Lee Richard: "The Novels of Saul Bellow and Norman Mailer: A Study of Their Polar Perceptions of American Reality", Diss. University of Minnesota, 1979.

Johnson, Lemuel: "Safaries in the Bush of Ghosts: Camara Laye, Saul Bellow, and Ayi Kwei Armah", *Issue: Journal of Opinion* 13, 1984: 45-54.

Johnson, Paul: "The Issue of Israel", *Times Literary Supplement* 3 Dec. 1976: 1509.

Jones, David R.: "The Disappointments of Maturity: Bellow's *The Adventures of Augie March*", Warren French (ed.). *The Fifties: Fiction, Poetry and Drama.* Deland: Everett/ Edwards, 1970:83-92.

Jones, Lewis: "Soul-searching", Rev. of *The Dean's December. Spectator* 10 Apr. 1982: 21-22.

Jones, Roger: "Artistry and the Depth of Life: Aspects of Attitude and Technique in *Mr. Sammler's Planet*", *Anglo-Welsh Review* 25, 1975: 138-153.

Josipovici, Gabriel: "Bellow and Herzog", *Encounter* 37.5, 1971: 49-55.

Josipovici, Gabriel: "A Foot in the Stockyard and an Eye on the Stars", *Times Literary Supplement* 2 Apr. 1982: 371.

Josipovici, Gabriel: "Freedom and Wit: The Jewish Writer and Modern Art", *European Judaism* 3.1, 1968: 41-50.

Josipovici, Gabriel: "Saul Bellow", Gabriel Josipovici (ed.). *The Lessons of Modernism and Other Essays.* Totowa: Rowman, 1977: 64-84.

K

Kaler, Anne K.: "Use of the Journal/ Diary Form in the Development of the Odyssean Myth in *Dangling Man*", *Saul Bellow Journal* 5.1, 1986: 16-23.

Kannan, Lakshmi: "The Confessional Strain in Saul Bellow's Fiction", Journal of the Department of English [Calcutta] 15.1, 1979-1980: 86-92.

Kannan, Lakshmi: "The 'Infected' Area in Saul Bellow's Fiction", *Literary Half-Yearly* 18.2, 1978: 103-119.

Kannan, Lakshmi: "Professor Herzog's Academy", *Journal of English Studies* [India] 12.1, 1980: 785-799.

Kannan, Lakshmi: "That Small Voice in Bellow's Fiction", *Visvabharati Quarterly* [India] 42, 1977: 191-206.

Kaplan, Harold: "The Second Fall of Man", *Salmagundi* 30, Summer 1975: 66-89.

Kapp, Isa: "Bellow's New Reading", *New Leader* 8 Feb. 1982: 14-16.

Kar, Prafulla C.: "What it Means to Be Exactly Human: A Study of *Mr. Sammler's Planet*", Jagdish Chander and Pradhan S. Narindar (eds.). *Studies in American Literature: Essays in Honour of William Mulder.* Delhi: Oxford University Press, 1976: 97-109.

Kar, Prafulla C.: "Saul Bellow: A Defense of the Self", Diss. University of Utah, 1973.

Karl, Frederick R.: "Bellow's Comic 'Last Men'", *Thalia* 1.2, 1978: 19-26.

Karl, Frederick R.: "Picaresque and the American Experience", *Yale Review* 57.2, 1968: 196-212.

Kathe, Barbara Ann: "Self Realization: The Jungian Process of Individuation in the Novels of Saul Bellow", Diss. Drew University, 1979.

Kazin, Alfred: "Absurdity as a Contemporary Style", *Mediterranean* 1.3, 1971: 39-46.

Kazin, Alfred: "Bellow's Purgatory", *New York Review of Books* 28 Mar. 1968: 32-36.

Kazin, Alfred: "The Earthly City of the Jews: Bellow to Singer", Alfred Kazin (ed.). *Bright Book of Life: American Novelists and Storytellers from Hemingway to Mailer.* Boston: Little, Brown, 1973:125-162.

Kazin, Alfred: "Mr. Bellow's Planet", *New Republic* 6 Nov. 1976: 6-8.

Kazin, Alfred: "In Search of Light", *New York Times Book Review* 18 Nov. 1956: 5, 36.

Kazin, Alfred: "Though He Slay Me…", *New York Review of Books* 3 Dec. 1970: 3-4.

Kazin, Alfred: "The World of Saul Bellow", Alfred Kazin (ed.). *Contemporaries.* Boston: Little, Brown, 1962: 217-223.

Kegan, Robert: *The Sweeter Welcome: Voices for a Vision of Affirmation: Bellow, Malamud and Martin Buber*, Mass: Humanities, 1976.

Kehler, Joel R.: "Henderson's Sacred Science", *Centennial Review* 24.2, 1980: 232-247.

Kelly, W. J.: "Viewpoint and Vision: A Study of Perspectives in the Novels of Saul Bellow", Diss. National University of Ireland, 1979.

Kemnitz, Charles: "Narration and Consciousness in *Herzog*", *Saul Bellow Journal* 1.2, 1982: 1-6.

Kennedy, William: "If Saul Bellow Doesn't Have a True Word to Say he Keeps his Mouth Shut", *Esquire* Feb. 1982: 49-54.

Kenner, Hugh: "From Lower Bellowvia: Leopold Bloom with a Ph. D", *Harper's* Feb. 1982: 62-65.

Kermode, Frank: "Books in General: *Herzog*", 5 Feb. 1965: 200-201.

Kernan, Alvin B.: "Mighty Poets in their Misery Dead: The Death of the Poet in Saul Bellow's *Humboldt's Gift*", Alvin B. Kernan (ed.). *The Imaginary Library: An Essay on Literature and Society.* Princeton: Princeton University Press, 1982: 37-65.

Kerner, David: "The Incomplete Dialectic of *Humboldt's Gift*", *Dalhousie Review* 62.1, 1982: 14-35.

Kerneur, Marie-Pierre: "Herzog et les machiavels", *Delta* 19, Oct. 1984: 109-129.

Kiely, Robert: "Saul Bellow's Balanced Man", *Christian Science Monitor* 5 Feb. 1970: 11 A.

Kiernan, Robert F.: *Saul Bellow*, New York: The Conntinuum Publishing Comppany, 1989.

Kindilien, Glenn A.: "The Meaning of the Name 'Green' in Saul Bellow's 'Looking for Mr. Green'", *Studies in Short Fiction* 15.1, 1978: 104-107.

Kirstein, Ruth Gabriela: "The Dual Vision: Reality and Transcendence in Saul

Bellow's Fiction", Diss. State University of New York at Buffalo, 1980.

Kistler, Suzanne F.: "Bellow's Man-Eating Comedy: Cannibal Imagery in *Humboldt's Gift*", *Notes on Modern American Literature* 2.1, 1977: Item 8.

Kistler, Suzanne F.: "Epic Structure and Statement in *Mr. Sammler's Planet*", *Notes on Modern American Literature* 2.4, 1978: Item 28.

Klausler, Alfred P.: Rev. of *The Dean's December. Christian Century* 31 Mar. 1982: 384-385.

Klein, Jeffrey: "Armies of the Planet: A Comparative Analysis of Norman Mailer's and Saul Bellow's Political Visions", *Soundings: An Interdisciplinary Journal* 58.1, 1975: 69-83.

Klein, Marcus: "A Discipline of Nobility: Saul Bellow's Fiction", *Kenyon Review* 24.2, 1962: 203-226.

Klein, Marcus: "Holy Moses", *Reporter* 22 Oct. 1964: 53-54.

Klug, M. A.: "Saul Bellow: The Hero in the Middle", *Dalhousie Review* 56.3, 1976: 462-478.

Knight, Karl F.: "Bellow's Henderson and Melville's Ishmael: Their Mingled Worlds", *Studies in American Fiction* 12.1, 1984: 91-98.

Knight, Karl F.: "Bellow's 'Cousins': The Suspense of Playing It to the End", *Saul Bellow Journal* 5.2, 1986: 32-35.

Knight, Karl F.: "Bellow's Shawmut: Rationalizations and Redemption", *Studies in Short Fiction* 24, No. 4, 1987: 375-380.

Knight, Karl F.: "Bellow's Victor Wulpy: The Failure of Intellect", *Saul Bellow Journal* 6, No. 2, 1987: 26-35.

Knight, Karl F.: "The Rhetoric of Bellow's Woody Selbst: Religion and Irony", *Saul Bellow Journal* 8, No. 1, 1989: 35-43.

Knipp, Thomas R.: "The Cost of Henderson's Quest", *Ball State University Forum* 10.2, 1969: 37-39.

Knopp, Josephine Zadovsky: "Jewish America: Saul Bellow", Josephine Zadovsky Knopp (ed.). *The Trial of Judaism in Contemporary Jewish Writing*. Urbana: University of Illinois Press. 1975: 126-156.

Kogan, Herman: "Symbolism Beneath a Rushing Narrative", *Chicago Sunday Tribune* 22 Feb. 1959:3.

Kondo, Kyoko: "Pursuit of One Theme: Saul Bellow's Early Novels, *Dangling Man, The Victim* and *Seize the Day*", *Sophia English Studies* [Japan] 3, 1978: 86-98.

Kort, Wesley A.: "Simplicity and Complexity in Saul Bellow's Fiction", *Moral Fiber: Character and Belief in Recent American Fiction*. Philadelphia: Fortress, 1982: 74-83.

Kramer, Michael P. (ed.): New Essays on *Seize the Day*, Cambridge: Cambridge University Press, 1998.

Kreiger, Barbara Sue: "The Fiction of Saul Bellow", Diss. Brandeis University, 1978.

Kremer, S. Lillian: "Bellow and the Inherited Tradition: A Study of Judaic Influence on Form and Content in Saul Bellow's Fiction", Diss. Kansas State University, 1979.

Kremer, S. Lillian: "Acquiescence to Anti-Semitism in *The Victim*: An Alternate Reading of Bellow's Daniel Harkavy", *Saul Bellow Journal* 1.2, 1982: 27-30.

Kremer, S. Lillian: "*Seize the Day*: Intimations of Anti-Hasidic Satire", *Yiddish* 4.4, 1982: 32-40.

Kremer, S. Lillian: "The Holocaust in *The Victim*", *Saul Bellow Journal* 2.2, 1983: 15-23.

Kremer, S. Lillian: "The Holocaust in *Mr. Sammler's Planet*", *Saul Bellow Journal* 4.1, 1985: 19-32.

Kremer, S. Lillian: "An Intellectual Reading of *Seize the Day*: Absorption and Revision", *Saul Bellow Journal* 10, No. 1, 1991: 46-56.

Kremer, S. Lillian: "Memoir and History: Saul Bellow's Old Men Remembering in 'Mosby's Memoirs,' 'The Old System' and *The Bellarosa Connection*", *Saul Bellow Journal* 12, No. 2, 1994: 44-58.

Kristol, Irving: "American Ghosts", *Encounter* July 1954: 73-75.

Krupnick, Mark: "He Never Learned to Swim", *New Review* 2.22, 1976: 33-39.

Kruse, Horst: "Saul Bellow: *Henderson the Rain King*", *Schlusselmotive der Amerikanischen Literatur*. Dusseldorf: Bagel, 1979: 184-201.

Kuehn, Robert E.: "Fiction Chronicle", *Contemporary Literature* 6.1, 1965: 132-139.

Kulshrestha, Chirantan: *Saul Bellow: The Problem of Affirmation*, New Delhi: Arnold, 1978.

Kulshrestha, Chirantan: "Affirmation in Saul Bellow's *Dangling Man*", *Indian Journal of American Studies* 5, 1975: 21-36.

Kulshrestha, Chirantan: "The Bellow Gyroscope: Letters to Richard G. Stern", *Saul Bellow Journal* 2.1, 1982: 36-43.

Kulshrestha, Chirantan: "The Making of Saul Bellow's Fiction: Notes from the Underground", *American Studies International* 19.2, 1981: 48-56.

Kulshrestha, Chirantan: "*Seize the Day* and the Bellow Chronology", *Literary Criterion* 13.3, 1978: 29-33.

Kumar, P. Shiv: "From Kavanah to Mitzvah: A Perspective on *Herzog* and *Mr. Sammler's Planet*", *Indian Journal of American Studies* 10.2, 1980: 30-39.

Kumar, P. Shiv: "Saul Bellow and the Hebraic Prophetic Tradition", *Journal of English Studies* [India] 11.2, 1980: 756-765.

Kumar, P. Shiv: "Yahudim and Ostjude: Social Stratification in *Mr. Sammler's Planet*", *Literary Half-Yearly* 21.2, 1980: 53-67.

Kumar, P. Shiv: "Memory Sans Understanding: A Perspective on *The Bellarosa Connection*", *Saul Bellow Journal* 10, No. 1, 1991: 32-36.

Kuna, F. M.: "The European Culture Game: Mr. Bellow's Planet", *English Studies* 53.6, 1972: 531-544.

Kyria, Pierre: "Le Monde Américain", *Revue de Paris* Mar. 1967: 120-125.

L

Labarthe, Elyette: "L' Apocalypse selon Saul Bellow", Jean Beranger (ed.). *Le Facteur religieux en Amérique du nord.* Bordeaux: Maison des Sciences de l'Homme d'Aquitaine, Univ. de Bordeaux Ⅲ, 1981.

Labarthe, Elyette: "Le Facteur religieux chez un écrivain juif contemporain: Saul Bellow", Jean Beranger (ed.). *Le Facteur religieux en Amérique du nord.* Talence: Centre d'Etudes Canadiennes en Sciences Sociales, Univ. de Bordeaux Ⅲ, 1981. Vol. 2, Les Etats-Unis: 33-57.

Lamont, Rosette C.: "The Confessions of Moses Herzog", *Massachusetts Review* 6.3, 1965: 630-635.

Lamott, Kenneth: "Book: Burgess and Bellow", *Show: The Magazine of the Arts* Dec. 1964: 80.

LaSalle, Peter: "Sumer is icumen in, Llude sing cuccu!", Rev. of *Him with His Foot in His Mouth and Other Stories. America* 14 July 1984: 16-17.

Lasater, Alice E.: "The Breakdown in Communication in the Twentieth-Century Novel", *Southern Quarterly* 12, 1973: 1-14.

Lavine, Steven David: "In Defiance of Reason: Saul Bellow's *To Jerusalem and Back*", *Studies in American Jewish Literature* [University Park, PA] 4.2, 1978: 72-83.

Lavine, Steven David: "On the Road to Jerusalem: Bellow Now", *Studies in American Jewish Literature* [University Park, PA] 3.1, 1977: 1-6.

Le Pellec, Yves: "New York in Summer: Its Symbolic Function in *The Victim*", *Caliban* 8, 1971: 101-110.

Le Sidaner, Jean-Marie: "Saul Bellow: Un Homme en Suspens", *Europe—Revue Littéraire Mensuelle* 631, 1981: 236.

Leach, Elsie: "From Ritual to Romance Again: *Henderson the Rain King*", *Western Humanities Review* 14.2, 1960: 223-224.

Leaf, Mark: "The Novels of Saul Bellow", *Kolokon* 2, Spring 1967: 13-23.

Leese, David Allen: "Laughter in the Ghetto: A Study of Form in Saul Bellow's Comedy", Diss. Brandeis University, 1975.

Lehan, Richard: "Existentialism in Recent American Fiction: The Demonic Quest", *Texas Studies in Literature and Language* 1, 1959: 181-202.

Lehan, Richard: "Into the Ruins: Saul Bellow and Walker Percy", Richard Lehan (ed.). *A Dangerous Crossing: French Literary Existentialism and the Modern American Novel.* Carbondale: Southern Illinois University Press, 1973: 107-145.

Lemaire, Marcel: "Some Recent American Novels and Essays", *Revue des Langues Vivantes* 28, 1962: 70-78.

Lemaster, J. R.: "Saul Bellow: On Looking for a Way through the Cracks", Robert G. Collmer and Jack W. Herring (eds.). *American Bypaths: Essays in Honor of E. Hudson Long.* Waco: Markham Press Fund of Baylor University Press, 1980: 109-144.

Lemco, Gary: "Bellow's Herzog: A Flight of the Heart", *Saul Bellow Journal* 3.1,

1983: 38-46.

Lemco, Gary: "Theatrical Elements in *Herzog* or, An Act of the Heart", *Studies in American Jewish Literature* [University Park, PA] 3.1, 1977: 7-16.

Lemon, Lee T.: "A Browningesque Portrait", Rev. of *Him with His Foot in His Mouth and Other Stories. Prairie Schooner* 58.4, 1984: 110.

Lemon, Lee T.: "A Simple Lesson", *Prairie Schooner* 39.2, 1965: 161-162.

Levenson, J. C.: "Bellow's *Dangling Men*", *Critique* 3.3, 1960: 3-14.

Levine, Paul: *Georgia Review* 14.2, 1960: 218-220.

Levine, Paul: "Saul Bellow: The Affirmation of the Philosophical Fool", *Perspective* 10.4, 1959: 163-176.

Lewin, Lois Symons: "The Theme of Suffering in the Work of Bernard Malamud and Saul Bellow", Diss. University of Pittsburgh, 1967.

Lewis, R. W. B.: "Recent Fiction: Picaro and Pilgrim", Robert E. Spiller (ed.). *A Time of Harvest: American Literature 1910-1960.* New York: Hill and Wang, 1962: 144-153.

Libowitz, Richard: "Of Sights and Vision", *Reconstructionist* Mar. 1977: 24.

Lindberg, Gray: "Playing for Real", *The Confidence Man in American Literature.* Gary Lindberg. New York: Oxford University Press, 1982: 231-258.

Lindroth, James R.: "The Proper Study of Mankind Is...", *America* 21 Feb. 1970: 190.

Lippit, Noriko M.: "A Perennial Survivor: Saul Bellow's Heroine in the Desert", *Studies in Short Fiction* 12.3, 1975: 281-283.

Lister, Paul A.: "The 'Compleat Fool' in *Seize the Day*", *Saul Bellow Journal* 3.2, 1984: 32-59.

Lively, Penelope: "Backwards and Forwards—Recent Fiction", Rev. of *The Dean's December. Encounter* June-July 1982: 86-88.

Lodge, David: "Dead Reckoning", *Times Literary Supplement* 10 Oct. 1975: 1173.

Loe, Thomas: "Modern Allegory and the Form of *Seize the Day*", *Saul Bellow Journal* 7, No. 1, 1988: 57-66.

Lofroth, Erik: "Herzog's Predicament: Saul Bellow's View of Modern Man", *Studia Neophilologica* 44.2, 1972: 315-325.

Lombardo, Agostino: "La narrativa di Saul Bellow", [Saul Bellow's Fiction]. *Studi Americani* 11, 1965: 309-344.

Lombardo, Agostino: *Realismo e Simbolismo: Saggi di letteratura americana contemporanea.* Biblioteca di Studi Americani 3. Rome: Edizioni di Storia e Letteratura, 1957.

Loris, Michelle Carbone: "*Mr. Sammler's Planet*: The Terms of the Covenant", *Renascence* 30.4, 1978: 217-223.

Lucko, Peter: "Herzog—Modell der acceptance Eine Erwiderung", *Zeitschrift fur Anglistik und Amerikanistik* [East Berlin] 17.2, 1969: 189-195.

Ludwig, Jack: "The Wayward Reader", *Holiday* Feb. 1965: 16, 18-19.

Lurie, Alison: "The View From the Moon", *New Statesman* 10 July 1970: 19.

Lutwack, Leonard: "Bellow's Odysseys", Leonard Lutwack (ed.). *Heroic Fiction: The Epic Tradition and American Novels of the Twentieth Century.* Carbondale: Southern Illinois University Press, 1971: 88-121.

Lycette, Ronald L.: "Saul Bellow and the American Naturalism", *Discourse* 13.4, 1970: 435-449.

Lynch, John A.: "Prelude to Accomplishment", *Commonweal* 30 Nov. 1956: 238-239.

Lyons, Bonnie: "Bellowmalamudroth and the American Jewish Genre—Alive and Well", *Studies in American Jewish Literature* [University Park, PA] 5.2, 1979: 8-10.

Lyons, Bonnie: "From *Dangling Man* to 'Colonies of the Spirit'", *Studies in American Jewish Literature* 4.2, 1978: 45-50.

M

MacFarlane, David: "A View of One's Own", Rev. of *The Dean's December. Macleans* 15 Feb. 1982: 54.

Machida, Tetsuji: *Saul Bellow, A Transcendentalist: A Study of Saul Bellow's Transendentalism in His Major Works from the Viewpoint of Transpersonal Psychology*, Osaka: Osaka Kyoiku Tosho, 1993.

Mackintosh, Esther Marie: "The Women Character in the Novels of Saul Bellow", Diss. Kansas State University, 1979.

Maddocks, Melvin: "Saul Bellow—New Champ?", *Christian Science Monitor* 24 Sept. 1964: 7.

Maddocks, Melvin: "In Search for Freedom and Salvation in New Novels", *Christian Science Monitor* 26 Feb. 1959: 11.

Majdiak, Daniel: "The Romantic Self and *Henderson the Rain King*", *Bucknell Review* 19.2, 1971: 125-146.

Malcolm, Donald: "Rider Haggard Rides Again", *New Yorker* 14 Mar. 1959: 171-173.

Malin, Irving: "Bummy's Analysis", Earl Rovit (ed.). *Saul Bellow: A Collection of Critical Essays.* Englewood Cliffs: Prentice, 1975: 115-121.

Malin, Irving: "Herzog, the Jew", *Reconstructionist* 16 Oct. 1964: 28-30.

Malin, Irving: "Saul Bellow", *London Magazine* Jan. 1965: 43-54.

Malin, Irving: "Seven Images", Irving Malin (ed.). *Saul Bellow and the Critics.* New York: New York University Press, 1967: 142-176.

Malin, Irving（ed.）: *Saul Bellow and the Critics*, New York: New York University Press, 1967.

Malin, Irving: *Saul Bellow's Fiction*, Carbondale: Southern Illinois University Press, 1969.

Maloff, Saul: "Critics' Christmas Choices: Saul Maloff", *Commonweal* 3 Dec. 1982: 664-666.

Maloff, Saul: "Minding the World: Our Principal Novelist of Nutty Ideas", *Commonweal* 21 May 1982: 301-304.

Maloney, Stephen R.: "Half-Way to Byzantium: *Mr. Sammler's Planet* and the Modern Tradition", *South Carolina Review* 6.1, 1973: 31-40.

Mandra, Mihail: "Saul Bellow's Novel in the Context of European Thought: A Greek World", *Synthesis* 7, 1980: 191-205.

Manning, Gerald F.: "The Humanizing Imagination: A Theme in *Mr. Sammler's Planet*", *English Studies in Canada* 3.2, 1977: 216-222.

Manning, James Brewster: "Craters of the Spirit: Saul Bellow's Novels of Entrapment", Diss. Columbia University, 1978.

Mano, Keith: "Bellow's Dead Center", Rev. of *Humboldt's Gift. National Review* 7 Nov. 1975: 1246-1247.

Mano, Keith: "In Suspense", Rev. of *Him with His Foot in His Mouth and Other Stories. National Review* 10 Aug. 1984: 48.

Manske, Eva: "Das Mencshenbild im Prosaschaffen Saul Bellows Anspruch und Wirklichkeit", *Zeitschrift fur Anglistik und Amerikanistik* [East Berlin] 21, 1973: 270-288, 360-383.

Marcus, Steven: "Reading the Illegible: Some Modern Representations of Urban Experience", William Sharpe and Leonard Wallock (eds.). *Visions of the Modern City: Essays in History, Art and Literature*. New York: Columbia University Heyman Center for the Humanities, 1983: 228-243.

Mariani, Gigliola Sacerdoti: "Saul Bellow tra politica e letteratur", (Saul Bellow between Politics and Literature), *Nuova Antologia* [Rome] 532, 1977: 281-289.

Marin, Daniel Barbour: "Voice and Structure in Saul Bellow's Novels", Diss. The University of Iowa, 1972.

Markos, Donald W.: "The Humanism of Saul Bellow", Diss. University of Illinois at Urbana-Champaign, 1966.

Markos, Donald W.: "Life Against Death in *Henderson the Rain King*", *Modern Fiction Studies* 17.2, 1971: 193-205.

Markus, Manfred: "Bellow's Vermachtnis: Zur Rezeption eines Nobelpreistragers in der Bundesrepudlik Deutschland", *Zeitschrift fur Kulturaustausch* 28, 1978: 101-109.

Marney, Elizabeth Ann Bingham: "Six Patterns of Imagery in Three of Saul Bellow's Novels", Diss. The University of Texas at Austin, 1977.

Marotti, Maria Ornella: "Concealment and Revelation: The Binary Structure of *Seize the Day*", *Saul Bellow Journal* 5.2, 1986: 46-51.

Marovitz, Sanford E.: "That Certain 'Something': Dora, Dr. Braun, and Others", *Saul Bellow Journal* 12, No. 2, 1994: 3-12.

Masinton, Martha, and Charles G. Masinton: "Second-Class Citizenship: The Status of Women in Contemporary American Fiction", Marlene Springer (ed.). *What Manner of Woman: Essays on English and American Life and Literature*. New York: New York University Press, 1977: 297-315.

Match, Richard: "Anti-Semitism Hits a Jew", *New York Herald Tribune Weekly Book Review* 23 Nov. 1947: 10.

Mathis, James C.: "The Theme of *Seize the Day*", *Critique* 7.3, 1965: 43-45.

Mathy, Francis: "Zetsubo no Kanata ni", *Sophia* [Tokyo] 19, 1970: 356-377.

Maurocordato, Alexandre: *Les quatre dimensions du 'Herzog' de Saul Bellow.* Les Archives de Lettres Modernes 102. Paris: Minard, 1969.

Maw, Joe: "Method in his Madness: Bellow Develops the Theme of Insanity", *Saul Bellow Journal* 3.2, 1984: 1-12.

May, Keith M.: *Out of the Maelstrom: Psychology and the Novel in the Twentieth Century*. London: Paul Elek, 1977: 94-97.

Mayberry, George: "Reading and Writing", *New Republic* 3 Apr. 1944: 473.

Mayne, Richard: "A Long Cool Summa", *Listener* 9 Oct. 1975: 484-485.

McCadden, Joseph F.: "The Hero's Flight from Women in the Novels of Saul Bellow", Diss. Fordham University, 1979.

McCarten, John: "Look, Ma, I'm Playwriting", Rev. of *Under the Weather. New Yorker* 5 Nov. 1966: 127-128.

McConnell, Frank D.: "Saul Bellow and the Terms of our Contract", *Four Postwar American Novelists: Bellow, Mailer, Barth and Pynchon.* Frank McConnell. Chicago: University of Chicago Press, 1977: 1-57.

McCormick, John: "Historical Event in the Prose Fiction of Henry de Montherlant and Saul Bellow", *Eigo Seinen* 125.3, 1979: 118-121.

McCormick, John: "The Urbane and the Urban: Iris Murdoch and Saul Bellow", Review of *The Bellarosa Connection*, by Saul Bellow. *Sewanee Review* 98, No. 1, 1990: 159-165.

McDowell, Edwin: "About Books and Authors", *New York Times Book Reviews* 21 Feb. 1982: 38.

McQuade, Molly: Rev. of *Him with His Foot in His Mouth and Other Stories. Chicago* 33.2, 1984: 108.

McSweeney, Kerry: "Saul Bellow and the Life to Come", *Critical Quarterly* 18.1, 1976: 67-72.

Melani, Sandro: "Bellow in Corso", [Bellow in Progress]. *Ponte* [Florence] 33, 1977: 979-982.

Melbourne, Lucy Lauretta: "The Nested Structure of Unreliable First-Person Narrative: Explicit and Implicit Texts in Saul Bellow's *Dangling Man*, Albert Camus's *La Chute* and Franz Kafka's *Ein Landarzt*", Diss. The University of North

Carolina at Chapel Hill, 1984.

Mellard, James: "*Dangling Man*: Saul Bellow's Lyrical Experiment", *Ball State University Forum* 15.2, 1974: 67-74.

Mellard, James M.: "Consciousness Fills the Void: Herzog, History, and the Hero in the Modern World", *Modern Fiction Studies* 25.1, 1979: 75-91.

Mendelson, M. O.: "Social Criticism in the Works of Bellow, Updike, and Cheever", Carl R. Proffer (ed. & trans.). *Soviet Criticism of American Literature in the Sixties: An Anthology.* Ann Arbor: Ardis, 1972: 63-70.

Merkowitz, David Robert: "Bellow's Early Phrase: Self and Society in *Dangling Man, The Victim,* and *The Adventures of Augie March*", Diss. University of Michigan, 1971.

Mesher, David R.: "Saul Bellow: Confessions of a Jewish Odium Eater", *Delta* 19, Oct. 1984: 67-91.

Mesher, David R.: "Three Men on the Moon: Friedman, Updike, Bellow, and Apollo Eleven", *Research Studies* 47.2, 1979: 67-75.

Meyers, Jeffrey: "Brueghel and Augie March", *American Literature* 49.1, 1977: 113-119.

Michael, Bessie: "What's the Best Way to Live? A Study of the Novels of Saul Bellow", Diss. Lehigh University, 1969.

Michelson, Bruce: "The Idea of *Henderson*", *Twentieth Century Literature* 27.4, 1981: 309-324.

Miller, Karl: "Leventhal", *New Statesman* 10 Sept. 1965: 360-361.

Miller, Karl: "Poet's Novels", *Listener* 25 June 1959: 1099-1100.

Miller, Ruth: *Saul Bellow: A Biography of the Imagination*, New York: St. Martin's Press, 1991.

Mizener, Arthur: "Portrait of an American, Chicago Born", *New York Herald Tribune Book Review* 20 Sept. 1953: 2.

Mizener, Arthur: "Saul Bellow: 'Looking for Mr. Green'", Arthur Mizener (ed.). *Handbook for Analyses, Questions, and a Discussion of Technique for Use with Modern Short Stories: The Uses of the Imagination.* New York: Norton, 1979: 50-53.

Montrose, David: "Conventional Wisdom", *New Statesman* 28 May 1982: 20-21,

22.

Morahg, Gilead: "The Art of Dr. Tamkin: Matter and Manner in *Seize the Day*", *Modern Fiction Studies* 25.1, 1979: 103-116.

Morahg, Gilead: "Ideas as a Thematic Element in Saul Bellow's 'Victim' Novels", Diss. The University of Wisconsin-Madison, 1973.

Morganroth-Gullette, Margaret: "Saul Bellow: Inward and Upward, Past Distraction", *Saul Bellow Journal* 9, No. 1, 1990: 52-78.

Moro, Kochi: "Monolog and Dialog: The Distance Between J. Joyce and S. Bellow", *Josai Jinbun Kenkyu. Syudies in the Humanities.* Sakado, Iruma-Gun, Saitama, Japan: Josai University Keizai-Gaku-Kai, 1973. Cited in *MLA Bibliography,* 1973.

Morrow, Patrick: "Threat and Accommodation: The Novels of Saul Bellow", *Midwest Quarterly* 8.4, 1967: 389-411.

Mosher, Harold F. Jr.: "Herzog's Quest", *Le Voyage dans la littérature anglo-saxonne.* Actes du Congres de Nice, 1971. Paris: Didier, 1972: 169-179.

Mosher, Harold F. Jr.: "The Synthesis of Past and Present in Saul Bellow's *Herzog*", *Wascana Review* 6.1, 1971: 28-38.

Moss, Judith: "The Body as Symbol in Saul Bellow's *Henderson the Rain King*", *Literature and Psychology* 20.2, 1970: 51-61.

Mowat, John: "*Humboldt's Gift*: Bellow's 'Dejection' Ode", *Dutch Quarterly Review of Anglo-American Letters* 8, 1978: 184-201.

Moynahan, Julian: "The Way up from Rock Bottom", *New York Times Book Review* 20 Sept. 1964: 1, 41.

Mudrick, Marvin: "Malamud, Bellow, and Roth", *On Culture and Literature.* Marvin Mudrick. New York: Horizon,1970: 200-233.

Mudrick, Marvin: "Who Killed Herzog? Or, Three American Novelists", *Denver Quarterly* 1.1, 1966: 61-97.

Mukerji, Nirmal: "The Bellow Hero", *Indian Journal of English Studies* 9, 1968: 74-86.

Mukerji, Nirmal: "Bellow's Mcasure of Man", *Indian Studies in American Fiction.* Dharwar, India: Karnatak University; Delhi: Macmillan India, 1974: 286-295.

Mukerji, Nirmal: "A Note on the Animal Imagery in *Seize the Day*", C. D. Narasimhaiah (ed.). *Asian Response to American Literature.* New York: Barnes, 1972: 313-315.

Mukerji, Nirmal: "A Reading of Saul Bellow's *Seize the Day*", *Literary Criterion* 9.1, 1969: 48-53.

Murai, Mami: "A Study of *The Victim* by Saul Bellow—Human Mortality and Chain of Life", *Kyushu American Literature* 23, 1982: 85-88.

Murty, M. S. Rama: "The Creative Intransigent: A Study of *Mr. Sammler's Planet*", *Journal of English Studies* [India] 12.1, November 1980: 800-811.

N

Nadon, Robert Joseph: "Urban Values in Recent American Fiction: A Study of the City in the Fiction of Saul Bellow, John Updike, Philip Roth, Bernard Malamud, and Norman Mailer", Diss. University of Minnesota, 1969.

Nagy, Peter: "*The Dean's December*", *New Hungarian Quarterly* 94, 1984: 167-169.

Nakajima, Kenji: "Freedom in *The Adventure of Augie Marc*", *Kyushu American Literature* 23, May 1982: 11-24.

Nakajima, Kenji: "A Study of Saul Bellow's 'Looking for Mr. Green'", *Kyushu American Literature* 18, 1977: 5-18.

Nakajima, Kenji: "A Study of Saul Bellow's 'A Sermon by Dr. Pep'", *Kyushu American Literature* 17, 1976: 12-19.

Narasaki, Hiroshi: "Saul Bellow and the Early 1940's: A Critical Heritage", *American Literature in the 1950's: Annual Report 1976.* Tokyo: Tokyo Chapter of the American Literature Society of Japan, 1977: 41-49.

Nassar, Joseph M.: "The World Within: Image Clusters in *Herzog*", *Saul Bellow Journal* 2.2, 1983: 24-29.

Nathan, Monique: "Saul Bellow", *Esprit* 352, 1966: 363-370.

Nault, Marianne: "Saul Bellow's Humboldt the First", *American Notes and Queries* 15.6, 1977: 88-89.

Nault, Marianne: "Women Characters in the Fiction of Saul Bellow", Diss. University of Birmingham, 1978-1979.

Nevius, Blake: "Saul Bellow and the Theatre of the Soul", *Neuphilologische Mitteilungen* [Helsinki] 73, 1972: 248-260.

Newman, Charles: "Lives of the Artists", *Harper's* Oct. 1975: 82-83, 85.

Newman, Judie: "Saul Bellow: *Humboldt's Gift*—The Comedy of History", *Durham University Journal* 72, Dec. 1979: 79-87.

Newman, Judie: "Bellow's 'Indian Givers': *Humboldt's Gift*", *Journal of American Studies* 15.2, 1981: 231-238.

Newman, Judie: "Saul Bellow and Trotsky: 'The Mexican General'", *Saul Bellow Newsletter* 1.1, 1981: 26-31.

Newman, Judie: "Bellow's Sixth Sense: The Sense of History", *Canadian Review of American Studies* 13.1, 1982: 39-51.

Newman, Judie: "*Mr. Sammler's Planet*: Wells, Hitler and the World State", *Dutch Quarterly Review of Anglo-American Letters* 13.1, 1983: 55-71.

Newman, Judie: "Bellow and Nihilism: *The Dean's December*", *Studies in the Literary Imagination* 17.2, 1984: 111-122.

Newman, Judie: "*Herzog*: History as Neurosis", *Delta* 19, 1984: 131-153.

Newman, Judie: "Saul Bellow and Ortega y Gasset: Fictions of Nature, History and Art in *The Adventures of Augie March*", *Durham University Journal* 77.1, 1984: 61-70.

Newman, Judie: *Saul Bellow and History*, London: Macmillan Press, 1984.

Newman, Judie: "Saul Bellow and Social Anthropology", In *Saul Bellow at Seventy-five: A Collection of Critical Essays*: Vol. 9 in Studies & Texts in English, edited by Gerhard Bach, 137-149. Tübingen: Gunter Narr Verlag, 1991.

Nilsen, Helge Normann: "Anti-Semitism and Persecution Complex: A Comment on Saul Bellow's *The Victim*", *English Studies* 60.2, 1979: 183-191.

Nilsen, Helge Normann: "Bellow and Transcendentalism: From The Victim to Herzog", *Dutch Quarterly Review of Anglo-American Letters* 14.2, 1984: 125-139.

Nilsen, Helge Normann: "Helt eller klovn? Omkring noen uloste konflikter I Saul Bellows forfatterska", [Hero or Clown? On Certain Unresolved Conflicts in Saul Bellow's Work], *Edda,* 1980: 93-102.

Nilsen, Helge Normann: "Saul Bellow and Wilhelm Reich", *American Studies in Sacndinavia* 10, 1978: 81-91.

Nilsen, Helge Normann: "Trends in Jewish-American Prose: A Short Historical

Survey", *English Studies* 64.6, 1983: 507-517.

Noble, David W.: "The Present: Norman Mailer, James Baldwin, Saul Bellow", David W. Noble (ed.). *The Eternal Adam and the New World Garden: The Central Myth in the American Novel since 1830.* New York: Grosset, 1968: 195-223.

Noreen, Robert G.: "Bearing Witness To Life: The Novels of Saul Bellow", Diss. The University of Chicago. 1970.

Normand, J.: "L'Homme Mystifié: Les Héros de Bellow, Albee, Styron et Mailer", *Etudes Anglaises* 22.4, 1969: 370-385.

Novaceanu, Darie: "Balada din Chicago", *Romania Literara* 8 Nov. 1979: 20.

O

Oates, Joyce Carol: "Articulations", *Critic: A Catholic Review of Books and the Arts* May-June 1970: 68-69.

Oates, Joyce Carol: "Imaginary Cities: America", Michael C. Jaye and Ann Chalmers Watts (eds.). *Literature and the Urban Experience: Essays on the City and Literature.* New Brunswick: Rutgers University Press, 1981: 11-33.

O' Brien, Kate: "Fiction", *Spectator* 3 Jan. 1947: 26.

O' Brien, Maureen S. N. D.: "Seeing and Knowing in *Mr. Sammler's Planet*", *Chu-Shikoku Studies in American Literature* [Japan] 12, 1976: 1-8.

O' Connell, Shaun: "Bellow: Logic's Limits", *Massachusetts Review* 10, Winter 1969: 182-187.

O' Connell, Shaun: "Bellow: Logic's Limits", Rev. of *Mosby's Memoirs and Other Stories. Massachusetts Review* 10.1, 1969: 182-187.

Offutt, John Corydon: "A Study of Adult Developmental Stages of Behavior in Saul Bellow's Literary Characters", Diss. George Peabody College for Teachers, 1980.

Oi, Koji: "America Sakka no Identity o Motomete", *Eigo Seinen* 128.4, 1982: 215-216.

Okeke-Ezigbo, Emeka: "The Frogs Incident in *Henderson the Rain King*", *Notes on Contemporary Literature* 12.1, 1982: 7-8.

Opdahl, Keith M.: "'The Crab and the Butterfly': The Themes of Saul Bellow", Diss.

University of Illinois at Urbana-Champaign, 1961.

Opdahl, Keith M.: "The Discussion: Refining the Issues", *Studies in American Jewish Literature* [University Park, PA] 5.2, 1979: 15.

Opdahl, Keith M.: "God's Braille: Concrete Detail in Saul Bellow's Fiction", *Studies in American Jewish Literature* [University Park, PA] 4.2, 1978: 60-71.

Opdahl, Keith M.: "An Honorable Old Man in a World of Obsessed Young Adults", *Commonweal* 13 Feb. 1970: 535-536.

Opdahl, Keith M.: "The Mental Comedies of Saul Bellow", Sarah Blacher Cohen (ed.). *From Hester Street to Hollywood: The Jewish-American Stage and Screen.* Bloomington: Indiana University Press, 1983: 183-196.

Opdahl, Keith M.: "Saul Bellow and the Function of Representational Feeling", *Delta* 19, Oct. 1984: 31-45.

Opdahl, Keith M.: "Stillness in the Midst of Chaos: Plot in the Novels of Saul Bellow", *Modern Fiction Studies* 25.1, 1979: 15-28.

Opdahl, Keith M.: "Strange Things, Savage Things: Saul Bellow's Hidden Theme", *Iowa Review.* 10.4, 1979: 1-15.

Opdahl, Keith M.: "True Impressions: Saul Bellow's Realistic Style", Edmond Schraepen (ed.). *Saul Bellow and His Work.* Brussels: Centrum voor Taal-en Literatuurwetenschap, Vrije Universiteit Brussel, 1978: 61-71.

Opdahl, Keith M.: *The Novels of Saul Bellow: An Introduction*, University Park, Pa.: Pennsylvania State University Press, 1967.

Oppel, Horst: *Die Suche nach Gott in der Amerikanischen Literature der Gegenwart* [*The Search for God in Modern American Literature*]. Abhandlung der Geistes-und Sozialwissenschaftlichen Klasse, 1972, 8. Mainz: Akademie der Wissenschaften und der Literature; Wiesbaden: In Kommission bei. F. Steiner, 1972.

O' Sullivan, Liam: "Saul Bellow's 'Man Thinking'", Diss. St. John's University, 1978.

Overbeck, Pat Trefzger: "The Women in *Augie March*", *Texas Studies in Literature and Language* 10.4, 1968: 471-484.

Overton, Harvey: "Sharing *Mr. Sammler's Planet*: Intellect and Conscience in Science and Technology", *Journal of General Education* 32.4, 1981: 309-319.

Ozicks, Granville: "The Search for Salvation", *Saturday Review* 21 Feb. 1959: 20.

Ozik, Cynthia: "Farcical Combat in a Busy World", Rev. of *Him with His Foot in His Mouth and Other Stories. New York Times Book Review* 20 May 1984: 3.

P

Pal, K. S.: "Saul Bellow: Motion Stillness", *The Literary Endeavor: A Quarterly Journal Devoted to English Studies* 4.1-2, 1982: 58-63.

Pally, Erwin: "From Realism to Romance in Six Novels by Bellow, Updike and Malamud", Diss. University of Massachusetts, 1977.

Park, Sue S.: "The Keystone and the Arch: Another Look at Structure in *Herzog*", *Notes on Modern American Literature* 2.4, 1978: Item 30.

Park, Sue S.: "Chinese Boxes, Rings and Words: Reception in Saul Bellow's *A Theft*", *Conference of College Teachers of English Studies* 57, 1992: 5-13.

Pauwels de la Ronciere, Marie-Christine: "Bellow's Hero and the 'Reality Instructors': Just a Punch and Judy Show?", *Saul Bellow Journal* 9, No. 2, 1990: 29-37.

Pavilioniene, Ausrine: "Herojaus auka ankstyvojoje Solo Belou kuryboje", Literatura 24.3, 1982: 20-30.

Pearce, Richard: "The Ambiguous Assault of Henderson and Herzog", Earl Rovit (ed.). *Saul Bellow: A Collection of Critical Essays.* Englewood Cliffs: Prentice, 1975: 72-80.

Pearce, Richard: "Harlequin: The Character of the Clown in Saul Bellow's *Henderson the Rain King* and John Hawkes' *Second Skin*", Richard Pearce (ed.). *Stages of the Clown: Perspectives on Modern Fiction from Dostoevsky to Beckett.* Carbondale: Southern Illinois University Press; London: Feffer, 1970: 102-116.

Pearce, Richard: "The Walker: Modern American Hero", *Massachussets Review* 5, 1964: 761-764.

Pearce, Richard: *Stages of the Clown*, Carbondale: Southern Illinois University Press, 1970.

Pearson, Carol: "Bellow's *Henderson the Rain King* and the Myth of the King, the Fool, and the Hero", *Notes on Contemporary Literature* 5.5, 1975: 8-11.

Peck, Abe: "Bellow Is Back", *Progressive* Apr. 1982: 57-59.

Peden, William: "Recent Fiction: Some of the Best", Rev. of *Him with His Foot in His Mouth and Other Stories. Western Humanities Review* 39.3, 1985:

267-274.

Peontek, Louana L.: "Images of Women in Saul Bellow's Novels", Diss. Saint Louis University, 1980.

Perrott, Roy: "Two Attempts at the Big American Novel", *Manchester Guardian* 29 May 1959: 6.

Petillon, Pierre-Yves: "De La 'Culture' en Amérique", *Critique* [Paris] 33, 1977: 27-46.

Petillon, Pierre-Yves: *La Grand route: Espace et écriture en Amérique.* Fiction & Cie. Paris: Seuil, 1979: 60-65, 76-82, 114-118, 126-133.

Petillon, Pierre-Yves: "Les Héros de roman américain a pris de l'âge", *Critique* [Paris] 236, 1967: 159-176.

Petillon, Pierre-Yves: "Les Derniers Jours: Signaux de vie", *Critique* [Paris] 38, 1982: 983-998.

Petillon, Pierre-Yves: "Picaro en démocratie [Picaro in Democracy]", *Caliban* 20, 1983: 61-67.

Petillon, Pierre-Yves: "*Un Homme en Suspens*", *Critique* [Paris] 427, 1982: 983-998.

Philips, Louis: "The Novelist as Playwright: Baldwin, McCullers, and Bellow", William E. Taylor (ed.). *Modern American Drama: Essays in Criticism.* Deland: Everett/ Edwards, 1968: 145-162.

Pickrel, Paul: "Innocent Voyager", *Harper's* Mar. 1959: 104.

Pickrel, Paul: "Outstanding Novels", *Yale Review* 43.1, 1953: x.

Pickrel, Paul: "Testament of a Survivor", *Harper's* Oct. 1964: 128.

Pifer, Ellen: "Two Different Speeches: Mystery and Knowledge in *Mr. Sammler's Planet*", *Mosaic* 18.2, 1985: 17-32.

Pifer, Ellen: *Saul Bellow Against the Grain*, Philadelphia: University of Pennsylvania Press, 1990.

Pinsker, Sanford: "The 'Schlemiel' in Yiddish and American Literature", *Chicago Jewish Forum* 25.3, 1967: 191-195.

Pinsker, Sanford: "Moses Herzog and the Modern Wasteland", *Reconstructionist* 20 Dec. 1968: 20-26.

Pinsker, Sanford: "Few Real Surprises", *Reconstructionist* 29 May 1970: 20-22.

Pinsker, Sanford: "The Psychological Schlemiel of Saul Bellow", *The Schlemiel as Metaphor: Studies in the Yiddish and American Jewish Novel.* Carbondale: Southern Illinois University Press; London: Feffer, 1971: 125-157.

Pinsker, Sanford: "Jerusalem Without Fictions", *Jewish Spectator* 42.1, 1977: 36-37.

Pinsker, Sanford: "Moses Herzog's Fall into the Quotidian", *Studies in the Twentieth Century* 14, Fall 1974: 105-115.

Pinsker, Sanford: "Sustaining Community of 'Reality Instructors': The City in Saul Bellow's Later Fiction", *Studies in American Jewish Literature* 3.1, 1977: 25-30.

Pinsker, Sanford: "Saul Bellow and the Special Comedy of Urban Life", *Ontario Review* 8, 1978: 82-94.

Pinsker, Sanford: "Meditations Interruptus: Saul Bellow's Ambivalent Novel of Ideas", *Studies in American Jewish Literature* [University Park, PA] 4.2, 1978: 22-32.

Pinsker, Sanford: "*Rameau's Nephew* and Saul Bellow's *Dangling Man*", *Notes on Modern American Literature* 4, 1980: Item 22.

Pinsker, Sanford: "Saul Bellow, Soren Kierkegaard and the Question of Boredom", *Centennial Review* 24.1, 1980: 118-125.

Pinsker, Sanford: "A Kaddish for Valeria Raresh: Dean Albert Corde's Long Dark Month of the Soul", *Studies in American Jewish Literature* 3, 1983: 128-137.

Pinsker, Sanford: Rev. of *Him with His Foot in His Mouth and Other Stories. Studies in Short Fiction* 21.4, 1984: 404-405.

Pinsker, Sanford: "Saul Bellow Going Everywhere: History, American Letters and the Transcendental Itch", *Saul Bellow Journal* 3.2, 1984: 47-52.

Pinsker, Sanford: "A New Look at 'The Old System'", *Saul Bellow Journal* 11, No. 2 & 12, No. 1, 1993-1994: 54-65.

Pizer, Donald: "Saul Bellow: *The Adventures of Augie March*", Donald Pizer (ed.). *Twentieth-Century American Literary Naturalism: An Interpretation.* Carbondale: Southern Illinois University Press, 1982: 133-149.

Podhoretz, Norman: "The Adventures of Saul Bellow", Norman Podhoretz (ed.). *Doings and Undoings: The Fifties and After in American Writing.* New York: Farrar, 1964: 205-227.

Podhoretz, Norman: "The Language of Life", *Commentary* Oct. 1953: 378-382.

Podhoretz, Norman: "Saul Bellow's Power-Filled, Puzzling Novel of a Millionaire in Africa", *New York Herald Tribune Book Review* 22 Feb. 1959: 3.

Poirier, Richard: "Bellows to *Herzog*", *Partisan Review* 32.2, 1965: 264-271.

Poirier, Richard: "*Herzog*, or Bellow in Trouble", Earl Rovit (ed.). *Saul Bellow: A Collection of Critical Essays.* Englewood Cliffs: Prentice, 1975: 81-89.

Pollit, Katha: "Bellow Blows Hot and Cold", *Mother Jones* Feb.-Mar. 1982: 66-67.

Poore, Charles: "Books of the Times", *New York Times* 22 Nov. 1947: 13.

Popkin, Henry: "American Comdey", *Kenyon Review* 16, 1954: 329-334.

Porter, M. Gilbert: "*Henderson the Rain King*: An Orchestration of Soul Music", *New England Review* 1.6, 1972: 24-33.

Porter, M. Gilbert: "*Herzog*: A Transcendental Solution to an Existential Problem", *Forum* [Houston] 7.2, 1969: 32-36.

Porter, M. Gilbert: "Hitch Your Agony to a Star: Bellow's Transcendental Vision", Edmond Schraepen (ed.). *Saul Bellow and His Work.* Brussels: Centrum voor Taal-en Literatuurwetenschap, Vrije Universiteit Brussel, 1978: 73-88.

Porter, M. Gilbert: "Is the Going Up Worth the Coming Down? Transcendental Dualism in Saul Bellow's Fiction", *Studies in the Literary Imagination* 17.2, 1984: 19-37.

Porter, M. Gilbert: "The Novels of Saul Bellow: A Formalist Reading", Diss. University of Oregon, 1969.

Porter, M. Gilbert: "The Scene as Image: A Reading of *Seize the Day*", Earl Rovit (ed.). *Saul Bellow: A Collection of Critical Essays.* Englewood Cliffs: Prentice, 1975: 52-71.

Porter, M. Gilbert: *Whence the Power? The Artistry and Humanity of Saul Bellow.* Columbia: University of Missouri Press, 1974.

Possler, Katherine E.: "Cannibalism in *Humboldt's Gift*", *Gypsy Scholar: A Graduate Forum for Literary Criticism* 5.1, 1978: 18-21.

Possler, Katherine E.: "The Significance of Structure in *Dangling Man* and *Humboldt's Gift*", *Studies in American Jewish Literature* 3.1, 1977: 20-24.

Prabhakar, T., and P. Palanivel: "In Defense of Humanity: Saul Bellow's Novels", *Journal of English Studies* [India] 12.1, 1980: 820-827.

Prescott, Orville: "Books of the Times", *New York Times* 18 Sept. 1953: 21.

Prescott, Orville: "Books of the Times", *New York Times* 23 Feb. 1959: 21.

Prescott, Orville: "A Strange, Brilliant, New Bellow Novel", *San Francisco Sunday Chronicle This World Magazine* 27 Sept. 1964: 39.

Prescott, Peter S.: "Him at His Most Impressive", Rev. of *Him with His Foot in His Mouth and Other Stories. Newsweek* 14 May 1984: 76.

Pribanic, Victor: "The Monomyth and its Function in *Henderson the Rain King*", Frank Baldanza (ed.). *Itinerary 3: Criticism.* Bowling Green: Bowling Green University Press, 1977: 25-30.

Price, Martin: "Intelligence and Fiction: Some New Novels", *Yale Review* ns 48.3, 1959: 453-456.

Price, Nancy Laine: "The Serious Self in a Rhetorical World: Affirmative Ambiguity Toward Language in Six Novels of Saul Bellow", Diss. Texas Christian University, 1985.

Prideaux, Tom: "Don't Let Bellow Get Seared Off", Rev. of *The Last Analysis. Life* 30 Oct. 1964: 17.

Priestley, J. B.: "A Novel on the Heroic Scale", *Sunday Times* 9 May 1954: 5.

Pritchard, William H.: "Senses of Reality", *Hudson Review* 23.1, 1970: 169-170.

Pritchett, V. S.: "King Saul", *New York Review of Books* 22 Oct. 1964: 4-5.

Pritchett, V. S.: "Potato Pie", *New Statesman* 10 Oct. 1975: 442-443.

Pritchett, V. S.: "Saul Bellow: Jumbos", V. S. Pritchett (ed.). *The Tale Bearers: Essays on English, American, and Other Writers.* London: Chatto, 1980: 146-155.

Pritchett, V. S.: "That Time and That Wildness", *New Statesman* 28 Sept. 1962: 405-406.

Pugh, Scott: "Stylistic Indeterminacy and the Opening of *Seize the Day*", *Kyushu American Literature* 28, 1987: 29-37.

Q

Quart, Barbara: "The Treatment of Women in the Work of Three Contemporary Jewish-American Writers: Mailer, Bellow, and Roth", Diss. New York University, 1979.

Quayum, M. A.: *Saul Bellow and American Transcendentalism*, New York: Peter

Lang, 2004.

Quayum, M. A.: and Sukhbir Singh (eds.): *Saul Bellow: The Man and His Work.* New Delhi: B. R. Publishing, 2000.

R

Raban, Jonathan: "The Stargazer and His Sermon", *Sunday Times* 28 Mar. 1982: 14.

Radeljkovic, Zvonimir: "Bellow's Search for Meaning", James L. Thorson (ed.), Pavlinka Georgiev (Trans.). *Yugoslav Perspectives on American Literature: An Anthology.* Ann Arbor: Ardis, 1980: 181-184.

Rader, Barbara A.: "Rite of Passage: The Quest of the Hero in Saul Bellow's Novels", Diss. Rice University, 1985.

Radner, Sanford: "The Woman Savior in *Humboldt's Gift*", *Saul Bellow Newsletter* 1.1, 1981: 22-25.

Rago, Henry: "The Discomforts of Storytelling", *Sewanee Review* 56.3, 1948: 514-521.

Rahv, Philip: "Bellow the Brain King", *New York Herald Tribune Book Week* 20 Sept. 1964: 1, 14, 16.

Raider, Ruth: "Saul Bellow", Rev. of *Herzog* and *Saul Bellow,* by Tony Tanner. *Cambridge Quarterly* 2.2, 1967: 172-183.

Rans, Geoffrey: "The Novels of Saul Bellow", *Review of English Literature* 4.4, 1963: 18-30.

Rao, R. M. V. R.: "Chaos of the Self: An Approach to Saul Bellow's *Dangling Man*", *Osmania Journal of English Studies* [India] 8.2, 1971: 89-103.

Raper, J. R.: "Running Contrary Ways: Saul Bellow's *Seize the Day*", *Southern Humanities Review* 10.2, 1976: 157-168.

Raper, J. R.: "The Limits of Change: Saul Bellow's *Seize the Day* and *Henderson the Rain King*", In *Narcissus from Rubble: Competing Models of Character in Contemporary British and American Fiction*, 12-36. Baton Rouge: Louisiana State University Press, 1992.

Raphael, Frederic: "Mr. Bellow's Big Idea", *Sunday Times* 5 Oct. 1975: 35.

Raymer, John: "A Changing Sense of Chicago in the Works of Saul Bellow and Nelson Algren", *Old Northwest* 4.4, 1978: 371-383.

Read, Forrest: "Notes, Reviews, and Speculations", Rev. of *Herzog*. *Epoch* 14.1, 1964: 81-96.

Reiner, Sherry Levy: "'It's Love That Makes Reality Reality': Women Through the Eyes of Saul Bellow's Protagonist", Diss. University of Cincinnati, 1980.

Rhodes, Richard: "In Bellow's Work the Talk Is All and Marvelous Talk It Is", *Chicago Tribune Book World* 24 Aug. 1975: 1.

Ribalow, Harold U.: "The Woes of Herzog", *Congress Bi-Weekly* 18 Jan. 1965: 14.

Richardson, Jack: "A Burnt-Out Case", *Commentary* Nov. 1975: 74, 76-78.

Richardson, Jack: "Chasing Reality", Rev. of *Mosby's Memoirs & Other Stories*. *New York Review of Books* 13 Mar. 1969: 12-14.

Richler, Mordecai: "Number One", *Spectator* 1 Oct. 1965: 425.

Richler, Mordecai: "The Survivor", *Spectator* 29 Jan. 1965: 139.

Richmond, Lee J.: "The Maladroit, the Medico, and the Magician: Saul Bellow's *Seize the Day*", *Twentieth Century Literature* 19.1, 1973: 15-25.

Richter, David H.: "Bellow's *Herzog*", David H. Richter (ed.). *Fable's End: Completeness and Closure in Rhetorical Fiction*. Chicago: University of Chicago Press, 1974: 185-192.

Riehl, Betty Ann Jones: "Narrative Structures in Saul Bellow's Novels", Diss. The University of Texas at Austin, 1975.

Riggan, William: "The *Picaro*", *Picaros, Madmen, Naifs, and Clowns: The Unreliable First-Person Narrator*. Norman: University of Oklahoma Press, 1981: 38-78.

Robert, Alter: "Kafka's Father, Agnon's Mother, Bellow's Cousins", *Commentary* Feburary 1986: 46-52.

Roberts, David: "Bellow's Month", Rev. of *The Dean's December*. *Horizon* Jan.-Feb. 1982: 22.

Rodgers, Bernard F., Jr.: "Apologia Pro Vita Sua: Biography and Autobiography in *Humboldt's Gift*", *Kwartalnik Neofilologiczny* 27.4, 1980: 439-454.

Rodrigues, Eusebio L.: "Augie March's Mexican Adventures", *Indian Journal of American Studies* 8.2, 1978: 39-43.

Rodrigues, Eusebio L.: "Bellow's Africa", *American Literature* 43.2, 1971: 242-256.

Rodrigues, Eusebio L.: "Bellow's Confidence Man", *Notes on Contemporary Literature* 3.1 (1973): 6-8.

Rodrigues, Eusebio L.: "*Herzog* and Hegel", *Notes on Modern American Literature* 2.2, 1978: Item 16.

Rodrigues, Eusebio L.: "Koheleth in Chicago: Quest for the Real in 'Looking for Mr. Green'", *Studies in Short Fiction* 11.4, 1974: 387-393.

Rodrigues, Eusebio L.: "Quest for the Human: Theme and Structure in the Novels of Saul Bellow", Diss. University of Pennsylvania, 1970.

Rodrigues, Eusebio L.: "The Reference to 'Joxi' in *Henderson the Rain King*", *Notes on Contemporary Literature* 8.4, 1978: 9-10.

Rodrigues, Eusebio L.: "Reichianism in *Henderson the Rain King*", *Criticism* 15.3, 1973: 212-233.

Rodrigues, Eusebio L.: "Reichianism in *Seize the Day*", Stanley Trachtenberg (ed.). *Critical Essays on Saul Bellow.* Boston: Hall, 1979: 89-100.

Rodrigues, Eusebio L.: "A Rough-Hewn Heroine of Our Time: Saul Bellow's 'Leaving the Yellow House'", *Saul Bellow Newsletter* 1.1, 1981: 11-17.

Rodrigues, Eusebio L.: "Saul Bellow's Henderson as America", *Centennial Review* 20.2, 1976: 189-195.

Rodrigues, Eusebio L.: "Saul Bellow's Henderson as Mankind and Messiah", *Renascence* 35.4, 1983: 235-246.

Rodrigues, Eusebio L.: "The Two Manifestations of Jeremiah: Bellow's Creative Use of a Morsel of Experience", *Notes on Modern American Literature* 5.1, 1980: Item 6.

Rodrigues, Eusebio L.: *Quest for the Human: An Exploration of Saul Bellow's Fiction*, Lewisburg, Penn: Bucknell University Press, 1981.

Rolo, Charles J.: "Reader's Choice", *Atlantic* Jan. 1957: 86-87.

Rolo, Charles J.: "Reader's Choice", *Atlantic* Mar. 1959: 88.

Rolo, Charles J.: "A Rolling Stone", *Atlantic* Oct. 1953: 86-87.

Rooke, Constance: "Saul Bellow's 'Leaving the Yellow House': The Trouble with Women", *Studies in Short Fiction* 14.2, 1977: 184-187.

Rose, W. K.: "The Suffering Joker", *Shenandoah* 16.2, 1965: 55-58.

Rosenberg, Dorothy: "Augie March Travels from Chicago to Paris—Looking for Himself", *San Francisco Sunday Chronicle* 25 Oct. 1953: 18.

Rosenberg, Ruth: "Contemporising Kabbalah: Saul Bellow Confirms Cosmic Connection",

Journal of Reform Judaism 27, Spring 1980: 40-54.

Rosenberg, Ruth: "Three Jewish Narrative Strategies in *Humboldt's Gift*", *Melus* 6.4, 1979: 59-66.

Rosenfeld, Alvin H.: "Poet, Magician, and Anthroposophist: Saul Bellow's Latest Fiction", *Midstream* Dec. 1975: 62-67.

Rosenfeld, Alvin H.: "Saul Bellow, On the Soul", *Midstream* 23.10 (1977): 47-59.

Rosenthal, Melvyn: "The American Writer and His Society: The Response to Estrangement in the Works of Nathaniel Hawthorne, Randolph Bourne, Edmund Wilson, Norman Mailer, Saul Bellow", Diss. The University of Connecticut, 1968.

Ross, Theodore J.: "Notes on Saul Bellow", *Chicago Jewish Forum* 18, 1959: 21-27.

Ross-Bryant, Lynn: "Literature as Dialogue", *Imagination and the Life of the Spirit: An Introduction to the Study of Religion and Literature.* Poleridge Books 2. Missoula: Scholars, 1980: 123-157.

Roston, Murray: "The Flight of Jonah: A Study of Roth, Bellow and Malamud", C. D. Narasimhaiah (ed.). *Asian Response to American Literature.* New York: Barnes, 1972: 304-312.

Rosu, Anca: "The Picaresque Technique in Saul Bellow's *Adventures of Augie March*", *Analele Universitatii Bucuresti* 22, 1973: 191-197.

Roth, Henry: "Segments", *Studies in American Jewish Literature* [University Park, PA] 5.1 (1979): 58-62.

Roth, Philip: "Imagining Jews", *New York Review of Books* 3 Oct. 1974: 22-28.

Rothermel, Wolfgang P.: "Saul Bellow", Martin Christadler (ed.). *Amerikanische Literature der Gegenwart.* Stuttgart: Kroner, 1973: 69-104.

Rothman, Nathan: "Introducing an Important New Writer", *Saturday Review of Literature* 15 Apr. 1944: 27.

Roudane, Matthew C.: "A Cri De Coer: The Inner Reality of Saul Bellow's *The Dean's December*", *Studies in the Humanities* 11.2, 1984: 5-17.

Roudane, Matthew C.: "Discordant Timbre: Saul Bellow's 'Him with His Foot in His Mouth'", *Saul Bellow Journal* 4.1, 1985: 52-61.

Rovit, Earl: "Bellow in Occupancy", *American Scholar* 34.2, 1965: 292, 294, 296, 298.

Rovit, Earl: "Jewish Humor and American Life", *American Scholar* 36.2, 1967: 237-245.

Rovit, Earl: "Saul Bellow and the Concept of the Survivor", Edmond Schraepen (ed.). *Saul Bellow and His Work* Brussels: Centruum voor Taal-en Literatuurwetenschap, Vrije Universiteit Brussel, 1978: 89-101.

Rovit, Earl (ed.): *Saul Bellow: A Collection of Critical Essays*, Englewood Cliffs: Prentice, 1975.

Rovit, Earl: *Saul Bellow*, Minneapolis: University of Minnesota Press, 1967.

Rubenstein, Richard L.: "The Philosophy of Saul Bellow", *Reconstructionist* 22 Jan. 1965: 7-12.

Rubin, Louis D.: "Southerners and Jews", *Southern Review* ns 2.3, 1966: 697-713.

Rugoff, Milton: "A Saul Bellow Miscellany", *New York Herald Tribune Book Week* 18 Nov. 1956: Part I, 3.

Rupp, Richard H.: "Saul Bellow: Belonging to the World in General", Richard H. Rupp (ed.). *Celebration in Postwar American Fiction: 1945-1967.* Coral Gables: University of Miami Press, 1970: 189-208.

Rupp, Richard H.: *Celebration in Postwar American Fiction*, Coral Gables Fla: University of Florida Press, 1970.

Rushdie, Salman: "The Big Match", *New Statesman* 2 Apr. 1982: 22.

Russell, Mariann: "White Man's Black Man: Three Views", *College Language Association Journal* 17, 1973: 93-100.

Ryan, Steven T.: "The Soul's Husband: Money in *Humboldt's Gift*", Roy R. Male (ed.). *Money Talks: Language and Lucre in American Fiction.* Norman: University of Oklahoma Press, 1981: 111-121.

S

Sale, Roger: "Now, and Then", Roger Sale (ed.). *Literary Inheritance*. Amherst: University of Massachusetts Press, 1984: 203-219.

Sale, Roger: "Provincial Champions and Grandmasters", *Hudson Review* 17.4, 1964-1965: 608-618.

Sale, Roger: "The Realms of Gold", *Hudson Review* 28.4, 1975-1976: 616-628.

Salomon, David A.: "The Brotherhood of Unfulfilled Early Promise: Tommy Wilhelm in Saul Bellow's *Seize the Day* and 'You' in Jay McInerney's *Bright Light, Big City*", *Saul Bellow Journal* 12, No. 2, 1994: 37-43.

Salter, D. P. M.: "Optimism and Reaction in Saul Bellow's Recent Work", *Critical Quarterly* 14.1, 1972: 57-66.

Samuel, Maurice: "My Friend, the Late Moses Herzog", *Midstream* Apr. 1966: 3-25.

Samuels, Charles T.: "Bellow on Modernism", *New Republic* 7 Feb. 1970: 27-30.

Samuels, Charles T.: "Action and Idea in Saul Bellow", Rev. of *Mosby's Memoirs & Other Stories*. *Atlantic* Nov. 1968: 126-128, 130.

Sanders, Margaret Moran: "Romantic Elements in the Criticism and Fiction of Saul Bellow", Diss. George Washington University, 1979.

Saporta, Par Marc: "Un roman d'antiamour", *Preuves* Nov. 1965: 88-89.

Saposnik, Irving S.: "Bellow, Malamud, Roth…and Styron? or One Jewish Writer's Response", *Judaism* 123, 1982: 322-332.

Saposnik, Irving S.: "Bellow's Jerusalem: The Road Not Taken", *Judaism* 28.1, 1979: 42-50.

Saposnik, Irving S.: "*Dangling Man*: A Partisan Review", *Centennial Review* 26.4, 1982: 388-395.

Saposnik, Irving S.: "Yasha Mazur and Harry Houdini: The Old Magic and the New", *Studies in American Jewish Literature* 1, 1981: 52-60.

Sarma, G. V. L. N.: "Saul Bellow and the Indian Intellectual", *Journal of English Studies* [India] 12.1, 1980: 828-832.

Sarotte, Georges-Michel: "Le plus grand peut-être", *Quinzaine Littéraire* 283, 1978: 7.

Sastri, P. S.: "Bellow's *Henderson the Rain King*: A Quest for Being", *Panjab University Research Bulletin* (Arts) 3.1, 1972: 9-18.

Satlof, Marilyn R.: "Bellow's Modern Lamed Vovniks", *Saul Bellow Journal* 8, No. 2, 1989: 39-46.

Satyanarayana, M. R.: "The Reality Teacher as Hero: A Study of Saul Bellow's *Mr. Sammler's Planet*", *Osmania Journal of English Studies* [India] 8.2, 1971: 55-68.

Savanio, Piero: "Il Romanzo di Saul Bellow", *Studi Americani* 2, 1956: 261-284.

Scheer-Schäezler, Brigitte: "Die Farbe als dichterisches Gestaltungsmittel in den

Romanen Saul Bellows", *Sprachkunst* 2, 1971: 243-264.

Scheer-Schäezler, Brigitte: "Epistemology as Narrative Device in the Work of Saul Bellow", Edmond Schraepen (ed.). *Saul Bellow and His Work.* Brussels: Centruum voor Taal-en Literatuurwetenschap, Vrije Universiteit Brussel, 1978: 103-118.

Scheer-Schäezler, Brigitte: "Saul Bellow's Humor and Saul Bellow's Critical Reception", *Delta* 19, Oct. 1984: 47-65.

Scheer-Schäezler, Brigitte: "Short Story and Modern Novel: A Comparative Analysis of Two Texts", *Orbis Litterarum* 25, 1970: 338-351.

Scheer-Schäezler, Brigitte: *A Taste for Metaphors: Die Bildersprache als Interpretationsgrundlage des modernen Romans dargestellt ausaul Bellows Herzog.* Modern Sprachen Schriftenreihe 11. Vienna: Vervand der Osterreichischen Neuphilologen, 1968.

Scheer-Schäezler, Brigitte: *Saul Bellow*, New York: Ungar, 1972.

Scheffler, Judith: "Two-Dimensional Dynamo: The Female Character in Saul Bellow's Novels", *Wascana Review* 16.2, 1981: 3-19.

Scheffler, Judith: "Reviews: *The Dean's December*", *USA Today* May 1982: 64, 66.

Scheick, William J.: "Circle Sailing in Bellow's *Mr. Sammler's Planet*", *Essays in Literature* 5.1, 1978: 95-101.

Schneider, Joseph L.: "The Immigrant Experience in *Prin* and *Mr. Sammler's Planet*", *On Poets and Poetry: Second Series.* Salzburg Studies in English Literature 27. Salzburg: Institut fur Anglistik und Amerikanistik, Universitat Salzburg, 1980: 37-40.

Schorer, Mark: "A Book of Yes and No", *Hudson Review* 7.1, 1954: 136-141.

Schorer, Mark: "Fictions Not Wholly Achieved", *Kenyon Review* 6.3, 1944: 459-461.

Schraepen, Edmond: "Comedy in Saul Bellow's Work", Diss. University of Liège, 1975.

Schraepen, Edmond: "Herzog: Disconnection and Connection", Edmond Schraepen (ed.). *Saul Bellow and His Work.* Brussels: Centrum Voor Taal En Literatuurwetenschap, Vrije Universiteit Brussels, 1978: 119-129.

Schraepen, Edmond: "*Humboldt's Gift*: A New Bellow", *English Studies* 62.2, 1981: 164-170.

Schroeter, James: "Saul Bellow and Individualism", *Etudes de Lettres* ser. 4. 1.1, 1978: 3-28.

Schueler, Mary Dudley: "The Figure of Madeleine in *Herzog*", *Notes on Contemporary Literature* 1.3, 1971: 5-7.

Schulz, Max F.: "Mr. Bellow's Perigree, Or, The Lowered Horizon of *Mr. Sammler's Planet*", Irving Malin (ed.). *Contemporary American-Jewish Literature: Critical Essays.* Bloomington: Indiana University Press, 1973: 117-133.

Schulz, Max F.: "Saul Bellow and the Burden of Selfhood", Max F. Schulz (ed.). *Radical Sophistication: Studies in Contemporary Jewish-American Novelists.* Athens: Ohio University Press, 1969: 110-153.

Schulz, Max F.: *Radical Sophistication*, Athens: Ohio University Press, 1969.

Schwartz, Delmore: "Adventure in America", *Partisan Review* 21.1, 1954: 112-115.

Schwartz, Delmore: "A Man in His Time", Rev. of *Dangling Man. Partisan Review* 11.3, 1944: 348-350.

Schwartz, Edward: "Chronicle of the City", *New Republic* 3 Dec. 1956: 20-21.

Schwartz, Joseph: "Good Guys with no Labels", Rev. of *The Dean's December. Chronicles of Culture* 6.5, 1982: 8-11.

Schwartz, Nils: "Forlorarens underbara tarar", *Bonniers Litterara Magasin* 51.1, 1982: 73-74.

Scott, Nathan A. Jr.: "Bellow's Vision of the 'Axial Lines'", Nathan A. Scott, Jr. (ed.). *Three American Moralists: Mailer, Bellow, Trilling.* Notre Dame: University of Notre Dame Press, 1973: 101-149.

Scott, Nathan A. Jr.: "Sola Gratia—The Principle of Bellow's Fiction", *Adversity and Grace: Studies in Recent American Literature.* Nathan A. Scott, Jr. Chicago: U of Chicago P, 1968. 27-57. Rpt. in *Craters of the Spirit: Studies in the Modern Novel.* Nathan A. Scott, Jr. Washington, DC: Corpus, 1968: 253-265.

Scott, Nathan A. Jr.: "Transcendence Downwards", *Christian Century* 16 Dec. 1964: 1562-1563.

Scrafford, Barbara L.: "Water and Stone: The Confluence of Textual Imagery in *Seize the Day*", *Saul Bellow Journal* 6, No. 2, 1987: 64-70.

Scrafford, Barbara L.: "Saul Bellow's Maternal Icon", *Saul Bellow Journal* 10, No. 2, 1992: 65-71.

Sewell, William Jacob: "Literary Structure and Value Judgment in the Novels of Saul Bellow", Diss. Duke University, 1974.

Sharma, D. R.: "*Mr. Sammler's Planet*: Another 'Passage' to India", *Panjab University Research Bulletin* (Arts) 4.1, April 1973: 97-104.

Sharma, J. N.: "*Seize the Day*: An Existentialist Look", Ruby Chatterji (ed.). *Existentialism in American Literature.* Atlantic Highlands: Humanities Press, 1983: 121-133.

Shastri, N. R.: "Self and Society in Saul Bellow's *The Victim*", *Osmania Journal of English Studies* 8.2, 1971: 105-112.

Shattuck, Roger: "A Higher Selfishness", *New York Review of Books* 18 Sept. 1975: 21-25.

Shaw, Peter: "The Tough Guy Intellectual", *Critical Quarterly* 8.1, 1966: 13-28.

Shear, Walter: "*Steppenwolf* and *Seize the Day*", *Saul Bellow Newsletter* 1.1, 1981: 32-34.

Shear, Walter: " 'Leaving the Yellow House': Hattie's Will", *Saul Bellow Journal* 7, No. 1, 1988: 51-56.

Shechner, Mark: "Down in the Mouth with Saul Bellow", *American Review* 23, 1975: 40-77.

Shechner, Mark: "Saul Bellow and Ghetto Cosmopolitanism", *Studies in American Jewish Literature* [University Park, PA] 4.2, 1978: 33-44.

Shechner, Mark: "The Nobel Savage", In *After the Revolution: Studies in the Contemporary Jewish American Imagination*, 131-134. Bloomington: Indiana University Press, 1987.

Sheed, Wilfred: "Weathering the Folly", Rev. of *Under the Weather. Commonweal* 18 Nov. 1966: 199-201.

Sheppard, R. Z.: "Scribbler on the Roof", *Time* 25 Aug. 1975: 62.

Sheppard, R. Z.: "Truth and Consequences", *Time* 18 Jan. 1982: 77, 80.

Sheres, Ita G.: "Prophetic and Mystical Manifestation of Exile and Redemption in the Novels of Henry Roth, Bernard Malamud, and Saul Bellow", Diss. The University of Wisconsin-Madison, 1972.

Sheridan, Judith Rinde: "Beyond the Imprisoning Self: Mystical Influences on Singer, Bellow and Malamud", Diss. State University of Chicago, 1979.

Sherman, Bernard: "*The Adventures of Augie March*", Bernard Sherman (ed.). *The Invention of the Jew: Jewish-American Education Novels (1916-1964).* New York: Barnes; London: Yoseloff, 1969: 132-145.

Shibuya, Yuzaburo: "Chicago: Hanzai to Shigokoro", *Eigo Seinen* 128.4, 1982: 209-210.

Shibuya, Yuzaburo: "Machine, Business, Lawyers, Gangsters: Bellow no Chicago", *Eigo Seinen* 129, 1983: 64-65.

Shibuya, Yuzaburo: "Saul Bellow: Politics and the Sense of Reality", Kenzaburo Ohashi (ed.). *The Traditional and the Anti-Traditional: Studies in Contemporary American Literature.* Tokyo: Tokyo Chapter of the American Literature Society of Japan, 1980: 43-56.

Shibuya, Yuzaburo: "Saul Bellow Ron—Moralist to shite no Sokumen wo Chushin ni", *Eigo Seinen* 118, 1972: 254-256.

Shulman, Robert: "Myth, Mr. Eliot, and the Comic Novel", *Modern Fiction Studies* 12.4, 1966-1967: 395-403.

Shulman, Robert: "The Style of Bellow's Comedy", *PMLA* 83.1, 1968: 109-117.

Sicherman, Carol M.: "Bellow's *Seize the Day*: Reverberations and Hollow Sounds", *Studies in the Twentieth Century* 15, 1975: 1-31.

Sieburth, Renee: "*Henderson the Rain King*: A Twentieth Century Don Quixote?", *Canadian Review of Comparative Literature* 5.1, 1978: 86-94.

Siegel, Ben: "Artists and Opportunists in Saul Bellow's *Humboldt's Gift*", *Contemporary Literature* 19.2, 1978: 143-164.

Siegel, Ben: "Saul Bellow and Mr. Sammler: Absurd Seekers of High Qualities", Earl Rovit (ed.). *Saul Bellow: A Collection of Critical Essays.* Englewood Cliffs: Prentice, 1975: 122-134.

Siegel, Ben: "Saul Bellow and the University as Villain", *Missouri Review* 6.2, 1983: 167-188.

Silol, Robert: "Augie March ou les balancements délicats d'un moi à la recherche de soi", *Delta* 19, 1984: 93-107.

Simpson, Louis: "The Ghost of Delmore Schwartz", *New York Times Magazine* 7 Dec. 1975: 38, 40-43, 48, 52, 56.

Singh, Sukhbir: "A Talk with Saul Bellow", M. A. Quayum and Sukhbir Singh (eds.). *Saul Bellow: The Man and His Work.* New Delhi: B. R. Publishing, 2000:

83-100.

Singh, Yashoda: "Saul Bellow and the Modern American City", *Osmania Journal of English Studies* [India] 17, 1981: 39-47.

Singh, Yashoda: "The City as Metaphor in Selected Novels of James Purdy and Saul Bellow", Diss. Loyola University of Chicago, 1979.

Sire, James W.: "The Human Understanding of Saul Bellow", *Christianity Today* 21 Jan. 1977: 20, 22.

Sire, James W.: "Mr. Sammler and the God of Our Fathers", *Christianity Today* 4 June. 1971: 6-9.

Sire, James W.: "Saul Bellow: Higher-Thought Clown", *Christianity Today* 12 Mar. 1976: 26-27.

Siskin, Edgar. E.: "Saul Bellow in Search of Himself", *Journal of Reform Judaism* 25, Spring 1978: 89-93.

Sissman, L. E.: "Upright", *New Yorker* 31 Jan. 1970: 82, 85-87.

Sloss, Henry: "Europe's Last Gasp", *Shenandoah* 22.1, 1970: 82-86.

Smelstor, Marjorie: "The Schlemiel as Father: A Study of Yakov Bok and Eugene Henderson", *Studies in American Jewish Literature* 4.1, 1978: 50-57.

Smith, Herbert J.: "*Humboldt's Gift* and Rudolph Steiner", *Centennial Review* 22.4, 1978: 479-489.

Smith, R. D.: "Fiction", *Spectator* 4 June 1948: 686, 688.

Sokoloff, B. A.: *Saul Bellow: A Comprehensive Bibliography*, Folcroft, 1972.

Sokoloff, B. A.: "West Side Lear", *Newsweek* 2 Feb. 1970: 77.

Solotaroff, Theodore: "Philip Roth and the Jewish Moralists", *Chicago Review* 13.4, 1959: 87-99.

Solotaroff, Theodore: "Napolean Street and After", *Commentary* Dec. 1964: 63-66.

Solotaroff, Theodore: "Saul Bellow: Lines of Resistance", Rev. of *Mosby's Memoirs and Other Stories*. Theodore Solotaroff (ed.). *The Red Hot Vacuum and Other Pieces of Writing of the Sixties.* New York: Atheneum, 1970: 298-305.

Spivey, Ted R.: "Death, Love, and the Rebirth of Language in Saul Bellow's Fiction", *Saul Bellow Journal* 4.1 (1985): 5-18.

Stade, George: "I, Me, Mine", *Nation* 30 Jan. 1982: 117-118.

Stafford, W. T.: "The Black/ White Continuum: Some Recent Examples in Bellow, Malamud, and Updike", W. T. Stafford (ed.). *Books Speaking to Books: A Contextual Approach to American Fiction.* Chapel Hill: University of North Carolina Press, 1981: 71-102.

Steig, Michael: "Bellow's *Henderson* and the Limits of Freudian Criticism", *Paunch* 36-37, 1973: 39-46.

Steiner, George: "Moses Breaks the Tablets", *Sunday Times* 31 Jan. 1965: 48.

Steinke, Russell: "The Monologic Temper of Bellow's Fiction", *Junction* [Brooklyn College] 1.3, 1973: 178-184.

Stern, Daniel: "The Bellow-ing of the Culture", *Commonweal* 24 Oct. 1975: 502-504.

Stern, Richard G.: "Henderson's Bellow", *Kenyon Review* 21.4, 1959: 655-661.

Stevenson, David L.: "The Activists", *Daedalus* 92.2, 1963: 238-249.

Stevick, Philip: "The Rhetoric of Bellow's Short Fiction", Stanley Trachtenberg (ed.). *Critical Essays on Saul Bellow.* Boston: Hall, 1979: 73-82.

Stock, Irvin: "Man in Culture", *Commentary* May 1970: 89-94.

Stock, Irvin: "The Novels of Saul Bellow", *Southern Review* 3.1, 1967: 13-42.

Stout, Janis P.: "The Possibility of Affirmation in *Heart of Darkness* and *Henderson the Rain King*", *Philological Quarterly* 57.1, 1978: 115-131.

Stout, Janis P.: "Biblical Allusion in *Henderson the Rain King*", *South Central Bulletin* 40.4, 1980: 165-167.

Stout, Janis P.: "Suffering as Meaning in Saul Bellow's *Seize the Day*", *Renascence* 39, No. 2, 1987: 365-373.

Stranger, James: "The Power of Vision: Blake's System and Bellow's Project in *Mr. Sammler's Planet*", *Saul Bellow Journal* 12.2, 1994: 17-36.

Stromberg, Ragnar: "Bellow's vagsakra stationsvagh mellan Bukarest och Chicago", *Bonniers Litterara Magasin* 51.6, 1982: 426-428.

Sudrann, Jean: "Goings and Comings", Review of *The Bellarosa Connection*, by Saul Bellow. Yale Review 79, No. 3, 1990: 414-420.

Sullivan, Quentin M.: "The Downward Transcendence of Moses Herzog", *Gypsy Scholar* 3.1, 1975: 44-50.

Sullivan, Victoria: "The Battle of the Sexes in Three Bellow Novels", Earl Rovit (ed.). *Saul Bellow: A Collection of Critical Essays.* Englewood Cliffs: Prentice,

1975: 101-114.

Sullivan, Walter: "Terrors Old and New: Bellow's Rumania and Three Views of the Holocaust", *Sewanee Review* 90.3, 1982: 484-492.

Sullivan, Walter: "Where Have All the Flowers Gone?", *Sewanee Review* 78.4, 1970: 654-664.

Svore, Judy Lee: "An Ontological Perspective Applied to the Interpretation of Saul Bellow's *Henderson the Rain King.*", Diss. The University of Arizona, 1977.

Swados, Harvey: "Bellow's Adventures in Africa", *New Leader* 23 Mar. 1959: 23-24.

Swados, Harvey: "A Breather from Saul Bellow", *New York Post Weekend Magazine* 18 Nov. 1956: 11.

Swados, Harvey: "The Long and the Short of It", *Hudson Review* 10.1, 1957: 155-160.

Symons, Julian: "Bellow Before Herzog", *Critical Occasions.* London: Hamilton, 1966: 112-118.

T

Taaffe, Gerald: *Montrealer,* July 1965: 35-36.

Tackach, James M.: "Saul Bellow's Dingbat Einhorn, Nails Nagel and the American Dream", *Saul Bellow Journal* 2.2, 1983: 55-58.

Tajima, Junko: "The Role of Intellection in Saul Bellow's Fiction", Diss. Indiana University, 1981.

Tajuddin, Mohammad: "The Tragicomic Novel: Camus, Malamud, Hawkes, Bellow", Diss. Indiana University, 1967.

Takizawa, Juzo: "Schopenhauer and Nietzsche in Bellow's Work", *American Literature in the 1950's: Annual Report 1976.* Tokyo: Tokyo Chapter of the American Literature Society of Japan, 1977: 50-59.

Tanner, Tony: Afterword in *Saul Bellow and His Work.* Edmond Schraepen (ed.). *Saul Bellow and His Work.* Brussels: Centruum voor Taal-en Literatuurwetenschap, Vrije Universiteit Brussel, 1978: 131-138.

Tanner, Tony: "The American Novelist as Entropologist", *London Magazine* ns 10.7, 1970: 5-18.

Tanner, Tony: *City of Words: American Fiction 1850-1970*. New York: Harper, 1971: 64-84, 295-321.

Tanner, Tony: *Saul Bellow*, Edinburg: Oliver and Boyd, 1965.

Tanner, Tony: "Saul Bellow: The Flight from Monologue", *Encounter* [London] 24.2, 1965: 58-65, 67-70.

Tanner, Tony: "Tony Tanner Writes about the American Novelist, Saul Bellow", Rev. of *Mosby's Memoirs & Other Stories*. *Listener* 23 Jan. 1969: 113-114.

Tanner, Tony: *Saul Bellow, Writers and Critics*, New York: Chips, 1978.

Taylor, Benjamin (ed.): *Saul Bellow Letters*. New York: Viking, 2010.

Teodorescu, Anda: "Saul Bellow: An Ironical Humanist", *Cahiers Roumains d'Etudes Litteraires* 4, 1979: 107-112.

Terakado, Yasuhiko: "Saul Bellow *Humboldt no Okurimono*: Jinchigaku to Cannibalism", *Bungaku to America: Ohashi Kenzaburo Kyoju Kanreki Kinen Ronbunshu*. Tokyo: Nanundo, 1980: 345-358. Vol. 2.

Tewarie, Bhoendradatt: "A Comparative Study of Ethnicity in the Novels of Saul Bellow and V. S. Naipaul", Diss. Pennsylvania University, 1983.

Thomas, D. M.: "Saul Bellow's Darkening Vision", *Washington Post Book World* 10 Jan. 1982: 1-2.

Thomas, Jesse James: "The Image of Man in the Literary Heroes of Jean-Paul Sartre and Three American Novelists: Saul Bellow, John Barth, and Ken Kesey—A Theological Evaluation", Diss. Northwestern University, 1967.

Thompson, Frank H., Jr.: "I Want, I Want, I Want", *Prairie Schooner* 34.2, 1960: 174-175.

Tick, Stanley: "America Writes", *Meajin* [Australia] April 1961: 112-115.

Tijeras, Eduardo: "Saul Bellow", *Cuadernos Hispanoamericanos* 274, 1973: 182-186.

Tijeras, Eduardo: "Saul Bellow", *Cuadernos Hispanoamericanos* [Madrid] 317, 1976: 425-428.

Tipton, David: "Image Man", Rev. of *The Dean's December. London Magazine* Apr.-May 1982: 131-133.

Tobias, Richard: Rev. of *Him with His Foot in His Mouth and Other Stories. World Literature Today* 59.1, 1985: 90-91.

Toliver, Harold E.: "Bellow's Idyll of the Tribe", Harold E. Toliver (ed.). *Pastoral*

Forms and Attitudes. Berkeley: University of California Press, 1971: 323-325.

Toth, Susan Allen: "*Henderson the Rain King*, Eliot and Browning", *Notes on Contemporary Literature* 1.5, 1971: 6-8.

Towers, Robert: "A Novel of Politics, Wit and Sorrow", Rev. of *The Dean's December. New York Times Book Review* 10 Jan. 1982: 1, 22.

Towner, Daniel: "Brill's Ruins and Henderson's Rain", *Critique* 17.3, 1976: 96-104.

Toynbee, Philip: "Matter of Life and Death", *Observer* 5 Oct. 1975: 23.

Trachtenberg, Stanley: "Saul Bellow and the Veil of Maya", *Studies in the Literary Imagination* 17.2, 1984: 39-57.

Trachtenberg, Stanley: "Saul Bellow's *Luftmenschen*: The Compromise with Reality", *Critique* 9.3, 1967: 37-61.

Trachtenberg, Stanley (ed.): *Critical Essays on Saul Bellow,* Boston: Hall, 1979.

Trevor, William: "New Fiction", *Listener* 4 Feb. 1965: 201.

Trilling, Diana: "Fiction in Review", *Nation* 15 Apr. 1944: 454-455.

Trilling, Diana: "Fiction in Review", *Nation* 3 Jan. 1948: 24-25.

Trilling, Lionel: "Introduction", *The Adventures of Augie March.* New York: Modern Library, 1965.

Trilling, Lionel, et al.: "Sincerity and Authenticity: A Symposium", *Salmagundi* 41, 1977: 87-110.

Tripathy, Biyot Kesh: "A Door in the Sky: Terminal Configurations", *Osiris N.: The Victim and the American Novel.* Amsterdam: Gruner, 1985: 227-256.

Trowbridge, Clinton W.: "Water Imagery in *Seize the Day*", *Critique* 9.3, 1967: 62-73.

Tudish, Catherine Louise: "The Schlemiel and the Reality Instructor: Moral Tension in the Novels of Saul Bellow", Diss. Saint Louis University, 1979.

Tuerk, Richard: "Tommy Wilhelm—Wilhelm Adler: Names in *Seize the Day*", Fred Tarpley (ed.). *Naughty Names*. Commerce, Texas: Names Institute Press, 1975: 27-33.

U

Updike, John: "Draping Radiance with a Worn Veil", *New Yorker* 15 Sept. 1975:

122, 125-130.

Updike, John: "Toppling Towers Seen by a Whirling Soul", Rev. of *The Dean's December. New York* 22 Feb. 1982: 120-128. Uphaus, Suzanne Henning: "From Innocence to Experience: A Study of Herzog", *Dalhousie Review* 46.1, 1966: 67-78.

Ustvedt, Yngvar: "Saul Bellow—en amerikansk natidsdikter", *Samtiden* 80, 1971: 273-282.

V

Van Egmond, Peter G.: "Herzog's Quotation of Walt Whitman", *Walt Whitman Review* 13.2, 1967: 54-56.

Vardaman, Lames M., Jr.: "Herzog's Letters", *Journal of the English Institute* 9-10, 1979: 129-149.

Varela, Lourdes Y.: "Man, Society and Literature", Roger J. Bresnahan (ed.). *Literature and Society: Cross-Cultural Perspectives.* U. S. Information Service, 1977: 84-94.

Venkatramaiah, S.: "Saul Bellow and His Novels", *Triveni: A Journal of the Indian Renaissance* 51.4, 1983: 65-70.

Vernier, Jean-Pierre: "Mr. Sammler's Lesson", Ira D. Johnson and Christiane Johnson (eds.). *Les Américanistes: New French Criticism on Modern American Fiction.* Port Washington: Kennikat, 1978: 16-36.

Vinoda: "The Comic Mode in Saul Bellow's Fiction", *Journal of English Studies* [India] 10.2, 1979: 662-667.

Vinoda: "The Dialectic of Sex in Bellow's Fiction", *Journal of English Studies* [India] 12, 1982: 81-87.

Vinoda: "Renewing Universal Connections: A Study of *Humboldt's Gift*", *Journal of English Studies* [India] 13.1, 1981: 876-880.

Vinoda: "Saul Bellow and Gustave Flaubert", *Saul Bellow Newsletter* 1.1, 1981: 1-5.

Vinoda: "The Theme of Death in the Novels of Saul Bellow", *Journal of English Studies* [India] 12.1, 1980: 812-819.

Vogel, Dan: "Saul Bellow's Vision Beyond Absurdity: Jewishness in *Herzog*", *Tradition* 9.4, 1968: 65-79.

W

Wain, John: "American Allegory", *Observer* 24 May 1959: 21.

Walden, Daniel: "Bellow, Malamud and Roth: Part of the Continuum", *Studies in American Jewish Literature* [University Park, PA] 5.2, 1979: 5-7.

Walden, Daniel: "The Resonance of Twoness: The Urban Vision of Saul Bellow", *Studies in American Jewish Literature* [University Park, PA] 4.2, 1978: 9-21.

Walden, Daniel: "Urbanism and the Artist: Saul Bellow and the Age of Technology", *Saul Bellow Journal* 2.2, 1983: 1-14.

Walden, Daniel: "Urbanism, Technology and the Ghetto in the Novels of Abraham Cahan, Henry Roth and Saul Bellow", *American Jewish History* 73.3, 1984: 296-306.

Walker, Kent Woodward: "The Balancing Perspective: The Paradox of Alienation and Accommodation in the 'Victim' Novels of Saul Bellow", Diss. York University [Canada], 1981.

Walker, Marshall: "*Herzog*: The Professor as Drop-Out?", *English Studies in Africa* 15.1, 1972: 39-51.

Wallach, Judith Dana Lowenthal: "The Quest for Selfhood in Saul Bellow's Novels: A Jungian Interpretation", Diss. University of Victoria, 1975.

Walsh, Thomas: "Heroism in Bellow's 'The Mexican General'", *Saul Bellow Journal* 1.2, 1982: 31-33.

Warner, Stephen Douglas: "Representative Studies in the American Picaresque: Investigation of *Modern Chivalry, Adventures of Huckleberry Finn*, and *The Adventures of Augie March*", Diss. Indiana University, 1971.

Warren, Robert Penn: "The Man with No Commitments", *New Republic* 2 Nov. 1953: 22-23.

Waterman, Andrew: "Saul Bellow's Ineffectual Angels", B. S. Benedikz (ed.). *On the Novel: A Present for Walter Allen on His 60th Birthday from His Friends and Colleagues.* London: Dent, 1971: 218-239.

Way, Brian: "Character and Society in *The Adventures of Augie March*", *Bulletin of the British Association for American Studies* ns June 1964: 36-44.

Weales, Gerald: "Comedy, Laughter and Fantasy", *Reporter* 19 Mar. 1959: 46-48.

Weales, Gerald: "Saul Bellow and Some Others", Gerald Weales (ed.). *The Jumping*

Off Place: American Drama in the 1960's. New York: Macmillan; London: Collier-Macmillan, 1969: 195-223.

Weatherford, Kathleen Jeannette: "*The Bellarosa Connection* and the Hazards of Forgetfulness", *American Studies in Scandinavia* 24, No. 2, 1992: 65-82.

Weber, Ronald: "Bellow's Thinkers", *Western Humanities Review*. 22.4, 1968: 305-313.

Weber, Ronald: "The View from Space: Notes on Space Exploration and Recent Writing", *Georgia Review* 33.2, 1979: 280-296.

Webster, Howey Curtis: "Quest Through the Modern World", *Saturday Review* 19 Sept. 1953: 13-14.

Weinberg, Helen: "Kafka and Bellow: Comparison and Further Definitions", *The New Novel in America: The Kafkan Mode in Contemporary Fiction*. Ithaca, New York: Cornell University Press, 1970: 29-107.

Weinberg, Helen: *The New Novel in America*, Ithaca, New York: Cornell University Press, 1970.

Weinstein, Ann: "*The Dean's December*: Bellow's Plea for the Humanities", *Saul Bellow Journal* 2.2, 1983: 30-41.

Weinstein, Ann: "Ijah, 'Our Cousins' Keeper': Bellow's Paradigm of Man", *Saul Bellow Journal* 7, No. 2, 1988: 58-70.

Weinstein, Ann: "A Toast to Life, L' Chayim: Saul Bellow's 'A Father-to-Be'", *Saul Bellow Journal* 2.1, 1982: 32-35.

Weinstein, Mark: "Bellow's Imagination-Instructors", *Saul Bellow Journal* 2.1, 1982: 19-22.

Weinstein, Mark: "Charles Citrine: Bellow's Holy Fool", *Saul Bellow Journal* 3.1, 1983: 28-37.

Weinstein, Mark: "Communication in *The Dean's December*", *Saul Bellow Journal* 5.1, 1986: 63-74.

Weinstein, Mark: "The Fundamental Elements in *Mr. Sammler's Planet*", *Saul Bellow Journal* 1.2, 1982: 18-26.

Weinstein, Norman: "*Herzog*, Order and Entropy", *English Studies* 54.4, 1973: 336-346.

Weintroub, Benjamin: *Chicago Jewish Forum* 23.2, 1964-1965: 163-165.

Weiss, Daniel: "Caliban on Prospero: A Psychoanalytic Study of the Novel *Seize the Day* by Saul Bellow", *American Imago* 19.3, 1962: 277-306.

Weissman, Maryjo Kores: "Saul Bellow: A Reputation Study", Diss. University of Maryland, 1978.

Werner, Craig Hansen: "The Writer as Craftsman: Saul Bellow, Ralph Ellison", Craig Hansen Werner (ed.). *Paradoxical Resolution: American Fiction Since James Joyce.* Urbana: University of Illinois Press, 1982: 123-143.

West, Anthony: "A Crash of Symbols", *New Yorker* 26 Sept. 1953: 140, 142, 145.

West, Ray B. Jr.: "Six Authors in Search of a Hero", *Sewanee Review* 65.3, 1957: 498-508.

Whittemore, Reed: "Safari Among the Wariri", *New Republic* 16 Mar. 1959: 17-18.

Widmer, Kingsley: "Poetic Naturalism in the Contemporary Novel", *Partisan Review* 26 1959: 467-472.

Wieting, Molly Stark: "The Function of the Trickster in Saul Bellow's Novels", *Saul Bellow Journal* 3.2, 1984: 23-31.

Wieting, Molly Stark: "A Quest for Order: The Novels of Saul Bellow", Diss. The University of Texas at Austin, 1969.

Wieting, Molly Stark: "The Symbolic Function of the Pastoral in Saul Bellow's Novels", *Southern Quarterly* 16 1978: 359-374.

Williams, Patricia Whelan: "Saul Bellow's Fiction: A Critical Question", Diss. Texas A & M University, 1972.

Willson, Robert F. Jr.: "The Politics of Massage: Moshe the Masseur in *To Jerusalem and Back*", *Notes on Modern American Literature* 2.4, 1978: Item 26.

Wilson, Angus: "Out of the Ordinary", Observer [London] 9 May 1954: 9.

Wilson, Edmund: "Doubts and Dream: *Dangling Man* Under a Glass Bell", *New Yorker* 1 Apr. 1944: 78, 81, 82.

Wilson, Jonathan: "Bellow's Dangling Dean", *Literary Review* 26.1, 1982: 165-175.

Wilson, Jonathan: *On Bellow's Planet: Reading from the Dark Side*, Cranbury: Associated University Press, Inc., 1985.

Wilson, Jonathan: *Herzog: The Limits of Ideas*, Boston: Twayne Publishers, 2005.

Wilson, William S.: "Saul Bellow in Agreement", *American Book Review* May

1982: 6.

Winchell, Mark Roydon: "Bellow's Hero with a Thousand Faces: The Use of Folk Myth in *Henderson the Rain King*", *Mississippi Folklore Register* 14.2, 1980: 115-126.

Winegarten, Renee: "Victim of Alternatives", *Jewish Observer and Middle East Review* 15 Oct. 1965: 21-22.

Wirth-Nesher, Hana, and Andrea Cohen Malamut: "Jewish and Human Survival on Bellow's Planet", *Modern Fiction Studies* 25.1, 1979: 59-74.

Wisse, Ruth: "Saul Bellow's Winter of Discontent", *Commentary* Apr. 1982: 71-73.

Wisse, Ruth: "The Schlemiel as Liberal Humanist", Ruth R. Wisse (ed.). *The Schlemiel as Modern Hero*. Chicago: University of Chicago Press, 1971: 91-107.

Wisse, Ruth: *The Schlemiel as Modern Hero*, Chicago: The University of Chicago Press, 1971.

Woelfel, James W.: "Charlie Citrine and the Argument from Absurdity", *Religion in Life* 47.4, 1978: 460-476.

Wohlgelernter, Maurice: "Don't Stop the World: Sammler Wants to Stay On", *Congress Bi-Weekly* 25 Dec. 1970: 17-21.

Wolcott, James: "Dissecting our Decline", Rev. of *The Dean's December. Esquire* Mar. 1982: 134, 136.

Y

Yetman, Michael G.: "Who Would Not Sing for Humboldt?", *ELH* 48.4, 1981: 935-951.

Young, James Dean: "Bellow's View of the Heart", *Critique* 7.3, 1965: 5-17.

Z

Zietlow, E. R.: "Saul Bellow: The Theater of the Soul", *Ariel* 4.4, 1973: 44-59.

Zinnes, Harriet: Books Abroad 39.4, 1965: 460-461.

附录二 人名中外文对照及索引

附录三

书、报、刊、篇名中外文对照及索引